الحزب الشيوعي السوداني يقدم:

ثـورة شعب
٦ سنوات من النضال ضد الحكم العسكري الرجعي

تحقيق: د. عبدالرحيم محمد صالح

Thawrat Sha'b

Al-Ḥizb al-Shuyūʻī al-Sūdānī

Edited and annotated by Dr. Abdelrahim Mohammed Salih

ثورة شعب
الطبعة الثانية ٢٠١٣
ISBN -10: 0989989100
ISBN-13: 9780989989107

تصميم الغلاف: تاج السر الملك

حقوق الطبع محفوظة للمؤلف
جميع الحقوق محفوظة. لا يسمح بإعادة إصدار هذا الكتاب أو اى جزء منه أو تخزينه في نطاق استعادة المعلومات أو نقله بأي شكل من الأشكال ، دون إذن مسبق.

All rights reserved. No part of this book maybe produced, stored in a retrieval system, or transmitted in any form or by any means without prior permission in writing of the publisher.

المحتويات

مقدمة المحقق..................................... ٥
تمهيد.. ١٩
مقدمة: في ظل الإرهاب الدموي........................ ٢١

الباب الأول

الفصل الأول ٨٤
الطبقة العاملة السودانية في طليعة القوى الثورية ٨٤
الفصل الثاني.. ١٥٧
جماهير المزارعين في النضال ضد الديكتاتورية............ ١٥٧
الفصل الثالث.. ١٨٠
الطلاب السودانيون في قلب المعركة.................... ١٨٠
الفصل الرابع.. ٢٠٠
المثقفون في النضال ضد الديكتاتورية.................. ٢٠٠
الفصل الخامس ٢١١
القوات المسلحة بجانب القوى الوطنية ٢١١
الفصل السادس....................................... ٢٣٨
جبهة أحزاب المعارضة في مقاومة النظام العسكري الرجعي......... ٢٣٨
الفصل السابع.. ٢٦٥
النوبيون يقاومون الديكتاتورية ٢٦٥
الفصل الثامن.. ٢٩٠
نضال المرأة السودانية................................ ٢٩٠
الفصل التاسع.. ٢٩٦
الجنوب في ظل الحكم الديكتاتوري ٢٩٦
الفصل العاشر.. ٣١١
المناضلون أمام المحاكم وفي المعتقلات والسجون ٣١١
الفصل الحادي عشر.................................... ٣٧٦
موقف الحزب الشيوعي من المجلس المركزي والانتخابات المحلية.... ٣٧٦

الباب الثاني

- ٣ -

الفصل الثاني عشر ٤٠٧
الإضراب السياسي ٤٠٧

الباب الثالث

الفصل الثالث عشر..٤٣١
الحزب الشيوعي في طليعة القوى الثورية...........................٤٣١
خاتمة ٤٦٥
مستقبل الثورة وآفاقها ٤٦٥
الهوامش..٤٧١

- ٤ -

مقدمة المحقق

أبدأ تدوين هذه المقدمة القصيرة بالقول إنّه ليس الغرض من أعادة نشر هذا الكتاب الدفاع عن الحزب الشيوعي السوداني أو آرائه وأفكاره، بل الغرض إقامة جسر للحوار والتواصل المعرفي والثقافي بين جيل اليوم وجيل ثورة الشعب وإخراج أحداث تلك الفترة التي أثّرت، بل شكّلت، على ما نحن عليه الآن من حيز الصمت المطبق إلى ساحات البحث والتدقيق ولنشد على أيادي كل من عاصر أحداث تلك الحقبة للتفكير في الوثائق والمستندات التي حواها هذا الكتاب واستذكار ما أهمله من تاريخ تلك الأحداث في رصد منحنيات مسار الديمقراطية والحرية السياسية في السودان. الغرض من إعادة النشر أكاديمي، في المقام الأول، ومحاولة لدراسة ظروف السياقات التاريخية وتفسيرها والوقوف على حقائق الأحداث في تلك الفترة وخاصة المواضيع التي كثر فيها الجدل والمُلاَجَّة في الآوانة الأخيرة.

يعتقد الكثيرون أنّ ثورة أكتوبر الشعبية عام ١٩٦٤ والتي أسقطت حكومة الفريق ابراهيم عبود العسكرية بالمظاهرات والاحتجاجات والإضراب السياسي العام، كانت أشرف وأنبل وأشجع وأعدل الثورات. فهي، في رأيهم، كانت أشرف الثورات لأنها قامت من دون إي سند أو دعم خارجي، فلم تحلق في سماوات الخرطوم طائرات حلف الناتو ولم ينعقد من أجلها مجلس الأمن ولم تساندها دول الجوار ولم تَتَبَنَّ قضيتها الفضائيات الخاصة في إثارة وتعبئة الرأي العام. وهي أشجع الثورات، في رأي الكثيرين، لأنها ما قامت لترق فيها الدماء أو ليسقط في سبيلها الشهداء بل أجل إسقاط نظام الحكم الاستبدادي ولأنها لم تحمل السلاح ضد من حملوه بل واجهوهم وهم عزل يحملون الإرادة الشعبية القادرة على تحقيق النصر وتحقيق العدالة والحرية. وهي أنبل الثورات لأنها تمت بأقل قدر من إراقة الدماء ودون تخريب أو نهب حيث كان الشعب حارس الثوار من الانفلات والحد من العنف. وهي أعدل الثورات لأنها لم تستثن أحداً وشاركت فيها كل أطياف العمل السياسي من أحزاب ومثقفين وطلاب وعمال ومن المدن والأرياف على حد سواء. وذلك كله، في رأي البعض، يعود إلى حنكة القيادة ورشدها وحسن تدبيرها ورزانتها السياسية ونبل هدفها وصدق رسالتها.

فكتاب "ثورة شعب" والذي أصدره الحزب الشيوعي السوداني وهو شريك رئيس في صناعة ثورة أكتوبر وقيادتها، مُقسّم إلى ثلاثة أبواب تحتوي على

تمهيد وثلاثة عشر فصلاً وخاتمة والكتاب أصدرته دار الفكر الاشتراكي التابعة للحزب الشيوعي السوداني وتمت طباعته بمطابع مؤسسة أخبار اليوم المصريّة في عام ١٩٦٥وتم عرضه في المكتبات آنذاك بمبلغ ٢٥ قرشاً. تم نشر مادة الكتاب في ٤٤٨ صفحة حيث ضمّت معظم وثائق الحزب الشيوعي وجبهاته التي صدرت في تلك السنوات الست من المقاومة. ولقد حوى الكتاب حوالي مائة وواحد وثلاثين من البيانات والمنشورات والاقتباسات التي صدرت من جهات مختلفة في شتى مناطق السودان، وهي وعلى الرغم من جمعها ونشرها في هذا الكتاب منذ قرابة نصف قرن، إلا أنّها تتناول قضايا متجددة وحيّة في في الساحة السياسية السودانية فلعلها تعين الباحثين والمهتمين بتاريخنا في البحث لتجلية بعض أحداث تلك الفترة وكشف غموضها. وقد حُرِّرَ بغير ذكر للاسماء. عمل المرحومان التجاني الطيب وعمر مصطفى المكي على كتابة فصوله ومالزم من جمع المنشورات والبيانات. وعمل معهما عبدالله على إبراهيم وجعفر النصيري اللذان كتبا فصل مقاومة الطلاب وربما شارك أيضا آخرون في جمع المواد وتحليلها. كما قام الفنان اليساري المصريّ زهدي والذي كانت له عدد المشاركات من منشورات الحزب الشيوعي السوداني بالرسوم في عدد من فصول الكتاب.

أهمّ مميزات هذا الكتاب هو أنّ مادته من منشورات وأحداث تم جمعها ونشرها في حينها كما هي دون تغيير أوتعديل مما جعلها مادة أصلية نابعة من مصادر الأحداث نفسها ولم تتعرض لمشاكل النسيان أو التضخيم كما يحدث في حالة الكتابة من الذاكرة. فالذاكرة قد تتذكر الأحداث الكبيرة وتسقط التفاصيل الصغيرة والتي قد تكون أكثر أهمية في الموضوع وأصله. والكتابة من الذاكرة أكثر عرضة للتأثر برؤية الكاتب وطريقة تفكيره وانحيازه ومقدرته على التذكر ودوافعه للكتابة. وميزة أخرى هي تعدد مصادر مواد ومنشورات الكتاب فهي متنوعة وجاءت من جهات مختلفة ومن مناطق متفرقة في فترات متباعدة تعبِّر عن مختلف أشكال واساليب النضال العلنية والسرية، وكذلك أساليب المظاهرات والعرائض والضغط والاحتجاجات واطلعت عليها عند صدورها الجماهير كبيانات ومنشورات فالكتاب يقدمها مجتمعة ويعطيها قيمتها التاريخية المتكاملة. عملية كتابة وإصدارالمنشورات، في حد ذاتها، لم تكن سهلة مثل اليوم. فالامكانات الضئيلة المتاحة وسطوة أجهزة البوليس السري والحصار الحديدي،

المفروض آنذاك، جعل منها عملية قاسية ومستهلكة للزمن بل مجازفة أمنيّة حيث كان الاعتماد على الكتابة باليد على الشمع وتطور لاحقا ليصبح بالآلة الطابعة بالأضافة للاستخدام اليدوي لماكينة الرونيو، لذا كان لابد من وجود ضرورة قصوى أو حدث هام لإصدار المنشورات. وهذا يدعم ضرورة النظر إلى قيمتها التاريخية بالأضافة إلى محتواها.

على الرغم من أنّ الكتاب لا يحتوي على قائمة بأسماء المراجع والمصادر في نهاية الكتاب حسب التسلسل الهجائي لاسم عائلة المؤلف، كما هو مُتّبع، إلا أنه يفتح النوافذ على عدد كبير من المنشورات والكتيبات والمقالات الصحفية الهامة التي يمكن الحصول عليها من دور الوثائق والأرشيف ومثال ذلك "الكتاب الأسود" السنوي الذي درج الحزب الشيوعي على إصداره في مناسبة الذكرى السنويّة للإنقلاب العسكري والذي يحوي عادة كل عام سجلا لما أسماه "مخازي العهد الديكتاتوري لإنقلاب ١٧ نوفمبر ١٩٥٨". كما تمت الإشارة إلى عدد من الصحف الحزبية مثل جريدة (الميدان) والصحف المتخصصة مثل جريدة (الطليعة) الناطقة بلسان الإتحاد العام لعمال السودان وجريدة (الجهاد) التي كان يديرها الشيوعيون وتحمل أسبوعيا إلى قرائها شعار (الأرض لمن يفلحها). وكذلك استشهد الكتاب بأخبار ومقالات نُشرت في الصحف المستقلة والخاصة مثل جريدة (الصحافة) وجريدة (الأيام) وجريدة (السودان الجديد) وجريدة (الرأي العام) وجريدة (المؤتمر) وكذلك شمل الكتاب على تصريحات وأخبار وردت في الصحف الحكومية مثل (الثورة) الحكومية وجريدة (الصراحة) هذا بالأضافة إلى المواد التي تم نشرها في الصحف العالمية كجريدة (الاخبار المصرية) وجريدة (النيويورك هيرالد) وجريدة (القارديان) البريطانية .

فالواضح للقارئ أنّ الكتاب يتناول، بشئ من التفصيل، في أول صفحاته الزعم السائد بأن ثورة أكتوبر ١٩٦٤ كانت انفجاراً تلقائيا. وحسب ماورد في معلومات وإفادات الكتاب فأنّ أصحاب هذا الزعم ربما يجهلون العمل الدائب الصبور الذي أدى إلى قيام الثورة واسقاط واحدة من أعتى الديكتاتوريات في أفريقيا والعالم العربي. فالكثيرون اكتووا بلهيب النضال وزج بهم في غياهب السجون وفصلوا من العمل وعُذِّبوا فتحملوا هم وأسرهم الفقر والعذاب الطرد والتنكيل واحتملوا بشجاعة مواصلة عبء تضحيات والنضال واستمراره ضد النظام منذ أيامه وحتى لحظة سقوطه

.فليس من اللائق ولا من الممكن إنكار نضال طويل مرير وأرواح شهداء أعزاء ودورهم سواء كان ذلك جهلاً بتفاصيل الأحداث أو نكاية في خصم سياسي. فالكتابات المتفرقة التى صدرت مؤخراً في بعض الصحف والمدونات والتي تقلل من عمق ثورة أكتوبر وتصفها بأنها كانت حركة تلقائية قامت دون قيادة ودون تنظيم، ودون أن يتوقعها أحد، وددت لو تمت اعادة النظر فيها على ضوء وثائق الكتاب التي علمنا فيها أن جهة ما، هي الحزب الشيوعي، وربما جهات أخرى، كانت ساهرة على الاطاحة بالنظام وبصورة يومية وبثمن كبير. فحسب ما جاء في هذا الكتاب أنّ هذه الثورة كانت تتويجاً للنضال الذي ظلت تشنه، ما اسماه الكتاب، القوى الثورية من عمال ومزارعين وطلاب وضباط وطنيين طيلة سنوات الحكم العسكري الست اعتماداً على التجربة الذاتية المباشرة حتى سقوطه من دون مساندة أو دعم خارجي.

الكتاب، في مقدمته، يرصد المتاعب التي أصابت حكومة الائتلاف برئاسة عبدالله خليل ومفاوضات السيدين بين حزب الأمة والحزب الوطني الأتحادي لتكوين حكومة ائتلافية وعزل عبدالله خليل. فقررالأخير الانتقام بسياسة "عليّ وعلى أعدائي" وتسليم السلطة للجيش حيث تآمر رئيس الوزراء نفسه مع قائد الجيش وبعض كبار الضباط ليسلم السلطة إلى الجيش وكانت مؤامرة في شكل انقلاب من أعلى ليترك بذلك كبار ضباط الجيش عملهم في الحماية إلى عالم السياسة وظل السودان يكتوي بنار ذلك القرار إلى اليوم.

ربما أفادنا الكتاب بالصورة التفصيلية المستفادة منه لنظام بدأ به عهد النظم العسكرية في الأجابة على السؤال الشهير "من أتى هؤلاء؟" المنسوب الكاتب الروائي المعروف الطيِّب صالح مستفسرا عن استبداد حكومة الانقاذ. أوجه الشبه بين نظام عبود ونظام الإنقاذ مثلاً لا تحتاج إلى تبيان فهؤلاء أتوا من أولئك وبرعوا وأجادوا بل طوّروا ماكان أولئك يفعلون. في رأي عبدالله علي أبراهيم، وهو واحد من الذين حرروا هذا الكتاب، أنّ حكومة نوفمبر، في لغة التصوير، هي "النجتيف-العفريتة" التي طبعنا منها نُظُم العسكرية التي توالت علينا وقد مشت كل الديكتاتوريات اللاحقة على دربها. فقد صادر الانقلاب الحوار الوطني الذي دار حول منهج الحكم آنذاك .ومن الثابت والمعروف أنه في ظل الديمقراطية، لا في غيبتها، يتدرَّب الشعب على الحكم النيابي والاستمساك به". وهكذا فرَّط الانقلاب في عادة

الديمقراطية، وأرسى عادة الاستبداد. فكلاهما انقلاب ضد نظام ديمقرطي منتخب بذريعة "فشل الأحزاب"، وكلاهما بدأ يومه الأول بأمر دستوري، بيان رقم (١)، الذي أعلن قيام حالة الطوارئ. وكلاهما وعد بارجاع السلطة إلى الشعب في فترة قصيرة ولم يف؛ وكلاهما بدأ بدموية وأعدم المنقلبين عليه دون محاكمات غير عادلة في انقلابيّ علي حامد وانقلاب رمضان الشهيرين وفي الحالتين أصابت الاحكام الجائرة القاسية اهل السودان بما يشبه الصدمة والذهول وأثارت الغضب والحنق بين أفراد شعب مشبع بثقافة العفو والمسامحة. وكلامهما أغرق جزء عزيزاً من تراب الوطن وشرّد المتضررين في حلفا والمناصير وكلامهما نظام نكّل بالمعارضين وصادر الحريات مع اختلاف درجة الفظاظة ونوعية التنكيل. فمن المعلوم أنّ الأنظمة الانقلابية أجادت مقدراتها القمعية وطورت أجهزتها الأمنية بينما لم تستفد المقاومة من دروس الماضي ولم تدرّب نفسها وتؤهلها في مواجهة الديكتاتوريات.

هذا الكتاب بما فيه من حقائق ووثائق نضعها اليوم بين يدي القارئ كانت تعبيراً لما كان يضطرم في دواخل بناة الوعي ولبنات تنير الطريق أمام جيل غلبته الهموم وساورته الشكوك وتفرقت كلمته وهو يواجه حكومة عسكرية وصفها بالعدوان والشراسة والمرواغة واعتمادها على شراء الذمم وإشاعة الانهزام وثقافة الخنوع وطرد الكفاءت بتمكين الولاءت وبإثارة الأثنيات تارة وبالشحن العاطفي الديني تارة أخرى. أما أكثر أوجه الشبه بين النظامين هو إصدار قوانين وتوقيع عقوبة الإعدام والسجن الطويل لكل من يعمل على تكوين أحزاب أو يدعو لإضراب، أو يعمل على إسقاط الحكومة أو يبث الكراهية ضدها ومراقبة الصحف وكافة المطبوعات، وإرغام الموطنيين على الإدلاء بأي معلومات تطلبها قوات الأمن، وإعلان حظر التجول، ومنع المواطنين من مغادرة السودان ومنع المواكب، وتفتيش أي منزل أو مبنى أو عربة بواسطة أي ضابط أو جندي أو رجل بوليس واعتقال أي مواطن بدون أمر قبض لأي مدة يراها مناسبة . حيث طوّر كل من النظامين اساليب متشابه في ضرب الحركة الديمقراطية واستقلال النظام القضائي والقضاء على الحقوق والحريات الديمقراطية عن طريق القمع المكشوف مما أدى لتجريد الشعب من أدوات النضال وساعد في فرض السيطرة عليه.

وينبه الكتاب، بطريقة غير مباشرة، على أن المؤسسية ووحدة كل الأحزاب السياسية والقيادات الوطنية والشعبية والتنسيق فيما بينها ووجود آلية اتصال وتحديد حد أدنى من العمل المشترك وعدم استبعاد أي حزب أو أية مجموعة وتفادي الانقسام في صفوف الجماهير كان أهم عوامل نجاح الثورة وكان ذلك هو سلاح الجماهير الرئيس ضد أسلحة تفتيت وحدة الشعب وإحداث الانقسامات التي برعت السلطة في استخدامها. يوثق الكتاب كيف رفعت سلطة حكومة عبود راية معادة الشيوعية وجعلت منها ذريعة للقضاء على استقلال القضاء وكيف صار رئيس القضاء أبورنات مستشاراً سياسياً وقضائياً لحكومة ١٧ نوفمبر وتدخله الذي وصفه الكتاب بالفظ في سير القضايا التي عرضت على المحاكم المدنية والعسكرية على السواء.
واتسع مفهوم "معاداة الشيوعية" ليشمل النقابيين والوطنين والطلاب غير من الشيوعيين فيسوقهم إلى المعتقلات بتهمة الشيوعية وتطور إلى نظام ديكتاتوري شامل يعتقل ويُشرد ويفصل من العمل كل المعارضين له دون حسيب أو رقيب. وهو نفس الأسلوب الذي استخدمته مايو ومن بعدها الأنقاذ على ما اسموه بالطابور الخامس و"المرجفين". وحسب أفادات الكتاب، قد تم تقديم الكثيرين إلى محاكم إيجازية أوعسكرية وأصدروا عليهم أحكاما جائرة اعتمادا على تلفيقات البوليس أوالأمن لضمان إصدار أحكام عليهم دون التقيد بنشر حيثيات الحكم دون الالتزام بأي قانون. وصارت كلمة المحكمة لا تعني شيئا أمام سلطة مدير البويس، فمثلا يأمر قاضي المحكمة بإطلاق سراح المتهمين، وسلطات المباحث تأمر باعتقالهم وينفذ الأمر أمام القاضي نفسه، وكانت المحاكم لاتستطيع التحقيق مع ضباط الجيش وإن حاولت تماطلوا وأحيانا ترفض سلطات الجيش الخضوع لهذا الأمر. كذلك تم إصدار قوانين تخول لوزير الداخلية حق رقابة أية جريدة أو إغلاقها ورقابة الرسائل التي ترد إليها بحجة إثارة السخط والقلاقل أو معارضة الحكومة. وكمثال نورده هنا منعت حكومة عبود الصحف عن الإشارة إلى أي خبر عن مشكلة مياه النيل أو مشكلة الحدود في حلايب. وقد نشرت (السودان الجديد) في خبر صغير أن الجانب السوداني سيتطرق إلى مشكلة الحدود. فأصدرت وزارة الداخلية أمرا بتعطيلها فورا. واشترطت مصلحة الاستعلامات الحصول على أذن مسبق قبل النشر عن إي من المواضيع التى اعتبرتها حساسة وهو نفسه نظام الرقابة القبلية على الصحف الذي استخدمته حكومة الإنقاذ. الملاحظ أنّ الحكومات العسكرية اتفقت كلها على

قواسم هي: حل البرلمان والأحزاب والنقابات وتعطيل الصحف أو تأميمها بالإضافة إلى اطلاق سلطات الاجهزة الأمنية وحظر النشر في بعض المواضيع التي تعتبرها حساسة مثل العلاقة مع مصر، مشكلة الجنوب والحرب وغيرها. فحين نقرأ المثال اعلاه والذي حدث في أوائل الستينات من القرن الماضي نشعر وكأنه صدر من حكومة الأنقاذ في مطلع الشهر الجاري، فكأن "الأشياء هي الأشياء."

ويسلط الكتاب الضوء على اعتداء حكومة عبود وجهاز شرطتها وعلى رأسه أبارو على كثير من قيم الحرية بسن وتطبيق قانون الحبس التحفظي وحرمان المعتقلين السياسيين المرضى من حق العلاج وسوء معاملة عائلات المعتقلين عند زيارتهم وإجراء تحديد إقامة المواطنين في منازلهم أو في مدن معينة. مما يثير فضول القارئ بأن يسأل: هل كان ذلك الزمن جميلاً بحق؟ وقد استخدمت من بعدها مايو والأنقاذ ومدير أمنها نافع نسخة متقدمة من نفس الأساليب للتنكيل بخصومها. والكتاب أيضا يسرد وقائع وأحداث ويوضح بجلاء كيف أن حكومة عبود تعتبر أول من حظر المنظمات الديمقراطية وصادر أموالها ودورها وممتلكاتها لتجريديها من سلاح التنظيم والاتحاد والمقاومة وقد وقع أول هجوم عليها في يوم ٣ ديسمبر١٩٥٨، حيث ألغيت النقابات وحل إتحاد النقابات كما ألغى قانون العمل والعمال لعام ١٩٤٨م وصدر قانون ١٩٦٠ ليحرم الذين لا يعملون تحت مخدم واحد من حق تكوين نقابات ويشترط ألا يقل عدد العمال عن ٥٠ عاملا تحت مخدم واحد كشرط لإنشاء نقابة وذلك تلقائيا حرم آلاف المزارعين من حق تكوين نقابات أو أتحادات. وغنى عن القول أن نظامي مايو والأنقاذ فعلا نفس الشئ وكررا نفس سنيارو حل النقابات العمالية وإبدال قيادتها بقيادات موالية للنظام وفصل وتشريد غير الموالين وذلك لتثبيت حكمها السلطوي المطلق الذي تحتكر بموجبه كل السلطات. وقد أفرد الكتاب فصلاً خاصا بمواقف الأحزاب السياسية ودورها في مقاومة حكومة بل يحمِّل حكومة عبود وزر أول من استخدم اساليب قمع دخيلة مثل اطلاق الذخيرة الحية على المتظاهرين لأول مرة في تاريخ السودان. ويرصد انتهاكات الحكومة ضد الأحزاب وقياداتها وجماهيرها ويورد بالتفاصيل كيف كانت تتم تلك الانتهاكات ومثال ذلك ماحدث ليلة المولد النبوي الشريف مساء الأثنين ٢١ أغسطس عام١٩٦١م (مجزرة المولد) باطلاق الرصاص الحي لأول مرة ضد حشد موكب المولد الذي درج على تنظيمه

الأنصار في ليلة المولد النبوي الشريف بحجة أنهم نظموا طابوراً عسكرياً، فراح ضحيته ١٢ من المواطنين الأنصار وهم يؤدون شعائرهم الدينية داخل ساحة المولد.

يفرد الكتاب فصلاً كاملاً عن اعتداءات حكومة عبود المتكررة على الاستقلال الجامعة وعلى الحرم الجامعي ويعدد أمثلة كثيرة لمثل ما حدث في نهاية عام ١٩٦٠ حيث أعتدت قواتها على الطلبة داخل الحرم الجامعي ولم تتورع عن الإعتداء على الطالبات في داخلياتهن تحت إشراف طلعت فريد الذي تفوه بألفاظ منافية للأدب العام ضدهن لا يمكن أن تصدر من شخص عادي ناهيك عن وزير مسئول. وحسب ماجاء في الكتاب فأن طلعت فريد هو نفسه صاحب عبارة "رفيقي في السلاح ديجول" الذي قال في مؤتمر صحفي عقده في فبراير عام ١٩٥٩م قائلا للصحفيين في معرض الحديث عن تفجير فرنسا قنبلتها الذرية في الصحراء الأفريقية "لا شأن لكم حتى إذا فجرت هذه القنبلة في أرض البطانة"! وفي مسالة الجزائر قال لهم: "لا معنى لأن تهاجم صحافتنا فرنسا. فكما تقتل فرنسا الجزائريين فإن الجزائريين يقتلون الفرنسيين! ويستمر الكتاب يرصد بشكل دقيق نضال الطلاب والطالبات ابتداءً من قرار حل اتحاد الطلاب وقرار الحكومة بضم الجامعة إلى وزارة المعارف إلى أن قامت ندوة ٢١ أكتوبر بالجامعة التي دقت أخر مسمار في نعش حكومة عبود العسكرية بأول ثورة في أفريقيا والعالم العربي يسقط بها شعب أعزل ديكتاتوية مدججة بالسلاح دون أحداث شغب أو اعتداء أونهب لممتلكات أو منزل أحد ليقدم للعالم أجمع أروع مثال في كيف يحرس الشعب ثورته.

أفرد الكتاب فصلا خاصا بالمثقفين ودورهم في النضال ويذكر بالتفاصيل مواقفهم في مساندة البطل باتريس لومومبا رئيس وزراء الكنغو الذي اغتالته المخابرات البريطانية وحركات التحرر الأفريقية الأخرى ومواقفهم الصلبة من قضية تعذيب المناضل حسنين حسن وقضية قتيل المقرن في أوائل سنة ١٩٦٢، وتسليم الحكومة المناضلين الارتريين للإمبراطور هيلاسلامي وغيرها.

والكتاب يعرفنا بصورة افضل بخطة الإضراب السياسي العام حيث يعطى الكتاب فضل فكرة ادخال واستخدام خطة الاضراب السياسي لاسقاط النظام في السودان للحزب الشيوعي السوداني حيث بدأ الحزب يناقش في أروقته سبل الخلاص من النظام في صيف ١٩٦١ وهي المناقشات التي خرج بها

بخطة الإضراب السياسي العام كسبيل للاطاحة بالنظام وتم وضع خطة تنظيميّة في أغسطس ١٩٦١ لإدارة العمليات السابقة للإضراب السياسي العام وقد ظلت اللجنة المركزية للحزب وهيئاته القائدة توالي مناقشة هذه القضية بوصفها الخط السياسي الرئيسي للحزب في ظروف النظام العسكري، وكانت قضية الاضراب السياسي العام في مقدمة القضايا التي بحثتها اللجنة المركزية للحزب في دورتها المنعقدة في يوم ٦ يناير ١٩٦٣ وهي من أهم الدورات التي عقدتها اللجنة المركزية قبل قيام الثورة. ويقول الكتاب إنّ الحزب كان متحوطاً لإفساد الإضراب السياسي من الثوريين بقدر إفساده من الديكتاتوريين. وعليه تربص بالاتجاهات اليسارية في داخله التي جعلت تنفيذ الإضراب واجب الساعة لا عملية طويلة من المد والجزر.
كما حدث في الحزب الشيوعي فرع مديرية النيل الأزرق (مدني) والتي كانت ترى بضروة التنفيذ الفوري المباشر دون أن تعي أنّ ميقات تنفيذ الإضراب العام رهين بقدرات الطبقات الاجتماعية وطاقاتها ويتطلب التنسيق والتدبير والاستعداد ليوم النزال، وهو الأمر الذي أدى إلى خلاف ايديولوجي داخل صفوف الحزب ونتج عنه تأسيس الحزب الحزب الشيوعي السوداني القيادة الثورية والذي يقوم على ان عملية التغيير يجب أن تبدأ من الريف عبر الكفاح المسلح وأنّ السبيل الوحيد لبناء الاشتراكية هو الثورة الدائمة ضد الرأسمالية حتى هزيمتها وقيام مجتمع العدالة الاشتراكية.
وعرض الكتاب علينا صورة للقوات المسلحة تساعدنا في فهم إن كانت السياسة مما يأتي للجيش من الخارج أم أنها مما ينبثق وسط الجيش نفسه وهل الجيش كيان معصوم من الخلاف نلجأ إليه متى ما تشاكست الأحزاب. إنّ كثيرمن أفراد الجيش لهم عقائد سياسية بائنة وولاء حزبي معروف. وبالتالي الجيش جزء هام في ما يدور من خلاف وطني وجدال حول قضايا السياسة. لذلك دعوتهم لحكم البلاد بافتراض خلوهم من السياسية يعتبرها الكثيرون دعوة فاسدة. الخلافات داخل الجيش تؤدي للانقلابات فلا يلد الانقلاب غير الانقلاب. ويتضح ذلك جليا في "انقلاب الصاغات" الذي فشل في مايو ١٩٥٩ ثم انقلاب المرحوم الصاغ على حامد في نوفمبر ١٩٥٩ حيث شهدت ليلة التاسع من ذلك الشهر أول صدام بالذخائر الحية بين وحدات الجيش في السودان. فقد تلاقى رفقة السلاح في قوات سلاح المهندسين، المؤيدة للمجلس الأعلى للقوات المسلحة الحاكم، ومدرسة

المشاة، بقيادة المرحوم على حامد، قاتلاً ومقتولا في المنطقة العسكرية بأم درمان. وأعدم المنتصرون خمسة من قادة الانقلاب في ٢٠ ديسمبر ١٩٥٩ في أول بادرة منذ ١٩٢٤. وبلغت حدة السياسة في الجيش بمن انعقد لهم لواء النصر حداً قتلوا رفاقهم على أعواد المشنقة حرماناً لهم من شرف الموت رمياً بالرصاص. فقد قضت المحاكم بإعدامهم رمياً بالرصاص ولكن المجلس نفث غيظاً و جعلهم يعدمون شنقاً.

ثم يعيننا الكتاب على النظر في مسألة اسلمة الدولة التي بدأت بعد نوفمبر حيث يذكر أنّ حكومة عبود بدأت حرب الجنوب الثقافية باستخدام الأسلمة والتعريب كأداوات حكومية. فقد اعتمدت الحكومة على السياسة التي وضعها علي بلدو، مدير مديرية الاستوائية حينذاك، وهي عكس مجرى السياسة الاستعمارية بنشر الإسلام والعربية بدلاً عن الإنجليزية والمسيحية. واحتجَّ الجنوب على ذلك حتى توَّج ذلك بتأسيس حركة أنانيا. وعلَّقت حكومة عبود رفاق السلاح المعارضين على المشانق، وقتلت الأنصار في المولد وغيرها مما لا يمكن حصره مما يعتبره البعض موبقات سياسية.

ومن أهم فصول الكتاب "الجنوب في ظل الحكم الديكتاتوري" والذي يبدأ بعبارة جوزيف قرنق الشهيرة "إنّ اللجوء إلى القوة يساوي من حيث الرداءة أفكار الإنفصاليين".وكان الحزب قد طالب بإعطاء المديريات الجنوبية الثلاث حكماً داخلياً مؤسساً على مجلس تمثيلي لكل القبائل بنسبة عددها لتنظيم شؤونها الداخلية مع وجود تمثيل ديمقراطي لها في المجلس النيابي المركزي والحكومة المركزية ومساعدتها مساعدة فعالة من الخزينة العامة لتطوير ورفع مستوى معيشتها. إلا أن الحكومة العسكرية، إمعاناً منها في القهر راحت، حسب ماجاء في الكتاب، تحتقر معتقدات الجنوبيين وتنشر سياستها باسم الدين الإسلامي وتتخذ من نشر الإسلام وسيلة لتدعيم مركزها السياسي تماماً كما أتخذت من الجوامع في الشمال ومن بعض رجال الدين منابر الدعاية لسياساتها وقد أعطت بذلك الفرصة للدوائر الاستعمارية لإثارة الضغائن والفتن وأحتضان دعاة الإنفصال. ويعطي الكتاب أمثلة كثيرة للفساد في الجنوب ومثال لذلك ماحدث لفرقة أعالي النيل للفنون الشعبية حيث حجز الحاكم العسكري فتيات الفرقة البالغ عددهن ٣٩ فتاة في معسكر وكان يخرج بهن مع بعض الضباط وأصدقائه من رجال الدولة في رحلات نيلية للترفيه، وكانت النتيجة أن حملت ٣١ فتاة سفاحاً مما

أثار حفيظة قبائل أعالي النيل حتى أعلن نظارها ومشايخها أنها لن تشترك مرة أخى في حفلات الحكومة!

أوضح الكتاب أن للحزب قواعداً وسط العمال فقد ارتكز الحزب في المقاومة على الطبقة العاملة والتي أصبحت قوة وطنية مهمة واغتنت بتجارب وخبر نضالية غنية فصارت أهم جبهات الكفاح الوطني ضد الاستغلال والظلم الاجتماعي. وأدركت قيادة الحزب منذ نشئته حوجة المجتمع السوداني لتفعيل نصفه الآخر بحماية المرأة وصيانة كرامتها وحقها المتساوي مع حق الرجل في الحياة والتمتع بهذا الحق.

وفي تناوله لمشكلة اغراق حلفا، يعطي الكتاب انطباعا عاما أنّ معظم المتضررين كانوا ضد مشروع السد العالي وإن مشاركتهم في أختيار الموطن البديل والتعويضات لم تأت رضاً بل لأختيار أخفّ الاضرار. فبالرغم من وضوح وعدالة مطالبهم لنيل تعويضات مناسبة وإيجاد الموطن الجديد الذي اختاروه بدلاً عن أراضيهم التي ستغمرها المياه ظلت حكومة عبود وتراوغ وتهدد محاولة منها في اثنائهم وتفتيت وحدتهم وفرض الحلول التي أرادت أن تفرضها عليهم والتي أدت في النهاية إلى أرسال عدد كبير من جنود الجيش والبوليس لتعزيز قوات القمع في حلفا. لقد جاء في تصريحات الرئيس إبراهيم عبود عند زيارته لوادي حلفا: أن مواطني حلفا هم الذين سيختارون موطنهم الجديد. وكان لهذا التصريح أثر عميق في نفوس المواطنين. ثم جرت بعد ذلك المناقشات من جميع المواطنين بعد دراسة عميقة للدراسات التي أحضرتها اللجنة القومية من السلطات المختصة بذلك وكانت نتيجتها هي اختيار الأغلبية الساحقة من المواطنين لمنطقة جنوب الخرطوم. وأن الأغلبية الساحقة هي التي ترفض رفضاً باتاً منطقة خشم القربة كموطن لها. ولكن الرئيس لم يفي بوعده لتلك الجماهير الغفيرة التي استقبلته وهي تربط مصيرها بهذا الوعد. وكانت المفاجئة هي العكس تماما لما وعد به عبود حيث تم حل اللجنة القومية المنتخبة وبأن خشم القربة هو الموطن الذي تقرر إجباريا على أهالي حلفا. وحدث نفس الشئ عند إغراق منطقة المناصير في عهد الإنقاذ حيث وقف الرئيس البشير أمام حشد من أبناء الماصير الذين طالبوا الحكومة بالتعويضات المناسبة وحرية اختيار البديل واعلن الرئيس في حديث بثته محطات التلفزة عن موافقته على كل مطالبهم ووجه حكومة الولاية بتنفيذ دراسة الخيار المحلي واعمار المنطقة واعطاء المناصير حقوقهم كاملة. وتكرر نفس

المشهد حيث رفضت الحكومة تنفيذ أيّ من وعود الرئيس وكونت لجنة حكومية حددت التعويضات والموطن البديل تماماً بل أسوء مما فعلت حكومة عبود.

وعلى الرغم من أنّ كتاب يدعو إلى المساومة في السياسة وينادي بالحد الأدنى من الأتفاق لمواجهة ما اسماه بالعدو المشترك، أي حكومة عبود، إلا أنّه ينفلت في أحيان كثيرة باستخدام العنف اللفظي ضد الأفراد دون الجماعات خاصة ضد النقابيين واليسارين الذين خرجوا عن الخط أو كانت لهم آراء وأفكار مختلفة. أهم مايؤخد على الكتاب الشطّط والإفراط في التنكيل بالمُناوئين ورفض قبول الاخر المختلف سياسيا ودينيا ومذهبيا حيث يستخدم الكتاب لغة عنيفة وجارحة ضد بعض الأفراد كما حدث مع محمد السيد سلام النقابي العمالي البارز وغيره وهو نوع من العنف السياسي دخل في الثقافة بهدف الإقصاء. ويتمثل ذلك جليا في اللغة العنيفة والفظة التي تم استخدامها في الخطاب الرسمي للتوبيخ واللوم والتقريع باستخدام اللغة العنيفة بهدف الإذلال بل المضرة والأذى بوصفهم بالعمالة والارتزاق والانتهازية وهو عمل مقصود يهدف إلى تدمير المصداقية والتشهير للاغراض السياسية. ويظهر ذلك جلياً في حالة النقابي الصارم علي محمد بشير الذي وصمه الكتاب بالخيانة والتزييف والغش والتضليل والانتهازية والعمالة لسلطات البوليس لأنّه لم يأخذ باقتراح اللجنة المركزية، في ظروف وأحداث حرجة، في عدم الدخول في إضراب لأنّ الظروف والتوقيت للأضراب لم تكن مناسبة حيث تم وصمه بالانتهازيّ لمجرد أنّه أبدى رأيه في موضوع من صميم اختصاصه. وكذلك خلى الكتاب من ذكر قاسم أمين والذي كان رئيسا الحزب وعضوا في اللجنة المركزية وعضوا في المكتب السياسي وسكرتيراً لاتحاد النسيج العالمي وهو قيادي مميز أرسله الحزب إلى خارج البلاد قبيل ثورة أكتوبر في ملابسات شخصية غير واضحة وقد تجنب الكتاب الإشارة إليه فورد اسمه عرضا في مذكرة صادرة من مكتب إتحاد العمال العالمي في ديسمبر ١٩٥٨ ضمن مجموعة من النقابيين السودانيين المعتقلين. وملاحظة أخرى تتعلق بالكتاب وهي الميل إلى استخدام اللغة الحماسية التعبوية والتصعيدات المشحونة بردود الأفعال في وصف وتحليل بعض الموضوعات التي تتطلب التحليل السياسي العقلاني المتزن والمحسوب بدقة. وكذلك يلاحظ أنّ بعض مصطلحات تلك الفترة فقدت بريقها وانهكها التكرار لذا يجب مراعاة السياق الذي وردت فيه

والفارق بين الخطاب السياسي الذي كان سائداً آنذاك والخطاب السياسي المستشري اليوم.
وفي ختام هذه المقدمة القصيرة نؤكد أنّ التاريخ مرآة الشعوب وهو مغترف العبر والعظات وفي قول الفيلسوف الأسبانيّ جورج سانتايانا إنّ الذين لايتذكرون عِبَر الماضي يعاقبون بتكرار نفس الأخطاء. وعلى الرغم من مضي هذه السنوات الطوال على ظهور الطبعة الأولى من هذا الكتاب والتي طرأ خلالها تطور كبير في كيفية البحث وكمية وتعدد المصادر ولكي نستفيد من تجارب الصواب، ولنتتَجنَّب الأخطاء يجب أن يُقرأ تاريخ الأحداث التي وردت في هذا الكتاب بقصد الاعتبار بحيدة تامة والانتباه إلي الإطار التاريخي في البحث عن الحقيقة والابتعاد عن الفرضيات تماما كما يفعل القضاة في النظر إلى الشواهد والأدلة والملابسات. فالمؤرخ أو طالب التاريخ، في قول الفيلسوف الألمانيّ كارل فريدريش إشليقل، "نبيٌّ ينظر إلي الماضي". ولا حاجة بنا إلى القول بأنه يجب أن يسبق الاستقصاء أي معرفة المعلومة أو الرؤية، فالاستقصاء والتحري يؤديان إلى تكوين الرؤية الصحيحة وليس العكس. فإن تكونت الرؤية قبل الحصول على المعلومة الصحيحة وقبل أخضاعها للتحليل ومقارنتها بالدلائل فسدت العملية لأنه في هذه الحالة يتم التركيز والبحث عن المعلومات التي تُثبت الرؤية المسبقة ويتم إهمال غيرها فتكون الاستنتاجات غير محايدة.

صورة غلاف الكتاب النسخة الصادرة عام ١٩٦٥

تمهيد

ليس من أغراض هذا الكتاب أن يكون مجرد سرد تسجيلي للأحداث التي جرت خلال السنوات الست السود التي عشناها في ظل نظام ١٧ نوفمبر الرجعي. وليس من أغراضه أيضاً مجرد أبراز النضال العنيد الشجاع الزاخر بنكران الذات الذي خاضه الحزب الشيوعي ضد ذلك النظام، فهذا وذاك يأتيان عرضاً.

إن الغرض من هذا الكتاب هو الرد على أولئك الذين يزعمون أن ثورة الحادي والعشرين من أكتوبر كانت انفجاراً تلقائياً والذين ينكرون وبالتالي العمل الدائب الصبور للتحضير للثورة ولجعلها أمراً ممكناً، والغرض منه أيضاً هو تجميع التجارب والدروس التي استخلصها الثوريون ووضعها في يد القوى الوطنية الديمقراطية لتسليحها بها في صراعها ضد الاستعمار والقوى اليمينية والرجعية.

للحقيقة والتاريخ تسجل أن أول قوة في بلادنا عارضت الانقلاب الرجعي منذ الأول كان الحزب الشيوعي، ففي مساء ١٨ نوفمبر ١٩٥٨ أصدر المكتب السياسي للحزب بيانه التاريخي الذي فضح فيه الطبيعة الرجعية للانقلاب ورفع فيه راية النضال ضده، وللحقيقة التاريخ نسجل أن الطبقة العاملة كانت أول طبقة هبت طلائعها ضد الديكتاتورية وللحقيقة والتاريخ نسجل أن القوى الثورية وسط المزارعين والطلاب والقوات المسلحة والمثقفين تتابعت بعد ذلك لتدخل ميدان المعركة المقدسة من أجل الديمقراطية.

هذه القوى التي خاضت طلائعها لهيب النضال ضد نظام ١٧ نوفمبر منذ أيامه وشهوره الأولى هي نفسها التي صنعت جماهيرها ثورة ٢١ أكتوبر الظافرة ومع أن هذه القوى كانت خلال الأعوام الستة تخوض معارك جماهيرية واسعة إلا أن طلائعها هي التي ظلت تتحمل بلا انقطاع عبء وتضحيات النضال وهي التي تكفلت بمواصلة ذلك النضال واستمراره.

والتفاني الذي أبدته هذه الطلائع في العمل الثوري وفي تقديم صفوف لا تنتهي من الثوريين الأشداء هو الذي كان له الفضل الأول في توسيع رقعة المعارضة لنظام ١٧ نوفمبر وفي تعريته وأضعافه والحط منه في أعين الجماهير.

ولولا ذلك لما كان ممكنا على الإطلاق أن تتحقق تلك الوحدة الشعبية الرائعة وذلك التصميم العنيد اللذان كانا أساس انتصار ثورة أكتوبر.

في خلال سنوات الدكتاتورية الست مارست القوى الثورية مختلف أشكال النضال السلمية وغير السلمية، القانونية وغير القانونية، ومارست أساليب المظاهرات الصدامية والعرائض، أساليب الكشف الجرئ من فوق منابر المحاكم والانتخابات وفي النشرات، وأساليب إضرابات العمال والمزارعين والطلاب ومذكرات الأحزاب والهيئات. ومن هذه المعارك الوافرة الغنى خرج الثوريون بشعار الإضراب السياسي الذي طرحه الحزب الشيوعي لأول مرة في يوليو عام ١٩٦١م. إن هذا الشعار لم يكن وليد تقديرات ذاتية حالمة بل العكس من ذلك كان النتيجة المنطقية لدروس النضال الذي خاضته القوى الثورية والجواب الثوري على تساؤل كل الذين ظلوا يبحثون بإخلاص عن طريق للإطاحة بنظام ١٧ نوفمبر الرجعي.

إن جميع الحقائق والوثائق التي نضعها اليوم بين يدي القارئ قد اطلع عليها في حينها جميع أعضاء الحزب وأقسام واسعة من الجماهير ونحن حين نبرزها اليوم مجتمعة فإنما نعطيها قيمتها التاريخية المتكاملة. ونحن نأسف لضياع بعض الوثائق الهامة والذي نتج عن المداهمات البوليسية المتكررة في عهد الدكتاتورية مما يمكننا من إبرازها.

ويسرنا أن نتقدم بالشكر الوافر لكل الذين ساعدونا بتقديم ما لديهم من وثائق وصور، والذين عانوا من الإرهاق في طبع النسخ الخطية على الآلة الكاتبة كما نشكر إخواننا الفنانين على ما أمدونا من الخبرة ورسوم ومقترحات.

مقدمة:
في ظل الإرهاب الدموي

"على جثث الشهداء وأطلال المدن والقرى تمكنت جيوش الاحتلال البريطاني والجنود المصرية المسخرة في عام ١٨٩٨م من الاعتداء على استقلال بلادنا وتحويلها إلى قطر مستعمر يحكم ضد رغبة أهله وتسخر جميع أوجه حياته السياسية والاقتصادية والاجتماعية والفكرية لصالح الاحتكار البريطاني.

ولتأمين هذا الوضع شيد الاستعمار جهاز دولة قائما على قهر جماهير شعبنا للحيلولة دون اشتراكها في توجيه سياسة بلادنا ودون نمو اليقظة الوطنية. واستند ذلك الجهاز إلى حفنة من الإداريين ذوي السلطات غير المحدودة ومن كبار رجال الإدارة الأهلية من زعماء العشائر. وقد أقيم ذلك الجهاز على هيكل تشريعي وضعته سلطات الاحتلال وضمنته في قوانين عقوبات السودان والتحقيق الجنائي. وعبر السنين نما هذا الجهاز خلال عمليات القمع الوحشية التي باشرها المستعمرون وصيغت القوانين التي تكفل التنكيل بالمواطنين. وفي أعوام ١٩١٩و١٩٢٤م قضى جهاز الدولة الاستعماري بقوة السلاح على الحركة المعادية له، وأضيفت قوانين جديدة على رأسها قانون الجمعيات غير المشروعة وأعدم أبطال النضال الوطني من زعماء جمعية اللواء الأبيض والاتحاد السوداني. وأمام الحركة الجماهيرية التي بدأت طلائعها عام ١٩٣٨م والتي إشتد أوارها بعد الحرب العالمية الثانية تنوعت أساليب المستعمرين وسلطت قوانين منع الموظفين من العمل السياسي والمواد البغيضة ١٠٥ وأخواتها. وشيد الاستعمار في هذه الفترة "القلم المخصوص" في جهاز البوليس ذا الصلات الوثيقة بالمخابرات البريطانية في الشرق الأوسط.

ومنذ عام ١٨٩٨م سيطر الاستعماريون على حياتنا الاقتصادية وصاغوها دون موافقة شعبنا بهدف تحويل بلادنا إلى قطر ينتج المواد الخام بأبخس الأثمان لصالح احتكاراتهم والحيلولة دون تطور اقتصادنا تطوراً مستقلاً لصالحنا. ورغم اتساع بلادنا وثرواتها الكثيرة الظاهرة والباطنة فقد أبقانا المستعمرون في حالة مريعة من الفقر والحرمان. وفي سبيل جني أرباح خيالية أقام الاستعمار مشاريع القطن على ضفاف النيل وفي المناطق

الأخرى ذات الري الطبيعي السهل مهملا المحاصيل الغذائية. وحرمنا الاستعمار من اكتشاف ثرواتنا المعدنية ووقف ضد تطوير وسائل الري والنقل. وبواسطة الشركات الاحتكارية سيطر الاستعماريون على عمليات التصدير والتوريد. وبفضل ذلك أصبحت بلادنا سوقا مفتوحة لتصريف البضائع البريطانية على أساس غير متساو وترك اقتصادنا تحت رحمة السوق العالمية معرضا لنوبات الصعود والهبوط غير الطبيعية وللاختلال.
وتحت ظل الحكم الاستعماري نشأت طبقة من أشباه الإقطاعيين وكبار ملاك الأراضي وتحول المزارعون من أفراد القبائل إلى مجرد مستأجرين أو خدم في مزارع السادة الملاك أو مزارعين فقراء. وتحت الضغط هجر عدد من المزارعين العمل في القرى ونزحوا في المدن عمالا أجراء يتقاضون أجوراً زهيدة معرضين بشكل مستمر للعطالة دون تشريعات تحمي مستقبلهم. أما جماهير المزارعين التي بقيت في قراها فقد كانت تئن تحت نظام المحاصة والربا وتتجرد يومياً مما كانت تملك من مواشي وغيرها وتفرض عليها ضرائب المياه والعشور والدقنية التي تذهب للمحافظة على جهاز الدولة البيروقراطي. وأبقى الاستعماريون والإقطاعيون وسائل الإنتاج في حالتها البدائية تاركين المزارعين يعملون في حالة من الإرهاق العنيف الذي لا تعوضه تغذية ولا راحة. ونتيجة لكل ذلك بقيت زراعتنا متأخرة مختلفة وبقي حجم الإنتاج في حالة من الضعف يعجز معها عن تلبية الحاجات المعيشية للشعب، ويعرض البلاد لهزات المجاعة. إن الأساس الاقتصادي الذي أقامه الاستعمار والنظرية الاقتصادية التي تدعمه كانا يتجهان لخدمة الاحتكارات الاستعمارية. ولخدمة أشباه الإقطاعيين.
وقد بث الاستعماريون ثقافة للخنوع والذلة تتلاءم مع مصالحهم. ففي المدارس التي أنشاؤها بقصد تخريج موظفين لمساعدتهم في الأعمال الدنيا للجهاز الحكومي حرم على أبنائنا دراسة العلوم الحديثة التي تبني جيلا من المثقفين لقيادة نهضة البلاد في الميادين الاقتصادية والفكرية. وعمدوا إلى قتل التطور المستقل لثقافتنا الوطنية المستمدة من تقاليدنا وتاريخنا وإلى إشاعة الانهزام وسط المثقفين عن طريق خلق جيل مشبع بالانهزام وعدم الثقة بشعبنا وأصالته وتاريخه. وتناولوا دون تورع تاريخنا الوطني بالتجريح ومجدوا رسل الاستعمار.

جهاز دولة شيده الاستعمار من البيروقراطيين ذوي السلطات المركزية غير المحدودة وكبار رجال الإدارة الأهلية مرتكزاً على التشريعات التي تحرم الشعب من حقوقه الأساسية، وسياسة اقتصادية وهيكل اقتصادي لتسهيل نهب بلادنا بواسطة الشركات الاحتكارية، وثقافة تبث الذل والانحلال والخرافة. وهذه هي الأوضاع التي خلفها الاستعمار في بلادنا، والتي سقط شهداؤنا من أجل القضاء عليها.

إن الشعب السوداني لم يخضع قط للتسلط الاستعماري ولم يرضخ لحياة الذل. وبعد نضال طويل مرير قدم فيه شعبنا شهداء أعزاء وتحمل تضحيات جسيمة استطاع وطننا في مطلع عام ١٩٥٦م أن يمسح وصمة الاحتلال وان ينتزع استقلاله – استقلال لا تلوثه معاهدات ولا أحلاف ولا قواعد أجنبية.

من برنامج الحزب الشيوعي: "سبيل السودان لتعزيز الاستقلال والديمقراطية والسلم"

الصراع بين القوى الثورية والقوى اليمينية

وكان إعلان الاستقلال والجمهورية إيذانا ببدء صراع جديد. فالقوى الاجتماعية الرئيسية كانت تحاول وضع سياسة البلاد للسير في الطريق الذي يلبي مصالحها. من ناحية كانت القوى والعناصر اليمينية من أشباه الإقطاعيين والبرجوازيين اليمينيين والبيروقراطيين في جهاز الدولة تسعى جاهدة لتحويل الاستقلال إلى أكذوبة ولجعله وسيلة للمزيد من الاستقلال والتبعية. ومن ناحية أخرى كانت القوى الثورية وعلى رأسها قوى العاملين تقف بجانب تعزيز الاستقلال السياسي وانجاز مهام الثورة الوطنية الديمقراطية.

القوى الثورية كانت تدعو إلى تحويل جهاز الدولة إلى جهاز ديمقراطي يعبر عن إرادة الأغلبية الشعبية – وذلك بالقضاء على البيروقراطية بتطهير جهاز الدولة من أعوان الاستعمار بإلغاء نظام الإدارة الأهلية وإنشاء مجالس محلية منتخبة، بإزالة القوانين المقيدة للحريات.

والقوى الثورية كانت تدعو إلى ممارسة سياسة خارجية مستقلة تعادي الاستعمار وتساند السلم وتجعل من السودان واستقلاله سندا فعالا لحركات التطور الوطني في أفريقيا والعالم العربي.

والقوى الثورية كانت تدعو إلى إنجاز مهمة الاستقلال الاقتصادي وذلك يفتح باب التعامل الاقتصادي مع جميع الدول على أساس المساواة والنفع المتبادل، وبإنشاء صناعة وطنية مستقلة وبإنهاء احتكار الشركات البريطانية الكبيرة لتجارة الصادر والوارد، وبالقضاء على سيطرة البنوك الاستعمارية على المشاريع الزراعية وعمليات التمويل المختلفة.

والقوى الثورية كانت تدعو إلى رفع حالة البؤس عن الجماهير العاملة وذلك بإجراء إصلاح زراعي جذري وبوضع حد أدنى عادل للأجور وبالعمل وفق مبدأ الأجر المتساوي للعمل المتساوي وبتطبيق التأمين الاجتماعي في حالات العجز والمرض والشيخوخة وبنشر شبكة واسعة من الخدمات الصحية والاجتماعية على نطاق القطر كله.

والقوى الثورية كانت تدعو إلى وضع التعليم في متناول كل الشعب، وإلى تعديل المناهج التعليم لخلق أجيال مثقفة تحب وطنها وتصبح قادرة على التصدي لقضاياه الاقتصادية والفكرية، وإلى اجتثاث ثقافات الميوعة والانحلال التي تبثها الدوائر الاستعمارية.

والطريق إلى كل ذلك في رأي القوى الثورية هو وحدة الشعب القائمة على أساس ميثاق وطني ديمقراطي- وحدة تمثل كل قطاعات الشعب، كل أحزابه وهيئاته، وكل قومياته. ولقد وقف الحزب الشيوعي السوداني على الدوام موقف المدافع الأمين عن وحدة الشعب باعتبارها السلاح الأساسي لحل قضاياه وحارب بلا هوادة كل خطوة نحو الانقسام والتفكك.

ففي يوم الاثنين ٢١ يوليو ١٩٥٦م مثلا أصدرت اللجنة المركزية للحزب الشيوعي بياناً حول الوضع الوزاري بعد تشكيل الحكومة المؤتلفة من حزب الأمة وحزب الشعب الديمقراطي. وقد جاء في ذلك البيان :

"منذ العهد الوزاري الأول للحزب الوطني الاتحادي نادى حزبنا بوجوب تشكيل وزارة للوحدة القومية تضم كافة الأحزاب من بينها الجبهة المعادية للاستعمار وكتلة العمال والمزارعين من أجل استكمال الخطوات اللازمة آنذاك لاستقلال البلاد ودعم هذا الاستقلال فيما بعد. ولم نكن نقصد مناورة حزبية، بل كنا ومازلنا مؤمنين بأن طبيعة المهام التاريخية التي تواجه شعبنا تتطلب مثل هذه الوحدة. فبعد إعلان الاستقلال السياسي للبلاد كان لا بد من الجهود الموحدة المشتركة لتأمين هذا الاستقلال من الخطر الاستعماري الحديث في شكل الأحلاف العسكرية الاستعمارية، كان لا بد من هذه الجهود لسلوك سياسية خارجية تمارس سيادتنا الوطنية. كان لا بد من هذه الجهود

من أجل تحرير بلادنا من سيطرة الاقتصاد الاستعماري. كان لا بد من هذه الجهود لنشر لواء الديمقراطية الحقة في بلادنا وخلق جو الحرية المناسب ليتنفس شعبنا ملء رئته. لقد كان ومازال من الواضح أن هذه المهام تتطلب وحدة وطنية كبيرة لأنها مشاكل تستوجب الإجماع الوطني."

أما القوى اليمينية الرجعية فقد كانت تسعى إلى إعادة الاستعمار بشكله الحديث وإلى إبعاد الجماهير عن توجيه شئون البلاد بانتزاع حقوقها الديمقراطية وتمزيق وحدتها. ومع ذلك فأن هذه القوى التي لم تشترك في النضال الوطني جعلت كل همها سرقة مكاسب ذلك النضال لنفسها.

فحتى نوفمبر ١٩٥٨م، ورغم السودنة، ظلت طبيعة جهاز الدولة كما هي في ظل الاستعمار- جهازاً دكتاتوريا بيروقراطيا معاديا للشعب، وحل محل الإداريين البريطانيين إداريون سودانيون كثرة منهم تشربوا العقلية والمصالح الاستعمارية، وبقيت القوانين المقيدة للحريات ومعها سيطرة أعوان الاستعمار على جهاز البوليس، وبقيت المؤسسات الرجعية في الريف.

وفي حقل السياسة الخارجية جنحت القوى اليمينية نحو رعاية المصالح الاستعمارية، فحنطت السودان في الأمم المتحدة، واتخذت موقف الحياد بين عراق حلف بغداد والدول العربية المتحررة، وسلكت مسلكا شائنا إزاء الوطنين الافرقيين الذين كانت لهم آمال عريضة في مساندة السودان لهم في صراعهم ضد الاستعمار- ونذكر بالذات البطل فلكس مومي[١] الذي سممه الاستعماريون في سويسرا، والذي مكث رفاقه في الخرطوم فترة طويلة قاسوا فيها من إهمال حكومة عبد الله خليل[٢] التي لم تقدم لهم سوى المضايقات المستمرة. وتقرب اليمينيون من الإمبراطور هيلاسلاسى وخلقوا معه مودة وثيقة بينما كانت علاقاتهم في منتهى البرود مع مصر وسلبية إلى أقصى حد في أثناء العدوان الاستعماري الآثم عليها. ورفض اليمينيون الاعتراف بالصين الشعبية. وتوجوا كل السياسة الرامية إلى نسف الاستقلال السياسي بقبول المعونة الأمريكية المشروطة.

وفي حقل الاقتصاد ظلت السياسة الاستعمارية سارية دون أدنى تبديل. وعندما وقف عضو البرلمان الشيوعي حسن الطاهر زروق[٣] ليقترح "أن يتبع السودان سياسة التعامل مع جميع البلدان على قدم المساواة تعاون اليمين على إسقاط الاقتراح. وظلت السوق الاستعمارية، وخاصة البريطانية. هي السوق المسيطرة على محاصيلنا والمحتكمة في أسعارها،

وقد أدى ذلك إلى الهبوط بأسعار تلك المحاصيل وكسادها. ومدت البنوك وشركات التمويل الأجنبية نفوذها على أهم مشاريعنا الزراعية وعملياتنا التجارية.

وأبقت القوى اليمينية الجماهير العاملة في تعاستها. فواصلت الأسعار ارتفاعها الجنوني بينما ظلت الأجور مجمدة وزاد عدد العاطلين، وسلك اليمينيون إلى ذلك طريق تطبيق القوانين الرجعية حينا والطريق الدموي حينا آخر وطريق تفتيت القوى العاملة حينا ثالثا. فقيدوا حق المزارعين في تكوين اتحاداتهم وحاولوا خلق انقسامات في النقابات واتحادات المزارعين واستخدموا ضدهم أجهزة الإعلام والرشوة وغير ذلك من الأساليب الحقيرة. بل وصلوا إلى حد استخدام السلاح ضد مزارعي جودة وتدبير مجزرة عنبر كوستي ونبش القوانين العتيقة بسجن المناضلين الذين استنكروا تلك الجريمة البشعة.

وحاولت القوى اليمينية تفتيت وحدة العمال عن طريق خلق مركزين أو أكثر للحركة النقابية، وأقحموا الصراع الحزبي وسط اتحاد المزارعين الذي ينبغي أن يضم المزارعين على اختلاف اتجاهاتهم السياسية. بيد أن أخطر مظاهر الانقسام كانت بين القوى الديمقراطية. فرغم الجهود الضخمة رفض قادة الطبقة المتوسطة التحالف مع الحزب الشيوعي والقوى العاملة، كما أنهم شغلوا جماهيرهم والجماهير المؤيدة للختمية – وهي كلها معادية للاستعمار– في صراع غير مبدئي وبما أن أغلبية الشعب كانت تتأثر بقيادة الطبقة المتوسطة وقيادة الختمية فإن هذا الصراع شغل الجماهير عن الانتباه القضايا الوطنية الملحة التي كانت تجتازها البلاد. وينبغي أن نذكر هنا أن قضايا ملحة جدا مثل العدوان على مصر عام ١٩٥٦م والعدوان على الحقوق الديمقراطية لشعبنا والذي بدأ يزداد منذ تكوين الحكومة الائتلافية الأولى بقيادة السيد إسماعيل الأزهري، بالإضافة إلى قضايا الجنوب والأزمة الاقتصادية وغيرها-هذه القضايا كلها تفاقمت من خلال انشغال الجماهير الوطنية في(حريق العملة) ومعارك السباب والمهاترات⁴.

وفي هذا المضمار يحفظ التاريخ للحزب الشيوعي أنه رفع عاليا راية الوحدة الوطنية من اجل حل القضايا الكبرى التي تواجه البلاد.

بتاريخ ١٩٥٦/٧/٢م قالت افتتاحية جريدة (الميدان):

"إن قيادة الأحزاب الكبيرة تتصارع. وقد استطاعت بنفوذها السياسي والعقيدي أن تقذف قوى جماهيرية ضخمة إلى ميدان الصراع، فانقسم

الشعب إلى جماعات متعادية متعاركة مستعدة لاستعمال مختلف أنواع الأسلحة ضد بعضها"

" إن غبار المعركة لا يحجب فقط الأهداف الحقيقية لقيادة الأحزاب الكبيرة وإنما يحجب أيضا المسائل الحقيقية الملحة والعاجلة التي تواجه شعبنا. ففي غمار هذه المعركة الحزبية والعقدية تغيب من الأنظار مسائل رسم سياستنا الخارجية وحل مشكلة الجنوب وقضايا تصنيع البلاد وتحرير اقتصادياتها من التبعية الأجنبية إلى غير ذلك من المسائل الهامة ".

"غير أن هذه القضايا نفسها يجب أن تكون الدافع لتوحيد كل القوى الوطنية المخلصة.. بل توضح أن مصلحة شعبنا الحقيقية تكمن في ترابط صفوفه لكي يستطيع تأمين استقلاله وتعزيزه وحمايته. وفي هذه الأيام التي ينار فيها من جديد موضوع الوزارة والحكم يصبح واجبا على كل الوطنيين المخلصين أن يضعوا قضية الوحدة في المقدمة".

وفي يوم ١٩٥٦/٧/٥م واصلت الميدان تأكيد قضية الوحدة :

" لقد بينا من قبل أكثر من مرة أن بلادنا تواجه مسائل خطيرة، وأن هذه المسائل لا يمكن أن يحلها حزب منفرد أو طبقة منفردة. أن وحدة كل الأحزاب السياسية والهيئات الديمقراطية والشخصيات الوطنية ضرورية ولا غنى عنها لحل هذه المسائل، وأن استبعاد أي حزب أو أية طبقة معناه تغذية الانقسام في صفوف الجماهير ووضع العقبات في طريق حل القضايا الوطنية الملحة.

"لقد عجزت وزارة الوطني الاتحادي الأولى لأنها كانت وزارة حزب واحد. وفشلت الوزارة الائتلافية التي سقطت أمس لأنها استبعدت الجبهة المعادية للاستعمار وكتلة العمال والمزارعين. ومن المؤكد أن الوزارة القادمة ستفشل حتما إذا استبعدت الوطني الاتحادي والجبهة المعادية للاستعمار وكتلة العمال والمزارعين. وستفشل كل وزارة لا تمثل جماع وحدة الشعب.

"إننا نرفع عاليا راية الوحدة الوطنية ونجدد دعوتنا التي تمثل وحدها مصلحة بلادنا من أجل حكومة قومية حقيقية ترتبط بميثاق وطني يحقق آمال شعبنا وأمانيه".

هذا هو موقف الحزب الشيوعي السوداني منذ عام ١٩٥٦م. وهو لا يزال موقفه اليوم. ولكن قيادات الحزب الأخرى المتطاحنة حول كراسي الحكم أصمت أذنيها عن نداء المصلحة الوطنية.

باختصار كانت سياسة اليمين الرجعي أن تحافظ على موقعها ومصادر ثرائها. وأن تؤمن تلك المواقع والمصادر بوساطة الاستعمار الحديث. وكان سبيلها إلى ذلك الاستخدام جهاز الدولة المعادي للشعب. بيد أن سلاحها الرئيس كان تفتيت وحدة الشعب وإحداث الانقسامات وتصدعات مستمرة في صفوفه. بينما كانت سياسة القوى الثورية هي تجديد حياة الشعب وتعزيز الاستقلال وخلق سودان قوي مزدهر، وكان سلاحها لذلك هو الوحدة الوطنية.

هذا هو الصراع الذي نشب بين القوى الثورية والقوى الرجعية خلال فترة الاستقلال وفي الفترة بين سنة ١٩٥٦و١٩٥٨م. وفي القمة، وفي جهاز الحكم لم يخرج الصراع عن نطاق هذه الحقيقة فقد انسلخت عناصر من الطبقة المتوسطة التي كانت تشارك في الحكم وانضمت إلى قوى اليمين التي توصلت بهذه الطريقة إلى الحكم وأصبح لها في النهاية اليد العليا تيسير دفته. أما تلك الفئة من الطبقة المتوسطة والتي كانت في الحكم في مطلع عام ١٩٥٦م فقد اتخذت موقفا متأرجحا من الصراع ولم تتحالف مع القوى الثورية، بل بالعكس من ذلك سلكت سبيل العداء لحركة الجماهير العاملة وللحزب الشيوعي مما عزلها واضعف موقفها وجعل أقصائها عن السلطة أمرا ممكنا.

وما أن آل الحكم إلى القوى اليمينية حتى بدأت تطبق بجرأة أكبر خطتها الرامية إلى إعادة الاستعمار بشكله الحديث وإلى إبعاد الجماهير عن توجيه شئون البلاد بانتزاع حقوقها الديمقراطية وكبتها وتمزيق وحدتها.

ولكن القوى الثورية شرعت تضم صفوفها وتناضل في عناد ضد السياسات الرجعية للحكومة المؤتلفة. وفي منتصف عام ١٩٥٦م ظهر ميل واضح بين الجماهير نحو سياسة خارجية معادية باستقامة للاستعمار وسياسة إقتصادية للتحرر من التبعية للسوق الاستعمارية وخاصة في مجال تسويق القطن والتعامل الاقتصادي مع جميع الدول على قدم المساواة. ولتأكيد وتوسيع الحقوق الديمقراطية وإلغاء جميع القوانين المقيدة للحريات. وقد اشتركت فيها أقسام واسعة تمثل مختلف قطاعات الشعب. وبدأت ترتفع عاليا شعارات الوحدة أمام خطر الرجعية وعودة الاستعمار، وتجمعت داخل البرلمان وخارجه جبهة واسعة، وتكونت لجان لهذه الجبهة في كل المدن الكبيرة تضم الأحزاب الوطنية والهيئات. ووصل هذا النضال ذروته في الإضراب التاريخي الذي دعا إليه اتحاد النقابات وتم تنفيذه في يوم ٢١

أكتوبر ١٩٥٨م، وصحب ذلك الإضراب مظاهرات لا مثيل لضخامتها وتماسكها اشترك فيها العمال والمزارعون والطلاب وصغار التجار. وبدأت الجماهير العاملة تبرز كقوة داعية للديمقراطية والوحدة والتقدم.

القوى الرجعية تسلم الحكم للجيش

لقد دخلت الحالة السياسية في تلك الأيام الحرجة في أزمة ثورية حادة. فشعارات الوحدة ترتفع أكثر وأكثر وسط الجماهير المعادية للاستعمار وحكم اليمين. أما الرجعية فكانت تعاني من انقسامات في صفوفها. واقتربت عناصر من نواب حزب الامة نحو القوى الوطنية. وظهر جليا أن جبهة تضم أغلبية من نواب البرلمان قد تكونت وانها ستطيح بحكومة عبد الله خليل وتقيم مكانها حكومة أقرب تمثيلا لمصالح الشعب. أهم من هذا أن الجماهير الثورية خارج البرلمان ورصت صفوفها أكثر وأكثر واقتربت من الصدام المباشر مع الحكومة اليمينية.

في تلك اللحظات الحاسمة التي أصبحت القوى الديمقراطية تسير فيها من نصر إلى نصر وبدأت في الأفق تباشير التغير إلى نظام معاد للاستعمار وأكثر ملائمة لتطور الحركة الثورية – في تلك اللحظات نقل الاستعمار واليمين معركة الصراع الطبقي من الأشكال البرلمانية إلى الأشكال الدكتاتورية المكشوفة. نقلوا الصراع من حيزه السلمي إلى حيز إشهار السلاح في وجه الحركة الديمقراطية للشعب.

لقد كان انقلاب ١٧ نوفمبر ١٩٥٨م انقلابا رجعيا منذ ولادته إذا أنه كان بحكم التطورات السياسية الحاسمة امتداد لسياسة اليمين والاستعمار امتدادا لسياسة ضرب الحركة الديمقراطية والتفريط في الاستقلال الوطني والقضاء على الحقوق والحريات الديمقراطية وتمهيد السبيل عن طريق القمع المكشوف لإخضاع وطننا للاستعمار الحديث.

إن الشكل الجديد الذي دفع به الاستعمار والعناصر الرجعية - شكل الدكتاتورية المسلحة – استهدفت منذ لحظاته الأولى القضاء على الحركة الديمقراطية في البلاد، كبت الحزب الشيوعي وتصفيته. وكبت حركة الطبقة العاملة، منع تطور حركة المزارعين- بالاختصار تصفية الحركة الديمقراطية، وتصفيتها ومنعها من التأثير على سير الحياة يصبح لا سبيل

- ٢٩ -

للجمهورية السودانية غير الركوع أمام الاستعمار الحديث ووقف الثورة الديمقراطية في البلاد.
لقد تمكن الاستعماريون واليمين من إحداث انقلاب ١٧ نوفمبر الرجعي لأنهم كانوا يملكون زمام المبادرة ولأنهم كانوا منظمين أكثر من القوى الديمقراطية. كانوا منظمين في حزب الأمة ووسط العناصر اليمينية من البرجوازية، وفي أجهزة الدولة المختلفة وخاصة في أقسامها العليا، بينما لم يكن ينظم القوى الديمقراطية اتحاد يوجد إرادتها ونضالها. وبهذا يمكن أن تعتبر ذلك الانتقال في أشكال الصراع الطبقي ذا وجهين – فهو يدل على ضعف في القوى الرجعية كما يدل في نفس الوقت على ضعف في القوى الديمقراطية.
إن الحزب الشيوعي السوداني المدافع الأمين والشجاع عن مصالح الطبقة العاملة وكل الشعب أصدر بيانه التاريخي في ١٨ نوفمبر ١٩٥٨ أي في اليوم التالي للانقلاب مباشرة وجاء فيه مانصه بالحرف (أحس الاستعماريون والرجعيون بالخطر المحدق بمصالحهم وخشوا أن تسير البلاد في خطوات جريئة نحو بناء الديمقراطية وتأسيس نظام برلماني ديمقراطي على أسس سليمة. وعند هذا سلم عبد الله خليل بالتعاون مع الاستعماريين الأمريكان والانجليز السلطة للقيادة الرجعية في الجيش بهدف المحافظة على كل المصالح الاستعمارية ووقف التطور الديمقراطي في البلاد. هذا هو انقلاب ١٧ نوفمبر الرجعي الممعن في الخضوع للمستعمرين.
وقد أكد صحة هذا التحليل فيما بعد الأميرلاي الوطني عبد الرحيم شنان[٥] حين قال: في معرض دفاعه أن عبد الله خليل حدثه ذات يوم بقوله : أنني عندما سلمت الأمور للرئيس عبود كنت مطمئنا إليه.
يؤكد ذلك أيضا ما كتبة اللواء السابق احمد عبد الوهاب[٦] بجريدة (الصحافة) بتاريخ ١٩٦٤/١١/١٢م من أن (ما حدث كان انقلابا لا ثورة لسبب واحد هو انه لم يكن هناك ما يدعو للثورة) ومضى قائلاً: أننا لم نعمل بوحي من احد، حتى عبد الله خليل نفسه فانه لم يكن يعلم بتشكيل حكومة الانقلاب ولم يشترك حتى في الحديث عنها. ولكن لما يتمتع به من مكانة واحترام في قلوب أبنائه الضباط كان يعلم بالانقلاب وان الوقت مناسب جداً فباركه، وكل ما قاله ربنا يوفقكم.

رئيس الوزراء يعلم بالانقلاب الذي هو تمرد على الدستور وعلى السلطة الشرعية في البلاد، ومع ذلك يعلن أن الوقت مناسب للانقلاب ويباركه ويدعو لقيادته بالتوفيق! أليس ذلك هو التسليم والتسلم؟.

في ظل الإرهاب الدموي المسلح:

كانت المهمة الرئيسية التي انيطت أذن بنظام ١٧ نوفمبر هي تصفية الحركة الديمقراطية وفتح أبواب البلاد على مصاريعها لسيطرة الاستعمار الحديث. وينبغي القول بأن طغمة المجلس الأعلى للقوات المسلحة وأعوانهم في جهاز الدولة وخاصة في جهاز البوليس والقضاء، كانوا عند حسن ظن سادتهم، إذ أقبلوا على انجاز تلك المهمة الرجعية في حماس وإخلاص. أن تاريخ الحكم الديكتاتوري البائد – منذ أو ولد سفاحا حتى قبرته ثورة ٢١ أكتوبر الظافرة – كان تاريخ العداء السافر للديمقراطية وللشعب.
تاريخ التفريط في الاستقلال الوطني وتضييع حقوق البلاد الأساسية.

تصفية الديمقراطية :

في صباح يوم الانقلاب الأسود صرح عبود في أول خطاب له بقوله "الآن وقد استولت قوات الأمن على الحكم وحتى تتمكن من الاضطلاع بمسئولياتها فأني أمر بالآتي وأن ينفذ فورا".

- حل جميع الأحزاب السياسية.
- منع الاجتماعات والتجمعات والمواكب والمظاهرات في جميع أنحاء السودان.
- وقف صدور الصحف إلى أن يصدر بذلك أمر من وزير الداخلية.

وفي نفس اليوم صدر ما سمى بالأمر الدستوري رقم (١) الذي يعلن قيام حالة الطوارئ في جميع أنحاء السودان بموجب المادة (٢) من قانون دفاع السودان، الأمر الثاني "إيقاف العمل بدستوري السودان وحل البرلمان السوداني ابتداء من ١٩٥٨/١١/١٧م، والأمر الثالث وهو وقف جميع الصحف ووكالات الأنباء والمطابع إلى حين صدور أمر آخر".

وقبل أقل من أسبوع على الانقلاب صدر قانون دفاع السودان لعام ١٩٥٨م ولائحة دفاع السودان لعام ١٩٥٨م، ولقد تعاونت العقليات الشريرة الممتلئة حقدا على الديمقراطية وعلى القوى الثورية لكيما تخرج هاتين الوثيقتين اللتين تسخران وتهزأن بأبسط حقوق الإنسان. فالوثيقة الأولى تتيح توقيع عقوبة الإعدام والسجن الطويل لكل من يعمل على تكوين أحزاب أو يدعو لإضراب، أو يعمل على إسقاط الحكومة أو يبث الكراهية ضدها".

والوثيقة الثانية تخول وزير الداخلية (يعني البوليس) سلطة مراقبة الرسائل البريدية خاصة أو غير خاصة، ومراقبة الصحف وكافة المطبوعات، وإرغام الوطنيين على الإدلاء بأي معلومات يطللبها البوليس، وإعلان حظر التجول على أية منطقة، ومنع المواطنين من مغادرة السودان، ومنع دخول أي جرائد أو مطبوعات، ومنع تنظيم المواكب، وتفتيش أي منزل أو مبنى أو عربة أو مركب أو طائرة وبواسطة أي ضابط أو جندي أو رجل بوليس، وبالقوة إذا لزم الأمر وفي أي ساعة من ليل أو نهار، واعتقال أي مواطن بدون أمر قبض..." وسوف لا يكون ضروريا أن يقدم للقاضي إذا كان من رأي وزير الداخلية (البوليس) إن ذلك سيكون مناهضا للسلامة العامة. ولوزير الداخلية في هذه الحالة أن يأمر بحفظ هذا الشخص لأي مدة يراها مناسبة ".

ولوزير الداخلية او من يفوضه أن يأمر بمنع أي شخص من الإقامة في منطقة معينة أو من الدخول إليها كما يستطيع أن يحدد إقامته في منطقة ما، او أن يفرض عليه التبليغ للبوليس أو تحديد إقامته... الخ الخ.

وفي يوم ١٩٥٨/١٢/٣ أصدر مجلس وزراء الدكتاتورية القرار التالي:
"تعطيل النقابات والاتحادات وتسري هذه القاعدة على النقابات والاتحادات الآتية :

نقابات العمال.

اتحادات نقابات العمال.

حتى تتمكن الحكومة من القيام بواجباتها المتصلة بالأمن والنظام العام في ظل قانون الطواري".

وفي يوم الخميس ١٩٥٨/١٢/١٨م اعتدى البوليس على جريدة (الطليعة) واعتقل القادة العمال وعلى رأسهم الشفيع أحمد الشيخ[٧] ورفاقه وقدمهم إلى محكمة عسكرية إيجازية سرية كانت سبة في جبين الذين نظموها وانتهاكا فظا لأبسط حقوق الإنسان.

كل هذه الخطوات أنجزت بالضبط خلال شهر من الانقلاب. وكانت تمثل الركن الأساسي في سياسة تصفية الحركة الديمقراطية. وما حدث بعد ذلك لم يكن سوى تطبيق لتلك الخطوات وتأكيد وتوسيع لها في مختلف الاتجاهات، فهذه الإجراءات الآثمة امتدت إلى جميع المكاسب السياسية والتنظيمية والدستورية التي حققها شعبنا عبر نضاله الطويل الملئ بالتضحيات ضد الاستعمار: البرلمان، المنظمات السياسية (الحزب الشيوعي السوداني) النقابات، الصحافة، وكان بداية هجوم شامل هدفه تجريد الشعب من أدواته الرئيسية في الصراع لانجاز مهام الثورة الوطنية الديمقراطية.

ماذا تعني معاداة الشيوعية:

عندما جاء نظام ١٧ نوفمبر كان قادته يرفعون راية معادة الشيوعية. وفعلا بدأ في توجيه ضرباته منذ الأيام الأولى للشيوعيين ومؤسساتهم.

واسترخى كثير من السياسيين من زعماء الأحزاب، يغمرهم على الأرجح شعور بالارتياح المقرون بالشماتة للمصير الذي حاق بالشيوعيين المتعبين. ولكن شعار محاربة الشيوعية اتسع في عام ١٩٥٩م ليشمل نقابيين غير شيوعيين فيسوقهم إلى المعتقلات بتهمة الشيوعية، اتسع ليشمل منظمات العمال والمزارعين والطلاب. وظل يتسع حتى لم تنج منه جميع الأحزاب، وحتى تطور إلى نظام ديكتاتوري جثم ككابوس أسود على أنفاس شعبنا وسد منافذ حياتنا كلها.

لقد قدم نظام ١٧ نوفمبر مثالاً حيا ملموسا لمعاداة الشيوعية. إن القصد من رفع راية معاداة الشيوعية هو قسم صفوف الشعب: فهو محاولة من ناحية التخويف بخطر الشيوعية بتصويرها في شكل العدو اللدود للمصالح الوطنية، وهو من ناحية أخرى يستهدف إشاعة شعور كاذب بالاطمئنان بأن الضربة توجه إلى الشيوعيين وحدهم. ولكن ما الذي حدث بالضبط؟ لقد تبين أن الذين رفعوا راية معاداة الشيوعية كانوا هم أنفسهم أعدى أعداء المصالح الوطنية. وإن معاداة الشيوعية لهذا السبب كان لابد أن تؤدي آخر الأمر إلى دكتاتورية سافرة تعادي كل الشعب.

إن سنوات الدكتاتورية الست قد أملت شعبنا بتجربة فريدة وهامة لكشف روح العداء للشيوعية. أن العداء للشيوعية هو أيديولوجية القوى

الاستعمارية واليمينية في حربها ضد مصالح الشعب والجماهير العاملة، في حربها ضد قوى التحرر والديمقراطية.
هنالك من يرفعون اليوم راية معاداة الشيوعية المشبوهة الملوثة. ونقول لهم لقد رأيتم بأعينكم مصير الذين رفعوا تلك الرايات. إن مصيركم لن يكون أفضل.
إن سجل نظام ١٧ نوفمبر في هذا المضمار حافل بالخزي والعار. فتحت ظل الحكم الدكتاتوري وقانون الطوارئ ولائحة دفاع السودان وجميع القوانين الرجعية القديمة والحديثة استطاع ذلك النظام أن يرتكب المخازي الآتية :
جرت محاكمات كثيرة لعدد كبير من المواطنين من كل قطاعات الشعب من العمال والمزارعين والطلاب والضباط والجنود من الجيوش والبوليس وغيرهم وسنورد فيما يلي سجلا لمجموع السنين التي حكم بها للمحاكمات الرئيسية:

محاكمة الشفيع أحمد الشيخ ورفاقه	(٢١ سنة)
محاكمة السر جعفر [٨] ومبارك حسن	(٨ سنوات)
محاكمة شنان ورفاقه	(١٣٩سنة)
محاكمة الضباط الشهداء الخمسة[٩]	(إعدام)
محاكمة زملائهم في محاولة ٩ نوفمبر ١٩٥٩ الثورية	(٥٩ سنة)
محاكمة أمدرمان للمتظاهرين ضد اعتقال زعماء المعارضة سنة١٩٦١م	(٣١ سنة)
محاكمة حسنين حسن[١٠] وسليمان حامد[١١]	(١٦ سنة)
محاكمة الحاج عبد الرحمن و رفاقه في عطبرة	(٢٥ سنة)
محاكمة عبد الرحمن عبدالرحيم الوسيلة[١٢] ورفاقه[١٣]	(١٢ سنة)
محاكمة محمد محمود[١٤] ومكين ضحية	(١٣ سنة)
محاكمة محمد إبراهيم عبده[١٥] ورفاقه	(١٣ سنة)

وهناك محاكمات أخرى عديدة في مختلف مدن السودان. وبلغت جملة الأحكام أكثر من ٦٠٠ سنة.
وقد صاحبت هذه المحاكمات اعتداءات فظة على استقلال القضاء وعلى المبادئ الرئيسية المعروفة عالميا في حق الدفاع وغيره. وهنا لا بد أن نذكر أن رئيس القضاء أبورنات[١٦] وعدد من القضاة تعاونوا تعاونا سافرا مع الدكتاتورية العسكرية وأصدروا أحكاما جائرة على الوطنيين اعتمادا على

جنبا إلى جنب مع تقديم الوطنين إلى المحاكم العسكرية والمدنية فقد شنت حملات اعتقالات واسعة تحت مادة الحبس التحفظي القاسية وسيق مئات الوطنيين إلى المعتقلات دون محاكمة. وبدأت الاعتقالات على نطاق واسع في يوم ٢٤ مايو بعد فشل محاولة ٢١ مايو ١٩٥٩م.
كان الاعتقال يتم على أساس أوراق مجهزة سلفا وموقع عليها بإمضاء وزير الداخلية حتى لا يتكلف البوليس ولا الوزير مشقة عرض كل حالة على حده. هذا كان معناه إطلاق يد كبار ضباط البوليس في التصرف في حريات المواطنين. وجدير بالذكر أن المعتقلين كانوا يحتجزون في البداية على ذمة التحقيق في قضايا ملفقة ومزعومة. ويمتد الاحتجاز شهورا طويلة في بعض الأحيان بفضل القانون الذي يعطي البوليس سلطة اعتقال المتهمين رهن التحقيق لمدة أسبوع قابلة للزيادة. وعندما يتضح أنه لا توجد أدنى فرصة لتقديمهم للمحاكمة كانوا ينقلون للمعتقلات تحت قانون الحبس التحفظي. ومكث كثير من المعتقلين فترات طويلة تجاوزت السنة والسنين.
وكان الاعتقال يتكرر عدة مرات. ونذكر على سبيل المثال أن الأستاذ عبدالخالق محجوب[٢٥] سكرتير الحزب الشيوعي السوداني اعتقل ثلاث مرات قضي فيها أكثر من ٢٦ شهرا في السجون دون محاكمة. ليست لدينا إحصائية كاملة عن جملة الذين اعتقلوا لكن بتقديرات متحفظة يمكن القول بأن عددهم زاد عن ٧٠٠مواطن.
كان المعتقلون يعاملون معاملة رديئة. فقد نقل ٢٥ من الشيوعيين في يونيو ١٩٥٩م إلى معتقل ناقيشوط[٢٦]. وناقيشوط جبل ارتفاعه أكثر من ٦٥٠٠ قدم وجوه رطب جدا. وكان المعتقلون هم أحمد سليمان وعز الدين علي عامر[٢٧] والرشيد نايل[٢٨] وجوزيف قرنق[٢٩] والتجاني الطيب وبابكر محمد علي وعلي محمد إبراهيم[٣٠] وسمير جرجس[٣١] ومصطفى محمد صالح[٣٢] وحسنين حسن وأنور زاهر[٣٣] وعبد الله عبيد[٣٤] والجزولي سعيد[٣٥] وحسان محمد الأمين والحاج سليمان وعبد الوهاب البشير وعباس عبد المجيد ومحمود جاد كريم وسعودي دراج[٣٦] والجنيد علي عمر[٣٧] والحاج عبد الرحمن وظلوا فوق الجبل يعانون من البرد وسوء التغذية والعزلة لثلاثة أشهر. ولم ينزلوا ألا بعد إضرابهم عن الطعام، كما نقل ١٢ من زعماء المعارضة إلى جوبا في يوليو ١٩٦١م وعوملوا معاملة رديئة، والمعتقلون هم السادة إسماعيل الأزهري وعبدالخالق محجوب والشيخ محمد أحمد المرضي[٣٨] ومحمد أحمد محجوب ومبارك زروق وأحمد سليمان وإبراهيم

جبريل وعبد الله عبد الرحمن نقد الله[٣٩] والمرحوم عبد الله مرغني وأمين التوم وعبد الله خليل عبدالرحمن حسن شاذلي[٤٠] (شاخور).

أما المعتقلون في السجون العادية فقد كانت سلطات الداخلية والبوليس تصر دائما في البداية على معاملتهم مثل سجناء الدرجة الثالثة فينامون على الأرض ويأكلون (القراصة) ويحرمون من حق التريض والقراءة والاطلاع على الصحف وسماع الإذاعات وغير ذلك من ألوان التضييق. وكانت تلك السلطات ترفض اعتبارهم معتقلين سياسيين وتصر علي اعتبارهم سجناء عاديين. لكن المعتقلين كانوا يدخلون في معارك إضراب عن الطعام حتى يشرفوا على الخطر. وبفضل تلك المعارك كانوا يحصلون على بعض الحقوق. وكان الوضع يتكرر دائما مع كل دفعة جديدة من المعتقلين وذلك تمسكا من سلطات البوليس والداخلية بعدم الاعتراف بحقوقهم كمعتقلين سياسيين.

وعانت عائلات المعتقلين من سوء المعاملة التي كانت تلقاها في محاولاتها لزيارتهم فكانوا يتركون- مع أطفالهم ساعات طويلة في حر الهجير، وأحيانا يخطرون بإلغاء الزيارة بعد أن يقضوا الساعات في انتظار رؤية ذويهم ويكفي أن نذكر أن الزيارة كانت تتم مرة كل شهر بمعدل ثلاث أشخاص فقط للفرد الواحد على إلا تمتد الزيارة لأكثر من ربع ساعة. وكانت عائلات كبيرة تأتي من أماكن بعيدة بل ومن خارج العاصمة لمقابلة ذويها ومع ذلك فقد كانت الزيارة تختصر أحيانا إلى خمس دقائق أو أقل بل كانت تلغي فجأة وبعد أن تتكبد العائلات جميع مشقات الحضور إلى السجن.

لقد استباح الحكم العسكري المباد بجهاز بوليسيه الأسود وعلى رأسه أبارو- استباحوا كل القيم بسن وتطبيق الحبس التحفظي. ففي أوائل عام ١٩٦٠م مثلا لم ير القضاء وجود قضية ضد عبدالخالق محجوب ورفاقه فأمر بشطبها وقد شطبت بالفعل. لكن عبدالخالق ورفاقه لم يطلق سراحهم إلا في نهاية ذلك العام وظلوا في السجن بأمر وزير الداخلية. وفي كسلا أصدر القضاء حكمه على المواطن عبد الله محمد إبراهيم بالسجن ٦ أشهر على أن تحتسب مدة الانتظار ولكنه بقي في السجن ١٥ شهرا. وفي الخرطوم بحري برأت المحكمة المواطن بابكر عباس ولكنه رغم ذلك ظل في السجن لمدة ثلاثة أشهر. وفي شندي برأ القضاء باشكاتب المجلس البلدي ولكنه مع ذلك أرسل للحبس التحفظي في كوبر والأمثلة في ذلك كثيرة ومتعددة.

وقد أباحت سلطات الداخلية لنفسها أن تحرم المعتقلين السياسيين من حق العلاج وليتصور القارئ أن المعتقلين، وبينهم كثير من المرضى، حرموا في فترات عديدة من الذهاب إلى المستشفيات الكبيرة وفرض عليهم أن يعالجوا في شفخانات السجون، ووزعت منشورات سرية للأطباء تمنعهم من إيواء المعتقلين في المستشفيات أو صرف أغذية خاصة تتناسب مع حالتهم الصحية. ولا بد أن نذكر هنا أنه رغم تخلي بعض الأطباء عن شرف مهنتهم الإنسانية إلا أن أغلبيتهم الساحقة كانت في مستوى عال من الشجاعة والتمسك بالقيم النبيلة، ويحفظ لهم السجناء والمعتقلين ذكريات مشرفة. فلولاهم ربما كان عدد من المعتقلين والسجناء في عداد الشهداء.

وبجانب السجن والاعتقال لجأت الدكتاتورية إلى إجراء تحديد إقامة المواطنين في منازلهم أو في مدن معينة. ومن بين الذين حددت إقامتهم الشيخ محمد أحمد المرضي[٤١] في منزلة والأستاذ جوزيف قرنق الذي حرمت عليه أولا زيارة المديريات الجنوبية ثم حددت إقامته في واو، كذلك فرضت الإقامة الجبرية في العاصمة والرقابة الأسبوعية في أقسام البوليس على عدد من المواطنين من بينتهم الأساتذة عبدالخالق محجوب ومحمد إبراهيم نقد والجنيد علي عمر والتجاني الطيب وسمير جرجس. وقد فرضت الإقامة الجبرية على الضابط محمود حسيب[٤٢] في كتم.

ولم يكتف نظام ١٧ نوفمبر بالسجن والاعتقال وتحديد الإقامة لمحاربة المناضلين الوطنيين والتنكيل بهم وإنما حاربهم أيضا في أرزاقهم عن طريق الفصل من الوظائف وقفل أبواب العمل في وجوههم. ويكفي القول بأن أي شخص كان يتقدم للعمل في أية وظيفة كان يتطلب منه التقدم بشهادة من البوليس. وكثير من المعتقلين والسجناء كانوا هم الذين يعولون أهلهم وأسرهم. وقد تعرضت كثير من العائلات لألوان شظف العيش وقسوة الحياة.

إن نظام ١٧ نوفمبر قد أعطى سلطات خيالية للبوليس، وحتى جهاز الخدمة المدنية وقع فريسة لتدخل البوليس. ولعل مقتطفات من الوثيقة التي رفعت في يد الحزب الشيوعي تغني عن كل تعليق. والوثيقة مؤرخة في يوم١/٧/١٩٥٩م وجاء فيها حرفيا ما يلي:

"لدى هذه الوزراة ما يشير إلى أن هناك تغلغلا شيوعيا وسط موظفي بعض الوزارات والمصالح المختلفة ولما كان هذا الموضوع حيوي جدا وهام لاتصاله الوثيق بأعمال الدولة ونسبة لما قد يسببه وجود أشخاص غير

مرغوب فيهم في الإدارة الحكومية من موظفين غير متجاوبين لعدم إخلاصهم. فإني أرجو منكم التصرف الكامل في هذا الصدد بتقديم اسم أي شخص مهما كان مركزه في وزارتكم أو مصلحتكم ومهما كانت التهمة التي تحوم حوله بعيدة الاحتمال وأن تمدوا قسم الأمن بهذه الوزارة بأية معلومات مهما كانت طفيفة وعليه فأهيب بكم ألا تترددوا في تقديم اسم أي فرد مهما كان الشك ضئيلا."

معنون لكل رؤساء الوزارات والمصالح – سري جدا.

إمضــاء

حســن علــي عبــد الله

الوكيــل الــدائم لشئــون الأمــن

وكان على الصحافة الاختيار بين سبيلين : التمجيد والتسبيح بحمد جلادها أو أن تذهب ضحية إرهابهم.

فمنذ اليوم الأول لانقلاب ١٧ نوفمبر الرجعي أصبح واضحا أن الصحافة يجب ألا تنشر شيئا يغضب الحكام الجدد من قريب أو من بعيد. وفي المؤتمر الصحفي الذي عقده عبود في الأسبوع الثاني بعد الانقلاب قال للصحفيين :

"لا تكتبوا أي شئ ضد سياسة الحكومة ولا تنتقدوا أعمالها في الأمور الداخلية والخارجية ولا تعلقوا على هذه الأعمال بشئ، ولا تكتبوا عن الأحزاب السابقة أو الطوائف، لا تكتبوا معلقين أو منتقدين سياسة البلدان الأخرى". وعن مؤتمر صحفي ثان جاء في جريدة الأيام ما يلي : " أعلن وزير الداخلية في مؤتمره الصحفي أنه لن يتوانى عن قفل أي جريدة أو تقديم محررها إلى المحاكم إذا حاولت الصحف أن تثير الشكوك حول أهداف الحكومة ومراميها".

وهذا ثاني مؤتمر بعد أن كانت جميع الصحف معطلة عن الصدور منذ ١٨ نوفمبر.

وأشار وزير الداخلية إلى الصحف بأن تمتنع عن نشر الأنباء والتعليقات الخاصة بسمعة الحكومة التي تسئ إلى العهد أو تقوض الثقة فيه وألا تنشر الصحف التعليقات التي تؤثر على علاقة السودان بالدول الأجنبية.

وقد واجهت الصحافة صعوبات عملية في تطبيق تلك التوجيهات وطلبت الصحف من الدولة أن تفصل تلك التوجيهات وأن تضع حدودا وقواعد

واضحة تطبقها الصحف عند النشر. وعليه فقد أصدرت وزارة الداخلية الأمر التالي:
- صيانة أسرار الدولة مثال ذلك المعلومات الخاصة بتحركات القوات المسلحة والحقائق المتعلقة بأمن الدولة.
- أن تدعم الثقة في النظام الجديد لا أن تقوضها أو أن تثير السخط أو الاحتقار في أية صورة ضد الحكم الجديد. أن تشير الصحف إلى الأخطاء التي وقعت في العهد الماضي وتستنبط منها دروس المستقبل.
- إلا ترد الصحف على أي مجرم وجهته دولته ما أو صحافتها إلا بالتشاور مع وزارة الداخلية.

وبمضي الزمن ازدادت قائمة المحرمات طولا وأضيفت إلى قوانين الاستعمار التي إكتوت بنارها كل صحيفة وطنية قبل الاستقلال، أضيفت قوانين جديدة أكثر أمعانا في الرجعية والقهر، قوانين تخول لوزير الداخلية حق رقابة أية جريدة أو إغلاقها ورقابة الرسائل التي ترد إليها الخ الخ ..
والصحف التي تتمرد على ذلك أو تفكر في التمرد أو تأتي حرفا واحدا أو علامة تعجب واحدة يرى وزير الداخلية خطرا على الأمن فمصيرها معروف.

ولقد عطلت "الميدان" لسان حال الجبهة المعادية للاستعمار و"الطليعة" لسان حال الإتحاد النقابات لمعارضتهما النظام الأمريكي الديكتاتوري. وعطلت "الأيام" لأنها طالبت بنشر حيثيات الحكم في قضية الشفيع أحمد الشيخ ورفاقه. وبعد أن عادت للظهور عطلت مرة أخرى لاتخاذها موقف المعارضة ولنشرها مذكرة زعماء المعارضة، ولعدم اهتمامها بأخبار الحكومة.

وعطلت "النيل" لأنها نشرت مقالات عن الديمقراطية. كما ظلت "الزمان". والصحف التي ظلت تصدر تتغذى صباح مساء من هذه المجموعة من المحرمات:

- نشر أخبار قيادة القوات المسلحة إلا من البيانات الرسمية.
- التعرض لأخبار الوزراء وضباط الجيش والبوليس.
- التعرض بالنقد للمعونة الأمريكية أو خبرائها المسلحين بالحصانة الدبلوماسية.

- نقل ما يدور في المحاكمات السياسية من نشرات وزارة الاستعلامات والعمل.
- نشر أي شئ عن أضرابات العمال والطلاب إلا عن طريق النشرات الرسمية
- نشر أي شئ عن تحركات المزارعين وخاصة مطالبهم.
- نشر أنباء نقابة المحامين خاصة بعد تدخلها في قضية المتهمين بالأبيض.
- التعرض بالنقد لقانون مجالس المديريات.
- نشر محاكمة آيخيان [٤٣] أو تفاصيل محاكمات تركيا.
- التعرض بالنقد للإذاعة أو مراقبها التاج حمد [٤٤].
- نشر أخبار المعتقلين السياسيين.
- نشر أي تعليق أو نقد لاعتراف أثيوبيا بإسرائيل.
- نشر أخبار وصور الزعماء السياسيين.

وقد أنذرت "الأيام" مرة لأنها نشرت إعلانا من مواطن سمى ابنه باسم أحد زعماء المعارضة وأرسل أمر بمنع أي إعلان يحمل اسما سياسيا.

- إبداء الرأي في أي نزاع عالمي.
- التعرض لموضوع اغتيال هزاع المجالي [٤٥] رئيس وزارة الأردن.
- نشر أنباء عما يسمي بمطالب العمال ونقابات العمال نسبة لسياستها.
- نشر أي خبر عن تشكيل المحاكم العسكرية.
- نشر أي خبر عن المظاهرات التي يقوم بها الطلبة أو غيرهم.
- التعرض لحوادث اليمن الشقيق بأي تعليق.
- التعرض لموضوع الطائرة السعودية التي هبطت بمطار وادي حلفا
- التعرض بالنشر أو التعليق لمحاكمات "الشيوعيين" الوسيلة ورفاقه الذين تقدموا بعريضة للحكومة وقدموا للمحاكمة أمام محكمة عسكرية.
- الكتابة عن كيشو [٤٦] ولجنة نادي الهلال وأزمة نادي الهلال.
- نشر البرقيات التي تؤيد حكومة جيزنجا.

- نشر أي نبأ أو تعليق يتصل بقرار المجلس الأعلى الخاص من قريب أو بعيد وكذلك ما يتصل بموقف(موظفي) الجامعة والطلبة من هذا القرار.
- الخوض في موضوع المناضلين الإرتريين (الذين وجدوا بالسودان دون إقامة شرعية).
- التعرض اطلاقا سواء بنشر الخبر أو التعليق لموضوع الشعارات الانتخابية التي يقوم بها المرشحون بهدف الدعاية لانتخابات المجالس المحلية.
- نشر البيان الذي أصدرته سفارة الجمهورية العراقية.

" إنني بهذا أحذر جريدتكم من نشر أخبار أو معلومات – بطريق مباشر أو غير مباشر فيها مساس أو إساءة إلى أية بعثة دبلوماسية معتمدة في الخرطوم و إلا فإنكم تعرضون جريدتكم إلى الحساب والعقاب ".

- نشر نصوص أي اتفاقيات دولية تتوصل إليها البلاد إلا إذا صدرت في بيان رسمي !

هذه هي الفاكهة المحرمة التي لم يكن يحق للصحافة أن تتذوقها أو تفكر فيها أو تلمح إلى حاجيتها إليها. وكان من جراء ذلك أن عانى شعبنا أسوا النتائج في السياسة الداخلية والخارجية وغابت عن رقابته الشرعية حقائق هامة تدور في الخفاء كل يوم.

وصل أمر لرؤساء تحرير الصحف بعدم التعرض لأخبار خبراء المعونة الأمريكية. وكما هو معلوم فإن هؤلاء الخبراء كثيرا ما يرتكبون جرائم تستحق الفضح والعقاب. حدث مرة أن تعرض عامل سوداني لأهانة بالغة من احد هؤلاء الخبراء تتنافي مع الخلق السوداني. وحمل العامل توقيعات استنكار من زملائه وطاف بها دور الصحف المقيدة العاجزة. وعندما اتصل أحد الصحفيين بوزير الاستعلامات طلعت كان رده: "يستأهل هو ماله ومال الكبار؟" وبعد أسبوع كان العامل وثلاثة من زملائه قد طردوا من العمل.

قدمت (السودان الجديد) للمحاكمة وغرم رئيس تحريرها ٥٠ جنيه مع الإنذار النهائي لنشرها ما دار في محاكمة قضية شيوعية في يناير ١٩٦٠م.

منعت الديكتاتورية الصحف من التعليق على أحداث كوبا ومتابعة أخبارها إلا من نشرات السفارة الأمريكية. وقد تذمرت (الأيام) من هذا الإتجاه وكتبت في باب (حديث المدينة) كلمة بعنوان (لنا وسائلنا الخاصة) واتهمت

السفارة الأمريكية بتضليل الرأي العام السوداني. وفي اليوم التالي أجنح السفير الأمريكي لدى وزارة الداخلية واستدعى محرر الأيام ليفاجأ في مكتب وزير الاستعلامات بوزير الداخلية والخارجية والسفير الأمريكي. فطلبوا منه الاعتذار وعندما رفض وبخه وزير الاستعلامات أمام الآخرين وإنذاره أنذرا نهائيا.

في أول يونيو ١٩٦١م نشرت (الرأي العام) خبرا يشير إلى الإنذار الذي وجهته نقابة السكة حديد إلى المصلحة. وفي اليوم التالي عقد طلعت فريد مؤتمرا صحفيا هدد فيه (الرأي العام) وتسلمت الصحف أمرا بعدم الإشارة إلى إضرابات العمال إلا عن طريق البيانات الرسمية.

وبعد إضراب السكة الحديد الذي دام أسبوعا عقد طلعت فريد مؤتمرا صحفيا حمل فيه الصحافة مسئولية الإضراب لأنها لم تنصح العمال وطلب من الصحف كتابة مقالات "تدعو العمال إلى الرجوع إلى صوابهم" وقال أنه لن يتسامح مع الصحف التي لا تخدم الثورة !.

منعت الديكتاتورية الصحف عن الإشارة إلى أي خبر عن مشكلة مياه النيل أو مشكلة الحدود في حلايب. وقد نشرت (السودان الجديد) في خبر صغير أن الجانب السوداني سيتطرق إلى مشكلة الحدود. فأصدرت وزارة الداخلية أمرا بتعطيلها فورا.

حتى العناوين الصحفية فرضت عليها وزارة الداخلية رقابة صارمة، وقد أنذرت (الأيام) لأنها كتبت في مناسبات مختلفة العناوين التالية:
"طار الرئيس عبود ورفاقه إلى أثيوبيا" حريق في وزارة الاستعلامات.
" انقلاب ١٧ عربة في خط بورتسودان" ! وهددت وزارة الداخلية جميع الصحف بالتقديم للمحاكم إذا فهم من العناوين تلميح بالسخرية أو تعريض بالحكومة.

وهددت الديكتاتورية الرجعية بتأميم الصحافة. ومع أنها تراجعت أخر الأمر أمام مقاومة الصحفيين وتذمر أوساط واسعة من السكان إلا أنها في غمرة تراجعها أصدرت تعديلا لقانون الصحافة يرفع العقوبة على رفض الإدلاء بمصدر الخبر إلى السجن لمدة شهر أو الغرامة ٥٠ جنيها أو العقوبتين معا. وكان القانون قبل تعديله لا يشمل عقوبة السجن ويكتفي بغرامة ٥ جنيهات في الإدانة الأولى و٢٥ جنيها في كل إدانة لاحقه.

وأصبحت الصحافة شبه حكومية بسياستها العملية وبما كانت تتقاضاه من رشاوى. أما تحت ستار سلفيات أو غيره أو بالرشاوى والامتيازات التي كان يتقاضاها بعض رؤساء التحرير والمحررين.
إن محنة الضمير التي مرت بها الصحافة - وقد كانت في وضع يتيح لها الإلمام التام بكل مخازي الحكم البائد - يجب أن تدفع جميع الصحفيين المخلصين ذوي الضمائر الحية لكشف الأسرار السوداء التي أحاطت بالعمل الصحفي خلال سنوات الحكم الديكتاتوري. وذلك بهدف تنظيف الصحافة السودانية من الأدران والأقذار، وبهدف استخلاص وتثبيت الحقوق والحريات الديمقراطية التي تحتل مركزا هاما بينها حرية الصحافة- وبهدف خلق جيل مناضل شجاع وسط الصحفيين يواجه التنكيل والمحن ثابت الجنان دون أن يركع للطغاة ويجمل وجوههم القبيحة أمام الشعب.

الهجوم على المنظمات الديمقراطية:

وتعرضت المنظمات الديمقراطية للإلغاء ولمصادرة أموالها وممتلكاتها وكان الهدف هو تجريد الطبقة العاملة والقوى الديمقراطية من سلاح التنظيم والاتحاد.

النقابات:

وقد وقع أول هجوم على الطبقة العاملة التي أشاعت الذعر والفزع في قلوب الاستعماريين والرجعيين لدورها الطليعي قبل الانقلاب في توحيد جماهير الشعب وقيادتها للإطاحة بحكم عبد الله خليل. ففي يوم ١٩٥٨/١٢/٣، ألغيت النقابات وحل إتحاد النقابات كما ألغى قانون العمل والعمال لعام ١٩٤٨م، وأعلنت المحكمة ستسن قانونا جديدا مستمدا من تقاليدنا وواقعنا. ولكن ذلك القانون لم يصدر إلا في عام ١٩٦٠ وسنتعرض له فيما بعد.
في ١٨ ديسمبر عام ١٩٥٨ اعتقل قادة العمال الشفيع أحمد الشيخ ورفاقه وقدموا لمحاكمة عسكرية سرية وأصدرت ضدهم أحكام جائزة بالسجن رغم أن أغلبية المجلس العسكري من الضباط الشباب لم توافق لا على الإدانة و لا على الأحكام. كما تضمن قانون الدفاع السوداني لسنة ١٩٥٨م "عقوبة الإعدام والسجن لأي إضراب ترى الحكومة أنه يعرض مصالح البلاد للخطر".

وظلت الديكتاتورية الرجعية تعتقل المناضلين النقابيين الذين ناضلوا بعناد ضد حرمان الطبقة العاملة من حق التنظيم النقابي. وعندما بدأت الاعتقالات الجماعية في ٢٤ مايو ١٩٥٩م كان من المعتقلين العديد من المناضلين النقابيين.

وتحت الضغط الشديد من جانب العمال تراجعت الديكتاتورية وأصدرت قانون النقابات لعام ١٩٦٠ لفرض (الاستقرار) وسط العمال ولكيما تعمل رؤوس الأموال الأجنبية في حماية تامة وتنعم بالحد الأقصى من الأرباح دون مقاومة.

إنّ قانون ١٩٦٠ يخرج من التنظيم النقابي جميع الموظفين مثل مدرسي المدارس الوسطى الأهلية والمدارس الأولية وموظفي البوستة والتلغراف وموظفي الإدارة المركزية وغيرهم. وهي كلها مجموعات كانت منتظمة في نقابات. كذلك يخرج القانون المذكور من حق التنظيم النقابي العمال الزارعين الذين يشكلون قسما كبيرا وهاما جدا من أقسام الطبقة العاملة السودانية. والقانون يحرم العاملين في مؤسسات ويقل عددهم عن ٥٠ عاملا من حق التنظيم النقابي. وفي بلد كالسودان يعمل فيه بالورش والمصانع الصغيرة عشرات الآلاف من العمال فإن هذا يعني أن قانون ١٩٦٠م يترك أيضا قسما هاما من العمال خارج التنظيم النقابي. والقانون المذكور يحرم الذين لا يعملون تحت مخدم واحد من حق تكوين نقابات. وهذا يعني أن عمال البناء والتجارة والنقش والمحال التجارية وعمال المطابع وعمال طلمبات البنزين وعمال الشحن والتفريغ والترزية والخبازين والتاكسي وغيرهم كلهم محرمون، رغم كثرتهم العددية وأهميتهم، من حق التنظيم النقابي، إن قانون ١٩٦٠ قد أصدر بغرض تجريد الطبقة العاملة من سلاح التنظيم الذي هو سلاحها الأساسي في النضال من أجل شروط عمل أفضل وحياة معيشية أحسن.

ويتدخل القانون بشكل سافر في شئون النقابات الداخلية فيعطي المسجل حق مراجعة حسابات النقابة – على أن تساهم النقابات في مصروفات المراجعة على الوجه الذي يراه مكتب العمل! وينص القانون على أن تقدم النقابات بياناتها الحسابية قبل اليوم الأول من شهر يونيو كل عام – وكأنما هي مصالح حكومية ترتبط ميزانياتها بذلك الشهر بعينه.

والمادة ٢٦ من قانون ١٩٦٠ تمنع النقابات من الانتساب لأية هيئة لا تسري عليها أحكام هذا القانون. أو أن تتحد معها أو أن تقوم معها بعمل مشترك

لأي غرض من الأغراض. وكل هذه القيود تستهدف حرمان العمال ممثلين في نقاباتهم من مناصرة بعضهم البعض ومن حقهم في الإتحاد حتى يسهل الانقضاض عليهم وازدرائهم كلا على إنفراد.

لقد كانت الديكتاتورية تريد تحويل النقابات إلى مجرد لافتات وأن تظل منفردة مشتته، ولذلك حرمت تكوين إتحاد العمال.

وأضيف إلى قانون ١٩٦٠ قانون "منازعات العمل لعام ١٩٦٠ م". وهذا القانون يفرض على العمال الدخول في مراحل طويلة تبدأ بالتفاوض فالتحقيق فالتحكيم- والقصد من ذلك هو قتل المطالب بالتسويف والمماطلة كما وضعت تعقيدات كثيرة متنوعة على حق الاضراب- وفي حالة مخالفة هذه التغيرات يتعرض المخالفون سواء بإعلان الإضراب او تنظيميه أو التحريض عليه أو الإغراء به أو الاشتراك فيه لعقوبة السجن لمدة ٦ أشهر أو الغرامة أو الإثنين معا.

وعندما رأى العمال أن يفيدوا حتى من قانون ١٩٦٠ الرجعي ومن فرصة البالغة الضيق لتنظيم أنفسهم وللأعداد لانتزاع مكاسب جديدة أصاب الديكتاتورية الذعر والفزع. وعندما تم تسجيل نقابة عمال السكة الحديد بعد مماطلات وتسويفات عديدة، وبعد التحيز الواضح للانتهازية. ركبت الديكتاتورية حمى الجنون، فقبل انتخابات النقابة أصدرت المحاكم العسكرية أحكامها بالسجن على تسعة من النقابيين النشطين.

عبد الفتاح عثمان (٣ سنين) خضر نصر[٤٧] (سنتان) خليفة المحجوب (سنتان) سرالختم رشوان (سنة ونصف) أحمد البدوي (سنة ونصف) أحمد علي إبراهيم (سنة ونصف) الحاج محمد صالح (تسعة أشهر).

ولجأت سلطات السكة الحديد إلى نقل العمال الشيوعيين والديمقراطيين الأمناء على مصالح العمال وأبعادهم عن مناطقهم التي يضمنون فيها الفوز في انتخابات. وأصدرت محاكم عصابة ١٧ نوفمبر حكمها بالسجن ١٥ يوما على المناضل العمالي البارز الحاج عبد الرحمن وسكرتير اللجنة التمهيدية عشية التحضير للانتخابات و عندما خرج من السجن يوم ١٩٦٠/١١/٩ اعتقلته السلطات دون حياء يوم١٠/١١ تحت قانون الحبس التحفظي لتطلق سراحه في اليوم التالي لإعلان نتيجة الانتخابات مع ٩ نقابيين آخرين كانت اعتقلتهم تحفظيا أيضا لابعادهم من المعركة الانتخابية!

وبعد إضراب نقابة السكة حديد قامت سلطات ١٧ نوفمبر بحلها وظلت محرمة حتى عام ١٩٦٤م.

ووقفت الديكتاتورية باستمرار ضد كل محاولة من جانب العمال لانتزاع حق التنظيم الكامل. وحتى النقابات تعرضت لألوان من الضغط و المماطلات حدت من فعاليتها كجهاز يقود نضال عمالها لتحسين حياة عملهم. وتعرض قادة هذه النقابات للاعتقال والسجن والتشريد كما حدث بالنسبة لعمال الخطوط الجوية والإدارة المركزية وغيرهما.

وامعانا في أضعاف الحركة العمالية لجأ نظام ١٧ نوفمبر إلى فلول الانتهازين القدامى وأضاف إليهم من انهار تحت الضغط والإغراء من القادة النقابيين- وتكون كتلة من الانتهازين تضم علي محمد بشير[٤٨] وموسى والجاك موسى وإبراهيم محمود ومحمد السيد سلام[٤٩] وعثمان جسور[٥٠] وغيرهم من الذين خانوا مصالح طبقتهم. وفعلت الديكتاتورية كل مافي وسعها لتنصيب هؤلاء الخونة على مقاعد اللجان القيادية في النقابات عن طريق التزييف والغش والتضليل بل وحتى عن طريق اعتقال الشيوعيين والديمقراطيين وابعادهم عن التأثير على مجرى الأحداث. وكان هؤلاء الانتهازيون يتعاونون تعاونا تاما مع سلطات البوليس ويعتمدون عليها في نشاطهم ويساعدونها في القبض على المناضلين.

وحاولت الديكتاتورية العسكرية محليا وعالميا تزييف وجه الطبقة العاملة المشرق فكان مندوبو السودان إلى مكتب العمل الدولي يضمون بينهم انتهازيا أو أكثر بحجة تمثيل العمال السودانيين. حتى في داخل بلادنا لجأت الديكتاتورية إلى تزييف قرارات العمال كما حدث بالنسبة لمؤتمر أغسطس. فذلك المؤتمر الذي أضطرت العصابة العسكرية للموافقة على عقده خرج بقرارات مناهضة للحكم العسكري. ورغم تدخل البكباشي محمد عبد الحليم[٥١] مدير مكتب العمل ورغم حشد والانتهازيين واستجلابهم بالطائرة من خارج العاصمة جاء مؤتمر العمال معبرا عما يجيش في صدور العمال. وكانت القرارات التي اتخذت بالتصويت برفع لافتة النقابة كالآتي.

المطالبة بإعادة نقابة السكة حديد نورا (التصويت٤٣ من ٤٤).

المطالبة بإلغاء قانون العمل والعمال لعام ١٩٦٠ وإعادة قانون ١٩٤٨ (٤٠-٤)

قيام أتحاد عام لعمال السودان(٤٠-٤)

عدم الانضمام إلى أي من الاتحادات العالمية في الوقت الحاضر (٣١- ١٣)

الانضمام لاتحاد العمال العرب (٣١- ١٣)

الإنضمام لإتحاد عمال أفريقيا (٣٨- ٦) .

زيادة الاجور بنسبة ٤٥٪ (٣٨- ٦)
تأييد سياسة الحياد الايجابي وعدم الانحياز (٣١- ١٣)
المطالبة بإلغاء قانون الطوارئ فورا (٣٦- ٨).
تكوين اللجنة التمهيدية لاتحاد العام (٤٣- ١) .
وقرارات أخرى عديدة كلها تسير في هذا الاتجاه وقد نشرت الصحف هذه القرارات ومن بينها جريدة "السودان الجديد" ولكن هذه الصحف نفسها عادت فنشرت في يوم ١٩٦٣/٨/٢٠ قرارات مزعومة باعتبارها صادرة من المؤتمر العمالي مرددة ما اعلنته الإذاعة في مساء ١٩٦٣/٨/١٩م ولكي نعطي صورة لمدى التزيف واستخدام أجهزة الإعلام في بلبلة صفوف الطبقة العاملة ونشر الأكاذيب عنها نرجو أن يعذرنا القارئ لنشرنا بالتطويل قرارات المؤتمر كما وقعت والقرارت المزيفة التي أذاعتها أبواق الديكتاتورية. وقد جاء في "السودان الجديد" صباح ١٩٦٣/٨/٣٠م مايلي : يتأمر الحكم العسكري مع إدارة مشروع الجزيرة ومع الإزيرق[٥٢] واعوانه لإلغاء مؤتمر الإتحاد وتعطيله لأجل غير مسمى.
وفي القاش اعتقلت السلطات قادة المزارعين عقب الإضراب عن الزراعة ورفضت الحكومة مجرد الإستماع لوجهة نظرهم وشكاويهم وإعطائهم الفرصة لإسماع صوتهم للصحافة أو الشعب، فالصحافة محظور عليها الخوض في قضايا المزارعين. ومن بين قائمة المحظورات الطويلة على الصحافة تحتل قضايا المزارعين ومطالبهم وإضراباتهم حيزا بارزا. فالديكتاتورية كانت تعلم أن حق التنظيم وحق اختيار القيادة الصالحة وحق النضال من أجل تحسين الحياة المعيشية وشروط التعاقد بين المزارعين والحكومة وأصحاب المشاريع – كل ذلك يعمل على توسيع حركة المزارعين ويقويها. وإذا ما التقت هذه – كما لا بد أن تلتقي- بحركة العمال والطلاب والمثقفين الثوريين فإن ذلك كفيل بالقضاء على الديكتاتورية، بل وعلى كل نظام رجعي سواها.
وتعرضت إتحادات الطلاب والإتحاد النسائي والمنظمات الديمقراطية الاخرى مثل إتحاد الشباب وهيئة السلام ولجنة التضامن الأسيوي الأفريقي وإتحاد الصحافة – كلها تعرضت للحل. وبمبررات مختلفة رفضت كل الطلبات التي قدمت لاستئناف نشاط هذه المنظمات.

حركة الطلاب :

واعتدت الديكتاتورية العسكرية على الاستقلال الجامعة وعلى الحرم الجامعي. فقد ظلت جامعة الخرطوم ممثلة في طلابها منارة للحركة الديمقراطية في البلاد منذ عهد الاستعمار.

ولم تلجا الديكتاتورية بأدى ذي بدء لقمع الحركة الطلابية بقواتها المباشرة، بل كانت تحتمي خلف إدارة الجامعة المطواعة التي تولت تشريد الطلاب وإغلاق الجامعة وحل الإتحاد رغم المعارضة الشديدة من جانب الأساتذة الديمقراطيين. ولكن الرياء لم يدم طويلا، وبصيص الديمقراطية حتى في صحف الحائط داخل الجامعة يقض مضجع الجلادين الذين لم يتورعوا عن الحكم بالسجن ٤ سنوات على طالب كتب موضوعا ضد الدكتاتورية في أحدى صحف الحائط بالجامعة! وفي نهاية عام ١٩٦٠ فرضت حكومة ١٧ نوفمبر الحصار على الجامعة، وأعتدت قواتها على الطلبة داخل الحرم الجامعي ولم تتورع عن الإعتداء على الطالبات في داخلياتهن تحت إشراف طلعت فريد الذي تفوه بألفاظ جارحة ومنافية للأدب ضدهن ودام الحصار أسبوعا كاملا. وأصدرت الدكتاتورية "تعديلا" لقانون الجامعة الذي أقره البرلمان عام ١٩٥٦م. فأصبح راعي الجامعة هو رأس الدولة بعد أن كان يعينه مجلس الجامعة. وأصبح مديرها يعينه الراعي بعد أن كان يعينه المجلس. وممثلوا المصالح والوزارات يعينهم مجلس الوزراء بعد أن كان يعينهم المجلس وممثلا الخريجين يعينان من بين ثمانية ينتخبهم الخريجون بعد أن كانا ينتخبان بواسطتهم مباشرة. ولم تكتف هذه الديكتاتورية بل عادت فقررت أن تتبع الجامعة لوزير التربية والتعليم !

ولم يعد للجامعة حرم مقدس. وكثرت حوادث الإعتداء على الطلبة في داخلياتهم، كما حدث في اثناء مظاهرات احتجاجا على إغتيال البطل باتريس لوممبا. واصبح مألوفا أن يقتحم البوليس الداخليات، لتعقب الطلبة، واعتقالهم. وحدث ذات مرة أن يستدعي مدير الجامعة أحد الطلبة ليفأجا بأحد ضباط البوليس في انتظاره لاعتقاله.

وتعرض الطلبة في جامعة القاهرة والمعهد الفني والمدارس الثانوية لأعمال لاتقل تعسفا. وسيق الطلبة إلى المعتقلات وقدموا للمحاكم العسكرية التي أصدرت عليهم أحكاما طويلة بالسجن. وجرى فصل الطلاب بالعشرات والمئات.

وفي الايام الاخيرة للحكم العسكري بين ١٠ أكتوبر و٢١ أكتوبر ١٩٦٤ أعتقلت لجنة إتحاد طلبة جامعة الخرطوم وأغلقت دار الإتحاد، كما اعتقلت لجنة اتحاد طلبة المعهد الفني. ثم أعتدى البوليس عدوانه البشع على طلبة جامعة الخرطوم مساء ٢١ أكتوبر الخالد واطلق الرصاص، وسقط الشهيد أحمد قرشي[٥٣].

الشهيد أحمد القرشي عضو رابطة الطلبة الشيوعيين

عبثا حاولوا تحطيم الحزب الشيوعي

عندما انعقد المؤتمر الحادي والعشرون للحزب الشيوعي في الإتحاد السوفيتي في فبراير عام ١٩٥٩ وارتفع صوت الشيوعي إبراهيم زكريا[٥٤] من فوق منبر المؤتمر ليفضح الديكتاتوية ويدينها. اخذ حكام ١٧ نوفمبر يهذون. وصرح طلعت فريد للصحفيين بانه "من المؤسف أن ينخدع حزب شيوعي مثل الحزب الشيوعي السوفيتي باكذوبة وجود حزب شيوعي سوداني. فلا يوجد حزب من هذا النوع في السودان إطلاقا ".

ولكن الحقيقة شئ والكذب المفضوح شئ آخر.

فالحزب الشيوعي كان على رأس قائمة المنظمات التي تقرر تحطيمها وتصفيتها والقضاء عليها، وذلك إدراكا من الرجعيين وسادتهم المستعمرين لحقيقة ان الحزب الشيوعي السوداني حزب مناضل شجاع مقدام يدافع بجرأة وصلابة عن مصالح الطبقة العاملة والجماهير الكادحة.

ورغم الإدعاء بأن لا وجود للحزب الشيوعي السوداني فإن أولى الحملات التي كرست لتصفية الحركة الديمقراطية الحركة الديمقراطية بعد انقلاب ١٧ نوفمبر وجهت لاعضاء ذلك الحزب ومؤسساته.

ففي يوم الاثنين١١/٢٤- بعد اسبوع من الانقلاب – اعتقل المناضل الشيوعي حسنين حسن في الابيض بتهمة تكوين حزب شيوعي سري.

وفي نفس يوم اليوم أنذرت جريدة "الميدان" لانها طالبت باطلاق سراح عبد الرحمن كبيدة وزملائه الذين سجنوا بتهمة التمرد في نهاية عام ١٩٥٧م.

وفي يوم ١١/٢٧ قام البوليس باعتقالات واسعة شملت عشرين شخصا من بينهم بابكر محمد علي وحسن الطاهر زروق ومامون محمد الأمين وسمير جرجس وعز الدين علي عامر .

وفي يوم ٢ ديسمبر عطلت جريدة الميدان.

وفي يوم ١٨ ديسمبر اعتقل ١٤ شيوعيا في جريدة الطليعة بينهم الشفيع أحمد الشيخ ومحمد إبراهيم نقد ومحمد أحمد عمر وشاكر مرسال وطه علي محمد وغيرهم. وقدم هؤلاء المناضلون إلى أول محكمة عسكرية سرية يقف أمامها مدنيون في تهم سياسية، وانتهكت فيها بفظاظة حرمة العدالة وأصدرت المحكمة بتوجيه من المجلس الاعلى للقوات المسلحة رغم معارضة أغلبية أعضائها من الضباط الشبان احكاما شديدة.

وقد تمت اعتقالات في مدن السودان المختلفة منذ الأيام الأولى للانقلاب – كل ذلك حدث قبل ان يقف إبراهيم زكريا ويدين الديكتاتورية من فوق منبر المؤتمر الحادي والعشرين للحزب الشيوعي السوفيتي في فبراير ١٩٥٩. أن حملاتهم المحمومة المجنونة تكشف عن تقديرهم الواقعي لصلابة حزبنا وثوريته.

والواقع ان الحزب الشيوعي السوداني رفض بالطبع ان يحل نفسه، وفي غمرة ضجيج أجهزة الأذاعة وبيانات عبود والدبابات والعربات المصفحة التي تذرع الشوارع وعليها جنود متجهمون اجتمع المكتب السياسي للحزب في مساء ٥٨/١١/١٨ وقرر ان انقلاب ١٧ نوفمبر انقلاب رجعي، وأنه بتلك الطبيعة سينعزل حتما عن الشعب، وانه ضعيف وان الواجب مقاومته وذلك عن طريق جبهة من القوى الوطنية الديمقراطية داخل الجيش وخارجه. وعلى هذا الاساس رفع الحزب الشيوعي، لا راية الاستسلام، ونعم راية النضال دفاعا عن الديمقراطية والاستقلال ومصالح الشعب.

هذا هو السبب في ان الحزب الشيوعي تعرض لأبشع انواع التنكيل والاضطهاد. فدخل اعضاؤه السجون والمعتقلات ووقفوا أمام المحاكم العسكرية والمدنية يضعون الديكتاتورية العسكرية في قفص الاتهام ويهزأون بها وبسجونها ووسائل ارهابها، وظل الشيوعيون في المواقع الامامية لخط النار يفضحون الحكم الأسود وعدوانه على الديمقراطية وتفريطه في استقلال البلاد وتخريبه لاقتصادياتها، كما يفضحون جرائمه وفضائحه وفساده. وقد استحق الشيوعيون لذلك غضب الطغمة العسكرية وسخطها.

في يوم ٢٤ نوفمبر ٥٩ نقلت وكالة أسوشيتدبرس مقتطفات من تصريحات أدلى بها الفريق عبود لمندوب جريدة الاخبار المصرية. نسبت الجريدة إلى عبود قوله: "إن الشيوعية هي عدوى الدول وقال أن الحكومة السودانية وضعت خطة للقضاء على الشيوعية في السودان وجاء في تلك التصريحات أن الشيوعيين كانوا يقفون خلف كل مؤامرة ضد نظام الحكم الحالي... وقال انهم تغلغلوا في الماضي في اواسط العمال والفلاحين ولكنهم فشلوا وهم يعملون الآن في اواسط الطلاب وسيفشلون. وقال عبود ان الشيوعية العالمية توجه نشاطها في الوقت الراهن نحو افريقيا جنبا إلى جنب مع [القوى] الاستعمارية العالمية(!) لتسخير الدول الأفريقية والسيطرة عليها عن طريق مبادئها الهدامة. وقال ان الزعماء الافرقيين

يستطيعون القضاء على الشيوعية قضاء مبرما إذا اتحدوا جميعا في محاربتها. وقال ان الشيوعيين قاموا بتوزيع منشورات في ١٧ نوفمبر تهدف إلى تخريب احتفالات العيد الأول للثورة السودانية.. واتهم الرئيس عبود الشيوعيين بالاشتراك في "المؤامرة" التي جرت أخيرا للاطاحة بنظام الحكم الحالي في بداية هذا الشهر".

لقد اعلن عبود عن عدائه للحزب الشيوعي السوداني، ولم يكم ذلك في حاجة إلى إعلان. وهدد وهو القابض على سلطان الجيش والبوليس والقضاء والسجون والرزق بأنه سيقضي على الشيوعية. ولكن تهديداته هذه وتهديدات أعوانه ومستشاريه ذهبت كلها أدراج الرياح. وبقيت حقيقة ساطعة لا يمكن إخفاؤها وهي أن الحزب الشيوعي خرج من المعركة بعد تركيز كل قوى جهاز الدولة عليه ـ خرج وهو أقوى مئات المرات عن ذي قبل.

لقد واجه خمسة وعشرون من الشيوعيين النفي إلى ناقيشوط في اقصى الجنوب، وواجه عشرات من الشيوعيين المحاكم العسكرية منها والمدنية، السرية منها والعلنية. وواجه مئات الشيوعيين الاعتقال في ظروف سيئة، بعضهم لفترات قصيرة وبعضهم لفترات طويلة، وواجه مئات من الشيوعيين عسف التشريد من العمل وتحديد الغقامة والتبليغ للبوليس كل أسبوع ومضايقات التفتيش. ومع ذلك بقى الحزب الشيوعي شامخا كالطود يزداد مع الأيام تجربة ومنعة وقوة.

لقد لفقت القضايا ضد قادة الحزب، كما حدث بالنسبة للاستاذ عبدالخالق محجوب ورفاقه، وعذب قادة الحزب كما حدث بالنسبة للاستاذ حسنين حسن في الابيض، وجند البوليس المخصوص بالآلاف ـ كل ذلك لتحطيم قلب الحزب وتكسير مقاومته. وتحمل الحزب خسائر في آلات الطباعة والممتلكات الشخصية لاعضائه ولكن ذلك لم يزد اعضاءه إلا التفافا حول رايته واخلاصا لمبادئه.

لهذا عبثا كانت جهود الديكتاتورية الجاهلة. والذين يشكون اليوم، أو يحاولون ان يشككوا الجماهير الشعبية في الدور الطليعي الذي قام به الحزب الشيوعي السوداني عليهم ان يقرأوا هذا الكتاب جيدا. والذين يظنون اليوم انهم يستطيعون محو الحزب ومحو كفاحه عليهم ان يتذكروا جهود الحكم العسكري البائد ومصيره الشائن.

في أغسطس عام ١٩٦٣ زيف حكام العهد الاسود قرارات مؤتمر العمال كما وضحنا آنفا، وادعوا ضمن تزيفهم ان الطبقة العاملة أدانت الحزب الشيوعي. وقد أصدرت السكرتارية المركزية للجنة المركزية للحزب البيان التالي نودره لأهميته:

بيان من الحزب الشيوعي السوداني

في صباح يوم الخميس الخامس عشر من شهر اغسطس عام ١٩٦٣م فاجأت جريدة الثورة قراءها بالنبأ التالي المنشور على صدر صفحتها الأولى "علم مندوب الثورة في الدوائر العمالية(!) أنه قد تقرر عقد مؤتمر النقابات للعمال السودانيين في الخرطوم يوم غد الجمعة. سيبدأ الأجتماع في الساعة السادسة مساء بنادي العمال بالخرطوم ومن المقرر ان يحضر المؤتمر ما يقرب من الألف مندوب يمثلون جميع النقابات العمالية في كل انحاء السودان ".
حقا لقد كان نبأ غريبا في حد ذاته ولم يعرف التاريخ لا في السودان وربما خارج السودان أن شهد انعقاد مؤتمر نقابي كبير مثل هذا خلال ٢٤ ساعة من تاريخ الإعلان عنه. فمن الذي كان في عجلة من امره على عقد المؤتمر بمثل هذه السرعة دون إعطاء فترة كافية للتحضير له؟ فترة تسمح على الاقل لجماهير العمال ومجالس إداراتها بمناقشة جدول اعماله كما جرت العادة بالنسبة لكل المؤتمرات السابقة قبل حل إتحاد نقابات عمال السودان؟ انه على اي حال لم يكن الحزب الشيوعي السوداني بل هو على وجه التحديد حكومة السودان العسكرية ومكتب العمل وعلى رأسه البكباشي محمد عبد الحليم.
ولقد شعرت الحكومة ان ثمة نذر تتجمع في الأفق وتنبئ عن قرب انفجار عمالي ثوري يرمي إلى تحقيق بعض المطالب الأساسية للجماهير العمالية في تحسين مستوى المعيشة وزيادة الأجور وتوفير الحريات النقابية وإعادة نقابة عمال السكة الحديد. وكان الشيوعيين بطبيعة الحال يقفون في طليعة هذه الحركة ويقودنها. ولهذا ادرات الحكومة ان تتفادى هذه المعركة كما خيل لها وتنحرف بها عن مجراها الطبيعي لتحول دون وصولها إلى نتائجها المنطقية. ومن هنا جاءت الدعوة المربية لعقد لمؤتمر عمالي غير انتظار وسخرت لذلك كل الإمكانات. غير ان الدعوة لمؤتمر عمالي يضم

الف مندوب كما افادت جريدة الثورة الرسمية في نبئها، حتى لو لم تسبقها فترة التحضير الكافية تمشيا مع التقاليد التي أرساها الشيوعيين وسط الطبقة العاملة، لم يكن امرا يقلق له الحزب الشيوعي السوداني، وليس أمرا يستوجب معارضته بل على العكس من ذلك ينال ترحيبه بشرط واحد هو ان تتوفر للمؤتمر الحرية الكاملة في المناقشة واتخاذ القرارات والاستقلال الكامل من تدخل السلطات الحاكمة. إن الحزب الشيوعي يثق عن تجربة واقتناع بان نتائج مؤتمر كهذا وبمثل هذه الشروط النقابية لن تكون بأي حال من الأحوال لغير صالح الطبقة العاملة وحركتها. فهل كان هذا شأن الذين دعوا لعقد مؤتمر ودبروا أمره بليل؟

منذ اليوم الاول للانقلاب الرجعي في صبيحة ١٧ نوفمبر سنة ١٩٥٨م، حدد الحزب الشيوعي السوداني بكل وضوح في تحليله للطبيعة الرجعية للانقلاب بأنه قد ولد معزولا عن الجماهير وليست لديه جذور وسطها ولن يتمكن من توطيد أقدامه بينها في المستقبل أيضا. إن الحوادث ومجرى النضال الذي شنته الجماهير وخاصة جماهير العمال خلال السنوات الماضية قد اثبتت صحة هذا التحليل. إن الإضرابات الجبارة التي خاضتها الجماهير العاملة لدرجة انتزاع حق التنظيم النقابي قسرا، قد وضعت حدا فاصلا عميق الجذور بين النظام الراهن وبين حركة الطبقة العاملة السودانية.

إن الشيوعيين وغالبية الذين حضروا المؤتمر كانوا هم بحق قادة هذا النضال وأبطاله الحقيقين. ومن هنا كان اطمئنان الشيوعيين بأصالة المؤتمر الثورية فلم يصدر عنه مايدل على استنكارانعقاده رغم كل الغموض وجو الإرهاب الذي أحاط به. لقد اعرب الحزب الشيوعي السوداني عن ثقته في المؤتمر حيت وزع النشرات والبيانات للمؤتمرين معربا عن وجه نظره في اهم القضايا التي تهم الجماهير العمالية، ولم يسمح لنفسه قط أن يتخذ من نفسه بعد ذلك وصيا على قراراته أو يؤثر عليها بأي طريقة من الطرق غير المشروعة. مرة اخرى هل كان هذا شأن الذين دعوا للمؤتمر؟ لسنا نحن الذين سنجيب على هذا السؤال بل سنترك القائمين بأمر المؤتمر أنفسهم يجيبون عليه.

عندما برزت الأتجاهات الحقيقية للمؤتمر وتبلورت في قراراته الثورية المعروفة وعلى رأسها إلغاء قانون الطوارئ وعودة نقابة السكة الحديد وتدعيم الصلة باتحادات العمال العمالية...الخ أدرك مكتب العمل ومديره

البكباشي محمد عبد الحليم انه كان يبني آمالاً على سراب وانه تورط في المحظور وكما يقولون قد سعى إلى حتفه بظلفه. فماذا كان رد الفعل؟ الغت الحكومة الوجود التنظيمي للمؤتمر على الفور واستعاضت به بمندوبين قلائل لم ينتخبوا ديمقراطيا رغم إخلاص الكثيرين منهم وغيرت مقر الاجتماع من الخرطوم إلى الخرطوم بحري دون استشارة المؤتمر واحاطت المندوبين بجو من الارهاب حتى ترغبهم على إلغاء الوجود السياسي للمؤتمر بعد أن ألغت وجوده التنظيمي. وكانت النتيجة أن جرت اكبر عملية تزييف شهدتها البلاد - وربما لم تشهدها بلدان أخرى - لإدارة المؤتمر وقبلت بعض قراراته الرئيسية رأسا على عقب. وفي ذلك تقول جريدة الرأي العام في عددها الصادر بتاريخ ١٩٦٣/٨/٢٠، نقلا عن المؤتمر الصحفي الذي دعا له المزيفون بإشراف مكتب العمل ما يلي بالحرف الو احد (إن الاجتماع قد أعاد النظر في القرارات التي اتخذها المؤتمر من قبل وبخاصة القرار القاضي بالغاء قانون الطوارئ والذي سُحب ووضع مكانه البند الحاص بإدانة الحزب الشيوعي السوداني).

حقا ان لم تستح فاصنع ما شئت! ولكن لماذا إدانة الحزب الشيوعي السوداني؟ إن الحزب لم يقترح عقد المؤتمر! أن الحزب لم يدع او يجمع المؤتمر ولم يرشح اعضاءه ولم يحدد زمانه ومكانه! ومع ذلك فإن الحزب الشيوعي يرحب بإنسحابكم من الميدان الذي اخترتموه بانفسكم كما تجاوز عن إدانتكم له طالما أنها ارتبطت بكل القرارات الشريفة التي اقرها المؤتمر وبالاخص قرار إلغاء قانون الطوارئ الذي لم تتمكنوا، رغم وجوده من كسر شوكة الطبقة العاملة أو تدخلوا الرعب في قلوب ممثليها الشجعان الذين خيبوا آمالكم.

إن الحزب الشيوعي السوداني يحي بحق ممثلي النقابات الـ٣٥٠ الذين اجتمعوا بنادي العمال بالخرطوم في يوم الجمعة ١٩٦٣/٨/١٦. ويحي مواقفهم التاريخية كأبطال يستحقون شرف الإنتماء للطبقة العاملة السودانية.

إن الحزب الشيوعي السوداني يمجد القرارات التاريخية التي اتخذها مؤتمر الـ٣٥٠ مندوبا ويقيمها أثمن تقييم ويعتبرها امتدادا تاريخيا لمواقف الحركة النقابية الثورية التي اسسها الحزب الشيوعي السوداني في منتصف عام ١٩٤٧م.

إن قرارات المؤتمر الحقيقية في يومي انعقاده قد دخلت التاريخ من اوسع أبوابه ووضعت المؤتمر نفسه في مقام المؤتمر الخامس لإتحاد نقابات عمال

السودان فيما لو ان الظروف كانت طبيعية سمحت بإنعقاده تحت القيادة الثورية لإتحاد العمال الذي حلته الطغمة العسكرية الحاكمة.

إن تزييف القرارات مهما كانت براعة المزيفين لا ينفي وجود القرارات الحقيقية ولكنها فقط دليل الاعتراف بالفشل وفقدان الأعصاب وتمنية النفس بما لا طائل من بلوغه. أن إبدال بعض القرارات بقرارات مزيفة معادية للشيوعية والحزب الشيوعي هو عمل رجعي لا اخلاقي لا يعبر إلا عن الهزيمة وعدم الشجاعة في الإعلان عنها. إن الحزب الشيوعي السوداني لا يعيبه أو ينقصه من قدره قرار بإدانته من النظام الراهن أو من وكلائه بقدر ما يبهجه صدور قرار واحد من ممثلي الطبقة العاملة دفاعا عن طبقتهم مثل ما صدر عن المؤتمر الذي تنكر له منظموه. واكثر من الإدانة – فقد صدر القرار وسط الاناشيد العسكرية وضجيج المدرعات والمصفحات المرابطة في كل شارع بحل الحزب الشيوعي نهائيا ومع ذلك فهو مازال موجودا- ليس موجودا فحسب بل ويحرز الانتصارات لطبقته وشعبه ويتلقي سخط اعدائه. انه من الخير لبعض العقول ان تعي، ولو على غير ما تحب- سير التاريخ وتستوعبه جيدا وفي ذلك راحة للاعصاب المجهودة المكدودة.

لقد جاء ضمن القرارات المزيفة: "بعد مناقشات موضوعية يدين المؤتمر(١) بالإجماع ما يسمى بالحزب الشيوعي السوداني والرجعية والتدخل الاستعماري في الحركة النقابية ذلك بعد ان تبين من التجارب والخبرات في الماضي والحاضر أن ما يسمي بالحزب الشيوعي قد عمل على تخريب الحركة النقابية في السودان "

وبودنا أن نقول للذين صاغوا هذا القرار وعلى رأسهم البكباشي محمد عبد الحليم مدير مكتب العمل التابع لمكتب المخابرات الاجنبية وماذا في ذلك من جديد مما سبقتكم إليه مختلف الأوساط الرجعية في العالم؟ وماذا أجدت الوف القرارات التي تزن اطنانا من الورق بإدانة الشيوعية والشيوعيين منذ صدور البيان الشيوعي الأول لكارل ماركس وفريدريك أنجلز منذ تأسيس الحلقة الشيوعية الأولى في العالم؟ ليس هناك جديد على الإطلاق ولكنها فقط محاولة تكشف عن طبيعة العداء للشيوعية الذي تمارسه القوى الرجعية في كل زمان ومكان لنفس الأغراض والاهداف وربما بذات العبارات والالفاظ.

ليس من قبيل الصدفة ان ترتفع الصيحات بإدانة الشيوعية وتشن الحملة الصليبية ضد الشيوعيين كلما شدد العمال والشعب من نضالهم ضد القوى

الرجعية الحاكمة. فها نحن نرى أن القرار المزعوم بإدانة الحزب الشيوعي لم يصدر إلا بعد أن أفلت المؤتمر من أيدي منظميه واتخذ قرارات ثورية ضد قانون الطوارئ ومن أجل الحرية النقابية ورفع الاجور وكلها قرارات تعبر عن المصالح الحيوية للجماهير العمالية. إن هذا وحده يكشف عن طبيعة العداء للشيوعية. إنها تعني العداء لمصالح الجماهير وعرقلة سيرها نحو التقدم. إن الهجوم على الشيوعية هو الستار الذي تتخذه عادة القوى الرجعية للهجوم على الجماهير ومصالحها ومكتسباتها. والتاريخ يقدم الكثير من العبر والدروس في ذلك.

أبان الحكم الاستعماري في السودان كان الهجوم الذي شنته الحكومة الانجليزية على الحزب الشيوعي في الفترة بين عامي ٥١ و ٥٢ مقرونا بالهجوم المباشر على الطبقة العاملة ونقاباتها، كان مقرونا بالهجوم على منظمات العمال النقابية، ومحاولة حل الإتحاد العام للنقابات وتحريم أي طاعة لقراراته وإلغاء أضراب المشاركة وحق النقابات في الإتحاد مع بعضها البعض. فماذا كان مصير تلك الحرب التي جرت تحت ستار العداء للشيوعية؟ كان مصيرها الفشل الذريع بكل تأكيد بعد أن تكسرت اسلحتها على اعقاب المقاومة العمالية الصلبة.

وفي أثناء فترة الحكم الذاتي كل إنسان يذكر الحملة الصليبة التي شنها السيد يحي الفضل الفضلي وزير الشئون الاجتماعية في ذلك الوقت ضد الشيوعية والشيوعيين داخل حركة العمال والمزارعين وكيف أنها كانت ستارا لمحاولة سحب الاعتراف الواقعي بإتحاد العمال وعدم تسجيله وابعاد الشيوعيين من اتحاد مزارعي الجزيرة والهجوم على حق العمال والمزارعين في تحسين مستوى معيشتهم بإحلال شعار (تحرير لا تعمير) محل المطالبة يرفع الاجور، فماذا كان مصير تلك الحملة؟ نفس مصير سابقتها. لقد ذهب الانجليز وذهب يحي الفضلي وبقي الحزب الشيوعي السوداني راسخ الأقدام .

ومن هنا كانت الدعوة لمحاربة الشيوعية وإدانتها هي دائما دعوة رجعية تستهدف في المكان الأول ضرب حركة الجماهير المناضلة بغية الإعتداء على مصالحها الحيوية وتصفية مكتسباتها وهذا هو سر طبيعتها الرجعية.

غير أن المضمون الرجعي لسياسة العداء للشيوعية لا يقف عند حد العداء للنقابات العمالية وحدها او العداء للمصالح العاجلة للجماهير الكادحة فحسب، بل تعدى ذلك كله ليمس بالضرر المصالح الأساسية البعيدة المدى

في التقدم والديمقراطية والإشتراكية لكل الشعب. إن الحزب الشيوعي السوداني لا يمثل ظاهرة طارئة يمكن أن تختفي في الوقت الذي تشاء له الرجعية الحاكمة أن يختفي. كلا أنه حزب تمتد جذوره إلى سبعة عشر عاما من النضال الثوري وسط الجماهير وفي طليعتها. وفي خلال السبعة عشر عاما الماضية قاد الحزب الشيوعي السوداني احيانا منفردا واحيانا متضامنا مع سائر القوى الوطنية والديمقراطية نضالات بطولية لا يمكن أن يتخطاها المؤرخ الدقيق المنصف دون تسجيل. إن الحزب الشيوعي وليس سواه هو مؤسس الحركة النقابية في السودان وهو ليس سواه مؤسس حركة المزارعين في الجزيرة والقاش والشمالية والنيلين الأبيض والأزرق وفي جبال النوبة وهو أيضا مؤسس حركة الطلبة السودانيين وغيرهم من الفئات الأخرى. وفي النضال الذي خاضته هذه الحركات مجتمعة ضد الاستعمار الأجنبي من عهد الجمعية التشريعية وحتى جلاء الجيوش الاجنبية عن أرض الوطن. كان الشيوعيين السودانيون يقفون في طليعة هذا النضال وقد سقط شهيدهم قرشي الطيب[55] صريع هذا الكفاح.

لقد رفع الحزب الشيوعي السوداني شعار الجلاء وحق تقرير المصير في حقل الكفاح الوطني ضد الاستعمار عندما كانت الانقسامات تجتاح البلاد وتمزقها وتفرق بين أبنائها، وذلك الشعار الذي أصبح فيما بعد رمزا لوحدة الشعب وكان سر انتصاره وظفره باستقلاله الوطني. وفي سنوات الحكم الذاتي عقب ابرام الإتفاقية المصرية البريطانية لم يركن الحزب الشيوعي أو يطمئن لوعود المستعمرين بالجلاء ولكنه عبأ كل قوى الشعب الوطنية وطرح امامها شعاراته الخالدة (الجلاء اليوم وليس غدا) (انهاء سلطات الحاكم العام البريطاني فورا تسليم امر البلاد لأبنائها). إنه من الصعب تعداد مآثر الحزب الشيوعي السوداني أو حصرها في بيان ويكفيه فخرا أنه أول حزب سوداني أرسى تقاليد النضال الحديث وخرج بنضال شعبنا من الحيز المحلي إلى نطاق التضامن العالمي مع جميع الشعوب والحركات الثورية في العالم، وأقام أوثق العلاقات بين إتحاد النقابات العالمي ومجلس السلم العالمي وإتحاد الشباب الديمقراطي وإتحاد الطلاب العالمي وإتحاد النساء العالمي.. الخ وبين المنظمات المثيلة لها في بلادنا وكسب بذلك رصيدا ثوريا ضخما لصالح شعبنا. وطرح شعارات الإشتراكية لأول مرة في تاريخ البلاد وجعله محبوبا لدى الجماهير كما كان دائما أقوى المناضلين وأصلبهم من أجل السلام العالمي.

إن الذين يطالبون بإدانة الحزب الشيوعي السوداني اليوم امثال البكباشي محمد عبد الحليم إنما هم في الواقع دخلاء على كفاح شعبنا وعلى تقاليده وعلى تراثه الثوري بل أعداء لهذا التراث وتلك التقاليد. وإلا فماذا يعني القرار المدسوس على المؤتمر العمالي والقائل "إنه على جميع النقابات أن تعمل على طرد العناصر الشيوعية والمخربة من صفوفها!" إننا ننصح أبطال هذه الدعوة لطرد العناصر الشيوعية من صفوف الطبقة العاملة بأن هذا الكلام يسهل قوله ولكن يصعب تحقيقه. لقد تعرض الشيوعيين وسط العمال وغير العمال إلى أقسى حملة واجهها أي حزب او تنظيم منذ وقوع الانقلاب العسكري الرجعي واستخدمت كل الوسائل التعسفية من محاكم عسكريّة ومدنية واعتقال تحفظي وتشريد..الخ. فماذا كان جدوى كل ذلك؟ إن جميع الحملات ضد الشيوعيين قد تكسرت والحزب الشيوعي قد أصبح أقوى ويقوى كل يوم رغم كل الحملات وقد آن الأوان ليعلم كل الرجعيين اعوان الاستعمار إن هذه السياسة لن تجدي نفعا ومكتوب لها الفشل الذريع. إن البئر الغزيرة المنبع لا يجفف منبعها اقتطاف مئات الجوالين من مائها وكذلك حال الشيوعيين وسط الطبقة العاملة.

إنه لأمر مضحك ويدعو للسخرية ان يربط محمد عبد الحليم في قراراته المزعومة بين الشيوعيين وبين الرجعية والاستعمار. لو كان لهذا القول اساسا معقولا يستند إليه لكان محمد عبد الحليم حليفا للشيوعيين وليس عدوا لهم. إنه ما من شئ جلب عداء مكتب العمل ومديره للشيوعيين إلا عداءهم الأصيل للاستعمار والرجعية. إن الربط بين الشيوعيين والرجعية والاستعمار هي أساليب مستوردة مارسها من قبل الذين فقدوا الحجة والمنطق والحس السليم. إن هذا الربط المزعوم يعبر عن جهل فاضح بطبيعة الحركة العمالية في السودان ودور الشيوعيين التاريخي وسطها.

إن الحركة العمالية بقيادة الشيوعيين لم يتصلب عودها ويقو ساعدها إلا بالكفاح العنيد ضد الاستعمار القديم والحديث في كل صورة واشكاله. إن إنقلاب ١٧ نوفمبر الرجعي كان هو نفسه ردا على نضال الحركة العمالية والشيوعيين ضد الاستعمار واعوانه ومعوناته، ذلك النضال الذي بلغ ذروته بإضراب ٢١ أكتوبر سنة ١٩٥٨.

إن الشيوعيين يكافحون وسط الطبقة العاملة وكل الشعب من اجل إلغاء قانون الطواري وإلغاء قانون العمل والعمال تعديل ١٩٦٠، وعودة قانون ١٩٤٨، وهم يكافحون من اجل زيادة الاجور وتخفيض ساعات العمل وحق

العمال في التنظيم النقابي، بما في ذلك العمال الزراعيين، والاصلاح الزراعي، وهم يكافحون ضد كل القوانين الاستثنائية التي تبيح للسلطات اعتقال المواطنين تحفظيا وترويع امنهم وحل منظماتهم النقابية. وهم يكافحون في سبيل عودة الحياة الديمقراطية وضد المعونة الأمريكية والقروض الاستعمارية، وهم يكافحون من اجل سياسة خارجية مستقلة تصدر من الخرطوم وليس من لندن او واشنطون، سياسة خارجية تناصر السلم وحركات التحرر الوطني في افريقيا، حقا وصدقا، ولا تتواطأ مع المستعمرين والقوى الرجعية في العالم كما حدث في مأساة الكنغو. فأين يوجد الربط بين كل هذا بين الشيوعيين والاستعمار والرجعية؟

إن محاولة الجمع بين الشيوعيين والاستعمار والرجعية هي محاولة يائسة غير ذكية تخفي وراءها تدبيرات إجرامية للهجوم ليس على الشيوعيين وحدهم ولكن على كل القوى الوطنية والتقدمية أيضا، وعلى كل اعداء الاستعمار والرجعية الحقيقيين. ولكننا نقول بكل تصميم وعزم إن الحزب الشيوعي اليوم في وضع يمكنه من مقاومة مثل هذه الحملات العدائية وإحراز النصر على القوى الرجعية والاستعمار واعوانه.

وفي نفس الوقت نحن نعلم أن ما يدعو له مكتب العمل ومديره محمد عبد الحليم بإبعاد الشيوعيين من الحركة النقابية يقدم الدليل الكافي على أن هذا المكتب أصبح أداة في يد القوى الاستعمارية تسخرها لقسم وحدة الحركة العمالية. لقد ظل الحزب الشيوعي السوداني منذ امد بعيد ينادي بأن النقابة هي جامعة تضم العمال على مختلف اتجاهاتهم السياسية وعقائدهم الدينية والمذهبية ويلتقي العمال فيها لتحقيق مصالحهم المشتركة التي ليس من سبيل لتحقيقها سوى وحدتهم الطبقية. إن التمييز بين النقابيين في الحقل النقابي على أساس المعتقدات السياسية والدينية والمذهبية هو عمل صريح لتفتيت وحدة الحركة النقابية وترك العمال فريسة للنهب والاستقلال دون حماية. إن سبر منعة الحركة النقابية وصمودها في وجه الاستعمار الاجنبي وجميع القوى الرجعية يكمن في أنها التزمت بهذا التوجيه الذي قدمه الحزب الشيوعي. لقد ذهبت جميع المحاولات السابقة للتفريق بين النقابيين على أساس أن هذا شيوعي وهذا إتحادي وذلك أمي... الخ أدراج الرياح ولم تفلح قط في قسم صفوف الحركة النقابية التي احتفظت بكيانها الموحد إلى ان وقع الانقلاب المشؤوم في ١٧ نوفمبر ١٩٥٨م فما معنى ان يدعو مكتب العمل اليوم إلى ابعاد الشيوعيين من النقابات؟ لقد أثبتت جميع الإنتخابات

التي جرت بين العمال حتى في هذا العهد الرجعي أن الشيوعيين لا يمثلون أفرادا وسط العمال ولكنهم يمثلون اقوى تيار بالمقارنة مع جميع التيارات الاخرى مجتمعة. فهم على سبيل المثال نالوا الأغلبية الساحقة من اصوات عمال عطبرة في المرحلة الجماهيرية للانتخابات الاخيرة عام ١٩٦١، رغم كل أشكال التدخل الحكومي في الانتخابات. إن ابعاد الشيوعيين من النقابات معناه إبعاد وعزل عدد ضخم من العمال عن الحركة النقابية ومعنى ذلك احداث انقسام في الحركة العمالية.

إن الحزب الشيوعي السوداني الأمين على مصالح الطبقة العاملة السودانية يدين بحزم هذه السياسة التي لا تخدم سوى مصالح الاستعمار والرجعية. إنه يدعو جماهير العمال أن تتحد وتسد الطريق في وجه هذه السياسة المخربة ويعبر عن عزمه في التعاون بغض النظر عن الخلافات المذهبية والسياسة لصيانة وحدة الحركة النقابية وضمان استقلالها.

إن الشيوعيين السودانيين وسط الحركة النقابية سيردون على هذه الدعوة الانقسامية الخبيثة بالتمسك أكثر وأكثر بالعمل وسط النقابات مهما بلغت سيطرة القوى الرجعية والانتهازية عليها. سيعمل الشيوعيون على توسيع صلاتهم بالنقابات ولن يجعلوا هذه الصلة يصيبها أي قدر من الوهن وسينبذون بحزم اي شعار استسلامي يقول بان لا جدوى من العمل وسط النقابات تحت ظل النظام الراهن.

إن الشيوعيين السودانيين يعلمون أن الإبتعاد عن العمل النقابي مهما تكن الظروف والاحوال لا يحقق سوى رغبة مكتب العمل والقوى الاستعمارية التي تسنده والرامية إلى إبعاد الشيوعيين عن الوسط النقابي. إن البكباشي محمد عبد الحليم الذي أخذ على عاتقة تنفيذ هذا المخطط الامريكي بتصفية العناصر الشيوعية من الحركة النقابية قد ثبت تماما صلاته المربية بالاستعمار الأمريكي والسفارة الامريكية. إن الاستعمار الامريكي الذي تشرف على مؤامرته بالخرطوم السفارة الامريكية هو صاحب المصلحة الاولى في قسم الحركة النقابية. إن هذا يخدم الاغراض التي من اجلها جاءت المعونة الامريكية للسيطرة على اقتصاد البلاد واستغلال الايدي العاملة وليس البكباشي محمد عبد الحليم إلا اداة في يد هذه القوى الاستعمارية لتنفيذه هذه المؤامرة. إن محمد عبد الحليم بوضعه هذا اصبح موظفا في دوائر الاستخبارات الامريكية وليس مديرا امكتب العمل. ولكن الشيوعيين السودانيين مصممون على تخييب آماله ولن يتخلوا عن العبء

الذي حملوه على أكتافهم سبعة عشر عاما من النضال المتواصل لبناء حركة نقابية قوية موحدة ومزدهرة.
إن العناصر الانتهازية والمرتدة أمثال محمد السيد سلام وموسى متى[٥٦] وعثمان جسور وغيرهم تتحين أي بادرة من وهن في الصلة بين الشيوعيين والنقابات في ظل النظام الراهن لتتسلل لمراكز القيادة وتنحرف بالحركة النقابية عن مجرى سيرها التاريخي وتصفي كل تراثها الثوري الذي ظهر بكل وضوح في مؤتمر العمال الاخير قبل تزييف قراراته.
فلتتحد الجماهير العمالية في وجه كل المؤمرات الانقسامية وتطهر صفوفها من كل انتهازي مرتد وعميل خائن للاستعمار الامريكي.
عاشت وحدة الحركة النقابية بغض النظر عن الخلافات السياسية والمذهبية ضد محاولات مكتب العمل والعميل محمد عبد الحليم لقسم الحركة النقابية لصالح الاستعمار الامريكي والرجعية.
عاش الحزب الشيوعي في طليعة الجماهير العاملة والذي رسخت أقدمه وتوطدت أركانه في وجه كل المحاولات المسعورة للقضاء عليه دون جدوى.
السكرتارية المركزية للحزب الشيوعي السوداني
١٩٦٣/٨/٢٨م
****
لقد أستحق الحزب الشيوعي السوداني حقد نظام ١٧ نوفمبر وأسياده من المستعمرين ولذلك تعرض لأقسى حملات الإهارب والتنكيل.
وإذا كانت فترة سيطرة الديكتاتورية قد إمتازت كلها بحرب محمومة ضد الحزب الشيوعي ومناضليه، فإن الفترة بين منتصف عام ١٩٥٩ ومنتصف ديسمبر عام ١٩٦٠ شهدت أوج الحملة المعادية للشيوعية.
ومر وقت على ابارو واسياده في قلم المخابرات الاستعمارية كانوا يعتقدون فيها أنهم أصبحوا قاب قوسين او ادنى من مهمة تحطيم الحزب الشيوعي وتصفيته نهائيا. ففي تلك الفترة كان كل اعضاء اللجنة المركزية للحزب الشيوعي ـ ماعدا أثنين ـ داخل السجون والمعتقلات وكان داخلها أيضا عدد كبير من المناضلين الشيوعيين المتمرسين في النضال. وسط إرهاب فظيع اتخذ شكل التفتيش الجماعي لمدن واحياء باكملها في ليلة واحدة كما حدث في عطبرة وامدرمان. ووزعت صور الشيوعيين المختفين على مراكز البوليس في كل أنحاء السودان تماما كالمجرمين.

وبذلت محاولات مهووسة لمنع القوى الثورية من تمويل الحزب بوضع البوليس السري في الورش أيام صرف المرتبات. ولكن أبارو وسادته يجرون وراء السراب. كانوا يجهلون أنه من المستحيل تصفية الحزب الذي ضرب جذوره في اعماق الشعب. ورغم تشدقهم بغزارة معلوماتهم عن الحزب كان يجهلون صفات النضال والبطولية للشيوعين الذين تمرسوا في النضال الذي لايعرف الكلل أو الفتور دفاعا عن مصالح الطبقة العاملة وكل الشعب.

لقد استطاع الحزب الشيوعي – رغم النقص لهائل في قيادته ومناضليه – أن يهزم الديكتاتورية بكل جبروتها الظاهري – لقد استطاع الحزب أن يخفي قادته الجدد عن اعين البوليس وأن يسلح نفسه بالماكينات والآلات و أن يحفظ صلته بكل القوى المستعدة لمعارضة النظام الرجعي وأن يحصل على الوثائق التي تكشف فضائح الديكتاتورية وتدينها. لقد استطاع الحزب في تلك الظروف القاسية أن يصدر المنشورات، وأن يصدر مجلة اللواء الاحمر وأن يفضح ميزانية الخراب والافلاس الثانية وأن يصدر كتابا اسود بمخازي الدكتاتورية "ومنجزاتها" في حقل التفريط في الاستقلال والخراب الاقتصادي ومصادرة الديمقراطية. واستطاع أن ينظم المظاهرات تأييدا لأهل حلفا. وفوق هذا كله استطاع أن يرغم الدكتاتورية على إطلاق سراح المعتقلين السياسيين محرزا بذلك انتصارا ضخما عليها

ومنذ خروج قادة الحزب من المعتقلات في منتصف ديسمبر عام ١٩٦٠م أخذ الحزب يتقدم بخطوات جبارة في ميادين العمل السياسي والتنظيمي والفكري. ورغم استمرار الإرهاب والتنكيل نجح الحزب في توسيع قيادته وتحسينها. وفي تحسين العمل القيادي عموماً بالاستناد إلى سيادة العمل الفكري والقيادة الجماعية، وربى مناضلين جدد في ميادين العمل التنظيمي والدعائي والفكري، وعمل على تطوير أجهزة طباعته وعلى تدعيم تنظيماته في المديريات بقيادات جديدة متمرسة. وجمع الحزب تجاربه في النضال ضد الدكتاتورية فخرج في منتصف عام ١٩٦١م بشعار الاضراب السياسي العام الذي كان إنجازاً ثوريا رائعا لسياسة الحزب وفكره.

وقد شن الحزب نضالاً عنيدا داخل صفوفه لتصفية الإتجاهات اليسارية والمغامرة التي كان يحملها ويتبناها الانقساميان المطرودان من الحزب والعضوان السابقان باللجنة المركزية يوسف عبد المجيد وأحمد شامي[٥٧]. وعمل على رفع المستوى الفكري لأعضائه لتاهيلهم لدورهم الطليعي في

النضال ضد الدكتاتورية ومن اجل حكم وطني ديمقراطي. لقد هزم الحزب محاولات البوليس والمخابرات الاستعمارية الأجنبية لتحطيمه وتصفيته وبذلك وضع في يد الشعب وقواه الثورية تلك القلعة الصامدة الشامخة التي فجرت ثورة ٢١ أكتوبر المجيدة.

التفريط في الاستقلال:

بعد أيام قليلة من الانقلاب الرجعي، وعلى التحديد يوم ١٩٥٨/١١/٢٩م وبعد أن الغي الدستور وحل البرلمان وحلت الأحزاب وعطلت النقابات وبعد أن صدر قانون دفاع السودان، أصدر مجلس الوزراء القرار التالي:
"رأت اللجنة التي كونها المجلس بإجماع الآراء أنه لا يوجد في اتفاقية المعونة الامريكية ما يحد من استقلال السودان أو يخدش كرامته"! "إن اتفاقية المعونة الأمريكية كانت لسوء الحظ(!) هدفا المناورات الحزبية في الماضي، كما أن التحديد الذي أشترطه البرلمان المنحل كان عقبة في سبيل انجازها والإستفادة منها على الوجه الأكمل"! "وبالنظر لكل ذلك فقد أصدر مجلس الوزراء القرار الآتي: المصادقة على إتفاقية المعونة الامريكية المتضمنة في خطاب وزير الخارجية السابق المؤرخ ١٩٥٨/٣/٣١م الذي بعثت به الحكومة السابقة للحكومة الأمريكية" كما يرى المجلس أنه "لم يكن ضروريا تحديد الميادين التي تقتصر عليها المعونة، وفي واقع الأمر فإن التحديد الذي فرضه البرلمان المنحل كان عائقا دون الإستفادة الكاملة من المعونة".
ومنذ ذلك الحين انفتح الباب على مصراعيه لا أمام التدخل الامريكي وحسب وانما امام تدخل الدول الاستعمارية الأخرى مثل بريطانيا والمانيا الغربية وغيرها. واصبح الاستعمار يعيث باستقلال بلادنا. كما أصبح يتصرف وكأن بلادنا تحت وصايته. لقد بسطت الدكتاتورية العسكرية حمايتها المسلحة على المصالح الاستعمارية القديمة، لكنها في نفس الوقت وبمقدار اكبر شجعت تغلغل الاستعمار الحديث ومصالحه في بلادنا.
ولم يخف الاستعمار ابتهاجه بمكاسبه في السودان. فقد استقبل عبود في أمريكا وألمانيا الغربية وبريطانيا بمظاهر من الحفاوة قل أن يتمتع بها رئيس دولة أجنبية غيره. وامتدح الرئيس الامريكي الفريق عبود بانه "رجل الساعة وأنه اظهر في اللحظات الحرجة شجاعة فائقة" وكتبت صحيفة

نيويورك تايمز في عددها بتاريخ ٦ أكتوبر ١٩٦١م، أثناء زيارة عبود للويات المتحدة، تقول "الرئيس عبود هو احد الرجال الاقوياء الذين يظهرون على مسرح السياسية الأفريقية" ومضت تقول "إن مظاهر الحفاوة قد أعدت بالشكل الذي يميز هذه الزيارة عن كل الزيارات الرسمية السابقة في عهد كنيدي".

لماذا كل هذا المدح وكل هذه الحفاوة؟ إنها حفاوة الاستعمار بنظام طائع ينفذ تعليمات سادته بدقة واخلاص.

فقد بعث الفريق عبود ببرقية إلى الرئيس الامريكي أيزنهاور بمناسبة يوم الجيش الامريكي عام ١٩٥٩م يقول فيها "إن السودان كجزء من العالم الحر يهنئ بهذه المناسبة القوات التي تعمل حقيقية من اجل السلم والحرية ".

وفي خطاب الترحيب بعبود في زيارته لأمريكا قال كنيدي (لقد لعب السودان خلال عام ١٩٦١م وخاصة في الشتاء والربيع دورا هاما وبارزا في المحافظة على الحرية في قارتكم). وصرح مينون وليامز وكيل وزارة الخارجية الامريكية لشئون أفريقيا بعد مقابلة له مع أحمد خير[٥٨] " إنني جد مسرور إذ وجدت خلال مباحثاتي مع السيد أحمد خير أن هناك التقاء واسعا وعريضا في سياسة بلدينا في كثير من الموضوعات التي طرقناها". وفي ١٧ نوفمبر عام ١٩٦٢ وصف عبود أمريكا بانها الدولة الصديقة.

إن تلك الأقوال لم تكن من قبيل المجاملة الدبلوماسية – إذ كانت تعكس بصدق الارتباط الحقيقي الوثيق بين سياسة السودان الخارجية والسياسة الأمريكية. إن سياسة أمريكا في البلدان العربية والأفريقية هي المعاداة الصريحة المكشوفة لنضال البلدان حديثة الاستقلال في الانعتاق النهائي من كل أشكال السيطرة الأجنبية، ولنضال الشعوب المستعمرة من اجل الحرية الوطنية، ولكل نزوع نحو الديمقراطية وفي هذه السياسة وجدت أمريكا والدول الاستعمارية الأخرى عبيدا مطواعين في حكام ١٧ نوفمبر.

ففي اول مؤتمر صحفي عقدوه منعوا الصحافة بصورة مشددة من التعرض لسياسة البلدان الاخرى وانتقادها. وهذه كانت الخطوة الاولى في رسم سياسة خارجية مماثلة للاستعمار وفي خيانة الدور الذي كان على السودان المستقل أن يلعبه في مساعدة حركات التحرر العربية والأفريقية.

فمن البديهي أن سياسة الدول الاستعمارية، أمريكا وبريطانيا وفرنسا وبلجيكا والبرتغال وألمانيا الغربية وغيرها، إزاء الشعوب العربية والأفريقية كانت تلاقي لا النقد وحسب وإنما المعارضة النشطة من جانب

شعبنا. ومنع الصحافة من التعرض لسياسة البلدان الأخرى كان معناه ان نسكت على ما ترتكبه الدول الاستعمارية في أفريقيا والعالم العربي، يعنى ان نتخلى عن التزامتنا أمام الشعوب الأفريقية والعربية.
ولكن هذه كانت مجرد الخطوة الاولى فقط. ففي مؤتمر صحفي عقده طلعت فريد في فبراير عام ١٩٥٩م قال للصحفيين في معرض الحديث عن تفجير فرنسا قنبلتها الذرية في الصحراء الأفريقية" لا شأن لكم حتى إذا فجرت هذه القنبلة في أرض البطانة"! وفي مسالة الجزائر قال لهم: "لا معنى لأن تهاجم صحافتنا فرنسا. فكلما تقتل فرنسا الجزائريين فإن الجزائريين يقتلون الفرنسيين! وكان هذا خطهم الذي اتخذه أزاء الثورة الجزائرية إلى النهاية. لذلك فليس مستغربا أن وفود حكومة الثورية الجزائرية طافت جميع البلدان العربية وعددا كبيرا من البلدان الأفريقية دون أن تفكر في زيارة سودان ١٧ نوفمبر.
وهنالك جرائم اخرى يندى لها الجبين. ففي عام ١٩٥٩م كان اثنان من الوطنيين الكينين في طريقهما للقاهرة للحاق بزملائهما هنالك لمواصلة النضال ضد الاستعمار البيرطاني، فاعتقلتهما السلطات وحكم عليهما بالغرامة. وفي مرة ثانية وصل إلى جوبا أحد سكرتيري المؤتمر الأفريقي بيوغندة ومعه زميلة له. فاحتجزتهما السلطات السودانية واجبرتهما على الرجوع إلى يوغندة حيث كان ينتظرهما السجن أو الموت. وفي عام ١٩٦٣م اعتقلت السلطات أحد الضباط الأثيوبيين، على الحدود السودانية الغربية وكان في طريقه إلى القاهرة، وسلمته إلى الامبراطور هيلاسلاسي حيث كان ينتظره الإعدام المؤكد لاشتراكه في الثورة الاثيوبية الشهيرة. وفي عام ١٩٦٣م اعتقلت السلطات السودانية مناضلي أرتريا وسلمتهم لأعدائهم في أثيوبيا حيث كان ينتظرهم أيضا الإعدام المؤكد.
وكان الحكم العسكري البائد يدعي انه يطبق سياسة الحياد وعدم الانحياز بينما كان في الواقع منحازا ضد المعسكر الاشتراكي ولصالح المعسكر الاستعماري. فالبلدان الاشتراكية التي تضم ألف مليون من البشر الذين يعطفون علينا ويؤيدوننا كانت لنا لديها سفارة واحدة فقط. اما الدول الغربية فقد كانت لنا سفارة في كل منها تقريبا. وفي ميدان التعامل الاقتصادي يفتح الباب بمنتهى الترحيب والحماس أمام الدول الغربية، اما الدول الاشتراكية فتعاملنا معها يضيق إلى الحد الادنى.

وبينما كانت حكومة ١٧ نوفمبر تمنع دخول مجلات وصحف المعسكر الاشتراكي وتغلق مكتبة "المواطن" بالخرطوم بحجة انها خطر على الامن وتحاكم من تجد في حوزته مجلة "الوقت" الاشتراكية، كانت تفتح الباب امام الثقافة الاستعمارية السامة وصحف وكتب الانحلال والميوعة وفي الوقت الذي كانت البعثات التعليمية الرسمية توجه إلى دول الغرب الاستعمارية، كان أي نزوح إلى التعلم في البلدان الاشتراكية يقابل بوضع مختلف الصعاب والوان التضييق.

وكان حكام ١٧ نوفمبر يملأوون الدنيا ضجيجا بأنهم أبطال السلم في العالم وابطال الحرية في أفريقيا والبلدان العربية. ولكن هذا الضجيج ما كان بوسعه ان يخفي دورهم الحقيقي.

ففي الأمم المتحدة حنطوا موقف السودان كدولة مستقلة، وحالوا دون أن تصبح بلادنا قاعدة نشطة لمحاربة الاستعمار والدفاع عن السلم. وفي كل المسائل الحيوية كان مندوبو السودان إما ممتنعين عن التصويت أو مؤيدين للدول الاستعمارية. وبكبتهم للديمقراطية منع حكام ١٧ نوفمبر شعبنا من المشاركة النشطة في النضال العالمي من أجل السلم والحرية. واسطع مثال لذلك هو أن الشعب السوداني منع بالقوة من الاعراب عن استنكاره للعدوان الاستعماري الامريكي على كوبا وتأييده للشعب الكوبي البطل.

وكانت الخرطوم مسرحا لنشاط استعماري هائل ضد الشعوب الافريقية والعربية. فعندما قامت الجمهورية في اليمن بعد ثورة شعبه ضد الحكم الملكي الرجعي سارع حكام ١٧ نوفمبر إلى الاعتراف بها. ولكنه كان اتفاقا منافقا. وذلك إن أولئك الحكام وقفوا فعليا إلى جانب القوى الرجعية الاستعمارية. فقد منعوا الطائرات العربية من الهبوط في مطار بورسودان حين كانت تحمل العون للثوار، بينما فتحوا ميناء المدينة لقطع من الأسطول البريطاني المعادي للثورة. وفاق غدرهم وخيانتهم كل حدود حين جعلوا مطار الخرطوم قاعدة عسكرية بريطانية لضرب ثورار الجنوب العربي. وقد تأكد أخيرا ما ظل يقوله الشيوعيون آلاف المرات من قبل وانكشف ان ٧٥٪ من الطائرات العسكرية البريطانية كانت تتلقى المؤن والوقود من مطار الخرطوم وهي في طريقها لضرب الثوار العرب ومع ذلك فكم كانوا يتشدقون بالعروبة!

ولعل أبشع جريمة إرتكبها نظام ١٧ نوفمبر كانت ضد شعب الكنغو الشقيق. فهذه الجريمة تمثل قمة الارتباط بين السياسة الخارجية لذلك النظام

والسياسة الامريكية. فبدلا من تقيم العون والمساعدة لهذا الشعب الجار المناضل كانت الدكتاتورية تقدم العون لأعدائه المستعمرين.
عندما قرر لوممبا[٥٩] بالاتفاق مع سيكتوري ونكروما ان تتدخل الجيوش الأفريقية الوطنية لصالح شعب الكنغو دون إلتفات للامم المتحدة التي تنفذ الرغبات الاستعمارية، اقترحت حكومة السودان (توحيد الجهود وعقد مؤتمر لوزراء خارجيات أفريقيا. وكان القصد إضعاف وتعطيل التدخل العسكري الأفريقي المقترح، وابعاد الإقتراح الخاص بعقد مؤتمر لرؤساء الدول الأفريقية الذي كانت ستسفر عنه قرارات ملزمة. ولما وافقت الدول الافريقية الاخرى لم يذهب وزير خارجية ١٧ نوفمبر بل أناب عنه وكيله وزوده بتعليمات صريحة بألا يورط السودان في أية مواقف عملية وبأن يبتعد عن تأثير نكروما وسيكتوري. وطار الوزير إلى بغداد ليدافع عن القواعد العسكرية في ليبيا في وجه مندوب الجزائر!
وعندما طالب لوممبا بتدخل الأمم المتحدة ووصلت قوات من غانا وغينيا والمغرب، بل ومن أقاصي آسيا، أذاعت حكومة ١٧ نوفمبر بيانا تقول فيه أن الأمم المتحدة قد اكتفت بما وصل من جيوش تتحدث الفرنسية!. ولكن اللغة الفرنسية لم تمنع مرور برقيات الاستعمار البلجيكي عبر سماء السودان الى بروكسل عاصمة بلجيكا طلبا النجدة وهذه احداها: " بروكسل - وزير الدفاع - تيلفون ٧٠١٧٢١ - الموقف فى بالقامين- التوتر يشتد - نطلب حالاً تدخل قوات المظلات - ربما صادرت سلطات الكنغو هذه المحطة الاسلكية." لقد مرت هذه البرقية المسمومة عبر اراضى السودان الافريقى المستقل بامر من حسن بشير[٦٠] الذى كان ينوب عن وزير الخارجية. ولكن نظام ١٧ نوفمبر رفض السماح لمرور الامدادات والاسلحة والمؤن والأغذية والادوية لحكومة الكنغو الشرعية. بالعكس من ذلك راح حسن بشير يشكو للبريطانين اثناء زيارته لبلادهم ان الجمهورية العربية المتحدة تضغط على السودان لكيما يسمح لها بارسال المساعدات الى لوممبا وشعبه عبر اراضى االسودان. وفى الخرطوم هاج احمد خير عندما تلقى برقية من الحكومة المصرية تلح فى السماح لها بارسال العون لشعب الكنغو واحراق البرقية بنفسه ومنع ان توضع منها نسخة فى ارشيف وزارة الخارجية.
وقد قدر الاستعمار العالمى بقيادة أمريكا موقف اصدقائه حكام ١٧ نوفمبر فصرح منون وليامز وكيل وزارة الخارجية [الأمريكية] للشئون الأفريقية

في مطار الخرطوم يوم ١٧ فبراير ١٩٦١ بقوله :"ان حكومة السودان قد بذلت جهداُ شاقاُ دون عبور الاسلحة الى الكنغو" وهذه ما قصده كنيدى حين قال اثناء ترحيبه بعبود "لقد لعب الشعب اللسودان خلال عام ١٩٦١، وخاصة فى الشتاء والربيع، دوراُ هاماُ وبارزاُ فى المحافظة على الحرية فى قارتكم".

المحافظة على الحرية برفض الاعتراف بحكومة لوممبا.

المحافظة على الحرية بتسليم قوات السودان للامم المتحدة لتحرس حرية استخدام الاستعمار لميناء متادى حتى يتسلمها منها مبوتو. وقد استرخص رئيس ١٧ نوفمبر التضحية بدماء جنودنا فى الدفاع عن مصالح الاستعمار فقال فى برقية ارسلها الى كازافوبو[٦١] "ان الحكومة السودانية لاتأسف على قتل جنودنا فى الكنغو ونعتقد ان هذا الحادث كان يمكن ان يحدث لأية فرقة اخرى".

المحافظة على الحرية بتمهيد الطرق لسرقة اوراق سكرتير انطوان جيزنجا[٦٢] وسرقة حقيبته فى مطار الخرطوم.

المحافظة على الحرية بتسخير كافة اقسام الجهاز الدبلوماسى السودانى فى وزارة الخارجية والامم المتحدة للوساطه بين الشعوب والاستعمار لصالح الاستعمار.

ان الحكم العسكرى البائد يتحمل مسؤلية كبيرة واساسية وفى ضياع استغلال الكنغو وتفتيت وحدتة، وفى اغتيال االبطل الافريقى باتريس لوممبا. وسياسة ذلك الحكم تجاه قضية الكنغو تعبر تعبيراً صادقاً عن التعارض التام بين اعمال ابطال ١٧ نوفمبر واقوالهم، بين الحقيقة والاكاذيب التهريجية.

سياسة الخراب الاقتصادى:

منذ فترة الانتقال، ١٩٥٤، نشب صراع حول الطريق الذى ينبغى ان يتطور فيه الاقتصاد السودانى. وكان موقف القوى الشيوعية والديموقراطية فى هذا الصراع هو ان السودان قطر مختلف ولا سبيل الى ارتقائه وازدهار حياة شعبه عن طريق التطور الرأسمالي القائم على الاستقلال وتشجيع الرأسمالية فى صورها المختلفة. بل أن طريقه هو طريق التطور غير الرأسمالي الذى يعني:

١-احدث ثورة زراعية باجراء اصلاح زراعي جذري يغير العلاقات الطبقية فى الريف لصالح المزرعين البسطاء والعمال الزراعيين وبادخال الوسائل الحديثة فى الزراعة.
٢- السير فى طريق التصنيع الشامل.
٣- قيادة قطاع الدولة للاقتصاد والسير به نحو الاشتراكية.
٤- التحرر التام من اشكال السيطرة الرسمالية الحديثة المتمثلة فى العلاقات غير المتساوية فى التجارة الخارجية وفى سيطرة رأس المال الأجنبي على الصناعة والزراعة والتجارة الخارجية.
٥- الاشتراك الفعلي للجماهير العاملة فى هذه التنمية وذلك باشتراكهم الفعال فى توجيه الانتاج - ولن يتم ذلك الا بنيلهم لأقصى حقوقهم الديمقراطية.
ولكن بلادنا فى ظل حكومات الطبقات المتملكة سلكت طريق التطور الرأسمالى المغلق، وفى عهد الحكم العسكرى االبائد وصلت هذه السياسة الاقتصادية المضرة الى نتائجها المنطقية والضرورية.
كانت سياسة ١٧ نوفمبر الاقتصادية هى منع التطور المستقل للاقتصاد السوداني واخضاعه للسيطرة الاستعمارية وذلك بحماية المصالح الاستعمارية القديمة وفتح الباب امام تغلغل الاستعمار الحديث.
واستهلت الدكتاتورية تلك السياسة بالغاء كافة القيود التى فرضها البرلمان السابق على المعونة الامريكية. وانطلق مكتب المعونة فى كل مكان حتى انتشرت فروعه فى جميع الوزارات واللمصالح والمؤسسات. أما المكتب العام نفسه فانه يمثل دولة داخل الدولة وجهازا للتخطيط ووكيلا للاحتكارات الامريكية. وراح الخبراء الأمريكان يدرسون قطاعات الاقتصاد السوداني ويعدلون خطط الحكومة والعديد من المشاريع التى لايجيزها خبراء وطنيون. إن المعونات الامريكية إنما هى ادوات اقتصادية سياسية تفتح الطريق امام الاستعمار الامريكي واحتكارته لغزو البلاد حديثة الاستقلال باشكال استعمارية جديدة مثل القروض والاستثمارات المباشرة، وهذا ما فعلته المعونه فى السودان – اخضاع السودان للنفوذ الامريكي وفتح الباب لرؤوس الاموال الامريكية، وربط كل مشروع اقتصادي تفرضه الظروف بالاحتكارات الامريكية الاستعمارية.
والان ما الصورة التى نجد عليها القتصاد السوداني؟
لقد ارتبطت كل المشاريع الكبرى بقروض من أمريكا وبقية الدول الاستعمارية - وهكذا يرتبط مشروع المناقل وخزان الروصيرص وخشم

القربة وامتداد السكة حديد وتوسع ميناء بوسودان وانشاء ميناء محمد قول وغيرها من المشاريع بالاحتكارات الامريكية الاستعمارية بعد موافقة هيئة المعونة والبنك الدولي. ومن الضمانات التى كانت حكومة ١٧ نوفمبر تقدمها، حق الخبراء فى معرفة كل كبيرة وصغيرة فى اقتصاديات البلاد، وامكانيات نجاح المشروع وفعالية المشروع المرهون، واستقرار اليد العاملة (الذي يعني تطبيق قانون دفاع السودان وقانون النقابات لعام ١٩٦٠)، وعدم التأميم واتباع سياسة خارجية لاتدخل فى صدام مباشر او غير مباشر مع الاستعمار الامريكى، والاستئذان قبل الدخول فى معاملات مالية مع الدول الاخرى، وعدم التورط فى تعامل تجاري او اقتصادي بلدان المعسكر الاشتراكي.

والصورة التالية تعبر عن ارتباط القروض بحياتنا الاقتصادية:

- خزان الروصيرص يعتمد على قرض جملته ١٨ مليون جنيه من البنك الدولي بالاضافة لقرضين من المانيا الغربية ومؤسسة التنمية العالمية التي تسيطر عليها أمريكا.
- خزان خشم القربة قرض بمبلغ ٢,٦ مليون جنيه من بنك ايطاليا.
- امتداد المناقل: ١٥ مليون دولار من البنك الدولي
- محطة ابحاث الحديبة تحت اشراف المانيا
- محطة ابحاث الجنوب والفونج، والتوسع فى قسم التجارب بالجزيرة وقسم الارشاد الزراعي تحت اشراف المعونة الامريكية.

وفى ميدان الصناعة:

البنك الصناعى: حصل على قرض من أمريكا جملته ٢ مليون دولار.
مصنع النسيج الامريكي: بالخرطوم بحري ٣ مليون دولار من مال التنمية الامريكي بواسطة المعونة الامريكية.
مصنع السكر بالجنيد: ٤٦ مليون مارك من المانيا الغربية.
كهرباء خزان سنار: مليون ونصف المليون من الجنيهات من إنجلترا و ١٧ مليون ونصف المليون من ألمانيا الغربية.
كهرباء خزان الروصيرص: التزم بنك التعمير الالماني (المانيا الغربية) بالتمويل.
مراكز التدريب المهني:

معونات المانيا الغربية وأمريكا، ومعدات واساتذة للمعهد الفني من أمريكا وبعثات تدريب لأمريكا.

المواصلات:

- امتداد وتوسع السكة الحديد: ١٣ مليون جنيه من البنك الدولي
- طريق الخرطوم بورسودان: (تقديرات): ٢٤جنيه تحدد المعونة الامريكية مصادر تمويلها.
- الموصلات الجوية: ٢,٥ مليون جنيه من انجلترا و ٣,٤ مليون هولندا

وفى التجارة الخارجية:

- اعتمادت استيراد: ٥ مليون جنيه من انجلترا و ٢٥ مليون مارك من المانيا الغربية.
- صفقات القمح الامريكى بواسطة المعونة الامريكية التى بلغت اكثر من ثلاثة ملايين جنيها سودانيا.

وفى التنقيب عن الخامات :

النحاس: امتياز تنقيب للاحتكارات الايطالية فى الغرب.

الحديد: امتيازات للتنقيب فى الغرب للاحتكارات الالمانية الغربية (كروب).

البترول: امتيازات تنقيب فى البحر الاحمر لشركة اجب الايطالية وشركة كاليفورنيا اكسبلوريشن الامريكية

ان جملة القروض الاجنبية التى وقعتها الحكومة قد قاربت المئة وثلاثين مليونا من الجنيهات.

ويأتى القسم الاساسى من هذه القروض من الدول الاستعمارية ومؤسساتها المالية (ولايزيد نصيبنا من الاتحاد السوفيتى عن ٦٪ وتتراوح فوائد هذه القروض بين ٥ و٧٪ وتفرض الدول الاستعمارية شروطاً مجحفة لتسديدها وتستخدم طريق التسديد وشروطه اداة للضغط على الحكومة. فالسودان يبدأ فى تمويل المشروع المعين من مواردة الخاصة وبعد فترة يقدم فواتير التكاليف ليستلم قسطاً من القرض الذى وافقت الدولة الاستعمارية او البنك الدولى على تقديمه. وبذلك تجد القوة الاستعمارية فرصة سانحة لتعلن شروطها او تطلب المزيد من التنازلات (مثال ذلك احتمال الامتناع عن تمويل بقية مشروع الروصيرص بعد الانتهاء من بناء الخزان).

ومع كل قرض تدخل السودان وفود وبعثات من الخبراء الاجانب حتى بلغ عدد الخبراء الأمريكان فى القطاعات العليا وحدها ٢٧٠ خبيراً (راجع تصريح السفير الامريكي فى جريدة الايام عدد ٦ مايو ٦٤) هذا الى جانب

موظفى المعونة الامريكية والخبراء الالمان والانجليز وخبراء البنك الدولي المنبثين فى كل اجهزة الدولة الحساسة مثل وزارة المالية والبنك الصناعي ووزارة الزراعة وغيرها.

ولقد وصلت ديون السودان من القروض الاجنبية منذ ١٧ نوفمبر حتى الان ١٣٠ مليون من الجنيهات، بلغ ما سدد منها فى شكل اقساط وفوائد ٣٧ ونصف مليون جنيه. ولقد فكر قادة الحكم العسكرى البائد فى انه لتسديد ديوننا من القروض يلزمنا المزيد منها، وهكذا دخلت اقتصادياتنا في حلقة مفرغة لا تنتهي. وكل المشاريع الصناعية والزراعية والمواصلات والتجارة التي مولتها هذه القروض لم تحقق البلاد دخلا يصل إلى هذا المبلغ الذي سددناه، بل على العكس من ذلك ظلت البلاد تعاني من المنصرفات المتضاعفة على هذه المشاريع بالمقارنة مع التقديرات الأولية التي وضعت لها بإرشاد الخبراء الاجانب. مثال ذلك ان مصنع السكر بالجنيد صرف ضعف المبلغ المخصص له مما جعل سعر رطل السكر السوداني اعلى سعر الرطل المستورد حتى في قمة ارتفاع أسعار السكر عالميا.

أن الدول الاستعمارية لا تقدم قروضها ومعوناتها بدون شروط، أو اعتمادا على اسباب اقتصادية بحتة. فحتى هذه الأسباب ليست خالية من شروط ضمان أقصى الأرباح لرأس المال الاستعماري، وضمان استقرار اليد العاملة بالقوانين المقيدة للحريات، والضمان ضد التأميم والمصادرة. وهذه كلها قيود وشروط سياسية معادية لصالح التطور الوطني الذي هو في جوهره تطور معاد للاستعمار ومخلفاته القديمة وأشكاله الحديثة.

وانطلاقا من هذه السياسة المعادية لصالح شعبنا وضع نظام ١٧ نوفمبر الخطة العشرية التي تعتمد على القروض الاجنبية في تمويل ثلث رأس المال، وتعتمد على الخبراء الأجانب لدرجة أن البنك الدولي شكل هيئة دولية تحت إشرافه لتمويل الخطة وتنفيذها. إن الخطة العشرية لا تمني الشعب السوداني باكثر من صناعة ضعيفة لا يزيد نصيبها في الدخل القومي بعد عشر سنوات عن ٧٪، ولا بأكثر من قاعدة ضعيفة من الصناعات الخفيفة. وهي لا تقوي قطاع الدولة في ميدان الصناعة، وهذا يتضح من المعلومات الآتية المتضمنة في الخطة:

صناعات القطاع العام	جنيـــه
مصنع السكر بالجنيد	٨,٠٠٠,٠٠٠
مصنع السكر بخشم القربة	١٠,٠٠٠,٠٠٠
مصنع تجفيف الألبان	٧٥٠,٠٠٠
مصنع الكرتون	٦٧٦,٠٠٠
المدبغة الحكومية	٦١٢,٠٠٠
مصنع تجفيف البصل	٥٠٠,٠٠٠
معهد الأبحاث الصناعية	٢٦٠,٠٠٠
الإجمالي	٢٠,٧٩٨,٠٠٠

وهكذا يتضح ان كل صناعة قطاع الدولة لا يبلغ رأس مالها ٢١ مليون جنيه وكلها من الصناعات الخفيفة.
أما صناعات القطاع الخاص فيتنظر ان تصل إلى ٥١ مليون جنيه وكلها صناعات خفيفة: السجائر الملبوسات الجاهزة والغزل والنسيج، والكبريت والزجاج والأسمنت والورق والكرتون والاسمدة والمبيدات وتكرير البترول والخيش والحبال.
وفي كلا القطاعين يلعب رأس المال الأجنبي الدور الاساسي.
وعليه فمشاريع التنمية لهذا العام لا تختلف في طبيعتها عن الخطة العشرية نفسها وعن بقية مشاريع التنمية التي تمت في الماضي والتي لا نرى سوى طريق واحد: طريق التطور الرأسمالي البطئ المرتبط بالدول الاستعمارية في تصريف الخامات واستيراد سلع الاستهلاك وبناء بعض الصناعات الخفيفة والتوسع في الخامات الزراعية والمعدنية بقروض وتمويل من الاحتكارات الاستعمارية بالإضافة إلى الفوائد المهزوزة التي تحققها الميزانية السنوية المعتمدة في إيراداتها على الضرائب غير المباشرة.
وفي حقل التجارة الخارجية عانى اقتصادنا من الاختلال في ميزان المدفوعات. وهذا يعود إلى التعامل غير المتكافئ في تجارتنا مع السوق الاستعمارية التي تشتري منا باسعار هابطة دوما مما يضعف حصيلتنا من العملات الأجنبية، وتبيع لنا باسعار صاعدة دوما الامر الذي يسبب لنا العجز الدائم في ميزان المدفوعات. ولم يكن الحديث عن تخفيف وطأة

التقلبات الاقتصادية سوى امر لا يمكن أخذه مأخذ الجد طالما كان التوسع الزراعي هو النشاط الاقتصادي الرئيسي، وطالما كان التعامل التجاري مع السوق الاستعمارية هو الذي يشكل القسم الاعظم في ذلك التعامل.

إذ كيف يمكن مثلا الحديث عن تصريف منتجاتنا باسعار مجزية والسوق الاوربية المشتركة تأخذ ٣١٪ من تجارتنا الخارجية؟.

إن تجارتنا الخارجية مازلت مشدودة للمعسكر الاستعماري وسياسته – عمليات التصدير والتوريد الأساسية في يد الاحتكارات والبنوك الاستعمارية، والمعسكر الاستعماري هو صاحب المكانة الاولى في تجارتنا الخارجية. فقد بلغت تجارتنا مع خمسة من الدول الغربية الكبرى خلال (١٩٥٨ ـ ١٩٦٣) ٣٣٠ مليونا من الجنيهات بينما لم تزد مع كل المعسكر الاشتراكي عن ٤٠ مليونا من الجنيهات. هذا رغم الفوائد العديدة للتعامل مع الدول الاشتراكية مثل التكافؤ لصالح الطرفين ومدنا بالآلات والخبرة اللازمة لتصنيع بلادنا. ويشهد على ذلك ما حققناه من فائض في ميزان تعاملنا التجاري مع الدول خلال السنوات الخمس الاخيرة حين بلغ ذلك الفائض ٥ ملايين من الجنيهات، بينما لم نحقق من التعامل مع المعسكر الاستعماري سوى الخسارة.

إن سياسة الانغماس في الديون حتى يصبح الاقتصاد السوداني مرهونا للدول الاستعمارية بمبلغ ١٣٠ مليونا من الجنيهات، وسياسة فتح الباب أمام رؤوس الاموال الاجنبية للسيطرة على الصناعة وحمايتها جمركيا واعفاءها من الضرائب على الأرباح، وسياسة الاستمرار في التعامل التجاري مع دول المعسكر الاستعماري بصورة رئيسية، وسياسة الخضوع أمام المعونة الامريكية وخبرائها وجواسيسها – كل ذلك قد ادى إلى اضعاف الاقتصاد السوداني وزيادة تبعيته لرأس المال الاستعماري، كما ادى إلى وقوع البلاد في ازمة مالية حادة.

ومثلما دأب الحزب الشيوعي السوداني على إصدار كتاب أسود كل عام عن اعمال الدكتاتورية المعادية للشعب فأنه كذلك ظل كذلك يصدر كل عام كتيبا يحوي نقدا مفصلا لميزانيات الخراب الاقتصادي والإفلاس المالي لنظام ١٧ نوفمبر.

ويجدر هنا أن نختتم هذا العرض لما قامت به الدكتاتورية من تفريط في استقلال البلاد الاقتصادي وفي تخريبه أن نقدم الجزء الاخير من نقد الحزب الشيوعي لميزانية ١٩٦٥/٦٤م.

الميزانية العامة (٦٥/٦٤)

الإيرادت :

لقد بلغت جملة تقديرات الإيرادت في ميزانية (٦٥/٦٤) ٧٣ ونصف بالمقارنة مع إيرادت العام الماضي التي بلغت ٦٧ وربع مليون جنيه (٦٧,٣٦٨,٢٢٨ جنيه).

وقد تسائل الناس بحق عن مصدر الزيادة في الإيردات، بل عن تقديرات الإيرادات بما يزيد عن ٧٠ مليون جنيه في عام انخفضت فيه انتاجية فدان القطن إلى أقل من قنطارين للفدان في الجزيرة والمناقل وسبقه عام قاس هبطت فيه موارد الحكومة المالية بما يزيد عن ١٩مليون جنيه، وهبطت العملات الاجنبية لدى بنك السودان بما يزيد عن ١٧ مليون جنيه.

ولنا ان نتساءل ايضا: هل تغيرت طبيعة الإيرادات ومواردها بعد إجراءات ديسمبر ١٩٦٣م التي يحاول واضعوا الميزانية ان يؤرخوا بها فترة تاريخية جديدة في سياسة البلاد المالية؟

يكفي ان نشير إلى ان الضرائب غير المباشرة (مضافا إليها احتكار السكر) تعادل حوالي ٦٠٪ من جملة الإيرادت.

اما الضرائب المباشرة فلا يزيد نصيبها في الإيرادات عن٥,٤٪

ولا يزيد دخل الحكومة من ارباح زراعة القطن عن ٤,١٦ مليون جنيه فقط.

إن نظرة سريعة لتركيب الإيرادات توضح ان الحديث عن إتجاهات جديدة في السياسة المالية ليس صحيحاً. فما زال مورد الإيرادات الاساسي هو الجمارك على سلع الاستهلاك. ولا زال دور المشاريع الانتاجية في إيرادات الدولة ضعيفا ومتدهورا بل أصبحت هذه المشاريع مصدرا للخسارة واستتنزاف موارد الدولة. فقد تدهور دخل الحكومة من القطن من ١١ مليون جنيه إلى ٧ ملايين واخيرا وصل إلى أربعة ملايين هذا العام. وإزداد الصرف على مشاريع الدولة الإنتاجية مما سبب هبوطا في ارصدتها وفي اصولها السائلة.

وقد اصبح ضغط المنصرفات وبصفه خاصة منصرفات الخدمات من المصادر الدائمة لزيادة إيرادات الحكومة خلال السنوات الماضية، على ان ضغط المنصرفات هذا العام فاق كل الاعوام السابقة.

المنصرفات:

بلغت المنصرفات (٥٦,٩٦٣,٩٣٠) جنيها وهي تقل عن منصرفات العام الماضي، وقد شمل تخفيض المنصرفات تلك الوزارات ذات الصلة الوثيقة بالشعب وخدماته. وخفضت منصرفات وزارة الصحة ١٠٪ ووزارة التربية والتعليم ¼٪ ووزارة الزراعة ١٠٪ والثروة الحيوانية ٢٦,٧٪ هذا في حين لم تخفض منصرفات وزارة الداخلية بأكثر من ٢,٣٪ وهي الوزارة التي شهدت زيادات مضطردة في منصرفاتها منذ عام ١٩٥٩م حتى وصلت الزيادة ٦ أضعاف – ارتفعت من ٤٨٤ ألف جنيه عام ١٩٥٩م إلى ٣,٥٨٤,٤٢٦ جنيها هذا العام. وبلغت الزيادة في منصرفات وزارة الاستعلامات ٣٠٠٪ ورغم تخفيض ميزانية الدفاع بنسبة ٤٤٪ إلا أنها لا زالت عالية (٧,٦٨٠,٤٦٦) جنيها. إن هذه الوزارات الثلاث – الدفاع – الداخلية – الاستعلامات هي التي تأخذ نصيب الاسد من منصرفات الدولة وهي التي ارتكز عليها النظام العسكري الرجعي في القمع والتضليل بعد أن اصبح معزولا عزلة تامة عن جماهير الشعب.

وإلى جانب سياسة الضغط نجد ظاهرة أخرى تلازم سياسة توجيه منصرفات الدولة. وهي البذخ وكثرة الاختلاسات والفساد. فالمباني الحكومية ومباني كبار الموظفين اصبحت مصدرا لاستنزاف منصرفات المشاريع المختلفة مثل مطبخ الدمازين الذي كلف ٤٠ ألف جنيه ومباني المناقل التى يكلف كل منها ٧ آلاف جنيه ولم تصمد امام خريف واحد وبلغت جملة المبالغ التى رصدتها الحكومة لمبانيها فى خطة العشر سنوات ٢٨ مليون من الجنيهات. فى مصنع الجنيد كلف استبدال مكينات قطع سيقان القصب وغيرها مليونا من الجنيهات كمنصرفات اضافية، فى خشم القربة اعترف الوزير نفسة فى المجلس المركزي بزيادة خمسة مليون جنيه من المنصرفات المقدرة، وفى المناقل فشلت المرحلة الخامسة بعد صرف مبالغ طائلة على شق الترع لأن التربة غير صالحة. ويقع عبء سياسة ضغط المنصرفات بصوة أساسية على جماهير عمال الحكومة وصغار الموظفين فى الوقت الذى تزداد مرتبات كبار الموظفين. فقد سبقت الميزانية حملة تشريد واسعة بين العمال في الري وفي وزارة الزراعة بينما أعلنت الحكومة ترقيات كبار الموظفين فى هاتين الوزارتين. واحتملت الميزانية مبلغ ٤٠٠,٠٠٠ جنيه لتعديل رتب ضباط الجيش.

وتابع هذه السياسة فى المنصرفات التدهور المستمر فى مستوى معيشة الجماهير. وقد وجه وزير المالية حديثه للعمال والمزارعين بقوله: (علينا

جميعا أن ندرك أنّ هذا الوقت لايسمح بمطالب لتحسين شروط الخدمة او بضغط للمزيد من المكاسب لاي قطاع من قطاعات المجتمع). إنّ واضعي المزانية يريدون من العمال المزارعين ان يتحملوا نتائج سياسة الحكومة الخاطئة، ويريدون منهم ان يتخلوا عن مطالبهم والكفاح من اجلها. لكن جماهير العمال والمزارعين تعلم جيدا أنّ سياسة الحكومة الخاضعة للاستعمار الاجنبي هي المسئول الاول والاخير عن تدهور مستوى المعيشة وعن ازمة العيش التى تجتاح الريف وعن ارتفاع الاسعار الضروريات تحت تاثير الجمارك العالية وارتفاع سعر السكر قرشاً على الرطل لموازنة عجز الحكومة المالي.

الفائض:

اجمع الناس على ان الفائض البالغ ١٦ مليون جنيه لايعني سوى موازنة حسبات على الورق، وضغط على المنصرفات وتقدير مبالغ فيه للايرادات. وقد شهدنا خلال السنوات الماضية حرص الحكومة على ابراز فائض المزانية كعنوان لسلامة سياستها المالية. ولكن انهيار وضعها المالي في نوفمبر الماضي كشف عن زيف دعايتها بالفائض. وفى هذه الميزانية حاول واضعوها فى اكثر من موضع ايهام الناس بان هذه الفائض حقيقى وليس شكليا، وانه ضروري وهام للتنمية. وانه نتيجة منطقية للاصلاح الشامل الذى بدأ في سياسة الحكومة المالية. ولكن دون جدوى، فليس المهم وجود الفائض بل الاهم تلبية الخدمات الضرورية للشعب من مأكل وملبس ومسكن وماء للشرب، وصحة وتعليم وزيادة فى الاجور مع تخفيض الاسعار، والاهم ان تجنى البلاد ثمار استثماراتها من الفوائض السابقة فى مشاريع التنمية نفسها فى توفير موارد جديدة للتوسع فى العمران بدلاً من الاعتماد الكلي على فائض الميزانية العامة على حساب الخدمات بحجة التنمية.

ميزانية افلاس السياسة الاقتصادية:

من عرض الميزانية نستخلص حقائق واضحة اجمع عليها الكل :-

- لم تاتي الميزانية بجديد بل برهنت للمرة السادسة فشل السياسة الاقتصادية والمالية لحكومة ١٧ نوفمبر المرتبطة بالمعونة الامريكية والقروض الاستثمارية، والمصممة على السير فى هذا الاتجاه الذى يقود البلاد الى شفا الانهيار الاقتصادى التام والتبعية التامة للدول الاستعمارية. وجدول القروض لهذا العام و الوارد فى

الميزانية يكشف اننا سنحصل على قروض من ٦ دول ومؤسسات استعمارية هي : البنك الدولي – هولندا، السويد، ألمانيا الإتحادية، بريطانيا، الولايات المتحدة الأمريكية، وبلدة تابعة هي الكويت، هذا مقابل قرض من بلد اشتراكي واحد هو تشيكوسلوفاكيا.

- لم تقدم الميزانية لجماهير العمال والمزارعين حلا ولو جزئيا لمشاكل حياتهم. فقد بقيت أجور العمال كما هي عليه منذ تقديرات ويكفيلد[٦٣] عام ١٩٥١م في حين ارتفعت تكاليف المعيشة لما يزيد عن ٢٠٠٪.
- أزمة تسويق القطن ما زالت باقية، وتكاليف إنتاجه ما زالت عالية نتيجة للارتباط بسياسة الاستعمار التي اختطها في الزراعة الشاسعة وفي الشراكة المجحفة وفي الأسعار المتدهورة للخامات في اسواق الاستعمار واصبح دخل المزارعين لا يكفي لمواجهة ضروريات الحياة على حد تعبيير وزير المالية في بيانه عن السياسة القطنية في فبراير هذا العام.
- ادت الميزانية إلى تفاقم العطالة بتسريح الآف العمال تحت شعار الضغط على المصروفات.
- تؤثر الميزانية تاثيرا سيئا على جماهير التجار والصغار والمتوسطين منهم بصفة خاصة باصرار الحكومة على فتح باب الاستيراد بهدف الحصول على الفوائد الجمركية دون التفات للقدرة الشرائية في الداخل.

إن الميزانية السادسة هي حلقة في سلسلة السياسة الاقتصادية الرجعية الفاشلة للعهد العسكري الرجعي، وانعكاس طبيعي للأزمة العميقة التي حلت بالبلاد من جرائها. وبهذا المعنى فقط يمكن لكل عاقل أن يفهم قول وزير المالية في مستهل خطابه عن الميزانية العامة بأن "الحاضر بطبيعته حصيلة لسياسات وخطوات عملية سابقة"، إنّ الميزانية السادسة هي دليل جديد يدمغ طريق التطور الرأسمالي الذي قصر على السير فيه حكومات الطبقة المتملكة منذ بدء الاستقلال بأنه طريق مقفول لن ينقذ البلاد من تخلفها أو يحررها من تبعيتها الأقتصادية، على العكس يقوض من اقتصادها ويفاقم من مشاكلها ويجعلها فريسة لنهب الاستعمار الحديث.

إن طريق التطور غير الرأسمالي الذي وضعته القوى الشيوعية والديمقراطية ودافعت عنه طوال مرحلة ما بعد الاستقلال هو وحده القادر

على تصفية التخلف الاقتصادي والاجتماعي، ووقف نفوذ الاستعمار الحديث وفتح الطريق نحو الاشتراكية والازدهار، ليست تجربتنا وحدنا بل تجربة بلدان افريقية أخرى كثيرة – ولنأخذ جارتنا مصر – تدين الرأسمالية ونظامها الاستعماري وتدلل على أن الاشتراكية هي الطريق الوحيد للتغلب على المشاكل العميقة للشعوب والافق المشرق لحياة سعيدة.

وليس من سبيل امام جماهير شعبنا اليوم سوى تشديد نضالها لهزيمة النظام الراهن عميل الاستعمار الأجنبي الذي يقف عقبة كؤودا امام تطور بلادنا...

إننا ندعو جميع القوى الديمقراطية من عمال وفلاحين ومثقفين ثوريين وبقية القوى الوطنية النظيفة لخوض النضال جنبا إلى جنب متدرجين من كشف لأعمال الفساد والنهب إلى المعارك اليومية المباشرة إلى أعمال ومعارك أكبر تتطور إلى الإضراب السياسي العام الذي سيشل مقدرة العصابة الحاكمة ويمهد للقضاء عليها.

ومن خلال هذا النضال الموحد تتلاحم وحدة الجماهير في الجبهة الوطنية الديمقراطية التي تستطيع أن تضع بلادنا في طريق التطور غير الرأسمالي لمصلحة شعبنا وبعيدا عن نفوذ الاستعمار وعملائه.

اللجنة الاقتصادية
التابعة للحزب الشيوعي السوداني
٢٣ يوليو ١٩٦٤م

عبدالخالق محجوب
سكرتير عام الحزب الشيوعي السوداني

الباب الأول

الفصل الاول

الطبقة العاملة السودانية في طليعة القوى الثورية المناهضة للنظام العسكري

في يوم ١٩٥٨/١٢/٣م، اي بعد أسبوعين فقط من قيام الانقلاب العسكري الرجعي صدرت القرارات الخاصة بحل أتحاد النقابات عمال السودان وجميع النقابات السودانية وإغلاق جريدة الطليعة الناطقة بلسان الإتحاد العام.

وكان ذلك بالطبع امتداداً طبيعياً لاعتداء النظام العسكري على جميع مظاهر الديمقراطية في بلادنا.

وكان قادة الانقلاب الرجعي يدركون تماما ان العمال السودانيين لا يمكن أن يستسلموا أمام هذه القرارات، وان المقاومة من جانبهم أمر محتم، لذلك كان لا بد من توجيه ضربة لقادة حركة العمالية وخلق جو من التخويف والارهاب وسط جماهير العمال.

فبعد أيام قليلة من صدور ذلك القرار هاجمت قوات البوليس مكاتب الاتحاد العام للنقابات واعتقلت عددا من القادة النقابيين وعلى رأسهم الشفيع احمد الشيخ السكرتير العام للاتحاد وبسرعة فائقة لفقت الحكومة العسكرية تهما لهم وشكلت لمحاكمتهم اول محكمة عسكرية يقيمها الانقلاب الرجعي. لقد كانت تلك المحاكمة المزورة والسرية هي أول مظهر للصدام بين حكومة الانقلاب والحركة العمالية في بلادنا.

لقد وقف امام تلك المحاكمة السادة الشفيع احمد الشيخ وشاكر مرسال، طه علي ومحمد أحمد عمر وعوض شرف الدين وحسن محمد صالح والبدري الشيخ وعبد الله الحاج وعباس محمد الحسن ومحمد الحسن محمد وعبد الحميد علي ومحمد إبراهيم نقد ومحمود هابش.

ولفقت لهم التهم التالية :

- عقد اجتماع غير مشروع في مكاتب جريدة الطليعة.
- الاتصال بجمعية غير مشروعة وهي اتحاد النقابات العالمي.

ووضعت القضية في البداية امام القضاء المدني، ولكن في يوم ١٩٥٩/١/١ طلبت السلطات العسكرية من قاضي جنايات الخرطوم تحويل القضية إليها استنادا إلى المادة (٥) من قانون دفاع السودان لسنة ١٩٥٨م التي تنص على انه يجوز للسلطات العسكرية ان تطلب من السلطات المدنية أن تحيل إليها قضية أو أي نوع من القضايا في اي طور من أطوارها لنظرها أمام محكمة عسكرية وأن تسلم إليها اي شخص متهم في جريمة. وفي هذه الحالة يتعين على السلطات المدنية أن تستجيب لهذا الطلب.

وفي ١٩٥٩/١/٥م نقل القادة النقابيون إلى السجن الحربي في تكتم شديد، وفي يوم ١٩٥٩/١/١٤م اصدر الفريق عبود امرا بتشكيل المحكمة العسكرية برئاسة القائممقام محجوب طه وعضوية البكباشي عثمان نصر عثمان والصاغ احمد خالد شرفي والصاغ مبارك عثمان رحمة[٦٤] واليوزباشي محمد العبادي وتشكلت هيئة الاتهام من الأستاذ صالح فرح مندوبا من مكتب المدعي العام، وقسم الخالق إبراهيم الحكمدار برئاسة البوليس واليوزباشي بشير محمد علي[٦٥] من رئاسة الجيش.

وتشكلت هيئة الدفاع من السادة المحاميين عابدين إسماعيل[٦٦] والرشيد نايل وعبد الوهاب محمد عبد الوهاب[٦٧] وجوزيف قرنق وعبد الوهاب شكيمة[٦٨] وفاروق ابوعيسى والدكتور سيد حسني[٦٩].

واحيطت المحكمة بسرية شديدة، ففي يوم تشكيل المحكمة عقد اللواء طلعت فريد مؤتمراً صحفيا اكد فيه أن المحكمة ستكون سرية ولن يسمح للصحفيين أو اي شخص اخر بحضورها. "كما يحذرها من الإشارة إلى المحكمة العسكرية المنعقدة الآن من قريب او بعيد!".

وانعقدت المحكمة صباح السبت ١٩٥٩/١/١٧م ومنذ البداية رفض رئيس المحكمة لهيئة الدفاع حق الترافع عن المتهمين او مناقشة الشهود فقرر المحامون الانسحاب من القضية احتجاجا على هذا الموقف.

وكانت انباء المحكمة حديث الجماهير، وأحدث انسحاب المحامين صدى واسعا، مما دفع اللواء طلعت فريد إلى عقد مؤتمر صحفي في اليوم الثاني صرح فيه بان الأسباب التي ادت إلى منع نشر أنباء المحكمة اسباب قانونية وتتصل بظروف القضية!! واشترك في المؤتمر الاميرلاي عبد الرحمن الفكي المستشار القانوني للقوات المسلحة[٧٠]، ومحمد علي بشير مدير وزارة الاستعلامات والبكباشي الشهيد علي حامد مدير مكتب وزير الاستعلامات.

الاتهام يقدم تهما ملفقة:

واستمرت المحكمة في إجراءاتها، وقدم صالح فرح ممثل الاتهام التهم بالصورة التالية:

قال ان الجمعية غير المشروعة هي: مجلة الحركة النقابية العالمية!! تحريرها وإدارتها وتوزيعها وترجمتها !! وعلى هذا فأعضاء الجمعية هم:

- الشفيع احمد الشيخ بوصفه المسئول الأول.
- شاكر مرسال بوصفه محررا.
- طه علي بوصفه مديرا.
- محمد احمد عمر بوصفه مترجما.

عوض شرف الدين وحسن محمد صالح والبدري الشيخ وعبدالله الحاج بوصفهم موزعين و عباس محمد الحسن و محمد الحسن محمد وعبد الحميد علي ومحمد إبراهيم نقد لأنهم وجدوا في دار جريدة الطليعة مع بقية المتهمين!!

محمود هابش لصلته بجريدة الطليعة ومجيئه لدارها يوم الاعتقال.

واشار ممثل الاتهام إلى أن الاجتماع في دار جريدة الطليعة كان غير مشروع لأنه ارتبط بجريدة غير مشروعة!!

هكذا كانت قضية الاتهام ركيكة واضحة التلفيق.

مرافعات المتهمين:

كان النظام العسكري يهدف من وراء تلك المحاكمة المزورة إلى إظهار عضلاته وهيبته وإلى تخويف جماهير العمال والشعب ولكن اولئك المناضلين الأحرار مرغوا هيبة الدكتاتورية واكدوا لجماهير الشعب أن المحاكم العسكرية لا يمكن أن ترهب الشيوعيين.

ويؤسفنا جدا أننا لم نستطيع في ذلك الوقت الحصول على النص الكامل للمرافعات الرائعة التي أدلى بها المتهمون، نسبة للحصار الرهيب الذي فرض عليهم، واستطعنا أن نحصل على موجز فقط لتلك المرافعات وقد طبعناه بالآلاف في حينه ووزعناه على جماهير العمال والشعب. ونحن نقدم للقارئ ذلك الملخص للمرافعات.

مرافعة الشفيع أحمد الشيخ :

تحدث الشفيع قائلا :
"إن القانون الذي نحاكم به المادة (٤) من قانون الجمعيات غير المشروعة" قانون باطل لأنه ألغى ضمن قرارات البرلمان الخاصة بقانون النشاط الهدام ولأن الشعب السوداني قد ألغاه عمليا. وأخذت الصلة بالمنظمات التي يذكرها القانون (اتحاد النقابات العالمي، مجلس السلم العالمي الخ..) تمارس بشكل علني وبعلم الدولة وأصبح السودانيون يسافرون للخارج والوفود تروح وتجئ بجوازات سفر من وزير الداخلية وبموافقة سلطات الأمن" وبسط الشفيع امام المحكمة اعداد الوفود التي سافرت لحضور اجتماعات اتحاد النقابات العالمي واجتماعات السلام والشباب والطلاب الخ.... وتساءل إن كان العهد الحاضر قد بعث بذلك القانون من جديد واعترف به بعد أن ألغاه البرلمان السوداني وقضى عليه الشعب السوداني بعد تحرره من الاستعمار، ولمصلحة من يعاد ذلك القانون؟ ثم أشار الشفيع إلى ما جاء في خطاب الافتتاحي للاتهام من ان هذه القضية هي جزء من حرب الافكار في القرن العشرين، وان المحكمة يجب أن تضعهما في مكانها الخطير هذا. قال الشفيع "إنني اوافق الاتهام على تقديره هذا ولكني اقول ان الفكر لا يمكن ان يحارب بالقانون وان الصراع الفكري العالمي الدائر اليوم شئ كبير، اكبر

بكثير من هذه المحكمة، وليس أوضح على عظمته وخطورته من أنه اليوم اخترق الفضاء وارسل الكواكب تدور حول الشمس، وهذا لا يمكن ان يحارب بقانون".

واهتم السيد الشفيع أحمد الشيخ في مرافعته بالنضال الذي شنته نقابات العمال اكثر من اثنى عشر عاما لكسب حقوقها الديمقراطية ولترتبط بالحركة النقابية العالمية، وأنها حققت ذلك في اليوم الذي تحقق فيه استقلال السودان.

ثم تساءل الشفيع: لماذا رفعت هذه القضية وفي هذا الوقت بالذات؟ وهل المقصود منها ضرب الحركة النقابية السودانية؟ ام هل المقصود منها إقرار ان الصلة باتحاد النقابات العالمي وحده غير مشروعة في الوقت الذي اصبحت في الصلة ببقية المنظمات المشمولة بجدول المادة (٤) مشروعة؟ ام المقصود محاكمة واضطهاد شخصيات بعينها في الحركة النقابية السودانية؟

ثم تعرض السيد الشفيع إلى الادعاءات التي أثارها الاتهام حول تمويل المجلة "الحركة النقابية العالمية" فقال إن تمويل المجلة يتم عن طريق الاشتراكات والتبرعات، أما تلميح الاتهام بان جهة معينة تمول تلك المجلة فإن كان المقصود بتلك الجهة اتحاد النقابات العالمي فأنا أقول له لو كان الامر كذلك فقد كان من الممكن طبع الآلاف منها بدلا من الألف الواحدة ولكنا وزعناها دون مقابل بدلا من ان نجهد انفسنا بتحصيل الاشتراكات والاستدانة، كما وضح امام المحكمة من شهادة اصحاب المطابع.

واخيرا تعرض السيد الشفيع لتحامل الاتهام صالح فرح وحقده على المتهمين لأنه موتور من خسرانه القضية التي رفعها ضد اتحاد العمال في اكتوبر المنصرم.

وتتابع بعد ذلك المتهمون في الإدلاء بمرافعاتهم شاكر مرسال، محمد احمد عمر، وعبد الحميد علي وطه علي.... هاجموا جميعا قانون الجمعيات غير المشروعة وكشفوا طبيعة المحكمة .

وفي جلسة اخرى ادلى للمحكمة السيد الشفيع احمد الشيخ بمرافعة طويلة دافع فيها دفاعا مجيدا عن اتحاد النقابات العالمي وعن العلاقة بينه وبين اتحاد النقابات السوداني. قال السيد الشفيع في تلك المرافعة.

"ابتدات العلاقات بيننا وبين اتحاد النقابات العالمي منذ عام ١٩٤٨م وكانت في ذلك الوقت من جانب اتحاد النقابات العالمي عن طريق تأييد مواقف

اتحاد النقابات السوداني في المسائل المختلفة كالدفاع عن مطالب العمال في زيادة الاجور، وفي الدعوة التي تبناها اتحاد العمال السوداني لطرد الجيوش الاستعمارية من بلادنا وحق تقرير المصير للشعب. وكان طريق التاكيد البرقيات وامتد الى ان رفع اتحاد النقابات العالمي شكوى في مكتب العمل الدولى ضد الادرة الاستعمارية فى السودان وبالتأكيد كنا نقابل هذا الموقف بالتاييد والاستحسان".

واستمر السيد الشفيع يسرد تاريخ العلاقات بين اتحاد عمال السودان واتحاد النقابات العالمي حتى وصل بها الاضراب التاريخي الذى خاضه العمال السودانيون فى ١٢ اكتوبر ١٩٥٨ والتأييد والمساندة التى وجدها العمال السودانيون من جانب الاتحاد النقابات العالمي فى تلك المعركة.

الاحكام:

فى يوم ١٩٥٩/١/٢٩ اصدر المجلس العسكرى احكام على المناضلين النقابين وكانت كما يلى :
الشفيع احمد الشيخ ٥ سنوات.
شاكر مرسال ٥ سنوات
طه على محمد ٥ سنوات
محمد احمد على سنتان
حسن محمد صالح سنة
عوض شرف الدين سنة
وبرئ الباقون

صدى الاحكام:

بقدر ما كان الرأي يتتبع باهتمام عظيم وباعجاب سير المحاكم ومواقف المتهمين الجريئة استنكر استنكاراً شديداً الاحكام التى صدرت ضد المتهمين. فى صباح ١٩٥٩/١/٣٠ عبرت جريدة الايام بحق عن شعور الرأي العام حيث نشرت الافتتاحية التالية التى ادت النظام العسكري الى حالة من فقدان الاعصاب جعلته يغلق جريد الايام فى نفس اليوم. كتبت الجريدة تحت عنوان (محاضر المحكمة العسكرية):
"صدر بالامس بيان رسمى بالاحكام التى اصدرتها المحكمة العسكرية ضد بعض المواطنين من قادة الحركة العمالية فى السودان وكان البيان مقتضباً

لم يشتمل على الاحكام – لم يوضح الجرائم التى ارتكبها هولاء الرجال ولم يناقشها ولم يفصل الحيثيات، ولا نعلم ان كان فى عزم الحكومة ان تقدم للناس مزيد من الحقائق عن هذه القضية الهامة التى ظلت تشغل الرأي العام فى السودان وخارجه بعض الوقت او تكتفى بما نشرت، ولكننا نأمل مخلصين ان تتبع الحكومة بيانها هذا ببيان آخر اشمل واوسع وبذلك يكون الناس على بينة من الحقيقة، وتنقفل ابواب التخرصات والتكهنات والاشاعات ويصدر الناس آرائهم على اساس من الحق والمنطق والعدل. يضاف الى ذلك ان التكتم والسرية فى قضية كهذه لاتخدم للحكومة اي غرض من الاغراض، ثم هنالك نقطة ثانية هامة وهى الغرض من العقوبة. ان الغرض من العقاب هو ان ينال المخطئ جزاء ما ارتكب من خطأ وهو ايضاً ردع للاخرين ولايمكن تحقيق الجزء الثاني من هذا الغرض الا اذا الم الناس بالموضوع وعرفوا اسباب العقوبة وفهموها وقد كانت المحاكم منذ ان كانت الحضارة تفتح ابوابها لاستقبال الجمهور وتوفر لاجهزة الدعاية والنشر جميع الاسباب لتذيع انبائها بين الناس وقل ان تضطر المحاكم لقفل ابوابها ومنع نشر انبائها، حتى اصبح امراً شاذاً لاتلجأ اليه الاعند الضرورة القصوى ولاسباب قاهرة قوية تتصل اتصالاً وثيقاً بالمصالح الوطنية العليا".

وتستطرد افتتاحية جريدة الأيام: وحتى محكمة نورمبرج العسكرية العليا التي حاكمت مجرمي الحرب من النازيين عقب الحرب العالمية الأخيرة قد كانت مفتوحة الأبواب للرأي العام العالمي، وكانت الصحف تنشر أنبائها يوماً عن يوم.

وقد نص القانون العسكري في السودان أن تكون المحاكم العسكرية سرية وشرحت الحكومة ذلك للناس، وقال السيد وزير الاستعلامات أنه لن ينشر ما يدور في الجلسات إلا بعد أن يعرض الحكم على القائد العام ويصدق عليه. وقال أيضا أن الحكومة ستقدم للصحافة محاضر الاحكام لأنها تعتبر سرية حتى يصدق عليها

والذي نطلبه الآن هو أن توضع كلمات السيد الوزير موضع التنفيذ وأن تنشر المحاضر على الرأي العام خاصة وقد صادق سعادة القائد العام على الأحكام، وبذلك يلم الناس بالأمر ويتضح الموقف ويتوفر الغرض من المحاكمة. ليس ذلك وحسب بل نحن نعتقد أن الحكومة تحس كثيرا لو هي

جنحت إلى النشر على نطاق واسع وبذلت كل جهد ممكن في هذا الصدد حتى يعلم الناس جميعا جلية الامر – انتهى.
وفي صباح ١٩٥٩/٢/١ نشرت جريدة الرأي العام الخبر التالي "بعثت وزارة الداخلية أمس بخطاب إلى الزميلة الأيام تخطرها فيه بإيقافها ابتداء من ١٩٥٩/١/٣١. وعلمنا ان بوليس المباحث قد حقق أمس مع الأستاذ محجوب عثمان رئيس تحرير تحت المادة (٤ أ) من قانون دفاع السودان عن كلمته بتاريخ ١٩٥٩/١/٣٠."

الصدى العالمي للقضية:
وقد احدثت المحاكمة الملفقة صدى عالميا واسعا فبتاريخ ١٩٥٨/١٢/٢٤ أرسل إتحاد النقابات العالمي إلى حكومة السودان البرقية التالية :
رئيس وزراء السودان :
سكرتارية إتحاد النقابات العالمي تحتج بشدة باسم ٩٢ مليون عامل من عمال العالم على الخطوات التي اتخذتها حكومتكم ضد الحركة النقابية وضد الشفيع أحمد الشيخ سكرتير عام إتحاد نقابات عمال السودان ونائب رئيس الإتحاد العالمي للنقابات وضد غيره من زعماء العمال. أن هذه الأعمال تعد هجوما وتعديا على الحركة النقابية. نطالب بإعادة حقوق النقابات واطلاق سراح الشفيع وغيره من زعماء العمال....
وفي ١٩٥٩/٢/٢٦ إذاع إتحاد النقابات العالمي البيان التالي:
"إن الإتحاد العالمي لنقابات العمال يلاحظ بالإستياء شديد أن حكومة جمهورية السودان قد اتخذت عديدا من الخطوات المعادية للحركة النقابية في ذلك القطر.
إن عددا كبيرا من عمال البلاد الاخرى ونقاباتها يحزنون لهذا المسلك. ففي ٢٤ ديسمبر من عام ١٩٥٨ احتج الإتحاد العالمي احتجاجا شديدا على تلك الخطوات واصدر بيانا بذلك. ورغم كل شئ فقد أقدمت حكومة السودان أخيرا متحدية رغبات الرأي العام في السودان وفي كل العالم – على تقديم أربعة عشر نقابيا للمحاكمة أمام محكمة عسكرية سرية... لم تلاحظ فيها أسس العدالة وحيل دون استمرار هيئة الدفاع في القيام بواجباتها."
في تلك المحاكمة الظالمة حكم على كل من الشفيع احمد الشيخ السكرتير العام لاتحاد نقابات عمال السودان وعضو اللجنة التنفيذية لإتحاد نقابات عمال العرب ونائب رئيس الإتحاد العالمي لنقابات العمال وشاكر مرسال

وطه علي محمد بالسجن لمدة خمس سنوات وعلى كل من قاسم أمين[٧١] ومحمد أحمد عمر بالسجن لمدة سنتين وكل من حسن محمد صالح وعوض شرف الدين بالسجن لمدة عام. ولكي تبرر المحكمة هذه العقوبات الجائزة فقد اتهمت أولئك المناضلين بتهمة عقد اجتماع في مقر الصحيفة النقابية السودانية وبالاتصال بالاتحاد العالمي لنقابات العمال.

ولكن السبب الحقيقي لتلك العقوبة العنيفة هي النضال الجرئ الذي قاده زعماء النقابات العمالية أولئك من اجل مصالح عمال السودان الاقتصادية والاجتماعية ومن اجل استقلال وسيادة بلادهم.

إن شعب السودان يعرف النضال الذي لا يفتر والذي قام به اتحاد نقابات عمال السودان من اجل مصالح الطبقة العاملة وشعب السودان يقدر هذه الخدمات مما يفسر المركز الادبي الممتاز الذي يتمتع به اتحاد النقابات. إن الزميل الشفيع أحمد الشيخ قائد بارز للحركة النقابية العالمية. فقد انتخب بالإجماع نائبا لرئيس الإتحاد العالمي لنقابات عمال في المؤتمر الرابع للنقابات العالمية الذي عقد ببلدة لابيزج[٧٢] في عام ١٩٥٧م ولم يدخر الشفيع احمد الشيخ جهدا لمساعدة نضال الشعوب العربية ضد الاستعمار وخاصة أبان حوادث السويس حيث أيد بقوة نضال شعب مصر. كذلك ارتبط الشفيع بالشعب الجزائري من خلال نشاطه في اللجنة النقابية العالمية الخاصة بمؤازرة شعب وعمال الجزائر. كل هذا يوضح أن ذلك الحكم الذي فرض على الشفيع وزملائه يتعارض والروح المعادية للاستعمار والتي كانت باستمرار مصدر الإلهام لشعب السودان وعماله. أن الخطوات التي اتخذتها حكومة السودان ضد نقابات العمال ما هي إلا هجوم خطير على الحقوق النقابية والحريات الديمقراطية – انها تحطم وحدة الشعب السوداني وتلحق الضرر بنضاله من اجل دعم استقلال بلاده الوطنى وهي خرق صريح لميثاق هيئة الأمم المتحدة وميثاق حقوق الإنسان.

أنها أيضا خطوات عدائية ضد الحركة النقابية العالمية وخاصة الإتحاد العالمي للنقابات الذي يضم منظمات من مختلف الإتجاهات الفكرية في عديد من البلدان ذات الأنظمة الاجتماعية المختلفة على نطاق الكرة الأرضية والإتحاد العالمي للنقابات ممثل في هيئة الأمم المتحدة ووكالاتها المختلفة ويجلس مندبوه جنبا إلى جنب مع ممثلي حكومة السودان.

يدعو الإتحاد العالمي للنقابات وجميع عمال العالم حكومة السودان لتحترم حقوق العمال في التنظيم النقابي الحر وفي إقامة العلاقات العالمية مع

الإتحاد العالمي للنقابات وكل نقابات العالم وفق إرادتهم. إن الإتحاد العالمي للنقابات يهيب بعمال العالم أن :
- يرفعوا صوت الإحتجاج والإدانة بسرعة ضد اضطهاد الحركة النقابية في السودان.
- يناشدوا حكومة السودان بإطلاق سراح الشفيع احمد الشيخ وزملائه وبإطلاق الحقوق النقابية والحريات الديمقراطية.
- يعبروا عن تضامنهم الأخوي مع زملائهم المسجونين.

سكرتارية الإتحاد العالمي للنقابات
٦ فبراير ١٩٥٩- براغ

وفي ١٩٥٨/١٢/٧ و ١٩٥٨/١٢/٣١م تقدم اتحاد النقابات العالمي بالتضامن مع اتحاد نقابات العمال العرب بشكوى إلى مكتب العمل الدولي بجنيف والتابع لهيئة الامم المتحدة ضد حكومة السودان بشأن سياستها الرجعية إزاء النقابات والحريات النقابية، وبشأن المحاكمة الملفقة السرية التي دبرتها ضد القادة النقابيين: ونحن نقدم للقارئ فيما يلي الجزء الخاص بهذه المحاكمة من التقرير الذي قدمته لجنة الحريات النقابية التابعة لمكتب العمل الدولي حول الوضع النقابي في السودان لمؤتمر العمل الدولي بجنيف والمنعقد في صيف سنة ١٩٦٠م.

تقول المذكرة التي ترجمها الحزب الشيوعي في حينها ووزعها بالآلاف على الجماهير العمال والشعب – تقول في صفحة ١٤.

"في ١٩٥٨/١٢/١٧ أعتقل الشفيع أحمد الشيخ سكرتير عام إتحاد نقابات عمال السودان وشاكر مرسال رئيس تحرير جريدة الطليعة و ٩ آخرين من القادة النقابيين. وتقول حكومة السودان في مذكرتها بتاريخ ١٩٥٩/٢/٢١ أن الأشخاص المذكورين معظمهم من غير النقابيين، وقد اعتقلوا لعقدهم اجتماعا غير مشروع في مكاتب جريدة الطليعة، ولم يعتقلوا لنشاطهم النقابي".

"في عديد من الحالات السابقة أكدت هذه اللجنة أهمية المحاكمة العاجلة والعادلة أمام قضاة مستقلين وغير متحيزين في كل الحالات بما في ذلك الحالات التي توجه فيها للنقابيين تهم سياسة او جنائية مما تعتقد الحكومة ألا صلة له بالنشاط النقابي".

وبناء عليه فقد طلبت هذه اللجنة في اجتماعها بتاريخ ٢٥ و ١٩٥٩/٥/٢٦م من حكومة السودان أن توضح لها عما إذا كان النقابيون الاثني عشر، بما

فيهم الزعماء الثلاثة المذكورين سابقا لا يزالون قيد الاعتقال، وإن تطلعها على الإجراءات القضائية والقانونية التي اتخذت بصددهم ونتيجة هذه الإجراءات."

"وفي مذكرتها بتاريخ ١٩٥٩/٨/٢٥م قدمت حكومة السودان معلومات بشان محاكمة هؤلاء النقابيين، قالت إنّ الأساتذة الشفيع أحمد الشيخ وشاكر مرسال وطه علي محمد حوكموا بخمس سنوات سجن لكل منهم أمام محكمة عسكرية كان لهم فيها حق الدفاع القانوني. والتهمة التي حوكموا بها هي عقد اجتماع غير مشروع تحت طائلة قانون الجمعيات غير المشروعة لسنة ١٩٢٤. منهم محمد أحمد عمر حوكم بسنتين، وحسن محمد صالح وعوض شرف الدين بسنة وأفرج عن الباقين لعدم كفاية الادلة ".

وتستطرد المذكرة فتقول :

وفي اجتماعها بتاريخ ٩ و١٩٥٩/١١/١٠ لاحظت اللجنة أنه بخلاف ذكر التهمة التي حوكم بها هؤلاء النقابيون فإن حكومة السودان لم تذكر اي تفاصيل بشأن حيثيات الحكم الذي ادينوا به. ولم تمدنا بمعلومات نستطيع بها أن نحكم عما إذا كان الإجتماع المذكور له صلة أو ليست له صلة بالنشاط النقابي، خصوصا وأن حكومة السودان تعترف بأن الاجتماع كان بدار صحيفة نقابية، لذلك فقد قررت اللجنة أن تطلب من حكومة السودان أن تمدها بمزيد من المعلومات المحددة بما في ذلك صورة من حيثيات الحكم والاسباب التي دفعت المحكمة إلى تحديد العقوبات السالفة الذكر. وفي مذكرتها بتاريخ ١٩٦٠/٣/١٣ ردت حكومة السودان على هذا الطلب بأن السلطات المختصة في السودان مقتنعة بانه لا يوجد سبب اطلاقا للكشف عن مثل هذه المعلومات لأن الامر لا يتعلق بالنشاط النقابي لهؤلاء الأشخاص ".

وتقول المذكرة :

"وفي كثير من الحالات السابقة رفضت بعض الحكومات وبنفس الحجج تقديم معلومات لمكتب العمل الدولي ولكن مكتب العمل رفض هذه الحجج، لان مسألة الحكم على ان قضية معينة تتعلق أو لا تتعلق بالنشاط النقابي لأشخاص معينين لا يمكن أن يكون متروكا لحكومة واحدة بمفردها للدرجة التي تمتنع فيها هذه الحكومة عن إرسال المعلومات التي يطلبها مكتب العمل الدولي. ونسبة لكل هذه الظروف فإن اللجنة واضعة في اعتبارها احكاما تتراوح بين سنة وخمس سنوات قد وقعتها محكمة عسكرية بشان اشتراك

أشخاص في اجتماع عقد في مكاتب نقابية – فإنها توصي مؤتمر مكتب العمل الدولي أن يؤكد أسفه لأن حكومة السودان رفضت أن تمد اللجنة بالمعلومات التي طلبتها منها، وان يلفت نظر حكومة السودان إلى الاهمية التي يعلقها على مبدأ المحاكمة العاجلة العادلة بواسطة قضاة مستقلين ومحايدين في كل الحالات بما فيها الحالات التي توجه فيها للنقابيين تهم سياسية أو جنائية مما تعتبره الحكومة ضمن النشاط النقابي.

الخلاصة :

خلاصة القول أن تلك المحاكمة التاريخية – وهي أول محاكمة عسكرية في تاريخ بلادنا تقام لمدنين – قادت إلى فضح النظام العسكري الرجعي محليا وعالميا وفي أسابيعه الأولى.

لقد كانت تلك المحاكمة الملفقة الشرارة الأولى في مواجة الطبقة العاملة والشعب للنظام العسكري ومقاومته. لقد أدت تلك المحاكمة إلى أن ترى الجماهير منذ الوهلة الأولى أن النظام العسكري الرجعي نظام ضعيف وهزيل ومن الممكن مقاومته وتحطيمه.

إن نضال الطبقة العاملة والشعب ضد الديكتاتورية الذي بدأ بتلك المحاكمة قد انتهى إلى ثورة أكتوبر الظافرة

وهاهي الطبقة العاملة تجلس الشفيع احمد الشيخ وزيرا في حكومة الثورة بينما قذف الشعب بالذين لفقوا محاكمته وزملاءه قذف الشعب بهم إلى غياهب السجن وهذا هو منطق الثورات ".

إضراب عمال السكة الحديد الجزئي
في نوفمبر سنة ١٩٥٩م
معلم آخر في طريق نضال الطبقة العاملة

بدأت المقاومة الشعبية تحت قيادة الحزب الشيوعي منذ اليوم الأول لقيام الانقلاب العسكري الرجعي. وإذا كانت المحكمة العسكرية معلما هاما من

معالم المقاومة، فقد كان الإضراب الجزئي الذي نفذه عمال السكة الحديد بالخرطوم تنفيذا كاملا معلما ثانيا من معالم نضال الطبقة العاملة ضد النظام العسكري.

كان ذلك الإضراب تعبيرا صادقا لمقاومة شعبنا تحت قيادة الحزب الشيوعي للانقلاب الرجعي. ونقدم للقارئ فيما يلي بعض أحداث ذلك العام في الصعيد الشعبي.

١٩٥٩/١/٦- الحكم على ١٠٧ من المواطنين الجنوبيين بالسجن والجلد لسيرهم في موكب إلى القصر الجمهوري لمقابلة الفريق عبود ومطالبته بحقهم في العمل.

١٩٥٩/١/١١ – اعتقال ٥ من موظفي الجمارك في بورتسودان والتحقيق معهم حول إرسال برقية للمسئولين تطالب بإنصاف العدادين. حقق معهم تحت قانون الجمعيات غير المشروعة.

١٩٥٩/١/١٢ – اعتقال ٢٣ عاملا بتهمة الامتناع عن العمل لتأخير صرف مرتباتهم.

١٩٥٩/١/١٣- أصدر الحاكم العسكري لكردفان أمرا بحل إتحاد الشباب بالابيض لإعتباره جمعية غير مشروعة.

١٩٥٩/١/١٦- حكم على عامل بالسجن ٣ شهور لتحريضه زملائه على الإضراب عن العمل.

١٩٥٩/١/٢٤- انعقاد محكمة عسكرية بجوبا لمحاكمة عمر سوميت سائق عربة، والحكم عليه بالسجن ٥ سنوات.

١٩٥٩/١/٢٤- رفض تسجيل إتحاد الشباب السوداني باعتباره هيئة سياسية

١٩٥٩/٢/١- اعتقال لجنة اتحاد الشباب السوداني بالفاشر.

١٩٥٩/٢/٤- داهم البوليس منازل أعضاء لجنة إتحاد الشباب السوداني بالخرطوم بحري وحقق مع ثلاثة منهم تحت قانون الجمعيات غير المشروعة.

١٩٥٩/٢/٨- اعتقل البوليس رئيس عنبر بمستشفى رفاعة بتهمة النشاط الشيوعي

١٩٥٩/٢/١٨- إعادة محاكمة ضابط إتحاد العمال بتهمة عدم تسجيل الإتحاد (شطبت هذه القضية في أكتوبر عام ١٩٥٨).

١٩٥٩/٢/٢٤- تقديم أسرة تحرير جديدة الميدان إلى المحاكمة بتهمة إفشاء أسرار الدولة.

١٩٥٩/٢/٢٨- اعتقال محمد أحمد سليمان سكرتير إتحاد الشباب السوداني.
١٩٥٩/٢/٢٩- تقديم السر جعفر ومبارك حسن يوسف لمحكمة كبرى بتهمة النشاط الشيوعي (حكم على الأول بـ٧ سنوات والثاني بـ٥ سنوات).
١٩٥٩/٢/٢٩- اعتقال موظف بحسابات السكة الحديد والتحقيق معه تحت قانون دفاع السودان.
١٩٥٩/٣/٤-الأميرألاي عبد الرحيم شنان والأميرالاي محي الدين احمد عبد الله[٧٣] يقودان حركة داخل الجيش (أنظر الفصل الخاص بالقوات المسلحة).
١٩٥٩/٣/٧- اعتقال عبد الرحمن الوسيلة.
١٩٥٩/٣/١٠- إحالة اللواء أحمد عبد الوهاب للمعاش.
١٩٥٩/٣/١٤- صرح الأميرالاي شنان بإن الجيش لن يكون أداة لقهر الشعب وتحطيم أمانيه.
١٩٥٩/٥/٢١- حملة اعتقال واسعة في وسط الشيوعيين.
١٩٥٩/٥/٢١- حركة وسط الجيش لمحاولة إحداث انقلاب.
١٩٥٩/٥/٢٤- حملة اعتقالات واسعة وسط الشيوعيين في كل أنحاء السودان
١٩٥٩/٥/٢٨- نفى ٢٥من الشيوعيين المعتقلين إلى ناقشوط بالجنوب.
شهر يونيو ١٩٥٩- حملة منشورات وبيانات واسعة من الحزب الشيوعي ضد النظام العسكري.
١٩٥٩/٦/١٨- اعتقال عبدالخالق محجوب عبدالرحمن الوسيلة تحفظيا، حتى ديسمبر سنة ١٩٦٠.
أول سبتمبر ١٩٥٩- الطلبة يرفعون مذكرة للمجلس الأعلى تطالب بعودة الديمقراطية
١٩٥٩/٩/٢١- صدور الاحكام ضد شنان ومحي الدين ورفاقهما.
١٩٥٩/١٠/٢- إدانة مواطن بتوزيع منشورات شيوعية والحكم عليه بالسجن عامين ونصف.
١٩٥٩/١٠/٦- بدأت القضية المعروفة بقصية الشيوعية الكبرى والمتهم فيها عبدالخالق محجوب والوسيلة والتجاني الطيب ومحمد احمد سليمان و٦ آخرين.
١٩٥٩/١٠/٧- أبارو يدلي بمرافقة طويلة ضد الحزب الشيوعي السوداني في قضية الشيوعية.

١٩٥٩/١٠/٩- احد شهود الاتهام في قضية الشيوعية (عبد القادر احمد حمدتو) يعترف أمام المحكمة بأن أبارو قد رشاه ليشهد ضد المتهمين.
١٩٥٩/١٠/١١- عبدالخالق محجوب يدلي بمرافعته في قضية الشيوعية.
١٩٥٩/١٠/١٣- إحالة قضية الشيوعية إلى محكمة كبرى.
١٩٥٩/١٠/١٤- الإفراج من ١٦ من المعتقلين السياسيين بعد الحملة التي شنها الحزب الشيوعي.
١٩٥٩/١٠/١٥- الحكم على طالب من حنتوب لكتابته مقالا يحض على كراهية الحكومة.
١٩٥٩/١٠/١٨- بدأت محاكمة عدد من الشيوعيين بتهمة توزيع المنشورات
١٩٥٩/١٠/٢١- إحالة قضية المنشورات إلى محكمة كبرى.
وهكذا فإن المقاومة الشعبية للنظام العسكري لم تكن لتقف يوما واحدا. وحتى تبلورت في أول حركة إضرابية منظمة ضد النظام العسكري من جانب العمال، وذلك عندما تم الإضراب الذي اشترك فيه جميع عمال السكة الحديد بالخرطوم.
لقد كان ذلك الإضراب نذيرا ببداية المقاومة المنظمة من جانب الطبقة العاملة، وبداية حركة الإضرابات وسط العمال والطبقات الثورية الأخرى، والتي ظلت تتسع وتزداد عمقا طوال سني الحكم العسكري وحتى ثورة ٢١ أكتوبر والإضراب السياسي العام.
وكان الحزب الشيوعي يقف في جرأة وثبات في طليعة جماهير الطبقة العاملة، وقيادتها في الدفاع عن حقوقها ومن حقوق الفئات الثورية الأخرى.
وقبل إضراب عمال السكة الحديد بعشرة أيام أصدر الحزب الشيوعي بيانا لجماهير العمال في ذكرى يوم ١٩٥٨/١٠/٢١ التاريخي، وهذا هو نص البيان التي صدر تحت عنوان:"عاشت ذكرى ٢١ أكتوبر العظيمة، لترتفع عاليا راية المقاومة لاكتساح الحكم الرجعي المتداعي".

عاشت ذكرى ٢١ أكتوبر العظيمة
لترتفع عاليا راية المقاومة لاكتساح الحكم الرجعي المتداعي

"اليوم يحيي العمال السودانيون ذكرى ٢١ أكتوبر العظيمة، وتحي جماهير الشعب من أعماقها ذكرى ذلك اليوم الأغر في تاريخ الطبقة العاملة السودانية، يوم الدفاع البطولي عن الحريات الديمقراطية، يوم الدفاع المجيد

عن استقلال البلاد وسيادتها. اليوم الذي صممت فيه الطبقة العاملة وجماهير الشعب الوطنية على صيانة الجمهورية السودانية والدفاع عن مكتسباتها الوطنية التي أرادت أن تلوثها وتمرغها في أوحال الخيانة والتبعية الاستعمارية حكومة عميل الاستعمار والرجعية عبد الله خليل.

لقد كان أكتوبر تجسيدا رائعا لزعامة الطبقة العاملة وموقفها الأصيل من قضية الحرية والديمقراطية. لقد كان ٢١ أكتوبر تأكيدا لدور الطبقة العاملة بقيادة حزبها الشيوعي في توحيد القوى الوطنية من أجل تعزيز الاستقلال الوطني والديمقراطية ومن اجل تجديد حياة الكادحين السودانيين. لقد كان ٢١ أكتوبر تعبيرا حقيقيا لمنعة المعسكر الوطني وغلبته على فلول الرجعية المنهزمة، لقد كان ٢١ أكتوبر نقطة تحول في تاريخ بلادنا السياسي لمصلحة الوطنية السودانية، ففي ذلك اليوم من العام الماضي انتصرت الأهداف الوطنية إذ انتظمت حولها صفوف الجماهير من عمال وطلبة وتجار وغيرها من الفئات الوطنية في جبهة متحدة هزت بمظاهراتها العاتية دعائم الحكم الرجعي المتداعي واكتسبت إلى صفوفها أغلبية النواب في داخل البرلمان عازلة بذلك الحكومة الرجعية عن القوى التي كانت تستند إليها، وأصبح ١٧ نوفمبر – اليوم المحدد للافتتاح البرلمان – شبحا مخيفاً للرجعيين يؤذن بنهاية حكمهم الأسود.

ولم يكن أمام الرجعيين ومن ورائهم أسيادهم الأمريكان أمام حركة أكتوبر الشعبية المتعاظمة إلا أن يكشفوا القناع عن طبيعتهم الخائنة المعادية للديمقراطية والحرية، فيعتدوا على الدستور اعتداء سافرا. لقد جعلوا من يوم ١٧ نوفمبر يوما لتنفيذ جريمتهم واتخذوا من عملائهم داخل الجيش – عبود وأحمد عبد الوهاب – أدوات لتنفيذها، وهكذا بالغدر والخيانة تم لهم فرض سياستهم وسياسة الاستعماريين المرفوضة من الشعب السوداني على البلاد.

ولكن المكر السيئ يحيق بأهله، إذ لم تزدهم هذه التدبيرات الغادرة وما أعقبتها من اعتداءات همجية على حرية وامن المواطنين سوى ضعف على ضعف وإحساس بدنو المصير الأسود. إن ذكرى ٢١ أكتوبر وذكرى الإضراب العمالي العام والمظاهرات الشعبية الواسعة للذكرى ترتجف أمامها اليوم قلوب الرجعيين وأذنابهم قادة ١٧ نوفمبر – فهاهم بعد أن أوسعوا العمال سجنا وتشريدا واعتقالات يلتفتون للطلبة يلغون احتفالاتهم ويوعزون صحفهم المأجورة لتكتب عن عدم انشغالهم بالسياسة (!!)

بمناسبة وغير مناسبة كما فعلت الصراحة في يومي ١٠و٢١ من أكتوبر الحالي.
إن حركة العمال والطلبة وجماهير الشعب الأصيلة كالسيل العارم التي تحول دونه سدود تبنيها سواعد أضعف من سواعد الصبية الصغار.
فلترتفع راية المقاومة الشعبية العاتية ولتنزل الضربة القاضية بحكم الرجعيين والعملاء المتداعي.
ألف تحية لواحد عشرين أكتوبر ذكرى المقاومة الشعبية المظفرة
١٩٥٩/١٠/٢١
المكتب السياسي
للحزب الشيوعي السوداني

بداية الإضراب:

عبداللطيف محمد بشير كمرات[٧٤]
سكرتير اتحاد بورتسودان

الحاج عبدالرحمن[٧٥] سكرتير
النقابات المساعد للاتحاد العام للنقابات

في اليوم الأول من نوفمبر ١٩٥٩ رفع عدد من القادة النقابيين بالخرطوم المذكرة التالية للمجلس الاعلى للقوات المسلحة:
"السادة رئيس وأعضاء المجلس الأعلى للقوات المسلحة السودانية – تحية واحتراما. نرفع أليكم نحن المرقعون أدناه باعتبارنا مندوبين رسميين عن العمال هذه المذكرة التي نعرب لكم فيها عن إيماننا وإصرارنا على المطالب التي تحويها وهي مطالب عادلة وحقوق مشروعة اكتسبها العمال

السودانيين من الاستعمار البريطاني بنضال جم التضحيات ومارسوها خلال ١٢ عاما.
عندما أعلنتهم ثورتكم كان أول ما صرحتم به عدم عدائكم للعمال وعللتم تعطيل النقابات بظروف مؤقتة ووعدتم بالسماح لها بممارسة نشاطها في وقت قصير وبعد ذلك تم الاعتداء المدبر على العمال من اللواء بالمعاش ووزير الداخلية السابق أحمد عبد الوهاب – ذلك الاعتداء الذي كانت نتيجته سجن سبعة من قادة العمال بينهم سكرتير عام إتحاد النقابات لسنين طويلة وكنا نتفاءل بعد إبعاد اللواء السابق أن يعاد النظر في أمر السجناء العمال والعفو عنهم. وقد مضى الآن ما يقارب العام ولم يجد جديد في أمر النقابات وقادتها المعتقلين بل نشاهد مزيدا من الاعتقالات للعناصر النظيفة من القادة النقابيين تجرى كل يوم ولا يفوت عليكم الأثر السيئ الذي ينعكس في نفوس العمال من جراء تعطيل النقابات واعتقال وسجن قادتها والمضار الكثيرة التي تترتب على ذلك والتي لو استمرت فإنه لا شك سيتعدى أثرها السيئ وضررها الكبير إلى البلاد كلها.
لقد رفع قادة إتحاد العمال في أول أيام الثورة، ومن بعدهم رفع القادة النقابيون عدة عرائض ومذكرات إلى مجلسكم الموقر وإلى السيد وزير الاستعلامات والعمل معززة بتوقيعات عشرات الألوف من العمال مطالبين بتلك المطالب دون أن يظفروا منكم بشئ. هذا ونلاحظ أن السيد وزير الاستعلامات والعمل قد وعد مرتين بعودة النقابات – المرة الأولى حدد مارس ١٩٥٩ موعدا لعودتها. وقد مضت سبعة أشهر. والمرة الثانية أكد عودتها في أكتوبر. وها هو أكتوبر قد مضي دون أن يتحقق الوعد، فأصابت العمال خيبة أمل جديدة.
لذلك، ولكل هذه الظروف التي وضحناها لكم نجدد رفع المذكرة التي تركز على المطالب الأساسية الآتية :

١. إعادة النقابات على أساس قانون العمل والعمال لعام ١٩٤٨، وتحديد موعد نهائي لذلك.
٢. إطلاق سراح جميع المعتقلين النقابيين والنظر في العفو عن المسجونين من قادة إتحاد العمال.

إننا نأمل أن تبثوا عاجلا في هذه المطالب والإجابة عليها، وأن نتلقى ردكم في وقت وجيز ونحملكم مسئولية النتائج التي قد تكون كبيرة جدا في حالة عدم إجابتها.

والسلام عليكم
١ نوفمبر ١٩٥٩م
الموقعون :

حسن العطا		جبريل مايكو		عيد بين سعيد – السكة الحديد

شامي – الممرضين امدرمان

عوض محمد زكي		زكريا يوسف – الوابورات الخرطوم بحري.

خضر عبد الرحمن – عمال مدني

محمد عبد القادر		محمد عبد الرسول – عمال كوستي

وكان رد الحكومة العسكرية رفض تسلم العريضة، واعتقال القادة النقابيين الذين رفعوها.

وكان رد الفعل المباشر أن أعلن جميع عمال السكة حديد بالخرطوم الإضراب إلى اجل غير مسمى وحتى تجاب المطالب ويفرج عن المعتقلين. ورغم أن الإضراب انتهى دون أن يحقق أهدافه، ورغم أن عمال السكة حديد من الأقسام الأخرى لم يشتركوا فيه، ورغم الضربات التي وجهت لعمال السكة الحديد بالخرطوم من تشريد بالجملة (٢٢٨ عاملا) واعتقالات وسط الشيوعيين والنقابيين إلا أن آثاره السياسية لا يمكن انكارها بوصفه أول حركة إضراب منظمة في عهد الديكتاتورية العسكرية. لقد ترك الإضراب آثاره على حركة الطلبة فتحرك الطلاب يتضامنون مع العمال بالإضراب عن الدراسة، وبعد الإضراب بأسبوع واحد قامت جماعة من الضباط الأحرار[٧٦] بقيادة البكباشي الشهيد علي حامد في محاولة للإطاحة بالنظام العسكري.

لقد وقف الشيوعيون في طليعة ذلك الإضراب التاريخي – ففي يوم ٤ نوفمبر أصدر الحزب الشيوعي بيانا بعنوان :

ليتسع ويتقوى إضراب ٢ نوفمبر – لتنتصر إرادة العمال

"في يوم الأحد أول نوفمبر حمل الوفد الذي يمثل العمال مذكرة إلى أعضاء المجلس الأعلى تطالب بتحديد موعد نهائي لعودة النقابات وبإطلاق سراح جميع المعتقلين من غير وجه حق.

وبدلا من أن تقابل العصابة هذا الوفد وتتفاهم معه حول هذه المطالب التي يحملها، لجأت العصابة الرجعية الحاكمة الدراجة في ركاب الأمريكان لجأت إلى أسلوبها المعهود ـ أسلوب الغدر والخيانة واعتقلت وفد العمال

المكون من تسعة ظنا منها أنها تستطيع بهذا العمل الخسيس إرهاب العمال واثنائهم عن النضال لاستخلاص حقوقهم.
ولكن خاب ظن عصابة عبود... إذ أن العمال السودانيين الذين رفضوا الركوع أمام ربرسون[٧٧]، بل صارعوه حتى صرعوه، لن يركعوا اليوم أمام حراس ربرسون بالأمس أذناب الرجعيين اليوم.
إن جماهير العمال تعتبر اعتقال وفد مسالم ذهب ليفاوض نيابة عنهم أهانه لكرامة العمال واعتداء إرهابيا عليهم، ناهيك من انه تنكر تام لحقهم في أية مطالب.
لذلك فإن جميع عمال السكة الحديد بالخرطوم – الطليعة الباسلة الأمينة علي شرف الطبقة العاملة السودانية وتقاليدها – قد أضربوا مباشرة إضرابا جماعيا شاملا قويا، أرغم قيادة العصابة الحاكمة على الإعتراف بقوته ومحاولة تشويه وجهه القوي الناصع.
إن هذا الإضراب هو نداء حار قوي موجه إلى جميع العمال السودانيين لكي يهبوا فورا في وجه العصابة الحاكمة التي تكررت اعتداءاتها على العمال من تعطيل للنقابات إلى سجن ونفى لقادتها إلى الاعتقالات المتكررة لكل من يرتفع صوته بمطلب. إنه نداء تاريخي لجميع العمال للاشتراك في اضرب عام موحد دفاعا عن أنفسهم وكرامتهم، ولكي يردوا الصاع صاعين لطقمة عبود الفاسدة ويلقنوها الدرس الذي لقنوه لسادتها البريطانيين بالأمس.
إن هذا الإضراب نداء وطني تاريخي لجماهير الشعب بأسرها لتلتف حول العمال وتسند موقفهم وتخوض معهم هذه المعركة الحاسمة لإنهاء حكم عملاء الاستعمار الرجعيين.
إن الراية التي رفعها العمال في ٢ نوفمبر لن تنزل حتى ينتهي عهد الطغيان والفساد.
وهاهم طلاب جامعة الخرطوم والمعهد الفني يعززون هذه الحركة المجيدة بإضراب جماعي موحد رافعين مع العمال راية المقاومة العظيمة.
إن إضراب الطلاب الجامعيين اليوم تجسيد رائع للتضامن التاريخي بين العمال والطلاب الذي زعزع أركان الاستعمار الأجنبي من قبل، والذي سيقوض أركان حكم عصابة ١٧ نوفمبر المتداعية.
أيها العمال – أيها المواطنون :

إننا إذ نحيي إضراب العمال الوطني العظيم ونعلن تضامن حزبنا الشيوعي كاملا مع العمال ونضع جميع أعضائنا في خط النار الأول في المعركة، نكرر النداء لجميع العمال بأن يوسعوا ويعززوا هذا الإضراب المجيد حتى تذعن حكومة العملاء لإدارة العمال والشعب.

وإننا إذ نحيي كذلك موقف الطلاب الرائع نهيب بجميع القوى الوطنية أن تنخرط فورا في المعركة معززة لموقف العمال والطلاب البطولي ومتضامنة معهم بكل وسائل التضامن والتأييد .

عاشت وحدة العمال سلاحا جبارا لسحق العملاء. عاش التضامن المجيد بين العمال والطلاب وجماهير الشعب- فليكن إضراب ٢ نوفمبر لهدم صرح الرجعية – النصر المحقق للعمال – والشعب – الهزيمة الأكيدة للعملاء والخونة.

٤ نوفمبر ١٩٥٩م
المكتب السياسي
للحزب الشيوعي السوداني

وفي يوم ١٩٥٩/١١/٨ أصدر المكتب السياسي للحزب الشيوعي بيانا بعنوان (فلتتسع وتتقوى حركة ٢ نوفمبر الثورية، ولنعزز جبهة القوى الوطنية لهزيمة عصابة ١٧ نوفمبر) وقد جاء في ذلك البيان :

"إن الاستجابة العظيمة لدى الجماهير التي لقيتها تقديرات الحزب وتوجيهاته والتي انعكست في إضراب ٢ نوفمبر وحركة التحضير لإضرابات مماثلة في مدني وكوستي وسنار وعطبره وإضرابات طلاب الجامعة والمعهد الفني والمدارس الثانوية تضامنا مع العمال لهي دليل ساطع على استعداد الحركة الجماهيرية للدخول في معارك صداميه عنيفة ضد الوضع الراهن".

وجاء في البيان أيضا :

"أن إضراب ٢ نوفمبر العظيم هو نداء تاريخي حار لقوات الطبقة العاملة السودانية في كل مكان لتتصدر صفوف الجماهير وتنظم حركة المقاومة بالإضرابات وكافة أساليب النضال الأخرى".

النظام العسكري يتراجع:
قانون العمل والعمال لسنة ١٩٦٠

تحت تأثير المواقف النضالية المتتالية للطبقة العاملة، وإتساع المعارضة وسط كافة الفئات الشعبية، والمقاومة المستمرة داخل القوات المسلحة، وإضرابات الطلاب، تراجع النظام العسكري وجاء مطلع سنة ١٩٦٠ بقانون العمل والعمال المعدل لسنة ١٩٦٠، والذي يسمح بإعادة تكوين النقابات. كان ذلك القانون أول تراجع رئيسي من النظام العسكري أمام الحركة الشعبية الصاعدة.

ومنذ اليوم الأول لصدور ذلك القانون أصدر الحزب الشيوعي رأيا متكاملا حوله صدر في عدد خاص من مجلة الطليعة التي يصدرها مكتب النقابات المركزي التابع للجنة المركزية للحزب (أنظر الفصل الأول من هذا الكتاب).

وبعد صدور القانون ظلت الحكومة العسكرية تماطل وتراوغ بعد أن شعرت بأن القانون رغم كل ما فيه من قيود سيتحول ضدها، وان العمال مصممون على ممارسة حرياتهم النقابية كاملة.

ولكن حركة المطالبة وسط العمال خلال عام ١٩٦٠ لم تتوقف لحظة واحدة. وهنا أيضا لا بد أن نشير إلى الدور الكبير الذي لعبه التضامن العالمي والموقف الذي اتخذه مكتب العمل الدولي التابع لهيئة الأمم المتحدة أثر الشكوى التي تقدم بها إتحاد النقابات العالمي وإتحاد العمال العرب حول خرق حكومة السودان للحريات النقابية.

ونحن نورد فيما يلي النص الكامل للمذكرة التي تقدمت بها لجنة الحريات النقابية التابعة لمكتب العمل الدولي إلى مؤتمر العمل الدولي السنوي المنعقد في جنيف في يوليو سنة ١٩٦٠، وسبق أن أشرنا إلى الجزء باعتقال القادة النقابيين.

النص الكامل للمذكرة :

شكوى من الإتحاد الدولي لنقابات العمال العرب وإتحاد النقابات العالمي

"إن هذه الشكوى قد قدمت في مذكرتين منفصلتين لمكتب العمل الدولي مباشرة بتاريخ ١٩٥٨/١٢/٧ و ١٩٥٨/١٢/٣١. وقد قدمت حكومة السودان رأيها في الشكوى في مذكرة لمكتب العمل الدولي بتاريخ ١٩٥٩/٢/٢١. وفي اجتماعها بتاريخ ٢٥ و١٩٥٩/٥/٢٦ طلبت اللجنة المختصة بمكتب العمل مزيدا من المعلومات حول هذه القضية من حكومة

السودان. وقد وصلت هذه المعلومات في ١٩٥٩/٨/٢٥ ولم تكن كاملة. ومرة أخرى طلبت اللجنة مزيداً من المعلومات من حكومة السودان ولم تصل المعلومات المطلوبة حتى تاريخ اجتماع اللجنة يوم ١٧و١٩٦٠/٢/١٨. وقد أرسلت المعلومات في ١٩٦٠/٣/١٣وأصبح من الممكن أن تستأنف نظر القضية ".
تقول الشكوى أن حكومة السودان قد خرقت حق العمال في الوحدة والتنظيم المكفولة لهم منذ سنة ١٩٤٨، ففي ٢٣ نوفمبر عام ١٩٥٨ سمح وزير الداخلية لرئيس الإتحاد وأربعة من أعضاء اللجنة التنفيذية بأن يأخذوا من دار الإتحاد ما يلزمهم من مواد بغرض جمع تبرعات للإتحاد. ولكن في ١٩٥٨/١٢/٣ أصدر مجلس الوزراء السوداني قراراً بتعطيل أعمال الإتحاد وكل النقابات. كما منع هذا القرار حق الاجتماع أو أي نشاط نقابي آخر، وهذا الكبت للحريات النقابية قد قام على غير أساس وتحت ستار الإدعاء بأن الحكومة تعتزم مراجعة القوانين العمالية السابقة.

بعض التفاصيل المتعلقة بتعطيل النقابات

تقول مذكرة إتحاد النقابات العالمي انه بعد استيلاء الجيش على الحكم في ١٩٥٨/١١/١٧ أغلقت الحكومة مكاتب الإتحاد العام للنقابات وجميع النقابات الأخرى. ترد حكومة السودان على ذلك في مذكراتها بتاريخ ١٩٥٩/٢/٢١ أن هذه الاتهامات مشوهه لأنها تبرز وقائع معينة بصورة معزولة دون الاعتبار للوضع العام.
فقبل استيلاء الجيش على الحكم شملت البلاد حالة من التدهور وعدم الاستقرار امتدت إلى جهاز الحكم والمرافق العامة وذلك بسبب الفوضى السياسية الناتجة عن حكم الأحزاب التي كانت تستغل منظمات العمال والمنظمات الأخرى لأهدافها الخاصة.
وفي ١٩٥٨/١١/١٧ استولى الجيش على الحكم بطريقة سلمية واصدر قرارات تتضمن حل الأحزاب السياسية ومنع التجمعات والاجتماعات والمواكب والمظاهرات ووقف جميع الصحف حتى صدور أمر من وزير الداخلية وتدعى حكومة السودان أن أعلان حالة الطوارئ كان أمرا ضروريا لاستتباب الأمن الداخلي وان كل الإجراءات المذكورة قد اتخذت لحماية الأمن العام ولم تكن موجهة ضد أي منظمات عمالية أو غيرها.

تقول حكومة السودان أن منع الاجتماعات الخ ينطبق على مكاتب النقابات التي ربما كانت وربما أصبحت مسرحا لاجتماعات من شأنها إزعاج السلام ولهذا السبب أغلقت مكاتب جميع النقابات ومكاتب الإتحاد العام في ١٩٥٨/١١/١٧.

وتستطرد الحكومة فتفسر أسباب تعطيل نشاط النقابات في ٣ ديسمبر ١٩٥٨ وتدعي إن بناء حركة نقابية مسئولة في السودان أمر صعب بسبب مساحة القطر وأمية العمال وجهلهم بالشئون النقابية.

وهذه العوامل أدت إلى السلوك غير المسئول لجميع النقابات في السودان قبل نوفمبر ١٩٥٨ ونسبة لإحساس الحكومة بأن عدم اشتراك العمال بصورة مرضية في بناء اقتصاد البلاد ربما كان سببه نقص موجود في القوانين العمالية السابقة. قرر مجلس الوزراء في ٣ ديسمبر ١٩٥٨ تعطيل نشاط النقابات لحين مراجعة القوانين العمالية السابقة. وتعطيل نشاط النقابات يعنى كما تدعي الحكومة تحريم عقد اجتماعات لأعضاء النقابات ومجلسها أو جمع التبرعات أو توزيعها الخ. وفي ١٦ ديسمبر ١٩٥٨ عينت الحكومة لجنة لتنظر في القوانين العمالية ولترفع تقريرا بذلك لوزير العمل قبل ٣١ مارس ١٩٥٩.

وكانت اللجنة تتكون من قاضي محكمة عليا وأستاذ في الجامعة ومدير مكتب العمل ومندوب من وزارة الداخلية والمدعي العام وأحد النقابيين.

وفي ٢١ فبراير ١٩٥٩ عندما وصلتنا مذكرة حكومة السودان كانت اللجنة قد عقدت ست اجتماعات وقررت الاستماع إلى آراء عدد من النقابيين بما فيهم رئيس إتحاد نقابات عمال السودان.

وعندما ناقشت اللجنة هذه القضية في اجتماعنا بتاريخ ٢٦/٢٥ مايو ١٩٥٩ لاحظت اللجنة أن الشكوى المقدمة من الإتحاد الدولي لنقابات العمال العرب واتحاد النقابات العالمي تضمنت نقاط متعددة حول خرق الحريات النقابية في السودان – منع الاجتماعات لأعضاء النقابات ولجانها التنفيذية وإغلاق مكاتبها وتحريم جمع التبرعات الخ كل ذلك نتيجة لقرار من السلطة الإدارية العسكرية. وحكومة السودان لم تقدم اتهاما محددا للنقابات بانها خرقت القانون قبل تعطيلها ولم تدع حكومة السودان انه قد كان هناك ما يهدد الأمن العام عندما استولى الجيش على السلطة بل العكس أكدت الحكومة نفسها أن الجيش قد استولى على الحكم بطريقة سلمية. والأسباب التي تقدمها الحكومة لتعطيل النقابات أن الحكم في البلاد قد أصبح متدهورا وغير مستقر وان

الأحزاب السياسية المتنافسة كانت تحاول أن تستغل مختلف المنظمات بما فيها النقابات وأن العمال أميين لا يفهمون الشئون النقابية وأن قوانين العمل كانت بها كثير من النواقص التي في حاجة إلى علاج.

في هذه الظروف استولى الجيش على الحكم في السودان وعطل جميع مظاهر النشاط النقابي وكون لجنة لمراجعة القوانين العمالية ولتعد تقريرا بذلك قبل ٣١ مارس ١٩٥٩.

لقد لاحظت اللجنة أنها في كثير من الحالات المماثلة قد أكدت الأهمية التي تعلقها على المحافظة على المبدأ العام المعترف به وهو أن النقابات يجب أن لا تتعطل تحت أي ظروف من الظروف بواسطة السلطة الإدارية.

وفي الحالة التي أمامنا نلاحظ أنه بينما عطلت النقابات في السودان بقرار من السلطة الإدارية كان هذا القرار حلقة في سلسلة من الحوادث التي لا تمت بصلة لممارسة الحقوق النقابية ولكنها حوادث تشكل أزمة سياسية أدت إلى تولي الجيش زمام الحكم وإعلان حالة طوارئ. وإذا وضعنا في الاعتبار تصريح حكومة السودان بأن قرار التعطيل مرهون برفع حالة طوارئ ودراسة تقرير اللجنة المشار إليها فإن لجنتنا رأت ضرورة الحصول على معلومات من حكومة السودان بشأن أمر تطورات المواقف النقابي وعما إذا كان تقرير اللجنة المذكورة قد وضع عن طبيعة هذا التقرير والتعديلات التي أدخلها على القانون القديم وعن نوايا الحكومة حول السماح للنقابات المعطلة بمواصلة نشاطها في حرية تامة.

وقد تسلمت اللجنة هذه المعلومات من حكومة السودان بتاريخ ١٩٥٩/٨/٢٥ - ذكرت الحكومة عندئذ أن اللجنة التي كونتها قد عقدت ١٥ اجتماعا وقد استمعت إلى اراء القادة النقابيين من جميع الاتجاهات والمخدمين وكبار موظفي الحكومة وبعض المواطنين، وانها أي اللجنة تدرس القوانين العمالية لبعض البلدان الآخرى للاستفادة منها - ونسبة لوفاة أحد اعضائها – الأستاذ سعد الدين فوزي – وبعض الأسباب الأخرى الخارجة عن أرادتها فإن عمل اللجنة قد تعطل بعض الشئ ويرجى أن تنتهي أعمالها في بداية سبتمبر ٥٩ وعندما توافق الحكومة على تقرير اللجنة سوف تخبر مكتب العمل الدولي بمحتوياته. ولا ترى الحكومة أنه من المناسب اطلاع مكتب العمل الدولي على مسودة التعديلات قبل أن تصبح قانونا. ولم تعط الحكومة أي معلومات عما إذا كانت تنوي السماح للنقابات المعطلة بمزاولة أعمالها أكثر مما ذكرته بمذكراتها بتاريخ ١٩٥٩/٢/٢١

وظلت حالة الطوارئ مستمرة وكل الإجراءات التي أعلنت في ١٧ نوفمبر ٥٨ ما زالت سارية.

ولاحظت لجنة مكتب العمل الدولي في اجتماعها بتاريخ ٩ و ١٠ نوفمبر ١٩٥٨ أن التقرير الذي وضعته لجنة حكومة السودان قد تأخر كثيرا وان النقابات التي تعطلت قبل ذلك بعام كامل بإجراء إداري لم يسمح لها حتى ذلك التاريخ بمزاولة نشاطها. في هذه الظروف رأت لجنة مكتب العمل الدولي أن تطلب من حكومة السودان إرسال المعلومات المتعلقة باقتراحات اللجنة التي كونتها والتعديلات المقترحة على التشريعات العمالية وخطط الحكومة في هذا الصدد ـ كل ذلك على ضوء المبدأ العام المعترف به وهو أن النقابات يجب أن تتعرض للتعطيل الإداري وأن النقابات المعطلة في السودان يجب ان تواصل نشاطها في حرية تامة.

وفي مذكرة حكومة السودان بتاريخ ٦٠/٣/١٣ ذكرت أن اللجنة التي كونتها قد فرغت من أعمالها ورفعت تقريرها لمجلس الوزراء. وتقول مذكرة الحكومة: (لا حاجة بنا إلى القول بأن مبدأ السماح للنقابات بمعاودة نشاطها كان أساس توصيات اللجنة).

وقد أوصت اللجنة التي كونتها حكومة السودان بتعديل قانون النقابات لعام ١٩٤٨ وإجراءات تسجيل النقابات لعام ١٩٤٨ وذلك لأن كثيرا من نقاطها قد أسئ فهمه في السودان ولأنها لا تتفق والظروف المحلية واحتياجات الحركة العمالية في البلاد. وبناء على ذلك ظهر قانون النقابات لعام ١٩٦٠ والذي أصبح نافذ المفعول في ١٩٦٠/٢/٩.

وترى اللجنة التي كونتها حكومة السودان أنه لا العمال ولا المخدمون قد استفادوا من قوانين المنازعات لعام ١٩٤٨ ووصت اللجنة بإلغائها واستبدالها بقانون جديد يدعو لفض المنازعات عن طريق التفاوض فالوساطة فالتحكيم. وبناء عليه فقد وضع قانون المنازعات العمالية لعام ١٩٦٠ والذي أصبح ساريا منذ ١٩٦٠/٢/٩ وهذا القانون كما تقول الحكومة يجعل الاتفاقات الجماعية ملزمة للجانبين.

وهنالك عدد من المسائل الناشئة من تطور الوضع النقابي العام في السودان من ناحية ومن التشريعات الجديدة من ناحية أخرى.

أولا: لقد ذكرت حكومة السودان في مذكرتها بتاريخ ١٩٥٩/٢/٢١ أن نشاط النقابات بالسودان بما في ذلك الإتحاد المركزي قد تعطل لحين إنهاء حالة الطوارئ ومراجعة القوانين العمالية القديمة. وفي ردها المؤرخ

- ١١٠ -

١٩٥٩/٨/٢٥ أكدت الحكومة أنها لا يمكنها إعطاء أي ضمانات باستمرار نشاط النقابات قبل أن يظهر تقرير اللجنة التي كونتها ومرة أخرى طلبت لجنة مكتب العمل في اجتماعها بتاريخ ١٩٥٩/١١/١٨ طلبت من حكومة السودان أن توضح لها نواياها بالنسبة للنقابات المعطلة وحتى ١٩٦٠/٣/١٣ لم تشاء حكومة السودان أن توضح شيئا رغم أن القوانين الجديدة كانت قد ظهرت. كل الذي قالته حكومة السودان هو كلام عام حول (السماح للنقابات بممارسة نشاطها سوف يكون المبدأ الذي تعمل عليه) وإذا وضعنا في الاعتبار حالة الحركة النقابية عندما تعطلت في نوفمبر ١٩٥٨ وإذا تذكرنا انه منذ ذلك التاريخ لم يكن في مقدور النقابات السودانية أن تعقد اجتماعات أو أن تجمع اشتراكات فإنه يبدو واضحا أنه من الصعب على هذه النقابات أن تعيد تأسيس نفسها الآن على أساس التشريعات الجديدة. وفي هذه الظروف فإن هذه اللجنة توصى مؤتمر العمل الدولي بأن يلفت نظر حكومة السودان إلى اهمية المبدأ الأساسي المعترف به وهو أن النقابات لا يمكن أن تعطل أو تحل بموجب قرار إداري، وأن يلفت نظرها إلى ان تعطل النقابات في السودان يعتبر خرقا خطيرا لذلك المبدأ، وان يعبر المؤتمر عن أمله في أن تتخذ حكومة السودان التدابير اللازمة لضمان حرية العمال السودانيين في أن يكونوا منظماتهم في حرية تامة بمحض اختيارهم، وان تلك المنظمات ستعطي لها الحرية في تنظيم إدارتها ومباشرة نشاطها في استقلال وحرية كاملين وأن يطلب المؤتمر من حكومة السودان اطلاع مكتب العمل أولا بأول بكل التطورات المتعلقة بهذه المسألة. والتشريعات العمالية الجديدة في السودان تحتوي على بنود لا بد من مناقشتها على ضوء المبدأ العام المعترف به في حرية التنظيم وبنود أخرى يبدو لنا مضمونها ومعناها غير واضح تماما. أن بعض هذه المبادئ قد تضمنت في البند الخاص بحرية التنظيم وحماية الحقوق النقابية لعام ١٩٤٨ نمرة ٨٧ (قوانين مكتب العمل الدولي) هذه المبادئ لم تراعيها حكومة السودان ولذلك فإن لجنتنا – كما فعلت قبل ذلك – في القضية نمرة ١٦٩ الخاصة بتركيا ترى لزاما عليها أن توضح أن (إعلان فيلادلفيا) الذي يكون الآن جزء هاما من دستور مكتب العمل الدولي، والذي من أهدافه ترقية النشاط العمالي كما هو منصوص عليه في المادة الأولى من دستور مكتب العمل المعدل في مونتريال في ١٩٤٦ والتي تقول (التزام مكتب العمل الدولي بأن ينشر بين مختلف أمم العالم برامج من شأنها أن تحقق الاعتراف

الكامل بحق التفاوض الجماعي والتعاون بين العمال والإدارات لترقية الإنتاج ومن أجل تحسين المستوى الاقتصادي والاجتماعي).والسودان هو أحدى الدول التي التزمت بهذا المبدأ (أي حرية التنظيم).
أولاً: ينص القانون الجديد في السودان على أن عدد الأعضاء المؤسسين لأي نقابة يجب أن يقل عن خمسين عضوا وقد صرحت لجنة من الخبراء بأن تكوين أي نقابة يكون صعبا جدا وربما مستحيلا عندما ينص القانون على وضع حد ادني مثل الذي وضعته حكومة السودان. وهنا علينا ان نقارن هذا البند مع البند ٢٧(٣) من نفس القانون الذي ينص انه لا يحق لأي عامل أن ينضم لأي نقابة غير تلك التي تتكون في المؤسسة التي يعمل فيها. ولذلك فإن اللجنة تلفت نظر حكومة السودان إلى رأي الخبراء الذي أشرنا إليه سابقا وترجو اللجنة من حكومة السودان أن توضح لها هل المادة ٢٧(٣) تعنى حرمان عمال الأعمال الحرة من تكوين نقابات لهم؟ - بالإضافة إلى أن هذا البند بحرمانه حق التنظيم النقابي لكل العمال الذين يعملون في مؤسسات تخدم أقل من ٥٠ شخصا يشكل خرقا واضحا لمبدأ حرية التنظيم لعام ١٩٤٨ نمرة (٨٧) الذي ينص على أن لجميع العمال مهما كانوا ودون أي تمييز بينهم الحق في أن ينظموا أنفسهم بمحض اختيارهم.
أن تعريف كلمة عمال في القانون الجديد لحكومة السودان ينطبق فقط على الذين يعملون بأيديهم إذا كانوا مهرة أو غير مهرة ولذلك فإن العمال اليدويين وحدهم يصبح لهم حق التنظيم بينما يحرم منه كل الآخرين وهذا يتنافى مع المادة ٢ من دستور مكتب العمل الدولي.
المادة ٢٧(٤) من القانون الجديد تنص على انه لا يحق لأي نقابة أن تتحد أو أن تنتسب لأي نقابة أخرى تنتمي لمخدم آخر. أن هذا البند يتنافى مع المبدأ المعترف به المنصوص عليه في المادة ٥ من قانون مكتب العمل الدولي وهو أن للنقابات الحق بان تكون المنظمات مشتركة أو اتحادات في حرية تامة. وبما أنه ليس واضحا تماما من البند المشار إليه عما إذا كان يشمل جميع أنواع النقابات فإن اللجنة تطلب من حكومة السودان أن توضح لها تحت أي ظروف يمكن للنقابات أن تكون لها اتحادات في ظل القانون الجديد؟ وما هو الآن موقف الإتحاد العام لنقابات عمال السودان؟ وما هي إمكانية معاودته لنشاطه؟

وبناء على القانون الجديد فإنه لا يجوز لأي نقابة مسجلة أن تنتسب أو أن تقوم بعمل مشترك مع أي منظمة لا ينطبق عليها القانون المذكور. يبدو واضحا من هذا المبدأ أن القصد منه هو حرمان النقابات السودانية من حقها في الانضمام للمنظمات العالمية وهو حق معترف به في كل العالم ونصت عليه المادة ٥ من قانون مكتب العمل الدولي.
وبموجب المادة ١٤ من القانون القديم تستأنف النقابة في حالة رفض تسجيلها لقاضي المحكمة العليا الذي يكون قراره في هذه الحالة نهائيا. أما في القانون الجديد فيرفع الاستئناف إلى قاضي محكمة عليا وفي هذه الحالة تعتبر الوثائق التي يقدمها المسجل للمحكمة من بين وثائق المحكمة نفسها.
أن لجنة الخبراء التابعة لمكتب العمل الدولي قد لاحظت أنه لا بد لمثل هذه الاستئنافات ان تكون من شأن المحاكم وحدها – وبما أن نصوص القانون القديم قد راعت المبدأ المعترف به وهو أن أي استئناف ضد رفض التسجيل أو شطبه يجب أن أن يظهر أمام المحاكم العادية، فإن اللجنة ترجو من حكومة السودان أن توضح إلى أي مدى التزمت بهذا المبدأ في التشريعات الجديدة؟ وبصفة خاصة إذا كان قاضي المحكمة العليا ماتزال له السلطة في تغيير القرار بشطب أو رفض تسجيل النقابات.
والبند ٣٢ من القانون القديم ينص على أن مدير مكتب العمل يجوز له أن يضع قواعد للأمور المنصوص عليها في ذلك البند، بينما– القانون الجديد ينص على أن مدير مكتب العمل – سوف يضع قواعد فيما يتعلق بأهداف وأغراض النقابة وأموالها واشتراكات أعضائها وإعانات الحكومة وأوجه صرف هذا الأموال. أن لجنة مكتب العمل الدولي تؤكد أهمية المبدأ المعترف به وهو أن منظمات العمال يجب أن يكون لها الحق الكامل في وضع دساتيرها وقوانينها وتنظيم إدارتها ونشاطها وتخطيط برامجها في حرية تامة وأن السلطات الحاكمة يجب إلا تقوم بأي تدخل من شأنه أن يحد من هذه الحقوق أو يعرقل الحق القانوني في ممارستها وإن قوانين أي بلد يجب أن لا تعطل أو تضيق بشكل يعطل التطبيق الكامل لهذه الحقوق.
واللجنة تعتبر ان أي نص يعطي السلطات الحاكمة الحق في الحد من نشاط النقابات بغير الصورة المتعارف عليها في الأغلبية الساحقة من بلدان العالم أو يعطيها الحق في التدخل في حرية النقابة بتحديد اشتراكات أعضائها وإدارة أموالها كما تشاء فهذا وضع لا يتفق مع المبادئ العامة المعترف بها والتي أكدناها سابقا – لذلك فإن اللجنة تطلب من حكومة السودان أن توضح

لها على ضوء هذه المبادئ إلى أي حد تصل سلطات مدير مكتب العمل بشأن الأمور التي ذكرناها سابقا!.
وأخيرا فإن هناك مادة في قانون المعدل تبدو لنا غير واضحة. فالبند ٢١(١) من القانون القديم يحتوى على نص يطالب أمين خزينة النقابة بعرض حساباتها على الجمعية العمومية للأعضاء. اما في التعديل الجديد فالنص يقول أن حسابات النقابة سوف تعرضها الحكومة على شرط أن تساهم النقابة برسوم معينة يحددها مدير مكتب العمل. من الصعب علينا أن نفهم هذا الكلام خصوصا نقطة (الحسابات تعرضها الحكومة) ربما هناك أخطاء في الترجمة إلى اللغة الإنجليزية. ولذلك فاللجنة ترجو من حكومة السودان أن توضح لها هذه النقطة.
إن المبادئ التي عرضناها سابقا لابد أن نضعها في اعتبارنا و قبل إن يضع مكتب العمل الدولي توصياته النهائية في هذا الشأن على حكومة السودان أن تمدنا بكل المعلومات التى طلبناهاعلى ضوء المبادئ المعترف بها.

جريدة الطليعة :

لقد أوقفت جريدة اتحاد النقابات (الطليعة) في ١٩٥٨/١٢/١٤، ولقد أوضحت حكومة السودان في مذكرتها لنا بتاريخ ١٩٥٩/٢/٢١ أنها قد أنذرت رئيس تحرير الصحيفة المذكورة في ١٩٥٩/١١/٢٤ بإنه نشر دعاية ضارة ضد الحكومة لكنه كرر ذلك في ١٣ ديسمبر فأوقفت الجريدة فورا. وفي اجتماعها بتاريخ ٩ و١٩٥٩/١١/١٠ لاحظت لجنة مكتب العمل الدولي أن الحق في حرية التعبير عن طريق الصحافة أو غيرها هو أحد العناصر الأساسية للحقوق النقابية – وعبرت اللجنة عن رأيها في أن تطبيق إجراءات الرقابة على المطبوعات بكل أنواعها تحت ستار تشريعات الأمن القومي قد يتضمن تدخلا خطيرا بواسطة السلطة الإدارية في ممارسة هذه الحقوق – ولذلك فإنه من الواجب أن تخضع السلطة الإدارية في هذه الحالة لرقابة القضاء في أسرع فرصة ممكنه ولكن بما أن إيقاف الجريدة النقابية التي نحن بصددها هو جزء من أجزاء تعطيل النشاط النقابي بأسره فإن اللجنة قد رأت أن تؤجل البحث في هذا الأمر حتى تعمل كل المعلومات المطلوبة من حكومة السودان.
وفي مذكرة الحكومة لنا بتاريخ ١٣ مارس ١٩٦٠ لم تشر حكومة السودان إلى قضية جريدة الطليعة أو الصحافة النقابية بشكل عام. ولذلك فإن اللجنة

ترى أنه لا فائدة من مواصلة البحث في مسألة الطليعة ولكنها توصي مؤتمر العمل الدولي أن يلفت نظر حكومة السودان إلى أهمية كفالة حرية الصحافة النقابية وان يعبر عن أمله في أن تعيد حكومة السودان حرية الصحافة النقابية وأن تحيط مكتب العمل الدولي بتطورات هذه المسألة أولا بأول.

توصيات اللجنة:
توصي اللجنة مؤتمر العمل الدولي بما يأتي :-
(١) فيما يتعلق بتعطيل النقابات في السودان :

- أن يلفت نظر حكومة السودان إلى أهمية المبدأ المعترف به عموما هو أن النقابات يجب إلا تكون تحت أي ظروف من الظروف عرضة للحل أو التعطيل بواسطة السلطة الإدارية وان تعطيل النقابات في السودان في نوفمبر ٥٨ كان خرقا خطيرا لذلك المبدأ.
- بما أن التشريع الجديد قد وضع، يعبر المؤتمر عن أمله في أن تتخذ حكومة السودان الإجراءات العاجلة لضمان حرية العمال الكاملة في أن يكونوا منظماتهم بمحض اختيارهم وان هذه المنظمات سوف يكون لها مطلق الحرية في تنظيم إدارتها ومباشرة نشاطها في استقلال وحرية كاملين.
- أن يطلب المؤتمر من حكومة السودان أن تحيط مكتب العمل الدولي علما بكل تطورات هذه المسألة.

(٢) فيما يتعلق بتعطيل جريدة إتحاد النقابات :

- أن يلفت مؤتمر العمل الدولي نظر حكومة السودان إلى أهمية حرية الصحافة النقابية.
- وبما أن التشريعات العمالية الجديدة قد وضعت، يعبر المؤتمر عن أمله في أن تعيد الحكومة حرية الصحافة النقابية.
- أن تطلع الحكومة مكتب العمل الدولي بتطورات هذه القضية أولاً بأول.

(انتهى)

الحكومة العسكرية تتراجع مرة أخرى :

أمام النضال الداخلي للطبقة العاملة والجماهير الثورية، وأمام حركة التضامن العالمي الواسعة، تراجعت الحكومة العسكرية مرة أخرى، وقامت النقابات الواحدة تلو الأخرى في جميع أنحاء البلاد، وما أن حل صيف سنة ١٩٦١ حتى كان جميع العمال الذين يسمح القانون لهم بتكوين النقابات قد انتظموا في نقاباتهم. وكان هذا يمثل نصرا عظيما للطبقة العاملة وجميع القوى الثورية والديمقراطية.

إضراب عمال السكة الحديد التاريخي
١٧-٢٤ يونيو سنة ١٩٦١م

بعد اكتساب العمال الحق الانتظام في نقابات بدأوا يتحفزون للصدام مع الديكتاتورية العسكرية. وجاء الإضراب التاريخي الذي أعلنته نقابة عمال السكة الحديد من ١٧-٢٤ يونيو ١٩٦١ تعبيرا قويا للوضع داخل الحركة العمالية في البلاد. وامتدادا قوياً بعيد المدى لحركة الإضرابات التي بدأت في نوفمبر ١٩٥٩م.

تم ذلك الإضراب تحت شعار المطالب الآتية:

- إلغاء قانون العمل والعمال لسنة ١٩٦٠ والعودة لقانون ١٩٤٨.
- زيادة أجور العمال بنسبة ٤٥٪.
- تعديل كادر ويكفيلد.
- رفع حالة الطوارئ.

كان النظام العسكري الرجعي يعرف مدى الآثار السياسية التي سوف تترتب على ذلك الإضراب من رفع المستوى الصدامي للحركة الجماهيرية بأسرها. وآثاره المباشرة على مجرى نضال الطبقة العاملة بصفة خاصة.

وبلغ الهلع بالنظام العسكري من ذلك الإضراب حدا جعل البكباشي محمد عبد الحليم مدير مصلحة العمل آنذاك يصرخ لوفد عمالي"أن هذا الإضراب إذا تم فربما يؤدي إلى سقوط الحكومة ولكنه لن يحقق لكم مطلب الـ ٤٥٪ زيادة في الأجور".

ونزلت الحكومة العسكرية بكل قوتها لتحول دون ذلك الإضراب مستعملة في ذلك مختلف وسائل الإرهاب والتخويف وكان اللواء البحاري[٧٨] يصدر الإنذار تلو الإنذار عن طريق الإذاعة والصحف حتى بلغت سبعة بيانات.

وعندما تأكدت الحكومة من تصميم العمال على تنفيذ الإضراب أقدمت على حل نقابة عمال السكة الحديد قبل ٣ أيام من موعد الإضراب، وارتفعت حمى الإرهاب والتخويف وانتشرت قوات البوليس المسلحة تجوب الطرقات في الخرطوم وعطبرة وكل المدن الرئيسية قام البوليس بحملة اعتقالات في تلك المدن.

رغم كل ذلك نفذ عمال السكة الحديد الإضراب بإجماع رائع ولم يشذ عامل واحد في كل أرجاء البلاد مما كان صفعة شديدة للنظام العسكري.

ونحن نقدم للقارئ بعض وثائق الحزب الشيوعي السوداني التي تروى قصة ذلك الإضراب التاريخي.

فعندما أقدمت الحكومة على حل النقابة أصدر الحزب الشيوعي البيان التالي بتاريخ ١٩٦١/٦/١٤ بعنوان (لا تراجع عن الإضراب لا خطوة واحدة للوراء).

لا تراجع عن الإضراب
لا خطوة واحدة للوراء

ضاقت كل المنافذ أمام العصابة المتآمرة فحلت نقابة عمال السكة الحديد – اصدر وزير المواصلات سبعة بيانات ملأها حينا بالاستجداء والتباكي على اقتصاديات البلاد وحينا بالتهديد والوعيد ولم يفده ذلك شيئا، فهرجت الإذاعة ما شاء لها التهريج، وسودت جريدة الثورة صفحاتها بالأكاذيب والافتراءات ولم يفد ذلك شيئا، وسخرت الطغمة الخائنة حفنة من عملائها في نقابات أخرى غير نقابة السكة الحديد ليستنكروا الإضراب ولم يفد ذلك شيئا. لقد سدت أمامهم كل المنافذ ولم يبق سوى أن يجتمع ما يسمي بالمجلس الأعلى للقوات المسلحة ويصدر قراراً بحل نقابة عمال السكة الحديد .

إن هذا القرار اليائس الأحمق إنما يمثل قمة الأزمة بالنسبة لطغمة عبود. ويمثل حالة الإفلاس السياسي والخلقي التام. ففي الوقت الذي سخروا فيه كل إمكانياتهم في النشر والإذاعة وغيرها لإيقاف الإضراب منعوا جميع مطابع السودان من أن تطبع، وجميع الصحف من أن تنشر بيانا لنقابة عمال السكة الحديد. رغم كل ذلك انتصر، وجميع الصحف من إن تنشر بيانا لنقابة عمال السكة الحديد خطوة واحدة فماذا فعلوا؟ لقد حلوا النقابة لأن منطقها قد انتصر، فأي إفلاس وأي تعاسة! عبثا يحاولون أن يظهروا النهاية بقرارهم

هذا أنهم أقوياء، فإن هذا القرار الطائش هو بداية النهاية وهم يعملون ذلك قبل غيرهم.

يا جماهير العمال يا جماهير الشعب :

أن الطغمة العسكرية تحاول بقرارها هذا أن تضع نفسها في مركز الهجوم بالنسبة لحركة المقاومة الصاعدة فعلينا ألا نتركها تسترد أنفاسها اللاهثة. أن أي تراجع عن الإضراب من عمال السكة الحديد معناه أن تتمادى طغمة الخيانة في هجومها عليهم وعلى مكتسباتهم التي انتزعوها بكفاحهم المجيد في مدى عامين ونصف، فأي تراجع معناه الاعتراف بحل النقابة وإطلاق يد الحكومة ويد مدير السكة الحديد ليفقروا العمال ويجوعوهم ويشردوهم دون حسيب أو رقيب معناه العودة بالعمال خطوات إلى الوراء ليكافحوا من جديد من اجل استرداد حقوقهم النقابية،وإعطاء الوقت للطغمة الخائنة لتدبير المزيد من المؤامرات ضد الطبقة العاملة.

يا عمال السكة الحديد : إن جماهير العمال وجماهير الشعب بأسرها تؤيد إضرابكم وتسانده. إنها مستعدة للتضامن معكم في معركتكم الشريفة ضد حكم الخيانة. أن الشعب بأسره ينظر إلى إضرابكم التاريخي بوصفه بداية لانطلاقة شعبية عارمة تقضى على عصابة عبود الخائنة. إنكم تعتمدون على قوة الشعب وقوة الحق وقوة القضية العادلة التي لا تنهزم. إنكم تعتمدون على قوة الحقيقة التي لا يمكن أن يبددها قرار طائش يصدره مجلس عبود الأعلى.

يا جماهير العمال: إن الهجوم على نقابة عمال السكة الحديد إنما هو بداية الهجوم عليكم جميعا. فقد شعرت العصابة بالخطر الساحق الذي يهدد كيانها من جانب تنظيمات العمال- فلتتسع معركة الإضراب لتشمل جميع أقسام الطبقة العاملة المجيدة- فلتعلنوا عن تضامنكم مع عمال السكة الحديد الأبطال الذين يجب ألا يقفوا وحدهم في أرض المعركة.

يا جماهير الأحزاب:

إن طغمة عبود تريد أن تختبر قوتها بحل نقابة عمال السكة الحديد. أنها تنوي لو نجحت في إيقاف الإضراب للقيام بهجوم شامل على جميع القوى المعارضة. فلتعلن الجماهير إلى لجان الجبهة الوطنية والجبهة النقابية، ولتسهم في معركة الإطاحة بعصابة عبود، ليكن شعارنا.

لا تراجع عن الإضراب ولا خطوة للوراء.

عاش كفاح عمال السكة الحديد الأبطال.

عاش تضامن العمال والشعب .
تسقط العصابة المتآمرة.
١٩٦١/٦/١٤
الحزب الشيوعي السوداني

وبعد تنفيذ الإضراب أصدر الحزب الشيوعي بيانا بتاريخ ١٩٦١/٦/٢٠ بعنوان (لتواصل الزحف إلى الأمام حتى النصر).

"في الساعة العاشرة من صباح يوم ١٩٦١/٦/١٧ في هذا اليوم الخالد خرج عمال السكة الحديد من بكرة أبيهم في إضرابهم التاريخي رغم بيانات البحاري السبعة المحمومة، ورغم قرار المجلس الأعلى بحل النقابة متحدين بذلك حكومة المعونة الأمريكية وجيشها وبوليسها المدجج بالسلاح".

وجاء في البيان :

"لقد استطاع الانتهازيون إلى أن يضللوا جماهير العمال إلى حين. ولكن الأيام قد كشفتهم على حقيقتهم كأعداء القضية الطبقة العاملة. لقد حلت حكومة المعونة الأمريكية نقابة عمال السكة الحديد ويمكنها أن تحل أي نقابة أخرى تقف بشجاعة وراء مطالب عمالها" وبذلك انفضح قانون سنة ١٩٦٠، بأنه قانون لا يمكن أن يخدم مصالح العمال وإنما هو سلاح في يد المخدمين. ولهذا فإن جماهير العمال تقف اليوم ضده وضد كل القوانين التي تعرقل كفاحها. لهذا فلنتقدم إلى الأمام ولنبرز المطالب الآتية :

١ـ إلغاء قانون سنة ١٩٦٠.
٢ـ رفع حالة الطوارئ.
٣ـ إعادة التنظيم النقابي على أساس قانون ١٩٤٨.

لقد كان الحزب الشيوعي السوداني يصدر بيانا يوميا لجماهير العمال والشعب قبل تنفيذ الإضراب وبعده وكان أحيانا يصدر بيانين في اليوم الواحد. لقد كان من الآثار السياسية لذلك الإضراب التاريخي، أن تحركت أحزاب المعارضة وواجهت النظام الحاكم لأول مرة منذ نوفمبر سنة ١٩٥٩ مما أدى إلى نفي زعماء الأحزاب إلى جوبا في يوم ١٩٦١/٧/١٢م.

التضامن العالمي

ولقد احدث إضراب عمال السكة الحديد وما يترتب عليه من حل النقابة صدى عالميا واسعا. وقد بادر إتحاد النقابات العالمي بالاحتجاج لدى مكتب

- ١١٩ -

العمل الدولي ضد تغول الحكومة العسكرية على الحريات النقابية. وفيما يلي نص الرسالة التي بعث بها اتحاد النقابات العالمي لمكتب العمل الدولي :

(نص الرسالة)

لمستر/ ديفيد مورس

المدير العام لمكتب العمل الدولي

جنيف – سويسرا

سيدي المحترم

يود إتحاد النقابات العالمي أن يلفت نظركم مرة أخرى للاعتداءات الصارحة التي تشنها حكومة جمهورية السودان على الحقوق النقابية. نرجو تفضلكم برفع هذه الشكوى إلى اللجنة المختصة بحرية التنظيم.

لقد أتخذ المجلس الأعلى لجمهورية السودان في جلسته الثامنة والخمسين المنعقدة بتاريخ ١٩٦١/٦/١٣ القرار التالي:

"نسبة للاتجاه الخاطئ الذي سلكته نقابة عمال السكة الحديد وتحديها السافر للقوانين بتقديمها إنذار بإضراب غير قانوني، وإصرارها على اتجاهها الخاطئ رغم النصائح المتكررة والشرح والتوضيح لقانون منازعات العمل لسنة ١٩٦٠، ونسبة للأضرار التي سيلحقها الإضراب باقتصاديات البلاد نظر المجلس الأعلى للقوات المسلحة في الأمر وقرر حل نقابة عمال السكة الحديد ابتداء من ١٩٦١/٦/١٦ وعلى الجهات المختصة أن تعمل على تنفيذ هذا القرار فورا ".

وعلى الرغم من الإشارة إلى قانون منازعات العمل لسنة ١٩٦٠ فإن قرار حل النقابة يتعارض مع هذا القانون الذي تنص مادته ١٧ على معاقبة من يشترك في إضراب غير قانوني بستة أشهر سجنا أو الغرامة أو الاثنين معا. لكنه لا يسمح بحل النقابة. أضف إلى ذلك انه لم يتقدم أي عامل من العمال المعنيين إلى المحاكمة تحت هذه المادة.

وقد أصدرت الحكومة قرارها الطائش هذا نتيجة لإعلان نقابة السكة الحديد بالسودان إضرابا يبدأ في السابع عشر من يونيو تأييدا لمطالب العمال العادلة حول زيادة الأجور وتحسين شروط العمل وهي أهداف معترف بها عالميا ويعترف بها مكتب العمل الدولي كأهداف مشروعة للنشاط النقابي.

وتستطرد المذكرة :

ونحن من جانبنا نود أن نؤكد أن العمال السودانيين والطبقة العاملة العالمية تعتبر قانون منازعات العمل هذا قانونا يهدف إلى تقييد الحقوق النقابية والنشاط النقابي ومطاردة النقابيين المخلصين.
إن هذا القانون وخطوات الحكومة المذكورة أعلاه والتي تتخطى القانون ليدخلان في تناقص سافر مع اتفاقات العمل الدولية ٨٧ و٩٧، كما تتنافى مع التقرير الثامن والأربعين للجنة المختصة بالتنظيم والذي عالج من قبل الاعتداءات التي شنتها حكومة السودان على الحقوق النقابية وعالج كذلك القانون الجديد، الذي كان آنذاك تحت الصياغة.
لكل هذا يطلب منكم إتحاد النقابات العالمي أن تتخذوا كل الخطوات الممكنة لتحقيق احترام الحقوق النقابية في جمهورية السودان وبصفة خاصة سحب القرار الخاص بحل نقابة عمال السكة الحديد السودانية. وأن تلفتوا نظر الحكومة السودانية بقوة وحزم إلى ضرورة إلغاء قانون منازعات العمل لسنة ١٩٦٠ وأصدار قوانين تؤمن الحقوق النقابية الكاملة.
وختاما نؤكد لكم اهتمامنا البالغ بهذه القضية.
المخلص
إبراهيم زكريا
سكرتير اتحاد النقابات العالمي
براغ

إضراب عمال السكة الحديد يوليو سنة ١٩٦١
نكسة في نضال الطبقة العاملة السودانية

تحدثنا عن الهزيمة التي ألحقها بالنظام العسكري الرجعي إضراب السكة الحديد ١٧-٢٤ يونيو ١٩٦١وفشل كل أساليب الإرهاب والتخويف في أثناء العمل عن المضي في الإضراب.
غير أن الرجعية وعملائها من الانتهازيين لا يمكن أن يستسلموا للهزيمة بسهولة. لذلك ومع فشل أساليب البطش المكشوفة بدءوا يدبرون لمؤامرة لتخريب الحركة العمالية من الداخل وبصفة خاصة تسديد ضربات شديدة لعمال السكة الحديد الذين يمثلون طليعة الحركة العمالية منذ نشوئها. وقد تمت تلك المؤامرة لتخريب الحركة العمالية في الإضراب الذي دعا إليه

الانتهازيون وعملاء الحكومة العسكرية بدون أن يهيأ له أي سبب من أسباب النجاح ودون اى تعبئة أو استعداد لقد كان ذلك الإضراب هو الفخ الذي نصبته الحكومة وعملاؤها للحركة العمالية وكانت النتيجة تشريد المئات من العمال الشيوعيين والديمقراطيين في كل من عطبره وبورتسودان والخرطوم ومدني وكوستى وسنار واعتقال العشرات منهم وخلق جو من الفزع ومن الانتكاس في سير النضال العمالي في البلاد بصوره عامة لقد استغل عملاء الحكومة وجود أسس مادية للدعوة للإضراب تتمثل في المطالب الإقتصادية التي دخل العمال من أجلها في إضراب يونيو مثل زيادة الأجور ٤٥٪ وتعديل كادر ويكفيلد ومد خدمة العمال حتى سن ٦٥ سنة وارجاع النقابة التي حلت قبل إضراب يونيو واطلاق سراح المعتقلين الذين اعتقلوا أثناء إضراب يونيو وبعده، وإعادة المبالغ التي خصمت بعد الإضراب، والمطلب العام بإسقاط الديكتاتورية وعودة الحياة الديمقراطية.

كيف تم الإضراب:

في يوم ١٧ يونيو (يوم بداية تنفيذ الإضراب الأول) عقد جميع أعضاء اللجنة المركزية للنقابة الموجودون بعطبرة اجتماعا قرروا فيه استمرارهم في عقد الاجتماعات لتنسيق العمل حتى نهاية الإضراب وفي يوم ٦/٢٣ (اليوم السابق لإنتهاء الإضراب) عقد الشيوعيون والديمقراطيون اجتماعا مع جناح علي محمد بشير الموالي للحكومة وقرروا في ذلك الاجتماع أن تسلم عريضة للحاكم العسكري قبل النزول للعمل تؤكد فيها مطالب العمال التي خاضوا من اجلها الإضراب.

وفي اليوم التالي تجمع العمال في ميدان الجامع لتتلي عليهم العريضة وتسلم في موكب قبل النزول للعمل إلا ان البوليس اعتقل النقابي الذي كان من المفروض أن يقرأ العريضة وهو أحد الشيوعيين وفرق العمال بالقوة واعتقل عددا منهم. وأصبح تسليم العريضة في موكب مطلبا جماهيريا وسط العمال. وحاول علي محمد بشير التملص من ارتباطاته بعد الاعتقالات الواسعة ولكن الضغط كان شديداً من اجل الوحدة وتقديم العريضة. وعندئذ انزل جناح علي محمد بشير خطة منفردة تدعو العمال في كل قسم وفي كل ورشة لمقابلة الملاحظ ومطالبته بان يرفع مطالبهم لمدير السكة الحديد، وقد

رفض الشيوعيون والديمقراطيون هذه الخطة واصروا على تقديم العريضة للحاكم العسكري لأن حل النقابة كان صادرا من المجلس الاعلى.

بعد فشل الخطة السابقة وفي ١٩٦١/٧/١٥ ادعى علي محمد بشير رئيس النقابة ومحجوب عثمان سكرتيرها لانها سلما الحاكم العسكري عريضة بجميع المطالب المتفق عليها ولكن العمال رفضوا الأسلوب الذي رفعت به واصروا على الموكب العام.

وفي يوم ١٩٦١/٧/١٧ دعا الشيوعيون والديمقرطيون جناح علي محمد بشير لاجتماع للوصول لاتفاق حول تحديد المطالب واسلوب رفعها وانفض الاجتماع دون الوصول إلى نتيجة. وظلت المطالبة بالموكب العام عميقة وسط العمال.

في يوم ١٩٦١/٧/٢٣ استدعى البوليس علي محمد بشير ومحجوب عثمان لتوقيع تعهد بعدم الاشتراك في الموكب ولكنهما رفضا. وحوكما بـ ٦ أشهر سجنا، كانت هذه خطة مدبرة ومتفق عليها سلفا لخلق سبب مباشر للدعوة للإضراب عمالي غير ناضج.

وفي يوم ١٩٦١/٧/٢٤ قرر جناح علي الإضراب مستغلا حماس العمال وحسب الخطة المرسومة، دون مشاورة الاتجاهات الاخرى وسط العمال او الانفاق معها، وضللوا العمال قائلين بانهم قد اتصلوا بعمال السكة الحديد. في جميع أنحاء السودان وأنهم تشاوروا مع جميع الاتجاهات وهي متفقة على تنفيذ الإضراب فورا، مع أن الشيوعيين والديمقراطيين وهم يمثلون الأغلبية لم يشتركوا في الدعوة للإضراب، أعلن الإضراب في يوم ٧/٢٤ ونفذ يوم ٧/٢٥.

وفي مساء يوم ٧/٢٤ اتصل الشيوعيين بجناح علي محمد بشير واتفقوا معهم على أن ترفع العريضة للحاكم العسكري في موكب صباح اليوم التالي ثم يبدأ الإضراب، وصباح يوم ٧/٢٥ أي في اليوم الذي حددوه للإضراب أخذ جميع قادة جناح علي محمد بشير أرانيك مرضية وهربوا حتى من معركة الإضراب الذي ورطوا فيه العمال، وحاول الشيوعيون والديمقراطيون الاتجاه إلى مكتب الحاكم العسكري فسد البوليس المسالك واتجهت المظاهرة نحو السوق واعتقل العشرات من الشيوعيين والديمقراطيين وأصبح الإضراب بلا قيادة. واختفي قادة الإضراب عملاء الحكومة من الوجود.

وأدرك العمال في يوم ٧/٢٥ أن عملاء الحكومة قد خدعوهم وأن الأقسام الأخرى ليس لديها خبر الإضراب حتى قسمي دار مالي والدامر المجاورين لعطبرة، وأن قادة الإضراب أنفسهم قد اختفوا، ولزموا منازلهم.
وفي هذا الجو بدأت الحكومة تكمل فصول المسرحية التي أحكم تدبيرها وبدأت الإنذارات من الإذاعة وبدأ العمال ينزلون للعمل وقد هبطت روحهم المعنوية للفشل الذريع الذي أصاب الإضراب، والذي لم يكن مفروضا فيه النجاح.
وبعد نزول العمال تم الفصل الأخير من المؤامرة، مئات من العمال فصلوا من العمل أغلبهم من الشيوعيين والديمقراطيين والعناصر المناهضة للحكومة، عشرات زج بهم في السجون، حملة واسعة من الإرهاب البوليسي والدعاية المضادة للحركة العمالية في الإذاعة الخ.
لقد ألحق الإضراب كما أسلفنا ضربات شديدة بعمال السكة الحديد وبالحركة العمالية عموما، وفيما يلي النص الكامل للبيان الذي أصدره المكتب السياسي للحزب الشيوعي حول ذلك الإضراب :

قرار المكتب السياسي حول إضراب عمال السكة الحديد
٢٥ يوليو ١٩٦١

إن المكتب وقد أحيط علما بالبلبلة التي تسود أعضاء الحزب من جراء التقديرات المتضاربة حول إضراب عمال السكة الحديد السودانية في ٢٥ يوليو ١٩٦١، رأى من الواجب إجراء دراسة حول الظروف التي أحاطت بالإضراب لتقييمه تقييما سليما من شأنه أن يقضي على البلبلة، كما من شأنه أن يضعه في مكانه الصحيح من تاريخ نضال الطبقة العاملة.
في مثل هذه الظروف التاريخية التي يضع فيها الحزب الشيوعي السوداني شعار الإضراب السياسي العام فإن مثل هذه الدراسة المرتكزة على التحليل الماركسي اللينيني وعلى تجارب الحزب تصبح أمرا ضروريا لا سيما وان أية أخطاء أو سوء تقدير مهما كان صغيرا في هذه المعركة التي نحن مقبلون عليها من شأنه أن يؤدي إلى أضرار كبيرة بالنضال الثوري ويرجع به خطوات واسعة للوراء. إن أي معركة جماهيرية – ومن باب أولى

الإضراب – ليس حديثا مقصودا في حد ذاته من حيث أنه توقف عن العمل، بل هو وسيظل دائما ينظر إليه من أحدى الزاويتين الأساسيتين – أما أنه خطوة ثورية تتوفر له القيادة الثورية والظروف الملائمة، وأما أنه خطوة متهورة تتصدى له القيادة الانتهازية وفي ظروف غير ملائمة. والشيوعيون وكل العناصر التقدمية على الدوام بجانب النوع الأول من الإضراب ومن أشد المعارضين للنوع الثاني. إن الجماهير العمالية ليست في حاجة إلى من يلقنها ما هو الإضراب وكيف ينفذ فهو أمر تعلمته حتى من مجرى كفاحها التلقائي، ولكنها على الدوام في حاجة إلى من يعلمها إلى أين يمكن أن يؤدي هذا الإضراب وماذا يمكن أن تكون نتائجه سلبا أم إيجابا وعلى الشيوعيين أن يتصدوا دائما وبشجاعة لإعطاء هذا التفسير ويتحملون مسئوليته في كل الظروف وبأي طريقة من الطرق إذ ليس ثمة ما يمكن أن يكون اعتذارا مقبولا أن يتخلي الشيوعيون عن اتخاذ موقف القيادة والتوجيه بالنسبة للطبقة العاملة وهم حزبها.

إن تاريخ الكفاح العمالي زاخر بالإضرابات العامة والجزئية وعلى الرغم من أنها كانت تختلف بين الإضرابات القانونية والإضرابات غير القانونية، إلا أن السمة الظاهرة فيها هي أنها كانت تتم بقيادة أو تحت تأثير القيادات الثورية من الشيوعيين والديمقراطيين وفي صراع مكشوف وسط الجماهير العمالية ضد كافة التيارات الانتهازية التي كانت تتخذ على الدوام موقف المعارضة من كل إضراب أو نضال ثوري. إن التاريخ يدمغ التيارات الانتهازية القديمة بموقفها المعارض على الدوام من حركة إضرابات الطبقة العاملة – غير أننا نلحظ اليوم بوضوح تام لونا جديدا من الانتهازية في حركة الطبقة العاملة، انتهازية لا تتردد في التصدي للدعوة للإضراب، فهل هذا يدل على تغيير في طبيعة الانتهازية؟ على العكس أن هذا يؤكد الطبيعة الواحدة من حيث أن الانتهازية هي عدوة الصراع الطبقي. فإذا كانت الأولى تعتمد على تخريب النضال الثوري بتفشيل الإضراب ومعارضته، فإن الثانية أنما تعتمد على النتائج الضارة لإضراب يقع تحت قيادتها وبمبادرتها، أن هذا النوع من الانتهازية، النوع الذي يسرق الشعارات الثورية التي رفعها الشيوعيون على الدوام، هو أخطر أنواع الانتهازية وينبغي ألا تساورنا الأوهام في طبيعته المعادية للنضال الثوري والشعارات الثورية. أن الذين يقودون النشاط الانتهازي اليوم ويرفعون أحيانا الشعارات الثورية بما في ذلك شعار الإضراب، لا يدخلون في صف الانتهازيين

القدامى، بل هم من العناصر التي انسلخت من الحزب الشيوعي وأصبحت قلوبها تنضح بالحقد نحوه فكيف يمكن ملاءمة التناقض بين العداء لحزب الطبقة العاملة والولاء لصراعها في نفس الوقت. إن هذا لا يحدث من حيث المبدأ بأي حال من الأحوال.

إن هذا النوع من الانتهازية الذي يتزعمه علي محمد بشير في عطبرة قد سلك كل المسالك والدروب التي تفضحهم كأعداء أصلين للصراع الطبقي وللكفاح الثوري. إذ لا يمكن ألا نأخذ في الحسبان موقفهم الخائن لطبقتهم حين قبلوا قانون نقابات العمل والعمال لعام ١٩٦٠ بكل أغراضه وأهدافه الرجعية الرامية لتصفية الصراع الطبقي والتقاليد الثورية التي أرساها الشيوعيون منذ أن تأسست الحركة النقابية في السودان. أن قبول قانون نقابات العمل والعمال لعام ١٩٦٠ هو رفض صريح لفكرة الإضراب كأسلوب من أساليب الصراع الطبقي. إن هذا في حد ذاته موقف أيدلوجي غريب على الطبقة العاملة ولا يؤهل لزعامة أي إضراب بأي حال من الأحوال. أن علي محمد بشير وزمرته رفضوا كل عروض العمل المشترك وفي المقابل كانوا ولا زالوا يشنون الهجوم بألفاظ نابية وقحة على الشيوعيين أبطال النضال الثوري. أن هذا في حد ذاته موقف صريح في عدائه لوحدة الطبقة العاملة باعتبارها الشرط الضروري لنجاح الإضراب وللقيادة الثورية المؤتمنة على قيادة الإضراب.

إن كل هذه الاعتبارات لا يمكن التغاضي عنها عند النظر فيما أكتنف إضراب ٢٥ يوليو ٦١ لعمال السكة الحديد من تآمر وخديعة وصلت حد التخريب الشامل. حقا نحن نقدر كل التقدير الدوافع الثورية التي جعلت الجماهير العمالية تستجيب لنداء إضراب ٢٥ يوليو ٦١ وهي دوافع لا تخرج عن كونها رغبة أصلية في تحسين الظروف المعيشية، وفي الحصول على الحقوق الديمقراطية والحريات النقابية، وقبل كل شيء الإطاحة بنظام الحكم العسكري الذي جلب الخراب الاقتصادي وانخفض بمستوى المعيشة وصادر الحريات وفرط في الاستقلال الوطني. إن الجماهير العمالية ذات التاريخ المجيد في النضال الثوري لم يسجل التاريخ عليها قط أن استهدفت في يوم من الأيام ولو عن طريق الخديعة والتضليل تحقيق أي أغراض رجعية عن طريق الإضراب. إن الجماهير العمالية وخاصة في السكة الحديد قد خاضت غمار الإضراب وسط اعتي موجة من التضليل وانتظمت البلاد عقب إبرام الاتفاقية المصرية البريطانية عام

١٩٥٣ بشأن الحكم الذاتي. ولم تستطع قوى البرجوازية والرجعية والاستعمار الأجنبي مجتمعة أن تجرفها عن خط صراعها الطبقي. وفي كل الظروف خرجت الطبقة العاملة من الإضرابات منتصرة لأهدافها ووحدتها بسبب أن الإضراب كانت تتوفر له القيادة الثورية المؤمنة بالصراع الطبقي. القيادة التي كانت تحسن التوقيت وتقدر قوة العدو وتعمل حسابها ولا تزج بالجماهير العمالية في أتون المعركة ثم تولي الأدبار كما فعل الانتهازيون دعاة إضراب ٢٥ يوليو ١٩٦١، ذلك الإضراب الذي سبب إضرارا جسيمة لحركة الطبقة العاملة وأدي إلى خسائر فادحة ونكسة في مجرى التطور العام لكفاح الجماهير العاملة في وقت تتأهب فيه لخوض معركة الإضراب السياسي العام. وبأي شيء يمكن أن نصف إضرابا كانت نتيجته هبوطا كبيرا في كفاح الجماهير العمالية بجدوى النضال الثوري وسببا في نزاعات حادة بين العمال والتضحية بالمئات من أصلب المناضلين ــ بأي شيء يمكن أن يوصف إضراب كهذا سوى أنه معتمد صادر من عقلية انتهازية عمياء مشبعة بروح العداء الأصيل للصراع الطبقي وقد أثبت التحقيق الذي أجرته السكرتارية المركزية مع الحزب بعطبرة أن على محمد بشير وزمرته هم الذين دعوا لهذا الإضراب مستغلين في تأمر واضح السخط المشروع الذي تغلي به صدور الجماهير العمالية إزاء الأوضاع الراهنة والذي كان من الممكن لو توفرت له القيادة الثورية أن يتفجر في في سلسلة من المعارك الطويلة التي تجذب إليها أقسام واسعة من الجماهير العمالية و غير العمالية. غير أن الإنتهازيين وهم يعملون هذه الحقيقة وما كان لهم أن يتصرفوا ويزجوا بالجماهير العاملة في معركة لم يتوفر لها أي سبب من أسباب النصر بل الأصح كل أسباب النكسة والهزيمة وهذه طبيعتهم و أغراضهم الدفينة.

إن إضراب ٢٥ يوليو كان خطوة انتهازية محسوب حسابها بدقة لتجلب عظيم الكوارث على الطبقة العاملة وكفاحها البطولي ولا يمكن أن نجد له تقديرا موضوعيا غير هذا. إن إضراب ٢٥ يوليو سيدخل كأحد التجارب الأشد إيلاما بالنسبة للطبقة العاملة للسودانية.

إن المكتب السياسي لا يمكن إلا أن يبدي بعض الملاحظات الهامة للرفاق وخاصة في عطبرة حول ما أحاط بالإضراب عن النشاط والاستفزاز الانتهازي. ونحن بذلك نأمل أن يستخلصوا التجارب المناسبة التي تعينهم على فهم أكبر لحقائق الظروف التي أحاطت بالإضراب وبصفة خاصة فيما

يتعلق بالنشاط الانتهازي الذي يقوم به علي محمد بشير وزمرته وألا يؤثر على تقديرهم كون علي محمد بشير أبعد جسديا من عطبرة ولو إلى حين مؤقت.
إن عدم المعارضة من حيث المبدأ للإضراب والسعي لإبرام اتفاقيات مع علي محمد بشير وزمرته حوله، مع تسليمنا بصحة مقترحاتنا من عريضة وموكب. ما كان له أن يوفر القيادة الثورية لإنجاح إضراب كهذا خاصة في مثل الظروف الشاذة التي كان يعيش فيها حزبنا (الاعتقالات). أن إضرابا سياسيا كهذا لا يمكن إعطاء الموافقة عليه حتى من ناحية المبدأ إلا بعد التأكد من توفير قيادته الثورية مائة في المائة والحال أن هذا لن يتم إلا بالهجوم المباشر على الانتهازية وعزلها ولا يمكن السماح لها بأن تكون طرفا في قيادة الإضراب. أن الاتفاقيات مع تيارات مختلفة في حدود العمل النقابي القانوني أمر مألوف لدينا بشرط الا يقيد حقنا في النقد ولكن الأمر جد مختلف في حالة نوع من الصراع الطبقي أعلى درجة من الكفاح النقابي. في حالة الاصطدام الثوري لا يمكن الركون إلى (كلمات شرف) من الانتهازية لأن المعركة في حد ذاتها تتعارض وطبيعتها وأكبر من أن تتحملها. أن ركوع علي محمد بشير في اليوم الثاني للإضراب وتوقيع التعهد وفرار أعوانه في الصباح الباكر في اليوم الأول للإضراب، كلها تؤكد ضرورة استبعادهم من مائدة التفاوض لتشكيل القيادة الثورية لأي إضراب وفي المقابل شن الهجوم عليهم وكشفهم باعتبارهم معاول هدم وتخريب للكفاح الثوري. إن التاريخ يعدنا بتجارب مماثلة، فعندما بدأت الإرهاصات الأولى لإضراب الحريات ابريل ١٩٥٢. أعطي عبد الله بشير وزمرته (كلمة شرف) بخوض الإضراب غير القانوني إذا تعرضت الحريات النقابية لأي هجوم من قبل الدوائر الاستعمارية ولكن كل إنسان يعلم ما كان عليه موقف الانتهازيين عندما وقع الإضراب فكانوا أول العاملين على تخريبه[٧٩].
إن المكتب السياسي قد أكد في عدد من بياناته وقراراته الأهمية القصوى لتأسيس لجان الجبهة النقابية تحت النفوذ المباشر لوحدات الحزب وفروعه في المصالح وأنه بغير بذلك لا يمكن توفر أي ضمان لنجاح إضراب سياسي يصطدم مع نظام الكبت الراهن وهذا ما لم يتوفر بطبيعة الحال لإضراب ٢٥ يوليو ١٩٦١.

إن المكتب السياسي قد علم بالصعوبات التي واجهت الرفاق في عطبرة الناشئة من عدم توفر وسائل النشر السريعة والاعتقالات الواسعة، وقد بات من المؤكد الآن أن العناصر الانتهازية كانت على علم تام بهذه الحقيقة التي حاولت الاستفادة منها للدرجة القصوى وذلك بالدخول في المعركة مبكرا قبل أن يجمع الحزب في عطبرة قواه من جديد وينتزع زمام الموقف ويفسد عليهم خططهم الانتهازية.
إن المكتب السياسي إذ يسجل على إضراب ٢٥ يوليو ١٩٦١ بأنه كان خطوة انتهازية هدفها إحداث نكسة في كفاح الجماهير العمالية وتخريب الروح الثورية، ليسجل في نفس الوقت أن مسئوليته التاريخية إنما تقع على عاتق الانتهازي المرتد علي محمد بشير وزمرته، وانطلاقا من هذا الموقع يشير المكتب على جميع لجان الحزب ودوائره وفروعه في جميع المناطق التي شملها الإضراب أن تقوم بدراسة جميع الأضرار التي ترتبت على هذا الإضراب بالدقة والإحصاءات المطلوبة وتنشرها في بيانات لجماهير العمال في مجالات عملها مسترشدة بروح وجوهر هذا القرار بهدف إجراء مناقشات واسعة وسط الجماهير العمالية. كما يشير في نفس الوقت على لجنة دائرة عطبرة أن تتعاون معه من حيث إمداده بتفاصيل المعلومات المستخلصة من النتائج الضارة تمهيدا لإصدار البيان المركزي لكل العمال في السودان :

المكتب السياسي
للحزب الشيوعي السوداني

تصحيح البعض الأحكام الخاطئة حول إضراب ٢٥ يوليو ١٩٦١

في القرار الصادر من المكتب السياسي المنشور بالشيوعي رقم ١١٠ بعنوان (حول الموقف السياسي) وردت العبارات التالية :-
(إن إضراب عمال السكة الحديد الذي وقع في يومي ٢٥ و ٢٦ من شهر يوليو قد تم بنجاح ساحق في عطبرة في اليومين الأولين كما نجح نجاحا كبيرا في بورتسودان بنسبة ٩٠٪ تقريبا واستمر حتى ٨/٢ رغم توقفه في عطبرة مما أحدث هزة عنيفة للحكومة ودفع بوزير المواصلات لإصدار بيان يدعى فيه أن اضطراب حركة الشحن للداخل التي نجم عنها نقص بعض المواد الضرورية كان سببه الأمطار. وفي ٨/١ سار عمال الميناء في

مظاهرة كبيرة عندما امتنعت الحكومة عن دفع مرتباتهم واضطرت الحكومة العسكرية أخيرا للتراجع وصرفت المرتبات. كذلك نجح الإضراب نجاحا كبيرا وسط عمال البحر (كوستي جوبا) وكان أجماعيا استمر حتى يوم ٨/١.

وتعطلت حركة البواخر تماما مما دفع الحكومة لترحيل العمال بالطائرة من الخرطوم بالقوة لتسيير البواخر المعطلة في النيل وفي جوبا، كما كان الإضراب في الخرطوم والخرطوم بحري معبرا حقا. إن هذا الإضراب الذي يقع للمرة الثانية خلال فترة وجيزة ودون اكتراث للغة التهديد والوعيد التي استعملتها الحكومة العسكرية ودون اكتراث لحركة الاعتقالات الواسعة التي قامت بها السلطات في عطبرة وغيرها من المدن ليدل دلالة واضحة لا على الرغبة الأصيلة لدى الجماهير العمالية في التمرد على الوضع الاقتصادي المتدهور في البلاد وتحسين مستوى المعيشة فحسب، بل إنما يعكس الرغبة والاستعداد لتبديل الظروف الدكتاتورية وعودة الحياة الديمقراطية والحريات السياسية للبلاد. وعلى الرغم من أن الإضراب قد ساده بعض الارتباك نتيجة لما قامت به بعض العناصر الانتهازية من نشاط مخرب من جهة، ولفقدان أو ضعف القيادة الثورية التي تقوم بدور القيادة والتوعية اليوميين، ونعني بها قيادة الجبهة النقابية من جهة أخرى وعلى الرغم من ذلك كله فقد ترك الإضراب آثارا ثورية بعيدة المدى وسط أقسام واسعة من الجماهير العمالية وغير العمالية... الخ

إن هذه النتيجة التي وصل إليها سياق التحليل والقائلة بأن الإضراب قد ترك آثارا ثورية بعيدة المدى، هي نتيجة خاطئة وقد صيغت دون الاعتبار الكافي للمعلومات التي كشفت فيما بعد النكسة والإضرار التي تركها الإضراب وسط الحركة العمالية، إن هذه النتيجة لا تتفق مع قرار المكتب السياسي القائم على الدراسة والتحليل الموضوعي لإضراب ٢٥ يوليو باعتباره خطوة انتهازية هدفها تخريب الروح الثوري وسط الجماهير العمالية، ولهذا وجب تصحيحها وإسقاطها من القرار الواردة فيه

أول يوليو ١٩٦٢
المكتب السياسي للحزب الشيوعي السوداني

مؤتمر أغسطس سنة ١٩٦٣
نقطة انطلاق جديدة في نضال الطبقة العاملة
ضد الدكتاتورية العسكرية

بعد النكسة الحادة التي أصابت الحركة العمالية بعد إضراب عمال السكة الحديد في يوليو ١٩٦١، مرت الحركة العمالية بفترة قصيرة من الركود ولكنها سرعان ما بدأت تستعيد مواقفها الصدامية تحت القيادة الصبورة والشجاعة للحزب الشيوعي والكتل الديمقراطية الثورية وسط العمال.

ظل الحزب الشيوعي السوداني يعمل لتجميع شمل الجماهير العمالية ورفع روحها المعنوية بطريق المخاطبة المستمرة والعمل الدائب الصبور. وكان شعاره في ذلك هو التقييم الذي أعطاه لهذه القضية في ٦٢/٥/٢٠ حيث جاء بالحرف :-

(إن المظاهر السلبية واليأس ليست أصيلة وإنما الأصل هو الصلابة والثقة وسط العمال. إن العمال لا زالوا وسيظلون بخير وواجبنا هو القيادة الحكيمة وتنظيمهم في لجان الجبهة النقابية، فالعمال قد استوعبوا هذه التجربة جيدا).

وشهدت حركة الطبقة العاملة صعودا مستمرا وابتدأت حركة الإضرابات تتسع، والمطالب بتحسين الأحوال المعيشية تأخذ شكلا أكثر عمقا مما مضى.

وظل النظام الحاكم يرقب ذلك الصمود في خوف وحذر وبدأوا يدبرون مؤامرة جديدة القصد منها هو الانحراف بذلك الصمود عن نتائجه المنطقية. كانت تلك المؤامرة تدبر في الظلام وبالاتفاق بين النظام العسكري وعملائه في الحركة العمالية. وكانت تهدف إلى عقد مؤتمر عمالي بصورة مفاجئة لا يعلم بعقده الحزب الشيوعي والقوى الديمقراطية وسط العمال إلا قبل يوم واحد من انعقاده وبذلك يربكون القوى الديمقراطية ويحشدون قواهم داخل المؤتمر ويصدرون ما يشاءون من القرارات الرجعية التي تتفق مع سياسة الحكومة. وهكذا خرجت جريدة الثورة الحكومية صباح يوم الخميس ١٩٦٣/٨/١٥ على الناس بالنبأ التالي على صدر صفحاتها الأولى :-

(علم مندوب الثورة في الدوائر العمالية (!!) أنه قد تقرر عقد مؤتمر لنقابات العمال السودانيين في الخرطوم يوم غدا الجمعة. سيبدأ المؤتمر في الساعة السادسة مساء بنادي العمال بالخرطوم، ومن المقرر أن يحضر المؤتمر ما

يقرب من الألف مندوب يمثلون جميع النقابات العمالية في كل أنحاء السودان).

ونورد للقارئ فيما يلي فقرات من البيان الذي أصدره الحزب الشيوعي لكشف هذه المؤامرة لجماهير العمال والشعب :

يقول البيان :

(حقا لقد كان غريبا في حد ذاته ولم يعرف التاريخ قط لا في السودان وربما خارج السودان أن شهد انعقاد مؤتمر نقابي كبير مثل هذا خلال ٢٤ ساعة من تاريخ الإعلان عنه. فمن الذي كان في عجلة من أمره لعقد المؤتمر بهذه السرعة دون إعطاء فترة كافية للتحضير له. فترة تسمح على الأقل لجماهير العمال ومجالس إدارتها بمناقشة جدول أعماله كما جرت العادة بالنسبة لكل المؤتمرات السابقة قبل حل اتحاد نقابات عمال السودان. إنه على كل حال لم يكن الحزب الشيوعي السوداني بل هي على وجه التحديد حكومة السودان العسكرية ومكتب العمل وعلى رأسه البكباشي محمد عبد الحليم.)

ويستطرد البيان :

(لقد شعرت الحكومة الرجعية أن ثمة نذر تتجمع في الأفق وتنبئ عن قرب انفجار عمالي ثوري يرمي إلى تحقيق بعض المطالب العمالية في تحسين مستوى المعيشة وزيادة الأجور وتوفير الحريات النقابية. وإعادة نقابة عمال السكة الحديد. وكان الشيوعيون بطبيعة الحال يقفون في طليعة هذه المعركة ويقودونها. ولهذا أرادت الحكومة العسكرية أن تتفادى هذه المعركة كما خيل لها وتنحرف بها عن مجراها الطبيعي لتحول دون وصولها إلى نتيجتها المنطقية، ومن هنا جاءت الدعوة لعقد المؤتمر على غير انتظار وسخرت لذلك كل الإمكانيات المعروفة والخفية).

(غير أن الدعوة لمؤتمر عمالي يضم ألف مندوب كما أفادت جريدة الثورة الرسمية حتى لو لم تسبقه فترة التحضير الكافية ليس أمرا يقلق الحزب الشيوعي السوداني وليس لدينا ما يستوجب معارضته بل على العكس من ذلك ينال ترحيبا لأننا نعرف نتائجه سلفا. بشرط واحد هو أن تتوفر للمؤتمر الحرية الكاملة في المناقشة واتخاذ القرارات والاستقلال الكامل من تدخل السلطات الحاكمة.)

ويقول البيان أخيرا :

(إن الحزب الشيوعي السوداني يثق عن تجربة واقتناع بأن نتائج مؤتمر كهذا وبمثل هذه الشروط لن يكون بأي حال من الأحوال لغير صالح الطبقة العاملة وحركتها النقابية).

انعقاد المؤتمر:

انعقد المؤتمر في الموعد الذي حددته له الحكومة وحضره مندوب ٤٤ نقابة عمالية فماذا حدث؟

حدث ما توقعه الحزب الشيوعي السوداني والذي يعرف مواقعه تماما ومواقع القوى الثورية في حركة الطبقة العاملة السودانية ذات التقاليد الثورية الضاربة في التاريخ. تحول المؤتمر إلى مظاهرة رائعة ضد النظام العسكري ورفع في حزم مطالب العمال في تحسين مستوى المعيشة وكفالة الحريات النقابية ورفع حالة الطوارئ وعودة نقابة عمال السكة الحديد... الخ. وكان صفعة قاسية لمديري المؤامرة وانكشف لهم جهلهم التام بالوضع داخل الحركة العمالية وانهارت تقديراتهم وخططهم كما ينهار بيت من ورق الكوتشينة فماذا فعلوا؟

كانت المفاجئة المذهلة الثانية لجماهير العمال والشعب والصحفيين وكل من تتبع ذلك المؤتمر التاريخي، أن عقد محمد عبد الحليم وزمرته من الانتهازيين العمال مؤتمرا صحفيا أعلنوا فيه أن المؤتمر قد قرر تأييد (حكومة الثورة)، (كذا) كما قرر إدانة (ما يسمى) بالحزب الشيوعي السوداني، ودعا النقابات لتطهير صفوفها من المخربين!! وغير هذا من الهراء والكذب.

ونحن نشير فيما يلي النص الكامل للوثيقة الدامغة التي أصدرتها لجنة الحزب الشيوعي السوداني بمديرية الخرطوم يوم ١٩٦٣/٨/٢١ (الحزب الشيوعي السوداني يفضح مؤامرة تزييف قرارات مؤتمر العمال).

(فوجئ المواطنون بإذاعة أم درمان تردد في الساعة الخامسة مساء الاثنين ١٩٦٣/٨/١٩ بهذه القرارات المزعومة. ومصدر المفاجأة هو أن نفس الصحف التي نشرت القرارات المزعومة الثانية، كانت قد نشرت القرارات الأولى الصحيحة للمؤتمر يوم ١٩٦٣/٨/١٧ بل أن محرري هذه الصحف الذين دعوا الى المؤتمر الصحفى الأخير حيث سلموا القرارات المزيفة كانوا بأنفسهم قد حضروا مؤتمر العمال كمدعوين، شهدوا بأنفسهم أيادى

المندوبين ترتفع فى عملية التصويت على القرارات وسمعوا بآذانهم خطب العمال .
فقد نشرت جريدة السودان الجديد الصادرة صباح السبت ١٩٦٣/٨/١٧ في الصفحة الاولى مايلي :
(انعقد أمس مؤتمر مجالس إدارات نقابات عمال السودان بنادي العمال، بالخرطوم وحضر المؤتمر أكثر من ٦٠٠ شخص من مندوبي النقابات والمراقبين، كما حضر المؤتمر السيد البكباشي محمد عبد الحليم مدير مصلحة العمل وعدد من المسئولين في مكتب العمل، مثلت فى المؤتمر ٤٣ نقابة. طالب مندوبو النقابات بقيام أتحاد عام لنقابات عمال السودان والسماح لنقابة عمال السكة الحديد بتكوينها من جديد٠ كما طالب المؤتمر بتعديل قانون ١٩٦٠ والمساهمة في تكوين إتحاد عام لعمال أفريقيا) "السودان الجديد العدد ٤٩٧٠".

وفى يوم الثلاثاء ١٩٦٣/٨/٢٠ نشرت نفس الجريدة (السودان الجديد) القرارات المنسوبة الى مؤتمر العمال والتى تتلخص فى تحديد العقيدة النقابية للعمال بأن يقف العمال بعيدا عن الارتباط بإتحاد النقابات الديمقراطي العالمي والإتحاد الدولي للنقابات الحرة (الأصغر) وأن يكون ميثاق أدس أبابا مرشدا ومنهجا للعمل النقابي وفي سبيل تدعيم هذه المبادئ تعمل الحركة النقابية السودانية للإرتباط بالحركة النقابية في أفريقيا والأقطار العربية. كما نشرت أن المؤتمر يقر بالاجماع أن يتقدم الى السيد الرئيس الفريق ابراهيم عبود بإعادة تكوين نقابة عمال السكة الحديد لكى تتبوأ مكانتها بن صفوف النقابات على ضوء هذه العقيدة المحددة ونشرت القرار القاضي بقيام أتحاد عام للنقابات في السودان الذي كونت له لجنة تحضيرية للإعداد لدستوره والتحضير لمؤتمر التأسيسي يعقد فيما بعد٠ كما نشرت قرار تقديم التماس للمسئولين لتعديل قانون ٦٠ بما يسمح بتكوين نقابات مهنية للفئات النقابية المحرومة حاليا من حق التنظيم٠ وكما نشرت الجريدة، أن المؤتمر أقر بالاجماع وبعد مناقشات موضوعية إدانة ما يسمى بالحزب الشيوعي السودانى (كذا) والرجعية والاستعمار وذلك بعد أن تبين من الخبرات والتجارب التى مرت بالحركة النقابية في الماضي والحاضر أن ما يسمي بالحزب الشيوعي قد عمل على تخريب الحركة النقابية بالسودان (كذا!).

- ١٣٤ -

كما نشرت نفس الجريدة وإذاعة أم درمان وبقية الصحف أن (المؤتمر أقر بالإجماع أنه على جميع النقابات أن تعمل على طرد العناصر الشيوعية والمخربين من صفوفها !! (كذا).. وبقية القرارات المزيفة الأخرى..
ماذا جعل القرارات الأولى التي نشرتها الصحف وعلقت عليها تتحول إلى قرارات جديدة تنسب إلى المؤتمر؟ هذا ما ستحكيه قصة التزيف الخسيس التي حدثت كان أبطالها البكباشي محمد عبد الحليم وبابكر كرار[٨٠] والانتهازي المرتد محمد السيد سلام وبقية الانتهازيين أمثال عثمان جسور وحسن أبو جبل[٨١] وإبراهيم محمود وعبد المطلب عبدون ومحجوب سيد أحمد وآخرين.
ونحن إذ نحكي قصة ما حدث نستشهد بجميع الصحفيين الذين حضروا المؤتمر وبالضيوف وأعضاء مجالس الإدارة وجميع أعضاء المؤتمر. وفي البداية نري أنه من المهم توضيح القرارات التي أصدرها المؤتمر لنعرف طبيعة التطورات التي حدثت بعد الجلسة الثانية والأخيرة يوم السبت ١٩٦٣/٨/١٧. ولقد كانت القرارات التي أجازها المؤتمر بعد شرح الاقتراحات والمناقشة الحرة وأخذت التصويت برفع لافتة النقابة كالآتي :

١. المطالبة بإعادة نقابة عمال السكة الحديد فورا صوت لجانب القرار ٤٣ من ٤٤.
٢. المطالبة بإلغاء قانون العمل والعمال لعام ١٩٦٠ وإعادة قانون العمل والعمال لعام ٤٨ صوت لجانب القرار ٤٠ وامتنع ٤.
٣. قيام اتحاد عام لعمال السودان صوت لجانب القرار ٤٠ من ٤٤.
٤. عدم الانضمام إلى أي من الاتحادات العالمية في الوقت الحاضر صوت لجانب القرار ٣١ من ٤٤.
٥. الانضمام لاتحاد عمال أفريقيا. صوت لجانب القرار ٣١ من ٤٤.
٦. الانضمام لاتحاد عمال العرب. صوت لجانب القرار ٣٨ من ٤٤.
٧. زيادة الأجور بنسبة ٤٥٪ صوت لجانب القرار ٣٨ من ٤٤.
٨. تأييد سياسة الحياد الإيجابي وعدم الانحياز في الميدان السياسي، صوت لجانب القرار ٣١ من ٤٤.
٩. المطالبة بإلغاء قانون الطوارئ فورا. صوت لجانب القرار ٣٦ من ٤٤.

١٠- تكوين اللجنة التمهيدية للاتحاد العام من مندوبي النقابات، مندوب منتخب من كل نقابة ولجنة تنفيذية من ٢٠ عضوا، صوت لجانب القرار ٤٣ من ٤٤

١١- الدعوة لعقد مؤتمر تأسيسي قريبا لإقرار مسودة الدستور، صوت لجانب القرار ٣١ من ٤٤.

١٢- إصدار نشرة بجميع قرارات المؤتمر وتوزيعها لجميع العمال وقد كان التصويت في هذه النقطة بالإجماع.

١٣- من ضمن قرارات المؤتمر استنكار فصل رئيس وسكرتير نقابة عمال باتا بأمر من محمد عبد الحليم مدير مكتب العمل وتأييد قرار النقابة بالإضراب لمدة ٧ أيام.

١٤- كما أقر المؤتمر أيضا برقية للمطالبة بإعادة نقابة السكة الحديد.

١٥- إرسال برقية لسكرتير هيئة الأمم المتحدة لتأييد تحريم التجارب النووية.

١٦- إرسال برقية لاتحاد عمال عدن احتجاجا على ما تقوم به بريطانيا من مظالم.

١٧- إدانة التفرقة العنصرية.

١٨- إدانة الاستعمار في جميع أشكاله الحديثة والقديمة.

هذه هي القرارات والأصوات التي فازت بها وبالترتيب الذي أجازه المؤتمر ولقد دارت المناقشة في حرية وصراحة وجرأة رغم وجود محمد عبد الحليم وأعوانه الذين أتوا بحركات تمثيلية بقصد إرهاب وتهديد المندوبين مثل أخذ الأسماء وخلافه.

كيف بدأت المؤامرة :

لا نود أن نحكى بداية المؤامرة منذ الأول لأننا تطرقنا إلى ذلك في بياناتنا السابقة ولكن في يوم السبت حين صدرت قرارات المؤتمر في الصحف اتصل البكباشي محمد عبد الحليم بجميع رؤساء الصحف يحذرهم من نشر أي شيء عن المؤتمر لا يجئ عن طريق وزارة الاستعلامات والعمل، وأردف هذا التحذير الشفوي بتحذير كتابي يسلم لرؤساء التحرير صباح السبت وكانت النتيجة أن اختفت أخبار المؤتمر في صحافة الأحد، وهذا هو نص الأمر الكتابي الذي صدر للصحف :-

(عزيزي السيد............... رئيس تحرير ....

بعد التحية: أرجو التكرم بعدم نشر أي شيء عن مؤتمر نقابات العمال المنعقد الآن لا من قريب ولا من بعيد، وفقنا الله جميعا لما فيه خير هذا الوطن ولكم شكري وتقديري.

إمضاء

قيلي أحمد عمر

ع/ مدير وزارة الاستعلامات والعمل

وفي مساء يوم السبت أعلن رئيس المؤتمر نهاية أعمال المؤتمر وأعلن أن دعوة مندوبي النقابات ستتم بعد انتخابهم بواسطة مجالس إدارات النقابات لتكون منهم اللجنة التحضيرية.

في الساعة الثانية عشر (١٢) من مساء السبت ١٧ أغسطس ٦٣ أي بعد آخر جلسة للمؤتمر عقد البكباشي محمد عبد الحليم اجتماعا ضم كل العناصر الانتهازية المعروفة منها عثمان جسور وسلام و إبراهيم محمود و إبراهيم عمر وعدد آخر من أعضاء مجالس الإدارات الانتهازيين، وقد استمر هذا الإجماع حتى الثالثة صباحا ووضعت فيه الخطة لتزييف قرارات المؤتمر ونسفها وكانت النقطة الأولى في الخطة هي الاتصال بأعضاء مجالس الإدارات الضعفاء وإغراءهم بأي وسيلة للخضوع لأرائهم وتهديدهم إذا لزم الأمر بالفصل عن العمل ودعوتهم لقبول حضور الاجتماع التمهيدي كمندوبين عن مجلس إدارة نقابتهم دون أن تتم عملية انتخابهم، وبالفعل وجدوا ٣٤ نقابة بهذه الصفة من بين أعضاء مجالس الإدارات وعجزوا عن وجود تسعة مناديب عن التسعة نقابات المتبقية. مع العلم بأن أعضاء المؤتمر كانوا ٣٥٠ عضوا كما نشرت جريدة الرأي العام الصادرة صباح السبت ١٩٦٣/٨/١٧. حين انكشف هذا الأمر رأى بعض أعضاء مجالس الإدارات أن يحاصروا نادي العمال بالخرطوم ويقتحموا الاجتماع ولكن أحضرت عربات وزارة الاستعلامات والعمل ورحلت الـ ٣٤ مندوبا المعينين بهذه الوسيلة إلى نادي العمال بالخرطوم بحري وهناك لحق بهم التسعة مناديب الآخرون والذين كانت قد انتخبتهم مجالس إدارات نقاباتهم.

هناك تكشفت المؤامرة بوضوح حين وقف مندوب عمال الجزيرة تاج السر محمد عبدون واقترح أن يكون الرئيس للجلسة إبراهيم محمود لعضويته في نادي العمال بحري وهو النادي المضيف. وقف إبراهيم محمود بدون أي تصويت وقال بالحرف (قبل أن نبدأ في مناقشة قرارات المؤتمر يجب أن نعيد النظر في القرار الخطير الذي دس علينا بالأمس، وبدون وعي أجيز

من المؤتمر، وهو القرار الخاص بالمطالبة بإلغاء قانون الطوارئ. وهنا قبل أن يتم حديثه ضجت القاعة بالتصفيق منهم الـ ٣٤ مندوبا المعينين بواسطة محمد عبد الحليم والانتهازيين بوسائل الضغط والإغراء. ثم ذكر أن روح القرار الذي أجازه المؤتمر حول قانون الطوارئ قد نزلت في منشور وزعه الشيوعيون مساء الأمس. وأعترض تسعة مندوبين على هذا الأمر قائلين بأن القرار اتخذه المؤتمر وهو أعلى سلطة ولا يمكن لهيئة مهما كانت وحتى لو جاءت بطريقة شرعية أن تغير من قرارات المؤتمر، لأن تكوين هذه الهيئة في حد ذاته هو أحد قرارات المؤتمر ولو كان هناك ضرورة لاتخاذ مثل هذا القرار يجب أن نرجع إلى المؤتمر فورا ولا يزال مندوبوه موجودين ويمكن أن يجتمعوا في نادي العمال بالخرطوم، ولكن الانتهازيين رفضوا هذا الاعتراف واعتمدوا على الأغلبية المزيفة التي شكلوها في مؤامرة منتصف ليلة ٨/١٨ وألغوا قرار المؤتمر بأغلبية ٣٤ إلى ٩ أصوات. واقترح إبراهيم محمود أيضا إبدال القرار الملغي بقرار جديد يدين الحزب الشيوعي السوداني ووصفه بأنه تدخل في شئون العمال للفركشة (كذا). واقترحوا إجازة قرار جديد يدعو فيه النقابات لطرد الشيوعيين والمخربين من النقابات. وأضاف آخرون من الانتهازيين أنه في عهد الحريات كانت هناك فوضي... وإن إجازة قرار رفع حالة الطوارئ معناه نهاية الحكومة الراهنة (كذا) وعودة الأحزاب الخ... واستمر الاجتماع بنفس الروح والغى قرارات المؤتمر أو عدلها أو أضاف إليها قرارات جديدة حتى خرجت بالصورة التي أعلنت في المؤتمر الصحفي وأذاعتها محطة أم درمان وعلقت عليها رسميا بأنها تأييد واضح لسياسة الحكومة في كل الميادين.

بعد هذه المهزلة عقد إبراهيم محمود وعبد المطلب عابدون مؤتمرا صحفيا دعت له وزارة الاستعلامات والعمل وطبقت فيه القرارات المزيفة وأعدت له عدته. وفي المؤتمر أعلنت القرارات المزيفة التي اتخذها باسم مؤتمر العمال الذي أعلم الجميع بقراراته الصحيحة عن الصحف الصادرة صباح السبت ١٩٦٣/٨/١٧.

وقد سأل بعض الصحفيين الذين كانوا في مؤتمر العمال رئيس المؤتمر الصحفي عن متى عقدت الجلسة التي اتخذت هذه القرارات؟ وأين عقدت؟ ولماذا لم يدع لها الصحفيين؟ وكيف ألغيت القرارات الأولى؟ أجاب عبد المطلب عابدون بأن (هذه الجلسة عقدت مساء الأحد وإنها انتقلت لنادي

العمال بالخرطوم بحري لوجود محاضرة بنادي العمال بالخرطوم). ولم ندع الصحفيين لأننا فضلنا عقد مؤتمر صحفي في النهاية وعن كيفية إلغاء القرارات الماضية واتخاذ القرارات الجديدة أجاب بأننا رأينا أن المؤتمر اتخذ قرارات غير صائبة وغير حكيمة. ورأينا أهمية إلغائها ومراجعتها.
كما تحدث في المؤتمر الصحفي بغير وجه حق بابكر كرار شارحا مقدار تدخل الشيوعيين خلال التاريخ في الشئون العمالية والحركة النقابية :
إننا إذ نتوجه بمخاطبتنا اليوم لجماهير العمال وجماهير الشعب إنما نستهدف دق ناقوس الخطر والتنبيه إلى ظاهرتين خطيرتين لم تشهد بلادنا مثيلا لهما من قبل. والظاهرة الأولى هي ظاهرة التزييف غير الأخلاقي لقرارات مؤتمر نقابات عمال السودان. إن الأخلاق السودانية والعرف يرفضان باستمرار استحداث مثل هذه الأساليب الدنيئة التي استوردها البكباشي محمد عبد الحليم وعاونه في انجازها فافدوا الضمير حفنة الانتهازيين الجبانة بقيادة محمد السيد سلام وإبراهيم محمود وعبد المطلب عابدون وعثمان جسور وحسن أبو جبل وإبراهيم عمر.
لقد كان تقديرنا منذ الأول أن الطبقة العاملة السودانية وحركتنا النقابية التي تمرست في نضال طويل واختطت تقاليد نظيفة وبنت تنظيماتها على أكتاف الحركة التقدمية في بلادنا وبرعايتها ومساعدتها المخلصة لها حتى تصلبت في النضال الضاري الذي جرى في بلادنا ضد الاستعمار ومن أجل المصالح الوطنية وبعد طرد الاستعمار من أجل حماية الاستقلال الوطني وإرساء قواعد الحكم الوطني الديمقراطي، لا يمكن بحال من الأحوال أن تتلوث بتأييد نظام رجعي دكتاتوري يقوم على الكبت وخنق الديمقراطية والتفريط في حقوق البلاد. ولذلك وحين اقتحم البكباشي محمد عبد الحليم اجتماع النقابيين في ١٩٦٣/٨/٦ وطالب النقابات بأن تحدد موقفها من الحكومة القائمة، سخرنا من محاولاته ورحبنا بفتح الحكومة ومندوبها العميل لهذا الباب وأكدنا بأن العمال لن يترددوا في طرق هذا الباب الجديد الذي أختاروه، كما أكدنا وأكد العمال أنهم لا يحددون موقفهم من أي حكومة على أساس الحقد الأعمى بل على أساس التقدير السليم لمصالح البلاد ومسئوليتهم تجاهها. وأنهم في هذا الأمر، ومهما كانت درجة التهديد ومستويات الإغراء ونشاط الانتهازيين والعملاء المحموم، سيعبرون عما يتجاوب مع مصلحة البلاد ومع مسئولياتهم التاريخية. وبسرعة فائقة صاغ العمال بقيادة طليعتهم المجربة مطالب البلاد السياسية في الديمقراطية

والحريات العامة والحياة النيابية السليمة وانتهاج سياسة خارجية سلمية معادية للاستعمار ونابعة من الخرطوم لا من مكاتب السفارات الاستعمارية. وفي المطالب الاقتصادية حددوا موقفهم لجانب بناء الاقتصاد الوطني وحماية رأس المال الوطني والكفاح ضد مشاريع الاستعمار الحديث الاقتصادية ورؤوس الأموال الأجنبية والقروض والمعونات الاستعمارية بجانب تحسين حياة الكادحين المعيشية برفع أجور العمال واستحقاقات المزارعين ورفع الضرائب عن كاهل الفقراء وفرضها على الشركات الاستعمارية والبيوتات التجارية الكبيرة ,

وفي الميدان الاجتماعي والثقافي صاغوا المطالب النابعة من التقدير السليم لاحتياجاتهم واحتياجات البلاد.

وحين أحس بذلك البكباشي محمد عبد الحليم وقدرت الحكومة حرج موقفها. وحين أحست أن النشاط المحموم الذي يقوم به عملاؤها لا يجدي فتيلا انسحبت من القاعدة التي وضعتها وأرسلت خطابا يحدد أجندة المؤتمر في تحديد الموقف من الحركة النقابية العمالية، وحين لمست إصرار النقابات على المضي في الاتجاه الذي رسموه أرسلت مندوبيها لخارج العاصمة لحشد عدد من الانتهازيين من خارج العاصمة حيث أحضرت بعض المناديب بالطائرة من بور تسودان وسافر عثمان جسور إلى عطبرة لإحضار بعض الانتهازيين المهزومين في نقابة السكة الحديد أمثال موسي متى وغيره كما عقد مدير مكتب العمل بالأبيض مؤتمرا كان يهدف من ورائه إلى اتخاذ قرارات تؤثر على سير المعركة التي يقودها العمال في الخرطوم. ولكن كل هذا لم يؤد إلى النتيجة التي رمت لها الحكومة رغم التهديد والإرهاب الذي حدث وجاء مؤتمر العمال معبرا عما يجيش في صدور العمال وكل مواطن مخلص وأعلن العمال من منبر مؤتمرهم وفي قراراته عن الموقف الوطني المتوقع ونشرته الصحافة وهنا جن جنون الحكومة ومندوبها محمد عبد الحليم ولجأوا إلى وسيلتهم الخسيسة التي بدأت بالتهديد بالفصل وبالفعل فصلت رئيس وسكرتير نقابة عمال البيرة. وأخيرا حين اصطدمت بموقف العمال لجأت إلى وسيلة التزييف لقرارات المؤتمر. ولكن فات على الحكومة أن تزييف قرارات المؤتمر لا يعني أطلاقا أن المؤتمر لم يتخذ هذه القرارات ولا يعني إطلاقا أن موقف العمال قد تغير ولا يعني أطلاقا أن الانتهازيين والعملاء قد كسبوا. بل يعني أن الحكومة ومندوبيها ومن ورائها الدوائر الاستعمارية قد انهزمت وانكشف أمرها وأن

العمال في خطوتهم المقبلة سيعملون حسابا واضحا لخطة المؤامرات التي يمكن أن تلجأ لها الحكومة والدوائر الاستعمارية كما سيعملون بوضوح من أجل مقابلة كل الاحتمالات المتوقعة من نظام فاسد وعملاء وانتهازيين لا أخلاق لهم.
والنقطة الثانية التي تبرز لأول مرة في تاريخ بلادنا هي إقحام العمال ومؤتمر العمال فيما يسمي بإدانة الحزب الشيوعي السوداني وطرد الشيوعيين من صفوف النقابات.
إن العمال السودانيين الذين خبروا الحزب الشيوعي السوداني طوال تاريخهم وعرفوا عن كثب مقدار إخلاص أعضائه وتضحياتهم من أجل العمال ومن أجل تأسيس نقاباتهم وتطور الوعي السياسي والنقابي وسطهم والذين شهدوا أعضاء الحزب في بسالة وإقدام ورباطة جاش يتقدمون إلى المحاكم في عهد الاستعمار ويذهبون إلى السجون مضحين بكل غال ومرتخص. والذين شهدوا الشيوعيين السودانيين يقدمون في هذا العهد الأسود إلى المحاكم العسكرية المزيفة وإلى معسكرات الاعتقال وسجون الحبس التحفظي من أجل مواقفهم النبيلة من قضية العمال وقضية البلاد. إن العمال السودانيين الذين شهدوا كل ذلك واختبروه لا يمكن بأي حال من الأحوال أن يسمحوا بالنداء الفاشتستي الذي أصدره الانتهازيون في تزيفهم لقرارات المؤتمر والذي يهدف إلى إلقاء ظلال يعملون من ورائها لحماية الحكومة وتعمل الحكومة من ورائها لتشريد الشيوعيين وحزبهم.
إن الحكومة والانتهازيين قد جربوا وسائل الإرهاب بصورة كافية تجاه الشيوعيين، لقد شردوهم من عملهم وحاربوهم في أرزاقهم ووضعوهم في السجون بتهم مزيفة أو في معسكرات الاعتقال ولكن هل غير هذا من مستوى كفاح الشيوعيين وأخلاقهم؟ وهل أثر ذلك في موقف الشعب والعمال منهم؟ كلا بل أن ذلك بكل تأكيد قد أتاح للشعب والعمال مزيدا من الفرص ليلمسوا أكثر مقدار أخلاص الشيوعيين وليختبروا مقدار صلابتهم وتضحياتهم.
إن العمال السودانيين سيكون لهم حساب عسير مع الأربعة وثلاثين نقابيا الذين قبلوا أن ترتفع أياديهم مع أيادي الطغمة الفاسدة لإدانة الحزب الشيوعي وللدعوة الفاشية بطرد الشيوعيين من النقابات أو العمل في أن الحزب الشيوعي السوداني والذي يفتح سجل كفاحه أمام الجميع بكل فخر واعتداد ويشير إلى كفاحه من أجل تكوين الحركة النقابية في البلاد في

سنتي ٤٧ ـ ٤٨ ويشير إلى كفاحه ضد الجمعية التشريعية وإلى كفاحه من أجل استقلال البلاد وبعد تحقيقه من أجل حماية هذا الاستقلال ومن أجل أنشاء حكومة وطنية ديمقراطية، ويشير إلى كفاحه في عهد الدكتاتورية العسكرية الراهنة من اجل الإطاحة بها ومن أجل تحقيق مطالب الشعب في الديمقراطية والحريات والعدالة الاجتماعية، ويشير إلى تضحيات أعضائه المعروفة للجميع، لا يفعل ذلك دفاعا عن موقفه أو بقصد المفاخرة ولكن ليؤكد دوره وأهدافه التي يعمل من أجلها والتي تمثل الأهداف النبيلة التي بتحقيقها سينعم الشعب والطبقة العاملة بخيرات بلادهم. وسيزول إلى الأبد نهب الاستعمار الأجنبي وعملائه لخيرات البلاد كما سيذهب استغلال الإنسان لأخيه الإنسان إلى الأبد. إن الحزب الشيوعي السوداني حينما يشير إلى كفاحه من اجل بناء الحركة النقابية وتطوير وعي العمال السياسي والنقابي طوال التاريخ، وكفاحه من أجل حماية الكيان النقابي من تخريب الرجعية والانتهازية وكفاحه من أجل الارتقاء بالكفاح السياسي للعمال ليصلوا إلى مستوى التصدي لحكم البلاد لا يفعل ذلك وهو يحس بأنه أمتن على حركة العمال وإنما يفعل ذلك بدافع من تحقيق أهدافه التي تربط ارتباطا وثيقا بالطبقة العاملة. بل هو حزبها السياسي ومسئوليته التاريخية في قيادة الطبقة العاملة لتحقيق أهدافها النهائية.

وعليه فأن التفسير السليم للدعوة الفاشستية المعبر عنها قرار إدانة الحزب الشيوعي السوداني أو طرد الشيوعيين من النقابات أنها في الأساس موجهة إلى صدر الطبقة العاملة وتستهدف مزيدا من السلب لحقوق الطبقة العاملة ومزيدا من الاضطهاد والاستغلال لها ومزيدا من العمل لسلبها حقوقها وتفتيت وحدتها التي بنتها ولا تزال تعمل لتقويتها أثناء كفاحها من أجل المطالب الاقتصادية والسياسية وأثناء الكفاح ضد الانتهازية.

إننا ندق ناقوس الخطر لجميع العمال وندعوهم إلى المزيد من التضامن والوحدة ومزيد من التنبه لخطر الانتهازيين ونشاطهم المرتبط بالدوائر الاستعمارية وخدمة أهدافها.

إننا ننبه العمال لاحتمالات اتخاذ الحكومة لخطوات أكثر رجعية ضد الوطنيين وضد الديمقراطيين والشيوعيين تحت ستار تنفيذ قرارات المؤتمر المزيفة وندعوهم للوقوف صفا واحدا ضد المحاولات المسعورة من البكباشي محمد عبد الحليم بهدف تحطيم الكيان النقابي والتنظيمات النقابية ووحدة العمال وتأليبهم على بعضهم البعض وتنصيب المرتشين من

الانتهازيين في قيادة النقابات من اجل تجميدها وتوجيه الضربة إلى صميم مصالح العمال. كما تدعو العمال إلى محاسبة النقابين الذين قبلوا أن يجعلوا من أنفسهم مخالب قط لتنفيذ مؤامرة البكباشي محمد عبد الحليم كنتيجة للإغراء أو الإرهاب والتهديد الذي تعرضوا له

إننا نثق ثقة تامة أن الحركة النقابية التي كانت تشق طريقها وتناضل باستمرار لتلعب دورها الوطني في بلادنا ولاتخاذ موقفها القيادي في مقدمة الصف الوطني قد ثبت لها بما لا يدع مجالا للشك أن الطبقة العاملة لم تتمكن من إثبات دورها هذا ولم تكتسب هذه المكانة السياسية في بلادنا إلا عن طريق نضالها العنيف المتواصل ضد الانتهازية في داخل صفوفها، هذه الانتهازية التي كانت على الدوام تدافع على مصالح الحكومات الرجعية والتي كانت دائما وابدا تتمسك بتنفيذ سياسة الحكومات الرجعية وسط الطبقة العاملة. إن النتيجة المنطقية التي ترتكز على تاريخ الطبقة العاملة وتقاليدها الثورية ليست هي بأي حال من الأحوال إقصاء الشيوعيين من الحركة النقابية بل تشديد النضال والعمل لفضح الانتهازية الجديدة وسط الطبقة العاملة وتطهير صفوف الحركة النقابية من عملاء الدكتاتورية العسكرية. ونحن على ثقة بأن هذا المطلب سيتحقق ومصدر ثقتنا وإيماننا نابع من المصير الأسود الذي واجهته الانتهازية التي ارتبطت بالاتجاهات الرجعية للحكومات التي تلت الاستعمار البريطاني. هذه التيارات الانتهازية التي تكسرت بفضل نضال العمال وصاحب تقدم الحركة النقابية وازدياد نفوذها الأدبي والسياسي بارتباطها بالتيار الديمقراطي وسط الطبقة العاملة وفي مقدمته الحزب الشيوعي السوداني.

فلنشدد نضالنا ضد الانتهازية الجديدة، فلنستنكر مؤامرة تزييف قرارات مؤتمر العمال وندعو مجلس إدارة كل نقابة لإدانة هذا التزييف الذي حدث لقراراتهم.

- عاشت وحدة العمال ضد الديكتاتورية العسكرية والانتهازية.
- عاشت المقرارات الوطنية لمؤتمر العمال.
- يسقط الانتهازيون.
- تسقط مؤامرة تزييف قرارات مؤتمر العمال.

(الحزب الشيوعي السوداني)
بمديرية الخرطوم
١٩٦٣/٨/٢١

الحكومة العسكرية تتراجع
انتخابات نقابة عمال السكة الحديد
مؤتمر أغسطس ١٩٦٤

بعد فضيحة تزييف قرارات مؤتمر أغسطس سنة ١٩٦٣ والتي كشفها الحزب الشيوعي على أوسع نطاق، والتي أحدثت رد فعل واسع وسط جماهير العمال والشعب وسببت عزلة قاتلة للحكومة العسكرية وسط العمال وكشفت بصورة دامغة عملاءها وسط الحركة العمالية، بعد كل هذا لم يكن أمام الحكومة إلا أن تتراجع خطوة أخرى. فصدرت قرارات المجلس الأعلى في نوفمبر ١٩٦٣ والخاصة بالحركة العمالية :

× وافق القرار على عودة نقابة عمال السكة الحديد.
× وعلى قيام اتحاد عام للنقابات.
× وعلى تعديل قانون العمل والعمال سنة ١٩٦٠
× لقد كانت تلك القرارات انتصارا كبيرا للحركة العمالية الصاعدة وهزيمة شديدة للنظام العسكري الرجعي، وما أن صدرت تلك القرارات حتى دب النشاط في أواسط عمال السكة الحديد بصفة خاصة وهم الذين حرموا من كل حقوقهم النقابية ما يقرب من العامين ونصف.

كانت الحكومة تدرك المغزى السياسي العميق لانتخابات نقابة عمال السكة الحديد وأثر نتائج الانتخابات على الحركة العمالية خاصة وعلى الحركة الثورية في البلاد عامة، خاصة وأمامها تجربة الإضراب التاريخي في يونيو ١٩٦١. وفي نفس الوقت كافح الحزب بكل حزم ضد الاتجاهات اليسارية الفوضوية التي كان يقودها الانقسامي المفصول من الحزب الشيوعي أحمد شامي والتي كانت تدعو إلى عدم جدوى عودة نقابة عمال السكة الحديد على أساس قانون سنة ٦٠ وإلى أن الحزب يجب أن يرفض عودة النقابة إلا على أساس قانون ٤٨. هزم الحزب هذه الاتجاهات التي تدعو إلى حرمان العمال من التمتع بثمرات نضالهم.

كان الحزب الشيوعي السوداني يدرك أهمية تلك الحركة وآثارها وفي ٦٤/٢/١٤ أصدرت لجنة الحزب الشيوعي السوداني بيانا حول معركة الانتخابات جاء فيه :

(يجب أن نعترف بأن أمامنا معركة لا يمكن وصفها بالسهولة فالنظام العسكري الرجعي يعرف تماما من تجاربه المغزى السياسي لنتيجة انتخابات نقابة عمال السكة الحديد، وسينزلون لهذه المعركة بكل قواهم بما فيها جهاز الدولة وخزينتها وأجهزة الدعاية الرسمية، إن المعركة التي أمامنا هي: أما أن يتسلم قيادة النقابة الشيوعيون والديمقراطيون وتصبح أداة لتحقيق مصالح العمال وللصدام مع النظام العسكري، وأما أن يستولي عليها الإنتهازيون من عملاء الحكومة فتصبح جهازا آخرا من أجهزة التهريج والتطبيل لهذا النظام.

وكان تقدير الحزب الشيوعي سليما حول أن الحكومة وعملائها لن يقبلوا بسهولة الهزيمة في هذه الانتخابات. ووقد تمت الانتخابات بالفعل وأعلن فوز عملاء الحكومة الذين يمثلهم موسي متى والمدير وزمرتها نتيجة مؤامرة واسعة النطاق اشتركت فيها جميع أجهزة الدولة ونحن ننقل للقارئ القصة الكاملة لذلك (الفوز) الذي أعلن في ١٩٦٤/٥/٢٦ ـ ننقل القضية بنصها كما جاءت في الوثيقة التي أصدرتها لجنة الحزب الشيوعي السوداني بعطبرة بتاريخ ١٩٦٤/٦/١٠ :

(نص الوثيقة)

مقدمة :

قبل أكثر من أسبوعين خاض عمال السكة الحديد معركة انتخابات نقابتهم. وأثناء أحداث المعركة كانت جماهير العمال والفئات والأوساط الاجتماعية الأخرى تتابع باهتمام نتيجة تلك الانتخابات. هذا الاهتمام مصدره المكان المرموق الذي تحتله النقابة وسط الشعب بأسره

والآن وبعد انتهاء معركة الانتخابات ترى لجنة الحزب الشيوعي السوداني بعطبرة أنها مسئولة أمام الطبقة العاملة والشعب والتاريخ بإظهار الحقائق وتعريتها. وعلى صفحات هذا الكتيب نسوق لعمال السكة الحديد خاصة والشعب عامة حقائق الأحداث التي جرت لتزييف إرادة عمال السكة الحديد. ونحن واثقون من أن هذه التجربة سوف تدفع بعمال السكة الحديد أكثر وأكثر لمواصلة المعركة وإلى المزيد من الوحدة والنضال لعزل أعدائهم والقضاء عليهم، وتحقيق مطالبهم واسترجاع مكاسبهم المسلوبة.

بيان من لجنة الحزب الشيوعي
إلى عمال السكة الحديد حول تزييف انتخابات
النقابة الأخير

بداية التزييف :

في شهر مايو عام ١٩٦٣ تقدم ٥١ عاملا من النقابيين الديمقراطيين بطلب إلى مسجل النقابات بواسطة الحاكم العسكري للمديرية الشمالية يطلبون فيه إعادة تسجيل نقابة عمال السكة الحديد، وعند مقابلة الحاكم العسكري لوفد هؤلاء النقابيين أكد لهم أن طلبهم هذا لن يقبل وطلب إليهم أن يرسلوا التماسا بدلا عنه. ورفض المندوبون بالطبع فكرة الالتماس وأكدوا أن عودة النقابة حق من حقوق العمال. وفي اليوم التالي لهذه المقابلة أعتقل عدد كبير من النقابيين الذين رفعوا طلب التسجيل وشرد بعضهم عن العمل ومن بين هؤلاء العامل هاشم حسين بالورشة وعلى محجوب بالمخازن.

كان هذا هو موقف الحكومة من طلب التسجيل الذي تقدم به الديمقراطيون، فماذا حدث بعد ذلك، في شهر أكتوبر من نفس العام اجتمع ٥٨ من الانتهازيين والمؤيدين للنظام العسكري الرجعي وتقدموا بطلب لتسجيل النقابة وبالطبع لم يرفض الطلب ولم يواجه مقدموه بالاعتقال والتشريد وإنما فرش أمامهم الطريق بالورود، واستقبلهم وزير العمل استقبالا حارا وأشاد بهم ووأشادوا به و بالحكومة العسكرية الرجعية. وسموا أنفسهم بعد ذلك باللجنة التمهيدية لنقابة عمال السكة الحديد.

كانت هذه هي بداية التزييف لإرادة عمال السكة الحديد. ففي الوقت الذي يرفض فيه الطلب الذي تقدم به الممثلون الحقيقيون لمصالح العمال، والذين قامت على أكتافهم وبتضحياتهم نقابة عمال السكة الحديد. يقبل فيه طلب الوصوليين والنفعيين، ويعتمدون من جانب الحكومة بوصفهم الممثلين الشرعيين للعمال لا لشيء إلا لأنهم يؤيدون الطغمة العسكرية الحاكمة ويطبلون لها.

نشاط اللجنة التمهيدية :

وقد كرست اللجنة التمهيدية معظم نشاطها في الهجوم السافر على الشيوعيين واستغلت الجهاز النقابي بصورة مفضوحة على المعارضين للحكومة العسكرية الراهنة. وأخذت تصدر النشرة وتسود تلك النشرات بالشتائم والسباب ضد الشيوعيين والديمقراطيين وبالدفاع عن النظام الحاكم. فهل كانت اللجنة التمهيدية بهذا العمل تعبر عن آراء العمال، وعن

مصالحهم؟ وهل كانت مصالح العمال تتمثل في الدفاع عن الحكومة العسكرية الرجعية؟ وهل كانت مصلحة الجهاز النقابي تقتضي استغلاله بهذه الصورة لمنفعة حفنة من المرتزقة والمتعيشين بالنضال النقابي للعمال؟
ثم لننظر في الحقوق التي أعطتها اللجنة التمهيدية لنفسها، تلك الحقوق التي وافقت عليها وباركتها بالطبع وزارة العمل. كان في مقدمة تلك الحقوق التصرف في الأموال المجمدة للنقابة، وعند نهاية الانتخابات في مايو أي بعد ٦ شهور من استلام اللجنة التمهيدية لشئون النقابة، قدمت اللجنة التمهيدية ميزانيتها فكان مجموع ما صرفته ٢٣٥٠ جنيه (ألفا ومائتان وخمسون جنيه) إنها كانت تصرف ٣٧٥ جنيه في الشهر الواحد!! إننا نطعن صراحة في أمانة ونزاهة اللجنة التمهيدية. ونعتقد أن تلاعبا خطيرا قد حدث في أموال العمال، بل ولدينا ما يدفعنا للاعتقاد بأن المبالغ التي بددت أكبر بكثير من المبالغ الذي اعترفت بها اللجنة التمهيدية ونتحدى اللجنة التمهدية التي عودت العمال أن تصدر كل يوم أو يومين بنشرة تهاجم فيها الشيوعيين والديمقراطيين، نتحداها أن تصدر نشرة للعمال توضح فيها بالتفصيل الوجوه التي صرفت فيها المبلغ المبين أعلاه وليبينوا كيف كانوا يصرفون ٣٧٥ جنيه في الشهر في ظروف كان فيها النشاط النقابي معطلا تماما!!

يريدونها معركة نظيفة وديمقراطية :

في الرابع من ديسمبر ١٩٦٣ أصدرت اللجنة التمهيدية واحدة من نشراتها جاء فيها أنهم يريدون نقابة تعمل من أجل البناء ومن أجل رفاهية العامل والسعادة في تنظيم جماعي سليم ولخوض انتخابات نظيفة لا تحاك حولها الدسائس.
وفي شهر يناير سنة ١٩٦٤ أصدروا نشرة أخرى يقولون فيها أنهم يريدون معركة الانتخابات (معركة ديمقراطية نظيفة).
ورغم علمنا التام بحقيقة (ديمقراطيتهم) و(ديمقراطية) الحكومة التي يدافعون عنها، رغم ذلك أصدرنا بيانا بعد نشرتهم بيومين قلنا فيه أننا نلتقط هذا القفاز وأننا نشهد جماهير على هذا القول، وتحدينا الحكومة والمدافعين عنها أن يجعلوها معركة سياسية نظيفة.

معركة الانتخابات والديمقراطية النظيفة :

وحددت اللجنة التمهيدية اليوم الخامس والعشرين من مايو موعدا للانتخابات وبدأت المعركة تدب في أواسط الكتل العمالية ونزل الشيوعيون والديمقراطيون بكل قوتهم في المعركة وأنزلوا عددا كبيرا من المطبوعات والمنشورات لجماهير العمال ووزعوا برنامجهم الانتخابي على نطاق واسع، وحددوا مرشحين أقوياء في ٥٣ من الدوائر الانتخابية في عطبرة والبالغ عددها ٦٨ دائرة.

ومع مرور كل يوم كانت المعركة تزداد التهابا، ويتضح لكل ذي عينيين أن موقف الشيوعيين والديمقراطيين يزداد وسط العمال، وأن كسبهم للانتخابات أصبح أمرا مؤكدا.

اللجنة التمهيدية تتصل بالمدير العام:

وعندما بقيت على اليوم المحدد للانتخابات ٥ أو ٦ أيام، كان واضحا أن الحكومة وعملائها يواجهون موقفا صعبا لم يقدروه في البداية، وكانوا يعتقدون بأنهم يستطيعون هزيمة الشيوعيين والديمقراطيين (بسهولة) ولكن أسقط في أيديهم عندما لاحت أمامهم الهزيمة واضحة. هنا بدأت (الديمقراطية النظيفة تعمل). فاتصل أعضاء اللجنة التمهيدية بالمدير العام للسكة الحديد السيد/ أبو بكر على رضا[٨٢]، وطلبوا منه نقل عدد كبير من الشيوعيين والديمقراطيين كما حدث في سنة ١٩٦٠ ولكن المدير العام اعتذر بأن هؤلاء النقابين قبل بضعة أيام من الانتخابات سيحدث رد فعل سيء وسط العمال.

ما العمل ؟

ما العمل إذن؟ والمعركة تقترب! إن نتيجة انتخابات نقابة عمال السكة الحديد هي بالنسبة للحكومة مسألة حياة أو موت (كما عبر عنها أحد المدافعين عن الحكومة. لذلك لابد من اتخاذ أي إجراء ومهما كان الثمن لمنع الشيوعيين والديمقراطيين من كسب الانتخابات.

موجة الإرهاب الرجعي:

في تلك اللحظات وقبل التصويت بأربعة أيام فقط كشفت الحكومة وعملاؤها عن أقنعتهم وتطايرت أشلاء في الهواء كل الكلمات المنمقة في النشرات

حول (الانتخابات العمالية النظيفة التي لا تحاك حولها الدسائس وحول المعركة التي يريدونها (ديمقراطية نظيفة).

قبل التصويت بأربعة أيام نزلت الحكومة بكل قوتها في المعركة وبدأت موجة من الإرهاب السافر لم تشهد عطبرة مثيلا لها. ففي يوم ٥/٢١ بدأ البوليس حملة واسعة من الاعتقالات شملت عددا كبيرا من الشيوعيين والمرشحين الديمقراطيين في الأقسام المختلفة وبلغ عدد المعتقلين ٣٥ شخصا.

وعقب الاعتقالات عاشت المدينة في حالة أشبه بالاحكام العرفية. أصبح التفتيش في الشوارع أمرا عاديا بالنسبة لمعارضي الحكومة وانتشر البوليس السري في كل الشوارع والأزقة وأخذت عربات البوليس تجوب شوارع المدينة من غروب الشمس وحتى شروقها.

البوليس يحاصر الأحياء :

وضرب البوليس حصارا هستيريا حول بعض الأحياء، ففي مساء يوم ٥/٢٢ حاصر البوليس حي الداخلة وأخذ يفتش كل شخص يخرج من ذلك الحي أو يدخل إليه. وبنفس الطريقة حوصر حي العشش، وحي أم بكول وبلغت الهستيريا بالبوليس حدا جعله يأمر الناس المتجمعين في الشوارع بالتفرق !

الانتهازيون يمارسون الإرهاب في الأقسام :

وبجانب حملة الإرهاب البوليسية، كانت حملة أخرى تجري في الأقسام المختلفة يقودها الانتهازيون عملاء الحكومة، ولقد استغلوا جو الإرهاب العام ليخلقوا مزيدا من الإرهاب في صفوف المرشحين والعمال الديمقراطيين. وخير مثال تسوقه هنا هو ما فعله موسى متى حيث اتصل باثنين من المرشحين في قسمه (معمل البلاط) وقال لهما صراحة أنه سيعتقلهما إذا لم يتراجعا عن الترشيح. ولم يكتف بذلك بل أتي باثنين من ضباط الجيش ليستعرضهما في المعمل على سبيل التخويف. وهذان المرشحان هما عبد الله عليش وعبد الرحيم وقد اعتقل الأخير بالفعل بعد تهديد موسى متى له بيومين!!

وفي قسم الإدارة دارت مناقشة بين العميل المعروف سيد أحمد عبد الله وعامل آخر مرشح ضده هو محمد الحسن أبو العلاء وأثناء المناقشة قال

الأخير لسيد أحمد (لقد مسكتم النقابة قبل الآن فماذا حققتم للعمال؟)، وأمام عدد من العمال رد عليه سيد أحمد عبد الله قائلا : انتظروا. وفي اليوم التالي اعتقل محمد الحسن أبو العلاء !

العمدة والشيخ في المعركة:

وسخرت الحكومة وعملاؤها العمدة السرور السافلاوي[٨٣]، وشيخ البلد إبراهيم أبو الشوش[٨٤]، فقاما باتصالات واسعة للضغط على العمال وتخويفهم وكان العمدة والشيخ يستعملان أسلوب تحليف العمال على المصحف بأنهم سيعطون أصواتهم لعملاء الحكومة !

البوليس السري يحتل دار النقابة !!
ويوجه المندوبين

وفي مرحلة اختيار المندوبين من اللجان المصلحية للجنة المركزية كان البوليس السري يعسكر بصفة مستديمة في دار النقابة، ويتصل علنا بالمندوبين للضغط عليهم للتصويت لعملاء الحكومة ففي اليوم المحدد لانتخاب مندوبي قسم الهندسة في اللجنة المركزية (يوم ٥/٢٨) كان رجال البوليس السري المعروفين : الدوش، وكرار، وعثمان الفكي والشيخ يعسكرون في دار النقابة وفي جيب كل منهم قائمة بأسماء مرشحي الحكومة. وعندما وصل المندوب الديمقراطي على محمد بخيت اتصل به في جرأة عجيبة رجل البوليس السري (الدوش) وسأله عن الذين سوف يصوت لهم، وعندما رفض هذا الرد عليه أخرج الدوش ورقة من جيبه مكتوب فيها أسماء مرشحي الحكومة وقال له (طبعا سوف تصوت لهؤلاء!) فهل يمكن أن يتصور العمال والمواطنون حدوث مثل هذه المساخر؟ هل يمكن أن يتصور أي مواطن أن نقابة عمال السكة الحديد يحتل دارها البوليس السري بهذه الصورة الوقحة ليوجه قادة العمال؟

البوليس يحاصر الشيوعيين والديمقراطيين
بعد خروجهم من المعتقل :

وبعد المعركة البطولية التي خاضها المعتقلون – معركة الإضراب عن الطعام والماء تراجع البوليس وأفرج عنهم، ولكن ماذا حدث بعد ذلك، لقد وضع لمعظم المعتقلين الذين أفرج عنهم رجل بوليس يلازمه كالظل ولا

يغفل عنه لحظة واحدة أثناء النهار وحتى يذهب لمنزله آخر الليل! وقد أتخذ البوليس هذه الخطوة لكي يخلو الجو لعملاء الحكومة ليقوموا بما يريدون من اتصالات ومناورات لتكوين اللجنة المركزية للنقابة، ولكي يخلو لهم الجو لابد من تقييد الشيوعيين والديمقراطيين تقييدا تاما بواسطة البوليس! إن بعض رجال البوليس قد تحدثوا صراحة مع من يراقبوهم، وقالوا لهم (إن لدينا تعليمات صارمة جدا بألا نفارقكم لحظة واحدة، وإذا دخلت السينما لدي تعليمات بأن أدخل معك وأجلس في المقعد المجاور لك!) وفي بعض الحالات كان هناك بوليس يراقب البوليس الذي يراقب القادة الديمقراطيين ليتأكد من أنه يؤدي واجبه على الوجه الأكمل.

نتيجة "الانتخابات الديمقراطية النظيفة" :

وهكذا فإن الشيوعيين والديمقراطيين دخلوا المعركة على أساس المنافسة السياسية الشريفة مع خصومهم فوجدوا معركة استعمل خصومهم فيها كل صنوف التزييف والضغط والإرهاب.

لقد كان من نتيجة ذلك أن عدد المرشحين الشيوعيين والديمقراطيين قد هبط يوم لانتخابات من ٥٣ إلى ٣٥ فقط وقد فاز من هؤلاء ١ – ٣٥ اثنان وعشرون مرشحا منهم ٨ في الورش و ٨ في الإدارة و ٤ في الهندسة و ٢ في المخازن.

الأجهزة الحكومية تهلل :

وما أعلنت النتيجة حتى تسابقت أجهزة الدعاية الحكومية في التهليل والتطبيل وتنافست في هذه المهمة إذاعة أم درمان وجريدة الثورة ولم تنس أجهزة الدعاية الحكومية أن تؤكد أن الانتخابات قد جرت في جو من (الحرية التامة) بل وقالت إذاعة أم درمان دون خجل أن هذه الانتخابات كانت (مثالا للحرية النقابية في القارة الأفريقية بأسرها) !! وهكذا فأن هؤلاء القوم لا يخجلون. وبادر وزير العمل فأرسل رقية تهنئة للجنة الجديدة كال فيها الثناء والمدح من غير حساب أشاد بما أسماه (الانتخابات المثالية !! كما أرسل برقية أذاعتها (أم درمان للحاكم العسكري يشيد فيها بقيام قوات البوليس بواجبها على الوجه الأكمل خلال المعركة التي سادها التنافس الحر (والوئام الصافي) ولا غرابة أن يثني الوزير على حملات الاعتقال والإرهاب التي هي واجب البوليس على الوجه الأكمل!).

وأقام الحاكم العسكري للمديرية الشمالية (حفلة تكريم) للجنة الجديدة، تبادل فيها مع موسى متى خطب الثناء والمدح! وأشاد موسى متى (بفجر ١٧ نوفمبر الأغر) ووصفه بأنه يوم الحرية والانطلاق! وأشاد مهدي حامد بدوره بموسى متى وزمرته ووصفهم بالقيادة الرزينة الواعية ووصف القوانين العمالية في هذا البلد بأنها (قوانين تقدمية ممتازة!).

عثمان جسور وتدخل الحزب الشيوعي:

بعد كل هذا الذي حدث وقف عثمان جسور (الذي حرمه عمال الوابورات بالخرطوم من ثقتهم ومع ذلك جاء عضوا في اللجنة المركزية وقف عثمان جسور هذا في أول اجتماع للجنة المركزية الجديدة ليقول أن الحزب الشيوعي قد تدخل تدخلا سافرا في انتخابات النقابة! ووقف أحد أعضاء اللجنة المركزية للنقابة وهو حبيب عبد الله عضو الحزب الشيوعي ورد عليه قائلا : إذا كان العضو يود حقا أن يتحدث عن التدخل في الانتخابات فكان الأجدر به أن يتحدث عن اعتقال المرشحين وحملات الإرهاب والتخويف وسط العمال: وهنا تدخل موسى متى وأوقف العضو عن الحديث وقال (أرجو من العضو ألا يرجع بنا إلى الوراء!).

خلاصة القول :

خلاصة القول هي أن تدخلا سافرا ووقحا قد حدث من جانب الحكومة وعملائها ومن جانب البوليس في انتخابات النقابة، وأن تزييفا فاضحا قد حدث لإرادة العمال. وإن كل هذا الذي حدث قد أكد لجماهير العمال أن الحكومة وعملائها قد وصلوا آخر درجات الإفلاس وأنهم يفتقرون تماما إلى أي سند وسط العمال وأنهم عاجزون تماما عن خوض معركة سياسية نظيفة مع خصومهم.

إن انتخابات النقابة كانت فضيحة سياسية بحق وقد تعرى فيها عملاء الحكومة من كل أقنعتهم، ووقفوا أمام العمال كما هم تماما، عملاء للحكومة الرجعية والبوليس.

لقد كانت هذه المعركة تجربة سياسية عظيمة لعمال السكة الحديد، وأقنعتهم بأن الصراع داخل الحركة النقابية اليوم ليس صراعا بين تيارات عمالية، وإنما هو صراع بين العمال ككل وبين الحكومة الرجعية وعملائها داخل صفوف العمال.

وإذا كانت الحكومة استطاعت أن تكسب لعملائها أغلبية لجنة النقابة فأنها قد هزمت هزيمة سياسية ومعنوية ساحقة وازدادت عزلة عن العمال.

موقفنا:

لقد كنا ولازلنا نعتقد أن استيلاء عملاء الحكومة على لجنة النقابة لا يعني أنهم يستطيعون أن يسيروها وفق إرادة الحكومة ومشيئتها، إن الموقف كان وسوف يظل بيد جماهير العمال. إن الشيوعيين والديمقراطيين قد نزلوا المعركة ببرنامج واضح يعكس إرادة العمال ويعكس مصالحهم، وسنظل نعمل وسط جماهير العمال متى ما وحدوا ونظموا صفوفهم أن يفرضوا إرادتهم ويحققوا مطالبهم. إننا سوف نعمل خلال الدورة الراهنة بصورة يومية ومستمرة على تحقيق ما يلي :-

١. تنفيذ البرنامج الذي نزلنا به المعركة الانتخابية.
٢. تنظيم العمال في شبكة واسعة من اللجان الديمقراطية.
٣. كشف السياسة الاقتصادية للنظام العسكري الرجعي والتي تتحمل عبؤها جماهير العمال.
٤. كشف عملاء الحكومة في صفوف العمال وعزلهم وتجريدهم من كل تأييد وسط العمال.

إننا نعتقد أن تعاون جماهير العمال مع الشيوعيين والديمقراطيين لتنفيذ هذا البرنامج هو الكفيل بتفويت الفرصة على العملاء ومنعهم من أن يحولوا نقابة عمال السكة الحديد إلى جهاز جديد من أجهزة التهريج السخيف والتطبيل للحكومة العسكرية الرجعية ولوزير العمل، وللدفاع عن السياسة الاقتصادية الرجعية للحكومة.

لجنة الحزب الشيوعي السوداني بعطبرة

١٠ يونيو ١٩٦٤

وهكذا تستمر عملية الصراع داخل الحركة العمالية بين الحكومة وعملائها الانتهازيين من جهة، وبين القوى الثورية وعلى رأسها الحزب الشيوعي من جهة أخرى. وكانت عملية الصراع الحادة تلك ستصل إلى قمتها في المؤتمر الذي تقرر عقده في ٦٤/٨/١٥ والذي كان من المقرر أن تحضره جميع النقابات في السودان، لقد استعدت معظم النقابات لذلك المؤتمر استعدادا طيبا فناقشت مقترحاتها وقدمتها للجنة التأسيسية وحددت مندوبيها للمؤتمر وبدأ مندوبو النقابات المركزية في عطبرة وبور تسودان ومدني يتقاطرون على الخرطوم. وكان الجميع ينتظرون حضور الضيوف

المدعون من الخارج وهم سكرتير اتحاد عمال أفريقيا، وسكرتير اتحاد العمال العرب ومندوبو النقابات السوفيتية. وبينما جميع العمال في قمة الاستعداد وفي غاية النشوة بتحقيق أمل كبير طالما ناضلوا من أجله ألا وهو تكوين الاتحاد وبينما جماهير شعبنا بكافة طوائفه تتطلع بشغف إلى انعقاد ذلك المؤتمر، بينما هؤلاء وأولئك ينتظرون قدوم يوم السبت ٦٤/٨/١٥ فوجئوا بوزير الاستعلامات والعمل يصدر القرارات التالية يوم ١٩٦٤/٨/١٣ :-

١. حل اللجنة التأسيسية لاتحاد عمال السودان اعتبارا من تاريخه وتسلم أعمالها للجنة التنفيذية لاتحاد عمال السودان المبين تشكيلها بالبند ٢ أدناه.
٢. تشكل اللجنة التنفيذية من رؤساء أكبر عشرة نقابات عمالية في السودان بحكم مناصبهم وذلك لوضع دستور الاتحاد العام للعمال وتنفيذ مقررات المؤتمر العمالي المنعقد في أغسطس سنة ١٩٦٣.
٣. لا تجوز الدعوة لأي مؤتمر عمالي عام قبل انتهاء اللجنة التنفيذية لاتحاد عمال السودان من أعمالها وبموافقة وزير الاستعلامات والعمل.
٤. تحتفظ جميع النقابات العمالية القائمة بمجالس إدارتها الحالية حتى نهاية عام ١٩٦٥، ولا يجوز إجراء أي تغيير في مجالس الإدارات قبل ذلك التاريخ مالم تدع لذلك الضرورة القصوى وبشرط موافقة مسجل نقابات العمل والعمال.
٥. يعمل بهذا القرار من تاريخه.

والجدير بالذكر أن هذه القرارات قد أرسلت إلى الصحف ومعها الأمر التالي :-

السيد رئيس تحرير...............

المرجو نشر هذا القرار في عدد الغد من الجريدة دون أي تعليق مع الشكر.

إدريس البنا[٨٥]

ع/ مدير وزارة الاستعلامات والعمل

وقبل ذلك بيوم واحد (يوم ١٩٦٤/٨/١٢) أرسلت وزارة الاستعلامات والعمل للصحف الأمر التالي:

السيد..............

الرجاء عدم نشر ما يتعلق بالعمال أو التعليق على مشاكلهم إلا بعد الرجوع إلى مصلحة العمل للتأكد من صحة المعلومات.

إدريس البنا
ع/ مدير وزارة الاستعلامات والعمل

وفي نفس يوم صدور هذه القرارات اعتقل عدد من القادة الشيوعيين والنقابيين على رأسهم الأستاذ عبدالخالق محجوب السكرتير العام للحزب الشيوعي، ووزعوا على سجون المديريات.

ما هي الأسباب الكاملة وراء إلغاء المؤتمر في هذا الجو المشحون بالإرهاب؟

في ٧ مايو سنة ١٩٦٤ انعقد اجتماع الهيئة التأسيسية الذي ناقش الدستور وأقر الدعوة لعقد مؤتمر أغسطس من هذا العام لإجازة الدستور ومناقشة القضايا التي تواجه العمال وانتخاب اللجنة التنفيذية لاتحاد نقابات عمال السودان. وقد وضح من اجتماع الهيئة التأسيسية في مايو أن موقف العمال كما هو لم يتغير بل أن الأحداث التي جرت منذ أغسطس سنة ١٩٦٣ زادت العمل إصرارا وصلابة، وأن القوى الديمقراطية تتجمع وتزداد تماسكا. وبمختلف الوسائل حاول مدير مكتب العمل ووزير الاستعلامات وأعوانهما تغيير هذه الصورة وتحويل مؤتمر أغسطس لصالحهم ولكن التضليل والكذب والتهريج لا يمكن أن يقنع العمال، وادعاءات الحكومة بأنها حققت للعمال كثيرا من المكاسب وجعلت عمال القطاع الخاص أندادا للمخدمين (كذا) ووفرت الحريات النقابية كل هذه المزاعم كان يكذبها الواقع الملموس، ففي الأشهر التي سبقت موعد المؤتمر وقعت نزاعات كثيرة بين العمال والمخدمين خاصة في القطاع الخاص، وتمت عدة إضرابات، ولم تجد كل الإجراءات التي وضعتها الحكومة من لجان توفيق وتحكيم في حل مشاكل العمال. وكان واضحا أن مكتب العمل يرفض التدخل، وأن فعل فلمصلحة المخدمين لا العمال، ولنذكر على سبيل المثال هذه الحوادث:

- تشريد ما يقرب من نصف عمال شركة الصناعات الكيمائية السودانية.
- عدم الاعتراف بنقابة شركة المنسوجات الأهلية وتشريد عدد من عمالها بحجة تراكم الإنتاج.
- نزاع بين عمال مصنع الكبريت وإدارة الشركة.

- نزاع بين عمال دار الطباعة وصاحبها.
- نزاع بين عمال مصنع القيطان والمخدم.
- نزاع بين عمال وزارة الزراعة والوزارة.
- نزاع بين عمال الغابات والمصلحة.
- نزاع بين نقابة عمال مشروع الجزيرة وإدارة المشروع.

كل هذه النزاعات وغيرها كثير ـ وقعت خلال عام ٦٣ ثم جاءت الميزانية تبشر العمال بمزيد من البؤس وتجميد الأجور، وتشريد العمال بحجة الضغط على المصروفات، وإلغاء كثير من الامتيازات في شروط الخدمة.

في مثل هذه الظروف كان يجري التحضير للمؤتمر وهي ظروف قاسية أقنعت العمال بأنه لا سبيل أمامهم إلا بسلوك طريق إيجابي للدفاع عن مصالحهم وهذا يعني أن تتولى قيادة الاتحاد عناصر أمينة مخلصة مدافعة بحق عن مصالح العمال. ووضح للحكومة أنه لا مكان لها في ذلك المؤتمر وأن المؤتمر الذي أرادت له أن يؤيدها سوف ينتصر لمصلحة العمال وإرادتهم وتأكد لها أن الأغلبية الساحقة من النقابات تقف ضدها.

لهذا سارع مجلس الوزراء بإصدار قراره بوقف انعقاد المؤتمر. ولقد أدخل الفزع في قلوبهم التحضيرات الواسعة التي قام بها الحزب الشيوعي وسط جماهير العمال ـ لقد وزع الحزب الشيوعي عشرات الألوف من البيانات والكتيبات التي تحدد أهداف المؤتمر وبرامج الحركة النقابية ومطالب العمال، وكشف فيها السياسة الاقتصادية المفلسة للنظام العسكري والتي يتحمل العمال عبئها الأكبر.

وهكذا هربت العصابة العسكرية مرة أخرى أمام الحركة العمالية المتعاظمة في مداها وعمقها ولقد كان هروبها من تلك المعركة وبتلك الصورة النذير الأخير بأن النظام العسكري قد فقد نهائيا كل أرض يقف عليها.

وكانت البلاد تقف على أعتاب ثورة ٢١ أكتوبر التي وقفت الطبقة العامة بشرف وشجاعة في طليعتها.

لقد فشلت وذهبت أدراج الرياح كل محاولات النظام العسكري الرجعي والدوائر الاستعمارية في تصفية الحركة العمالية في بلادنا. فرغم السجون والمعتقلات. ورغم كل محاولات الانتهازيين وعملاء الدكتاتورية في صفوف العمال. ورغم كل أساليب التزييف، وحملات التضليل رغم ذلك ظلت الحركة العمالية في صعود مستمر، وظلت تزداد وحدة وتماسكا.

الفصل الثاني
جماهير المزارعين في النضال ضد الدكتاتورية

الأمين محمد الأمين[٨٦]
رئيس اتحاد المزارعين
ووزير الصحة

ظل المزارعون السودانيون أمدا طويلا يعانون من الاستغلال والفقر وانخفاض مستوى المعيشة، وظلت القرية السودانية متخلفة ومحرومة من الخدمات الصحية والتعليمية والاجتماعية الضرورية.

فسياسة الاستعمار الاقتصادية كانت تستهدف جعل السودان منتجا للمواد الخام وقطرا زراعيا متخلفا، وتطبيقا لهذه السياسة استولت الشركات الاحتكارية الاستعمارية (الشركة الزراعية السودانية الخصبة أقطان كسلا). وكذلك أشباه الإقطاعيين، على الأراضي الزراعية الخصبة السهلة الري والقريبة من وسائل المواصلات وأحالوها إلى مشاريع لزراعة القطن لمصلحة صناعة النسيج البريطانية.

وفي تلك المشاريع حافظوا على أشكال الزراعة القديمة، وأرغموا المزارعين على العمل المرهق الشاق لأن ذلك يكلفهم أقل مما تكلفهم وسائل الزراعة العلمية الحديثة. واستغلت الشركات الزراعية، ومن بعدها جهاز الدولة الاستعماري كما استغل أشباه الإقطاعيين من أصحاب المشاريع جهل المزارعين وتفككهم وضعفهم ففرضوا عليهم اتفاقيات جائرة في تقسيم العمل والأرباح، وأصبح المزارع يقوم بالقسم الأكبر من الجهد والكد لينال عائدا لا يمكن أن يعوض ما عاناه من إرهاق وتعب.

وأصبحت حياة المزارعين غاية في التعاسة. وإذا كان بعضهم قد استطاع أن يهاجر إلى المدينة ليصبح عاملا أجيرا، فأن الذين بقوا منهم في القرية ظلوا يعانون من جشع المرابين وجشع تجار المحاصيل، وظلت القرية مسرحا لشتى أنواع الغش والخداع، ولشتى أنواع الشعوذة والدجل والخرافة، ومرتعا للأوبئة والأمراض المتوطنة.

ويعود الفضل للشيوعيين والطبقة العاملة في استنهاض حركة المزارعين. ففي أواخر عام ١٩٥١ وأوائل عام ١٩٥٢ استطاع الحزب الشيوعي أن ينظم اتحادات للمزارعين في المديرية الشمالية. ونشأت تلك الاتحادات على أساس التحالف مع الطبقة العاملة السودانية. وقد انعقد أو مؤتمر لمزارعي الشمالية في عطبرة وفي ضيافة لجان العمال الوطنية التي انبثقت آنذاك كشكل من أشكال التنظيم السياسي للعمال. ودخلت اتحادات مزارعي الشمالية في معارك واسعة ضد أصحاب المشاريع الزراعية الخصوصية وضد جهاز الدولة الاستعماري في المشاريع الحكومية، وبلغت تلك المعارك درجة مستوى الصدام مع السلطة الاستعمارية في منطقة الغابة، وسيق زعماء المزارعين إلى المحاكم ووقعت عليهم أحكام جائرة بالسجن.

في هذه المعارك الأولى وسط المزارعين، والحزب الشيوعي يتلمس طريقة للعمل بينهم، طرح لأول مرة قضية الإصلاح الزراعي باعتبارها مطلبا عاجلا وملحا. وقد وضع الحزب القضية هكذا: إن المزارعين هم الأغلبية الساحقة من شعبنا. فإذا كنا نناضل من أجل التحرر الكامل من السيطرة الاستعمارية فإن ذلك معناه بالدرجة الأولى تحرير هذه الأغلبية، هذا يعني أن المزارعين السودانيين لهم المصلحة الأولى في طرد الاستعمار. وعليه أصبح الواجب الثوري هو جذب المزارعين إلى ميدان النضال ضد المستعمرين.

ولم يكن هذا الواجب يحتم كشف طبيعة النظام الاستعماري واستغلاله البشع وحسب، وإنما أصبح يحتم أيضا طرح برنامج لأحداث تحولات جذرية في حياة المزارعين، برنامج يغير العلاقات في القرية السودانية لصالح المزارعين. وأصبحت جريدة (الجهاد) التي كان يديرها الشيوعيون تحمل أسبوعيا إلى قرائها شعار (الأرض لمن يفلحها). وتحت هذا الشعار قادت (الجهاد) حملة واسعة شملت المديرية الشمالية والقاش وجبال النوبة والجزيرة، ضد مختلف أشكال الاستغلال للمزارعين.

وبفضل تلك الحملة قامت اتحادات قوية للمزارعين في جبال النوبة والقاش، وبفضلها استطاع الشيوعيون أن يكشفوا، هيئة ممثلي مزارعي الجزيرة، تحت قيادة الأزيرق، وأن يدمغوا الأزيرق وأعوانهم بجريمة العمل ضد مصالح المزارعين ولحساب الشركة الاستعمارية القديمة ومن بعدها لجنة المشروع، وتوجت الحملة بانتصار كاسح للقوى الشيوعية والديمقراطية، وقام اتحاد مزارعي الجزيرة الذي يمثل اكبر واقوي تجمع للمزارعين في السودان.

إن اتحادات المزارعين قامت بالمبادرة النشطة من الحزب الشيوعي ومن اتحاد نقابات عمال السودان، وقد لعبت تلك الاتحادات دورا مرموقا في كشف السياسة الاستعمارية، وفي كشف أشباه الإقطاعيين، كما تمكنت من انتزاع كثير من المكاسب والحقوق لجماهيرها.

وفي الفترة بين عامي ١٩٥٤ و١٩٥٨ عانت حركت المزارعين من النشاط الانقسامي الذي دبرته وغذته قوى اليمين الرجعية لمصلحة أشباه الإقطاعيين. وقد تشتتت اتحادات المزارعين في الشمالية وضعف اتحاد المزارعين في جبال النوبة. وفي الجزيرة وقع الاتحاد في قبضة الأزيرق بعد مناورات حزبية رخيصة وغرقت حركة المزارعين في النيل الأبيض

في دماء الأبرياء في كوستي وجودة، وجاء ضعف حركة المزارعين في بعض المناطق واستيلاء الانتهازيين على قيادتها في مناطق أخرى ضد مصلحة المزارعين. فلم يستطيعوا أن يقاوموا بنجاح الضغط الواقع عليهم وساءت حالتهم بسبب كساد المحاصيل وبسبب وقوف الحكومات المتعاقبة إلى جانب أشباه الإقطاعيين، ولجان المشاريع الزراعية المختلفة.
وفي عهد الحكم العسكري ازدادت الحالة سوءا، وتحت قيادة الحزب الشيوعي بدأت تحركات المزارعين في أم هاني والخنجر والشوال والبساطة وغيرها من مشاريع النيل الأبيض والأزرق، وتمت إضرابات في الجزيرة وجبال النوبة والقاش. وسعي الحزب الشيوعي السوداني لجلب التأييد لإضراب مزارعي القاش الكبير عام ١٩٦١، أدركا منه لأهميته تم تعبئة تضامن شعبي واسع لرفع حالة البؤس عن جماهير مزارعي القاش وللارتباط الوثيق بين نضال المزارعين وتضامن العمال والطلاب معهم في القضاء على نظام ١٧ نوفمبر الرجعي وهذا منشور صدر في تلك الفترة.

أيها المواطنون الأحرار، يا جماهير العمال والطلاب:
لقد ظل حزبنا يؤكد المرة تلو المرة أن النظام العسكري الراهن قد انعزل عزلة قاتلة عن جماهير شعبنا، وأن أزمته تزداد يوما بعد يوم، وأنها قد بلغت درجة من العمق والتفاقم لا مخرج منها إطلاقا غير انحلاله وانهياره، ظل حزبنا يؤكد أن السياسة الاقتصادية التي يسير عليها هذا النظام – سياسة الافقار والخراب لجماهير العمال والمزارعين والتجار وكافة الفئات الشعبية، هذه السياسة لابد وأن تدفع بهذه الجماهير إلى الصدام مع النظام الحاكم وظل حزبنا يؤكد أيضا أن الوحدة المتينة بين هذه الفئات في جبهة وطنية ديمقراطية هي الطريق للقضاء على الطغمة العسكرية قضاء نهائيا.
لقد اصطدم الطلاب قبل اليوم في إضراباتهم ومظاهراتهم المتعاقبة بالنظام العسكري الرجعي واصطدم به العمال في إضرابات عمال السكة الحديد التاريخية. واليوم تتسع جبهة المقاومة الشعبية وتدخلها الطبقة التي يقع على كاهلها العبء الأكبر من سياسة الإفلاس والخراب الاقتصادي – طبقة المزارعين. لقد أعلن مزارعو منطقة القاش الإضراب عن الزراعة هذا الموسم ورفضوا تسلم الأوراق الخاصة بالتسجيل وهو الإجراء الذي يتم في بداية الموسم تمهيدا للزراعة. لقد اتسع هذا الإضراب فشمل مناطق عديدة من مشروع القاش ووضع المزارعون أمامهم شعار (لن نزرع فداناً واحداً

هذا العام)، وذلك بعد أن تجاهلت حكومة الخراب الاقتصادي مطالبهم التي رفعوها قبل بضعة شهور لوزير الزراعة يشرحون فيها حالة الإفلاس التام التي تردى فيها مزارعو القاش وأسرهم ويطالبون فيها بتعديل شروط الشراكة وتحسين حالتهم الاقتصادية، واليوم وهم يواجهون موسم الزراعة وليس بيد المزارع مليم واحدة يواجه بها تكاليف الزراعة وقد أثقل كاهله بالديون لم يبق أمامهم سوى الصدام وإعلان الإضراب عن الزراعة.

أيها المواطنون، يا جماهير العمال والطلاب :
إن دخول جماهير المزارعين في معركة الصدام ضد النظام الراهن إنما هو الدليل على اتساع أزمته وهو الدليل على أن مقاومة شعبنا لهذا النظام الفاسد تكسب كل يوم قوات جديدة وتزحف كل يوم إلى الأمام، وإنها الدليل على أن هذا النظام لن يطول بقاؤه بيننا.

أيها المواطنون، يا جماهير العمال والطلاب:
لنعلن جميعاً عن تضامننا مع مزارعي القاش وتأييدنا لهم، وليكن دخول المزارعين في معركة المقاومة للنظام الراهن نقطة دفع جديدة في بناء الجبهة الوطنية الديمقراطية وهي تقوية التحالف المقدس بين العمال والمزارعين وبين العمال والطلاب.

أيها المواطنون، يا جماهير العمال والطلاب:
إن المعركة تتسع وتدخلها كل يوم قوات جديدة من جماهير شعبنا البطل، إن الإضرابات يتسع نطاقها لتشمل المزارعين، فليكن شعارنا وحدة كافة الجماهير المناهضة للنظام الراهن في إضراب سياسي عام للقضاء عليه نهائياً.

عاشت وحدة الشعب ضد الطغمة العسكرية الخائنة – عاش تحالف العمال والمزارعين.

عاش تحالف العمال والطلاب – الإضراب السياسي العام شعار الشعب
الحزب الشيوعي السوداني
١٩٦١/٩/٨

والعريضة التي يشير إليها المنشور تبين حالة التعاسة التي انحدر إليها مزارعو القاش ولكن الحكم الرجعي البائد رفض النظر في العريضة بل منع الصحف – كالعادة – من الإشارة من قريب أو بعيد لمطالب المزارعين وهذه هي العريضة:-

- ١٦١ -

معالي السيد/ وزير الزراعة والري
تحية واحتراماً

اسمحوا لنا أن نرفع باسم جميع المزارعين بمشروع القاش هذه العريضة موضحين حقائق حالة المزارعين في المشروع، وموضحين أسباب تدهور الزراعة تدهوراً لم يعد خافياً على أحد ولا يمكن للإنسان أن يغالط فيه – ذلك لأن التدهور المذكور يمكن إثباته بالأرقام.

ونود أن نؤكد دوافعنا لرفع هذه العريضة دوافع مخلصة نابعة من رغبتنا الصادقة في أن يبقى هذا المشروع الذي من المفروض أن تعتمد عليه حياة ما يقرب من ١٣٠٠٠ (ثلاثة عشر ألف) مزارع وأسرهم وأن يدر دخلاً معقولاً على الخزينة العامة، وأن يشمل في نفس الوقت الأساس الاقتصادي لمنطقة يقرب عدد سكانها من ٢٤٠٠٠٠ إنسان.

لقد حاولنا كثيراً من قبل توضيح الحقيقة بمختلف الوسائل والسبل ولكننا لم نجد دائماً عيناً ترى أو أذناً تسمع حتى وصلت الحالة في المشروع إلى ما وصلت إليه من تدهور ووصلت حالة المزارعين إلى درجة من السوء والفقر لم يعدوا قادرين معها على القيام بالتزاماتهم الزراعية نفسها، فضلاً من ضروريات الحياة، حتى فقد أغلب المزارعين الرغبة في الاعتماد على الزراعة في معيشتهم ومعيشة أطفالهم. ولكننا نأمل ونحن نرفع هذه العريضة أن تجد الاهتمام الكافي وتجد مطالبنا طريقها إلى التنفيذ.

إن أسباب سوء حالة المزارعين تتلخص في الآتي :-
المصاريف على الزراعة باهظة جداً – كمية إنتاج الفدان ضعيفة – الأسعار بالنسبة للمزارعين سيئة جداً.

ولقد أدي تكرر هذا الوضع وخاصة في السنوات الأخيرة إلى تأكيد إحساس المزارعين بأن الزراعة ليست إلا عبئاً ثقيلاً وعملاً لا ربح من ورائه سوى مزيد من الديون ومزيد من الفقر – وبذلك ضعف الحافز على العمل فيها عند كثير من المزارعين.

بالنسبة للقطن مثلاً – في الموسم الماضي ٦٠/٥٩ قام المزارعون بزراعة نحو ٥٠٠٠٠ (خمسين ألف) فدان منه وصرفوا مبالغ كبيرة – ثم جاءت الآفات وقضت على أغلبه حتى أن محصولهم لم يتعد في المشروع كله وفي الموسم جميعه ١٨٠٠٠ (ثمانية عشر ألف) قنطار – وكان سعر القنطار بالنسبة للمزارع ٤ جنيهات بما في ذلك جميع المصروفات التي قام بها المزارع. وهكذا يتضح أن المزارعين خسروا ليس فقط ما كانوا ينتظرون

من فائدة في الموسم بكامله بل خسروا أيضاً المبالغ التي جمعوها من بيع ما يملكون أو بواسطة الديون وغيرها وصرفوها على الزراعة.
والموقف في هذا الموسم لا يقل سوءا بالنسبة للمزارع عن المواسم السابقة، ولكي نوضح ذلك نرى أنه لا بد من التعرض لبعض التفاصيل حول مصاريف الزراعة وإنتاجها ودخولها بالنسبة للمزارع في هذا الموسم. وقبل الدخول في ذلك نود أن نؤكد أن كل رقم من الأرقام التي ستذكرها صحيح تماماً ولا شك عندنا في أن لجنة القاش تعرف ذلك جيداً وتوافق عليه لأن كل عمل المزارعين ومصروفاتهم إنما يجرى أمام مفتشيها وموظفيها في كل المحطات.
والمصاريف الآتية مبنية على تكاليف كل ١٠ أفدنة. كما أن كمية إنتاج الفدان مأخوذة من التقرير الرسمي لهذا الموسم هي ١,٦ (واحد و ستة من عشرة) قنطار، والسعر أيضاً مأخوذ من التقرير الرسمي ٣,٢٠٠ (ثلاثة جنيهات ومائتا مليم) على القنطار بالنسبة للمزارع.

تكاليف الـ ١٠ فدان حتى التوريد	مليم	جنيه
تكاليف حراسة المياه وتنظيم الري	٠٠٠	٢
السلوكة	٠٠٠	٣
الحش الأول بما في ذلك بعض اللوازم للشغالة	٠٠٠	١٠
الحش الثاني بما في ذلك لوازم الشغالة	٠٠٠	٢٠
الحش الثالث بما في ذلك بعض لوازم الشغالة	٠٠٠	٦
الحش الرابع بما في ذلك بعض لوازم الشغالة	٠٠٠	٣
الشلخ	٠٠٠	٣
تكاليف الراكوبة – اللقيط – النظافة – ترحيل لوازم الشغالة للتشجيع على اللقيط مياه للشرب الخ، على ١٦ قنطار كبير١٦ × ١,٥٠٠	٠٠٠	٢٤
جملة تكاليف الـ ١٠ فدان حتى توريد القطن	٠٠٠	٧١
وعليه تكون تكاليف الفدان الواحد ٧١,٠٠٠ ÷ ١٠ فدان	١٠٠	٧
حسب التقدير الرسمي سينتج الفدان ١,٦ × ٣,٢٠٠	١٢٠	٥
وعلى ذلك تكون الخسارة في كل فدان هي	٩٨٠	١

وهذه هي الحقيقة بالنسبة للقطن وهي السر في أن عدداً كبيراً من المزارعين يفقد الرغبة في الاستمرار في الزراعة. وأن الكثيرين منهم هجروها فعلاً.

أما بالنسبة للخروع فلا شك أن سلطات لجنة القاش تذكر – والسلطات الحكومية أيضاً – أننا ظللنا نطالب منذ زمن بإدخال محصول نقدي جديد في المشروع بعد أن فشل القطن بالصورة المبينة آنفاً – تلك الصورة التي راحت تتكرر لعدة سنوات. وعندما تقرر إدخال الخروع منذ موسم ٦٠/٥٩ كنا نأمل أن ينجح المحصول الجديد في إنقاذ وضع المزارع وتعويضه عن الخسائر المتكررة مع القطن. وكانت الدعايات العريضة التي سبقت زراعته تقوى فينا الأمل وتؤكد أن الفدان سينتج أكثر من طن صافي منه وأن الطن سيباع بـ ٧٠ جنيها على الأقل، وأن نصيب المزارع في الطن لن يقل بحال عن ٣٠ جنيها. هذا ما قالوه لنا ولكن ما الذي حدث فعلاً؟ نحن في الحقيقة لا نعرف شيئا عن الحساب العام على الخروع. كم كانت كميته؟ وما هو مدى نجاحه من النواحي الفنية؟ وبكم ولمن بيع؟ إلى آخره، لأنه لم يعرض علينا حسابا أو بيانا عن كل ذلك أو ينشر وكأن الأمر لا يهمنا نحن الذين ننتجه ونعلق عليه الآمال، ولكننا مع ذلك نستطيع أن نورد هنا حسابا دقيقا وأمينا لمصاريف المزارع على الخروع وإنتاجه ودخله منه. والحساب الذي سنورده مبني أيضا على مصروفات الـ١٠ فدان كسابقه. ولا ننسي أن نذكر مرة أخرى أن سلطات لجنة القاش توافق بلا شك على هذا الحساب لان كل شيء إنما يجرى أمام أنظار مفتشيها وموظفيها في كل لحظة.

مصاريف الـ ١٠ فدان خروع من البداية حتى التوريد
(تقدير المصروفات)

البند	مليم	جنيه
حراسة المياه وتنظيم عملية الري	٠٠٠	٢
السلوكة	٠٠٠	٤
الحش الأول	٥٠٠	١٧
الحش الثاني	٠٠٠	١٠
الحش الثالث	٠٠٠	٥
الشلخ	٠٠٠	٢
لوازم للشغالة أثناء السلوكة وعمليات الحش	٠٠٠	٣
قيمة تكاليف الراكوبة على ١٠ أفدنة	٤٠٠	٠
إنتاج ١٠ فدان حسب التقدير الرسمي ٢٥٠ قنطار جملة تكاليف	٩٠٠	٤٢
مصروفات القنطار – أو الجوال – لقيط – عبوة – ترحيل		
لقيط	٨٠	٠
عبوة	١٠	٠
ترحيل	٤٠	٠
الجملة	١٣٠	٠
اللقيط والعبوة والترحيل على إنتاج ١٠ فدان = ٢٥٠×١٣٠	٥٠٠	٣٢
لوازم للشغالة للتشجيع على اللقيط	٣٥٠	٧
جملة تكاليف الـ ١٠ فدان من البداية حتى التوريد	٥٧٠	٨٣
هكذا تصبح تكاليف ومصروفات المزارع على فدان الخروع حسب التقدير الرسمي ٨٣ ÷ ١٠ =	٣٥٧	٨

فما دخله من الفدان إذا كان الفدان قد أنتج حسب التقرير الرسمي ٢٥ قنطاراً غير مقشور؟

المصاريف الفعلية على الفدان

البند	مليم	جنيه
صرفية للحش على الفدان	٠٠٠	٢
مبلغ صرف في مراحل على القنطار = ٢٥ × ٢٧٥	٨٧٥	٦
سلفية لكبر لسيقان الخروع على الفدان	٢٠٠	٠
جملة ما صرف للمزارع على الفدان	٠٧٥	٩
مصروفات المزارع على الفدان	٣٥٧	٨
دخل المزارع الصافي على الفدان	٧١٨	٠

وإذا علمنا أن نحو ٩٠ في المائة من المزارعين لا تزيد كمياتهم من الأرض على ٢,٥ فدان أتضح أن غالبية الذين قاموا بزراعة الخروع كان دخلهم منه = ٢,٥ فدان × ٧١٨ مليم = ١,٧٩٥ عن موسم بكامله هو موسم ٦٠/٥٩ أما في الموسم الحالي فليس هناك ما يشير إلى أن الموقف سيكون أحسن من سابقه لأن المصروفات بقيت كما هي بينما قلت كميات الإنتاج في الفدان بسبب سوء نوع البذرة في هذا العام والآفات. وقد بشرت لجنة القاش بأن السعر بالنسبة للمزارع ربما زاد ١٥ مليما على القنطار، وهي ربما كانت تعني أن ذلك سيحدث كنتيجة لاقتراح لجنة المديرين التي أوصت برفع نصيب المزارع من الدخل إلى ٥٣ بالمائة بدل ٥٠ بالمائة المعروف، أما نحن فنعتقد وتدعم اعتقاداتنا الحقائق التي ضمناها في هذه العريضة، إن هذا ليس حلا على الإطلاق للحالة التي عرضناها لكم بدقة من يعيش الأزمة وينشد حلا حقيقيا وسريعا لها. كما ذكرنا آنفاً، إن بقاء هذا المشروع أمر هام جدا لحياة المنطقة وسكانها الذين من حقهم على الحكومة أن تيسر كل السبل للمعيشة والاستقرار. ومن المؤكد أنه لا يمكن تصور مشروع زراعي بغير مزارعين، فإذا كانت الحكومة ترى معنا ضرورة إنقاذه من حالة التدهور هذه وترى ضرورة أن يكون المشروع مصدرا للرزق لأهالي المنطقة وبصفة خاصة المزارعين الذين يقارب عددهم الـ١٣ ألف مزارع. وإذا كانت ترى معنا أن هذا المشروع يجب أن يكون أساس حياة الاستقرار لسكان المنطقة – فإننا نرى ضرورة تحقيق مطالب المزارعين الأساسية

الآتية والتي طال عليها الأمد، وقاد عدم تحقيقها حتى اليوم إلى النتائج الوخيمة التي يعاني منها اليوم المزارعون والمشروع نفسه.

أننا نرى ضرورة تحقيق هذه المطالب حتى يبدأ المزارعون والمشروع من الموسم المقبل ٦٢/٦١ عهدا جديدا يستند على علاقات مفيدة ومثمرة للطرفين وللبلاد بأسرها، وهذه هي المطالب :

أولاً: تعديل الشروط القائمة اليوم والتي يجري العمل بمقتضاها تعديلا أساسيا لصالح المزارعين وتحقيق الشراكة الفعلية بإدخال مصروفات الحش واللقيط ضمن المصروفات المشتركة أو رفع نصيب المزارع إلى ٦٥ في المائة وتعديل البند ٦ من "الشروط" الذي ينص على عدم أحقية المزارع في التعويض ليكون للمزارع الحق في تعويض مناسب في حالات الري غير الجيد وفي حالات تلف المحصول بسبب الآفات والأمراض. وبشكل عام تعديل كل بنود "الشروط" وهي التي صاغها الاستعمار منذ عشرات السنين وفرضها على المزارعين فرضا – تعديلها حتى تتفق مع حقائق الحياة التي نحياها اليوم.

ثانياً: صرف مبلغ أقله ٣ جنيهات بصورة عاجلة جدا على الفدان من التسجيل السابق من مال الاحتياطي أو مال لإنقاذ المزارع من حالة الأزمة المالية السيئة التي يعيش فيها من قبضة الديون المتراكمة عليه حتى يتمكن من استعادة ثقته في الزراعة وجدواها.

ثالثاً: رفع أمر الحظر عن اتحاد المزارعين حتى يتمكن من مباشرة واجباته في تمثيل المزارعين في كل ما يهمهم.

رابعاً: توضيح الحساب العام للموسم ٦٠/٥٩ وكذلك حساب الموسم الحالي توضيحا وافيا للمزارعين.

خامساً: تخصيص مراعي في المناطق المروية خاصة في المواسم التي تنعدم أو تقل فيها الأمطار حتى يمكن تفادي ما حدث للزراعة في هذا الموسم مثلا بسبب هجوم البهائم عليها.

سادساً: رفع كمية أرض الذرة إلى ثلث التسجيل وأن يكون في أراضي جيدة مثل الخروع والقطن. وأخيرا فأننا نأمل أن تستجيب الحكومة لهذه المطالب الواضحة العاجلة حتى يبدأ المزارعون والمشروع عهدا مثمرا من الموسم المقبل ٦٢/٦١. عهدا تتحسن فيه الأحوال للمزارعين ويرتفع فيه دخل الخزينة العامة من المشروع وتقبلوا الاحترام.

توقيعات

انتصارات المزارعين :

كما أن مزارعي الجزيرة والمناقل شنوا معارك متعددة بالعرائض والبرقيات وناضلوا من أجل إرجاع اتحادهم واستخلاص حقوقهم وخاضوا غمار عدة إضرابات كان آخرها إضرابهم الناجح في ديسمبر ١٩٦٣.

وفيما يلي نقدم تقييما لنضال المزارعين كما جاء في هذا البيان الذي أصدرته منظمة الحزب الشيوعي بمديرية النيل الأزرق والتي كانت توجه وتقود المزارعين في تلك المديرية.

مكاسب المزارعين انتصار للحركة الجماهيرية:

انتصر المزارعون في الجزيرة والمناقل بفضل وحدتهم وإضرابهم في تحقيق مكاسب هامة من مجموع المطالب التي تقدموا بها وأضربوا من أجل تحقيقها في بداية ديسمبر من العام الماضي وقد كانت مطالبهم :

- الشراكة الفعلية باشتراك المزارعين في مجلس الإدارة واللجان المتفرعة منه.
- رفع نصيب المزارع إلى ٥٠٪
- ضم تكاليف اللقيط والحراثة للحساب المشترك.
- عدم خصم مال الاحتياطي من المزارعين.
- عدم إعطاء مجلس الإدارة نسبة ثابتة من الدخل واستبدال ذلك بميزانية محددة على أساس الاحتياجات الفعلية.

وقد تحقق من هذه المطالب حسب بيان وزير المالية الأخير :

- ○ تمثيل المزارعين في مجلس إدارة المشروع بمندوب واحد يختاره المزارعون.
- ○ ضم الحراثة للحساب المشترك.
- ○ رفع نصيب المزارع بنسبة ٢٪ لتصبح حصته ٤٤٪
- ○ صرف ١٥٠ قرشاً للفدان من مال الاحتياطي.
- ○ كما وجهت الحكومة إدارة مشروع الجزيرة للعمل على:

أ- تخفيض تكاليف حساب المزارعين الإجمالي بـ ٧٪ ابتداء من موسم ٦٤/٦٥ في بعض البنود الهامة.

ب- تخفيض تكاليف الحساب المشترك وحساب إجمالي المزارعين ما أمكن في المتبقي من هذا الموسم.

ج- أن تعقد إدارة مشروع الجزيرة اجتماعات دورية منتظمة بين ممثلي الإدارة وممثلي المزارعين لبحث كل المشاكل والمسائل المتعلقة بالإنتاج وتبادل وجهات النظر.

وشملت المكاسب كافة مزارعي القطن في السودان بفضل إضراب مزارعي الجزيرة والنضال الذي شنه المزارعون في النيل الأبيض والأزرق والقاش وجبال النوبة وطوكر ضد الشراكة المجحفة وتدهور الإنتاج والأسعار وضد السياسة القطنية والزراعية أثر الأزمة الاقتصادية خلال سنوات الحكم العسكري الراهن. ففي المشاريع الخصوصية على النيلين الأبيض والأزرق نال المزارعون المكاسب الآتية :

- تكوين لجان لمراجعة الحساب.
- زيادة حصة المزارعين من صافي الدخل ٢٪ لتصبح حصتهم ٤٤٪.
- خصم تكاليف الحراثة على الحساب المشترك بدلا من حساب المزارعين.

وفي مشاريع النيل الأبيض الحكومية زاد نصيب المزارعين ٢٪ وضم تكاليف الحرث إلى الحساب المشترك بدلا من حساب المزارعين. وتخفيض تكاليف الحساب المشترك ٤٪. وتخفيض ما يخصم على حساب إجمالي المزارعين ٤٪ وتخفيض تكاليف إدارة المشاريع ٤٪ لهذا الموسم.

وهذه مكاسب هامة من مجموع المطالب التي يتمسك بها مزارعو المشاريع الخصوصية في رفع حصتهم إلى ٦٠٪ وتحويل المشاريع إلى جمعيات تعاونية بعد إنتهاء مدة العقد، وحق تكوين المشاريع إلى تكوين اللجان المشتركة لتمثيل المزارعين تمثيلا ديمقراطيا وتخصيص نسبة من الدخل للخدمات الاجتماعية. هذه المكاسب التي حققها المزارعون بنضالهم المرير الطويل – هي انتصار للحركة الجماهيرية التي بإمكانها كلما خاضت نضالاً جاداً موحداً أن تجبر الحكومة الراهنة على التراجع لأنها حكومة ضعيفة ومعزولة ولن تقف طويلا أمام حركة الجماهير.

المكاسب والأزمة الاقتصادية

ولكن هذه المكاسب يجب ألا تجعلنا نتجاهل لحظة واحدة الأزمة الاقتصادية الطاحنة التي تسببت فيها سياسة الحكومة واثر هذه الأزمة على مكاسب المزارعين.

إن الخطر الأول للأزمة على هذه المكاسب هو رداءة محصول هذا العام نتيجة إهمال الحكومة والإدارة والشركات الأجنبية في مكافحة الآفات بالإضافة إلى تدهور الأسعار. لقد أتضح من عمليات اللقيط الأولى ومن التقديرات الواقعية في المشروع أن تقديرات الحكومة مبالغ فيها، فهي تقدر للفدان ثلاثة قناطير ونصف في المتوسط في حين أن هناك أقساما بأكملها ليس بحواشاتها قطن يذكر وأقسام أخرى لا يزيد إنتاج الفدان فيها عن قنطار أو قنطارين في الجزء الأكبر من مشروع الجزيرة. ولن يضاهي إنتاج المناقل هذا الفرق الكبير. أمام هذا الوضع فإن زيادة ٢٪ لنصيب المزارع مع ارتفاع أسعار الحاجيات الضرورية وتراكم الديون على الأزمة الاقتصادية. وهذه العوامل مجتمعة تؤثر بصورة سيئة على جماهير العمال الزارعين الذين ظلت مجموعات كبيرة منهم بلا عمل هذا الموسم ولا زالت أجورهم منخفضة لا تسد حاجاتهم اليومية ويواجهون الفاقة والعطالة طيلة شهور السنة. إن بيان وزير المالية ومقترحاته حول تخفيض تكاليف الإنتاج وإدخال تعديلات على السياسة الزراعية لا تحقق أي تحسن لهذه الطبقة التي تعتمد عليها ٨٠٪ من العمليات الزراعية الهامة وتقوم بالدور الأساسي في عملية اللقيط. إن انخفاض دخل المزارع يؤثر تأثيرا مباشرا على هذه الطبقة لأن الشركة الثلاثية قد جعلت من المزارع مخدما للعمال وهو الذي يتحمل رفع أجورهم من دخله.

ومن آثار الأزمة الاقتصادية عجزت الحكومة عن تحقيق مطلب ضم اللقيط للحساب المشترك بحجة أنه يكلف مليونين من الجنيهات ويرفع نصيب المزارعين ويكلف الحكومة والإدارة مليونا وستمائة ألف جنيه. ولكن حجة الوزير في هذا الصدد واهية لا تستند لواقع الشراكة القائمة في المشروع وتتجاهل مطلب المزارعين في رفع نصيبهم المباشر إلى ٥٠٪ بوصفهم المنتجين والذين يقومون مع العمال الزراعيين بالإنتاج وهم أصحاب الأرض التي يستأجرها المشروع بالشروط التي فرضها الاستعمار. ثم يطالبون بضم اللقيط والحرث للحساب المشترك لأن الحكومة والإدارة تحققان دخلهما من استغلال المزارعين والعمال الزراعيين ويحصلان كل عام على دخل كبير لا يتناسب وما يقدمانه من رأسمال أو خدمات. إن ضم اللقيط للحساب المشترك لا يكلف سوى خمس ما تصرفه الحكومة على الجيش ونصف ما تصرفه على أجهزة البوليس والسجون والدعاية. وهو

ممكن التحقيق إذا تخلت الحكومة عن سياستها الاقتصادية الموجهة نحو نهب أموال الشعب وتبديدها.

ومن جهة أخرى فإن الأزمة المالية التي تعانيها الحكومة سوف تزداد حدة نتيجة لتدهور أسعار القطن وقلة المحصول وهي مواجهة بتسديد أقساط وفوائد القروض الأجنبية ومواجهته بالصرف الباهظ على كبار موظفيها وجيشها وبوليسها، وهذا كله سيدفعها من جديد لتخفيض المنصرفات المخططة للخدمات العامة مثل الصحة والتعليم، الشيء الذي بدأ بالفعل، وتشريد العمال وتهجيرهم بالآلاف لمناطق العمل الموسمي كما حدث لعمال الري، ويدفعها أيضا للسطو على أموال المزارعين كما تفعل كل عام لتخفيف أزمتها المالية.

لهذا فإن المقترحات التي قدمها الوزير لمعالجة وضع زراعة القطن ستظل عاجزة عن تحقيق الحلول الجذرية التي تحدث عنها طالما كانت سياسة الحكومة الاقتصادية والزراعية تقوم على مبدأ الشراكة غير المتكافئة وتعتمد على قرض ومعونات الاستعمار وأسواقه.

فأزمة القطن ليست أزمة إنتاج وحسب بل وأزمة تسويق أيضا. يقول الوزير في صفحة ٣ من بيانه: في الظروف الحالية ليس أمامنا غير الحصول على الأسعار التي تقررها الظروف العالمية، ولكن هذا القول مرفوض لأن العالم ليس سوقا واحدا. هناك السوق الاشتراكي الذي تتعامل معها الدول المتحررة لحل أزمة تسويق محاصيلها التي فرضها الاستعمار ولتحصل على أدوات ولوازم التنمية الصناعية والخبرة الفنية والقروض ذات الفوائد البسيطة، إنها السوق التي تحقق التعامل على قدم المساواة والنفع المتبادل. وقد ظهرت مزاياه في القروض السوفيتية التي حصلنا عليها لبناء صناعات في السودان وفي عطاء جمهورية بلغاريا الاشتراكية لبناء منازل خشم القربة مقابل شراء قطن من السودان برفع قيمة العطاء. ولكن الحكومة ترفض التعامل مع السوق الاشتراكي خوفا من سادتها الأمريكان، وتحصر تعاملنا التجاري مع دول الاستعمار، ولا تستطيع التحرر من العلاقة غير المتكافئة مع هذا السوق لأنها ارتبطت بمعونات وقروض من الدول الاستعمارية.

إن الارتباط بالسوق الاستعماري يجعل مقترحات الوزير حول تنويع المحاصيل ضعيفة الأثر في حل الأزمة لأن كل محاصيل الدول النامية تعاني من تدهور الأسعار في السوق الاستعماري. ولن يحل تسويق

المحاصيل الأزمة ما لم يتبع في الداخل إصلاح زراعي جذري في العلاقات الزراعية وبناء صناعات تستهلك الخامات المحلية وابتعاد التطور الصناعي عن الشركات ورؤوس الأموال الاستعمارية.

أزمة القطن هي أيضا أزمة تمويل. فالحكومة تعتمد تمويل مشاريعها من رؤوس الأموال الاستعمارية وتمول امتداد المناقل من البنك الدولي وتمول خزان الرصيرص وخشم القربة من البنك الدولي وألمانيا الغربية وإيطاليا وتعمل للحصول على قروض جديدة من البنك لإصلاح الأراضي التي سيرويها خزان الرصيرص ولا زالت البيوتات الأجنبية تشترك في تمويل المشاريع الخاصة وشراء وتصدير المحصول. والبنك الزراعي لا يحل مشكلة المزارعين في المشاريع الخاصة بل يقوم بدور الوكيل لجميع ديون الموردين الأجانب ويقدم السلفيات لمشاريع كبار موظفي الدولة والإدارة الأهلية. إن عملية التمويل في كل هذه الأحوال تتم بفوائد عالية تصل حد السيطرة على المحصول كله وبشروط قاسية، مما يعرض المزارعين والعمال الزراعيين لإبشع صور الاستغلال ويزيد تكاليف الإنتاج ويكلف البلاد أموالا طائلة لتسديد القروض وفوائدها. ورغم اتفاقنا مع كل اتجاه يهدف إلى إدخال الوسائل العلمية في الزراعة لزيادة إنتاجية الفدان وتخطيط تكاليف الإنتاج – فإن التجربة قد أثبتت أن سياسة الحكومة الزراعية هي التي تعوق تطبيق العلم بالاستفادة من نتائجه، فالمحصول يتعرض كل عام للآفات والجفاف اللذين يلعبان دورا كبيرا في تقليل إنتاجية الفدان. وتعوق زيادة إنتاجية الفدان وتخفيض تكاليفه الأسس غير العلمية وغير الوطنية في تقدير المنصرفات على الإدارة. فقد أثبتت اللجنة التي كونتها الحكومة لدراسة تكاليف الإنتاج في مشروع الجزيرة إن أموالا طائلة تصرف دون مقابل.

وعلى سبيل المثال تصرف إدارة مشروع الجزيرة على التركتر الواحد مبلغ ٢٨٥٣ جنيها (ألفين وثمانمائة وخمسين جنيها) في العام للصيانة والوقود والمرتبات والعربات والأعمال الأخرى الملحقة به، هذا في حين أن سعر التركتر الجديد لا يزيد عن ١٣٠٠ جنيها (ألف وثلاثمائة جنيها) – أي أن تكاليف صيانة الجرار الواحد تعادل قيمة جرارين جديدين. وأثبتت اللجنة أيضا أن تكاليف الحلج أعلى منها في بورتسودان رغم الكمية الكبيرة التي تحلجها الجزيرة مما يحتم تخفيض حلج القنطار الواحد. وجاء في تقرير اللجنة أيضا أن حوالي نصف القاطرات التي اشترتها إدارة المشروع لا

حاجة إليها، وان نصف الكمية الموجودة تكفي لنقل المحصول حتى إذا أرتفع الإنتاج إلى ٧ قناطير للفدان. كما أشارت اللجنة إلى المنصرفات الباهظة على العربات وكبار الموظفين والاسبيرات وكشفت كيف تحصل الإدارة على كل هذه الأموال من الحساب المشترك أو من مال المزارعين دون وجهة حق.

فإذا أضفنا كل هذا إلى ما تأخذه لجنة المشروع بنسبة ثابتة من الدخل دون وجهة حق وامتدادا لسياسة الشركة الزراعية وإلى الأرباح التي تأخذها الحكومة على رؤوس الأموال التي تقدمها للجنة المشروع والفوائد التي تجنبها في شكل جمارك على القطن الصادر، ثم نصيبها الكبير الثابت من الدخول أتضح لنا أن هناك أكثر من سبب لارتفاع تكاليف الإنتاج، وأتضح لنا أيضا ما يعانيه المزارعون والعمال الزراعيون من إرهاق وظلم سافر في نظام الشراكة الحالي. كل هذا يؤكد عدالة مطلب المزارعين في رفع نصيبهم من صافي الدخل وألا يخصم الاحتياطي منهم وحدهم بل من الشريكين الآخرين، ويؤكد ما نشرته اللجنة الحكومية عن تكاليف الإنتاج والإدارة في المشروع الجزيرة سلامة مطالب المزارعين في تحديد الميزانية حسب الاحتياجات الفعلية لإدارة المشروع. وفي المشاريع الخصوصية ترتفع التكاليف نتيجة لما يضيفه صاحب المشروع من حسابات وهمية للحساب المشترك تشمل السجائر والمرطبات التي يقدمها صاحب المشروع لضيوفه وحفلاته الخاصة تحت بند الدعاية للأقطان.

إن تخفيض تكاليف الإنتاج وزيادة إنتاجية الفدان ليست أمورا فنية معزولة عن علاقة الشراكة الحالية في الجزيرة والمشاريع الخصوصية.

إنها تعتمد في الأساس على أن يكون للمنتجين من المزارعين والعمال الزراعيين مصلحة وعائد مجز وتحسن في أحوالهم من زراعة القطن. بدون ذلك فإن زيادة الإنتاج ستكون لمصلحة الرأسماليين وحدهم – الحكومة وإدارة المشروع وأصحاب المشاريع، ولن يجني المزارعون والعمال الزراعيون شيئا سوى المزيد من الفقر والعوز.

بيان الوزير والحقائق:

حوى بيان الوزير بعض الحقائق حول تدهور أسعار القطن وانخفاض دخل المزارعين، وهذه الحقائق كنا ولا زلنا نرددها طيلة السنوات الخمس الماضية، وهي تدعم وجهة نظر حزبنا حول قضية المزارعين وسياسة

الحكومة الراهنة. ونحن نتمسك بهذه الحقائق تمسكنا بعدالة قضية المزارعين.

لقد اضطرت الحكومة لقبول نشر هذه الحقائق من جانب وزير المالية تحت ضغط الحركة الجماهيرية والأزمة الاقتصادية، وبعد أن عرفت الجماهير كل الحقائق، وأصبح الكذب وإخفاء الحقائق لا يجدي، ولكن ذكر الحقائق لا يغير طبيعة الحكومة ومسئولياتها عن الأزمة الاقتصادية وتدهور حياة الناس. فالاعتراف بالجريمة لا ينفي عن المجرم صفة الإجرام، لقد ذكرنا هذه الحقائق وأكثر منها من قبل، وعلى ضوء الحقائق اقتنع الشعب برأينا في أن سبب الأزمة الاقتصادية هو اعتماد الحكومة على المعونة الأمريكية والقروض الأجنبية، والصرف على المشاريع غير الإنتاجية، وتفشي الفساد والرشوة والمحسوبية في دوائر الحكومة وانعدام الرقابة الجماهيرية. ولا سبيل للفكاك من الأزمة الاقتصادية سوى تحرير البلاد من المعونة الأمريكية والقروض الاستعمارية التي تعتمد عليها هذه الحكومة. وبهذا فإن مقترحات الوزير ليست السبيل لتحقيق الإصلاح الزراعي الجذري الذي يجدد حياة الجماهير ويطور الاقتصاد الزراعي لمصلحة شعبنا.

الحريات الديمقراطية – شرط لحماية المكاسب

أثبتت تجربة حركة المزارعين طيلة السنوات الخمس الماضية، وتجربة إضرابهم وما حققوه مكاسب، أن الحريات العامة شرط هام لحماية حقوق الجماهير وما يحققه نضالها من مكاسب. فقد عرقلت الحكومة نشاط اتحاد المزارعين وفرضت عليه قيادة ود الازيرق ومنعت إجراء الانتخابات خمس سنوات وهي تعتقل قادة المزارعين المخلصين كلما هبوا دفاعا عن مصالحهم. وتعاونت قيادة الازيرق مع الحكومة واتخذت من الاتحاد مطية لمصالحها الشخصية والثراء، وسبحت بحمد الحكومة, ارسلت برقيات التأييد باسم المزارعين دون وجه حق وعند بداية المعركة الأخيرة رفضت السلطات مجرد استلام مذكرة المزارعين، ومنعت عقد المؤتمر وفرضت الحصار على مدني وشمعت دار الاتحاد. وعندما تحداها المزارعون وأضربوا ملأت الشوارع بقوات البوليس السري والعلني ومنعت الصحف من نشر أي كلمة عن المزارعين والإضراب. وحاصرت اجتماع اللجنة الأخير واستدعت بوليسها وقواتها من الخرطوم لهذا الغرض وتكتم مكتب الحاكم العسكري في مدني على برقيات التأييد والتضامن الواردة من

مزارعي النيل الأبيض وغيرهم. ولكن المزارعين بفضل وحدتهم وإصرارهم حطموا هيبة الحكومة وعقدوا مؤتمر جماهيريا رغم حالة الطوارئ وأعلنوا الإضراب وأجبروا الحكومة على التراجع وأسرع وزير المالية لمفاوضتهم

إن هذه التجربة تفتح أمام الحركة الجماهيرية جبهة واسعة للنضال من أجل المطالب الاقتصادية لتحسين مستوى المعيشة من أجل الحريات العامة وتقليم أظافر قانون الطوارئ وأضعاف النظام الراهن تمهيداً للقضاء عليه. وهذا يتطلب تشديد النضال لحماية المكاسب ومواصلة النضال لتحقيق بقية المطالب واليقظة والوحدة المتينة ضد محاولات الحكومة لتأخذ بالشمال ما انتزعناه من يميناها انتزاعا.

لقد أشار حزبنا أكثر من مرة إلى أن الحركة الجماهيرية إذا ما توحدت وشنت نضالاً جادا تستطيع أن تحقق مكاسب عديدة حتى في ظل النظام الراهن. إن النضال الذي تشنه جماهير العمال والمزارعين والطلاب وكافة الأقسام الوطنية من أجل المطالب الاقتصادية والحريات العامة هو السبيل الوحيد لتوحيد صفوف الشعب في جبهة وطنية ديمقراطية، وتجميع نضاله والتدرج به لمستوى الإضراب السياسي العام. وقد أكدت تجربة إضراب المزارعين وما حققوه من مكاسب صحة هذا القول.

إن الذين يتساءلون كيف أعطت الحكومة العسكرية المزارعين هذه المطالب، يتجاهلون قوة الحركة الجماهيرية وضعف هذه الحكومة التي يكمن سر بقائها حتى الآن في أن القوات الوطنية ليست موحدة. إنهم يتناسون مخاطبة حزبنا لهم طيلة السنوات الخمس الماضية بأن الوحدة والنضال كفيلان بتحقيق أي مطلب – جماهيري وشل قوى النظام الراهن والقضاء عليه في النهاية، إنهم يتجاهلون المكاسب التي حققها نضال العمال بانتزاع قانون النقابات وفرض قيامها وتعديل ذلك القانون، ومكاسب المعركة الانتخابية التي خاضها حزبنا، ونجحت القوى الديمقراطية بقيادته في إدخال بعض ممثليها الاشتراكيين والديمقراطيين في المجالس المحلية، ومكاسب الطلاب بعودة اتحادهم، وتراجع الحكومة أمام ضغط الأساتذة والطلاب وتعديل قرار المجلس الأعلى حول وضع الجامعة. وبهذا الفهم النابع من حرصنا على مصالح الجماهير وثقتنا في قوتها اتخذنا موقفا من إضراب المزارعين وعملنا على نجاحه. وبهذا الفهم طلبنا من المزارعين فك الإضراب حفاظا على وحدتهم ولتقديرنا السليم لقوة الإضراب وما

- ١٧٥ -

سيحقق من مكاسب، وتقديرا منا لما ينتظر المزارعين من نضال من أجل الحريات وفرض انتخابات الاتحاد، وتفادي خطورة مؤامرات ود الازيرق والحكومة.
إننا لم ننادِ بفك الإضراب لثقتنا في الحكومة ووعودها، بل لأننا نثق كل الثقة في الحركة الجماهيرية ومقدرتها على انتزاع حقوقها. لقد أثبتت الحوادث موقفنا واقتنع المزارعون أن الإضراب كان ممكنا أن يحقق مكاسب أكبر لو كان على رأس الاتحاد قيادة أمينة مخلصة ومنتخبة انتخابا ديمقراطيا غير اللجنة الحالية ورئيسها ود الازيرق الذي يفرض وجوده بقوة قانون الطوارئ وبوليس الحكومة.

الانتخابات والقيادة المخلصة واجب الساعة

حصل المزارعون على حقهم في التمثيل في مجلس الإدارة، ومع تحقيق هذا المطلب تزداد أهمية إجراء انتخابات الاتحاد لكي ينتخب المزارعون قيادة جديدة تابعة من صفوفهم لا من الأثرياء وأصحاب الأعمال أمثال ود الازيرق وجماعته. فالمعركة الأخيرة قد أقنعت كل المزارعين بضرورة وجود قيادة ديمقراطية على رأس الاتحاد. فقد علمتهم التجربة أن القيادة الحالية كانت تعمل على الدوام لإضعاف تحركات المزارعين ولم ينكر ود الازيرق وجماعته هذه الخدمات. فقد كتبوا في المذكرة التي أرسلوها للرئيس عبود بتاريخ ٦٢/٦/٢٦ يقولون له أنهم خاضوا الوحل واتصلوا بالمزارعين ليفكوا الإضراب عن الزراعة في سنة ٦٢. ووافق ود الايزيرق وجماعته على عرقلة انعقاد المؤتمر والإضراب.
وفي اجتماع اللجنة التنفيذية الأخير لدراسة قرارات الحكومة بتاريخ ٦٤/١/٢ عارض ود الايزيرق وجماعته إجراء الانتخابات، ولجأوا للمؤتمرات لانتخاب مندوب المزارعين لمجلس الإدارة من داخل اللجنة التنفيذية الحالية التي لا تمثل المزارعين وعاجزة عن حماية مصالحهم ومكاسب الإضراب.
هذه المؤامرة خطرة على وحدة المزارعين لأنها لا تعطي اعتبارا لوضع مزارعي المناقل وضرورة تمثيلهم في الاتحاد، وحقهم في انتخاب ممثليهم، ويهدف ود الايزيرق من ورائها إلى استغلال منصب ممثل المزارعين في مجلس الإدارة للمنافع الشخصية والجاه والثراء.

المؤتمر ينتخب مندوب المزارعين لمجلس الإدارة :

إننا ندعو جميع المزارعين والعناصر المخلصة في اللجنة التنفيذية لوقف هذه المؤامرة، والتمسك بالانتخابات وأن ينتخب مؤتمر المزارعين من يمثلهم في مجلس الإدارة، بهذا وحدة يتم للمزارعين الاستفادة من هذا المنصب ومراقبة مندوبهم سنوياً، ويحددون له السياسة التي يجب أن يسير عليها.

إن كل مكاسب المزارعين يمكن أن تبقي حبرا على ورق ما لم يوحدوا صفوفهم وينتخبوا قيادة أمينة على مصالحهم ومستعدة لمواصلة النضال لتحقيق بقية المطالب. ففي ظروف الأزمة الاقتصادية الراهنة ووجود قانون الطوارئ ستعمل الحكومة والإدارة على عرقلة تنفيذ مكاسب المزارعين والتقليل من أثرها. وستعمل العناصر الانتهازية أمثال ود الازيرق[٨٧] والوالي[٨٨] وكشكوش وغيرهم على استغلال اتحاد المزارعين لمصلحتهم

الحزب الشيوعي السوداني بمديرية النيل الأزرق

١٩٦٤/٢/٤

هزيمة الانتهازيين ومؤامراتهم:

إن الديكتاتورية وأعوانها وسط المزارعين ولجنة مشروع الجزيرة رفضوا التسليم بانتصارات المزارعين. وحاولوا مستميتين تعطيل انتخاب ممثل للمزارعين في مجلس إدارة المشروع، كما حاولوا بنفس الاستماتة تعيين موعد لإجراء انتخابات الاتحاد أملا في تعطيلها إلى ما بعد الخريف فتتاح فترة طويلة للتآمر.

ولكن المزارعين بتضامنهم ومواقفهم الحازمة سدوا الطريق أمام تدبيرات أعدائهم، ففرضوا انتخاب الشيخ الأمين محمد الأمين ممثلا لهم في مجلس الإدارة، كما فرضوا إجراء الانتخابات في ١٩٦٤/٧/٩وبشتي الوسائل حاول أعوان الديكتاتورية وسط الاتحاد من أمثال الازيرق والوالي كشكوش وأحمد على الحاج وغيرهم خداع المزارعين وصرفهم عن انتخاب الشيوعيين الديمقراطيين المدافعين الأمناء عن مصالحهم.

ولجأ هؤلاء الانتهازيون إلى استثارة النعرات الحزبية والطائفية والقبلية لنشر التفرقة في صفوف المزارعين ولكن الشيوعيين والديمقراطيين أحبطوا كل تلك المؤامرات الدنيئة والحقوا هزيمة نكراء بالديكتاتورية وأعوانها وجاءت الانتخابات استفتاء اجتماعيا يؤكد وحدة المزارعين في النضال من أجل مطالبهم العاجلة المشروعة.

ولا يسع المرء إلا أن يعقد مقارنة تاريخية بسيطة.
قبل عشرة أعوام بالضبط جرى الصراع في نفس المنطقة. تقودها نفس الشخصيات الرئيسية، الشيوعيين والعناصر الديمقراطية الجديدة وسط المزارعين يجمعون صفوفهم للإطاحة بقيادة أحمد الازيرق المتعاون مع إدارة المشروع والسلطات الاستعمارية، وبعد عشرة أعوام يعود الشيوعيين والعناصر الديمقراطية الجديدة وسط المزارعين ليجمعوا صفوفهم للإطاحة بقيادة أحمد الازيرق المتعاون مع إدارة المشروع والحكم الديكاتوري الرجعي.
النضال القديم جرى في ظروف تحول من السيطرة الاستعمارية إلى الاستقلال، والنضال الجديد جرى في ظروف التحول من حكم الإرهاب إلى عهد ديمقراطي جديد. ولهذا السبب حظيت المعركة الأخيرة، كما حظيت الأولى بتأييد حماسي متقطع النظير من كل قوى الشعب الديمقراطية.
ولكن المقارنة تنقطع هنا. فنضال المزارعين يدور اليوم وهم يملكون ذخيرة عشرة أعوام من التجربة خبروا فيها مختلف الأحزاب، في الحكم وخارج الحكم وخبروا فيها العلاقة بين الديمقراطية وتطلعهم إلى مستوى حياة أفضل، وأدركوا فيها أن الوحدة الوثيقة والنضال الحازم شرطان لا غني عنهما لاستخلاص حقوقهم، وإن النضال في سبيل الديمقراطية لأنفسهم ولكل الشعب جزء لا يتجزأ من النضال في سبيل مطالبهم الطبقية الخاصة.
والنضال الجديد جرى في ظروف الاتساع المتعاظم للحركة المعادية للديكتاتورية حتى بلغت حد اندلاع ثورة ٢١ أكتوبر الظافرة. ولكن ثورة ٢١ أكتوبر ما كان يمكن أن تكون ولا أن تنتصر بدون المعارك الطويلة المتعددة التي خاضتها مختلف القوى الوطنية الديمقراطية بدرجات متفاوتة القوة والاتساع والعمق خلال السنوات الست الماضية، وبدون ذلك التمهيد الضروري الذي لعب فيه الحزب الشيوعي السوداني الدور القائد والطبيعي.
بدون النضال العنيد الصبور ضد الانتهازيين ومقسمي الصفوف وسط كل القوى الثورية، وبصفة خاصة طرد الازيرق من قيادة اتحاد المزارعين، والحملة الموفقة الناجحة التي قادت إلى تلك النتيجة في جميع قرى الجزيرة والمناقل، ووسط سكان المدن - هذا الانجاز والذي يعود الفضل فيه للحزب الشيوعي السوداني، مقروناً بالنضال لتوحيد الطبقة العاملة وكشف الانتهازيين وأعوان الديكتاتورية وسطها، كان له الأثر الحاسم في انتصار ثورة أكتوبر.

والتحولات الكبيرة وسط المزارعين اليوم تجرى في ظروف تلاحم لم يسبق لها مثيل بين كل القوى الوطنية الديمقراطية. فقوى العمال والزارع والطلاب والمثقفين الثوريين وصغار التجار حققت تحالفا بينها مكنها من ترك طابعها الثوري الواضح على مجري الأحداث ومن المشاركة الفعالة والحاسمة في الثورة. إن جبهة وطنية ديمقراطية قد تكونت، جبهة وحدها القادرة على أحداث التحولات الجذرية في حياة جمهورية السودان وحياة شعبها، هي وحدها القادرة على خلق جمهورية السودان قوية مزدهرة وعلى تجديد حياة العمال – والمزارعين وكل الكادحين. إن المزارعين ليسوا فقط جزءا لا يمكن بدونه تصور الجبهة الوطنية الديمقراطية (فالمزارعون هم الأغلبية الساحقة من أبناء هذا الشعب)، وإنما يشكل التحالف الوثيق بينهم وبين الطبقة العاملة العمود الفقري لهذه الجبهة.

الفصل الثالث
الطلاب السودانيون في قلب المعركة

كانت حكومة عبد الله خليل قد دنست أيديها بقبول المعونة الأمريكية التي لم تكن سوى حصان طروادة الذي يحمل في جوفه الاستعمار الجديد.
قبلت الحكومة الائتلافية المعونة الأمريكية عام ١٩٥٨ في وجه المعارضة الصارمة لكل قطاعات شعبنا وأخذت حركة المعارضة للمعونة الأمريكية تتخذ شكلاً إيجابيا يهدد استمرار تلك الحكومة في الحكم.
وكشفت قيادة حزب الأمة عن وجهها الرجعي فبرز لديها اتجاه تنصيب فرد ليقوم بمهام رئاسة الجمهورية وأخذت تشن هجوما محموما على الاتحاد العام لنقابات عمال السودان بدعوى أنه غير مسجل وفقا للقانون. وتؤكد تفريطه في استقلال بلادنا والمكاسب الديمقراطية.
وفي هذا الإطار كانت الحركة الطلابية المخلصة لتقاليدها الثورية في النضال ضد الاستعمار وفي تأمين مكاسب الشعب في الاستقلال والديمقراطية طوال فترة الحكم الذاتي كانت الحركة الطلابية قد أخذت تنطلق لانجاز مهامها الوطنية، واخذ اتحاد طلاب جامعة الخرطوم – المركز الثوري للحركة الطلابية يتأهب لممارسة دوره الوطني..
عقدت جمعية الزمالة السياسية لاتحاد طلاب جامعة الخرطوم مؤتمراً في الأسبوع الثاني من أكتوبر ١٩٥٨ لمناقشة مسألة رأس الدولة دعت له ممثلي كل الأحزاب وتخلف حزب الأمة وبرز في المؤتمر اتجاه قوى يرفض أن يتبوأ مركز رأس الدولة فرد. واقر تكوين مجلس ثلاثي ليقوم بمهام رأس الدولة.
وانطلاقا من تقاليد التحالف الطلابي العمالي الذي تأكد حين أشهر اتحاد نقابات عمال السودان سلاح الإضراب في وجه الحملة التشريدية ضد طلاب خورطقت الثانوية عام ١٩٥٠ وإزاء الهجوم الملتهب على الاتحاد العام لنقابات العمال تظاهر طلاب جامعتي الخرطوم والقاهرة في منتصف شهر أكتوبر احتجاجا على سياسة الحكومة تجاه العمال والقي رئيس اتحاد طلاب جامعة الخرطوم خطابا أشار فيه إلى أن على الحكومة الاستقالة لأنها غير جديرة بالبقاء حيث رفضت منح زعماء كينيا حقوق اللأجئيين السياسيين وندد بالمعونة الأمريكية وأوضح أخطارها ورفع الطلاب عريضة تطالب بالاعتراف الفوري باتحاد العمال وإيقاف التدخل الأمريكي وإبعاد الموظفين البريطانيين ودعا الحكومة إلى سلوك سياسة اقتصادية رشيدة والإتيان بدستور ديمقراطي.

واعتقل عدد من طلاب جامعة الخرطوم وقدموا للمحاكم تحت المادة ١١٧ - اجتماع غير مشروع وأطلق سراحهم بضمان.
واسهم طلاب المعهد الفني في المواكب العمالية التي سيرها الاتحاد العام السوداني في ٢١ أكتوبر وحاصر البوليس المعهد الفني وأضرب الطلاب احتجاجا وأضرب طلاب جامعة الخرطوم تضامناً مع العمال واجتمع بهم مدير الجامعة ليبلغهم أسفه على حدوث الإضراب فرد عليه الطلاب بموكب يحمل مذكرة.
وأعتقل ٤٤ طالبا من مدرسة الأقباط التي اشتركت في المواكب العمالي وأعتقل البوليس ٨ من طلاب جامعة القاهرة الفرع وصدرت براءتهم من مجلس القضاء.
وأغلقت إدارة المعهد الفني المعهد في وجه الطلاب وتقدم الطلاب بعريضة إلى مدير المعارف تطالب باستمرار الدراسة وتطلب توضيح أسباب القفل وتطلب بعدم توقيع أي عقوبة على الطلاب والتفارض مع اتحادهم ككيان قائم منذ عام ١٩٥٤.
وقدم طلاب جامعة الخرطوم في نهاية أكتوبر إلى محاكمة حيث أدين سبعة منهم تحت المادة ١١٧ وحكم عليهم بـ ٥ جنيهات غرامة أو سجن ١٥ يوم.
وأنتبه اتحاد طلاب جامعة الخرطوم إلى ضرورة وحدة الصف الوطني لمقاومة سياسة حزب الأمة الهادفة إلى تسليم بلادنا إلى الاستعمار الأمريكي الجديد بمصادرة الحريات الديمقراطية وحركة الإرهاب التي قادها (شعب عبد الله خليل) في منشوراته للنزلاء المناضلين الوطنيين فعقد مؤتمرا شعبيا في ٢٩ أكتوبر ضم الوطني الاتحادي، الجبهة المعادية للاستعمار، حزب الأمة، العمال، الجبهة الوطنية، الأخوان المسلمين، الحزب الجمهوري والشباب وهيئات والتقوا على ميثاق يقضي باستبدال الحكومة بعناصر نظيفة ومناشدة النواب لإلغاء المعونة الأمريكية وكل المواد المفيدة للحريات.
وإزاء تعاظم الحركة الجماهيرية انحاز أقسام من الحزب والشعب المؤتلف خاصة في منطقتي عطبرة ومدني إلى مطالب الحركة الجماهيرية الرامية إلى إقصاء قيادة حزب الأمة ودحر التسلل الاستعماري الأمريكي وتأمين الحريات الديمقراطية.

إزاء كل هذا لجأت قيادة حزب الأمة إلى مجموعة الضباط الرجعيين في قيادة الجيش وأنتهي إلى تسليم الطغمة العسكرية مقاليد الحكم في يوم ١٧ نوفمبر ١٩٥٨ وهو التاريخ المحدد لبدء الدورة البرلمانية الجديدة.
لقد واصل هذا النظام الرجعي جهود قيادة حزب الأمة في مصادرة الحريات الديمقراطية وتمهيد بلادنا لاستغلال المعونة والقروض الاستعمارية ووضع استقلال بلادنا تحت رحمة توجيهات الاستعمار الجديد.
توصلت الحركة الطلابية منذ البداية إلى تحليل سليم لطبيعة الانقلاب الرجعي وحددت موقفا إيجابيا من النظام الرجعي والتف طلاب جامعة الخرطوم حول الميثاق الطلابي الذي انبثق عن جبهة سرية ممثلة لكافة الاتجاهات الطلابية في الجامعة.
وحقق الميثاق وحدة طلابية اجتمعت على ضرورة النضال للإطاحة بالديكتاتورية العسكرية.

مذكرة في ١٠ سبتمبر ١٩٥٩:

وبتاريخ ١٠ سبتمبر ١٩٥٩ قدم طلاب جامعة الخرطوم مذكرة إلى المجلس الأعلى للقوات المسلحة بلور فيها مطالب الحركة الطلابية والجماهيرية في الحياة الديمقراطية وهذا نصها.
"أصحاب المعالي رئيس وأعضاء المجلس الأعلى للقوات المسلحة
تحية واحتراما وبعد
لما كنا نؤمن أنه من واجب كل وطني مخلص لنفسه ولأمته أن يشارك في العمل لترقية وطنه ماديا وروحيا سواء بقوة ساعده أو سديد رأيه أو خلال كسبه أو زكي دمه. ولما كنا نعتقد أننا بصفة خاصة مدينون لهذا الشعب الكريم الذي بذل لنا من ماله وجهده وبذل علينا من عطفه ورعايته مكننا من اكتساب المعرفة والثقافة. ولما كنا نرى إننا بحكم ذاتيتنا كنا وما زلنا في وضع يمكننا من أن نعبر عن رأي أمتنا تعبيرا قويا صادقا لا تشوبه مصلحة خاصة أو هوى حزبي، ولما كانت الأمة قد عرفت كل ذلك في اتحادنا الذي وقف معها بل كان من طلائع أبنائها الذين حملوا راية الكفاح الجرئ ضد الأوضاع الاستعمارية، والذي كانت دائرة في مهد الاستقلال وفي أيام الشدائد منارة القيادات الوطنية فيه تجتمع وبعونه تتوحد وتتبلور آراؤها في صورة قوية بعيدة عن الأغراض الحزبية. ولما كنا نرى أننا اليوم امتداد طبيعي لذلك التاريخ المجيد، وأننا ملزمون أدبيا ووطنيا أن تحمل الأمانة

التي خلفها لنا أسلافنا وفرضتها علينا ظروفنا وذاتيتنا كشباب تعلق عليه الأمة كثيرا من آمالها، فإننا نحن أعضاء مجلس اتحاد طلاب جامعة الخرطوم الموقعين أدناه والممثلين الرسميين لاتحاد طلاب جامعة الخرطوم يسرنا أن تتقدم لمجلسكم الموقر بهذه المذكرة التي تحمل بعض آراء ومقترحات جماهير الطلبة حول إصلاح الأوضاع الراهنة في بلادنا راجين أن تعتبروها اعتبارا مخلصا جادا لا لشيء إلا لأن الإخلاص متبعها والجد رائدها.

أيها السادة :

حين حصل شعبنا على استقلاله في يناير عام ١٩٥٦ كان يعرف معني الاستقلال والحرية لأنه ذاق الأمرين من كبت المستعمر وحجرهم على آراء الناس وأفكارهم.

ولهذا كان طبيعيا أن يختار لنفسه في السياسة طريق الديمقراطية النيابية مستفيدا في هذا الاختيار من تجاربه الخاصة ومستبصرا بتجارب الشعوب التي عانت من ظلم الاستبداد والكبت والقهر.

وكان أن تعثر سير الأوضاع في بلادنا وكان من رأينا أن بعض أسباب التعثر كانت طبيعية. فنحن أمة حديثة العهد بالاستقلال وتسير شئون الحكم ونحن شعب ناشئ لكل فريق منه رأى ومذهب وهدف يريد أن يمكن له بين المواطنين.

فلا عجب إذن أن ترتكب بعض الأخطاء ولا عجب أن يحدث بعض النزاع. وكان من رأينا أن الخطأ يكمن بالتجربة وأن الديمقراطية يمكن أن تكسب كثيرا من الاستقرار لو سدت بعض الثغرات الدستورية التي أدت إلى زعزعتها.

وكان أن قامت حركة الجيش في ١٧ نوفمبر ١٩٥٨ معلنة أنها جاءت لتصلح الأخطاء وتهيئ الجو لديمقراطية سليمة.

وكنا نرى منذ البداية أنه في ظل الديمقراطية لا في غيبتها يتدرب الشعب على الحكم النيابي والاستمساك به، ولكننا – رغم ذلك – تمنينا لحركتكم كل نجاح في الغاية السامية التي أعلنتها على الناس.

نحن اليوم نكتب لكم مذكرين بذلك الهدف الذي قطعتموه على أنفسكم مؤكدين لكم أن الحكم النيابي أصلح للأمة وأحفظ لوحدة الجيش وكرامته، وأن التأخير في السير بالأمة نحوه يؤدي إلى عواقب لا يحمدها الإنسان لا

سيما وأن الأحوال المعيشية والاجتماعية تسير في تدهور مستمر لذلك فإننا نتقدم إلى مجلسكم الموقر بالمطالب التالية :

أولاً : التعجيل بإقامة حكومة مدنية تمثل كافة الاتجاهات السياسية الوطنية.

أن يكون من أول واجبات تلك الحكومة إقامة لجنة وطنية تضطلع بالمهام الآتية

أ- تضع مسودة دستور دائم للسودان تتحاشى فيه الثغرات التي أدت إلى زعزعة النظام النيابي في الدستور الملغي.

ب- تضع قانون انتخابات ينتخب على أساسه برلمان جديد تعرض عليه مسودة الدستور لإقرارها أو تعديلها.

ج- تكون (تلك اللجنة القومية) للحكومة كلجنة استشارية في المسائل الوطنية الكبرى وذلك كي تتسع رقعة الحكم وتكون الأوضاع أقرب إلى الديمقراطية.

ثانياً:- وكنتيجة طبيعية للمطلبين السابقين ولكي يهيأ الجو المناسب فأننا نرى أن تطلق جميع الحريات الديمقراطية بما في ذلك الصحافة وعودة الأحزاب والنقابات والاتحادات وأن تلقي جميع القوانين المقيدة للحريات الديمقراطية لموضوعة قبل الاستقلال وبعده.

وأننا لنرجو أن نكون بهذا قد قدمنا مقترحات مفيدة لبلادنا وجيشنا وتقبلوا فائق احترامنا هدانا الله وإياكم سواء السبيل، والسلام عليكم

الموقعون　　　　　　　　　　الخرطوم

مجلس اتحاد طلاب　　　　　　　الخميس ١٩٥٩/٩/١٠

جامعة الخرطوم

واحتجزت الداخلية أعضاء لجنة الاتحاد لمدة ٤ ساعات واضطرت إلى الإفراج عنهم إزاء موقف الطلاب الحازم وجاء في منشور أصدرته السكرتارية المركزية للحزب الشيوعي السوداني بتاريخ ١٩٥٩/١٠/١٢ يهيب بفئات الشعب أن تتضامن مع اتحاد طلاب الجامعة ما يلي :

((لقد وجدت مذكرة الطلاب استجابة سريعة وتأييدا حارا من الجماهير لأنها عبرت فعليا عن رغبتها وعن ما يجيش في صدرها. والحزب الشيوعي السوداني يعلن بكل إخلاص وقوة تأييده الحار لمذكرة الطلاب ويحيي مبادرتهم البطولية وموقفهم المفعم بالإخلاص للوطن والشعب ليؤكد ما أعلنه حديثا باستمرار في منشوراته وحملاته وذلك هو أن وحدة القوى الوطنية هي السلاح الحاسم في إقصاء هذه العصابة الضعيفة في نفسها،

العاجزة عن الحكم ووضعها في المكان الوحيد الذي يليق بالخونة عملاء الاستعمار، إن الحزب الشيوعي يدعو جميع المواطنين لتدعيم موقف طلبة الخرطوم وتشديد الضربات على العصابة الحاكمة بكل الوسائل وعلى العمال والمزارعين والتجار والمثقفين الوطنيين أن يهبوا جميعا مع الطلبة لإنقاذ بلادنا واستقلالها وديمقراطيا من حكم الديكتاتورية الخائنة)).
وأخذت مناهضة الطلاب للوضع الديكتاتوري تقوى وتتسع فقد أضرب طلبة معهد شمبات عن الدراسة والطعام واعتصموا بالداخليات احتجاجا على فصل الطالب إبراهيم محمد أحمد بتهمة الشغب والتحريض وكتب الطالب محمد عبد العزيز قوته مقالا يهاجم فيه الديكتاتورية العسكرية في صحف الحائط بمدرسة حنتوب الثانوية فتعرض للفصل وحوكم في شهر أكتوبر بالجلد. وضيق النضال الثوري لفئات الشعب الخناق على الطغمة الرجعية وشدت من أزر هذا النضال عريضة طلاب الجامعة مما دفع عبود للإدلاء بتصريحه عن خطة القوات المسلحة في الحكم الذي أثار نقاشاً في الصحف حول مستقبل الحكم في السودان فأضطرت الديكتاتورية إلى قفل باب النقاش فيه.

الطلاب يتضامنون مع العمال:
وعبر إضراب طلاب جامعة الخرطوم ١٩٥٩/١١/١٣ تضامنا مع إضراب عمال السكة الحديد بالخرطوم بتاريخ ١٩٥٩/١١/٢ مضمون التحالف الطلابي العمالي وجوب سلوك الطريق الثوري لمحاربة الطغمة العسكرية، وأفضي هذا الإضراب إلى عدة إضرابات طلابية على رأسها إضراب طلاب المعهد الفني ومظاهراتهم واقتحام البوليس لدارهم والمعركة التي نشبت وأصيب فيها الطلاب من ضمنهم طالبة. وقاد طلاب بور تسودان والخرطوم الثانوية والخرطوم للبنات وحنتوب الثانوية وعطبرة الثانوية إضرابات تضامنا مع طلاب الجامعة والمعهد الفني وصار موقف الطلاب الثانويين التضامني مع طلاب الجامعة يأخذ طابعا مستمرا من بعد ذلك.
اكتسبت الحركة الطلابية في أعوام ٦٠ و٦١ وبنزولها المستمر إلى الشارع مقدرة صدامية وشمل أقسامها المختلفة اتجاه قوّى الوحدة وبرز التقاؤها في معركة الشارع في الندوة الأولى لاتحاد عام الطلاب السودانيين. لقد تأكد للحركة الطلابية بصورة عميقة الموقف الصريح المعادي للديمقراطية الذي برز في موقف الديكتاتورية العسكرية في معالجة قضية الشعب النوبي

ونؤكد لها لذلك ضرورة الكفاح الذي لا ينقطع لتحقيق الحريات الديمقراطية. وقد بين اتحاد طلاب جامعة الخرطوم وقبل تضامنه مع الشعب النوبي رغم المحاولات المبذولة لعرقلة نشاطه السياسي كقلعة وطنية ديمقراطية حين سمحت إدارة الجامعة، مضغوطة من قبل الديكتاتورية العسكرية لفرض القانون رقم ٩ ليسير الاتحاد بمقتضاه. هذا القانون الذي يشكل امتدادا للقوانين التكبيلية التي طوقت شعبنا ونسفت مؤسساته الديمقراطية، حيث يحرم على الطلاب المشاركة في المسائل القومية ويقتضي تعيين أستاذ في لجنة الاتحاد وتجعل كلمة المدير هي العليا في المسائل الإدارية والمالية ويحول الاتحاد إلى مسخ مشوه منزوع الصلة من كل تراثه وتقاليده النضالية. وقف طلاب جامعة الخرطوم خلف دستورهم الذي أجازته الجمعية العمومية للطلاب وقاوموا القانون رقم ٩ في إصرار متمسكين بحقهم في المساهمة في المسائل القومية ولم يكن أمام إدارة الجامعة إزاء حزم جماهير الطلاب واستبسالهم في الدفاع عن اتحادهم من بد غير أن يحل الاتحاد في يوم ١٩٦٠/١٠/٢٥ ودخل الاتحاد في مرحلة لا شرعية رافعا لواء العمل السياسي الذي سرعان ما اقتحمه مناصرا لقضية الشعب النوبي والحريات الديمقراطية.

الطلاب يتضامنون مع النوبيين :
التقت جموع طلاب جامعة الخرطوم بالجماهير النوبية في الأربعاء ١٠/٢٦ أمام القصر الجمهوري وانطلقت مظاهرة أجهدت البوليس في تفريقها حيث انفصلت في مجموعات تجوب السوق وبلغ عدد المعتقلين من طلاب الجامعة ستة عشر طالبا وتابع البوليس مظاهرات طلاب الجامعة وفجر القنابل المسيلة للدموع في حرم الجامعة بين داخليتي النيل الأزرق والأبيض. وتدافعت حركة الطلاب بعد ذلك فعقدت اجتماعات حاشدة في فناء جامعة القاهرة فرع الخرطوم ليومين متتاليين وأعلن اتحادهم الإضراب فأغلقت الإدارة الجامعة. وتحرك طلاب الأحفاد في مظاهرة يوم ١٠/٢٧ التي فضها البوليس بعنف. وأضرب طلاب عطبرة الثانوية وأعتقل ثلاثة عشر منهم ورفضوا العقوبة مما استدعى ترحيلهم إلى ذويهم. واضرب طلاب المدرسة الثانوية المصرية يوم ١١/١ احتجاجا على فصل زملائهم أثر حوادث المظاهرة التي سيروها تضامنا مع الشعب النوبي.

العصابة العسكرية تجلد الطالبات بالسياط :

ولم تكتف عصابة الرجعيين بتفجير القنابل المسيلة للدموع بين داخليتي النيل الأزرق والأبيض في جامعة الخرطوم – ذلك الاعتداء الذي كشف عن تحقير الديكتاتورية لأبسط قواعد العرف الإنساني المتعلق باستقلال الجامعات وعن رغبتها في إخراس صوت الطلاب. عادت الطغمة العسكرية من جديد لتنتهك حرمة الجامعة حين ترددت هتافات طلاب داخلية الغرب بجامعة الخرطوم والقريبة من منزل عبود هاتفة بسقوط عبود والديكتاتورية العسكرية. ولقد سجل هذا الموقف منشور الحزب الشيوعي السوداني بتاريخ ١٩٦٠/١١/١٧ حيث يقول: ((فعندما كان الرئيس جمال عبد الناصر يزور رئيس العصابة الحاكمة في منزله المقابل لداخليات الجامعة تجمع عدد كبير من الطلاب فوق سطح الداخلية وهتفوا في قوة ضد العصابة العسكرية مطالبين بانتهاء عهد الخيانة وبالحياة الديمقراطية ورددوا كل الشعارات التي يطالب بها شعبنا البطل. لقد عبر الطلاب بذلك الموقف أمام الرئيس جمال عبد الناصر ومرافقيه وأمام وزراء العصابة وأمام الصحافة المحلية والأجنبية عن شعور الاحتقار والازدراء الذي يكنه شعبنا لإبراهيم عبود وطغمته الخائنة.

((وهنا فقد عبود وجماعته أعصابهم، فخرج البلطجي طلعت فريد ومعه عثمان نصر واستدعى قوات كبيرة من البوليس واحتلوا جميع داخليات الجامعة وصعدوا إلى الداخلية التي تجمع بها الطلاب وبدأوا في تفجير القنابل فوق السطوح وفي ممرات الداخلية، وداخل غرف الطلبة، واشتبك معهم الطلاب العزل في معركة استعملوا فيها الكراسي)).

وقد جاء في البيان أيضا:

وفي أثناء ذلك خرجت طالبات الجامعة من داخلياتهن وأخذن يهتفن ضد العصابة العسكرية فما كان من طلعت إلا أن أمر ضباطه قائلا ((اضربوا هؤلاء الـ.... وتلفظ الوزير غير المهذب بلفظة تترك للقارئ أن يتصورها بنفسه، لفظة لا يمكن أن يتفوه بها شخص يتمتع بشهامة أو رجولة. وهجم ضباط طلعت "البواسل" على الطالبات وأوسعوهن ضربا واقتحموا داخلية الطالبات وهجموا عليهن في غرفهن بالسياط والعصي ودخلوا غرفة طالبة وجدوها بملابسها الداخلية وأوسعوها ضربا بالسياط وضربوا المشرفة ضربا مبرحا.

وفرضت العصابة من بعد ذلك حصارا كاملا على داخليات الطلاب جامعة الخرطوم ومنعت الطلاب من التحرك من داخلية لأخرى.

الحكومة تعدل قانون الجامعة:
إن هذا التعدي المحموم الذي استقبلته قطاعات الحركة الطلابية بالاشمئزاز والاحتقار لم يزد الحركة الطلابية إلا تصميما على المقاومة. ولم يفلح التعديل الذي أتت به الطغمة الرجعية على قانون الجامعة في فبراير عام ١٩٦١ لتقضي على نضال الطلاب ولتمسح استقلال الجامعة ولقد جاء في المنشور الصادر من الحزب الشيوعي السوداني بتاريخ ١٩٦١/٢/٨ ما يلي:

ولكن حكومة عبود لم تكتف بذلك بل أصدرت قانونها المشار إليه والذي تحاول فيه أن تجعل من القرصنة التي تمارسها في الجامعة عملا قانونيا لا يستطيع أحد الاعتراض عليه. فبموجب القانون الجديد تتحول الجامعة إلى مؤسسة تابعة للمجلس الأعلى للقوات المسلحة. فعبود يعين مدير الجامعة ومجلس الجامعة يعنه مجلس الوزراء. ويصبح عبود هو الرئيس الفعلي للجامعة بدلا عن الرئيس الفخري

((وهكذا تحاول الطغمة العسكرية أن تستولي على الجامعة بعد أن أعيتها الحيل في وقف الزحف الوطني المجيد لطلابها وبعد أن أصبحت غصة في حلقها)).

لقد ناضل الطلاب ضد هذا التعديل كما قاوموا من قبل قانون رقم ٩ فأعلنوا الإضراب لمدة يومين (الأربعاء ٨-٢ والخميس ٩-٢) ورفعوا مذكرة يوم الأربعاء ٨-٢ للمجلس الأعلى للقوات المسلحة يعلنون فيها رفضهم للقانون الجديد ويطالبون بسحبه ويعلنون في عزم وإصرار على عدم البقاء في الجامعة تديرها الطغمة الرجعية. ورفع الأساتذة السودانيين مذكرة في هذا الصدد يعبرون بها عن استيائهم وأعلن الأجانب عن استنكارهم البالغ لإهدار استقلال الجامعة.

الطلاب في معركة لوممبا :
ورغم الإرهاب والتعدي المسلح والقوانين الرامية إلى حظر نشاط لطلاب انفجرت الحركة الطلابية أثر اغتيال الزعيم الكنغولي باتريس لوممبا، لقد قدم مصرع لوممبا دليلا جديدا للحركة الطلابية والجماهيرية على تفريط

الديكتاتورية العسكرية في استقلال بلادنا وخضوعها لتوجيهات الاستعمار بالمواقف السلبية. لقد سيرت الحركة الطلابية مواكبها في صدارة الشعب المستنكر للجريمة البشعة في الكنغو وسلمت مذكرات الاحتجاج تطالب الديكتاتورية بالوقوف بحزم إزاء مؤامرات الاستعمار وبتأييد حكومة جيزينجا وطرد السفير البلجيكي. وأعتقل فاروق كدوده[٨٩] رئيس الاتحاد بتهمة التحريض فأعترف بأنه قاد المظاهرة وحمل على الأعناق وأن هذا الموقف هو موقف طلبة جامعة الخرطوم الذين هم جزء من الشعب السوداني الذي هب يعلن سخطه على المؤامرات الاستعمارية التي تحاك في الكنغو. وحوكم بالغرامة ١٥ جنيه وحسن سير وسلوك لمدة سنة.

انتظمت الحركة الطلابية المظاهرات المستنكرة للجريمة الاستعمارية في الكنغو فسير طلاب المعهد الفني مظاهرات صاخبة استمرت ساعات طويلة في النهار وتحركت مدارس أم درمان الثانوية والصناعية والمعهد العلمي في مظاهرات إلى وزارة الاستعلامات تنادي بالقصاص. وخرجت مدرسة البنات الثانوية بأم درمان في مظاهرة وشاركها طلاب بيت الأمانة والمدارس الابتدائية مثل مدرسة علي عبد اللطيف والأقباط الابتدائية وخرج طلاب المدارس الأولية في هتافات ثائرة " نحن صغار.. نريد الثأر. الثأر الثأر.. للكنغو الجار". وأغلق معهد شمبات بعد تسييره لمظاهرة أثناء ساعات الدراسة وأعتقل ٢٢ طالبا في مظاهرة الخرطوم الثانوية وأعتقل هاشم محمد أحمد – عبد الفتاح محمد صالح – محمد إبراهيم عبده – محمد طه محمد – السر على كلوده ومحمد زين شداد في المظاهرة التي استقبلت موكب المحامين عند جامعة الخرطوم وحكموا مؤخرا بالسجن. وامتدت المظاهرات إلى طلاب الأقاليم فخرجت جموعهم مع الشعب، فسير طلاب عطبرة والأقباط الثانويتين مظاهرة مع عمال السكة حديد وكذلك طلاب معهد التربية بشندي وطقت الثانوية وطلاب المعهد العلمي بكسلا. إن أسباب القمع الذي اتبعته الديكتاتورية العسكرية في تفريق معظم المظاهرات التي تحولت حتى لمست رضوخ الديكتاتورية العسكرية المتهالكة لأوامر ونواهي الاستعمار إلى مظاهرات ضد أعوانه القابضين على زمام الأمور في بلادنا. ذلك الأسلوب الذي بررته الطغمة الرجعية في بيانها القائل : (تجاوبا مع المواطنين فيما تجيش به صدورهم من أحاسيس نحو الكنغو ومصرع الزعيم لوممبا لم تر الحكومة أن توقف المظاهرات التي قام بها المواطنون للتعبير عن شعورهم سلميا. أما وقد اندس بعض ذوي

الأغراض والمخربين في صفوف المتظاهرين وبذلك اتجهت المظاهرات نحو العنف برمي الحجارة على بعض السفارات فإن الحكومة إزاء مسئولياتها نحو الحفاظ على الأمن تجد نفسها مضطرة لاتخاذ أي إجراءات تراها كفيلة بحفظ الأمن والنظام). فهرعت كعهدها إلى إخفاء سياستها المعادية لشعبنا ولقضايا الشعوب بالتلويح بالمخربين والمندسين وذوي الأغراض. أدى هذا الأسلوب الوقح الذي استخدمته الديكتاتورية العسكرية لإخراس صوت شعبنا من أن يعبر عن تآزره وتعاونه مع شعب الكنغو والموقف الذليل الذي اتخذته الديكتاتورية العسكرية تجاه قضية الكنغو حرصا منها على كسب ود الاستعمار إلى أن يسير طلاب جامعيتي الخرطوم وفرع القاهرة والمعهد الفني في مظاهرة في الثامنة والنصف من مساء الاثنين ١٩٦١/٢/٢٠ في ميدان أبي جنزير والتي فرقها البوليس بالعنف ولم يكتف بهذا بل تتبع طلاب جامعة القاهرة حتى دخلوا الجامعة فاقتحم البوليس الحرم الجامعي وقاعات المحاضرات وانهال على الطلبة ضربا بالعصي والسياط وضرب أحد الأساتذة وضرب طالبة مغمي عليها في أحدي الغرف واقتحم منزل القنصل المصري وضرب الطلاب الذين احتموا به وانتهي به الأمر إلى اعتقال ٢٤ طالب ونقل ٩ طلاب إلى المستشفي من بينهم الطالبة.

(عبرت الطغمة العسكرية بموقعها السلبي من قضية التحرر الوطني في الجزائر والتي انعكست في نداءات طلعت المهووسة (أخي في السلاح ديجول) عن الأصفاد التي الجمت استقلالنا السياسي فانكمش صوت بلادنا والذي ما عاد يسمع إلا بإشارة من المعونة الأمريكية وتوجيهها. ولقد حمل الطلاب مسئولية إبراز التعاضد مع شعب الجزائر فسير اتحاد طلاب جامعة الخرطوم مظاهرة في أكتوبر ١٩٦١ من الجامعة بمناسبة الذكرى الثامنة لثورة الجزائر فحاصرها البوليس في شارع الجامعة وانفضت بعد الهتاف بسقوط (أصدقاء ديجول) وبالعصبة العسكرية وأعتقل البوليس عددا من الطلاب وقدمهم للمحاكمة.

مذكرة وإضراب نوفمبر ١٩٦١:

بدأت الحركة الطلابية من بعد ذلك تلخص تجاربها لتستلهم منها نواحي قوتها وضعفها فاكتشفت سلاح الوحدة والعمل المشترك كدعامتين أساسيتين في نضال الطلاب السياسي. ولقد لخصت هذه التجربة مجلة اللواء الأحمر

لسان حال الحزب الشيوعي العدد ١١٤ – تحت عنوان (الطلاب في المعركة).
(هذا التاريخ الحافل بالبطولات المليء بمعاني التضحية والوطنية، هذا التاريخ نما وازدهر في الشهر الماضي عندما قام الطلاب بحركتهم العاتية وأوقعوا إضرابهم العظيم الذي انتظمت فيه الجامعات والمعهد الفني والمدارس الثانوية – أي كل الطلاب وكل أنواع المعاهد).
"ولقد أثبت الطلاب بهذا الإضراب أو – الضربة – التي وجهت للعصابة أنهم ركن أساسي من الجبهة العريضة التي تكافح اليوم من أجل استرداد شرف بلادنا الذي أهدرته حكومة عبود. لقد عرف طلابنا أنهم بكفاحهم العظيم المتواصل ضد هذه الطغمة إنما يعملون من أجل استرداد شرف العلم وحريته أيضاً. فلا معنى للعلم في ظل الديكتاتورية سوى الذل والامتهان."
ففي يوم ٨ نوفمبر رفع الطلاب مذكرتهم التاريخية يطلبون بالتحديد :
١. رجوع الجيش إلى ثكناته ليباشر مهمته الأساسية وهي الدفاع عن الوطن.
٢. قيام حكومة انتقالية لوضع الدستور ولإجراء الانتخابات.
٣. تصفية المعتقلات ورد الحريات للشعوب وإلغاء قانون الطوارئ.
"وبعد أن تسلمت الحكومة هذه المذكرة الحاسمة أصابها الذعر وأخذت تعتقل زعماء وأعضاء اللجان في الجامعة والمعهد الفني، وبهذه الاعتقالات تحدد ميعاد الإضراب فنفذه الطلاب بإجماع مشرف. ولقد سبق هذه الخطوة الثورية الرائعة تلك المظاهرة الصدامية التي طافت شوارع الخرطوم والتي انضمت لها جموع من الشعب (عمال وموظفين)."
"إن هذا الإضراب السياسي الذي وقع في بلادنا لهو أكبر دليل على رغبة شعبنا الحقيقة – كما أبرزتها قوات الطلبة في كنس حكومة عبود وإقامة الحكم الديمقراطي السليم الذي يحمي بلادنا ويدفعها على عتبات التطور والازدهار".
وقالت اللواء الأحمر:
"إن المعلم البارز لنجاح هذا الإضراب – بجانب نتائجه السياسية الباهرة – هو إمكانية إنجاح الحركات الشعبية في بلادنا إذا كانت القوات منظمة ومترابطة".
"ولقد وعى الطلاب هذه المسألة فحضروا لإضرابهم بالمؤتمرات والاجتماعات الجماهيرية والمنشورات وكونوا لجانهم التي قادت الإضراب

فنجح. فالوحدة والتنظيم هي السلاح الفعال في معركتنا ضد حكم عبود الرجعي."
(إن مذكرة ٨ نوفمبر ١٩٦١ التي رفعتها لجنتي اتحاد جامعة الخرطوم والمعهد الفني واضراب طلاب جامعة الخرطوم والمظاهرة المشتركة في ١٩٦١/١١/١٣ هذه المواقف التي انبثقت من المؤتمر الطلابي الذي انعقد بداخلية الدندر بالجامعة كشف عن مصدر القوة الحقيقة للحركة الطلابية. التنظيم ووحدة العمل).

الحركة الطلابية بعد ١٩٦١ :

عندما جاء عام ١٩٦٢ كانت الحركة الجماهيرية تدخل مرحلة جديدة. ولقد اتضح جليا للطلاب أن النظام الراهن معزول من أي عطف جماهيري إلا أنهم لا يمكنهم الإطاحة به بمفردهم.
لقد لعبت الحركة الطلابية دورا حيويا في مرحلة الإثارة. "في كشف الطبيعة الرجعية للدكتاتورية العسكرية. غير أن تلك المعارك المنفردة قد تسببت في اليأس والزهد في إمكانية استنهاض الفئات الوطنية الأخرى."
وفي البداية لعبت العناصر الديمقراطية والشيوعية دورا أساسيا في لفت النظر – وبالالحاح إلى أن القضية لم تعد قضية كشف النظام العسكري وتعريته وإنما أصبحت تنظيم الفئات ذات المصلحة في عدم وجوده وإدخالها في إضراب سياسي عام.
ومن هنا كانت العناصر الشيوعية والديمقراطية تلعب دورا رئيسيا في إبراز وتأكيد أن أي حركة إيجابية ضد الدكتاتورية لا تضع في الاعتبار ظروف وإمكانيات الحركة الجماهيرية عموما، هي عمل معزول ولا يسير بالبلاد خطوة في طريق الإضراب السياسي العام. ليس هذا وحسب وإنما تساهم مثل تلك الخطوات في شرخ الحركة الطلابية وتصفيتها مثلما حدث في مدرسة وادي سيدنا التي دخلت منعزلة في إضراب كانت كل نتائجه تشريد أكثر من ١٠٦ طالبا في نوفمبر ١٩٦١ مما نتج عنه ركود الحركة الطلابية لمدة السنوات الثلاث الأخيرة في تلك المدرسة.
ومن ثم هذا العمل السياسي أكثر من أي وقت مضي ينحني تحت اشتراك أكبر قطاعات وطنية ممكنة.
وفي هذا الصدد تقف مظاهرة الأربعاء ١٤ نوفمبر معلما بارزا من تاريخ نضال الطلاب ضد الحكم العسكري. لقد كانت تلك المظاهرة انجح مظاهرة

لمدة طويلة ماضية ولقد سبقتها تحضيرات كثيفة واجتماعات مشتركة ضمت العمال والنوبيين.

ولقد أكدت مظاهرة ١٤ نوفمبر ١٩٦٢ أهمية تعميق التحالف بين الفئات الوطنية وقد أكدت تلك المظاهرات أن العمل السياسي يمكن أن يتسع ليستقبل الشارع دون اللجوء إلى القيادة التقليدية المتمثلة في جبهة الأحزاب.

لقد ضمت المظاهرة الألوف وجابت شوارع الخرطوم لفترة طويلة واشتركت فيها جامعة الخرطوم، المعهد الفني، جامعة القاهرة الفرع، وثانويات الخرطوم مع بعض أقسام العمال والفئات الأخرى.

وإثر تلك المظاهرات تمت اعتقالات واسعة وقدم المعتقلون إلى المحاكم ومن بينهم ٨ من طلاب جامعة الخرطوم غير أن المظاهرة ظلت مرشدا للحركة الطلابية في طريقها للإطاحة بالحكم الدكتاتوري وبالمثل قاد اتحاد طلاب جامعة القاهرة الفرع مظاهرات ضد سياسة الحكومة الديكتاتورية ومن أثر الضربات المتوالية من قبل الديكتاتورية فقد وتم اعتقال ١٧ طالب وطوقت الجامعة بقوات الطوارئ. وفي غمرة ذلك فقد الطلاب الكثير من مكاسبهم الاجتماعية وأصبح حل تلك المشاكل هو المرتكز الوحيد لتوسيع نطاق العمل السياسي.

ولقد أصبح من النادر جدا أن تستمتع أي مدرسة ثانوية باتحاد. وإنما مؤتمرات تبعث عند مطلع كل عيد من أعياد الخيانة وتتلاشي.

وفي المعاهد العليا كان الاتحاد الوحيد الشرعي هو اتحاد طلاب المعهد الفني.

لقد كان الطلاب في جامعة القاهرة مواجهين بتغير تكوين غير ديمقراطي لاتحادهم. لقد كان ذلك التكوين أن يكون الاتحاد جزءا من إدارة الجامعة. ويفقد استقلاله ومقدراته الضاربة.

ففي أغسطس عام ١٩٦٢ شن طلاب جامعة القاهرة فرع الخرطوم حملة من المواكب والمظاهرات ضد النظام غير الديمقراطي للاتحادات. وكانت نتيجة ذلك أن انعزل الاتحاد عن الطلاب. لقد وضحت العناصر الديمقراطية والشيوعية أن هذا الوضع لا يساعد – بل يضر – مستقبل العمل السياسي.

محاولات لعزل طلاب الجامعة:

وانتهزت العناصر الرجعية في إدارة جامعة الخرطوم هذه الظروف لتضع مخططا يرمي إلى إبعاد الطلاب عن العمل السياسي. هذا المخطط يتمثل في

تغيير تم كشفه في مجلة (صوت الطلاب) المجلة الجماهيرية لرابطة الطلبة الشيوعيين ويتلخص التقرير في:

١. العمل على زيادة الضغط الأكاديمي.
٢. تكوين جمعيات والعمل على عدم ربطها بالاتحاد بغرض تربية اهتمامات بعيدة عن السياسة وسط الطلاب.
٣. تطوير روح الانتماء إلى الداخلية كبديل للاتحاد.
٤. وضع قوانين تعسفية ورادعة تعوق تطور العمل السياسي وتهين كرامة الطالب الجامعي.

طلاب الجامعة ينتزعون شرعية اتحادهم:

إذن فقد كان على الحركة الطلابية أن تواجه تلك التدابير الرامية إلى الردع وإلى تفتيت الوحدة الطلابية.

وفي هذا الصدد تمكنت العناصر الشيوعية والديمقراطية في جامعة الخرطوم من انتزاع شرعية الاتحاد.

لقد ناضلت العناصر بشجاعة ضد العنصر الرجعي لإدارة الجامعة وضد المفاهيم الساذجة التي يدعو لها الأخوان المسلمون والتي تنادي بأن قبول الاتحاد الشرعي معناه مهادنة الدكتاتورية وترك العمل السياسي.

لقد كان الاتحاد الشرعي لجامعة الخرطوم تجربة فذة في تاريخ النضال ضد الحكم الديكتاتوري. لقد أكدت تلك التجربة الحقائق الآتية :

- إن استقلال الجامعة الكامل غير ممكن ومستحيل في ظروف وجود حكومة دكتاتورية.
- إن هنالك أرض مشتركة بين الطلاب وأساتذة الجامعة. وأن الأساتذة ليسوا ظلا للسلطة العسكرية.
- إن المفاوضات يمكن في ظروف ضغط الطلاب – أن تكون سلاحا مفيدا.
- إن اللجوء إلى العمل القانوني لا يضر بمستقبل العمل السياسي على العكس تماما أنه يفتح أمامه آفاقا أوسع.

لقد ظلت الجبهة تبشر بالاتحاد الشرعي. حتى أصبح تقليدا أن يقدم الاتحاد مذكرة كل عام تطالب بعودة الاتحاد الشرعي.

إذن فالسمة العامة لسنة ١٩٦٢ هي أن الحركة الطلابية قد خرجت منهكة من مرحلة الإثارة. وكانت عليها أن تواجه اليأس والتفكك التنظيمي والقضايا الاجتماعية المتفاقمة.

لقد وصل الأمر في جامعة الخرطوم إلى أن يمنع الاتحاد من الاحتفال بعيد الاستقلال في يناير ١٩٦٣ وأن يوجه المدير مثل هذا الخطاب

جامعة الخرطوم : ١٩٦٣/١/٥

مكتب المدير

عزيزي الطالب.. عزيزتي الطالبة..

لقد سبق أن قدمت لك النصح لكى تتجنب القيام بأي نشاط سياسي ووضحت في خطابي إليك بتاريخ ١٩٦٢/١١/٨ بأن مثل هذا النشاط يهدد الاستقرار والنظام، كما حذرتك بأن الجامعة - حفاظا على كيانها - سوف لن تتواني في اتخاذ الإجراءات التي تكفل النظام وتصون الاستقرار إذا ما اضطرها الطلبة لذلك.

وبما أن عددا غير قليل من الطلبة لم يأبه بما قدمت من نصح وتحذير فقام هؤلاء بمظاهرة يوم ١٤ نوفمبر ١٩٦٢ وبما أن هذا النشاط أدى إلى حالة من الاضطراب هددت النظام والاستقرار الجامعي، فقد قررت بأن الجامعة لن تعمل من جانبها في المستقبل على التدخل إذا ما وضع الطالب نفسه تحت ظروف سياسية تعرضه إلى أضرار كما أن الجامعة سوف تفصل أي طالب (أو طالبة) تثبت إدانته بالقيام بالعمل السياسي.

لقد كان التقليد أن يكون الاحتفال بعيد الاستقلال مظهرا كبيرا لوحدة الحركة الطلابية. ورغم تدابير الردع، فقد احتفلت جامعة القاهرة فرع الخرطوم احتفالا رائعا أمته جماهير هائلة وشارك فيه بالخطب اتحاد طلاب جامعة الخرطوم واتحاد طلاب المعهد الفني.

واحتفل اتحاد جامعة الخرطوم في غير داره بعيد الاستقلال. وقدمت عريضة تحمل احتجاجا على منع الطلاب الاحتفال بيوم الاستقلال ومطالبة بعودة الاتحاد الشرعي.

وفي ١٧ سبتمبر من عام ١٩٦٣ وعند انعقاد مؤتمر مديري جامعات أفريقيا انسحب طلاب جامعة الخرطوم من الاحتفال احتجاجا على عدم الاعتراف بالاتحاد وعلى تغول الحكومة على استقلال الجامعة. وتم فصل اللجنة التنفيذية للاتحاد لمدة عام.

واثر ذلك الضغط وبتضامن الاساتذة السودانيين نجح الطلاب في انتزاع الاتحاد الشرعي.
وقد أكدت التجارب أن الاتحاد الشرعي قد لعب فعلا دورا حيويا في ربط الطلاب في حل قضاياهم حتى يتم وضع شروط أكثر ملائمة للعمل السياسي..
ففي أكتوبر عام ١٩٦٣ قدمت اللجنة التنفيذية لاتحاد طلاب جامعة الخرطوم برقية احتجاج ضد معاملة وزارة الداخلية للاجئين الاريترين.
تنبهت الدكتاتورية إلى خطورة عدم تضييق الخناق على استقلال الجامعة.
وقد تأكد أن الحركة الطلابية مستفيدة من ظروف الديمقراطية النسبية داخل الجامعة ويمكن أن تكون ملهما ومنظما للفئات الوطنية الأخرى. وتأكد لها أيضا أن وجود اتحاد شرعي من المؤكد أن يثري نضالا الطلاب ويعمل على توثيق صلات التعاطف والتضامن بينهم وبين الأساتذة السودانيين بصورة خاصة.

الحكومة العسكرية تقضي على استقلال الجامعة :
لهذا لم تكن مفاجئة أن يأتي قرار الحكومة بضم الجامعة إلى المعارف. ففي عام ١٩٦٠ عدل قانون الجامعة بحيث يسلب مجلس الجامعة حقه في الاختيار راعي الجامعة ويجعل رئيس الدولة راعيا للجامعة بحكم المنصب.
وهذا يعني تدخل الحكومة في تكوين مجلس الجامعة.
وبلغ الاعتداء على استقلال الجامعة قمته حيثما أصدر مجلس الوزراء المباد قرارا يوم ١٩٦٣/١١/٥ والقاضي يضم الجامعة إلى المعارف.
لقد كان هذا القرار مظهرا بشعا للدكتاتورية العسكرية وكان يهدف ضمن ما يهدف إلى تأميم الحركة الطلابية ومصادرة الفكر المكافح للدكتاتورية العسكرية وللاستعمار الأمريكي..
ودخل اتحاد جامعة الخرطوم في إضراب ٥ ديسمبر ١٩٦٣ اللانهائي.
وتواترت إضرابات المدارس.
ومن البداية كانت العناصر الديمقراطية والشيوعية تنادي بالعمل المشترك.
لقد ظلت تلك العناصر تقاوم ظروف التهيج والإثارة التي خلقها استفزاز العصابة وتوضح للحركة أن استقلال الجامعة قضية قومية وأن النضال من أجل ذلك الاستقلال يجب أن يكون على مستوى قومي.

ومن هنا كانت العناصر الديمقراطية والشيوعية تمد يدها للأساتذة السودانيين وأقسام المثقفين الأخرى. وللعمال والمزارعين وكل الفئات ذات المصلحة في استقلال الجامعة في دفع قضية الإضراب السياسي إلى الأمام. وجاء إضراب ٥ ديسمبر.. في ظروف لم يكن بوسع الحركة الثورية في بلادنا أن تسنده.. فالعمال لما يفيقوا بعد من آثار إضراب ١٩٦١ التخريبي والمزارعون يكنسون العناصر الانتهازية من قيادة اتحادهم.. وكان أن ولد إضراب ٥ ديسمبر ميتا.. وتحول بذلك من عمل إيجابي كان يمكن دفعه في طريق الإضراب السياسي العام إلى عطلة ذات معنى قلق ولا نضالي.

ولقد كان من الممكن ومن الواجب معا أن يحافظ الطلاب على وجودهم في الحرم الجامعي – ومن هنا فقط حيث يستمتعون بتنظيمهم ووحدتهم ... وبالحريات النسبية.. وهنا في المعركة كان يمكنهم الأخذ بأيدي الفئات الوطنية الأخرى.

لقد تم ذلك الإضراب رغم معارضة الشيوعيين الشديدة. وقد كان رأيهم أن الإضراب سيؤدي إلى إغلاق الجامعة، وبذلك سوف يصبح تجميدا للمعركة، والصحيح هو أن يبقي الطلاب في الجامعة ليساعدوا في تقوية العمل المشترك مع الأساتذة وفي تعبئة الرأي العام والصحافة لتأييد موقف الطلاب والأساتذة والتضامن معهم.

وفي يوم ١٩٦٣/١٢/٧ تم الاجتماع العام – وكان موقف الشيوعيين هو العودة إلى حجرات الدراسة بهدف مخاطبة الأساتذة والتشاور معهم مع استمرار الإضراب عن تلقي المحاضرات. وكان موقف الأخوان المسلمين هو استمرار الإضراب وفصل الطلاب الذين رجعوا من عضوية الاتحاد وقد فاز هذا الاقتراح.

وفي اليوم التالي بلغ عدد الذين رجعوا للدراسة ٨٠٠ طالب وفي اليوم الثالث اجتمع طلبة الطب في هيئة فصول وقرروا جميعا الإضراب فبلغ عدد الذين رجعوا ١٢١٦ معظمهم من الأخوان المسلمين. وحتى ذلك الوقت لم يرجع الشيوعيون للدراسة، وتمسكوا بقرار الاجتماع العام وفصل كل من ينزل للدراسة من عضوية الاتحاد، وطلبوا عقد اجتماع عام وإصدار قرار بالرجوع (حفاظا على وحدة الاتحاد) وهو الشعار الذي كان ينادي به الشيوعيون منذ البداية.

وطالب الشيوعيون بإنزال عقوبات بالذين خرقوا قرار الاجتماع العام ولكن الأخوان المسلمين تجاهلوا هذا المطلب كلية.

لقد أكدت تجربة ٥ ديسمبر صحة تحليلاتنا بأن العمل المشترك هو الذي يدفع بالبلاد في طريق الإضراب السياسي العام.

ولقد تأكد للحركة الطلابية من تجربة ٥ ديسمبر أن الأحزاب التقليدية لا تملك التأثير على مستقبل البلد السياسي ولا تنحي منحي الجدية في النضال ضد الحكم العسكري.

ورغم النتائج السلبية لإضراب ٥ ديسمبر ورغم الشعور العام بأن كل شيء قد انتهي إلا أن الحركة الطلابية لم تنكسر شوكتها وسرعان ما استعادة حيويتها السياسية.

لقد رسبت الحركة الطلابية تقاليد النضال في الجبهة الفكرية ضد عصابة ١٧ نوفمبر وضد الاستعمار. فمن وقت لآخر تقدم دراسات ومحاضرات عن الجنوب، التوكيلات التجارية – ثورة ٢٤ – الحركة النسائية في السودان. لقد كانت مثل تلك الندوات تحمل بطبيعتها مضمونا معاديا لعصابة ١٧ نوفمبر وترسب قيما وطنية وديمقراطية. وكان يؤمها جمهور واسع من الناس.

فمثلا في ما بين ١٠ سبتمبر و ٢١ أكتوبر عام ١٩٦٤ أقيمت في جامعة الخرطوم وحدها ٦ ندوات عن مشكلة الجنوب. وفي جامعة القاهرة فرع الخرطوم أيضا أقيمت بعض الندوات. كل هذه الندوات كانت تعبر بصورة واضحة وصريحة عن فشل النظام العسكري في مقابلة مشاكل تطورنا.

ففي يوم ١٩٦٤/١٠/١٠ أقامت جمعية الفلسفة التابعة لاتحاد طلاب جامعة الخرطوم ندوة بعنوان التقييم العلمي لمشكلة الجنوب وأصدرت الداخلية أوامرها بإلغاء الندوة.. وحذرت وأصرت على انفضاضها.

ونسبة لاعتبارات عديدة من بينها أن أغلب المحاضرين جاءوا للندوة على اعتبار أن المسألة لا تعدوا أن تكون تبادل للرأي ولم يرتق تصورهم أن هناك صدام متوقع.. ومن بينها أن اللجنة التنفيذية للاتحاد لا تود أن تتحمل مسئولية إصدار قرار كهذا، فقد تقرر انفضاض الليلة.

وفي يوم ١٩٦٤/١٠/١٢ قدمت اللجنة التنفيذية لاتحاد الطلاب عريضة لمدير الجامعة تناشده وتهيب به أن يناضل بحزم ضد أي تغول على استقلال الجامعة.

وفي يوم ١٤ من نفس الشهر حملت اللجنة التنفيذية عريضة احتجاج لوزير الداخلية السابق واعتقلت اللجنة تحفظا من يوم ١٠/١٥ وهذا نص العريضة:

إلى وزير الداخلية :

السيد وزير الداخلية

بعد التحية

إن اتحاد طلاب جامعة الخرطوم ليدرك الظروف الحرجة التي تعيشها البلاد في عهد الحكم العسكري من جراء فقدانها للحريات الديمقراطية وترديها في بؤرة الفساد والفوضى والإفلاس وتبعيتها العمياء للاستعمار ومخططاته. ويدرك الدور الوطني الذي تفرضه الظروف للقيام به ولا سيما بعد أن تفاقمت مشكلة الجنوب وبلغت حدا يهدد كيان البلاد. فقضية الجنوب قضية قومية تهم كل مواطن في هذا القطر وعلى كل مسئول أن يساهم في مناقشتها وحلها، والمثقفون عامة والطلاب خاصة مكلفون بهذا الواجب الوطني ومسئولون عنه أمام الله والوطن والتاريخ.

لقد سلكت الحكومة أسلوب البطش والإرهاب في معالجة هذه القضية فزادتها بذلك اشتعالا وتقيدا ولكنها ما لبثت أن أدركت عجزها فعمدت إلى : تكوين لجنة من الموظفين لا تملك صلاحيات لمناقشة الأوضاع القائمة ودعت المواطنين لإعانتها بإبداء أرائهم زاعمة أنه لن يضار أحد بما يبديه وأن على المواطنين أن يطمئنوا وقانون الطوارئ مسلط على الرقاب كيف تناقش قضية الجنوب بمعزل عن مناقشة الأوضاع الدستورية وقضية الحريات؟

لقد أصدرت وزارة الداخلية أمرا يمنع إقامة ندوة عن الجنوب بالجامعة في يوم ١٩٦٤/١٠/١٠ فلم ترع بذلك للجامعة استقلالا وهي موطن العلم والبحث عن الحقيقة. وهم الذين عرفوا بنظرتهم القومية التي لا تشوبها مصلحة خاصة أو غرض حزبي.

ولم يقف الأمر عند ذلك بل تعدي البوليس على كل حد ودخل الجامعة مدججا بالسلاح منتهكا بذلك حرمة الجامعة ومحاولا أن يخنق الفكر بقوة السلاح وما درى أن أسلوب البطش هو دليل الإفلاس.

إن اتحاد طلاب جامعة الخرطوم ليعلنها صريحة في قوة وبإيمان أنه يستنكر بشدة مصادرة حريات المواطنين في الفكر والتعبير وحرمانهم من المشاركة في قضايا البلاد ويستنكر تسلط الحكومة وتحكمها في رقاب البشر بدعوى الإصلاح. ويستنكر تدخل البوليس السافر في الحرم الجامعي وانتهاكه الصريح لحرمات استقلالها وهو يرى أن كل هذه الأحداث إنما تؤكد حقيقة كبرى هي ضرورة عودة الحياة الديمقراطية للبلاد.. وذلك رأينا

الذي ندين به منذ أن أعلناه قبل خمس سنوات ولم تزدنا به الأيام إلا اقتناعا ولن يزيدنا العنف إلا عنفا.

ندوة ٢١ أكتوبر التاريخية:

وأخيرا جاءت ندوة ٢١ أكتوبر التي دقت أخر مسمار في نعش الدكتاتورية العسكرية.

لقد تميز نضال الطلاب ضد الحكم العسكري بالحيوية الدافقة وبالعنفوان...

لقد كان هنالك اجتماع من الحركة الطلابية على الإيمان بالطبيعة الرجعية للحكم العسكري المباد.. وكان هنالك إجماع على العمل للإطاحة به.....

الفصل الرابع
المثقفون في النضال
ضد الدكتاتورية العسكرية

الرشيد نايل المحامي

بابكر عوض الله
رئيس مجلس الوزراء

عابدين اسماعيل
وزير الحكومة المحلية

لم يقف المثقفون بمعزل عن نضال الشعب ضد النظام العسكري الرجعي بل لعبوا دورهم في إذكاء ذلك النضال ودفعه للأمام – ونحن نورد فيما يلي موجزا لنضال بعض فئات المثقفين، ونأسف أشد الأسف إذا جاء هذا الملخص قاصرا عن شمول كل مظاهر ذلك النضال وذلك لقلة الوثائق التي بيدنا، وقد سعينا في الحصول عليها ولم نوفق.

المحامون:

لعب المحامون السودانيون دورا ملحوظا في مقاومة الدكتاتورية العسكرية سواء من خلال نقابتهم أو أحزابهم أو كأفراد.

فلقد وقف المحامون يدافعون متطوعين بأمانة وشرف عن جميع الوطنيين الذين وقفوا أمام عشرات المحاكم المدنية والعسكرية خلال الحكم العسكري الأسود، وقد رفع المحامون ممثلين في نقاباتهم عدة مذكرات في أوقات مختلفة تطالب بإنهاء الحكم العسكري الرجعي وعودة الحياة الديمقراطية (لم نحصل على نصوصها مع الأسف).

قضية الشهيد لوممبا :

عندما اغتال الاستعماريون وعملائهم باتريس لوممبا رئيس وزراء الكنغو، هب الشعب السوداني عن بكرة أبيه يستنكر تلك الجريمة، وقف المحامون في مقدمة الصفوف ورفعوا مذكرتين للحكومة العسكرية يوم ٢/١٥ و١٩٦١/٢/١٧ وسيروا موكبا اشترك فيه جميع المحامين بالعاصمة. وقد أدان المحامون في مذكرتهم موقف الحكومة المتخاذل إزاء قضية الكنغو ومقتل لوممبا وطالبوا باتخاذ موقف واضح ضد مؤامرات الاستعمار وعملية تشومبي[٩٠]، كما طالبوا بالاعتراف بحكومة أنطوان قيزنجا كحكومة شرعية للكنغو.

وقد اعتقل نتيجة لذلك الموقف المحامي المناضل فاروق مصطفي أبو عيسي وحكم عليه بالسجن ٦ شهور.

قضية تعذيب المناضل حسنين حسن :

في شهر يوليو ١٩٦١ أقدمت الحكومة العسكرية على تعذيب المناضل السجين حسنين حسن بالصورة التي يعرفها الجميع، والتي أثارت السخط والاحتقار للعصبة العسكرية.

وقد اتخذت نقابة المحامين موقفا واضحا إزاء تلك الجريمة حيث أرسلت مذكرة إلى الحكومة تستنكر فيها ذلك العمل، وتطالب بمحاكمة المسئولين عنه، كما أرسلت وفدا من المحامين إلى الأبيض للتحقيق في تلك الجريمة.

قضية قتيل المقرن:

وفي قضية قتيل المقرن[٩١] في أوائل سنة ١٩٦٢، حيث كانت أصابع الاتهام تشير إلى بعض الكبار وعلى رأسهم وزير الداخلية، أرسلت نقابة المحامين مذكرة قوية لمجلس الوزراء تطالب بأن تأخذ العدالة مجراها الطبيعي في تلك القضية بما يكفل للقانون هيبته وللمواطنين الاطمئنان على أرواحهم.

وقد طالب المحامون في تلك المذكرة بإيقاف جميع الذين تحوم حولهم الاتهامات وإجراء تحقيق سريع وتقديم المسئولين عن تلك الجريمة إلى المحاكمة.

أزمة الكاريبي:

وعندما نشبت الأزمة في البحر الكاريبي في أكتوبر ١٩٦٢ رفعت نقابة المحامين مذكرة لمجلس الوزراء تطالب الحكومة باتخاذ موقف واضح إزاء مؤامرة الاستعمار الأمريكي والتدخل الأمريكي المسلح في كوبا.

مناضلو ارتريا:

في أكتوبر ١٩٦٢ أقدمت الحكومة العسكرية الرجعية على جريمة نكراء استنكرتها جميع فئات الشعب السوداني، فقد عقدت الحكومة محكمة لعدد من المناضلين الارتريين سلمتهم بعدها لجلاد شعب ارتريا الإمبراطور هيلاسلامي.

وقد بعثت نقابة المحامين بمذكرة للحكومة تستنكر فيها تلك الجريمة. وتندد بالأسلوب الذي حوكموا به، وتسليمهم للامبرطور هيلاسلامي.

قرارات الجمعية العمومية :

وفي ١٩٦٤/٨/٧ انعقدت الجمعية العمومية للمحامين واتخذت عددا من القرارات الوطنية حيث أدانت التدخل الأمريكي في فيتنام، والتدخل الاستعماري البريطاني في الجنوب العربي واستنكرت عودة الخائن

تشومبي وسياسة حكومة جنوب جنوب أفريقيا، كما طالبت بتأييد كفاح شعب ارتريا ومدهم بالمال. وأيدت شعب أنجولا وشعب فلسطين

المحامون من وراء القضبان:

وكنتيجة للمواقف الوطنية التي وقفها المحامون، فقد لحقهم الكثير من تنكيل النظام العسكري ودخل المعتقلات والسجون المحامون.

أحمد سليمان أعتقل مرتين وسجن مرة

فاروق أبو عيسي اعتقل مرتين وسجن مرة

الرشيد نايل اعتقل ونفي إلى ناقشوط

جوزيف قرنق اعتقل مرتين وحددت إقامته في واو.

محمد أحمد محجوب اعتقل ونفي إلى جوبا.

مبارك زورق[٩٢] اعتقل ونفي إلى جوبا.

أحمد زين العابدين اعتقل مرة وحوكم مرة.

عبد الماجد أبو حسبو[٩٣] اعتقل مرة.

معتصم عبد الله مالك[٩٤] اعتقل مرتين.

صلاح سعيد اعتقل مرتين.

بابكر الكردي اعتقل مرة.

الرشيد الطاهر[٩٥] اعتقل وحوكم بالحبس ٥ سنوات.

الحاج الطاهر اعتقل عدة مرات.

علي محمد ابراهيم اعتقل ونفي إلى ناقشوط :

طه إبراهيم اعتقل مرة.

محمد أحمد المرضي (محامي شرعي) اعتقل ونفي إلى جوبا.

ولسنا بحاجة إلى سرد تفاصيل الدور الذي قام به المحامون في ثورة أكتوبر لأنها قريبة للأذهان ومعرفة للجميع.

القضاة :

تحول القضاء تحت رئاسة محمد أحمد أبو رنات إلى أداة في يد الطغمة العسكرية الرجعية، وكاد استقلاله أن يقضي عليه تماما، ولكن القضاة الوطنيين لم يستسلموا لهذا بل ظلوا يقاومون بمختلف الوسائل أهداف أبو رنات الرامية إلى إفساد القضاء وإلى إخضاعه للدكتاتورية.

وكان أوضح المواقف في هذا الاتجاه هو موقف القضاء الثلاثة : الطيب عباس وعثمان خالد مضوي[٩٦]، وعلى محمود حسنين[٩٧] الذين رفضوا بيع ضمائرهم وهم يحققون في أحد القضايا الأخلاقية التي هزت الرأي العام، ووقفوا بقوة في سبيل حماية القضاء من تدخل أبو رنات لحساب النظام العسكري، وكانت النتيجة أن فصل ثلاثتهم من السلك القضائي.
وأحيل القاضي عبد الرحمن النور[٩٨] إلى المعاش تحت المادة ٣٢ ب لمعارضته للنظام العسكري.
ومع بداية الثورة أقيل القاضيان بابكر عوض الله[٩٩] وعبد المجيد إمام[١٠٠] من منصبهما كقاضيين في المحكمة العليا لموقفها بجانب الثورة والإضراب السياسي العام، وإعادتهما ثورة الشعب بعد أيام قلائل.
وكان أبارو وطغمته في جهاز البوليس السياسي يتدخل تدخلا مباشرا لمنع دخول العناصر التي لا تتفق مع الحكومة للسلك القضائي.
وفي حالات معينة قبل بعض المتقدمين كقضاة وتدخل البوليس لمنع قبولهم كما حدث بالنسبة للأساتذة بشارة إبراهيم بشارة[١٠١]، وعوض ملة، والتجاني عمر الكارب.

الأساتذة الجامعيون في المعركة :
لقد كان مدخل الأساتذة السودانيين للمعركة ضد الحكم العسكري هو الدفاع عن استقلال الجامعة وحماية اتحاد طلاب جامعة الخرطوم من ضربات الدكتاتورية.
فعندما طوق البوليس الحرم الجامعي في نوفمبر ١٩٦٠ وفرق بالقوة مظاهرات الطلاب، أرسل الأساتذة السودانيون مذكرة إدانة واحتجاج على ذلك الإجراء باعتباره خرقا صريحا لحرمة الجامعة ولاستقلالها، وحمل الاستنكار إلى مدير جامعة الخرطوم.
وفي نفس العام أجرت الحكومة بعض التعديلات على قانون الجامعة لسنة ١٩٥٦، وأصبح للوزير بفضل تلك التعديلات حق التدخل في تكوين مجلس الجامعة. وعلى التو وقف الأساتذة السودانيون بصلابة أمام تعديل ٦٠ وقدموا مذكرة احتجاج واستنكار لحكومة العهد البائد.
وفي نوفمبر عام ١٩٦٢ وعلى أثر قرار المجلس الأعلى بأن ينفذ المدير أمر الفصل على الطلاب الذين ثبت اشتراكهم في مظاهرة الأربعاء ١٩٦٢/١١/١٤ أرسل الأساتذة السودانيون مذكرة رفض واحتجاج على

تنفيذ المدير لمثل هذه الإجراء. وأشاروا إلى أن تنفيذ مثل ذلك الأمر هو إجراء غير طبيعي ويمكن أن يحرم الجامعة من أساتذتها السودانيين.
لقد تشابكت جهود الأساتذة والطلاب لتأتي بالاتحاد الشرعي لطلاب جامعة الخرطوم. أن شرعية الاتحاد مكسب أساسي بالنسبة للحركة الطلابية وإثراء حقيقي بالنسبة لحركة الجماهير ولم يكن من الممكن انتزاعه بدون التفاعل اليقظ الذي قام به الأساتذة السودانيون.
لقد تعرض الاتحاد الشرعي لمؤامرات عديدة لنسفه ولتصفيته ولعل أبرز تلك المحاولات هو الاتجاه المبيت عند الدكتاتورية بعد إضراب ٥ ديسمبر ١٩٦٢.
لقد قام الأساتذة السودانيون بحماية ظهر الاتحاد الشرعي فاشترطوا ألا تمسه الإدارة بسوء وألا يتعرض أي طالب للتشريد أو لأي إجراء رادع آخر على اعتبار أن القضية خرق استقلال الجامعة قضية قوبلت بالاستنكار الشديد حتى من المدير نفسه.
وفي الأسبوع من أكتوبر ١٩٦٣ قدم الأساتذة السودانيون مذكرة تدور حول الشائعات التي انقطعت مؤخرا عن نية الحكم العسكري في ضم الجامعة لوزارة المعارف استنكروا فيها بشدة صدور مثال ذلك الإجراء.
وفي ٥ نوفمبر من نفس العام صدر القرار المشئوم بصورة رسمية وقدم المدير استقالته الأساتذة السودانيون استقالتهم المشروطة بحسب القرار.
ورغم أن الأستاذة السودانيين قد سحبوا استقالاتهم إلا أن ممثلهم في مجلس الجامعة دكتور علي محمد خير[١٠٢] ظل هو الوحيد مع طه بعشر[١٠٣] ممثل الخرجين – الذي أعترض على ضم الجامعة للمعارف وعلى إجراء أي تعديل في قانون الجامعة.
وطوال تلك السنوات كان الأساتذة السودانيون لا يألون جهدا في إذكاء نار الحرب على الفكر الاستعماري الذي يسند النظام العسكري المباد، ولا يتحرجون من إبداء الرأي صراحة عن اقتناعهم بفشل النظام العسكري في تلبية احتياجات تطور بلادنا المستقل.
ولعل الأساتذة السودانيين كانوا من أسرع الفئات تفاعلا مع الموقف الأخير بجامعة الخرطوم. فقد قدموا مذكرة احتجاج على اعتقال اللجنة التنفيذية للإتحاد في يوم ٦٤/١٠/١٦ أدنوا فيها التدخل السافر للعساكر في حرم الجامعة.

وفي يوم ١٩٦٤/١٠/٢٢ قرر الأساتذة السودانيين تشييع جنازة الشهيد أحمد قرشي وتم ذلك بالفعل وسط المدافع والهراوات وفي نفس اليوم قدم الاساتذة ميثاق الجبهة الوطنية للهيئات والذي على أساسه دخلت فئات الشعب السوداني في الاضراب السياسي العام. وكان الاساتذة السودانيون أول من دخل في الإضراب السياسي بأن قدموا استقالاتهم غير المشروطة بشئ سوى نهاية الحكم العسكري على البلاد.

وهذا هو نص الاستقالة :

"بما أن سلطات البوليس قد انتهكت حرمات الجامعة فتصدت لندوة عامة عقدها الطلبة يوم السبت العاشر من أكتوبر عنوانها " التقييم العلمي لمسألة الجنوب" ثم مدت تلك السلطات يدها للجنة إتحاد الطلبة فاودعتها محابس التحفظ."

"وبما أنها عادت يوم الأربعاء الحادي والعشرين من أكتوبر فتصدت لاجتماع داخلي بحت لجمعية الطلاب العمومية اقتصر على طلاب الجامعة شهودا ومتحدثين، وعقد في فناء مساكن الطلبة بقصد تحديد الرأي في مسألة الجنوب، فاعتدى البوليس على الطلاب العزل بعدد هائل من القنابل المسيلة للدموع، ثم أمطروهم بالرصاص الوابل فأردوا بعضهم قتلى وتركوا البعض الآخر بين الموت والحياة، ولم يقتصروا على هذه الفعلة الشنيعة بل تعقبوا الطلبة في حجرهم وقادوهم معنفين إلى الاعتقال، بل بلغت بهم الجرأة أن اعتقلوا بعض الاساتذة وانتهت بهم الوحشية إلى تعويق مجهودات الاساتذة والأطباء لاسعاف الجرحى ونقلهم الى المستشفى"

"وبما أنه تماديا للكيد للجامعة واستخفافا بشأنها تصدت لموكب نعش الشهيد فحظرت نقله إلى الجامعة ووقف جنودها متهيئين لامتهان كرامة النعش وابادة الاساتذة والطلبة وغيرهم من المشيعين."

"ولقد رأينا نحن الاساتذة أن هذه الجامعة فقدت مقوماتها وأصبحت صورة بلا معنى وبناء بلا كيان"

"فإذا كانت الجامعة موطناً لحرية الفكر ومنارا للعلم المتجرد، فقد خنقت في هذه الجامعة حرية الفكر وديست فيها قداسة العلم وحكمت فيها سياسة رعناء قوامها القهر والبطش والارهاب"

"وإذا كانت الجامعة من صميم هذا الشعب تخدمه وتقوم على شئونه فقد أصبحت جامعتنا اليوم عاجزة عن أدنى مشاركة في حل المسائل القومية

لهذا البلد الذي تستصرخنا حاجاته الضائعة وقضاياه التي أفلست فيها سياسة الحكام"

"وإذا كان للجامعة حرم جدير بالتقديس وإذا كان لطلبة العلم وحملته حق في التوقير والاكرام فقد انتهك حرم الجامعة فأصبح مسرحا لاراقة الدماء وديست قداسة العلم في أهله وأصبحوا عرضة للتقتيل والتنكيل."

"وبما أن الجامعة من جراء ذلك لم تعد موطنا للعلم ولا مجالا لبحث قضايا الأمة السودانية ولم يبق لها حرم مكرم ولا أهل يوقرون وبما أننا ايقنا أنه لن تقوم لأستقلال الجامعة قائمة في ظل الأوضاع الحاضرة فقد قررنا نحن أساتذة جامعة الخرطوم السودانين – الموقعين – أدناه أن نطهر أيدينا منها بالتوقف عن العمل فورا والاستقالة عن وظائفنا فيها استقالة غير مشروطة ولا موقوتة إلا بزوال هذا الوضع المظلم وقيام نظام دستوري يعرف للجامعة استقلالها ويقدر أهلها حق قدرهم.

٢٣ أكتوبر ١٩٦٤م

وفي يوم ١٩٦٤/١٠/٢٤م رفع أساتذة الجامعة المذكرة السياسية التالية إلى الفريق إبراهيم عبود.

السيد رئيس المجلس الأعلى للقوات المسلحة.

أننا نقدم لكم فروض النصح التي يميلها علينا الوفاء بحقوق هذا الوطن العزيز والإحساس بمسئولية رجال العلم نحو هذا الشعب الحبيب.

لقد ساءنا تصريف شئون البلاد واخفاق سياسة الحكومة التي ترتب عليها أن تفاقمت الأزمة في الجنوب حتى كادت تهدد وحدتنا القومية وأن غشيت البلاد ضائقة إقتصادية ساحقة وأن جمدت سياستها الخارجية حتى أصبح السودان ذيلا بين الأمم.

ولقد تبين بجلاء أن القائمين على أمور البلاد عجزوا تاما عن انتاج سياسة رشيدة للحكم بينما عطلوا كفاءات الأمة وقطعوا كل سبيل للشورى ولقد راعنا مدى الفساد الشامل الذي استشرى في أجهزة الحكم والإدارة، فقد شاعت بين بعض الحكام انحرافات السلوك حتى كادت أن تقوض كيان الامة الاخلاقي ولقد تفشت بينهم الرشوة والمحسوبية والظلم حتى أصبحت أعمال الدولة رهنية بتجارة الفساد وأموالها نهباً لكل طامع. وساد بين أولياء الأمور وأهمال مصالح الأمة والتفريط في مسئولياتهم العامة. ولا ريب أن

مرد ذلك إلى أنعدام الأستقامة الخلقية عند كثير من الحكام وإلى افتقار الرقيب والحسيب على سلوك الحكام وتصرفاتهم.
ولقد اسخطنا أن أصبحت الصلة بين الحكومة والشعب قائمة على القهر والقسر فقد حكمت فيهم الأوامر الجائرة وسلطت عليهم سلاح الأعتقال بلا جريرة ولا محاكمة وأرهقت مؤسسات العلم وأجهزة الرأي ولجأت إلى الوسائل الوحشية في قمع الحريات. ولا غرو ما دامت سلطة الحكومة تفقد كل عنصر من عناصر الرضى لأن الحكام لا يتمتعون بأدنى صفة تمثلية ولأنهم عجزوا عن كسب ثقة الشعب.
من أجل ذلك كله ونظرا للأزمات التي أثارتها سياسة الحكومة الداخلية والخارجية والفساد الذي أضاع تقاليدنا في الأخلاق المتينة وإلادارة الحسنة وللأضاع القهرية التي أهمدت وعي الشعب وداست كرامته وعزته فأننا نطالبكم:

١. إطلاق حرية التعبير والتنظيم بلا قيد ولا شرط.
٢. قيام لجنة قومية – من قطاعات الشعب وقادته ومفكريه.
٣. أتخاذ الخطوات اللأزمة للأنهاء الفوري للوضع الحاضر.
٤. إعادة الجيش إلى وحداته المألوفة تحت أمر السلطة المدنية التي يرتضيها الشعب.
٥. أسناد أمر الأمة إلى وضع ينقل بها إلى حكم طاهر سديد يكفل للشعب حرياته وحقه في الحكم.

الأساتذة السودانيون بجامعة الخرطوم ٢٤ أكتوبر

الأطباء:

وتعرض الكثير من الأطباء إلى اضطهاد النظام الدكتاتوري بسبب مواقفهم الوطنية كما حدث بالنسبة للدكتور أحمد نجيب الذي منع من العمل في المستشفيات الحكومية رغم حصوله على شهادات عالية في الجراحة من الأتحاد السوفيتي، كما منع الدكتور مأمون محمد حسين من العمل أيضا بسبب نضاله ضد النظام العسكري. وأعتقل الدكتور عز الدين علي عامر مرتين ونفي إلى ناقشوط.
وعند اندلاع ثورة أكتوبر كان الاطباء من أوائل الفئات التي أرسلت المذكورة إلى الحكومة تطالب بأنهاء النظام العسكري، وتؤكد أن الأطباء لا يمكن أن يمارسوا مهنتهم الإنسانية في ظل ذلك النظام.

الفصل الخامس
القوات المسلحة بجانب القوى الوطنية

في البيان التاريخي الذي أصدره الحزب الشيوعي السوداني يوم ١٨ نوفمبر ١٩٥٨م – غداة الأنقلاب الرجعي – أكد الحزب الطبيعة الرجعية للانقلاب وافتقاره إلى أي سند من القوى الوطنية الديمقراطية، مما يؤكد عزلته وضعفه الشديد وانهياره المحتم. ودعا الحزب إلى تجميع كل القوى الوطنية الديمقراطية من عمال ومزارعين وطلاب ومثقفين ثوريين بالإضافة إلى الوطنين من جنود الجيش وضباطه، في جبهة تطيح بالحكم الدكتاتوري عميل القوى اليمينية والأستعمارية.

وكانت تلك أول أشارة في أدب الحزب الشيوعي- وفي أدب الحركة الوطنية منذ قمع ثورة ١٩٢٤م – إلى ضرورة مخاطبة القوى الوطنية في الجيش والسعي لاستنهاضها وضمها إلى صف قوى العمال والمزارعين والمثقفين الثوريين في النضال الوطني الديمقراطي العام – وهذه المخاطبة كانت ضرورة للغاية – لأن هناك من كانوا يظنون أن الجيش كله يقف خلف عبود ولا يضم أية قوي تنهض لمعارضة السياسات الرجعية التي جاء انقلاب ١٧ نوفمبر لتطبيقها.

وعرضا نذكر حادثة لها دلالتها. فعند ما طالبت جريدة (الميدان) باطلاق سراح عبد الرحمن كبيدة وأخوانه الذين حوكموا بالسجن في أواخر عام ١٩٥٧م بتهمه التدبير لانقلاب عسكري، وبارجاعهم وأرجاع أخوانهم المطرودين من الجيش إلى الخدمة العسكرية، كان رد الدكتاتورية الخاطف هو أنذار " الميدان" أنذارا نهائيا على الفور، بيد أن مطلبها تحقق رغم ذلك بعد مضي ثلاثة أشهر فقط.

أنتفاضة ٤ مارس:

ففي ٤ مارس عام ١٩٥٩م هبت وحدات من الجيش بقيادة الأميرلاي عبد الرحيم محمد خير شنان والأميرلاي محيي الدين أحمد عبد الله في انتفاضة للإطاحة بحكم ١٧ نوفمبر. وكانت نتيجة تلك الانتفاضة طرد اللواء أحمد عبد الوهاب الذي دبر الانقلاب الرجعي بالتعاون والتفاهم والتامين مع عبد الله خليل والسفارات الاستعمارية، والذي كان قائد الحلقة الاشد رجعية داخل المجلس الأعلى للقوات المسلحة وكذلك اخراج عوض عبد الرحمن ومحمد نصر عثمان[١٠٤] وحسين علي كرار[١٠٥] ومحمد أحمد الخواض[١٠٦] ومحمد أحمد التيجاني من المجلس. ودخل المجلس عبد الرحيم شنان ومحي الدين أحمد عبد الله، كما تسلل إليه المقبول الأمين الحاج[١٠٧]. وأستقبل الشعب

انتفاضة ٤ مارس ببهجة كبيرة؛ وكان ذلك دليلاً على عزله نظام ١٧ نوفمبر وعلى بغض الشعب له. وتبين جليا أن الآمال الكاذبة التي أوحاها الانقلاب الرجعي يوم ميلاده بالحديث عن محاربة الفساد وإزالة الأزمة الاقتصادية كانت أنهارت تماما.
وكان تقييم الحزب الشيوعي لهذه الانتفاضة ايجابيا. ففي العدد الخاص الذي اصدرته مجلة "اللواء الأحمر" والمؤرخ ١٩٥٩/٥/١٣م بمناسبة مرور ٦ أشهر على ١٧ نوفمبر جاء ما يلي " وبنضال عمال السودان وحزبهم وضعت الظروف المناسبة ليرتفع صوت الوطنيين في الجيش فجاءت حركة ٤ مارس. ورغم أن هذه الحركة لم تصل إلى نتائجها المنطقية حتى اليوم من توفير حكم وطني للبلاد، وارجاع حقوق الشعب الديمقراطية إلا أن الطريق أصبح مفتوحاً إلى ذلك الهدف - فالشعب السوداني وبجانبه الكتلة الوطنية أقوي بكثير من الرجعيين والمغامرين والطائشين".
بيد أن تحركات الجماهير الشعبية لم تكن قد وصلت إلى مستوى القوة والتنظيم الكافيين لحماية انتفاضة ٤ مارس. لهذا ولتردد في قيادة تلك الانتفاضة ولضعف تنظيم القوى الوطنية داخل القوات المسلحة لم تصل حركة ٤ مارس إلى نتائجها المنطقية.

٢٢ مايو ١٩٥٩:

ولهذه الاسباب نفسها فشلت محاولة ٢٢ مايو الثورية وبفشلها انتهز حكام ١٧ نوفمبر الرجعيين الفرصة وقاموا بعمليات واسعة النطاق لتصفية كل الحركة الثورية المعادية لهم وسط الشعب والجيش بقانون الجيش التحفظي اعتقلوا مئات الوطنيين وزجوا بهم وراء الأسوار. كما قاموا في نفس الوقت بتقديم خيرة أبناء الجيش إلى المحاكم العسكرية.
وكشف المكتب السياسي للحزب الشيوعي السوداني تلك الإجراءات في المنشور التالي:
أيها الضباط والجنود الأحرار:
"لا شك أن المحاكمات العسكرية الجائرة الواسعة النطاق للضباط الوطنيين تشغل اليوم أذهان جميع السودانيين وتثير غضبهم وسخطهم على عصابة ١٧ نوفمبر المؤتمرة بأوامر الأستعمار والرجعية. إن حزبنا الشيوعي السوداني الذي لم يمتثل لرغبة الرجعيين في حل نفسه والانسحاب من ميدان الكفاح الوطني يقف اليوم في مقدمة الشعب مدافعاً جريئا عن مصالح

وأماني وطننا. لذلك كان من الطبيعي بل ومن الواجب أن يعبر عن استنكاره ولعنته على تلك المحاكمات المجرمة، ويشن حملة شعواء لوقفها ومحاكمة المجرمين الحقيقيين. ونحن نخاطبكم في هذا الصدد لكي تتحد الإرادة والجهود الوطنية لتصحيح الأوضاع ولانقاذ البلاد من مؤامرات الأستعمار والرجعية.

لم يعد خافيا لجماهير السودانيين جيشاً وشعباً أمر عصابة ١٧ نوفمبر وحقيقة انقلابها الرجعي. فقد تردت البلاد في هذه الفترة القصيرة من جراء سيرهم في سياسة الرجعية والاستعمار. ترددت البلاد في هاوية الافلاس الاقتصادي والسياسي، وأصبح أمرها في يد السفارات الأجنبية وعملائها. ولم يعد خافيا أيضا أن قادة ١٧ نوفمبر يعملون اليوم لتحويل بلادنا إلى قاعدة حربية أمريكية وبذلك يسلبونها نهائيا كل مقومات الأستقلال والسيادة.

إن الحقائق التي وردت في أقوال شنان وهو وزير عليم وضابط عظيم في الجيش، خير برهان على طبيعة انقلاب ١٧ نوفمبر المعادية لمصالح الشعب. ألم تكشف أقوال شنان مدي خضوع قادة ١٧ نوفمبر للتدخل الاستعماري الأمريكي في شئون بلادنا؟ ألم تكشف علمهم بل ومعونتهم للنشاط الرجعي الذي يقوم به حزب الأمة؟ ألم تكشف الحلقة الرجعية داخل الجيش التي كان يتزعمها أحمد عبد الوهاب سابقاً وحسن بشير (نائب القائد العام حالياً) ثم تكشف صلات حسن بشير المريبة بالدوائر الأجنبية؟ واخيرا ألم تكشف الحقيقة التي أشار إليها حزبنا من أول يوم وهي أن هذا الانقلاب ليس سوى عملية تسليم من عميل الرجعية عبد الله خليل لعصابته في قيادة الجيش؟ نعم لقد كشفت أقوال شنان الجريئة الصادقة كل هذه الحقائق التي تصم بالعار والخيانة حكم قادة ١٧ نوفمبر.

لقد كانت حركة ٤ مارس تعبيراً وطنياً لسخط الشعب والجيش على قادة ١٧ نوفمبر وانقلابهم الرجعي. كما كانت دليلاً قاطعاً على أن الجيش السوداني بخير وأن أبناءه حريصون على التزام جانب الشعب والذود بدمائهم عن حرية البلد وكرامتهم الوطنية. وهذا ما يفزع الاستعماريين والرجعيين ويدفعهم بواسطة عملائهم الموتورين داخل الجيش – إلى تصفية العناصر الوطنية النظيفة من ضباط وجنود وتشتيت شمل الجيش وتحويله إلى جيش من المرتزقة يكون في يدهم اداة لضرب الشعب السوداني وخدمة لمصالحهم. وهذا هو الدافع الاساسي لهذه المحاكمات الواسعة التي تجري اليوم وسط صفوف الضباط الاحرار – بجانب حملة الاعتقالات المحمومة

بالعشرات للوطنيين من خيرة ابناء السودان ونفيهم إلى حدود البلاد. ويتبع حكام ١٧ نوفمبر أسلوبا ماكرا لهذه المحاكمات فهم يهدفون من وراء تطويلها إلى شغل أذهان الناس وتمرير أحداث هامة من ورائهم كما حدث بالنسبة للميزانية، كما أنهم بذلك أيضا يكسبون الوقت للفت انتباه الجماهير إلى مشاكل جديدة. وفي غمرة الأحداث تقيد بلادنا بالسلاسل الأستعمارية ويفقد خيرة أبنائها أوراحهم.
ويواصل حسن بشير تنفيذ خطته المجرمة بأحكام، فهو يصدر الأوامر كل يوم باعتقال خيرة الضباط بهدف تقديهم للمحاكمة كما انه قد دبر أمر طرد ١٠٨ ضابطاً من الضباط الذين لا يأتمرون بأوامر الرجعية ولا يرضون السكوت على نشاطه المعادي لمصلحة الوطن وجيشه.
ولكن مهما فعلوا فأنهم لن ينجوا من شر أفعالهم. فأن محاكمة ضباط ١٩٢٤ مازالت تدوي في أعماق وجدان شعبنا ولا زالت لعنات اولئك الشهداء ولعنات الشعب تلاحق عبد الله خليل الذي تلطخت يده بدمائهم الطاهرة انذاك. ان أسماء الضباط الأحرار الذين يقفون اليوم أمام محكمة عصابة ١٧ نوفمبر الهزيلة ستخلد في تاريخ بلادنا بجانب أسماء علي عبد اللطيف وعبد الفضيل ألماظ ورفاقهم الأبطال. فليعلموا أن الهزيمة الساحقة دائما للعملاء والخونة والنصر والمجد للوطنيين الأحرار.
أيها الضباط والجنود الاحرار:
لئن استطاعت عصابة ١٧ نوفمبر بتوجيه الاستعماريين المباشر أن تدفع بلادنا إلى هذا الدرك المشين من الفساد والاستبداد واجراء هذه المحاكمات الغادرة للضباط الوطنيين، فنحن نعلم أنه انتصار مؤقت ونؤمن تمام الأيمان أنه يوم تتحد كلمتكم – وهو يوم ليس ببعيد – تسندها إرادة الشعب، ستطيحون بحكم الرجعية والاستعمار إلى الأبد، وتعيدون استقلال بلادنا نظيفا، وكرامتها موفورة وديمقراطيتها كاملة. ولكنكم اليوم يجب أن ترفعوا أصواتكم عالية بوقف هذه المحاكمات الجائرة وتبرئة ساحة الضباط الاحرار ورد اعتبارهم. اتصلوا بقادتكم وارفعوا لهم رغبتكم بل رغبة جميع السودانيين في وقف هذه المحاكمات واطلاق سراح الضباط المعتقلين.
أرسلوا البرقيات إلى المجلس الأعلى بهذا المطلب العادل.
الحرية والتمجيد للضباط المعتلقين..
المحاكمة والسجن لاحمد عبد الوهاب وعبد الله خليل وعميلهم حسن بشير وبطانته.

المكتب السياسي
للحزب الشيوعي السوداني
١٩٥٩/٧/٢٠م

وأمام المجلس العسكري العالي وقف الأميرلاي عبد الرحيم محمد خير ليقول ضمن دفاعه..

"ويهمني في المقام الأول أن اثبت برائتي أمام الوطن والرأي العام والتاريخ.

يؤسفني بل ويحزنني أن يصف المدعي العمومي ثورة ٤ مارس بأنها نكسة وبأنها هزة لم يعرف الشعب مدلولا لها إلا أنها زعزعت معنويات الجيش وأطاحت بكثير مما نلناه من مكاسب. ولم تعرف الأمة غرضا لها الإ السعي إلى كراسي الحكم دون مبرر ظاهر أو معقول.

وأنني لأبادر بالقول بأن الجيش بخير وأنني أعرف ذلك جيدا لأنني من الجيش واليه. ويهمني أن أذكر أن ثورة ٤ مارس الحكم فيها متروك للشعب وليس للموظفين القابعين في المكاتب".

ومضي الأميرلاي شنان يكشف المؤامرة الخسيسة التي كان يدبرها الأستعمار بالتعاون مع حكام ١٧ نوفمبر لتحويل حلايب إلى قاعدة عسكرية أمريكية ولبناء طريق الخرطوم- حلايب لأغراض عسكرية استعمارية وفضح شنان في محاكمته المذاعة كيف دبر انقلاب ١٧ نوفمبر بالتعاون مع عبد الله خليل وكيف أن عبد الله ذكر له بالحرف " أنني عندما سلمت الحكم للرئيس عبود كنت مطمئنا إليه".

وأمام المجلس العسكري العالي الذي شكل لمحاكمتهما دافع البكباشي حسن إدريس[١٠٨] وعبد الحفيظ شنان عن الشعب وفضحا الحكم الدكتاتوري الرجعي. وقال البكباشي عبد الحفيظ شنان في معرض دفاعه الطويل.

"ذكر عني بعض الشهود أنني قلت لهم الحالة غير مستقرة أو ما معناه. واحب أن أضع أمامكم المسائل الآتية لتقرروا بأنفسكم حقيقة ما ذكرت. أنه بعد قيام حركة ١٧ نوفمبر وحتى الآن حصلت الأشياء التالية:

١. ثورة بتاريخ ٢ مارس ١٩٥٩.
٢. ثورة بتاريخ ٤ مارس ١٩٥٩
٣. اشاعة بأن هناك حركة بين الضباط لأعتقال أعضاء المجلس الاعلى في أول ابريل ١٩٥٩م.

٤. محاولة لانقلاب في ٢٢ ابريل وأبعد بسببها البكباشي محمود حسيب.
٥. محاولة للقيام بانقلاب في ٢٢ مايو ١٩٥٩.

وهذا يعني أنه بعد حركة ١٧ نوفمبر ١٩٥٨ وحتى هذه اللجنة قامت ثورتان وثلاث محاولات للقيام بانقلاب عسكري كشف أمره – فماذا يعني ذلك؟
إنه يعني عدم الأستقرار الذي تعانيه البلاد ويعني كذلك اتهام صريحا لحركة ١٧ نوفمبر التي لم تحقق الآمال المعقودة على ثورة يقودها الجيش السوداني الباسل..

لقد قامت حركة ١٧ نوفمبر وقال قائدها أن السبب الذي قامت من اجله هو القضاء على الفساد والمحسوبية والارتشاء وتبصير الشعب بمصالحة الحقيقة.. فماذا فعلت حركة ١٧ نوفمبر؟

١. كممت الافواه وأسكتت الشعب وأغلقت الصحف وعطلت النقابات.
٢. حاكمت زعماء العمال بتهم لم يعرفها الشعب وبطريقة مريبة.
٣. كونت لجنة للنظر في قوانين العمال لم نسمع بها ولا بمجهوداتها الا يوم أعلن نبأ تشكيلها.
٤. وصفت العلاقة بين الجمهورية العربية المتحدة والسودان بأنها جفوة مفتعلة خلقها الساسة المدنيون وحركة ١٧ نوفمبر لم تزدها الا جفوة وافتعالا.
٥. لم تحاكم أي مرتشي أو مستغل لنفوذه.

وهنا تدخل الرئيس:
" يا سيد عبد الحفيظ أرجو أن أنبهك إلى أن هذا الكلام لا يفيدك في دفاعك".

عبد الحفيظ: (يفيدني جدا – أنا متأكد أن كلامي ده فيه فائدة !"
وواصل البكباشي شنان قائلاً: لم تحاكم أي مرتشي أو مستغل لنفوذه أو مثر على حساب الشعب أو مفسد للحكم.

٦. قال الرئيس (إن الثورة لا تحقد على أحد ولذلك عفا الله عما سلف) ونقول إنه حق أي شخص أن يعفو عما له من ديون على الغير ولكن حق الشعب لا يعفه إلا الشعب.
٧. اعتقلت المواطنين بالجملة وهي تعلم أنها لن تستطيع محاكمتهم لأنه لا يسندها قانون يحاكمهم وليست هناك جريمة يحاكمون عليها.

٨. إنها بدلا من محاكمة المرتشين واللصوص صارت تحيلهم على المعاش وتزويدهم من مال الشعب الذي نهبوه.
٩. أنها لم تتلخص من أعوان الأستعمارفي الخدمة المدنية وهي تعلم أنهم سبب كل بلاء وفساد أصاب البلاد منذ نيل الأستقلال.
١٠. أنها لا تعلم أن المبادئ لا تحارب بالمبادئ وأشياء أخرى أكثر وأعظم.

وكانت حصيلة العمليات الغادرة لتصفية القوات المسلحة من الوطنيين كما يلي:

السجن المؤبد للأميرلاي عبد الرحيم شنان والأميرلاي محيي الدين أحمد عبدالله وللبكباشي حسن إدريس وعبد الحفيظ ومحمد علي السيد وللصاغ أحمد محمد أبو الدهب، والسحن ١٥ عاما لليوزباشي محجوب بابكر سوار الدهب والسجن عامين لليوزباشي أسامة المرضي والملازم أول محمد عثمان كيلة والسجن سنة للصاغ عبد الحفيظ صالح حسيب.

والطرد من الجيش للواء أحمد عبد الله حامد والقائمقام علي صالح سوارالدهب ولعدد كبير من مختلف الرتب بلغت جملته ١١٧ ضابطا.

واستقبل الشعب تلك الأحكام بسخط بالغ ضد نظام ١٧ نوفمبر وأصدر المكتب السياسي للحزب الشيوعي المنشور التالي:-

حكم الشعب فوق حكم العملاء

أيها المواطنون ويارجال الجيش الاحرار...

يوم الثلاثاء ١٩٥٩/٩/٢٢م أعلنت عصابة ١٧ نوفمبر المؤتمرة بأوامر الأمريكان أحكامها الجائرة على الضباط الوطنيين. وقد بلغ مجموع الأحكام على عشرة من الضباط فقط ١٤٠ (مائة واربعين) عاما. كما خسر الجيش ٣٢ ضابطا من خيرة ضباطه. وقد أصدر الخائن حسن بشير أمرا بطرد عشرين من هؤلاء الضباط بما أسماه المحاكم الايجازية ولم يحدد تهمة ضدهم يبرر بها هذا الطرد سوى أن أسماءهم وردت في التحقيقات فلو كان الأمر كذلك فلماذا لا يحاكم حسن بشير نفسه وهو الذي ورد اسمه في التحقيقات تحت تهم يستحق من أجلها الرمي بالرصاص. ولكن لم يكن يخفي على الشعب من البداية حقيقة هذه المحاكمات وأن الهدف الذي تسعي إليه عصابة ١٧ نوفمبر هو تصفية العناصر الوطنية من الجيش وتحويله إلى عصابة مسلحة تحمي مصالح الاستعماريين والرجعيين في بلادنا.

إن التهمة الموجهة إلى أولئك الضباط الشرفاء هي التمرد على من؟ على سلطات الشعب؟ كلا... إنهم تمردوا على الخيانة وعلى تحكم السفير الأمريكي واشرافه التام على شئون بلادنا. أنهم متمردون على الخائن حسن بشير وعبود وزمرتهما لتفريطهم في أستقلال بلادنا وديمقراطيتها. هذه هي التهم التي سجن بسببها أولئك الابطال وطردوا من الجيش. أنها حقا تهمه مشرفة ويشرف كل الوطنيين في بلادنا أن توجه إليه. فالواقع أن جميع أبناء وطننا متمردين على عصابة حسن بشير وعبود وقريباً جدا سيأتي اليوم الذي تهب جموع شعبنا لتنقذ بلادنا وتقتص لأولئك الأبطال الشرفاء وترد لهم اعتبارهم وتصدر حكم الشعب على خونة ١٧ نوفمبر.

أيها المواطنون – ويارجال الجيش الاحرار:

لقد شعر خونة ١٧ نوفمبر بأن الكراسي التي يجلسون عليها تهتز من تحتهم وأن الشعب يتحفز اليوم للإطاحة بحكمهم المتداعي. فقد رأوا أنهم بإعلان هذه الأحكام المسعورة يمكنهم أرهاب الجيش والشعوب، وأن عبود باستبداله لأحكام الإعدام بالسجن المؤبد يستدر عطف الجماهير الغاضبة عليه. ولكن هذه التقديرات خاطئة – فهذه الاحكام المجرمة لم تزد لشعبنا إلا احتقارا وسخطا على عبود وعصابته واصرارا على النضال الباسل لسحقهم.

لقد سجل شعبنا بتاريخ ١٩٥٩/٩/٢٢م أسماء شنان وزملائه على قائمة الشرف الوطني بجانب أسماء علي عبد اللطيف وألماظ ورفاقهم في السلاح إلى جانب أسماء الذين استشهدوا وشردوا في كفاحنا الوطني. وسيلحق عار الخيانة الابدي بطغمة عبود الفاسدة.

أيها المواطنون – أيها العمال – أيها الجنود الاحرار:

إن عصابة ١٧ نوفمبر الغارقة في أوحال الخيانة المثقلة بأوزارها وجرائمها أصابها الضعف والهزال ولم تصمد لضربه واحدة. ولقد آن أن نهب موحدين لنوجه لها الضربة القاضية قبل أن تسترد أنفاسها وترتكب المزيد من الجرائم في حق بلادنا. لقد علمنا أن المعتقلين والمسجونين السياسين بسجن كوبر قد أعلنوا جميعا الأضراب يوما عن الطعام احتجاجا على أحكام الخيانة ضد الضباط الاحرار – أننا ندعو جموع الشعب وعلى رأسها جماهير الطبقة العاملة بأن تعلن استنكارها واحتجاجها الصارخ على هذه الأحكام بكل وسائل التعبير – تعلن رفضها لأملاء إرادة الاستعمار

الامريكي على بلادنا – تعلن عزمها على الاقتصاص من الخونة عملاء الاستعمار والرجعية.
المجد للضباط السجناء الابطال.
الهزيمة الساحقة لحكم العملاء الخونة.
النصر لهبة الشعب وجيشه لانقاذ البلاد من تحكم الاستعماريين والرجعيين.

المكتب السياسي
للحزب الشيوعي السوداني
١٩٥٩/٩/٢٤

محاولة الانقلاب في ١٩٥٩/١١/١٠
رغم كل ألوان التنكيل ضد القوى الوطنية خارج الجيش وداخله فأن تلك القوى قد عبرت عن تصميمها على مقاومة نظام ١٧ نوفمبر الرجعي وعلى الاطاحة به – وفي المنشور الذي أصدره المكتب السياسي بتاريخ ١٩٥٩/١١/١١ نجد صورة لتلك المقاومة:
لنشدد النكير على الديكتاتورية المتداعية
أيها المواطنون:
في كل يوم يعبر شعبنا الباسل عن سخطه المتزايد على عصابة ١٧ نوفمبر الخائنة التي لم تعد تعتمد على مساندة أي قوة اجتماعية في بلادنا. لقد انعزلت هذه العصابة تماما وانسحب البساط من أرجلها ولم يبق غير أن تسدد الحركة الشعبية المتعاظمة ضربة قاضية لحطام الثورة المزعومة.
فمنذ بداية هذا الشهر تحرك عمال السكة الحديد بالخرطوم في اضرابهم التاريخي الذي تبعته اضرابات الطلاب في جميع المعاهد العليا والثانوية بالسودان بما فيها مدارس البنات. ان التأييد الشامل الذي لقيته أضرابات العمال والطلبة والطالبات من جميع أقسام المجتمع السوداني ليقف دليلاً ناصعا على أن العصابة الحاكمة قد أفلست افلاسا تاما، وعلى أن الحركة الشعبية قادرة تماما على الاطاحة بها إلى متحف التاريخ غير مأسوف عليها وعلى عهدها الأسود.
ولم تقف حركة المقاومة على العمال والطلاب وأقسام الحركة الشعبية الاخرى، بل تعدتها إلى صفوف الجيش نفسه والذي ظنت عصابة عبود وحسن بشير أنها بالمظاهرات الأرهابية التي أعقبت تحركات ٢٢ مايو وبالأحكام التي بلغت أكثر من ١٠٠ عام، وبطرد العشرات من الضباط

الوطنيين ظنت بذلك أنها قد أمنت جانب جيشنا وأنها قد حولته إلى مجموعة من المرتزقة والعملاء. ولكن أحلام العصابة الحاكمة قد ذهبت أدراج الرياح فجاءت لطمة ١٠ نوفمبر التي قادها عدد من الضباط الوطنين البواسل فأطاشت صوابهم وزادت تفاقهم أزمتهم التي لا حل لها سوى أن يذهبوا غير مأسوف عليهم.

إن حركة ١٠ نوفمبر التاريخية التي جاءت امتدادا طبيعياً واصيلا للحركة الشعبية المتعاظمة، قد أكدت لشعبنا أن الجيش ما زال بخير وسيظل كذلك مهما تفننت العصابة الحاكمة في أساليب البطش بالضباط الوطنيين والتنكيل بهم، سيبقي جيشنا جزءا من حركتنا الشعبية وحاميا لها ولن تستطيع عصابة عبود وسادتها الأمريكان اسكات صوت الضباط الوطنيين.

أيها المواطنون – ين التحرك الذي حدث في صفوف الجيش والذي كان كما اشرنا تعبيرا عن المقاومة في داخل الجيش.. هذا التحرك قد استغلته الهيئات الحاكمة الخائنة في شن حملة ارهاب واسعة النطاق لم تقف عند بعض رجال الجيش بل تعدتهم إلى عشرات المدنيين الذين لا صلة لهم مطلقا بهذه التحركات. وكلاب البوليس نفسها تعرف هذا ولكنها قد استغلت بهذه الحوادث أبشع استغلال في القاء القبض على العناصر الوطنية من شعبنا وكل الذين لم يرتضوا الهوان لبلادنا. تدبر هذه الحملات في هذه الظروف انتقاما خسيسا لما تلقاه الحكومة من معارضة مستمرة من شعبنا – ولكن هيهات أن ينقذ هذا سفينتهم الغارقة رغم مظاهر الدعاية والتهريج الذي غمرت فيه البلاد.. إننا نقول إنه رغم محاولة تلفيق تهم ضد كثيرين واعتقال كثيرين في هذه الظروف فلن ينجيهم هذا من مصيرهم الأسود.

أيها المواطنون – إن تهريج الديكتاتورية العسكرية والوف الجنيهات التي انفقت في دعايات رخيصة أن كل هذا لن يؤجل من نهايتهم ولن يعرف هذا العهد استقرارا واستمرارا، وكل الأحداث تشير إلى هذا فشددوا من نضالكم ضده أيها المواطنون وكافحوا الظلم أيها العمال واستمروا في معركتكم أيها الطلبة الاحرار. فكل هذه القوى مجتمعة كفيلة بأنهاء هذه المهزلة.

عاشت الوحدة الوطنية وعاش شعبنا المناضل.

يسقط عبود وعصابته المجرمة.

المكتب السياسي
للحزب الشيوعي السوداني
١٩٥٩/١١/١١

يلطخون أيديهم بالدماء:

وتعبيرا عن الحقد الدفين ضد كل الوطنيين أصدرت الديكتاتورية الأحكام الغادرة التالية:-

الاعدام شنقا للضباط الخالدين الخمسة وهم البكباشي علي حامد البكباشي يعقوب كبيدة، الصاغ عبد البديع علي كرار، اليوزباشي طيار الصادق محمد الحسن، اليوزباشي عبد الحميد عبد الماجد – وقد نفذ الحكم فيهم قبل اعلانه وسط تكتم شديد خوفا من غضب الشعب.

واستقبل الشهداء الموت رابطي الجاش ثابتي الجنان مرفوعي الرأس.

كما أصدرت أحكام السجن التالية: السجن المؤبد للصاغ عبد الرحمن كبيدة والملازم ثاني محمد محجوب عثمان، والسجن ١٤ عاما لليوزباشي عبدالله الطاهر بكر والملازم محمد جبارة، والسجن ٥ سنوات للاستاذ الرشيد الطاهر بكر المحامي.

هذا وقد طرد ١٤ من الضباط الوطنيين من رتب مختلفة من الجيش وبهذه المناسبة الدامية أصدر المكتب السياسي للحزب الشيوعي منشورين في يوم واحد داعيا القوى الثورية لتشديد نضالها للاطاحة بنظام ١٧ نوفمبر الدموي.

وهذا هو نص المنشور الأول:

لقد حفرت حكومة الخيانة قبرها

وأخيرا ختمت حكومة الخيانة والغدر احتفالاتها بالقتل والشنق واراقة الدماء... لقد أمعنوا في هذا الشعب اضطهاد وكبتا ومحاربة انتهت اخيرا بازهاق الأرواح وافناء الاحرار وسجن الذين حاولوا أن يرفعوا عن أمتهم عار الذل واحتقار الدكتاتورية الغاشمة ويغسلوا عنها وصمة حكم الخونة وعملاء الاستعمار الامريكي – لقد خاض هؤلاء الشهداء الابرار معركة نبيلة ضد الخيانة البشعة والجرائم المنكرة التي ترتكب في حق شعبنا كل يوم. ودفعوا في ذلك أغلي ثمن وجادوا بالحياة لأنهم ثاروا على الظلم والاستبداد.

لقد أثبت الشهداء الأبرار وزملاؤهم الذين حكم عليهم بالسجن. اثبتوا أن العزة الوطنية ما زالت كامنة في صدور شبابنا الذي يحمل السلاح. وأثبت

الذين حكموا عليهم بالموت والسجن أن الخيانة لن تعرف حدا ولن تقف عند شيء في ارتكاب الآثام والفجور والبغي والحقد على الوطن وأبناء الوطن.
لو كان جزاء هؤلاء الشنق لأنهم قد ثاروا وتمردوا على الحكم القائم فقد تمرد وتنكر لكل قانون ووضع عبود وعصابته الآثمة في صباح ١٧ نوفمبر ١٩٥٨. هؤلاء هم الذين تمردوا وتنكروا وهم أولي بالعقاب.
في عام ١٩٢٤ استشهد أبطال ثورة الجيش على الحكم الاجنبي وفي هذا اليوم استشهد علي حامد ويعقوب كبيدة وعبد البديع كرار وصادق محمد الحسن وعبد الحميد عبد الماجد ولحقوا برفقاء السلاح وخطوا معهم أنصع صفحة في تاريخ هذا البلد – أولئك قتلهم الاستعمار وهؤلاء ازهق أرواحهم عبيد الاستعمار – ولكن المستعمرين عاملوا أعداءهم كضباط حملة سلاح فأعدموهم بالرصاص في ميدان عام – ولكن عبيد المستعمرين الاذلاء ارتكبوا جريمتهم في جنح الظلام وأبوا على ضحاياهم إلا أن يقتلوا سرا وخنقا بالحبال وبذلك تنكروا ايضا للشرف العسكري والتقليد الذي تعرفه كل جيوش العالم.
فعلوا ذلك لخوفهم من الجيش ولأنهم لا يجرؤون على إصدار أمرا للجنود باطلاق النار على زملائهم – ولكنهم فاتهم أن يدركوا أننا لم نشهد في هذا الصباح خمسة قبور فقط بل أن هذا العهد المجرم الملطخ بالدماء وعبود وعصابته من القتله قد حفروا في الواقع خمس حفر لحكمهم المشؤوم الذي لم ينكل بالشعب وحده ولكنه نكل ومزق جيش البلاد.
أيها السودانيون: لقد طالما نبهنا وكشفنا جرائم هذه الحكومة ودعونا المواطنين لمحاربتها والاطاحة بها. وها نحن اليوم جميعا قد آمنا بفداحة الثمن الذي دفعناه بسبب خيانة ١٧ نوفمبر – لم يعد بعد اليوم مكان لتهريج جديد. فهاهي الخيانة المجرمة واقفة أمامكم بعد أن تجردت من كل شيء وقد انكشفت بكل بشاعتها وجرمها وايديها التي تسيل منها الدماء – فماذا تنتظرون.؟
لقد توالت علينا الكوارث منذ عام وقد دقت الساعة لوضع حد لكل هذا – إن بلادنا قد أوشكت على السقوط في قاع الهاوية التي حفرها لنا عبود – ولكنا لن نقبل بهذا ولن نصبر عليه – لقد رأيتم بأنفسكم وأدركتم معني فظاعة ووحشية الوضع الذي فرض نفسه علينا وتسلل الينا نتيجة للتآمر والغدر علينا أن نجمع قوتنا ونوجه سخطنا إلى إنهاء هذا الحكم وندفنه في الهوة التي حفرها لنا.

لقد رسم لنا الشهداء طريق الخلاص فلنقاتل، ولنتحد، لنقاوم، لننتصر – طريق الخلاص جبهة وطنية من كل الناس.
سلام على الشهداء اذين رسموا الطريق بدمائهم.
المجد والخلود لمن وهبونا زهرة شبابهم.
والعار للقتلة السفاكين الملطخين بالدماء.
عاش شعبنا محطم الطغاة.
أيها السودانيون اتحدوا للقضاء على الخيانة.

المكتب السياسي
للحزب الشيوعي السوداني
١٩٥٩/١٢/٢م

وهذا هو نص المنشور الثاني:-
الموت لعصابة ١٧ نوفمبر
بالامس تلخطت أيدي الأشرار الاشقياء حماة العبودية بدماء علي وصادق[١٠٩] ورفاقهم المخلصين. بالأمس أعدم خمسة من الضباط الوطنيين واحتوت قضبان السجون بقيمة رفاقهم. أعدموا لأنهم وهبوا حياتهم لشعبنا ومنحوه الأخلاص والثقة؛ أعدموا لأنهم رفضوا أن يكونوا أداة لقهر الشعب واضطهاده؛ أعدموا لأنهم قاوموا الأرهاب ومشاريع الأمريكان في بلادنا؛ أعدموا لأنهم رفضوا تبعية وطننا للاجانب الاستعماريين؛ أعدموا لأنهم أعلنوا عن موقفهم مع الشعب ودفاعهم عن شرفة واستقلاله. أيها المواطنون والضباط والجنود.... لقد أصبح الاستعماريون يآمرون علنا وفي وضح النهار والعبيد وكل العملاء والأتباع يخضعون في ذلة وينفذون بوقاحة أوامر الأسياد. أيها المواطنون والضباط والجنود... فبالأمس نفذ عبد الله خليل بإسم الحاكم العام البريطاني حكم الأعدام على أبطال الجيش عام ١٩٢٤، واليوم ينفذ العبيد الطيعون بإسم السفارة الأمريكية والدولار الحكم بالأعدام على أبطال الهبة الثورية الأخيرة. ألم نقل لكم من قبل بأن مؤامرة ١٧ نوفمبر ما هي إلا عملية تسليم وتسلم، وأن عصابة نوفمبر هي الورثية الحقيقية الطبيعية والشرعية لعبد الله خليل ولسياسة الخضوع والعبودية؟ أيها المواطنون والضباط والجنود... إن اعلان الحكم بعد تنفيذ الأعدام في الظلام ومن وراء الشعب يدل على خوف العصابة وفزعها من غضبة الشعب ورجال الجيش الوطنيين، ويدل على قرب نهايتها.

والاستعماريون يعرفون جيدا بأن الشعوب لا تخيفها دماء شهدائها على الأطلاق بل تزيدها حقدا وإصرارا وثقة في الكفاح، فبالأمس أعدم نوري السعيد[١١١] بطل العراق وقائد ثورتها البطل يوسف سلمان واليوم ينتصب تمثال الشهيد في قلب البلاد العراقية رمزاً لمقدرة الشعب على الانتقام.
وبالأمس أيضا سقط أمام اعيننا بطل الطبقة العاملة قرشي وضرب عبد الفضيل ألماظ ورفاقه بالنار على مرأى من شعبنا عام ١٩٢٤ ولكن كل ذلك لم يخوف شعبنا ولم يرهبه. بل على العكس من ذلك قرب نهاية الأستعمار التي تحققت بفضل ضربات شعبنا الرادعة. أيها المواطنون والضباط والجنود... أن انتفاضات الجيش المتعددة انتفاضات ٤ مارس و٢١ مايو ومحاولات الهجانة بالأبيض والهبة الثورية الأخيرة، كل هذه الأعمال الثورية المجيدة تدل على أن جيشنا الذي حاول الأستعماريون أن يجعلوا منه أداة لقهر الشعب وكبته مستعينين بالحلقة الرجعية المجرمة بداخله. هو أيضا بخير وحافل بالأبطال المخلصين لبلادهم حافل بالوطنيين المصممين على الانتقام لشرف شعبهم. أيها المواطنون، أيها الضباط والجنود.. إن قوى شعبنا الهادرة الغاضبة المطالبة بالثأر والديمقراطية قد عرفت طريقها للخلاص – طريق الوحدة والنضال طريق الجبهة الواسعة المؤدي إلى الظفر والانعتاق.
الخلود والمجد لعلي وصادق ورفاقهم الابطال.
الموت والعار لعصابة ١٧ نوفمبر المجرمة.

الحزب الشيوعي السودني بعطبرة
١٩٥٩/١٢/٢م

ولقد استقبل الشعب حكم الاعدام بمزيد من السخط والمقت لنظام ١٧ نوفمبر الرجعي. وعبرت الجماهير عن هذا السخط بالمظاهرة الكبيرة التي تجمعت في موكب دفن الشهيد علي حامد وبترديد الهتافات الداوية بسقوط القتلة والسفاكين المجرمين.
وفي الكتاب الأسود السنوي الذي أصدره الحزب الشيوعي عام ١٩٦٠م والذي يحوي – كالعادة كل عام سجلا لمخازي العهد الديكتاتوري البائد – جاء ما يلي:-
"وهكذا يبرهن النظام الراهن أنه ليس رجعيا وحسب، ليس مواليا للاستعمار وحسب، بل لهذين السببين أصبح دمويا تخضبت أياديه بالدماء الزكية التي لن تذهب هدرا، وأزهق أرواحا شابة ما زالت ترفرف في سماء

الوطن تطلب الثأر من السفاحين. كل هذا يعرفه شعبنا وتعرفه القوات المسلحة التي ما زالت وستظل تحتفظ بطابعها الوطني على الرغم من محاولات حسن بشير نائب القائد العام لنقل الضباط الوطنيين إلى الوحدات النائية وابدالهم بضباط موالين.

وهكذا وبرغم القوة الظاهرية لحكام ١٧ نوفمبر تمسك الحزب الشيوعي بتحليله الأساسي ورفض كل الأستنتاجات المتشائمة واليائسة والقائلة بأن القوى الوطنية في الجيش قد شتت وقضي عليها وأن الجيش أصبح كله وراء زمرة المجلس الأعلى للقوات المسلحة، وأن أحكام الأعدام أرعبت الوطنيين في الجيش وقتلت فيهم روحهم الوطنية.

ففي الذكرى الأولى لانتفاضة ٤ مارس ولانتفاضة ١٠ نوفمبر وفي الذكرى الثانية لانتفاضة ٤ مارس أصدر الحزب الشيوعي البيانات التالية والتي تعبر عن الثقة التامة في الطابع الوطني العام للقوات المسلحة السودانية والتي تدعو الوطنيين في تلك القوات لتوحيد صفوفها والوقوف بجانب الحركة الثورية للإطاحة بنظام ١٧ نوفمبر الدموي.

وهذا هو نص المنشور الخاص بمناسبة الذكرى الأولى لحركة ٤ مارس.

عاشت ذكرى ٤ مارس!

كان شعبنا دائما يحتفل ويحفظ في ذاكرته ووجدانه ذكرى أيامه المجيدة.. ذكرى أيام نضاله وانتصاره على الاستعمار. ولكنه لم يكن يمضي عليه أقل من ثلاثة أعوام بعد الأستقلال حتى حل الظلام مرة أخرى فعشنا في أيام سوداء كسواد الخيانة التي تمت في صباح ١٧ نوفمبر ١٩٥٨، حينما حدثت الردة وتمت النكسة وعادات البلاد إلى الوراء، واعتدي الأقزام المارقون المتآمرون على كيان البلاد وحريتها وفرضوا عليها العار والهوان. ومنذ ذلك الصباح المشئوم أخذنا نحصي أيام كئيبة خانقة هي ليست بالتأكيد من مفاخر هذا الشعب أو أيامه المجيدة.

نعم.. أننا نضع هذه الحقبة العقيمة المجدبة في حساب الخسائر. أيام نشيع من فرضوها علينا عن قريب باللعنات ونقمة الشعب واحتقار المواطنيين. ولكننا نعلم والدنيا كلها تعلم أن بلادنا لم تخفض رأسها للغزاة الأجانب وسيكتب التاريخ أيضا أن شعبنا لم يحن رأسه لحكم الأقزام من عصابة عبود أعداء حريتنا الملوثين لأيامنا وتاريخنا مهما حاول أعداء أمتنا ومزيفو تاريخنا. لن يستطيع هؤلاء إلا أن يعترفوا بأن حكمهم المنكر لم يعرف الاستقرار ولم يقابل بالاستسلام. وها هم الآن قد ادركوا أي عزلة يعيشون

فيها، وأي احتقار ينظر إليهم به جميع المواطنون حتى الذين خدعوا بهذه المهزلة في أسابيعها الأولى. سيكتب التاريخ أن المقاومة لهذا العهد الأجرب لم تهدأ وأن الأنتفاضات في وجهه لم تنقطع ولن تنقطع.
في مثل هذا اليوم من العام الماضي ثار فريق من الوطنيين في جيشنا بقيادة الأميرلاي شنان وزميلة الأميرلاي محي الدين فهزوا أركان حكم عصابة الإنقلاب وأجبروها على تغيير تكوين الحكومة وطردوا من الوزارة والجيش الخائن أحمد عبد الوهاب. وكان ذلك انتصارا للعناصر الوطنية في جيشنا. وعرف تاريخنا حركة ٤ مارس التي أثبتت أن الخيانة لم تطو كل ضباط القوات المسلحة. وحتى في هذه الحقبة البالغة السوء سجل الضباط الاحرار صفحة مشرقة في تاريخ الجيش السوداني.
وفي هذا اليوم نحيي ذكرى حركة ٤ مارس التي استطاعت على قصر عمرها أن تحدث انفراجا وبعثت آمالا في تحسين الأوضاع.
واليوم ونحن نشهد أن قادة تلك الحركة المشتركين فيها قد حكم عليهم بالسجن المؤبد واستشهد بعضهم وجادوا بأرواحهم من أجل قضية الشعب.
الآن وفي هذا اليوم مرة أخرى نحيي هؤلاء الأبطال ونقدر بكل امتنان التضحيات الباسلة التي بذلوها. وفي نفس الوقت فأننا نؤكد احتقارنا ونواصل العزم في نضالنا للطغمة الفاسدة التي نكلت بالجيش والشعب.
وفي هذا اليوم أيضا نخاطب مواطنينا في الجيش من كل الرتب واضعين أمامهم حقيقة هذا العهد المظلم الذي لن يعيش طويلا ولا يملك سببا واحدا من لأسباب البقاء. نؤكد لكم أيها المواطنون أن استمرار هذه الأوضاع أبعد من المستحيل. ويكفي ما أصاب الجيش والشعب حتى هذه اللحظة من خطوب نتيجة لأنتاكسة ١٧ نوفمبر. إن هذا العهد لا مخرج له وأن استمراره لن يعني سوى مزيد من النكبات. إن المخرج هو أن تنتصروا لشعبكم وتأمنوا مستقبلكم ذلك بأن تقفوا إلى جانب الشعب في نضاله لأنهاء هذه المهزلة وللخروج من هذا المأزق.
عاشت ذكرى ٤ مارس..
وتسقط قيادة الجيش الخائنة.

المكتب السياسي
للحزب الشيوعي السوداني
٤ مارس سنة ١٩٦٠

وهذا نص المنشور الخاص بمناسبة الذكرى لحركة نوفمبر ١٩٥٩..

أيها الضباط الاحرار:
بمناسبة الذكرى الأولى ومرور عام على محاكمات الغدر التي ترأسها السفاح محمد أحمد التيجاني [111]، تلك المحاكمات التي أدت إلى اغتيال خمسة من زهرة شباب جيشنا ووطننا. بهذه المناسبة نحييكم ونحيي ذكرى الأبطال الذين ضحوا بأرواحهم في ميدان الشرف في سبيل شعبهم ووطنهم.
إن الكلمات القوية التي فاه بها شهداؤنا الاحرار أمام محكمة الغدر دفاعا عن أماني الشعب ما زالت تدوي في الآذان وتدمغ حكام ١٧ نوفمبر بالعار والخسة والنذالة. لقد أسلموا الروح في بسالة وجرأة تليق بالشجعان وبالشرف العسكري والوطني الذي يملأ صدورهم. إن الأنتفاضة التي قام بها أولئك الأبطال للاطاحة بزمرة عبود الخائنة ستظل دوافعها النبيلة أبدا خالدة في ضمير شعبنا وجيشنا. لقد حملوا أرواحهم في أكفهم وفيما بعد بذلوها رخيصة في سبيل أنبل واجب، وهو إنقاذ الوطن من سيطرة الطغمة المرتمية في أحضان الاستعمار. لقد أرادت طغمة عبود باغتيالها لهذا النفر الحر أن تطفئ خمس مصابيح تنير طريق شعبنا وسط هذا الظلام ولكنها لم تدر انها بعملها هذا إنما أوقدت مئات المصابيح بينكم لن تقوى على أطفائها حتى بمعاونة أسيادها المستعمرين!
إن ذكرى انتفاضة ١٠ نوفمبر ١٩٥٩ لتملأ صدور أبناء شعبنا بالحماس والثقة لأنها أثبتت بالدليل المادي أن جيش السودان هو لشعب السودان ولن يكون أبدا ألعوبة في يد الزمرة الخائنة للشعب والوطن.
إننا نحيي هذه الذكرى العاطرة، ونحيي ذكرى شهدائنا الأبطال.. نحييهم ولا نبكيهم، لأن الأبطال لا يبكون ولكنهم يثأرون. إن الأهداف التي كافحوا من أجلها واستشهدوا في سبيلها ما زالت أمانة في عنقكم ولن يغفر لكم التاريخ إن تقاعستم عن حملها والانتصار لها. وليس من قبيل الصدف أن ينهض شعبنا في هذه الأيام بالذات التي توافق ذكرى الأيام الخالدة من شهر نوفمبر ١٩٥٩. ذلك لأنها نفس الأيام ونفس الظروف التي ربطت مشاعر الجيش والشعب برباط مقدس ألا وهو رباط الدم المسفوك ورباط الثأر والانتقام من القتلة السفاحين.
إن عصابة ١٧ نوفمبر تزيف اليوم الاحتفال بذكرى وجودها المشئوم. ولكن أياديها مخضبة بالدماء، وكاهلها ينوء بحمل الجرائم التي ارتكبتها في حق الشعب. إن الإسراف في عمل الزينات والمظاهر البراقة لن تحجب الأنظار عن الوجه الكالح وعن أعمال الخيانة والغدر والأجرام. ولكن بأسم من تريد

الزمرة أن تحتفل؟ إنه باسمكم وبالثورة المزعومة وليدة التآمر مع المستعمرين والمنسوبة إليكم. إن هذه ليست ثورتكم وعبثا يحاولون ايهامكم بغير ذلك. إن الشعب كله والجيش كله يعلمون أن هذه المؤامرات التي نعيشها بإسم الجيش وثورة الجيش ليست ولن تكون رصيفة وامتدادا لثورة ٢٤ الوطنية. ليست ولن تكون ذات نفس الطبيعة والهدف النبيل الذي سعت إليه ثورة ٤ مارس ١٩٥٩ وثورة ١٠ نوفمبر ١٩٥٩. إن ثورة الجيش الحقيقية هي تضامنه الوثيق مع الشعب من أجل إنقاذ الوطن والإطاحة بالمتآمرين وعودة الحياة الديمقراطية.

إن ثورة الجيش والشعب الحقيقية هي التي دق ناقوسها اليوم وبدأت تلوح نذرها وبشائرها حاملة معها تراث محمد احمد المهدي وود حبوبة وعلي عبد اللطيف وعلي حامد والصادق وزملائهم الإبطال. إن ثورة الجيش والشعب الحقيقية هي التي تحيطها سواعد الملايين من أبناء وطننا تحميها وتنتصر لمبادئها ـ مبادئ الحرية والديمقراطية وانزال العقاب الرادع بمن اغتالوا الحرية والديمقراطية.

عاشت ذكرى ١٠ نوفمبر وذكرى الشهداء..
عاشت وحدة الجيش مع الشعب للإطاحة بحكم العملاء!

الحزب الشيوعي السوداني
١٠ نوفمبر ١٩٦٠

وهذا أخيرا هو نص المنشور الخاص بمناسبة الذكرى الثانية لحركة ٤ مارس.

عاشت ذكرى ٤ مارس

في مثل هذا اليوم من عام ١٩٥٩ تمت الهبة الكبرى بقيادة الأميرلاي شنان وصحبه من الضباط الاحرار الغيورين على مصلحة البلاد والذين أبت ضمائرهم أن يكون الجيش السوداني وكرا للدسائس والمؤامرات، ومرتعا للمحسوبية، وخنجرا في أيدي الاستعماريين ضد التظاهرات والحركات التحررية في افريقيا. وقد جاءت تلك الهبة انعكاسا صادقا للسخط والتذمر الذي ساد صفوف جماهير شعبنا في ذلك الوقت. واليوم تتفشى المحسوبية داخل الجيش أكثر وأكثر ويستشري الفساد في أبشع صورة. وعبود هو الوكيل الشرعي للشركة التي تستورد عربات تاونس وطلعت والمقبول وحسن وبشير وكلاء لعدة شركات أجنبية وقد كونوا أعمالاً تجارية ضخمة بأسماء لأقاربهم. والحكام العسكريون في مناطقهم يعيشون على كل أنواع

الفساد والرشوة والمحسوبية. أنهم باختصار أثروا واغتنوا بإسم الجيش ومرغوا سمعته. وكفى أن يدمغ الجيش السوداني عالميا بالخيانة باشتراكه في مؤامرة قتل زعيم الكونغو البطل باتريس لوممبا، وأن يكون خنجرا في يد المستعمرين في مؤامراتهم لسلب استقلال شعب الكونغو الشقيق وفتح الباب أمام المتآمرين من أمثال تشومبي وموبوتو وتسهيل مهمتهم في ذبح حريته والتنكيل به.

إن هذه الحفنة من العسكريين الجهلة مهتمة بأعمالها التجارية وتنظيم الرشاوي والسباق إلى الثراء أكثر من أهتمامهم بشئون الجيش وتقويته وتنظيمه، بل وسمعته.

إننا نربأ بالضباط الاحرار وكل الوطنيين داخل الجيش أن يكونوا مطية لهؤلاء المتآمرين على حرية البلاد واستقلالها. إن الشعب السوداني يأبي أن يكون على رأس جيشه حفنة من السماسرة والمرتشين، البائعين أنفسهم للاستعمار وشركاته. وقد عبر شعبنا الباسل بكل فئاته عن هذا السخط في مظاهراته التي جابت السودان من أقصاه إلى أقصاه. إن الحزب الشيوعي السوداني احتفالاً بهذه الذكرى الخالدة يجدد العهد لكل الضباط الاحرار والوطنيين في الجيش وجماهير شعبنا الباسلة أنه سيرفع راية المقاومة بكل ثقة وثبات، بمجموع عضويته، في خط النار الأول حتى الإطاحة الحتمية بالعصابة الرجعية، عصابة عبود وبطانته من المرتزقة والمرتشين.

عاشت ذكرى ٤ مارس رمزا لمواصلة الكفاح. المجد والخلود لشهداء الجيش الاحرار. النصر للاحرار والوطنيين في الجيش.

الحزب الشيوعي السوداني
٤ مارس ١٩٦١م

محاولات ١٧ نوفمبر لتحويل الجيش
إلى إداة ضد الشعب

قد سعى نظام ١٧ نوفمبر الرجعي لتحويل الجيش إلى أداة ضد الشعب وضد استقلال البلاد. وفي سبيل الوصول إلى تلك الغاية الخسيسة حاول تصفية الجيش من العناصر الوطنية عن طريق الشنق والسجن والأبعاد من الخدمة والنفي إلى المناطق النائية.

ومنذ الأيام الأولى للانقلاب الرجعي أصبح الجيش هدفا مكشوفا لنشاط استعماري واسع من قبل السفارات الاستعمارية والبعثات العسكرية الاستعمارية التي كانت تجوب البلاد دون رقيب. وأصبح من الأمور العادية أن تختلط تلك السفارات والبعثات بالضباط السودانيين في حفلات خاصة بالمنازل. وكذلك عن طريق الاتصال المستمر في المكاتب.

وينبغي أن نذكر في مجال العبث بأسرار الجيش السوداني ووضعها في يد المخابرات الأمريكية تعيين علي عبد القادر موظفا في مكتب الملحق العسحكري بالسفارة الأمريكية. وعلي عبد القادر هذا كان باشكاتب إدارة الجيش. وبحكم منصبه كان يعلم كل كبيرة وصغيرة عن الجيش وضباطه وأسرار أسلحته المختلفة. ومن المعلوم أن كل دوسيهات الجيش السرية كانت تحت يده وكان مطلعا عليها جميعا. وجدير بالذكر أن الذي رشحة لمنصبه في مكتب الملحق العسكري الأمريكي كان الفريق إبراهيم عبود شخصياً! ولم يقتصر الأمر على ذلك بل تعداه إلى عقد اتفاقية سرية تتعهد المانيا الغربية، وقعها عبود أثناء زيارته لتلك الدولة، ووفق تلك التفاقية تتعهد المانيا بامداد الجيش السوداني بالمعدات الحربية والاسلحة واللبس. واشترطت المانيا الغربية تزويدها بكل المعلومات كبيرة كانت أم صغيرة عن الجيش السوداني حتى تتمكن من امداده بما يلزمه! ومن المعلوم أن المانيا الغربية عضو عضو نشط قيادي في حلف الاطنطي، وأنها تمثل رأس الرمح في نشاط الاستعمار الحديث في القارة الأفريقية بالذات.

وهذا يعني أن عبود وضع أسرار الجيش السوداني لا في يد دولة اجنبية فحسب، وانما في يد دولة استعمارية عضو في منظمة تكن أشد العداء للشعوب وللسلم في العالم باسره.

وتم تبادل واسع للزيارات العسكرية. فكانت البعثات العسكرية الأمريكية وغيرها تزور السودان وتستقبل استقبالات صداقة رسمية حافلة من قبل الفريق عبود واللواء حسن بشير وغيرهما. وزارت قطع من الأسطول الامريكي والبريطاني ميناء بورتسودان واستقبلت رسمياً.

ومن الناحية المقابلة سافرت بعثات عسكرية من كبار الضباط السودانيين في زيارات رسمية لتركيا والمانيا الغربية وبريطانيا وأمريكا.

وتوالت بعثات تدريب الضباط والطيارين السودانيين إلى دول حلفت الاطنطي وأثيوبيا. ونقدم فيما يلي بيانا مختصرا لاحتكارات هذه الدول لاسلحة الجيش المختلفة.

مصانع الذخيرة: بعثات لالمانيا الغربية.
سلاح المظلات: بعثات لبريطانيا.
سلاح الدبابات: بعثات لالمانيا الغربية
سلام الطيران المدني: بعثات لبريطانيا والمانيا الغربية وأثيوبيا!

وفي النطاق العالمي وتمشيا مع سياسة مساندة الاستعمار والقوى الرجعية مرغ نظام ١٧ نوفمبر شرف جيشنا في الوحل. فعندما طلب الشهيد لوممبا ارسال قوات أفريقية لحماية استقلال بلاده ووحدتها أصم ذلك الحكم الرجعي أذنيه عن ذلك النداء وخان المهمة الشريفة النبيلة – مهمة وضع استقلال بلادنا وجيشنا في خدمة قضايا التحرر الأفريقية، ولكن عندما أصبح الأمر للاستعمار في الكنغو، وعندما أصبح أرسال جنود من السودان مطلبا استعماريا سارع الحكم المباد بارسال وحدات من الجيش كانت حربا على الكونغو وعلى البطل لوممبا.

وقد وقف الحزب الشيوعي السوداني مطالبا كل الوطنيين بسحب الوحدات السودانية من الكونغو وانقاذ شرف الجيش السوداني. وفيما يلي نص أحد المنشورات التي أصدرها الحزب في هذا الصدد.

اسحبوا قواتنا من الكنغو

أيها المواطنون الاحرار: مرة أخرى يخاطبكم الحزب الشيوعي السوداني بشأن الموقف في الكنغو الذي يزداد كل يوم تدهورا وتفاقما. وهذه الحكومة الرجعية المتهالكة تغط في نوم عميق، وكأن الأمر لا يعنيها في كثير أو قليل. إن العصابات المسلحة في الكنغو بقيادة كلب الاستعمار موبوتو تعبث فسادا في هذا القطر الشقيق، وتصبح كل القيم على يديها أضحوكة كبرى.

إن لوممبا البطل الذي يمثل ضمير شعب الكونغو المتيقظ وامله في التحرر يعتقل وينكل به شر تنكيل، وسفارات الحكومات المعادية للاستعمار تغلق واحدة تلو الاخرى. والعالم كله لا يهدأ له بال في أوربا وآسيا وأفريقيا وفي جميع أنحاء العالم. والبلدان الاسيوية والأفريقية تسحب قواتها من الكنغو تباعا واحتجاجاً على سكوت الأمم المتحدة المخزي على التنكيل بلوممبا البطل وفي تعاونها السافر مع الاستعمار، وحكومتنا الحائرة تتلقي البرقيات كل يوم من زعماء الدول الأفريقية – من سيكتوري ونكروما ومحمد الخامس علها تفعل شيئا ولكنها لا تبدي حراكا. فأي فضحية وأي خزي وعار بعد هذا؟ أين ادعاءاتكم حول مساندة الشعوب ضد الاستعمار وهذا هو شعب الكنغو أقرب الشعوب الأفريقية الينا لا يجد منكم حتى كلمة تأييد؟

إن بقاء القوات السودانية في الكنغو بعد كل الذي حدث هو إهدار لشرف الجيش السوداني ولكرامته التي مرغها عبود وزمرته في الوحل، انها وصمة عار يجب على الشعب أن يهب لأزالتها. إن الشعب يطالب بالأعتراف بلوممبا كرئيس الوزراء الشرعي للكنغو، وبالعمل على الافراج عنه فورا ليتولي سلطاته، ويطالب بسحب قواتنا من الكنغو.
اسحبوا قواتنا من الكنغو... عاش كفاح شعب الكنغو. يسقط اعداء الشعوب الأفريقية.

الحزب الشيوعي السوداني
١٩٦٠/١٢/١٥

ورغم النداءات المتكررة والسخط الشعبي الواسع على مسلك الدكتارتورية ازاء قضية الكنغو إلا أنها ركبت رأسها وأصرت على أدخال قواتنا المسلحة في تجربة (منادى) المريرة. لقد انقضت حاجة الاستعمار إلى جيشنا في الكنغو فدبر تلك المأساة لتحل قوات موبوتو محله في حماية المصالح الاستعمارية والرجعية. ومع ذلك استرخص رئيس ١٧ نوفمبر دماء جنودنا في الدفاع عن الاستعمار فأرسل إلى رصيفة كازفوبو يقول:
"أن الحكومة السودانية لا تأسف على قتل جنودنا في الكنغو، ونعتقد أن هذا الحادث كان من الممكن أن يحدث لأية فرقة أخرى" !
واستمرارا في هذا الطريق عرض حكام ١٧ نوفمبر على الأمبراطور هيلاسلاسي – أبان ثورة الحرس الامبراطوري أن يمدوه بنجدات من الجيش السوداني ليسندوا واحدة من أبشع قلاع الرجعية والاستبداد في أفريقيا والعالم.
وحاول حكام نوفمبر الرجعيين، استمالة ضباط الجيش بمغريات مادية واسعة في المرتبات والسكن والسفر وغير ذلك من التسهيلات حتى يجعلوا لهم وضعا ممتازا بعزلهم عن الشعب، ولكي ما يعتقدوا أن لهم مصلحة في استمرار النظام الرجعي المباد، ولكي ما يقمعوا أية انتفاضة أو ثورة شعبية للاطاحة به. ومارس أولئك الحكام الرجعيون صنوفا من الفساد الخلقي والاثراء الحرام وشجعوا من حولهم من الضباط على الفساد وعلى الانغماس في الاستهتار ولعب القمار والسكر والعربدة وهذا كله معلوم بقدر كاف. كما حاول نظام ١٧ نوفمبر اشراك الضباط والجنود في عمليات التنكيل بالوطنيين. فشكل المجالس العسكرية لمحاكمة المناضلين وكانت تتكون من الضباط الشبان في محاولة خسيسة لدق اسفين بين أولئك الضباط

والحركة الثورية. وتولت وحدات من الجيش نقل المعتقلين إلى ناقشوط وحراستهم فيها، وكذلك تولت وحدات من الجيش القيام بدور السجان لزعماء المعارضة الذين اعتقلوا في نادي الضباط بجوبا. وفي الأبيض سخر بعض الجنود والضباط لتعذيب المناضل الشيوعي حسنين حسن. وفي حلفا استخدم الجنود المرابطون في الحدود لأرهاب الشعب النوبي المطالب بحقوقه العادلة. أما في الجنوب فقد تحول الجيش تحت ظل الديكتاتورية إلى جيش احتلال، وأصبح السوداني يقاتل أخاه السوداني. وتبعا لسياسة لا تتورع عن اغتيال ابسط القيم الانسانية سالت دماء السودانيين في الجنوب لتروي شجرة الانفصال الاستعمارية ولتشعل نيران دسائس الاستعمار الحديث.

الضباط الاحرار يواصلون النضال:

ولكن رغم ذلك ظلت القوى الوطنية داخل الجيش تجمع صفوفها للاشتراك مع القوى الثورية وسط الشعب للاطاحة بنظام ١٧ نوفمبر المتعفن.

وقام تنظيم للضباط الاحرار وسط الجيش واصدر مجلة يعرف بأسم "صوت القوات المسلحة" ونقتطف من العدد الثامن من هذه المجلة الأهداف التي رسمها الضباط الاحرار.

نحن وأهدافنا

"طالما تردد داخل الجيش وخارجه اسم الضباط الاحرار وتساءل الكثيرون عن أهدافنا وبرنامجنا، نحن الذين صمدنا في اباء وقوة أمام المحاكم العسكرية. أمام الأعدام والسجن المؤبد والتشريد والعذاب، نرفع عاليا راية التفاؤل ونقدم كل تضحية مهما كلفت في سبيل بلوغ أهدافنا وأهداف شعبنا. واليوم، وبعد أن انتظم صدور مجلتنا وتمكنا من تذليل جميع الصعاب التي كانت تعوق مخاطبتنا لكم في ظروف العمل السرية فأننا نرى أن من واجبنا أن نطرح أهدافنا لكم وندعوكم لوزنها ومناقشتها ونقدها أن أردتم وإضافة أي بنود ترون أن أهدافنا لم تتضمنها.

إننا نود أن نؤكد أننا لسنا هيئة للثرثرة والقطيعة حول مخازي النظام الراهن، وعيوب الضباط الكبار بل أننا تنظيم عامل جاد، اقتنعنا وقررنا عن رضى وطيب خاطر أن نسخر مجهودنا، وأرواحنا وعقولنا لخدمة بلادنا وشعبنا الذي منحنا الحياة والعلم ووضعنا في هذا المكان لنحمي سيادته ونصون حقوقه وندافع عن كيانه واستقلاله من أي عدوان وأي عبث.

إننا لا نعتبر أنفسنا نخبة ممتازة أو أننا مبعوثو العناية الألهية لتخليص شعبنا من الظلم الذي حاق به ولكننا نعتبر أنفسنا جزءا منكم ومن هذا الشعب، ودعوانا هي دعواكم وأهدافنا هي أهدافكم – ولهذه الأسباب مجتمعة نتقدم إليكم بأهدافنا وبرنامجنا وندعوكم بكل صدق للمساهمة معنا لخوض معركتنا المشتركة الشريفة.
أنكم تعلمون أن الجيش – أي جيش – يفقد وضعه وأحترامه ومكانته في نفوس المواطنين إذا ما استعمل كوسيلة لخنق الحركات الوطنية ولكبت حريات المواطنين – ولا نظن أن ذلك بخاف علينا جميعا، وهذا الطريق هو الذي أرادت العصابة الراهنة أن تسوقنا إليه، ونحن الذين تقدمنا عن طواعية للعمل في القوات المسلحة لتصبح درعا واقيا لشعبنا لا يمكن أن نقبل أن نصبح خنجرا تغمده الرجعية الاستعمارية في صدر شعبنا وتطعن به شرف شعبنا، كما أننا كضباط وجنود في القوات المسلحة لا يمكن أن نقبل للجيش أن يتردى في هذا الفساد والفوضى وضعف التدريب والامكانيات حتى نصل إلى درجة عدم المقدرة في أداء مهمتنا المقدسة في الحفاظ على استقلال بلادنا وحماية حدودنا والذود عن كرامة وطننا. من أجل ذلك جميعه فقد كونا تنظيما للضباط الاحرار وضعنا هذا الأهداف لتحكمنا وتحكم عملنا من أجل جيشنا شعبنا..
إننا نلخص أهدافهنا في التالي، وسنوالي مناقشتها متي سمحت الظروف معكم في هذه المجلة أو مشافهة، والعمل لتنظيم الصفوف من أجل:
١. الإطاحة بالوضع الحاضر.
٢. تقديم كل من اشترك في الوضع الراهن أو استفاد منه أو أضر بقضية الشعب والجيش إلى محكمة شعبية وعسكرية.
٣. إعادة الحياة النيابية.
٤. وضع دستور جديد يتمشى مع مقتضيات الظروف الاقتصادية والسياسية والجغرافية في البلاد، ويقوم على مبادئ كفالة الحريات العامة للمواطنين وتطهير القضاء وإعادة النظر في وضع القوانين التي فرضها علينا الاستعمار والنظام الرجعي الراهن. وتطهير جهاز البوليس والخدمة المدنية من الفاسدين والمفسدين.
٥. تكوين مجلس دفاع وطني.
٦. إعادة كل الضباط المفصولين والمسجونين للخدمة بنفس اقدميتهم".

إن القوى الوطنية داخل الجيش لم تتحطم ولم تستطع الديكتاتورية تصفيتها رغم كل محاولات الغادرة.

وفي ثورة أكتوبر وعند ما صدرت الأوامر لضرب المتظاهرين والشعب، تجمع الضباط الاحرار - خلال نوبات عملهم - واتفقوا على أن يعصوا الأوامر بإطلاق الرصاص، والتهم الأساسية التي وجهت للضباط الذين اعتقلوا في يوم ٨ نوفمبر هي أنهم في الفترة بين ٢٢ و ٣١ أكتوبر لم ينفذوا أوامر إطلاق الرصاص!

وفي يوم ٢٦ أكتوبر حاصرت قوات الضباط الاحرار بالقصر الجمهوري واجبرت عبود على حل مجلسه الأعلى ومجلس وزرائه. وكان ذلك خطوة هامة في طريق انتصار الشعب. ولم يكتف الضباط الاحرار بذلك وانما اشتركوا بصورة فعالة في احباط مؤامرة الضباط الكبار الرجعيين الذين حاولوا في مفاوضات يوم الخميس ٢٩ أكتوبر أن يفرضوا أحدهم وزيرا للدفاع تمهيدا للانتكاس بالثورة، ولكن الضباط الاحرار حاصروا مبنى رئاسة القوات المسلحة ومرة أخرى فرضوا إرادتهم وإرادة الشعب.

لقد لعب الضباط الاحرار دورا جليلاً في انتصار ثورة ٢١ أكتربر. عند ما جاء نظام ١٧ نوفمبر كان يرفع راية معاداة الشيوعية. وفعلا بدأ في توجيه ضرباته منذ الأيام الأولى للشيوعيين ومؤسساتهم. واستراضى كثيرا من السياسيين من زعماء الاحزاب، يغمرهم على الارجح شعور بالارتياح المقرون بالشماتة للمصير الذي حاق بالشيوعيين المتعبين !

ولكن شعار محاربة الشيوعية اتسع في عام ١٩٥٩ ليشمل نقابيين غير شيوعين فيسوقهم إلى المعتقلات بتهمة الشيوعية واتسع ليشمل منظمات العمال والمزارعين والطلاب. وظل يتسع ويتسع حتى لم تنج منه جميع الاحزاب، وحتى تطور إلى نظام ديكتاتوري جثم ككابوس أسود على انفاس شعبنا منافذ حياتنا كلها.

لقد قدم نظام ١٧ نوفمبر مثالا حيا ملموسا لمعاداة الشيوعية. إن القصد من رفع راية معاداة الشيوعية هو قسم صفوف الشعب. فهو محاولة من ناحية للتخويف بخطر الشيوعية بتصويرها في شكل العدو اللدود للمصالح الوطنية بتصويرها في شكل العدو اللدود للمصالح الوطنية، وهو من ناحية أخرى يستهدف اشاعة شعور كاذب بالاطمئنان بأن الضربة توجه إلى الشيوعيين وحدهم. ولكن ما الذي حدث بالضبط؟ لقد تبين أن الذين رفعوا راية معاداة الشيوعية كانوا هم انفسهم أعدى اعداء المصالح الوطنية، وان

معاداة الشيوعية لهذا السبب كان لابد أن تؤدي آخر الأمر إلى ديكتارتورية سافرة تعادي كل الشعب.
إن سنوات الديكتاتورية الست قد امدت شعبنا بتجربة فريدة وهامة لكشف روح العداء للشيوعية. إن العداء للشيوعية هو ايدولوجية القوى الاستعمارية واليمينية في حربها ضد قوى التحرر والديمقراطية.
هناك من يرفعون اليوم راية معاداة الشيوعية المشبوهة الملوثة. ونقول لهم لقد رأيتم بأعينكم مصير الذين رفعوا تلك الراية. إن مصيركم لن يكون أفضل.

الفصل السادس
جبهة أحزاب المعارضة
في مقاومة النظام العسكري الرجعي

عند قيام الانقلاب العسكري في ١٩٥٨/١١/١٧ أعلنت بعض الأحزاب تأييدها الكامل له في بيانات نُشرت صباح يوم الانقلاب، وأعلنت أحزاب أخرى المعارضة الصامتة.
وما أن انقضى عام واحد على الانقلاب الرجعي حتى وضح أنه نظام ضعيف، وذلك كنتيجة طبيعية للنضال الدائب الذي شنه الشيوعيون والفئات الثورية من عمال وطلاب ومثقفين وضباط خلال عام ١٩٥٩.
ففي الفترة من نوفمبر سنة ١٩٥٨ حتى نوفمبر ١٩٥٩ حدث اضراب عمالي وآخر طلابي وثلاثة تحركات في الجيش وثلاث حملات اعتقالات، وانعقدت ٣ محاكم عسكرية للعمال والضباط واعتقل العشرات من الشيوعيين، ووقف عشرات منهم أمام المحاكم، هذا بخلاف العشرات من الاحداث الصغيرة الاخرى والتي كانت تعبر عن تصميم القوى الثورية على مقاومة النظام العسكري (أنظر فصل "الطبقة العاملة في طليعة القوى الثورية" والفصول التالية).
لقد كان جو المعارضة العام يتسع كل يوم، وكل يوم يفقد النظام العسكري ارضا جديدة تحت الضربات التي ظل يتلقاها منذ يومه الأول على يد القوى الثورية.
وقبل نهاية عام ١٩٥٩ بدأت بعض الدوائر التي ايدت الانقلاب تأييدا كاملا عند قيامه تتخلي تدريجيا عن تأييدها له، كما بدأت بعض الدوائر التي اتخذت موقفا سلبيا ازاء النظام العسكري طوال عام ١٩٥٩ تتخذ موقف اكثر ايجابية. وقد رفعت هذه الاحزاب مذكرات منفصلة إلى المجلس الأعلى للقوات لم تنشر حتى الآن إلا أنه كان من المعروف أنها حوت اراء لا تقف مع نظام الحكم القائم، وتطالب بمزيد من الديمقراطية.

بداية التقاء أحزاب المعارضة:
كانت بداية التقاء حزب الأمة مع الحزب الوطني الاتحادي وبصورة واضحة في صلاة عيد الفطر سنة ١٩٦٠، وكان الالتقاء في الصلاة بالصورة التي تم بها ذا مغزى سياسي واضح، وقد رحب الحزب الشيوعي السوداني بذلك اللقاء باعتباره بادرة أولى لتجميع الاحزاب المعارضة للنظام العسكري ومن هذه الناحية فهي جديرة بالتأييد والتشجيع.
ولذلك فقد أصدر الحزب الشيوعي بياناً بتاريخ ١٩٦٠/٤/٥م حول تجمع الوطني الاتحادي و الأنصار في صلاة العيد جاء فيه:

"وقد شهد الأسبوع الماضي مظاهرة كبرى عبرت عن اتساع أزمة هذا النظام. لقد كان الالتقاء بين الأنصار و قادة الوطني الاتحادي في صبيحة أول أيام العيد حدثاً ذا مغزى سياسي هام. إنه دليل واضح على أن هذه المجموعات الكبيرة قد بدأت تتحول وتتجمع ضد الدكتاتورية العسكرية. إن عبود وزمرته يعرفون مثلما يعرف كل الناس أن ذلك التجمع الذي تم في جامع الخليفة لم يكن مجرد أداء للصلاة وإنما هو مظاهرة تعبر عن موقف سياسي واضح الدلالة. ومهما حاولت الزمرة الحاكمة أن تبدو هادئة الأعصاب فإنها لن تستطيع أن تخفي حقيقة ضعفها وهزالها."

و يقول البيان:

"إن ما يتطلبه الموقف هو المزيد من التجمع والإقدام بخطوات أكثر جرأة لنضع كلنا حداً لهذا العبث الذي يسمى ثورة. مزيداً من التجمع بين كل الذين يريدون الخلاص من هذا النظام. وإننا و قد إختبرنا هذه الجماعة لواثقون بأن هبة شعبية واحدة قوية وحاسمة لكافية بالإطاحة بهذه الطغمة الفاسدة. فليكن هدفنا جميعاً تكوين أضخم تجمع شعبي يمشي بخطوات ثابتة وجريئة نحو القضاء على التسلط الدكتاتوري و سيبقى حزبنا في المقدمة دائماً كما عود شعبنا."

كان هذا هو موقف حزبنا منذ اللحظة الأولى التي ظهرت فيها بوادر تجمع الأحزاب المعارضة.

وكانت معارضة الأحزاب ما تزال في طورها الجنيني – لا تزال في طور التأرجح من هنا وهناك. وبصفة خاصة موقف حزب الأمة. ولذلك فقد نشرت الصحف في يوم ١٩٦٠/٥/١٨م البيان التالي:

"أرسلت سكرتارية الإمام الصديق منشوراً إلى وكلائه في كافة أنحاء السودان. وفيما يلي الملخص الذي تلقيناه من السكرتارية و أقر وزير الداخلية نشره:

إن التوجيه الذي أصدره السيد الإمام لوكلائه في أنحاء السودان يتلخص في ثلاث نقاط وهو عبارة عن تخطيط للسياسة التي يسير عليها الأنصار وهي:

١/ إن اتصالات الإمام ببعض المواطنين ومبادلتهم وداً بود الغرض منها جمع كلمة السودانيين على ما يحفظ تعاليم ديننا الحنيف ويخدم المصلحة الوطنية العليا.

٢/ نفى الإشاعة عن ترشيحات لرئاسة الجمهورية وتوجيه الأنصار ألا يلقوا بالاً إلا لما يصدر من السيد الإمام مباشرة في هذا الأمر أو ما شاكله من أمور.
٣/ لازال الإمام سائراً على تأييد الإمام الراحل للوضع الحاضر وإننا متعاونون معه على ما يحقق المصلحة العامة للبلاد بإذن الله." انتهى.
رغم ذلك ظل الحزب الشيوعي يؤيد ويشجع كل بادرة لتجمع قوي فى النضال ضد النظام العسكري.
وسادت اوساط الاحزاب المعارضة فترة من الركود، حتى قامت المظاهرات في حلفا الاسبوع الاخير من أكتوبر سنة ١٩٦٠ وسرعان ما عمت تلك المظاهرات جميع مدن السودان واقاليمه، واشتركت فيها جميع طبقات الشعب من عمال ومزارعين وطلاب ومثقفين. كانت تلك أول مظاهرات عامة على نطاق القطر منذ قيام الانقلاب العسكري، وكانت تعبيرا صادقا عن كراهية الشعب للنظام الحاكم وعن استعداده للصدام مع الدكتاتورية ووقف العشرات من المواطنيين أمام المحاكم يهاجمون النظام العسكري في شجاعة.
وكان لأبد أن تؤثر تلك الحركات على المعارضة. وبالفعل زال الركود عنها وبدأت حركتها من جديد وعقدت العديد من الاجتماعات التي تمخضت في النهاية عن المذكرة الشهيرة التي رفعتها جميع الأحزاب وعدد من الشخصيات البارزة للمجلس الاعلى للقوات المسلحة في ٢٩-١١-١٩٦٠م وفيما يلي النص الكامل للمذكرة.
السيد رئيس المجلس الأعلى للقوات المسلحة السادة أعضاء المجلس.
تحية طيبة:
لقد بذل السودانيون جميعا على اختلاف منظماتهم وعلى تباين اتجاهاتهم ومشاعرهم جهودا صادقة أدت إلى استخلاص حرية السودان وإعلان استقلاله وضمان مكانة بين أمم العالم الحرة المستقلة – هذه حقيقة تاريخية ثابتة – وحفاظا على هذا التراث المجيد واستشعارا لواجب المواطنين نحو بلادهم وحرصهم على العمل لرفعتها وحفظ سمعتها والمشاركة في تقدمها وازدهارها رأينا أن نتوجه برأينا إليكم.
إن السودان الذي حصل على حريته من المستعمر منة غير ان يعرض البلاد للخطر والهزات هو اليوم أكثر وثوقا في أنكم ستقدرون الروح والدوافع الوطنية التي أملت تقديم هذه المذكرة والتي لم نقصد منها غير

مصلحة البلاد خاصة. والجيش في كل بلاد العالم هو أملها وعدتها ورمز عزتها وكرامتها وحامي حدودها والمدافع عنها في الداخل والخارج.
ولهذا فعندما استولى الجيش على مقاليد الحكم وتحدث رئيسه في بيانه الأول عن مهمته وأكد أنها لفترة مؤقتة تريث الناس ترقبا لما ستأتي به تلك الفترة المؤقتة والكل يعلم أنه ليس من مهام الجيش تسلم إدارة الحكم نهائيا وكل المحاولات التي قامت بها الجيوش في البلاد الأخرى كانت عاقبتها سلسلة انقلابات ذهبت فيها الأنفس والأموال ورجعت البلاد إلى الوراء وفقدت ثقة غيرها من الأمم التي يسود فيها حكم القانون. ولنا في محاولات الانقلاب الماضية في جيشنا خير شاهد، كما أدى أبعاد كثير من عناصره المدربة نتيجة لهذه الهزات وما أدت إليه من محاكمات واعتقالات وابعاد من صفوف الجيش.
لقد مضى على تسلم الجيش مقاليد الحكم عامان انحصرت فيها السلطة في يد الأفراد من غير أن يشترك الشعب معهم في فترة اتسمت بفقدان الحريات العامة وأصبحت الصحافة مقيدة لا تعبر عن الرأي العام. وقد قطعت في هذه الفترة عدة وعود بأن دستورا يتجنب أخطاء الماضي سوف يعرض على البلاد قريبا ولكن بكل أسف وبعد مضي عامين كاملين كان ما أعلن يوم ١٧ نوفمبر ١٩٦٠ منحصرا في أمور تتعلق بنظام الحكومة المحلية التي لم تسبق الشكوى من أسسها الديمقراطية ولكن من المؤسف حقا أن النظام الجديد المعروف حرم الشعب من حق التمثيل والرقابة على شئونه المحلية مما كلفته النظم السابقة وبذا حرم الشعب من الحق الطبيعي في انتخاب ممثليه.
زيادة على أن وضع الحاكم العسكري رئيسا لمجلس المديرية أكد استمرار حالة الطوارئ وحرمان البلاد من العودة إلى دستور يكفل حقوق المواطنين ويشركهم في الإشراف على شئونهم وينظم أداة الحكم في مراتبها العليا.
إن الحكم سلسلة من المشاكل وليس من المصلحة أن يكون الجيش ضمن تلك المشاكل بل الاصوب أن يكون بعيدا عن التيارات السياسية لضمان حياده وسهره على حماية البلاد وصيانة سلامتها.
إن البلاد التي خرجت بالجيش من مهمته الأساسية الداخلية أو الدولية فقدت جيشها أولا بتعريضه إلى الانقسامات. وعرضت بلادها ثانيا إلى الانقلابات وهزات قد لا تقف عند حد.

لهذا وبروح الوطنية والحرص على المصلحة العامة مدفوعين بالرغبة الصادقة في التفاهم والتعاون ـ نتقدم بالأسس الآتية :
١/ أن يتفرغ الجيش لمهمته الوطنية الأساسية وهي حماية البلاد.
٢/ تتولى الحكم هيئة قومية انتقالية لتحقق الأتي :
أ/ تمارس سلطات الحكومة في فترة الانتقال.
ب/تضع التخطيط السليم والأسس الواضحة الديمقراطية في السودان وعلى ضوء تجارب الماضي.
ج/ تضع قانون انتخابات عادل يجري الانتخابات لإيجاد ممثلي الشعب الذين سيتولون الحكم في صورته النهائية ليضعون الدستور.
٣/ رفع حالة الطوارئ فورا وكفالة حريات المواطنين وضمان حرية الصحافة ليستطيع الشعب أن يعبر عن آرائه في حرية ولتستطيع الحكومة القومية تحسس رغباته والتجاوب مع اتجاهاته..
أننا نرى مخلصين أن هذه الحلول تحقق الحكم الصالح والاستقرار وتصون سمعة البلاد وأننا لنأمل بصدق أن تصفوا النفوس وتتحد الصفوف لتخرج بلادنا سمعتها مصونة سليمة لنحقق للوطن خيره ومصلحته.
وفقنا الله وإياكم إلى سواء السبيل.
٢٩ نوفمبر سنة ١٩٦٠.
لقد أيد حزبنا تأييدا كاملا تلك المذكرة في بيانه الصادر بتاريخ ٣٠/ ١١/ ١٩٦٠ الذي جاء فيه:
(أمس الثلاثاء ٢٩/ ١١/ ١٩٦٠ دقت قوى المعارضة مسمارا جديدا في نعش الدكتاتورية العسكرية الخائنة. فلقد رفع زعماء الأحزاب السودانية مذكرة إلى طغمة عبود يطالبون فيها بإنهاء هذا العهد الأسود وإلغاء حالة الطوارئ، وإشاعة الحريات الديمقراطية، وعودة الحياة النيابية. إن هذه المذكرة التي توحدت فيها لأول مرة القوى المناهضة لعهد عبود الأسود جاءت تعبيرا عن كفاحكم انتم يا جماهير الشعب الأبية وثمرة ذلك الكفاح. فالمطالب التي ضمنتها قادة الأحزاب في مذكرتهم بالأمس هي المطالب التي عمل من اجل تحقيقها حزبنا الشيوعي منذ أن حل بلادنا هذا العهد الأسود، والتي نادت بها الطبقة العاملة في مذكراتها وإضراباتها، ومظاهراتها، وقاد في سبيلها الطلاب كفاحهم البطولي ضد الدكتاتورية، وخاض من اجلها أهالي حلفا الإبطال معركتهم التاريخية. مذكرة الأحزاب هي ثمرة من ثمرات هذا الكفاح المتواصل الذي شنه ويشنه شعبنا البطل،

- ٢٤٣ -

والذي لن يتوقف لحظة حتى ينزاح عن بلادنا هذا الكابوس اللعين المتمثل في دكتاتورية عبود).
ويقول البيان :
(إن الضمان الوحيد لتنفيذ المطالب الوطنية التي تضمنتها هذه المذكرة ولانهيار الطغمة العسكرية نهائيا، الضمان الوحيد لذلك هو كفاحكم البطولي لتعزيز هذه المطالب وتأييدها بمختلف الوسائل والسبل. ولنشرع فورا في جمع عشرات الألوف من التوقيعات على العريضة، لنرسل البرقيات والوفود إلى حكومة عبود لنعلن عن تأييدنا لمذكرة ٢٩/ ١١/١٩٦٠).
وقد عمدت الطغية العسكرية إلى تجاهل تلك المذكرة، وقدمت بعض الذين وقعوا على عريضة الأحزاب للمحاكمة.
وكان أن رفعت الأحزاب مذكرة ثانية في مطلع عام ١٩٦١ للمجلس الاعلى للقوات المسلحة تحتج فيها على مسلك الحكومة تجاه المذكرة الأولى.
ونورد فيما يلي النص الكامل للمذكرة الثانية.
النص الكامل للمذكرة الثانية
السيد رئيس المجلس الاعلى للقوات المسلحة السودانية
السادة أعضاء المجلس ـ المحترمين
السلام عليكم ورحمة الله وبركاته وبعد:
لقد سبق أن كتبنا لكم عدة مذكرات فردية وجماعية في أوقات متفرقة داعين لفتح باب التفاهم على مااعتقدنا أن فيه مصلحة للبلاد.
لقد مضى الآن على أخر مذكرة أكثر من شهرين لم نتسلم فيها ما يفيد وصولها، أو أنها كانت موضع نظر أو الاستجابة إلى ما جاء فيها من دعوة التفاهم والتشاور حول مستقبل البلاد.
ولم يقف الأمر عند هذا الحد من رفض هذه الدعوة المخلصة بل تعداه إلى أشارات وأعمال لا توحي بغير الرفض ولا نجد لها تفسيرا إلا بأنكم مصممون على عدم الاستماع لرأي المواطنين محتكرين لأنفسكم وحدكم تقرير ما ترونه كأن الآخرين صاروا لا وجود لهم او لا تربطهم بهذا الوطن رابطة أو ليس لهم عليه إبداء الرأي فيما يجري أو يدور.
ولقد لاحظنا مع اشد الأسف إنكم منذ تقديم المذكرة الأخيرة قد عمدتم إلى الخطوات الآتية :
أولا ـ درجتم إلى محاربة بعض المواطنين في أرزاقهم وحرياتهم وظروفهم الخاصة الأمر الذي لا يتفق مع ما أخذتموه على عاتقكم من مسئولية تجاه

البلاد ككل وما قطعتموه على أنفسكم من عهود ومواثيق بألا تفرقوا بين المواطنين او تميزوا جانبا على جانب.
ثانيا ـ شجعتم فريقا آخر على التقدم بعريضة مضادة هاجمتنا في أشخاصنا ووطنيتنا وأنكرت علينا ماضينا ونشرتموها في إذاعتكم و صحف الحكومة الرسمية التي افسحت صدرها لوجهة نظر واحدة باستمرار.
ثالثا ـ كما شجعت إذاعتكم وصحفكم فريقا من الناس على المهاترة والسباب موجها للفئات التي لا تتفق معها في الرأي في الوقت الذي أنكرت فيه هذا الحق على غيرهم الأمر الذي قد يثير فتنة عمياء بين أبناء الوطن الواحد وحملة التشهير هذه ضد مواطنين شرفاء لا يمكن إنكار ماضيهم ولا نسيان مكانهم الاجتماعي إنما يزيد انقسام البلاد وقد يؤدي ـ وادي في بعض الحالات ـ إلى تصرفات تخل بالأمن وتعكر صفوه وتبعث الانشقاق فليس أكثر شرا من رمي مواطنين شرفاء بالخيانة والسير وراء الوحي الأجنبي في الوقت الذي لا يملكون فيه وسيلة الدفاع عن أنفسهم وسمعتهم وكرامتهم حتى الأمر إلى إقفال كل صحيفة تتعرض للأمور العامة ولو خفيفا.
رابعا ـ لجأت الحكومة إلى أسلوب التشفي والانتقام من مواطنين بسطاء كل ذنبهم انهم حاولوا التعبير عن وجهة نظرهم بالطرق المشروعة فاعتقلت من اعتقلت وحاكمت ونكلت بمن أرادت التنكيل بهم.

إن حق المواطنين في الشكوى من كل ما يلم بهم من أمورهم سواء الخاصة أو العامة والتعبير عن وجهة نظرهم أمر كلفته العدالة الطبيعية وحقوق الإنسان الذي أعلن السودان أكثر من مرة في هذا العهد وما سبقه من عهود التقيد والالتزام به واحترامه في جميع الأوقات والمناسبات وهو حق كفلته كل الدساتير التي تسير عليها الأمم المتمدنة مهما كانت صورة الحكم فيها ومهما كانت المبادئ والمثل والفلسفات التي تنتهجها وفي الأمم الكبرى والصغرى والشرقية والغربية والديمقراطية وغير الديمقراطية على السواء لذلك فإننا نرى أن ـ محاكمة مواطنين أخيرا لأنهما قد وقعا على مذكرتنا الأخيرة إنما هو تجني على هذا الحق الأزلي والثابت وهو بطريقة غير مباشرة ضربة لمواطنين يرون رأينا ويثقون في وطنيتنا ويستحثون أعمالنا، ولا يجوز لنا السكوت عليه والتغاضي عنه، وهو يشكل سابقة خطيرة في إهدار هذا الحق الذي وافقتم عليه أكثر من مرة، بل تجاوزتموه إلى الدعوة الصريحة للمواطنين كي يطلعوكم على وجهة نظرهم.

- ٢٤٥ -

إننا لا يسعنا إلا أن نستنكر هذا الإجراء اشد الاستنكار ونحتج عليه ابلغ الاحتجاج لان هذا الأسلوب في اعتقادنا إنما يدفع المواطنين دفعا للتخلي عن الطرق المشروعة لإبداء الرأي خاصة في بلد خنقت فيه وسائل التعبير ومنعت عنه نظم التمثيل واحتكر الحاكمون فيه لأنفسهم الرأي السديد والوطنية دون سائر الناس. ولما كنا من جانبنا قد حرصنا اشد الحرص على أن تتفادى البلاد مزالق العنف ونقيها شر الفتنة نجد أن الحكومة نفسها تسلك سبيل الإثارة والاستفزاز لمواطنين كل ذنبهم أنهم لا يتفقون معها في الرأي حتى قر في أذهان عامة الناس أن هذه الحكومة تعبر عن مصالح معينة وتصطبغ بصبغة خاصة بدلا من أن تكون للجميع ولا تفرق بين المواطنين.

ولا يسعنا والحالة هذه إلا أن نعدكم مسئولين عن نتائج هذا المسلك الضار ونحملكم مغبته ونتائجه ويكفي دليلا على ما وصل إليه الحال من سوء أن يقف موظف صغير أمام المجلس العسكري الذي عقد بالخرطوم بحري في الأسبوع الماضي ليتطاول على أقدار رجال لهم وزنهم في هذا البلد كما لهم تاريخهم الناصع فيطعنهم في أخلاقهم وينتقص من كرامتهم ويرميهم بالخيانة ويتهمهم بالارتماء في أحضان النفوذ الأجنبي، ثم تجئ صحيفة الحكومة الرسمية لتنشر هذا من غير أن يردعها رادع أو يلفت نظرها احد، والحكومة تقف ساكتة على احد موظفيها أو المجلس لا يوقف هذا السباب الذي صدر على لسان رجل يمثل الدولة وجهاز الحكم - إذا لم تكن هذه هي الفتنة بعينها فكيف إذن تكون؟

إن من واجبنا أن ننبهكم أن كنتم قد نسيتم أن الحكم أيا كان نظامه لا يصلح ما لم يستقم ميزانه وما لم يسو بين المواطنين وان الأهواء والأحقاد لا تعود لغير الهاوية والانحدار، وان هذه الأجهزة الحكومية التي تسيرونها ضد الأغلبية الكبرى من المواطنين إنما يحركها الشعب السوداني بماله لتكون أداة عدل ومساواة لا تكون أداة تفرقة وانقسام.

وختاما فإننا لمحنا من قبل لمثل هذه التصرفات ويبدو أن التلميح وحدة لا يكفي ولذا فإننا نكرر احتجاجنا البالغ على هذه التصرفات التي صدرت منكم أو بموافقتكم ونحملكم نتائجها وعواقبها منتظرين لفترة مناسبة لنرى ما انتم فاعلون حتى نحدد موقفنا من هذا التجاهل والأقصاء.

توقيع - قادة جبهة الأحزاب المعارضة للنظام الراهن.

لقد كانت المذكرة الأولى في نوفمبر والمذكرة الثانية التي أعقبتها إيذانا بمولد التنظيم الذي عرف فيما بعد بجبهة أحزاب المعارضة والذي اشترك الحزب الشيوعي فيه حتى ١٩٦٢ ثم انسحب منه لأسباب سنوردها فيما بعد. وبعد أسابيع قليلة من رفع المذكرة الثانية وفي فبراير سنة ١٩٦١ دخل إمام الأنصار الراحل سيادة السيد الصديق المهدي في مفاوضات منفردة مع الحكومة حول مستقبل الحكم. وقد مثل الحكومة البائدة في تلك المفوضات اللواء طلعت فريد والأميرالآي المقبول الأمين.

وقد حصلت مجلة اللواء الأحمر لسان حال لحزب الشيوعي السوداني على الوثائق السرية الرسمية المتعلقة بتلك المفوضات ـ هذه الوثائق هي عبارة عن محضر الاجتماعين، والمذكرة التي بعث بها سيادته تاريخ ١٣ / ٣ / ١٩٦١ عند فشل المفاوضات، والخطاب الذي بعث به محمد نصر عثمان إلى الحكام العسكريين وقادة القيادات والمتضمن لهذه الوثائق.

وننشر فيما يلي النص الكامل لهذه الوثائق كما نشرته مجلة اللواء الأحمر في عدها الصادر بتاريخ ٢٥/ ٦/ ١٩٦١.

سري للغاية وشخصي
فرع الأركان حرب العام
رئاسة القوات المسلحة الخرطوم
٢٥ مارس ١٩٦١
رقم / ٢ خ / ب / سري / ٢ / ١
الأخ الفاضل...............
الحاكم العسكري...........
وقائد القيادة...............

هذه الأوراق محمولة لكم وبها كل ما داروكما ذكرت سابقا فأن قرارات هذا الاجتماع سرية للغاية ومقصود بها أشخاصكم فقط لذلك فأنني اطلب إلا تتسرب هذه المعلومات خارج نطاقكم العسكري كما وأرجو إحراق هذه الأوراق بعد اطلاعكم عليها فورا.

أخوكم
محمد نصر عثمان

الاجتماع الثاني بين اللواء محمد طلعت فريد والأميرالآي المقبول الأمين الحاج والسيد الصديق بمنزله بالخرطوم في يوم الثلاثاء ٢٨/ ٢/ ١٩٦١.

وصلنا منزل السيد الصديق في تمام الساعة السادسة مساء وتناولنا معه طعام الإفطار[١١٢] وحضر معه السيد / يحيي المهدي ولكنه لم يتكلم إلا في المواضيع العامة التي دارت إثناء تناول وجبة الإفطار.
سرد السيد صديق في مذكرة مكتوبة ما دار في الجلسة الأولى حسب ذاكرته وكان لا يختلف كثيرا عن ما سجلناه ولكن لاحظت بان هناك نقطتين هامتين لم يذكرهما ولقد ذكرتهما للسيد الصديق. إلا وهما أن الجيش جاء إلى الحكم بالقوة ولا يمكن أن يرجع إلى ثكناته إلا بالقوة والثانية وهي عدم ذكر السياسيين القدامى ورأينا فيهم. وبأنه لا يصح عقلا تسليم الحكم لنفس الأشخاص الذين أفسدوه في الماضي. فقال انه قصد عدم كتابة النقطة الأولى لأنه رأى أنها لا تخدم غرضا ولم يتعرض للثانية. ثم تكلمنا عن المجالس وعن قانون المديريات وقال انه لا يوافق على هذا القانون ويري انه لا يقود البلاد إلى الديمقراطية المنشودة ولم يستشار الناس فيه فأوضحنا له بأننا نختلف معه في الرأي، وأكدنا له بان هذا القانون قد عمل بعد دراسات وافية ومشاورات واتصالات واسعة، وانه لوجد التطبيق الصحيح فسوف يصل بنا إلى الغاية التي ننشدها. وقد راعينا في تعيين الأعضاء الصلاحية للعمل والتمثيل للمنطقة، وقد خرجت التعيينات مرضية لأغلبية الجمهور. فضرب مثلا بمجلس الفونج وقال هذه المنطقة يسكنها ٩٥٪ أنصار ولم يأت إلى المجلس خلاف أربعة أو خمسة أعضاء منهم فأخبرناه بأننا لما نلاحظ ذلك ولم نقصد إبعاد أي فئة وربما كانت هنالك مجالس تمثيل أغلبية من الأنصار. فقال ربما لم تجدوا خلافهم فأكدنا له بأنه في كل منطقة عدد كبير جدا من المواطنين الصالحين وكان في الإمكان تعيين أعضاء من فئة خاصة صالحين لو قصدنا ذلك. وأخبرناه بان المشروع سينجح بإذن الله ورجونا إلا يكون في نيته عدم التعاون أو عدم اشتراك مؤيديه في هذه المجالس، ولقد يكون ذلك شيئا مؤسفا حقا، فقال حتى ولو فعل ذلك ربما لا يستمعون لكلامه. فأخبرناه بأنه حتى ولو سمح ولم يشتركوا فيكون هذا أجراء غير صحيح ولا يخدم غرضا وان الحكومة ماضية في تنفيذ هذا القانون، توقفت المحادثة نسبة لضيق الوقت وارتباطه بموعد مع السيد علي الميرغني الذي كان مفروضا أن يصل لتعزيته في تمام الساعة الثامنة مساء. ولقد خرجنا قبل هذه المقابلة بدقائق وكانت كل الاستعدادات قائمة لوصول السيد علي، وعند خروجنا وجدنا عبدالله فاضل وآخرين ينتظرون لفي الصالون الكبير لكي يقابلوا السيد علي مع السيد الصديق عند وصوله.

المقبول الأمين الحاج
أميرالآي أ - ح.
سكرتير المجلس المجلس الاعلى للقوات المسلحة
الاجتماع الثالث الذي تم بين اللواء محمد طلعت فريد والأميرالآي مقبول الأمين الحاج والسيد الصديق المهدي بمنزل الضيافة يوم ١٢/ ٣/ ١٩٦١
وصل السيد الصديق إلى منزل الضيافة في تمام الساعة التاسعة مساء ومعه أخيه السيد يحيي الذي لم يتكلم بل كان مستمعا.
تكلم السيد الصديق في الاجتماع في الاجتماع الأول والثاني وأكد رغبته في التعاون والتفاهم. وأكد أن هذه المقترحات التي يريد أن يتكلم عنها لم يقصد بها إلا المصلحة العامة التي تحقق للشعب ما يصبوا إليه من حكم ديمقراطي صحيح وان للحكومة مطلق الحرية في قبولها جميعها او قبول بعضها أو رفضها، ولكنه يرى أن من مصلحة البلاد النظر إليها بعين الاعتبار لأنه لا يرمي من ورائها إلا بحث مبادئ الحكم الصالح للبلاد قبل كل شئ ولم يكن القصد منها التفكير في الأشخاص أو الوصول إلى الحكم وأنه كان يتوقع بألا تسرع الحكومة في تنفيذ قانون المديريات لأنه ابدى رأيه فيه وربما كان الاجدى الاستفادة من خبرة البلدان الاخرى حتى ولو بإحضار احد الخبراء لإبداء رأيه في أصلح نوع للحكم كما حصل ذلك في الماضي، لان مسالة الحكم ووضع الدساتير عمل صعب يحتاج إلى خبرة واسعة ودراسة كاملة للأحوال التي حدثت في الدول الاخرى والاستفادة من تجاربها. فأجبناه بان اللجنة التي انيط بها العمل قامت بدراسة كاملة للأحوال في كثير من الدول الاخرى قبل أن تتوصل لتوصياتها وقال إنّ الأحوال الإقتصادية والسياسية والخارجية ومسالة الجنوب، كل هذه أشياء تستوجب العمل الموحد والشورى والنصح والتفاهم والاستفهام في الكفاءات لتسيير دفة الحكم بالطريقة التي ترضي الجميع ولتقرير مصير الحكم في البلاد.
وقال إنه يقترح إعادة الدستور المؤقت بعد تعديله حتى يوضع دستور دائم للبلاد وتكوين مجلس سيادة من رجال سيادة من رجال المجلس الاعلى الحالي مع تطعيمهم ببعض العناصر المدنية ليكون هذا المجلس رأس الدولة الدستوري وتشكل هيئة قومية مدنية لفترة انتقال تتولى أعباء الحكومة وتكون هذه السلطة التنفيذية وتضع قانونا جديدا للانتخابات، ثم تجري انتخابات بعد أن يلغى قانون الطوارئ لتكوين جمعية تأسيسية تقر وتصوغ الدستور الدائم، ويتم ذلك في فترة يتفق عليها، أوضحنا للسيد الصديق أن

اقتصاديات البلاد بخير. وان قصد قلة إنتاج القطن في مشروع الجزيرة فهذا شئ أملته الطبيعة ونحن بصدد التحقيق ووضع نظام يكفل سلامة المحصول أما سياستنا الخارجية فهي توضع في الخرطوم ولا تقبل الوحي الخارجي ولا تنبع إلا من واقعنا ومصالحنا رائدنا في ذلك الحياد التام ومناصرة الحق أيا كان أما الجنوب فقد كررنا ما قلناه سابقا.

لقد أوضحنا للسيد الصديق بان هدفنا هو الحكم الديمقراطي الصحيح وان ما نقوم به هو تحقيق الوصول إلى ذلك الهدف. ونرى أن هذه الطريقة أجدى لأنها تحقق الديمقراطية من القاعدة وليس من القمة كما يقترح. ولكن طالما الهدف واحد فيمكن الوصول إلى الديمقراطية المنشودة وتقدم بالبلاد خطوات واسعة. وإما القانون الطوارئ فانه غير مطبق بالطريقة المعروفة.

وأما الحريات فإنها مكفولة لعدد كبير وان كان ذلك إجراء لابد منه لأن بعض الناس قد أساءوا فهم الحرية وضربنا له مثلا بالطبيب الذي منع مريضه من تناول بعض أنواع الطعام والشراب وجرعه المر من العقاقير لا حبا في حرمانه ولكن إمعانا في علاجه. وان هذا الشعب الذي أفسدت الحزبية كثيرا من إفراده وكادت تودي بوحدته الوطنية فنادى الجنوبيين وغيرهم بالانفصال ولولا أن الجيش وضع العلاج لعمت الفوضى وكان لهم ما ارادو ولوصلت البلاد إلى حالة لا يعرف مداها إلا الله. ولقد أوضحنا له بان حكومة الثورة تعمل بخطط مرسومة نحو الهدف. وأننا لابد واصلون بإذن الله وان أي إعلان عن أي مدة لقيام جمعية تأسيسية لصيانة الدستور أو خلافه الآن معناه تفكيك الوحدة القومية التي نرمي لها والرجوع إلى الحزبية البغضية التي عملت لاستغلال قوى الشعب وتبديد حيويته.

وأكدنا له بأننا نرحب بأي اقتراحات من أي مواطن ولقد سعينا إليها سعيا في الماضي ولم نزل نتقبلها بصدور رحبة ونأخذ منها ما نراه صالحا ومناسبا للظروف ونؤجل ما نراه صالحا ولكن ليس مناسبا للظروف الحاضرة ونترك ما لا نراه صالحا.

واخبرنا السيد الصديق بأننا سنحمل آراءه للمجلس الاعلى. وانه ولو أن هذه هي آراؤنا الشخصية، لكننا نعتقد أن مجلس الاعلى لا يختلف عن أرائنا لأننا نعمل يدا واحدة وبوحي واحد. وأكدنا له بان الاجتماعات الدينية التي يقوم بها أخوه وابنه يقصد وراءها دعوة سياسية وان الهتافات الاستفزازية مثل (نحن أنصار الحق) لا تخدم غرضا لأننا نحن أيضا أنصار حق، ولكن يفهمها الرجل العادي غير الفهم الذي تحمله معانيها. وأخبرناه بأننا نرجو أن

لا يكون السياسيون القدامى في انتظاره لمعرفة ما دار في اجتماعنا فنفى ذلك.
اخرج السيد الصديق المذكرة المرفقة وسلمها لنا قائلا بأنها تحمل آراءه التي تكلم عنها. ولقد لاحظنا فيها انه لا يذكر في حديثه شيئا عن البيان الرسمي الذي يقترح إصداره بقبول مبدأ رجوع الجيش لأداء مهمته الأساسية وهي حماية البلاد والدفاع عنها.
شكرنا السيد الصديق على مقابلتنا له وعلى الروح الطيبة وودعناه في الساعة العاشرة والنصف.
المقبول الأمين الحاج
أميرالآي أ - ح
سكرتير المجلس الأعلى للقوات المسلحة
وفي ١٢ مارس ١٩٦١ أرسل السيد الصديق بمذكرة كرد على المحادثات وقد احتوت المذكرة على:
المؤسف أن نقطتين هامتين قد برزتا في الجلسة الثانية رأيت أن اعلق عليهما بصراحة في هذه المذكرة (هذه ألفاظ المذكرة حرفيا)
فمن جهة قال السيد المقبول إن الجيش قد تسلم السلطة بالقوة ولن يعود إلى ثكناته إلا بالقوة. وإذا صح أن هذا هو رأي الحكومة الآن فان أي محادثات من هذا النوع لا يمكن أن تنتهي إلى النتيجة التي تهدف إليها من ورائها.
ومن جهة أخرى ذكر السيد المقبول أن الحكومة تمضي في طريق تنفيذ ما قررته بشان قانون المجالس المحلية ولن تتراجع عن ذلك بأي حال من الأحوال وكان من الممكن أن يرجأ التنفيذ فيما يختص بهذه المجالس إلى أن تختتم هذه المحادثات باتفاق بيننا شامل حول تنفيذ هذه المبادئ.
وعلق السيد الصديق في مذكرته بهاتين النقطتين:
أولا - ليس صحيحا أن الجيش قد جاء إلى الحكم بالقوة وان هذه حقيقة تاريخية سافرة لا تقبل الجدل. ولعلي أوضحت من قبل أن الجيش لم يحمل سلاحا ضد الحكومة السابقة أو المواطنين ولقد وعدتم بأنها فترة موقوتة بإصلاح بعض الأوضاع وان الجيش لن يترك مهمته الأصلية ليلج باب السياسة ويتولى أمور الحكم بصفة دائمة.
ثانيا - إن المواطنين من حقهم والحالة هذه أن يتساءلوا عن مصير هذا الحق ومن حقهم أيضا أن يكون لهم رأي في الوقت والطريقة والعودة بالحكم إلى الوضع الطبيعي الذي يتمشى مع رغباتهم ويساير أمانيهم في الحكم

الديمقراطي الصالح. ومن حقهم أيضا أن يعبروا عن رأيهم في التغير إلى وضع سليم وان يشتركوا بما يقترحون طريقا لوضع دستور لها الآن ـ الأمر الذي لا نجد له مثيلا في أي بلد مستقل في العالم غير السودان مع قيام حالة الطوارئ التي منعت المواطنين وسائل التعبير.
لكل ذلك طلبنا وسنطالب بان يتقرر مصير الحكم في البلاد بالتشاور بين كل ممثلي الفئات المختلفة للشعب السوداني ليكون الوضع الجديد عادلا وديمقراطيا ومنبعثا من إرادة الشعب السوداني وحده.
(بعد هذه النقطة تقدم السيد الصديق بمقترحات لا تتعدي تقريبا المقترحات التي قدمت في المذكرة السياسية المشهورة التي قدمت من جانب الأحزاب السياسية للمجلس الاعلى في تاريخ ٢٩ نوفمبر ١٩٦٠)
وقد اختتمت المذكرة بقول السيد الصديق :
هذه هي المقترحات التي أرى أن تكون أساس البحث للتدرج بالبلاد إلى الوضع الطبيعي الدائم حتى يتحقق للشعب ما يصبو إليه من حكم ديمقراطي سليم يحقق وحدته الوطنية ويضم شتات الكفاءات المبعثرة ويجند النخبة الصالحة الحائزة على ثقة المواطنين لخدمة بلادهم والمشاركة في تطويرها ويعطي الفرصة لكل مخلص ذي (مؤهلات) للقيام بدوره في بناء مستقبل البلاد الاقتصادي والسياسي والاجتماعي مع توفر المساواة والعدالة والجو الصالح للعمل المثمر.
مقبول الأمين
أميرالاي
سكرتير المجلس الاعلى
وبفشل المفاوضات بدأت الحكومة العسكرية في حملة استفزازات ضد الأنصار، وحددت في أواخر شهر مايو سنة ١٩٦١ إقامة السيدين احمد المهدي والصادق المهدي بعد رحلة قاما بها إلى غرب السودان ومنع الأنصار من رفع الإعلام وترديد الأناشيد الخ..
وقد تناول إمام الأنصار الراحل السيد الصديق المهدي ذلك في مذكرته الفريق عبود بتاريخ ٢٨/ ٥/ ١٩٦١ وننشرها فيما يلي بنصها :
صاحب المعالي السيد الرئيس الفريق إبراهيم عبود
اركويت
باسم الله وباسم هذا الوطن أحييكم.

وبوصفكم رئيس المجلس الاعلى للقوات المسلحة وبالتالي رئيسا لهذه الحكومة، ويؤسفني أن يضطرني تتابع الحوادث والتصرفات التي تدخل على انحراف الحكم عن الاتجاه القومي وعن العدالة والإنصاف بل تؤيد تحيزه لفئات معينة من المواطنين وحقده وخصومته لآخرين منهم على أساس غير سليم الأمر الذي لا يتمشى مع مسئولية الحكومة إزاء الناس أجمعين وعلى قدم المساواة.

اكرر يؤسفني أن اضطر لاحتج لديكم على الضغط والعنت الذي تلقاه مجموعة الأنصار وحدها، فأنهم منعوا مثلا من رفع إعلامهم التقليدية في دارفور وحددت إقامة السادة أبناء المهدي احمد والصادق بغير حق وقد أوفدا مني لمديرتي كردفان ودارفور في زيارات تقليدية ومهام دينية اجتماعية تختص بالأنصار وحدهم في الغرب. وان في هذا ما فيه من التعدي على الحريات الشخصية والمقدسات والعقائد الدينية والعلاقات والمساواة الاجتماعية حتى لقد وصل الأمر أن تعتبر التعزية في الفقيدين الناظر عبد القادر هباني والسيد علي أبو سن خروجا على القانون.

إنني انتهز هذه الفرصة لا ذكركم برأيي الذي صارحتكم به بشتي الطرق وفي شتي المناسبات وأيدني فيه كثير من المواطنين، وهو أن نظام الحكم الحالي المنطوي على عدم احترام أراء ورغبات المواطنين، والذي يفقد عنصر الشورى والتعاون مع من يعنيهم أمر هذا البلد، نظام لا يتفق مع واقعنا وتقاليدنا وأخلاقنا ونظمنا الموروثة. وفي اعتقادي أن هذه التصرفات المؤسفة نتيجة حتمية لهذا الوضع غير الطبيعي الذي لا يمكن أن يتحقق معه الاستقرار المنشود والوحدة القومية اللازمة لحفظ كيان هذا البلد و تطويره

لذلك أنني أود أن أذكركم بالأماني والمطالب القومية العامة التي اشتملت عليها مذكراتي المتكررة لسيادتكم وان أهيب بكم أن تستجيبوا لها صيانة لوحدة البلاد وحريتها وسلامة بنيها ومقدراتها. كما أنني لا أجد بدا من تحميلكم مسئولية ما قد يترتب على تصرفات الحكومة الاستفزازية المتحدية ضد الأنصار وغير الأنصار من فئات الشعب.

وبالله التوفيق.

الصديق المهدي.

سراي المهدي ـ الخرطوم في يوم ٢٨/ ٥/ ١٩٦١.

مكرر للسيد / وزير الداخلية

اعتقال زعماء المعارضة :

وفي منتصف يونيو سنة ١٩٦١ حدث الإضراب التاريخي لعمال السكة الحديد، ذلك الإضراب الذي كان يمثل نقطة انطلاق جديدة في نضال القوى الثورية، والذي وسع من جو المعارضة العام، وبعث حركة ملحوظة في صفوف أحزاب المعارضة.

وكان أن جاءت في نفس تلك الأيام من الأبيض الإنباء عن تعذيب المناضل حسنين حسن علي يد الزين حسن الطيب[١١٣] وبطانته.

فأرسل زعماء الإحزاب البرقية الشهيرة للمجلس الاعلى التي تدين ذلك العمل الوحشي وتطالب بتنحي الحكومة وعودة الحياة الديمقراطية (ويؤسفنا اننا لم نجد صورة من تلك البرقية في أرشيف الحزب)

ووضح للحكومة أن هناك تحفزا شعبيا عاما وان الجماهير قد وصلت درجة عالية من السخط فكان أن أقدمت الحكومة في اليوم التالي لإرسال البرقية (١٢/ ٧/ ١٩٦١) باعتقال ١٢ من زعماء المعارضة ونفيهم إلى جوبا في نفس يوم اعتقالهم. والزعماء الذين شملهم الاعتقال هم السادة.

إسماعيل الأزهري، عبدالخالق محجوب، احمد سليمان، مبارك زروق، محمد احمد محجوب، محمد احمد المرضي، إبراهيم جبريل، عبد الله خليل، أمين التوم، عبد الله عبد الرحمن نقد الله، المرحوم عبد الله ميرغني، عبد الرحمن شاخور.

أحدثت هذه الخطوة صدى محليا وعالميا واسعا، وبادر الشيوعيون في ام درمان والأبيض تنظيم مظاهرات حوكم فيها عدد من أعضاء الحزب الشيوعي أمام محاكم عسكرية، وقد بلغ مجموع الأحكام التي صدرت ضد ١٠ من أعضاء الحزب في أم درمان ٣١ سنة وفي الأبيض بلغت الأحكام حوالي ٢٥ سنة. واصدر الحزب الشيوعي بيانا إلى جماهير الشعب بتاريخ ١٦ / ٧ /١٩٦١ هذا نصه :

(نص البيان)

اطلقوا سراح زعماء المعارضة
فليستنكر الشعب الجريمة بكل وسائل التعبير.
فلنجمع عشرات الآلاف من توقيعات الإحتجاج.
فينظم الشعب يوماً سياسياً خالداً باسم المعتقلين

أيها المواطنون الأحرار: في يوم الثلاثاء الماضي نفذت طعمة عبود المتداعية جريمة جديدة من سلسلة الجرائم المتلاحقة التي ظلت ترتكبها منذ نوفمبر سنة ١٩٥٨ إلى اليوم. في ذلك اليوم تسللت العصابة الحاكمة في منتصف الليل كما يتسلل اللصوص إلى منزل أثني عشر زعيما من زعماء المعارضة، ووضعوهم في عربة لوري مقفلة وذهبوا بهم إلى مطار الخرطوم، ومن هناك في جنح الظلام رحلوهم إلى جوبا.

وجاء صوت عبود المرتعش ليتحدث من راديو أم درمان عن يد الثورة الحديدية وعن استعدادها لوقف العبث (كذا)... أي يد حديدية ياعبود؟ أن يدكم الحديدية قد انكشفت حقيقتها منذ اليوم الأول الذي دبرتم فيه انقلابكم الرجعي ومنذ ذلك اليوم وشعبنا لم ترهبه خرافة اليد الحديدية، ولم تتقاعد به عن الكفاح، وكلما أعيتكم الحيل وزاد عجزكم عن إقناع شعبنا المحب الديمقراطية والحرية بأنكم قمتم بثورة، كما عجزتم عن مواجهة منطق الحق الذي لا يقهر، لجأتم إلى قوانين الغاب التي وضعتموها لتحموا بها خيانتكم وقلتم في بلاهة لا تحسدون عليها: هذه يدنا الحديدية. فهل تريدون أن توهموا أنفسكم بأنكم أقوياء؟ إن كان هذا فلكم الحق كل الحق في أن تعيشوا في أوهامكم حتى يزيلها الشعب من رؤوسكم في المستقبل القريب جدا. أما أن كنتم تحاولون إدخال أوهامكم أنتم في رؤوس الشعب فننصحكم بأن توفروا وقتكم وجهدكمز إن شعبنا يعلم تماماً أن الأجراء الذي لجأتم إليه بنفي زعماء المعارضة يمثل قمة ضعفكم، وقمة أزمتكم، وقمة إفلاسكم. أنه مظهر من مظاهر القوة الزائفة، إن شعبنا ناضل ضد الاستعمار وهزيمه و طرده بينما كنتم أنتم تسبحون بحمد الجنرال (سكونز)[١١٤]. هذا الشعب يثق في نفسه وفي قوته وفي وعيه، فهو يعرف بتجربته التي لم تتشرفوا بمشاركته فيها أن الكبت و الإرهاب والقوانين البربرية، والمنافي والمشانق لا يمكن أن تكون مظهراً للقوة، ولا يمكن أن تحمي نظاماً يبغضه الشعب، تذكروا أن الاستعمار قد نفي الوطنيين إلى الجنوب مثلما فعلتم، و قذف بالمئات في المعتقلات والسجون مثلما فعلتم، فأين هو الاستعمار البريطاني؟ بل أين هي الإمبراطورية البريطانية؟ ولكنكم لا تتعلمون فصبراً أيها الأغبياء، قريباً ستتجرعون حتى الثمالة نفس الكأس التي سقيتم منها شعبنا البطل المدافع عن حقه في الديمقراطية.

أيها المواطنون الأحرار: ليبدأ الشعب فورا في حملة واسعة من التوقيعات على عرائض الاحتجاج - لنطالب بالإفراج فوراً عن زعماء المعارضة

لنطالب بتصفية كل المعتقلات وإلغاء قوانين الغاب التي وضعها عبود وعصابته، لنستنكر أشد الاستنكار تعذيب المعتقلين السياسيين ولنطالب بمحاكمة المسئولين عن ذلك، فلننظم يوماً سياسياً خالداً باسم المعتقلين.

أيها المواطنون: إن الطغمة العسكرية قد حفرت قبرها بيدها فلنهل عليها تراب العار الأبدي جزاء خيانتها. لننظم يوماً سياسياً خالداً من أجل الأفراج عن زعماء المعارضة وعن كل المعتقلين.

عاش شعبنا البطل... الموت و العار لعصبة الخيانة.

١٩٦١/٧/١٦

الحزب الشيوعي السوداني

مجزرة المولد: ١٩٦١/٨/٢١

أحدث اعتقال زعماء المعارضة كما أسلفنا رد فعل واسع وسط الجماهير واقتنعت جميع الأوساط الاجتماعية بإفلاس النظام الحاكم وعجزه عن مواجهة خصومه السياسيين بالحجة، وكانت القوى الثورية تتجمع وترتفع مقدرتها للصدام، وأحزاب المعارضة (أي جبهة المعارضة) تزداد تماسكا.

وفكرت الطغمة العسكرية في تدبير مؤامرة تغذيها بدماء المواطنين لخلق جو عام من الإرهاب، ولاستعراض عضلات النظام الحاكم باستعمال الرصاص لأول مرة ضد حشد من المواطنين.

وكانت مجزرة المولد مساء يوم ٢١-٨-١٩٦١ التي راح ضحيتها ١٢ من المواطنين الأنصار وهم يؤدون شعائرهم الدينية داخل ساحة المولد.

لقد عم السخط والاستنكار الشديدان كافة أوساط الشعب من جراء ذلك العمل الإجرامي. وكان موكب تشيع الشهداء من المواطنين الأنصار في اليوم التالي مظاهرة عارمة ضد النظام العسكري اشتركت فيها كافة طبقات الشعب وفئاته.

لقد كشف الحزب الشيوعي السوداني تلك الجريمة على أوسع نطاق ونشرها عالمياً، كما أصدر حولها عدداً من البيانات المتتالية لجماهير الشعب ونكتفي بنشر هذه البيان الذي صدر في اليوم التالي لمذبحة المولد (١٩٦١/٨/٢٢)

(نص البيان)

الأيدي السوداء المرتجفة تتلطخ بمزيد من الدماء

العصابة المجرمة تطلق الرصاص على مواكب المواطنين السلمية. ستدفعون أيها المجرمون القتلة ثمن أراقه الدماء في الشوارع أصبح القتل

سياسة رسمية للعصابة فالويل من انتقام الشعب ليتحد الشعب، وليسدد رصاصه إلى صدور السفاحين.
ياجماهير العمال والطلاب.
أيها المواطنون الأحرار:
أمس الاثنين أضافت الطغمة العسكرية الجبانة صفحة جديدة إلى كتابها الأسود الذي طفح وفاض بالخيانة والعار والعفن والجبن والغدر، وبكل ماهو دني وخسيس، وبكل ما هو دخيل على هذا الشعب وتقاليده وأخلاقه.
أمس حصد رصاص الخونة و الجبناء عدداً لم يحصى بعدد من المواطنين بحجة أنهم نظموا طابوراً عسكرياً كما جاء في بيان العصابة بينما يعرف كل سوداني أن هذه المواكب في المولد النبوي ظلت تقليداً معروفاً لعشرات السنين ولم تفسرها حكومة بأنها طوابير عسكرية إلا هذه الطغمة المجرمة من القتلة والسفاحين والتي جعلت من إراقة الدماء هواية تمارسها على قارعة الطريق.
يا جماهير العمال والطلاب يا جماهير الشعب :
لم يبق لهذه العصابة المجرمة مكان بيننا ـ لقد صبر شعبنا كثيراً ولن يصبر بعد اليوم، وتحمل كثيراً ولن يتحمل بعد اليوم. لقد آن الأوان لتتجرع شرذمة القتلة والسفاحين من نفس الكأس التي سقتها شعبنا. لقد آن الأوان للانتقام الرهيب ـ انتقام الشعب من الجلادين.
يا جماهير العمال والطلاب
ياجماهير الشعب:
أن بيدنا اليوم أن ننقذ وطننا من هذا الظلام الحالك الذي خيم عليه ـ لا مكان بعد اليوم، للتردد والحيرة، لا طريق أمام الشعب سوى أن يتحد وينظم صفوفه، ويقف وقفة رجل واحد في وجه العصابة الجبانة التي جعلت من القتل تسلية لها.
لينظم شعبنا صفوفه داخل الجبهة الوطنية الديمقراطية، وداخل الجبهة النقابية ـ لينظم الطلاب والعمال حلفاً مقدساً، ولتدخل جميع الفئات وطبقات شعبنا البطل في إضراب سياسي عام ضد عصابة القتلة والسفاحين.
ياجماهير العمال والطلاب و ياجماهير الشعب الأبية :
إن الرصاص لم يرهب شعبنا في يوم من الأيام، ولم يقعد به عن الكفاح، إن رصاص الخونة العملاء سوف يرتد على صدورهم وسوف ينقلب وبالا عليهم وقريباً جداً سوف تدق ساعة الخلاص، ويومها سيعلم القتلة أي منقلب

ينقلبون. فالشعب الذي هزم رصاص المستعمرين سوف يهزم رصاص عملائهم ويقطع أيدهم المرتجفة الملطخة بأوحال الخيانة.
يا جماهير العمال والطلاب.. يا جماهير الشعب :
إن قوتكم في تنظيم صفوفكم وفي وحدتكم. لتنضم جماهير الطلاب والعمال والزراع والتجار والمثقفين إلى لجان الجبهة الوطنية الديمقراطية والجبهة النقابية، القوة الكامنة في اتحادكم لا يمكن أن يثبت أمامها رصاص الجبناء.
ليتحد الشعب ولينظم صفوفه من أجل الدخول في إضراب سياسي عام ضد عصابة القتلة السفاحين.
الويل لقتلة الشعب من غضب الشعب. الإضراب السياسي العام طريق الخلاص.

١٩٦١/٨/٢٢

الحزب الشيوعي السوداني

وفي يوم ١٩٦١/٨/٢٤ أرسلت جبهة أحزاب المعارضة الرسالة التالية إلى ضباط البوليس بالعاصمة وقد أحدثت هلعاً شديداً في صفوف الأوساط الحاكمة، وخاصة أبارو و بطانته.

(نص المذكرة)

إلى السادة ضباط البوليس...تحية الوطنية الخالصة

نكتب إليكم اليوم و البلاد تجتاز فترة عصيبة ولم تمضي على مخاطبتنا الأولى لكم سوى أسابيع معدودات لم نكن نقرأ الغيب عندما قلنا لكم أن الحكومة العسكرية المتآمره مع كبار ضباطكم أمثال عباس فضل وأبارو ستحاول تسخيركم للتعرض بالأذى للشعب وبالتالي تعرضون أنفسكم للأذى في المقابل. والله يعلم أننا كنا نود ألا تصدق نبؤتنا ولو استمعتم لنصائحنا الأخوية التي أملاها علينا الضمير ومعرفتنا لنوع الشر والحقد الذي تنطوي عليه قلوب الحاكمين لهذه البلاد وشعبها، وحتى عندما وقع المحظور وسالت الدماء وأزهقت الأرواح في تلك الليلة المشئومة، ليلة ٢١ أغسطس سنة ١٩٦١ وكان أحرى بها أن تكون من ليالي السعة لشعبنا لما ترتبط به من ذكرى عطرة، لم نركن لليأس ولم نفقد الأمل في مخاطبتكم للمرة الثانية ذلك أننا فيما يصدر عنا من قول أو عمل لا نرمي من ورائه سوى خدمة الحقيقة مهما حاول غيرنا، لغرض في نفس يعقوب، أن يطمسها أو يحجبها عن الأنظار. إننا نقولها لكم بصراحة ـ أيها السادة ـ لا تصدر عن خوف منا و لا نرمي إلى التقليل عن شانكم أو ننتقص من قدركم، نقولها بملئ الحق

فأنكم تسخرون فيما لا مصلحة لكم فيه وفيما لا يعود عليكم وعلى أمتكم بالخير، أنكم تسخرون وتستخدمون كأدوات تعذيب وسفك دماء لأبناء وطنكم وجلدتكم. الأوامر تنطلق من أفواه غيركم ولكن الرصاص ينطلق من أفواه بنادقكم. والشعب لا يسمع عادة الأصوات الخافتة الآمرة و لكنه يسمع الأصوات الداوية بفعل السلاح. وتكون النتيجة والمعنى العميق الذي يترسب في النفس بأن البوليس قتل الناس وفي اليوم الثاني يلبس القاتل الحقيقي أزهي حلله ليشيع جنازة ضحاياه ويختال كالطأؤوس ليواسي الأسر المفجوعة في أبنائها.

*أنتم تتصدرون لتفتيش منازل الوطنيين وتتعرضون لسخط الأسر الآمنة.

* وأنتم تتصدرون لاعتقال الوطنيين وتتولاهم سلطات الجيش بالتعذيب كما حدث في حادثة الأبيض وبذلك تعرضون أنفسكم لسخط الرأي العام حين يعتبركم وكأنكم شركاء في الجريمة.

* أنتم تتصدرون للتحقيق مع الوطنيين وتتولاهم المحاكم العسكرية بالأحكام الرادعة حتى تكونوا قد مثلتم دور اتهام فحسب.

* أنتم تتصدرون لمواكب المواطنين و النتيجة أن يسقط الموتى و الجرحى من الجانبين فتفجعون في زملائكم مثلما يفجع الشعب في أبنائه.

كل هذا يحدث باسم من ولصالح من؟ نحن نحاول جهدنا أن نوضح لشعبنا المجرمين الحقيقيين لا بصفاتهم و أنما بأسمائهم أيضاً. و لكن لماذا تجعلون من أنفسكم ستاراً يحميهم من غضب الشعب ولعنته؟ لماذا تجعلون من أنفسكم درعاً لوقاية الفساد والمفسدين؟ ولحماية القتلة والسفاحين؟ أيكون مصير أي منكم شبراً في مقابر حمد النيل مقابل منزل متعدد الطوابق لضابط كبير في الخرطوم نمرة ١؟ ومع ذلك فأن هذا ما يحدث في دنيا الواقع وليس وليد الخيال. ابحثوا عن الذين يقضون لياليهم الحمراء في المواخير وبيوت الدعارة وقارنوه بسهركم المتواصل جرياً وراء تفتيش هذا المنزل أو اعتقال ذلك المواطن. والحال أنكم لا تريدون توفير وقتكم للانغماس فيما ينغمسون فيه من انحلال وانحطاط خلقي ولكن أنما لأسركم وأطفالكم.

إن البلاد تحكمها اليوم فئة باغية من كبار ضباط الجيش استمالت لجانبها - على طريقة اقتسام الأستلاب - بطانة خاصة من الوزراء المدنيين وكبار ضباط البوليس. هذه الفئة فقدت ثقة الشعب فقداناً نهائياً وأنتم تعرفون هذه الحقيقة معرفة تامة. وبينما كان الشعب في الأيام الأولى للحكم العسكري

متحفزاً أصبح اليوم جريئاً أوشك بركانه أن ينفجر، لقد تطور كفاح الشعب ضد الحكم الدكتاتوري من الكلمة الهامسة المتوارية إلى الكلمة الهادرة المسموعة في مظاهراته وإضراباته وإن خبرة كل الشعوب التي ابتليت بمثل هذا النوع من الحكم تؤكد أن الشعب سينتصر، وإذا كان الفريق عبود نفسه لا يستطيع أن ينفذ برنامجه لزيارة المولد الشريف إلا تحت الحراسة المشددة من القوات المسلحة يصبح من البديهيات أن يقال إن الحكم العسكري في طريقه للانهيار، إن هذه الحقيقة ينبغي أن يتدبرها كل وطني حتى يساهم كل في مجاله ويساعد جهاد الشعب والانتصار له، إنه من الخطأ الفاحش أن يتصدى شخص راشد لغضب الشعب وسخطه، إن كل جهد يبذل لوقف جهاد الشعب ضد الطغمة الحاكمة هو جهد ضائع و لا يورث صاحبه سوى نقمة الأمة وكراهية المواطنين علاوة على ما فيه من عمل منافي للضمير الوطني والإنساني، إننا نهيب بكم أن تستمعوا إلى صوت العقل والحكمة والضمير فيكم، لا تساعدوا اليد الآثمة التي تخنق أنفاس شعبكم، لا تسندوا نظاماً فاسدا متآكلا بات انهياره وشيكا كونوا مع الشعب ويوم النصر ستكلل هاماتكم بالوقار والفخار وتقبلوا فائق الاحترام.

١٩٦١/٨/٢٤

الجبهة المتحدة

وفاة الأمام الصديق المهدي :

في اليوم الثاني من شهر أكتوبر سنة ١٩٦١ روعت أوساط المعارضة والشعب عامة بوفاة أمام الأنصار سيادة السيد الصديق المهدي، وبذلك أصيبت أوساط الأحزاب المعارضة بهزة عنيقة ظلت تلازمها حتى قيام ثورة ٢١أكتوبر.

لقد كان حزبنا ومازال يقيم تقيماً سليماً الدور الذي لعبة الأمام الراحل وسط أحزاب المعارضة ولقد أكد حزبنا ذلك التقييم في رسالة التعزية التي بعث بها المكتب السياسي للحزب للسيد الصادق وآل بيت المهدي في يوم ١٩٦١/١٠/٣.

إضراب زعماء المعارضة عن الطعام و الإفراج عنهم :

في اليوم ١٩٦٢/١/٢٧ أضرب زعماء المعارضة المعتقلون في جوبا عن الطعام إلى أجل غير مسمي و حتى يتم الإفراج عنهم وللتفاصيل المتعلقة

بذلك الإضراب التاريخي انظر (المعتقلون يواصلون نضالهم من وراء القضبان).
أحدث ذلك الإضراب هزة عنيفة وفزعاً شديداً في الأوساط الحاكمة خاصة وقد شن الحزب الشيوعي حملة واسعة عالية و محلية قبل الإضراب وفي يومه الأول والثاني، مما أضطر الحكومة إلى الإسراع بالإفراج عن المعتقلين يوم الأحد ١٩٦١/١/٢٨، أي في اليوم الثاني للإضراب.

جبهة الأحزاب المعارضة تتراجع :
لقد كان لذلك النصر التاريخي السريع والحاسم الذي حققه الشعب أثره الكبير في رفع الروح المعنوية للجماهير وفي استعدادها لتحقيق المزيد من الانتصارات. ولكن جبهة الأحزاب لم ترتق إلى مستوى ذلك الموقف مع الأسف ونحن نورد فيما يلي الوقائع التي تثبت أن جبهة الأحزاب بنهاية عام ١٩٦١ وبالتحديد بعد وفاة الأمام الصديق المهدي بدأت تتراجع بانتظام عن مواقع المعارضة الإيجابية.

١. وافقت جبهة الأحزاب على قرار الحكومة القاضي بإلغاء الاحتفال بعيد الاستقلال الذي قررت الأحزاب أقامته في أول يناير في عام ١٩٦٢ بجامع الخليفة.
٢. وافقت الأحزاب على قرار الحكومة بإلغاء الاحتفال الذي قررت إقامته بمناسبة الإفراج عن زعماء المعارضة وبعد أن وزعت رقاع الدعوة على الجماهير.
٣. رفضت الأحزاب الدعوة التي تقدم بها الحزب الشيوعي السوداني مرتين لتبني شعار الإضراب السياسي العام بوصفه طريق الخلاص من الحكم العسكري (أنظر الفصل الخاص بالإضراب السياسي) ومر النصف الأول من عام١٩٦٢ وجبهة الأحزاب لا تحرك ساكناً رغم كل المحاولات التي بذلها الشيوعيون لكي تتجاوب الجبهة مع الأحداث.

وفي هذه الأثناء كانت الحركة الثورية الديمقراطية بقيادة الشيوعيين وتحت تأثير نضالهم تزداد عمقاً واتساعاً يوماً بعد يوم، واستمرت تحركات العمال والطلاب والمزارعين وبأشعار الإضراب السياسي العام الذي وضعه الحزب الشيوعي في صيف عام ١٩٦١ يجد فهما وتقبلا من الأوساط الشعبية المتقدمة.

وفي هذه الظروف ناقش المكتب السياسي للحزب في أواخر عام ١٩٦٢ موقف الحزب الشيوعي من تجمع المعارضة المعروف بجبهة الأحزاب وقرر المكتب السياسي بالإجماع الانسحاب من ذلك التجمع وذلك لأسباب الآتية :

١- لقد أيد حزبنا منذ البداية تجمع أحزاب المعارضة وهو لا يزال في أطواره الأولى، و لأن ذلك التجمع كان من الممكن أن يؤدي - وقد أدى بالفعل - إلى توسيع وتعميق جو المعارضة العام للنظام العسكري الرجعى، وكان اشتراك الحزب الشيوعي فيه عنصراً إيجابياً وزاد ذلك التجمع قوة.

٢- ولكن وبمرور الزمن وبتزايد حركة الجماهير الثورية من عمال وزراع وطلاب ومثقفين، أثبت تجمع أحزاب المعارضة عجزه عن مسايرة حركة الجماهير الصاعدة والبعيدة و العميقة، والتي تتسع تحت القيادة المباشرة للحزب الشيوعي أو بتأثيره.

٣- بالموفق السلبي الذي وصل إلية تجمع المعارضة خلال عام ١٩٦٢ أصبح ذلك التجمع ذا أثر سلبي على الحركة الثورية، لأن أقساماً من الجماهير ترى فيه طريق الخلاص دون مبرر.

٤- إن الإضراب السياسي العام هو طريق الخلاص وقوات الإضراب هي العمال والمزارعون والطلاب والمثقفون ولذلك أصبح لزاماً على الحزب توفير كل وقته وجهده للعمل وسط هذه القوى حتى تصل الحركة الشعبية إلى مرحلة التنفيذ الشامل للإضراب (أنظر الفصل الخاص بالإضراب السياسي العام).

٥- تجمع المعارضة أصبح مصدر خلط فكري شديد فيما يتعلق بالجبهة الوطنية الديمقراطية. إن كثيرا من الناس كانوا يعتقدون أن تجمع أحزاب المعارضة هو الجبهة الوطنية التي يدعوا لها الحزب، ولذلك لابد أن يوضح الحزب على أوسع نطاق الفرق بين تجمع أحزاب المعارضة والجبهة الوطنية الديمقراطية التي هي جيش متحد ومن القوى الثورية - العمال والمزارعون والطلاب والمثقفون الثوريون.

كانت هذه هي النقاط التي أعتمد عليها المكتب السياسي للحزب في قراره الخاص بالانسحاب من أحزاب المعارضة وقد وافقت اللجنة المركزية في دورها المنعقدة في يناير سنة ١٩٦٣ بالإجماع على قرار المكتب السياسي الخاص بالانسحاب.

رأي الحزب الشيوعي منذ البداية :
في الحقيقة أن الحزب الشيوعي السوداني لم يلابسه أي غموض منذ بداية تحرك أحزاب المعارضة، وبصفة خاصة فيما يتعلق بتحول حزب الأمة من تأييد النظام العسكري إلى معارضته.

وننقل للقارئ فيما يلي مقتطفات من التقرير الرئيسي الذي أصدرته اللجنة المركزية في دورها المنعقدة في يناير سنة ١٩٦١.

جاء في ذلك التقرير (صفحة ٢٢) وتحت عنوان "حزب الأمة في المعارضة": (هذه هي النقطة الثانية التي تثار حولها المناقشة، لقد ظل الحزب الشيوعي يرفع راية المعارضة ضد الاستعمار ومطيته النظام الراهن منذ ١٩٥٨/١١/١٧. واستطاع الحزب أن يكشف ذلك النظام ثم بدأ ينظم الجماهير لمعارضته في صبر ودأب. لقد أدى هذا الموقف والنضال البطولي الذي قام به أعضاء الحزب في كل مكان، والأقسام المتقدمة من جماهير العمال وجماهير الطلبة إلى تزايد القوى المعارضة وإلى انعزال النظام الراهن انعزالاً تاماً عن الشعب

ويستطرد التقرير: "إن وجود طائفة الأنصار في المعارضة وتحول أقسام هامة من البرجوازية الوطنية (الحزب الوطني الاتحادي) من المعارضة السلبية المعارضة الأكثر نشاطا، يؤكد عمق حب شعبنا للديمقراطية وعمق عزلة النظام وبعد أن يعدد التقرير أسس التناقض بين حزب الأمة والنظام العسكري "

يتساءل: "ما هي النتائج المترتبة على جنوح حزب الأمة للمعارضة؟" ويجيب: "ترتب على ذلك عزلة شبه تامة للنظام الراهن وأصبح من الممكن أنهاؤه. وكلما ازدادت التناقضات بينهما كلما انهارت الخطة الاستعمارية الأولى وهي حكم البلاد بواسطة دكتاتورية عسكرية ذات سند شعبي"

"وترتب على ذلك أيضا دخول اتجاهات يمينية في حركة المعارضة الشعبية. فالعناصر الممعنة في الرجعية (رهط عبد الله خليل) تعمل لكي ينتهي هذا النظام دون معركة حقيقية بين جماهير الشعب وقوى الدكتاتورية المنهارة، حتى لا يحدث تغيير جوهري في وضع البلاد ونعني اتساع قاعدة الديمقراطية"

"لذا اصبح لزاماً على الحزب الشيوعي السوداني ان يعمل لا من أجل إنهاء النظام الراهن وحسب، بل من أجل وضع حكومة أكثر تحرراً من الاستعمار، وأكثر ميلاً للتطور المستقل للبلاد وقيامه على أسس ديمقراطية"

وأخيراً يتساءل التقرير :
* هل من الممكن هذا رغم وجود قوى اليمين في المعارضة؟
ويجيب: نعم هذا ممكن لأن :
١-الجماهير أصبحت أكثر صلابة و إيماناً بالديمقراطية) وهي تستطيع أن تكتسح كل من تحدثه نفسه بالإبقاء على النظم والسياسية الرجعية الراهنة تحت اسم جديد.
٢- الطبقة العاملة وحزبها الشيوعي أصبحت أكثر صلابة وارتفع تقديرها الأدبي. وأصبحت لها المقدرة والتجارب في النضال ضد الأشكال المختلفة التي يختبي ورائها الرجعيون.
٣-لأن شعبنا ليس منعزلاً عن قوى الديمقراطية في العالم والتي يستمد من تزايد قوتها الشجاعة والعون والإقدام.
(إن الضمان الرئيسي والأوحد لكي يفتح إنهيار النظام الراهن آفاقاً جديدة لشعبنا من الديمقراطية والتحرر الوطني، هو أن يجمع الحزب الشيوعي كل القوى الوطنية والديمقراطية، وتتحد اتحاداً أوثق، وتقف في طليعة النضال ومن اجل تبديل نظام الحكم الراهن، وهذا التجميع يتطلب أن يدفع الحزب الشيوعي إلى الأمام وفي كل عمله بشعارات النضال ضد الاستعمار ومن أجل الديمقراطية وأن يتعهد حركة جماهيرية ذات برنامج للعمل اليومي وأن يكشف الحزب الشيوعي بهذا جو مناهضة المستعمرين وكل أشكال الاستعمار الجديد).
وهكذا كان الحزب الشيوعي منذ البداية يعرف طبيعة تجمع أحزاب المعارضة، وأن هذا التجمع لا يمكن أن يكون بديلاً للعمل وسط الفئات الثورية بل أن الأخير هو الأساس الأول.
ولذلك فان انسحاب الحزب الشيوعي من تجمع المعارضة في نهاية عام ١٩٦٢م كان متمشياً تماماً مع سياسته السالفة الذكر والرامية إلى توسيع حركة الطبقات الثورية للحد الأقصى. ويمكن القول بان الأحزاب منذ ذلك الحين وحتى اندلاع ثورة ٢١ أكتوبر ظلت بوجه عام تلتزم الصمت رغم كل ما كان يجري في البلاد من أحداث، بينما كانت الفئات الثورية تخطو كل يوم خطوة جديدة نحو الإضراب السياسي العام).

الفصل السابع
النوبيون يقاومون الديكتاتورية

منذ نوفمبر سنة ١٩٥٩ ظلت قضية النوبيين - سكان منطقة حلفا - تتفاقم وتزداد حدة وذلك نتيجة للسياسة الخرقاء التي كانت تسلكها عصابة ١٧ نوفمبر إزاءهم. فبالرغم من وضوح وعدالة مطالبهم لنيل تعويضات مناسبة وإيجاد الموطن الجديد الذي اختاروه بدلاً عن أراضيهم التي ستغمرها المياه ظلت العصابة تماطل وتراوغ تارة وتنذر وتهدد تارة أخرى محاولة منها في اثنائهم وتفتيت وحدتهم التي وقفت حائلاً منيعاً دون فرض الحلول المجحفة التي أرادت أن تفرضها عليهم.
عندما واجهت الدكتاتورية بكل الوضع وما فيه من أزمة متوقعة سافر الفريق عبود إلى منطقة حلفا. وهناك أطلق تصريحات قاطعة وجازمة بأن مواطني حلفا هم الذين سيختارون موطنهم الجديد.
وبالفعل تكونت لجنة قومية تمثل سكان المنطقة تمثيلاً ديمقراطياً واسعاً.
واختارت اللجنة مستشارين وفنيين لدراسة جميع الجوانب المتعلقة بصلاحية المناطق المختلفة لإسكان أهالي حلفا - وزارت اللجنة كل الأماكن المقترحة وقامت بدراسات وافية و شاملة - وعرضت اللجنة دراساتها أمام جميع موطني حلفا في استفتاء شعبي نادر المثال. وكانت نتيجة كل ذلك أن اختارت الأغلبية الساحقة منهم منطقة جنوب الخرطوم.
وبالفعل أرسلت اللجنة القومية لأهالي حلفا مذكرة بهذا الاختيار ونحن ننقل هنا ما جاء في جريدة الأيام بتاريخ ١٩٦٠/٨/١٥ من تلك المذكرة :
"لقد وضع الجميع نصب أعينهم المصلحة العامة فوق كل اعتبار عند تفرغهم لمناقشة الدراسات التي وضعت أمامهم عن جميع المناطق المقترحة للإسكان. ولقد كان همهم الأول هو البحث المستفيض عن المكان الذي تتوافر فيه العوامل التي تكون مجتمعاً كاملاً لهم ولأبنائهم من بعدهم، مع وضع الاعتبار اللازم للإمكانيات القائمة حالياً والتي ستقوم مستقبلاً لتطوير الموطن المختار وتهيئته بكل مرافقه وموارده.
"وكنتيجة لتلك الدراسات والأبحاث المستفيضة طوال المدة التي سبقت الاختبار فقد تلمست اللجان المحلية التي خولت لها صلاحية الاختيار رغبات المواطنين ورأت الأغلبية منها بأن مجتمعهم وظروفهم ومستقبلهم تتوافر عواملها في منطقة جنوب الخرطوم "الامتداد الشمالي لمشروع الجزيرة، وعليه فقد بلورت اللجان تلك الرغبات واختارها موطنها جديدا لهم".

ولكن الحكومة العسكرية الرجعية قامت بشتى المحاولات تارة عن طريق الجواسيس والمأجورين وتارة عن طريق التهديد والوعيد لإثناء اللجنة القومية لأهالي حلفا عن قرارها هذا، والمثول لرأي الحكومة المنتظر. ولكن تحطمت كل هذه المحاولات على صخرة الوحدة الصلدة للنوبيين؛ وشمرت الحكومة عن ساعدها ولحست كل وعودها وأرسلت الوفد الوزاري الشهير برئاسة طلعت فريد يوم ٦٠/١٠/٢٢ وتكتمت الحكومة تكتما شديدا على القرار الذي اتخذته بشان الوطن الجديد للنوبيين، ولم يعلن عنه حتى اللحظة التي سافر فيها الوفد الوزاري لحلفا.
وفي يوم ٦٠/١٠/٢١، أي قبل وصول الوفد لحلفا بيوم واحد أصدرت لجنة الحزب الشيوعي بياناً وزع على نطاق واسع بعنوان (حكومة المعونة تحاول تزييف إرادتكم) و فيما يلي نص البيان :

بيان

حكومة المعونة تحاول تزيف إرادتكم

أيها الشعب القوي الكريم. نتوجه إليك أنت ونخصك بهذا البيان، ولكل شريف يعمل لمصالحك أنت أيها الشعب العريق الذي أمتد تاريخه عبر القرون فأكسب أبناءه الإخلاص والكرم والشجاعة وكل الصفات الشريفة السامية نتوجه إليك أيها الشعب الشريف لأن هناك مؤامرة كبرى لإنهاء حياتك. إن حكام ١٧ نوفمبر لا يرتقون إلى مستوى فهم التاريخ و لا يعرفون حق قدرك أنهم يريدون أن يجعلوا منك كبش فداء لتدعيم أرجلهم وأن يزيلوا الجفوة المفتعلة بينهم وبين الجمهورية العربية المتحدة حسب ادعائهم ولكنهم ضعاف وأنت شعب عريق لا تقبل الإهانة ولن تقبل أن تباع في سوق النخاسة بأبخس الأثمان وأن تمزق هذه القومية التي عاشت عبر آلاف السنين رافعة هامتها بجلائل الأعمال والآثار والتقاليد. إننا نعلم أنك ترفض هذا أيها الشعب.
إن حكومة ١٧ نوفمبر وعلى رأسها عبود لهي حكومة خلقت لتؤمن مصالح الرجعيين والاستعمار في المكان الأول. لقد أصبحت جمهورية السودان أحدى ولايات الولايات المتحدة الأمريكية. حكومة كهذه لا ولن تحقق لكم أغراضهم وإن تباكي عبود وأعوانه عطفاً عليكم أنما هي دموع التماسيح وهذه الشعارات التي يثيرونها من (اختياركم أنتم للوطن الجديد، فالتعويض سيكون عادلاً، ولن نظلم أحد، فان التعويض سيكون عيني سنؤمن على

صحتكم - بإمدادات المعونة الأمريكية) كل هذه الشعارات وغيرها - وخلق التيارات المناوئة لرغبات الشعب لتدل دلالة واضحة على أنهم يتخبطون.
لقد قررتم منذ زمن طويل أن تكون هجرتكم إلى جنوب الخرطوم ومنذ ذلك الزمن والحكومة تماطل وتسوف. إنها تريد أن تضعكم أمام الأمر الواقع من جهة، وإرسال العملاء والجواسيس لتفتيت وحدتكم من جهة أخرى. لقد جاء في جريدة الأيام الصادرة يوم ١٥ الجاري (إن الحكومة قد كونت وفداً برئاسة عضو من المجلس الأعلى للذهاب إلى حلفا ومناقشة اللجنة القومية في الموطن الجديد) ماذا يعني هذا غير أن الحكومة قد لحست جميع تصريحات السابقة في حريتكم المطلقة في إختيار المكان الذي تريدونه.
إن حزبنا يعمل معكم بكل اخلاص لسحق جميع الشعارات المعارضة لمصالحكم ويقف في طليعة الشعب السوداني لتحقيق اهدافكم وتامين مستقبلكم.
إن الدكتاتورية التي تركع امام الاستعمار الامريكي غير امينة وغير جديرة بثقتكم. الدكتاتورية التي خانت وداست جميع مصالح شعبنا بعماله ومزارعينه وتجاره وطلابه وموظفيه لا يمكن ان تخلص لجزء هو انتم سكان حلفا وبلاد النوبة. علينا جميعا ان نتحد لاطاحة بالعهد الرجعي الراهن لتحقيق مطالبنا الاساسية الواضحة الواضحه (١) إعطائكم المدة الكافية لنقل جميع أمتعتكم (٢) جنوب الخرطوم وهو الموطن الجديد ولا مكان للمساومة (٣) التعويض الكامل لجميع الممتلكات غير المنقولة (٤) إعداد الوطن الجديد إعداداً كاملاً قبل الرحيل (مدارس - مستشفيات - مواصلات - طرق - ري) (٥) الغاء قانون الطوارئ ليستطيع أهالي حلفا وجميع أفراد الشعب السوداني مناقشة هذه القضية الهامة في الصحافة والنشرات والاجتماعات العامة بعيداً عن الضغط والارهاب.
إن حزبنا يعاهدكم على ان يكون بالمرصاد للمنحرفين والمندسين داخل اللجنة القومية وجميع اللجان ويعاهدكم بوضع جميع إمكانياته لخدمة قضيتكم لتوصيل آرائكم إلى بقية مدن وقرى السودان المختلفة وفضح مؤامرات العصبة الحاكمة أمام الشعب وأمام العالم أجمع. إن وحدتكم وتماسككم حول أهدافكم المحددة العادلة هو الضمان الأول لاجابتها. إن الحكومة المعزولة الجبانة لا تستطيع ارغامكم على أي شئ مادمتم موحدين..عاش الشعب النوبي العريق العتيد.. عاشت وحدتكم الثابتة الصخرية.. تسقط عصابة ١٧ نوفمبر الفاجرة.

لجنة الحزب الشيوعي السوداني بحلفا
١٩٦٠/١٠/٢١

وما أن وصل الوفد الوزاري إلى مطار حلفا صباح يوم ١٠/٢٢ حتى قوبل بمظاهرة جبارة تؤيد اللجنة القومية في قرارها حول الموطن الجديد، وقامت معركة بين الجماهير والبوليس أصيب فيها عدد كبير من المواطنين حجز ١٣ منهم في المستشفى. وأعتقل ما يقرب من ٢٠٠ مواطن.

وتم في نفس اليوم إجتماع بين الوفد الوزاري واللجنة القومية أعلن فيه طلعت فريد أن الموطن الجديد سيكون خشم القربة و ما أن أعلن القرار حتى أنسحب جميع أعضاء اللجنة القومية من قاعة الاجتماع وتجددت المظاهرات التي شملت كل السكان رجالاً ونساء تجوب شوارع حلفا وتندد بقرار الحكومة وتهتف بسقوط الديكتاتورية.

وفي يوم الأحد ١٩٦٠/١٠/٢٣ زحفت الجماهير من القرى وحاصرت المطار وفندق النيل حيث ينزل الوفد الحكومي، وحدثت معركة جبارة قطع فيها الشعب أسلاك التلفونات بين حلفا و بقية أنحاء السودان و بين حلفا ومصر. وفي مساء ١٠/٢٣ أرسل من عطبرة عدد كبير من جنود الجيش والبوليس لتعزيز قوات القمع في حلفا. وبلغ غليان الجماهير حداً جعل أعضاء الوفد الوزاري يتسللون من فندق النيل في جنح الظلام مساء ١٠/٢٣ ويعودون للخرطوم، هذا في الوقت الذي أعلنت فيه إذاعة أم درمان نهار نفس اليوم أن الوفد سيبقى في حلفا بضعة أيام بناء على رغبة أهالي حلفا..

لقد خاض الشعب في حلفا معركة جبارة بحق، وسقط عشرات الجرحى واعتقل المئات.

جماهير الشعب تتجاوب مع النوبيين:

وخرجت جماهير الشعب في كل مدن السودان متضامنة مع النوبيين هاتفة بسقوط الدكتاتورية العسكرية، وظلت لجان الحزب الشيوعي في العاصمة والاقاليم تصدر البيانات يومياً وتعبئ الجماهير في المظاهرات والتجمعات.

ففي الخرطوم جابت الشوارع مظاهرات تاريخية يوم الاربعاء ١٠/٢٦ اشترك فيها المواطنون النوبيون وطلبة الجامعة وبقية جماهير الشعب والنساء النوبيات تردد الهتافات بسقوط حكم الخونة الدكتاتوري، اصطدمت المظاهرة بالبوليس في معركة حامية أدت إلى إصابة عدد كبير من

المواطنين واعتقل البوليس ٩٦ مواطناً. وسرى لهيب تلك المظاهرة ليعم العاصمة المثلثة بواقع مظاهرتين أو ثلاث كل يوم اشترك فيها جميع طلاب مدارس العاصمة وجماهير النوبيين والعمال.

وفي عطبرة دعا المواطنون النوبيون لاجتماع مساء ١٠/١٤ و قبل ميعاد الاجتماع حاصر البوليس المكان ورغم ذلك خرق المواطنون الحصار وعقد الاجتماع، وقرر المجتمعون الخروج في مظاهرة، وخرجت المظاهرات بالفعل رغم حصار البوليس واشترك فيها أربعون من النساء اللآتي أهلن التراب والحجارة على رجال البوليس، وفي يوم ١٠/٢٦ واستجابة لنداء الحزب الشيوعي خرج العمال في مظاهرة كبرى عند نهاية ساعات العمل وفي مساء نفس اليوم اعتقل البوليس ١٥ مواطناً منهم المناضل العمالي الحاج عبد الرحمن و١٣ من الطلبة.

وفي كوستي وبورتسودان والحصاحيصا خرجت المظاهرات الصاخبة تضامناً مع النوبيين، واصطدمت تلك لمظاهرات مع البوليس واعتقل ١٨ في كوستي و ١٠٠ في بورسودان و ٢١ في الحصاحيصا. ونحن لا نستطيع هنا أن نسجل بالتفصيل تاريخ تلك الايام الحافلة بالنضال. ويكفي أن نذكر أن عدد الذين أعتقلوا في تلك المظاهرات ٤٧٦ مواطناً. و في الخرطوم أرسل عدد من النوبيين البارزين البرقية التالية إلى الفريق إبراهيم عبود :

(أحزننا ما أذاعه الوفد الذي ناب عن سيادتكم في التحدث إلى أهلينا في وادي حلفا، إذ لم نكن نتوقع أن يصدر قرار كهذا لا يتفق وما أبدته اللجنة القومية من رغبة ولا يتفق مع الوعد الذي قطعته على نفسك حين زرت المنطقة، إننا أحرص ما نكون على الهدوء والنظام ونطلب إليك ملحين أن تعيد النظر في هذا القرار على ضوء رغبات اللجنة القومية التي لا تمثل المقيمين منا في حلفا فحسب بل وتمثل النازحين منا داخل السودان والمغتربين في العالم، فهي تنطق بلساننا كلنا ولن تجد إلا كل عون في وقفتها من أجلنا نحن وأجيالنا القادمة.. إن العدالة والمصلحة العامة تدعوانك دعوة مخلصة أن تتدارك الموقف ونحن نعدك بالتعاون الذي عهدته منا والحرص على مصالحنا ومصالح السودان ونؤكد لمعاليك أن مسألة اهل حلفا ليست سياسية ولا حزبية و أنما هي مسألة إنسانية تتعلق بمصير قوم ضحوا بموطنهم الذي عمروه آلاف السنين لمصلحة القطرين الشقيقين والله يرعانا و يوفقكم.

وقد وقع على البرقية السيد محمد توفيق مدير مصلحة العمل آنذاك و ٢ آخرين من الشخصيات النوبية. كما أرسلت اللجنة القومية الرسالة التالية للفريق إبراهيم عبود.
نص الرسالة:
(معالي رئيس المجلس الأعلى للقوات المسلحة السودانية..
السادة أعضاء المجلس الموقر.
بواسطة سعادة الحكام العسكري لحلفا.
بعد تقديم وافر التحية والاحترام.
نحن الموقعين أدناه مواطنين من مركز حلفا وجميع القرى التابعة له، نقدم هذه المذكرة التاريخية التي سبقتها مذكرات كثيرة من قبل اللجنة القومية السابقة لمجلسكم الموقر منذ توقيع اتفاقية مياه النيل الخاصة بالسد العالي بين السودان والجارة الشقيقة مصر).
"وما ورد في كل المذكرات السابقة بين وحدة الهدف النابع من أحاسيس المواطنين النوبيين واهتمامهم على حفاظ تراثهم القومي المجيد الذي ورثوه من الأجيال السابقة العريقة في القدم، و إن أي معنى لتفسير اهتمام العالم لإنقاذ آثار القومية النوبية من حيث القدم ومن حيث وجه التاريخ الذي أوجدها في الحدود الشمالية من السودان الحبيب، وأنتم تعلمون بهذا. إن القومية النوبية هي قومية لها مميزات خاصة من حيث تاريخها وآثارها وعاداتها وتقاليدها ولغتها، و إن النوبيين يملكون كل المقومات التي تجعلهم قومية ذات كيان خاص و لابد من الحفاظ عليها بل من الواجب تقديم كل المساعدات والعوامل التي تساعد على نموها وتطورها وازدهارها من الانقراض. ونحن بهذا القدر لا نحب أن نمجد قوميتنا من الناحية الذاتية، ولكننا نقصد التركيز على أهميتها من الناحية التاريخية التي تنعكس على وجود الكيان النوبي ما بقي الزمن، وبهذا فأننا نعتبر اختيار مجلسكم الموقر لمنطقة خشم القربة كموطن جديد للنوبيين اختيار غير موفق، وسيكون من أهم العوامل التي ستؤدي إلى سحق القومية النوبية في المستقبل.
لقد جاء في تصريحات الرئيس الفريق إبراهيم عبود عند زيارته لوادي حلفا: إن مواطني حلفا هم الذين سيختارون موطنهم الجديد. وكان لهذا التصريح أثر عميق في نفوس المواطنين. ثم جرت بعد ذلك المناقشات من جميع المواطنين بعد دراسة عميقة للدراسات التي أحضرتها اللجنة القومية السابقة من السلطات المختصة بذلك وكانت نتيجتها هي اختيار الأغلبية

الساحقة من المواطنين لمنطقة جنوب الخرطوم. ولكن لا يخفى على سيادتكم أن الأغلبية الساحقة هي التي ترفض رفضاً باتاً منطقة خشم القربة كموطن لها. ولقد كنا على أمل أن سيادة الرئيس سيوفي بوعده لتلك الجماهير الغفيرة التي استقبلته وهي تربط مصيرها ومصير الأجيال القادمة من بعدها بهذا الوعد. ولكن وبكل أسف فوجئنا بأن خشم القربة هو الموطن الذي تقرر إجباريا على أهالي حلفا، وفي ذلك تحد عظيم لمشاعر المواطنين من أهالي حلفا الذين أصبحوا في حيرة من أمرهم في الوقت الذي قدموا فيه كل الدلائل التي تؤكد حسن نيتهم وتضحيتهم بالتخلي عن موطنهم القومي الذي عاشوا فيه ملايين السنين من أجل وطنهم الأم السودان والجارة الشقيقة مصر. لذلك كان طبيعياً أن تقابل تلك الجماهير القرار بالسخط وقد عبروا عن سخطهم واستنكارهم له في مظاهراتهم الصاخبة بتاريخ ٢١-٢٢ أكتوبر ١٩٦٠ وعند إعلانه بطريقة رسمية. و لأول مرة في تاريخ وادي حلفا خرجت الجماهير عن بكرة أبيها رجالاً ونساء شيباً وشباباً يهتفون: (الموت أفضل من الهجرة لخشم القربة، جنوب الخرطوم هي المنطقة المختارة والمرغوبة من جميع المواطنين). أن أهالي حلفا يفكرون على النحو التالي: لماذا تتمسك الحكومة بمنطقة لا تجد فيها تجاوباً من المواطنين؟ لقد أدرك أهالي حلفا بتجربتهم من سير الأحداث إن الحكومة لم تقيم أي وزن لقوميتهم أو مشاعرهم ولا تهتم لهذه الناحية، و إلا لما استمرت على قرارها بعد أتضح لها مدى كراهية المواطنين له. والغريب حقاً ذلك التصريح الذي جاء في جريدة الثورة لسان حال الحكومة، إن الذين لا يرغبون من أهالي حلفا في الرحيل لخشم القربة عليهم أن يختاروا السكن الذي يناسبهم وسيمنحون تعويضات على أساس تقديرات حلفا وليست تقديرات خشم القربة ـ وهذا يعني أن الحكومة تحاول إجبار الموطنين على قبول خشم القربة وإلا فسوف تشرد الأغلبية الساحقة من الأسر ليصبحوا بين عشية وضحاها لاجئين بلا مأوى كعرب فلسطين الذين ما زالت مأساتهم تورق لضمير العالم. والأقلية البسيطة من النوبيين يسكنون خشم القربة كنموذج، وبهذا تصبح القومية النوبية قد فقدت أهم مميزاتها كقومية ويسهل ذوبانها أن عاجلاً أو آجلاً وسط القوميات الأخرى و تتلاشى نهائياً. إن أي قومية تفقد وحدة مناخها ووحدة اللغة والعادات والتقاليد يصبح مصيرها الحتمي هو الزوال. لهذا فان القلق يهدد مصيرنا ومصير الأجيال القادمة من بعدنا إذ إننا نتعرض لاكبر مأساة إنسانية بفقداننا لوطننا القومي العزيز الذي ضمنا وضم رفاه آبائنا

وأجدادنا السابقين منذ ملايين السنين.. إننا لا زلنا نأمل في أن يعيد المجلس الأعلى النظر في قراره على أساس المطالب الآتية :
- أن يكون الموطن الجديد هو جنوب الخرطوم.
- أن تمنح التعويضات على أساس تقديرات اللجنة القومية.

نطالب المجلس بصورة مستعجلة وملحة إعادة تنظيم اللجنة القومية التي تتمثل فيها رغبات المواطنين، وهي التي تستطيع توحيد النوبيين وتوجيههم للحفاظ على قوميتهم والعمل من أجل تطورها ضد عوامل الانقراض، وفي نهاية الأمر نود أن نشير إلى أن الحكومة درجت على إهمال مذكرات اللجنة القومية السابقة وعدم الرد عليها. و لكن أملنا عظيم أن يصلنا ردكم السريع. وإنا لمنتظرون.

وبعد أيام بدأت المحاكمات في كل المدن. ففي الخرطوم قضت محكمة الجنايات بتبرئة ٢٤ مواطناً و إدانة ٢٤ و حكمت عليهم بالغرامة. وفي كوستي حوكم ١٠ مواطنين لمدة شهر وإثنين لمدة شهرين و واحد بحسن السير والسلوك و برئ خمسة، وفي الحصاحيصا حوكم ١٧ بالغرامة و برئ أربعة ولم يكتف النظام العسكري بأحكام القضاء المدني، بل شكل مجلساً عسكرياً لمحاكمة ٦ من المواطنين أحالت وزارة الداخلية ٦ من معتقلي حلفا للاعتقال التحفظي.

الحكومة تحل اللجنة القومية :

في محاولة يائسة لتصفية حركة المقاومة وسط النوبيين، قامت الحكومة بحل اللجنة القومية الممثل الشرعي للجماهير النوبية، ولكن ما أن صدر ذلك القرار حتى أقدم المناضلون النوبيون على التنظيم السري، وقام اتحاد المقاومة الشعبية، وتكونت له لجان فرعية في كل أرجاء المنطقة وفي كثير من مدن السودان، وقد أصدر اتحاد المقاومة الشعبية أول بيان له في ١٧-١١-١٩٦٠ المصادف للذكرى الثانية للانقلاب العسكري. و ننشر فيما يلي البيان :

أيها المواطنون :

في حلفا خاصة وفي أرجاء الوطن الكبير عامة. لقد اضطرتنا سياسة الكبت أن نتجه بهذا التنظيم إلى السرية ليعمل على صيانة حقوقكم ومستقبل الأجيال. لقد تم بحمد الله تنظيمه قوياً شاملاً للمنطقة من قرى فرس في الشمال إلى عكاشة في الجنوب ونحن على ثقة من أنكم جميعاً ستتجاوبون

معه وتقفون من ورائه بعزم وقوة وتساندونه في سبيل الدفاع عن حقوقكم بعد أن وضح لكم جلياً تنكر المسئولين لوعودهم التي قطعوها على أنفسهم عندما وقعوا الاتفاقية، كما وضح لكم أن النية كانت مبيتة لاستيطانكم بخشم القربة بالرغم من أن تقارير الخبراء العالميين أوضحت بجلاء عدم صلاحيتها لنا إلى جانب المعارضة الشديدة التي أبدتها قبائل هذه المنطقة في مؤتمراتها القبلية.

"أيها المواطنون، لقد جاء اختيارهم لخشم القربة ومبرراتهم بين هذا الاختيار و المناطق الأخرى خالية من أي منطق وتدعو للسخرية ونسوا أو تناسوا دراساتهم الرسمية التي عاد لنا بها وفد اللجنة القومية. وليس هذا غريباً عليهم. فهم قد تلاعبوا بمصير ما يقرب من سبعين ألف مواطن مقيمين بحلفا ونازحين في أرجاء الوطن الكبير و جلبوا لهم أعظم مأساة عرفتها الإنسانية وهم الذين وصفوا تاريخنا بالإطلال وبرهنوا بتصرفاتهم نحونا على عدم تقديرهم لنبل النوبيين في تضحيتهم العظيمة في سبيل مصلحة الوطن الكبير وقد وضح إن التضحية لا تجد عندهم الاعتبار و أنهم لن يحسوا بإحساسنا ومشاعرنا ولن يقدروا ما سوف يصيب الأيتام والأرامل و العجزة والمرضي والكهول والفقراء والمعدمين من متاعب الهجرة لأن هذا المجتمع الذي يحميهم بوضعه الحالي معرض لتغير جذري وقد وجب علينا أن لا نثق فيهم أبداً بعد أن تنكروا، فإن وعودهم كلها ستكون بهذا الشكل مخيبة للآمال ـ فهم خيبوا آمال حتى أولئك الذين كانوا في جانبهم عندما ساووا الفدان في حلفا وخشم القربة. وجعلوا الملكية فدانا بفدان مع الفارق الضخم بين المكائين والأنتاج. وادعاؤهم بأن التجارب قد أجريت يدحضه أن أراضي خشم القربة التي تعد لاسكاننا لم تر المياه حتى الآن، و لم يكن حتى في جوفها ماء و إن هذه التجارب مع عدم حقيقتها قد عملت على ضفة العطبراوي لا في الأرض التي تعد لنا وانتظروا منهم خيبة أمل أكبر في تقدير التعويضات و أشكال و مواد بناء المنازل و متاعب الترحيل التي لا يمكن أن يعدوا لها كل اللازم خصوصاً لسكان الضفة الغربية.

"أيها المواطنون، لقد أصبح شعارنا: لن نخرج من حلفا أبداً ولن تستطيع أي قوة إخراجنا منها دون أن نقرر نحن أين نسكن ودون أن نعلم جيداً كلما يتعلق بالمشكلة قبل أن نرحل مع الضمانات عن تعويضنا ومساكننا وترحيلنا ووسائل معيشتنا في الوطن الجديد. ومن أين نعيش في فترة قبل

الاستقرار وبكل ما يتعلق بمستقبلنا ومستقبل الأجيال.. و من الآن حتى نعلم كل ذلك فلا تسمحوا لأي عمل يعمل لهجرتنا أن يتم لا في الممتلكات ولا في السكان واستمروا في المقاومة ولا تسمحوا لمن خرجت ضمائرهم أن ينفثوا بينكم الخلافات ليغيروا موقفكم ووحدوا صفوفكم و كلمتكم.. والله أكبر وعاش نضالكم.
اتحاد المقاومة الشعبية لأهالي حلفا
١٧-١١-١٩٦٠

ومنذ ذلك التاريخ ظل إتحاد المقاومة يقود نضال الجماهير النوبية ضد الحكم العسكري، وظل التنظيم الجماهيري المعترف به من جانبهم. وهكذا أثبت النوبيون ـ تساندهم جميع الأوساط الشعبية ـ أنهم قادرون على المقاومة في كل الظروف.

مذكرة اللجنة القومية لعبود:
ورغم عدم اعتراف الحكومة العسكرية باللجنة القومية فقد رفعت للفريق عبود مذكرة ضافية بتاريخ ٢٣-١١-١٩٦٠ ننشرها فيما يلي بنصها
نص المذكرة:
إلى الشعب السوداني الكريم وإلى أولي الأمر في وطننا الحبيب وإلى الأحرار والمهتمين بمجريات الحوادث في كل مكان في هذا البلد.
نتقدم بهذه الوثيقة التي تلقي ضوءاً على موقف هذه الحكومة من أهالي حلفا ازاء مشكلتهم الكبرى التي تتعلق بمصير ستين ألفا من السكان وإخراجهم من موطنهم من دون أي اعتبار لرأيهم في مصيرهم. وتنكر المسئولون لوعودهم التي قطعوها على أنفسهم من قبل بل والعمل ضد رغبات المواطنين وكبت أي صوت يتساءل أو يعارض بالاعتقالات وفرض حالة الارهاب البوليسي على المواطنين بوادي حلفا.
أيها المواطنون الأعزاء :
إن إخوانكم بحلفا يقفون صفاً واحداً وبكل قوة وراء مطالبهم غير عابئين بالسجون أو الموت في سبيل قضيتهم العادلة، و إنهم يهيبون بالمواطنين تأييدهم و مؤازرتهم في أزمتهم..
والله ولي التوفيق.
(اللجنة المركزية لاتحاد المقاومة الشعبية)

"{فَبِمَا رَحْمَةٍ مِّنَ اللهِ لِنتَ لَهُمْ وَلَوْ كُنتَ فَظًّا غَلِيظَ الْقَلْبِ لاَنفَضُّواْ مِنْ حَوْلِكَ} (آل عمران:١٥٩)"
صدق الله العظيم
معالي الرئيس الفريق إبراهيم عبود رئيس المجلس الأعلى للقوات المسلحة ورئيس مجلس الوزراء.
تحية طيبة تليق بكم وبعد:
يطيب للجنة القومية للسد العالي بوادي حلفا أن ترفع لسيادتكم بيانها الواضح والمحدد المعالم والذي قررت في اجتماعها الأخير رفعه لسيادتكم رداً وتعليقاً على البيانات التي أدلى بها السادة أعضاء الوفد الوزاري في حلفا والبيان الإذاعي الرسمي الذي أعلنه السيد وزير الداخلية.
معالي الرئيس :
إن التضحية في أروع صورها ونكران الذات في أجلى معانيه والتمسك بالمثل العليا في أسمى مراتبها وكل تلك الصور والمعاني التي تمثل البشرية في أروع صورها والإنسانية في نضوجها المكتمل، تحلى بها مواطنو حلفا عندما أعلنت اتفاقية مياه النيل وقيام السد العالي بين جمهوريتنا والجمهورية العربية المتحدة والتي ينص جزء منها على إغراق مدينة حلفا الجميلة وقراها الآهلة العريقة الضاربة في المدينة القديمة ومصدر تاريخ وطننا الكبير وما عليه من كائنات. وان قوماً تلك سجاياهم لاشك قد بلغوا من الإدراك و الفهم الصحيح والواقعية مداها، وهذه حقائق ليست في حاجة إلى برهان - وقد مضى على كل ذلك عام كامل أنتخب فيه اللجان الفرعية واللجنة العامة القومية، كما أظهر المواطنون كل عوامل ضبط النفس وكبت العواطف وإيثار المصلحة العامة مع علمهم التام بكل المصاعب التي تكتنفهم والمصاعب التي تواجههم وظروف الحياة القاسية غير التي ألفوها والتي سوف تصاحبهم أينما حلوا. ومع كل ذلك احتفظوا بروحهم المعنوية العالية الأمر الذي حداً بمعاليكم أن تعلوا عند زيارتكم الكريمة لحلفا في ديسمبر ١٩٥٩ إلى (أنكم جئتم لترفعوا من روح المواطنين فوجدتم أن روحهم المعنوية أعلى من روحكم) ويجدر بنا في هذا المقام أن نعود إلى تصريح السيد وزير الداخلية الإذاعي الأخير، و الذي يقول (إن القلق الذي يساور أهالي حلفا إنما هو القلق الطبيعي الذي يساور أي قوم يرحلون من موطنهم). إن هذا التصريح ليأخذنا فيه العجب كل مأخذ فإن هذا القلق الذي يعنيه كان الأجدر به أن يساور المواطنين في اللحظة التي أعلنت فيها

الاتفاقية لا بعد مضي عام من الزمان وهذا هو ما لا يقبله العقل والمنطق. وإذا كان السيد الوزير يقصد بذلك المشاعر الجماعية التي لمسها أعضاء الوفد الوزاري عند زيارتهم لحلفا. فإن تلك المشاعر أنما نتجت عن معارضة المواطنين كلهم في فرض موطن أجمعوا على رفضه، و أن السيد الوزير قد أعلن هنا بأنه سيحمل تلك المشاعر المعارضة إلى السيد الرئيس بكل أمانة و إخلاص و من العجب أن يفسر بعد ذلك أنه مخاوف وليست معارضة.

معالي الرئيس :

لقد كان المواطنون ينتظرون أن يوجه إليهم الحمد والثناء المستطاب إزاء ما قدموه من تضحيات عظمى لوطنهم الكبير. ولكن الذي جرى بالأسف الشديد أنهم وجهوا بالتهديد والوعيد كأنهم قوم متمردون أو خارجون عن القانون. وأن يوصف قرار اختيارهم بأنه رغبة أقلية من الناس في الوقت الذي يعلم فيه المسئولون تمام العلم بموجب الوثائق المقدمة إليهم بالتفاصيل عن عدد الذين صوتوا في الاستفتاء الذي جرى بهذا الصدد لكل منطقة، وأن هذه هي رغبة الأغلبية الساحقة والتي أيدتها الأقلية على أساس قاعدة ديمقراطية سليمة. وأن تجاهل الحقائق لا يخدم أغراضا حسنة ولا يغير من واقع الحال شيئاً. وإذا كان السيد وزير الاستعلامات يقصد بالأقلية العددية اللجنة القومية فأن هذه اللجنة لم تحفظ لنفسها بحق اختيار أي منطقة وإنما كان الاختيار فيها للمواطنين أنفسهم. وأن الحكومة لتعلم ذلك تمام العلم، وما تلك اللجنة الا الهيئة الشرعية التي أنتخبها المواطنون بحرية تامة ورغبة أكيدة لكي تعبر عن مشاعرهم وتنطق بلسانهم. ومن العجب أن توصف هذه اللجنة بأنها تمثل الاقلية في الوقت الذي ألحت فيه الحكومة فيما مضي كي تقوم هذه اللجنة تقوم هذه اللجنة نفسها باختيار الموطن الجديد باعتبارها الممثل الصحيح للمواطنين جميعاً، وقد رفضت اللجنة هذا الطلب لكي يساهم كل فرد من المواطنين في الاختيار. فهل تحلل هذه اللجنة عاما و تحرم عاما؟

إننا يا سيدي الرئيس لا نبكي على الإطلال فان هذه ليست من شيم الرجال، وإنما نتأسى على مجد تليد وتاريخ مجيد و آثار خالدة خلود التاريخ تتسابق في سبيل الحفاظ عليها والبحث عنها كبار الدول والهيئات العالمية متجاهلين باهظ التكاليف وعناء العمل متجاوبين مع النداء الذي وجهتموه للعالم أجمع في هذا السبيل، والذي يهتم به أكثر من الاهتمام بمشكلة التهجير نفسها مادياً ومعنوياً. واننا نتأسى لأننا نأخذ لحاضرنا من عبر ماضينا ولنحافظ على

تراثنا وأمجادنا الموروثة والمكتسبة من تاريخنا القديم وما هذه الا مفخرة جماعية لنا وليست مفخرة فردية كالتباكي على أمجاد (عنترة) على حد تعبير السيد وزير الاستعلامات.

إن السيد وزير الاستعلامات قال (إن الحكومة قد وجدت الحل وسيكون الحل). إن أحداً من المواطنين لم ينكر في يوم من الأيام حق الدولة التي ترعى مصالح رعاياها. ومع هذا فإن من المبادئ الأساسية التي أعلنتها الثورة كفالة العدالة الاجتماعية لكل المواطنين والذي يعني تلقائيا حق حرية الرأي والتعبير وحق تقرير المصير وقد بلغت حكومتنا الوطنية منتهي الكمال عندما تمسكت بالنظم الديمقراطية حين أعلنت على لسان رئيسها كفالة الحرية التامة لمواطني حلفا في تقرير مصيرهم واختيار موطنهم الجديد، ودعمت هذا الإعلان عملياً فدعت وفد الدراسات القومي الذي طاف بالمناطق المقترحة وبذل جهداً محمودا طوال شهر كامل. وحصل فيه على معلومات مكتوبة من السلطات الحكومية المعنية، كما قام بدراسات عملية على الطبيعة في كل المناطق وقدم نتائج تلك الدراسات للمواطنين الذين أبدوا رأيهم بعد طول ترو وتفكير عميق وطلبوا من الحكومة مباركة اختيارهم. وكان من الطبيعي أن تلتقي الحكومة بالمواطنين وتحقق رغباتهم وتفي بوعدها ولكن مع الأسف الشديد تجاهلت الحكومة كل ذلك وأعلنت أنها وجدت الحل في منطقة أجمع المواطنون على رفضها لعدم صلاحيتها من جميع النواحي، وإن هذا يتعارض كل التعارض مع الحق الطبيعي للمواطنين في الاختيار والوعد العظيم الذي التزمت به الحكومة. وإن من مصلحة الحكومة أن تحرص على تدعيم روح الثقة والتعاون بينها وبين المواطنين وعدم اتخاذ قرارت من شانها زعزعة تلك الثقة والتعاون وكأنها بقرارها هذا إنما كانت تعني استفتاء المواطنين عن المكان الذي لا يريدونه موطناً لهم. وإنه لامتهان لكرامة المواطنين أن يؤخذ رأيهم ثم يضرب به عرض الحائط دون أي إعتبار لمشاعرهم وأحاسيسهم، ولا المتاعب التي اكتنفت المواطنين ولجانهم المحلية واللجنة القومية الذين بذلوا جهداً جسمانياً وعقليا، و ما ساورهم من الصراع الفكري العنيف طوال المدة التي تلت الدراسات وسبقت الاختيار. إنهم ليسألون هل كانت الحكومة جادة فيما قدمت عليه من طلب سفر الوفد و تقديم الدراسات إليه وحملها للمواطنين واختيار المنطقة التي يريدونها؟ إن الرد على هذا التساؤل لكيفية الظروف التي لابست قرار الحكومة الأخير بإختيار المنطقة المفروضة وتجاهل

رغبات المواطنين. إن سياسة فرض الأشياء قد أصبحت في المفاهيم الحديثة طريقة مؤدية إلى الفشل.

لقد قدمت اللجنة القومية خدمات جليلة وقامت بأعمال مجيدة لا تنكر، وفي الوقت الذي يعدد فيه السيد وزير الداخلية تلك الخدمات والأعمال في بيانه الذي ألقاه في حلفا يتجاهل هذا الوفد الوزاري تلك اللجنة التي تعبر دون شك عن رغبات المواطنين والتي تنطق بلسانهم، وفي الوقت الذي أكرمتم فيه سيادتكم هذه اللجنة في جميع المناسبات منذ قيامها وتقديمها للمطالب القومية لسيادتكم عند زيارتكم لحلفا، ومقابلتكم لها عند حضورها للخرطوم لمعاينة الاماكن المقترحة ودراستها، إن هذا التجاهل أنما إنما هو تجاهل واضح لمشاعر المواطنين، وإن اللجنة لا ترى مبرراً لهذا الاجراء الذي لا يخدم غرضاً نبيلاً ـ لقد أوضح السيد وزير الصحة أن الحكومة ستبني سوراً منيعاً ضد الأمراض في تلك المنطقة التي عينها الوفد الوزاري، وقد يكون هذا القول معقولاً ومنطقياً إذا كانت الأمراض فيها وافده من الخارج كالحالات التي ذكرها الوزير في بيانه وهذا يتعارض مع المعلومات التي سلمتها وزارة الصحة للوفد القومي بأن هذه المنطقة وما جاورها موبوءة بأمراض مستوطنة فتاكة تعيش داخلها وليس خارجها. مع احتمال انتشارها مستقبلاً فمن الحكمة أن يختار لإنسان سكناً له خالياً من أي أمراض لا أن يختار موطناً موبوءاً ثم يقوم بمحاربة الأوبئة. وإن الحالات الشخصية التي ذكرها لا يجب الاعتماد عليها كدليل أمام هجرة جماعية تتفاوت فيها الأعمار و الإمراض و الحالات النفسية. إن مشكلتنا ليست مشكلة صغيرة من جزء صغير من الوطن الكبير كما جاء في بيان الوفد الوزاري، و إنما هي مشكلة كبيرة في جزء من الوطن عميقة الجذور كبيرة المعاني، و ما الوطن الكبير في تكوينه الا عبارة عن أجزاء متفاوتة من حيث الإحجام متماسكة مع بعضها كمثل الجسد الواحد إذا اشتكي عضو منه تداعي له سائر الجسد بالسهر والحمي. ولقد أشاد بعظمة التضحية المواطنون في كل أجزاء الوطن الكبير وأبدوا مشاعرهم النبيلة، وأنها لمشكلة ستين ألفا من البشر سيرحلون من منطقتهم التي عاشوا فيها آلاف السنين على ضفاف النهر الخالد وتحت ظلال أشجار النخيل الشامخة برؤوسها إلى السماء في عزة وكبرياء ليضعوا مجداً يتباهون به و يتباهى أبناؤهم مر السنين و الدهور دائما. و مازالوا حلقة اتصال طيبة الاصول والفروع بين شقي الوادي شماله وجنوبه، كما كانوا ملتقي للحضارات ومنفذا تعبره الأشياء المادية والفكرية

- ۲۷۹ -

من العالم القديم ومازالوا يقومون بواجبهم المقدس نحو تطوير وطنهم وتقدمه مستعنين في ذلك بأمجاداهم لموروثة والمكتسبة ـ وإنا جميعاً أمام تجربة قاسية فريدة في نوعها و إنّه لمن الحكمة و سداد الرأي أن نسلك السبل التي تؤدي بنا إلى اكتساب وتقدير العالم أجمع واحترامه.

معالي الرئيس:

لقد أبدى المواطنون مشاعرهم الحقيقية ازاء رأى الحكومة في الموطن الجديد وهي المعارضة التامة من جميع المواطنين لا لقلقهم على مستقبلهم ولا نتيجة للقلق الذي يساور كل من يهاجر من موطنه، ولكنهم يرفضون المنطقة شكلا وموضوعاً لعدم صلاحيتها من كل الاوجه التي يجب توفرها في موطن صالح ومجتمع كامل. إن البيانات والمعلومات التي ادلى بها أعضاء الوفد الوزاري لتناقض في جوهرها المعلومات التي أعطتها الحكومة كتابة والمحاضر المدونة في اجتماعات وفد الدراسات القومي مع مديري الوزارات المختصين. إنه لمن المستحيل خلق موطن مستقر أو نجاح أي مشروع أو تطور أي مجتمع على أساس فرض مكان معين على قوم دون رغبتها الخالصة. إن المواطنين الذين يؤمنون إيماناً راسخاً بقدرتهم على تكييف مستقبلهم وظروفهم، لا يؤمنون أبداً بمبدأ فرض موطن معين عليهم. ولقد أيدتم في مجالات متعددة وعلى لسان المسئولين من رجالكم على اننا شعب يعرف كيف يكيف ظروفه ومستقبله.

واننا قادرون على أن نحسن الإختيار ولقد أجمع المواطنون هنا على أن لا تكون هناك حلول فردية أو معلومات جزئية، بل يجب أن تحل جميع المشاكل التي ترتبط كل منها بالآخر إرتباطاً وثيقاً والذي يخلق بترابط المجتمع المتكامل حسب ماجاء في المطالب القومية المرفوعة لسيادتكم دفعة واحدة على أساس جماعي. وأن تعلن الحكومة رأيها فيما يلي في وقت واحد. فان جميع المطالب ما هي إلا وحدات متماسكة مع بعضها البعض يتمم كل منها الآخر:

١ ـ الموطن المختار .

٢ ـ التعويضات بأنواعها ـ العينية وتمليكها وما هي؟

٣ ـ نوع المساكن وطريقة بنائها ومساحتها .

٤ ـ تهيئة الموطن الجديد بجل مرافقة ومواده قبل الهجرة .

٥ ـ المستقبل المعيشي لكل المواطنين من مؤسسات زراعية وصناعية وإقتصادية وتخطيط المشاريع وتهيئة كل مواردها .

معالي الرئيس:

لقد أجمع المواطنون شيبا وشبابا ورجالا ونساء على ألا يبارحوا موطنهم حتى تستجاب مطالبهم القومية جميعها كوحدة متماسكة مهما كانت الظروف وأن تؤدى إليهم حقوقهم كاملة غير منقوصة قبل أي إجراءات تتعلق بالهجرة ذاتها وإلى الله ترجع الأمور.

وتفضلوا معاليكم بقبول وافر احترامنا وعظيم تقديرنا.

عبد الرحيم محمود
سكرتير اللجنة القومية العامة
للسد العالي بوادي حلفا

٢٣-١١-١٩٦٠

صدور مجلة صوت حلفا

ظل الحزب الشيوعي السوداني منذ اليوم الذي وقعت فيه إتفاقية مياه النيل، يقف بقوة وحزم بجانب النوبيين من أجل تحقيق مطالبهم العادلة وظلت لجنة الحزب الشيوعي بحلفا وفي المدن الأخرى، وخاصة عطبرة والخرطوم ،

ظلت هذه اللجان تعمل مع جماهير النوبيين لتنظيم المقاومة، وتأسيس إتحاد المقاومة الشعبية، وتصدر البيانات ومختلف أشكال المخاطبة. ولم يكتف الحزب الشيوعي بذلك بل قرر إصدار مجلة دورية خاصة بمشكلة النوبيين وبالفعل صدر العدد الأول من تلك المجلة ((صوت حلفا)) يوم ٦ - ١١ - ١٩٦٠ وظهر على غلافها :

"مجلة جماهيرية يصدرها الحزب الشيوعي السوداني - شعارها الوقوف في طليعة النوبيين في كفاحهم لإختيار موطنهم الجديد بأنفسهم وتعويضهم تعويضا كاملا".

لقد كان لصدور تلك المجلة آثار ملموسة في اذكاء روح النضال لدى جماهير النوبيين وروح التضامن معهم من جانب الفئات الأخرى. صدر من تلك المجلة حوالي عشرة أعداد وكانت توزع بكميات كبيرة في حلفا وعطبرة والعاصمة ويتداول العدد الواحد منها عشرات النوبيين. وننشر فيما يلي أحد المقالات التي نشرت بالعدد الأول من المجلة بعنوان "الحقائق تفضح عصابة عبود" .

نص المقال :

"في صباح السبت ٢٢ - ١٠ - ١٩٦٠ ضربت حكومة عبود آخر مسمار في نعشها وسجلت خزية أخرى من مخازيها العديدة، وليس هذا بغريب على حكومة لا يسندها أي جزء من شعبنا المناضل، حكومة ملأت السجون بالشرفاء من أبناء هذا الوطن وعطلت الدستور والغت الديمقراطية والحريات وصارت مركبا ذليلا للاستعماريين الأمريكان. وفي حلفا وعطبرة والخرطوم وفي شندى الأبيض وبورتسودان وفي معظم مدن القطر تحرك شعبنا في زحفه المقدس للاطاحة بحكومة عبود كلب الإستعمار المطيع "

"وبعد سنتين سيغمر السد العالي منطقة النوبة داخل حدود بلادنا لمسافة ١٧٠ كيلومترا تبدأ من (فرس) وتنتهي في (دال) بأرض الحجر. إن المطقة التي ستغمر يزيد سكانها عن خمسين ألف نسمة. وبالرغم من أن هذا الوضع كان معروفا منذ سنة وأكثر إلا أن حكومة العصابة العسكرية لم تقم بدراسة جدية لمسألة ترحيل أهالي حلفا. ويوم السبت الماضي نكث عبود بعهده لأهالي حلفا و قال لهم البحاري (إن خشم القربة هي موطنكم الجديد. والذي ستجعله حكومة الثورة جنة من جنات الله في أرضه، وشارك المقبول ومحمد أحمد على البهلوان طلعت في إخراج هذه الأكذوبة الكبيرة، ولكن الطبخة طلعت "مسيخة" وقابلها أبناء شعبنا البررة في حلفا بما تستحقه من المظاهرات الهتافات ولقنوا وفد عبود درسا لن ينسى أبدا)."

وهدفنا من هذا المقال توضيح بعد المعلومات الفنية العلمية والتي تتحدى عبود وطغمته العسكرية وخبرائه الأمريكان "الفطاحل" في تكذيبها...

أولا: إن حكومة العساكر والفساد لم تقم بأي دراسة علمية لمنطقة خشم القربة، لم يدرسوا - ولن يدرسوا الآثار السيئة التي تنتج عن ترحيل أناس من مناطق معروفة بأنها أشد مناطق السودان بردا في الشتاء وأحراها صيفا، وليس لها أي خريف ماعدا أمطار شتوية لا تذكر (متوسطها بوصة واحدة) إلى مناطق ممطرة يبلغ متوسط الأمطار فيها سنويا ما يربو عن الأربعين بوصة. ثم ماهي النتائج الإجتماعية والصحية التي تترتب على ذلك غير الفناء والفناء الكامل. وماجرى في سمطرة والهند وماجرى لبعض قبائل النوبة في كردفان خير أدلة وأنصح براهين على ذلك. أما الأمراض المستوطنة وأفظعها الكلازار والملاريا فنحن نشك في مقدرة وزارة الصحة على ابدتها طالما كانت هذه الوزارة تعتمد على الأمريكان والإنجليز حتى في وضع برنامج السبعة اعوام المزعوم.

ثانيا : أما الوزير "الهمام" المقبول فأكاذيبه لا يمكن وصفها إلا بأنها صفيقة، فالرمان والبرتقال والبامبي والبامية والقمح والشعير، هذه

المحصولات التي ادعى المقبول أنها قد نجحت في المزرعة التجريبية ، اننا نعرف، وكل مواطن في وزارة الزراعة يعرف، أن شتلات منها قد ارسلت في يوم الأحد الموافق ٢٥ ـ ٩ ـ ١٩٦٠ لخشم القربة، ووصل جزء منها وما زال قابعا في محطة سكة حديد خشم القربة. إن هذه المحصولات لا يمكن أن يقال أن التجارب قد برهنت على نجاحها قبل أن ينقضي عام أو عامين على زراعتها. وإذا كانت نتائج التجارب تبنى على أساس إرسال شتل ففي وسع الوزير أن يقول أيضا أن التفاح والكريز والباباي والهبهاب والقرنفل ينمو بنجاح. أما مسألة النخل السريع النضوج والذي سيحضرونه من البرازيل فاحجيه من أحاجي الحبوبات.

ثالثا : دعنا نتناول من خطاب البحاري، وهي أن الحكومة ستبني لسكان حلفا منازلهم بالمواد الثابتة. ولكشف هذه الأكذوبة نلجأ إلى لغة الأرقام. سكان المنطقة يبلغون ٥٠,٠٠٠ نسمة أي ١٢,٥٠٠ عائلة تقريبا وكل عائلة تحتاج إلى منزل، ومتوسط تكاليف المنزل الواحد بالمواد الثابتة (وأرخصها بلوكات الإسمنت) ألف جنيه. هذا يعني ١٢ مليون ونصف (١٢,٥٠٠,٠٠٠ جنيه) وإذا اضفنا منازل الحكومة التي ستبنيها لموظفيها من بوليس ومدرسين وخلافه وتكلف مليونين ونصف وتكاليف المنشآت العامة كالمدارس والمستشفيات والشفخانات والمكاتب والدكاكين تكلف خمسة مليون جنيه، تصبح تكاليف المنازل والمنشآت العامة عشرين مليون جنيه. بجانب هذا المبلغ يجب أن نتذكر أن خزان خشم القربة تبلغ تكاليف ١١ مليون جنيه ...بعد هذا هل يمكن لحكومة عبود أن تشحت ٢١ مليون جنيه من أسيادهم الأمريكان مهما تمسحوا بأعتاب البنك الدولي ومهما قدموا من تنازلات؟ .

أيها المواطنون الأحرار في منطقة حلفا! إن عصابة العساكر تكذب عليكم وستحنث بعدها كما تفعل دائما عندما يدعي البحاري إن حكومته ستبني لكم منازلا بالمواد الثابتة ، اللهم إلا إذا كان يعني بالمواد الثابتة الطرور.

رابعاً: هل تكفي التعويضات، وإذا فرضنا أن جزءا منها سيستغل في بناء المنازل فمن أين تأتي حكومة العساكر بالباقي؟ ان اية حكومة تقول إن الفدان في منطقة حلفا يساوي الفدان في خسم القربة حكومة جاهلة لا تستحق المناقشة.

وهل في الدنيا حكومة أجهل من حكومة عبود؟

"هذه هي الحقائق أيها المواطنون في منطقة حلفا وفي كل مكان من بلدنا وستظل هيئة تحرير "صوت حلفا تمدكم بالمعلومات والحقائق وتكشف لكم أكاذيب الطغمة العسكرية".

كما تناشدكم "صوت حلفا" أن تمدوها بما لديكم من حقائق وأخبار عن هذه المسألة، وتناشدكم أيضاً أن تضاعفوا يقظتكم لكشف الخونة - بعض كبار تجار وموظفي منطقة حلفا - الذين لا هم لهم الا التغول على الأراضي وزيادة نفوذهم بالتقرب إلى حكومة العساكر والتذلل لها بالبرقيات والوفود.

"أيها المواطنون الشرفاء: صفاً واحداً ضد الدكتاتورية العسكرية، وما تحركات شعبنا الا بداية رياح الخماسين التي ستقلع عبود وعصابته من جذورها - نستغفر الله فهذه العصابة ليست لها أي جذور! و ستلحقها بأخوات لها طغت و تكبرت ولكنها مسحت من الأرض بإرادة الشعوب وما حدث لنوري السعيد في العراق ولسنجمان ري[١١٥] في كوريا و لعدنان مندريس[١١٦] في تركيا و للخائن كيشي[١١٧] في اليابان لا بد أن يحدث لعصابة عبود الضعيفة "

"فالتحية منا للرجال و النساء الذين سيروا المظاهرات ضد حكومة عبود في كل مدن قطرنا، و تحية للمعتقلين منهم، و نقول لهم أن هذا هو بداية زحف شعبنا المقدس نحو النصر و الحرية و الديمقراطية ".

"عاش شعبنا في نضاله ضد عصابة عبود الفاشية، وعاش حزبنا الشيوعي المنيع في طليعة المناضلين لإنهاء الوضع الحاضر و صفاً واحداً إلى النصر يا أهالي منطقة حلفا".

فضيحة قطاعات خشم القربة:

فيما يلي نقدم فضيحة عطاءات مباني خشم القربة و ننشرها كما جاءت في الوثيقة التي أصدرها الحزب الشيوعي السوداني بتاريخ ٥-١٠-٦٢ بعنوان "الاستعماريون ينهبون بلادنا" و الجدير بالذكر أنها كانت ضمن القضايا

التي آثارها عبد الرحمن الوسيلة ورفاقه أمام المحكمة العسكرية في ٢٠-٩-١٩٦٢ تقول الوثيقة :
"تقدمت بعطاء بناء المساكن في خشم القربة ثلاث مؤسسات من بلغاريا الاشتراكية ومن بريطانيا والمانيا الغربية. كان العطاء البلغاري يمتاز بأنه الوحيد المستوفي لشروط العطاء الأصلي و يبلغ ١٢,٢٣٢,١٥٢ جنيه، كما أبدت جمهورية بلغاريا الشعبية استعدادها لتخفيض العطاء بمقدار ٢٢,٥٠٠ جنيه و أن تشتري قطنا من السودان بما يساوي ٢٥٪ من قيمة العطاء. كذلك عرضت جمهورية بلغاريا استعدادها لمنح السودان جميع المساكن التي تبني على حساب الحكومة البلغارية لسكن الفنيين و العمال"..
"في نفس الوقت تقدمت شركة "تيرف" الإنجليزية اسما و التي هي في الواقع من جنوب أفريقيا (التي أعلنت حكومة السودان مقاطعها لما ترتكبه من أعمال فاشية ضد الوطنيين الأفريقيين و خاصة سياسة التفرقة العنصرية" تقدمت شركة تيرف هذه بعطاء يبلغ ١٣,١٣٧,٥٨٥ جنيه، و لا يقوم على أساس مواصفات العطاء الأصلي إذ اقترحت الشركة بناء المساكن بالخرسانة، المعشعشة، و جعلت وكلاء لها شركة مشتل كوتس الإنجليزية، وجماعة من التجار والماليين بينهم زين العابدين صالح و المهندس حسن كرار و سيدة أجنبية تدعي مار فالفس".
"عرضت الحكومة هذه العطاءات على المهندسين المستشارين لخشم القربة وهم شركة من المانيا الغربية تدعي (كوكس) وقد كشف هؤلاء الالمان جميع العطاءات للمؤسسات الالمانية، وخاصة لشركة " فيلبس هالزمان" والتي قدمت في نفس الوقت للعطاء، و قد تم هذا الكشف عن طريق التاجر ميرغني أبو شمه و هو وكيل لشركة "كوكس" (هالزمان) في نفس الوقت".
"بالطبع كان موقف المستشارين الالمان معادياً للعرض البلغاري السخي و حاولوا الطعن فيه بشتى الطرق حتى يبعدوا بلغاريا الاشتراكية عن هذا الميدان الحيوي، و ليفتحوا الطريق أمام مؤسسات المانيا الغربية التي يمثلون مصالحها".
"في هذه المرحلة تقدمت للعطاء شركة (فيلبس هالزمان) من المانيا الغربية وبعض يزيد على عطاء الشركة الإنجليزية "تيرف" بمبلغ ١,٣٠٠,٠٠٠ جنيه، و على عطاء بديل و ليس العطاء الأصلي و بدون أية ضمانات مالية".

"يتضح إذن من كل هذه المعلومات التي بيناها الفرق الشاسع بين العطاء البلغاري و العطائين الآخرين. يبدو لكل ذي بصيرة أن مصلحة البلد كانت في قبول العرض البلغاري ".

"ولكن عند هذه النقطة بدأت المؤامرات ونشطت الدوائر الاستعمارية بصورة محمومة لاحباط أي اتخاذ موقف لصالح شعب السودان بقبول العرض البلغاري ونتيجة لتردد الحكومة في اتخاذ موقف لصالح شعب السودان كقبول العرض البلغاري شكلت لجنة من السادة المهندسين ـ أحمد أرباب، سيد بدوي، دفع الله الترابي[١١٨]، شوقي سعد، يحى سمش الدين، عبد الله حامد، زين العابدين مصطفى. وقد نشطت الدوائر الإنجليزية للتأثير على أولئك المهندسين بوساطة أصدقائها من كبار الموظفين في حكومة السودان وكانت من نتيجة ذلك أن وضعت اللجنة تقريراً مائعاً و غامضاً و لم تجب إجابة صريحة على ما وضع أمامها من أسئلة عدا المهندس يحي شمس الدين[١١٩] الذي وضع تقريراً منفصلاً فند فية العرض الإنجليزي"

"وواصلت الحكومة الرجعية تهالكها أمام الضغط الاستعماري فأصدر مجلس الوزراء قراراً متأرجحاً إذ قرر أن يعطي للبغار ثلثي العطاء و للشركة الإنجليزية الثلث الآخر، و رغم ما في هذا القرار من خسائر لشعب السودان نتيجة لأرباح الباهظة التي ستجنيها الشركة البريطانية، فإن الدوائر البريطانية والغربية ظلت تضغط لتحطيم العرض البلغاري، حتى تهالكت الحكومة نهائياً و قبلت العرض البريطاني كبديل للعرض البلغاري".

واختلفت شركة تيرف مع حكومة ١٧ نوفمبر و انسحبت قبل إنجاز المباني بعد أن ملأت جيوب السماسرة والوكلاء بالمال الحرام وهنا حانت فرصة أخرى لملئ الجيوب.

وأصبحت مباني خشم القربة غنيمة للوزراء و محاسيبهم من المقاولين ـ وخلال عمليات النهب لم يكن مهما كثيراً أن تصمد تلك المساكن لأول خريف قادم، و لم يكن مهما كثيراً أن تبنى المساكن خلافا للمواصفات المطلوبة ولم يكن مهما كثيرا مستقبل من سوف يقيمون بتلك المساكن. كل المهم هو أن تملئ الجيوب..

إن سكان حلفا الذين أرغمتهم الظروف على الرحيل إلى ما يسمي بحلفا الجديدة يعيشون اليوم في ظروف قاسية من حيث المساكن ومن حيث الخدمات ومن حيث الراحة النفسية، إن مأساة حلفا ستظل أبد الدهر عالقة

بالحكم الرجعي الاسود الذي بدأ يوم ١٧ نوفمبر ١٩٥٨ و أنهار ركاماً تحت نيران ثورة أكتوبر الظافرة.
إن النوبيين ساهموا في إضعاف النظام الديكتاتوري ـ بل كانوا من أوائل القوى الشجاعة التي وقفت ضده وتحدته و أثبتت ضعفه و عزلته وهذا شرف عظيم لهم يكتب بمداد من نور في تاريخ نضال شعبنا العظيم.
التعويضات :
كان بيان وزير الداخلية الخاص بالتعويضات الشريرة التي أوقدت من جديد سخط الجماهير النوبية من فرس شمالاً إلى جنوب المنطقة المغمورة..
لقد خابت آمال الناس الطيبين الذين كانوا يعلقون أملا على التعويضات و الذين خدعتهم الوعود المعسولة التي كان ينشرها الانتهازيون و النفعيون و انهارت القصور الخيالية التي زينوها لهم والتي وصفها معتمد الهجرة حسن دفع الله ١٢٠ يوم افتتاحه للمعرض في حلفا بأنها تفوق ليلة القدر ولو طلبوها من الله.
ما ان إذيع البيان حتى بدأ الغليان من جديد.
ففي دبيره أجتمع الاهالي مساء العيد في حشد كبير و ناقشوا بيان الوزير و أقروا معارضتهم بالإجماع و كتبوا مذكرة و قعوا عليها جميعاً و كونوا وفداً ليسافر للخرطوم لمقابلة المسئولين.
وفي اشكيت توحد شمل السكان وزالت الخلافات المصطنعة بين جنوب وشمال المدرسة، و كونوا لجنة وضعت عريضة تستنكر و ترفض فئات التعويضات و تطالب بتعديلها. كما تطالب بتمليك الأراضي و الإعفاء من الري لمدة ٢٠ سنة، و علق أحد المجتمعين بقوله أن الذين وضعوا التقديرات لم يذوقوا الفواكه فيما يبدو و الا لما جعلوا ثمن شجرة العنب ٤٠٠ مليم بينما سعر الكيلو العنب في السوق ٢٠٠ مليم..
وفي دبروسة طغت موجة السخط و الاستنكار، وأرسل المواطنون البرقيات الاحتجاجية و رفعوا مذكرة يطالبون فيها بحقوقهم كاملة.
وفي دغيم ارسلت البرقيات وكتبت مذكرة تفند بيان الحكومة و اعتقل ثلاثة من المواطنين لانهم أرسلوا برقية جاء فيها :
(يشرفنا أن نرفض تقديراتكم التافهة).
و في ارقين جمعت مئات التوقيعات على العرائض.
هذه أمثلة فقط لما كان يجري بعد إذاعة بيان التعويضات.

وتحرك النوبيون في جميع المدن يكونون اللجان و يعبرون عن رفضهم لتقديرات الحكومة.
ولكي ندرك مدى تفاهة تقديرات التعويضات كما جاءت في بيان الحكومة، نكتفي بتقدير التعويضات للنخيل:
القنديلة ٤٥٤٧٨ شجرة في ١٠ جنيه.
البركاوي ٦٦٠٢٢ شجرة في ١٠ جنيه.
البرتموده ٨١٩٢ شجرة في ٨ جنيه.
الجاوة ٢٤٠١٤٠ شجرة في ٥ جنيه.
الذكور ١٢١١٧ شجرة في ١ جنيه.
و بذلك تصبح جملة النخيل ٣٧١٩٤٩ شجرة، وجملة التعويضات عنها ٢،٣٩٣،٢٥٣ جنيه.
وإذا علمنا أن تقديرات اللجنة القومية لتعويضات النخيل كانت ٣٣،٥٨٩،٩٤٧ جنيه، فان الفرق بين هذا التقدير وبينما قررته الحكومة يصبح أكثر من ٢١ مليون جنيه للنخيل فقط.
لقد هب النوبيون يقاومون تلك التقديرات وبدأت المعارك من جديد في حلفا، وقطع الاهالي أسلاك التلفون، واقتلعوا قضبان السكة الحديد وخرجوا في موكب ومظاهرات في جميع أنحاء المنطقة.
وقد أعتقل عدد من قادة المقاومة تحت قانون الحبس التحفظي و نقلوا إلى سجن كوبر حيث قضوا شهراً كاملاً.
إن قضية أهالي حلفا تقدم مثلاً ساطعاً لاستهزاء الدكتاتورية بكل القيم الإنسانية وعلى تنكرها لأي التزامات أو وعود و على تجاهلها التام لرغبات الجماهير.

الفصل الثامن
نضال المرأة السودانية

مثل سائر المنظمات الديمقراطية عطل الاتحاد النسائي في عام ١٩٥٩. فالاتحاد النسائي، الذي ظل سنوات عديدة منذ عهد السيطرة الاستعمارية يدافع عن حقوق المرأة السودانية و يستنهضها للنضال في سبيل التحرر الوطني، كان يتمتع بالبغض العميق من جانب كل القوى الرجعية.

لكن جماهير الاتحاد رفضن الاستسلام لقرار التعطيل و بدأن حملة واسعة بالعرائض والوفود التي تطالب باستعادة حق التنظيم، و بعد صدور قانون النقابات لعام ١٩٦٠ تكون وفد من خالدة زاهر[١٢١] و فاطمة طالب[١٢٢] و عزيزة مكي[١٢٣] و حاجة كاشف[١٢٤] و فاطمة أحمد إبراهيم[١٢٥] ومحاسن عبد العال[١٢٦] ونعيمة بابكر. وطالب الوفد بالتصديق بقيام الإتحاد النسائي وجاءت عرائض ممهورة بتوقيعات عديدة من عطبرة و بورسودان ومدني. واستمر سيل هذه العرئض و الوفود من أوائل ١٩٦٠ إلى أوائل ١٩٦٢. و لكن الصحف كانت تمنع من نشر أخبارها.

وفي بداية عام ١٩٦٢ حدث تطور غيّر ميدان المعركة و أساليبها. فقد تقدمت عطيات حسن زلفو[١٢٧] وبخيتة أمين[١٢٨] وسعاد الفاتح[١٢٩] بطلب لتكوين جمعية نسوية. و وافقت الديكتاتورية على الفور و وضعت خطة للعمل تقضي بان تكتب كل واحدة منهن أسماء عشر من صديقاتها، وذلك حتى تتكون الجمعية. طلب من هؤلاء أيضاً أن تكتب كل منهن أسماء عشرة من الصديقات.

ما لم يفكر فيه واضعوا الخطة هو أن هذه المجموعة الكبيرة من النساء ضمت عضوات نشطات من الاتحاد النسائي اللائي اشتركن بهذه الصفة في الاجتماع، وفي المناقشات اقترحن تكوين لجنة للهيئة النسائية الجديدة عن طريق الانتخاب بدلاً من التعين وفاز الاقتراح بالأغلبية وأجريت الانتخابات و كانت أن احتل جناح الاتحاد النسائي ثمانية من مقاعد اللجنة العشرة.

وهكذا أعلن في أواخر عام ١٩٦٢ عن قيام الهيئة الشعبية لنساء السودان التي أرادت لها الديكتاتورية أن تكون منظمة نسائية رجعية مناوئة لنضال المرأة السودانية ضد الحكم العسكري المباد. ولكن جرأة النساء الديمقراطيات والشيوعيات و مرونتهن في إتباع أساليب نضال متنوعة قلب خطط المتآمرين والمتآمرات، وأصبحت الهيئة الشعبية لنساء السودان هيئة جديدة بالاسم و لكنها قديمة قدم الاتحاد النسائي. ولهذا السبب بالذات تراجع حكام ١٧ نوفمبر عن وعودهم بقيام الهيئة و تنكروا لالتزامهم باحترام نتيجة المؤتمر النسائي.

وقد نشرت جريدة الأيام أن محمد نصر عثمان وزير الاستعلامات السابق صرح لمحررة " صفحة المرأة " بها، بأنه (لن يسجل هيئة نساء السودان لأنها هيئة غير نظيفة و لان أعضاءها ضد الحكومة و يعملن حباً في الظهور).
وفور ذلك اجتمعت اللجنة التمهيدية للهيئة وتخلفت عن الاجتماع بخيته أمين وسعاد الفاتح. وأرسلت اللجنة مذكرة شديدة اللهجة لوزير الاستعلامات رداً على كلامه (بصورة للوزير الأسبق طلعت فريد و "للايام").
وقد بادر محمد نصر عثمان فمنع " الأيام " من نشر المذكرة. واتصل تلفونياً بالمناضلة فاطمة أحمد إبراهيم وهددها بانهم سوف يغلقون "صوت المرأة "، كما أنها ستعاقب عقاباً صارماً. ولما عرف أن المذكرة لم تصدر من فاطمة و أنما من اللجنة هدد بأنه سيرفع قضية رد اعتبار ضد اللجنة كلها.
واتخذ التأمر ضد الهيئة عدة أشكال. فقالوا مرة أنهم لن يسجلوها الا إذا وافق بوليس الأمن على أسماء أعضاء اللجنة، وكان ذلك استفزازاً وقحاً قوبل بالرفض والاستهجان. واقترحوا مرة أخرى أحداث توازن بتعيين أعضاء جدد للجنة. ولكن هذا الاقتراح رفض من جانب اللجنة التمهيدية أيضاً. ولم تسجل الهيئة قط. ولكن بانتصار ثورة ٢١ أكتوبر أصبحت قضية تسجيل الهيئة غير ذات موضوع. وقام الاتحاد النسائي من جديد.

سياسة معارضة نشطة ضد الديكتاتوري:

وقد شاركت المرأة السودانية في مقاومة سياسة الاعتقال. واتخذت تلك المشاركة صورة المذكرات والعرائض والوفود و المواكب. وساهمت فيها العاملات وربات البيوت والطالبات والمثقفات. وقد تعرضن مرات عديدة للإساءة والإهانة والمعاملة غير الكريمة من سلطات الداخلية وخاصة من الوكيل الدائم السابق حسن علي عبدالله الذي نسي كل شعور بالذوق والأدب وهو يخاطب قريبات المعتقلين والسجناء و المشتركات في المواكب و الوفود.
وعندما أشتعل غضب الشعب النوبي ضد غدر الديكتاتورية وقامت المظاهرات الصاخبة في حلفا، اشتركت المرأة السودانية بنصيب موفور في المعركة. ولقد سارت مظاهرات نسائية في حلفا وساهمت المرأة في المظاهرات الكبيرة بإشعال الحماس وقذف البوليس بالطوب ولعبت دوراً بارزاً في ذلك المناضلة سعاد إبراهيم أحمد[١٣٠] التي أبدت مظاهر رائعة من

الشجاعة والإقدام. وقد فصلت لهذا السبب من مصلحة الاحصاء واعتقلت مع مجموعة من موظفات الإحصاء لبعض الوقت. وفي الخرطوم اشتركت النساء في المظاهرة الضخمة استعملت فيها القنابل السيلة للدموع، كما اشتركن في مظاهرة مع الطلبة.

ولما اجتاحت المظاهرات بلادنا عقب اغتيال لوممبا سيرت النساء مظاهرة كبيرة.

وبعد اعتداء الديكتاتورية المبادة على استقلال الجامعة أظهرت طالبات الجامعات و المعهد الفني ومعهد المعلمين العالي والمدارس الثانوية للبنات بأم درمان والخرطوم احتجاجهن بالاضراب والتظاهر. وقد أوقفن من الدراسة بسبب هذا الموقف، كما فصلت بعض الطالبات من مدرسة الخرطوم الثانوية و مدرسة أم درمان الثانوية.

وفي أحدث ثورة أكتوبر العظيمة اشتركت المرآة السودانية منذ البداية اشتراكا نشطاً وفعالاً، فخرجت الطالبات والمدرسات والممرضات والعاملات في المظاهرات الهادرة كما خرجت ربات البيوت إلى الشارع يشجعن المتظاهرين بالزغاريد وكلمات التأييد الحماسية. وسقطت السيدة بخيتة الحفيان[١٣١] من أم درمان صريعة الرصاص الغادر، كما جرحت المناضلة محاسن عبد العالي القائدة النسوية البارزة، وسهام الصاوي الطالبة بالجامعة وآمنة عبد الغفار الطالبة بالثانوي وكثيرات غيرهن متحملات نصيبهن كاملاً في الثورة ضد الديكتاتورية والطغيان.

وهكذا لم تنعزل المرآة السودانية عن معارك الشعب الطويلة ضد نظام ١٧ نوفمبر الرجعية وعن ثورة أكتوبر المجيدة. و بذلك استحقت عن جدارة حق الانتخاب الذي قررته وضعته لهن وزارة الثورة. إن تقرير حق الانتخاب للمرآة السودانية إعتراف من الثورة بالدور المجيد الذي قامت به وتصحيح لأوضاع خاطئة وظالمة استمرت أمدا طويلاً - إن الثورة التي قامت لانتزاع الديمقراطية وتثبيتها لكل الشعب قد حققت جزءاً من المطالب الديمقراطية التي تكافح من اجلها النساء السودانيات وفتحت الباب أمام تحقيق المزيد من الحقوق والحريات الديمقراطية لهن. وبذلك تنطلق قوى هائلة تقف بجانب التقدم والديمقراطية.

صوت المرأة :

والحديث عن كفاح النساء السودانيات يكون بالضرورة ناقصاً ومبتوراً إذا لم يشمل الحديث عن تلك المجلة النسوية الباسلة، مجلة "صوت المرأة" التي لم تحن رأسها للطغيان قط. ولقد ظلت "صوت المرأة" طيلة ست سنوات تكافح في ظل القوانين الإرهابية متخذة موقفاً عدائياً واضحاً من الديكتاتورية سواء بالتجاهل التام والامتناع عن الإشارة إلى الحكم الرجعي المباد أو برسوم الكاريكاتير التي سخرت فيها من حكام ١٧ نوفمبر وسياستهم .

فاطمة أحمد إبراهيم

وتعرضت أسرة (صوت المرأة) لشتى أنواع التهديد والوعيد، وعطلت المجلة عدة مرات فأوقفت لعام كامل. ولكنها عادت من جديد لسياستها المعادية للدكتاتورية. وأخيراً عطلت في يناير عام ١٩٦٤ إلى أجل غير مسمى. ولكن ما أن أعلن هذا الإيقاف حتى ثارت حملة من الاحتياجات بالعرائض والبرقيات والكتابة في الصحف. وكان أن سحبت الديكتاتورية

قرارها وسمحت "لصوت المرأة" بالصدور مع كثير من التهديدات والإنذارات.
إن "صوت المرأة" تستحق التمجيد للنضال الباسل الذي لا يعرف التراجع ضد نظام ١٧ نوفمبر الرجعي. و إن النخبة العظيمة من السيدات والآنسات اللآتي يحررن المجلة وعلى رأسهن المناضلة فاطمة أحمد إبراهيم لجديرات بكل إعزاز و تكريم للصلابة و الشجاعة التي أبدينها في مواصلة رسالتهن العظيمة.

الفصل التاسع
الجنوب في ظل الحكم الديكتاتوري

"إنّ اللجوء إلى القوة يساوي من حيث الرداءة أفكار الإنفصاليين"
جوزيف قرنق ـ ١٩٥٦

من بين المشاكل التي خلقها الاستعمار في السودان مشكلة الجنوب، ولكيما نبين الجوانب المختلفة المشكلة علينا أن نبدأ بدراسة تطورها التاريخي وارتباطها بالحركة الوطنية في السودان.

في القرن الماضي وقبل دخول الحكم الأجنبي في السودان كان النظام الاجتماعي السايد في الجنوب هو النظام القبلي حيث كانت القبائل تحكم نفسها بواسطة مجالس مختلفة يرتضيها أفراد القبيلة وتقوم بتصريف شئون الحياة في ظروف السلم والحرب، ولها طقوسها وتقاليدها الراسخة وقد واجه هذا النظام القبلي هزات اجتماعية عنيفة من جراء تجارة الرقيق التي اتخذت طابعاً منظماً تجارياً وعسكريا بدخول الحكم التركي في السودان.

ولقد كانت هذه التجارة أكبر عملية استنزاف وتحطيم للقوي البشرية المنتجة في تلك المنطق وفي أفريقيا بشكل عام.

وعندما دخل الاستعمار البريطاني السودان كان الرعيل الأول من حكامه أمثال غردون يبشرون بإلغاء تجارة الرقيق تحت شعارات منافقة بإسم الإنسانية واحترام البشر. ولكنه في الواقع كان يهدف إلى إبقاء الرقيق كأيدي عاملة رخيصة في مستعمراته الحديثة، وبعد أن انتهت الحرية الأهلية في أمريكا بدأ التسابق الاستعماري المسعور لاقتسام أفريقيا واستغلال شعوبها بصورة لاتقل بشاعة ووحشية عن نجارة الرقيق، وسخر القدر بالاستعمار بأن رفضت القبائل الجنوبية دعوة الإنسانية المزيفة تماما كما رفضت القبائل الشمالية دعوته المزيفة لتحرير السودان من القبر التركي المصري.

فقد شهد السودان شماله وجنوبه انتفاضات مسلحة عقب هزيمة المهدية، وسيطرة الاستعمار البريطاني، كانت تعبر عن رغبة القبائل السودانية في التحرير من السيطرة الاستعمارية. فكانت حركة ود حبوبة في الشمال و كانت في الجنوب حركة الملك بودين مك الزاندي تقاوم طلائع الاستعمار التي حرقت القرى وفرضت الضرائب.

وعند ما انتظمت البلاد حركة ١٩٢٤ كان النوير يشنون حرباً في الجنوب ضد إخضاع مناطقهم لاستعمار واستغلاله. وعقب انكسار ثورة ١٩٢٤ بدأ الاستعمار يطبق قوانين أكثر رجعية للتشفي و قهر الحركة الوطنية. وكان في مقدمة قوانينه الرجعية قانون المناطق المقفولة لسنة ١٩٣٠ لفصل الجنوب نهائياً عن الشمال وتحويله إلى رصيد دائم لاستعمار.

لقد فشلت تلك الهبات الوطنية في الجنوب لعدة أسباب من بينها :

أولا - افتقار تلك الهبات للوحدة والتضامن وتنسيق الجهود مما سهل على الاستعمار ضربها كلا على حدة.
ثانياً - ضعف القبائل الجنوبية في التكتيك الحربي الحديث وعجز الرمح والقوس أمام البندقية (الرمنقتن)
ثالثاً - انعزال الهبات في الشمال والجنوب عن بعضها البعض وعدم الصلة بينها. وقد ساعد في ذلك إلى جانب بعد المسافة عدم الثقة بين القبائل الشمالية والجنوبية من جراء تجارة الرقيق التي استمرت حتى في ظل المهدية وقد ركز الاستعمار سياسته ودعايته لتعميق الهوة بين الشمال والجنوب خوفاً من وحدة الحركة الوطنية في البلاد ضده.

واستغرقت فترة هدوء مؤقت حتى عام ١٩٤٧ عندما انعقد مؤتمر جوبا الأول كإمداد للهبة الوطنية الكبرى في الشمال التي تمثلت في وحدة القوى الوطنية ضد الاستعمار وبداية حركة الطبقة العاملة السودانية لتنظيم صفوفها وتأثيرها على سير الحركة الوطنية بإدخال شعارات وأساليب نضال أكثر ثورية وفعالية.

وقد كان من نتائج مؤتمر جوبا الأول أن تكونت (الجمعية الاجتماعية) التي قامت لها عدة فروع في المديريات الجنوبية تحت شعارات ذلك المؤتمر المعادية للأستعمار وسياسته في الجنوب ولكن الاستعمار تمكن من إضعاف تلك الجمعية ومحاربة دعوتها التحررية بنقل جميع أعضائها البارزين من الجنوب إلى الشمال لأنهم كانوا من المتعلمين الموظفين في جهاز الدولة وكانت الجمعية نفسها تعاني من ضعف التنظيم ولم يكتف الاستعمار بذلك بل لجأ إلى أسلوبه المعروف في التفرقة خوفاً من الأثر السياسي الواسع الذي أحدثته شعارات مؤتمر جوبا الأول ولم تكن أساليب الأستعمار في الجنوب منعزلة عن أساليبه وخطواته التي كان يطبقها في الشمال لإضعاف الحركة الوطنية، فبعد أن فشلت تجربة المجلس الأستشاري الذي كان يضم شماليين فقط أمعانا في سياسة فصل الجنوب عن الشمال وإقامة حاجز بين الحركة الوطنية في الجنوب والشمال لجأ الاستعمار للجمعية التشريعية التي ضمت شماليين وجنوبيين من الموالين للاستعمار وعقد الحاكم العام البريطاني بمعاونة العناصر الموالية له في الجنوب مؤتمر جوبا الثاني الذي ظهر فيه بوضوح تيار رجعي بقيادة بوث ديو [١٣٢] وأسس الاستعمار عن طريق بوث ديو مجلة في الجنوب تتبنى خططه تماماً ما كان يفعل أنصاره

في الشمال ولكن العناصر الوطنية في الجنوب استطاعت أن تعبر عن وجودها حتى داخل مؤتمر جوبا الثاني بقيادة بولين ألير[١٣٣].

فأصبحت الحركة السياسية في الشمال تضم تيارين أحدهما رجعي موالي للأستعمار يمثله قادة حزب الأمة والآخر وطني ينضم للطبقة العاملة السودانية والأحزاب الاتحادية وكذلك كان الحال في الجنوب تيار بوث ديو كأمتداد للتيار الرجعي في الشمال وتيار بولين آلين كأمتداد للتيار الوطني.

ومن بين قوى التيار الوطني كانت ولا زالت الطبقة العاملة السودانية هي صاحبة السبق في وضع قضية الجنوب في الوضع السليم وفي فتح الطريق الثوري لحل تلك المشكلة – فما أن تكون الاتحاد العام لنقابات السودان حتى أخذ على عاتقه واجب تنظيم الحركة النقابية في الجنوب لقد كانت سياسة الاتحاد عمالية وثورية بحق لأنها لم تكتف بوضع المطالب النقابية وحدها للعمال الجنوبيين بل اتخذت منها قاعدة مادية ترتكز عليها لتوحيد قوى الحركة الوطنية في السودان، وتوفير الحريات النقابية والحريات العامة في كل أجزاء القطر وربطت بين مطالب العمال وبين مطالب الحركة الوطنية في التحرر النهائي من الاستعمار البريطاني لقد كان ذلك أساساً صحيحاً وثورياً لدخض النظريات العريقة والقومية الضعيفة وقفل الطريق أمام عملاء الاستعمار الذين يتاجرون بمشكلة الجنوب وأمام أنانية الأحزاب الشمالية الحاكمة في المناورة بمطالب الجنوبيين.

وقرنت الطبقة العاملة السودانية أقوالها بالعمل، فساهمت عملياً في تنظيم العمال الجنوبيين في نقابات ووحدات بين العمال الجنوبيين والشماليين العاملين في الجنوب. واشترك العمال الجنوبيين في مؤتمرات الاتحاد العام للنقابات. وصاغت تلك المؤتمرات مطالب الحركة العمالية في الجنوب و الشمال على السواء.

وبرهنت التجربة العملية صحة طريق الطبقة العاملة لحل مشكلة الجنوب كجزء من مشكلة الحركة الوطنية في السودان حيث اشترك والعمال الجنوبيين في اضرابات الاتحاد ومظاهراته و تمسكوا بسياسته.

١- في عام ١٩٥١ قرر المؤتمر التأسيسي لاتحاد نقابات عمال السودان وجوب القيام بدراسة دقيقة لاحوال العمال في الجنوب ووضع خطة لبناء حركة نقابية هناك مرتبطة بالحركة النقابية في الشمال.

٢- وفي المؤتمر الثاني قدمت الدراسة والخطة المشار اليهما واشترك العامل أوار قيطان من ملكال كممثل للعمال الجنوبيين في المناقشات وقرر المؤتمر الثاني :

أ. إرسال وفد من اتحاد عمال السودان إلى الجنوب ليساعد في تنظيم النقابات.

ب. فتح مكاتب للاتحاد في المديريات الجنوبية.

ج. تقديم مطالب مساواة الاجور في الشمال والجنوب على أساس أجر متساو للعمل المتساوي والا يكون هناك تمييز اطلاقاً بين العمال الجنوبيين والشماليين في الأجور وشروط الخدمة والحقوق النقابية وغير ذلك وأن يضمن ذلك في المطالب الأساسية والتي يناضل اتحاد العمال من أجل تحقيقها.

٣. وفق قرارات المؤتمر رفع اتحاد العمال مذكرة إلى الحكومة في يناير ١٩٥٣م تحوى المطالب الخاصة بالجنوب.

٤. في ٢٧مارس ١٩٥٤م أرسل اتحاد العمال مذكرة إلى الحكومة بمناسبة خطاب الحكومة الافتتاحي الذي ألقاه الحاكم العام في الدورة الثانية للبرلمان وقد لاحظت المذكرة أن الخطاب لم يشر إلى التمييز المخجل في الاجور بين العمال الشماليين والجنوبيين وأن اتحاد العمال كان ينتظر من الحكومة أن تعلن بلا تردد أن ذلك التمييز سوف يتوقف ويدان بإعتباره مسلكاً غير إنساني خلقه الاستعمار وحافظ عليه ومضت المذكرة إلى القول بأن التمييز في الأجور ليس له ما يبرره على الإطلاق لان العمال الجنوبيين يؤدون نفس العمل الذي يؤديه العمال في الشمال وطالبت المذكرة الحكومة بأن تزيل السياسة الاستعمارية الموجهة نحو إبقاء الجنوب متخلفاً كثيراً عن الشمال.

٥. في ٢٠ مايو ١٩٥٤م أعلن وزير المالية في البرلمان أن الحكومة لا تنوي أن ترفع أجورالجنوبيين وزعم الوزير أن رفع الأجور يخضع لقانون العرض والطلب وإن عرض القوة العاملة في الجنوب أكبر من الطلب عليها وفي نفس اليوم أرسل اتحاد العمال خطاباً إلى رئيس الوزراء يستنكر بيان وزير المالية ويطالب الحكومة بأن تعيد النظر في سياستها حول هذا الموضوع.

٦. في ١١يوليو ١٩٥٤م دعا اتحاد العمال كل أعضاء البرلمان الجنوبيين بما فيهم الوزراء إلى حفلة في داره بالخرطوم وقد أكد الاتحاد موقفه تجاه

مشكلة العمال الجنوبيين ووضع أمام القادة الجنوبيين الحاضرين مطالب اتحاد العمال فيما يتعلق بالعمال الجنوبيين وطلب منهم أن يدافعوا عن تلك المطالب داخل البرلمان، وقد أيد النواب بحماس موقف الاتحاد.

٧. في ٢٤ يوليو ١٩٥٤م سافر وفد من اتحاد العمال للجنوب وزار المديريات الثلاث ودرس بالتفصيل أحوال العمال الجنوبيين، ونتيجة لأعمال ذلك الوفد عمل الكثير نحو تنظيم العمال الجنوبيين.

أ. أقيمت اتحادات فرعية في واو وجوبا وملكال.

ب. أقيمت لجان فرعية لنقابة الأشغال في جوبا ومريدي ويامبيو وطمبرة وواو وملكال ورمبيك.

ج. أقيمت لجان فرعية لنقابة الممرضين في واو ومريدي وجوبا وملكال.

د. أقيمت لجان فرعية لنقابة النقل الميكانيكي في واو وملكال ويامبيو وجوبا.

هـ. وحصل الوفد أيضاً على تصديق بأفتتاح أندية عمال في واو وجوبا وجميعات تعاونية للعمال في واو وجوبا ويامبيو وانزارا ومريدي.

٨. وترتب على النشاط الواسع للوفد أن حضر ١٢ مندوباً من العمال الجنوبيين وشاركوا في أعمال المؤتمر الثالث لإتحاد النقابات.

٩. في مطلع عام ١٩٥٥م سافر ممثا لإتحاد العمال إلى الجنوب لمواصلة أعمال الوفد وقد أستقر في جوبا حيث أسس مكتباً دائماً للأتحاد هناك.

١٠. في يوليو ١٩٥٥م أرسل عيسي قيطان من النقابيين الجنوبيين إلى الخرطوم لكيما يتلقي تدريباً في العمل النقابي في دار إتحاد العمال.

ولكن الحالة التي نشأت عقب انفجار أغسطس ١٩٥٥م وإعلان حالة الطوارئ ووضع الاجتماعات قطعت هذه السلسلة من الأعمال المجيدة التي شرعت فيها وواصلتها الطبقة العاملة وقد ادى مقدم الحكم الديكتاتوري إلى شل تلك الجهود وإلى نسفها نهائياً.

ففي عشية الاستقلال وأبان فترة الانتقال عجزت الأحزاب القديمة تفهم قضية الجنوب وعزفت عن النظر إليها نظرة موضوعية متجاهلة التآمر الاستعماري ولم يستطيع الحزب الحاكم أن ينفذ وعوده التي أطلقها في المعركة الانتخابية وتنكر لمطالب الحركة الشعبية في الجنوب كما في الشمال على السواء وأصبح النواب الجنوبيون عرضة للمناورات والمكاسب الحزبية الضيقة وكل ذلك أضر بالتيار الوطني في الجنوب ومكن العناصر الرجعية من نشر سمومها ومن خلق روح العداء بين الشمال والجنوب وأخذ الأستعمار زمام المبادرة ففجر التمرد الدامي المشئوم في

١٨ أغسطس ١٩٥٥م ولم تواجه الحكومات المتعاقبة تلك القضية بروح المسئولية الوطنية وبأتخاذ الخطوات التي من شأنها إستئصال نفوذ الاستعمار وصنائعه وكل ما من شأنه إزالة الكراهية بين الشماليين والجنوبيين بل لجأت إلى الأسلوب الذي وسع الهوة وعقد القضية وبدلاً من مواجهة مشكلة سياسية بحلول سياسية واجهتها بالحل الوحيد غير الممكن وهو الحل العسكري.

في غمرة الهوس المحموم بعد أحداث الجنوب الدامية في أغسطس ١٩٥٥م وفي غمرة هستيريا المناداة بالثأر تنطلق من أفواه أساتذة بالجامعة (عبد الله الطيب) وصحفيين بارزين وساسة وغيرهم خرج الحزب الشيوعي السوداني بنداء حار إلى تحكيم العقل وإلى الحفاظ على الوحدة الوطنية وإلى معالجة القضايا السياسية بالحلول السياسية في غمرة تلك الأحداث أشار الحزب الشيوعي إلى ان التمرد من عمل الاستعمار العدو اللدود للجنوب والشمال معاً وطالب بإجراءات حاسمة ضد الجيوب الاستعمارية في الجنوب من إرساليات تبشيرية ومخلفات إدارية. وفي غمرة تلك الأحداث ولما تجف الدماء والدموع حذر الحزب الشيوعي بأن الاستمرار في المحاكمات في الجنوب وتنفيذ أحكام الإعدام وتوقيع العقوبات الشديدة بالسجن سيبذر بذور الكراهية لأعوام وأجيال طويلة وأن الكبت سوف يولد الإنفجار العنيف وطالب بإلغاء أحكام الإعدام وتخفيف العقوبات ولكن أصوات المهوسين كانت أعلى وآذان الحكام تسمعهم ولا تسمعنا، في فبراير ١٩٥٦م أي بعد شهر من إعلان الاستقلال أنعقد المؤتمر الثالث للحزب الشيوعي السوداني ليستعرض نضال عشرة اعوام مضت انتهت بإنتهائها السيطرة الاستعمارية وليقر برنامج الحزب الجديد – (سبيل السودان نحو تعزيز الاستقلال والديمقراطية والسلم) وفي ذلك البرنامج قدم الحزب الشيوعي حلاً واقعيا لقضية الجنوب حلاً يأخذ في اعتباره أماني الجنوبيين وآمالهم ووحدة البلاد يقول برنامج الحزب الشيوعي :

(إعطاء المديريات الجنوبية الثلاث حكماً داخلياً مؤسساً على مجلس تمثيلي لكل القبائل بنسبة عددها لتنظيم شؤونها الداخلية مع وجود تمثيل ديمقراطي لها في المجلس النيابي المركزي والحكومة المركزية ومساعدتها مساعدة فعالة من الخزينة العامة لتطوير ورفع مستوى معيشتها).

وواصل الشيوعيون ومختلف القوى التقدمية النضال في سبيل وحدة الوطن فأنعقد مؤتمر واو للطلبة الجنوبيين في عام ١٩٥٧م الذي لعب دوراً هاماً

في توجيه الحركة نحو عدو البلاد الحقيقي وهو الاستعمار، ورفعت شعارات البرنامج الديمقراطي لحل مشكلة الجنوب كجزء من قضايا تطور البلاد، وبعد الاستقلال ورغم أن الانتخابات الثانية جاءت بعناصر رجعية جديدة من الجنوبيين تساندها قوات المبشرين ورغم أنها تبنت خطط الاستعمار في شكل جديد هو الانفصال إلا أن نضال القوى الديمقراطية والجهود التي بذلها الحزب الشيوعي السوداني في توضيح قضية الجنوب أسفرت عن تبلور تيار ديمقراطي من الجنوبيين الوطنيين والشيوعيين استطاع ان يقف داخل البرلمان وخارجه ضد مشاريع الاستعمار القديم والحديث وعلى رأسها المعونة الأمريكية كما تبنى برنامجاً للتطور الديمقراطي في سودان ما بعد الاستقلال.

إن قضية الجنوب مثل غيرها من القضايا الوطنية كانت تشكل ركناً هاماً من أركان عزلة حكومة عبد الله خليل الرجعية تلك العزلة التي أجبرت الاستعمار واليمين على نقل المعركة من الأشكال البرلمانية إلى الديكتاتورية المسلحة المكشوفة.

ومنذ اليوم الأول سار نظام ١٧ نوفمبر في خط السير المرسوم له والهادف إلى إخضاع البلاد جنوباً وشمالاً لسيطرة رؤوس الأموال الأجنبية ولنفوذ الاستعمار الحديث مستخدماً العنف الديكتاتوري، فكانت المشانق والسجون والمعتقلات للوطنيين في الشمال وكانت حملات الإبادة وسرق القرى وقصف الغابات بالطائرات في الجنوب وانتقلت مشكلة الجنوب كغيرها من مشاكل البلاد الاقتصادية والسياسية والاجتماعية تحت العهد الرجعي إلى محيط المؤامرات الاستعمارية ووجد الاستعماريون الفرصة سانحة لمعاونة أطماعهم القديمة في التفرقة مستخدمين كافة الأساليب القديمة والجديدة ومقدمين كل عون للعملاء لشق وحدة البلاد، وأصبح الوطن في ظل الدكتاتورية على حافة الأنقسام وكان حكام ١٧ نوفمبر كعادتهم يخفون حقائق الوضع عن المواطنين ولكن منذ أواخر العام الماضي أشتدت حدت حوادث إطلاق النار وإزدادت توتراً حتى اضطر أولئك الحكام للأعتراف بأن الحركة في الجنوب قد أتخذت طابعاً جماهيرياً وجاءت الأخبار بعد ذلك أن المصادمات المسلحة والتي كانت تأخذ أحياناً أشكال معارك حربية قد شملت كل المديريات بصورة لا يمكن معها القول بانها حوادث تسلل من الحدود ووقعت حوادث واو.

وصارت الحالة في الجنوب لا تطاق خصوصاً للمواطن الجنوبي العادي الذي أصبح يتعرض للضغط والقتل والتنكيل من الجانبين المتقاتلين على السواء، وفي ظل تلك الأوضاع حدثت إعتداءات منكرة على الديمقراطية وعلى العدالة وأنتشرت فوضى حقيقية.

وإزاء تلك الظروف وإزاء الحقائق الصلدة أضطرت الدكتاتورية إلى التراجع فأستجابت لمطلب وطني قديم جداً وطردت المبشرين الأجانب ثم أضطرت إلى تكوين لجنة الجنوب وإلى دعوة الرأي العام للإدلاء بمقترحاته.

ولكن الدكتاتورية لم تكن جادة ولم تكن الدكتاتورية ترغب في إفساح الطريق للدمقراطية بوصفها الجو الوحيد الذي يمكن في ظله حل مشكلة الجنوب حتى لو ابتلعت السودان حرائق الدسائس الاستعمارية وتمزقت وحدة البلاد وانفصل الجنوب عن الشمال.

إن نظام ١٧ نوفمبر الذي جاء ببرنامج رجعي كامل للتفريط في الاستقلال وللخراب الاقتصادي ولمعاداة الديمقراطية طبق هذا البرنامج على الشمال والجنوب بنفس القدر

فلننظر كيف كان أثرها على الجنوب – ونقتطف من الكتيب الذي أصدره (مكتب الجنوب المركزي) التابع للجنة المركزية للحزب الشيوعي بتاريخ ٣ مايو ١٩٦٤م

المجاعات: -

هذه أول عناصر الإجابة على ما فعله الوضع العسكري في الجنوب. تعتمد المديريات الجنوبية على الذرة المزروعة في المديريات الشمالية لسد حاجيات المواطنين الجنوبيين الغذائية وهذا الوضع الشاذ هو من مخلفات الاستعمار في ترك مناطق من البلاد تفتقر لأبسط المواد الغذائية ومازالت هذه السياسة متبعة من جانب الحكومة العسكرية التي تفكر في مشاريع البن والشاي ورصد مساحات للتنقيب عن المعادن للاحتكارات الاستعمارية قبل أن توفر المواد الغذائية وإصلاح الأراضي الزراعية الخصبة في الجنوب.

لقد اجتاحت الفيضانات وغمرت مياه الأمطار مناطق شاسعة في الجنوب عام ١٩٥٩م مثل مناطق بور والبيبور وأكوبو وتعذر وصول الذرة لتلك المناطق وتلف ما كان بها مزروعاً أو مخزوناً وتدل الإحصاءات التي جمعناها من شيوخ هذه المناطق أن عدد الضحايا في هذه المناطق يربو على ١٠,٠٠٠ (عشرة ألف) نفس .أما الخسائر التي لم تحصر فتقدر بما

يزيد عن هذا العدد هذا إلى جانب الخسائر في الأبقار والمحاصيل والسكن لقد أصبحت المجاعة كفصول السنة تتكرر دون أن تحرك الحكومة ساكناً وبدلاً من حل هذه القضية الحيوية نجدها تتخذ من الجنوب مستودعاً لقوات الطوارئ من البوليس ومسرحاً لدعاية وزارة الاستعلامات والعمل.
لقد ادت هذه المجاعات لإنتشار الأوبئة في الجنوب ومازالت مستعمرات الأوبئة مثل الجذام والبرص وغيها منتشرة في الجنوب.

الهجرة:-

تضافرت المجاعات وضيق سبل العيش والملاحقة في الضرائب والقهر السياسي إلى هجرة الأيدي العاملة من الشبان تصحبهم في بعض الأحيان عائلاتهم إلى مدن الشمال بحثاً عن العمل وقد أقامت مجموعات من المهاجرين معسكرات في أماكن العمل والمشاريع الجديدة دعنا نستعرض الوضع في هذه المعسكرات :

الرصيرص: يبلغ عدد الجنوبيين هنالك حوالي ١٥٠٠ مواطن معهم نساء وأطفال يعملون في بناء الخزان بأجور قليلة ويسكنون في أكواخ القش ويعانون من سوء التغذية والحرمان من أبسط الحقوق.

الجنيد: يعمل في هذا المشروع حوالي ٢٠٠٠ شخص يقومون بشحن القصب وبالرغم من أنهم أحسن حالاً من غيرهم من المهاجرين الجنوبيين إلا أنهم يعانون من الأجور المنخفضة والعمل الموسمي الذي لا يستمر أكثر من ستة أشهر على أحسن الفروض

مدني: بها حوالي ١,٠٠٠ عامل جنوبي في مارنجان وبركات والمناطق الصناعية ويسكنون على أطراف المدينة في أكواخ وعشش.

سنار: استطعنا أن نحصر ٢٠٠ منهم يعلون في توصيل مياه الشرب للأهالي بأثمان زهيدة ويعانون من مشاكل السكن وسوء التغذية.

خشم القربة: يربو عددهم على ٢,٥٠٠ يقومون بأعمال مختلفة في الخزان والمشروع ويبلغ متوسط دخل الفرد منهم جنيهين في الشهر ويعانون من توقف العمل الإنشائي في موسم الأمطار.

المناقل: بلغ عدد الجنوبيين المقيمين بصفة دائمة هناك ٦٠٠ شخص وهم يقومون بدور العمال الزراعيين في الموسم وأعمال الطُّلبة المختلفة أثناء السنة أن وجدت وهم في كل هذه الأقاليم يعانون منافسة من قبائل غرب أفريقيا المهاجرة.

العاصمة: يربو عددهم على الـ١٠,٠٠٠ شخص يعملون في المدن الصناعية والمباني وحفر المجاري ويشكلون احتياطياً كبيراً من الأيدي العاملة الرخيصة يستغلها أرباب العمل في الضغط على القوى العاملة والتشريد بالجملة.

هذا وهنالك أعداد كبيرة تعمل كخدم في المنازل بأجور زهيدة.

إن الأيدي العاملة الجنوبية تعاني في ظل النظام العسكري ما تعانيه الطبقة العاملة السودانية بشكل عام من حرمان في الحقوق النقابية وانخفاض في الأجور تدهور في مستوى المعيشة.

الخراب الاقتصادي في الجنوب:

إن أغلبية السكان من المزارعين والرعاة يعانون من ضريبة الدقنية المذلة ومن الغرامات الباهظة ومطاردة الشيوخ لتحصيل الضرائب وأزمة تسويق الماشية وإنعدام الغذاء اللازم نتيجة لأزمة الذرة وأرتفاع أسعارها. ولقد أصبح مزاد بيع الأبقار أمراً عادياً في كل قرية حيث تشرف السلطات الحكومية على بيع أبقار من (لا يسدد الضرائب) وتباع الأبقار في هذه المزادات بأسعار اسمية كيما تحصل الدولة على حقها من الضرائب ويكون ضمن المشترين عادة كبار رجالات الإدارة الحكومية والأهلية وبعض التجار وقد بلغت الضائقة بالجنوبيين من جراء هذا التعسف أن أضطر بعضهم لفسخ زواجه كيما يسترد أبقاره من أهل زوجته ليسدد الضرائب ويمتلك أبقار من جديد بعد أن جردته الحكومة مما يملك من أبقار، فالأبقار هي عنوان الثروة عند الجنوبيين وترتبط بمعتقداتهم وتلعب دوراً هاماً في حياتهم الإجتماعية.

مصروفات جهاز الدولة والقمع:

في ميزانية ١٩٥٩ – ١٩٦٠م زادت إيردادات مديرية بحر الغزال بمقدار ١٠,٥٥٦ جنيهاً وكان مبلغ ١,٧٨٥ جنيهاً من إيرادادات السجون وهي عبارة عن مبيوعات ومعروضات السجون والإصلاحيات من إنتاج السجناء الجنوبيين أيضاً أرتفع إيراد الملح في ملاحة سواكن من ٣,٠٠٠ جنيهاً إلى ٤,٠٠٠ جنيهاً وأغلب السجناء هناك من سجناء تمرد ١٩٥٥م

وفي ميزانية ١٩٦١م – ١٩٦٢م كان حاصل ما قدمته السجون من مبيوعاتها في إيرادادت بحر الغزال ٤,٥٢٨ جنيهاً هو مبلغ يعادل ٣٪ من جملة الزيادة وكان من جراء كل هذا أن زادت مصروفات بحر الغزال

لمقابلة تكاليف الزيادة في عدد السجناء بمبلغ ١,٧٥٥ جنيهاً ومن بين السجناء عدد كبير من سجناء الرأي والمحجوزين بقانون الحبس التحفظي.

البوليس: نذكر على سبيل المثال أن ميزانية البوليس في مديرية الاستوائية قد زادت بمقدار ٨,٠٠٠ جنيهاً لشراء رفاصات كما بلغت الزيادة في بحر الغزال ٢,٦٤٠ جنيهاً لتدعيم إدارة أجهزة اللاسلكي.

إن المبلغ المخصص لرفاصات البوليس في الاستوائية يعادل الدخل الشهري لألفين من العمال الجنوبيين الذين يعملون في مشروع خشم القربة كما أنه يعادل الدخل الشهري لما يزيد عن ١,١٠٠ عامل جنوبي من الذين يعملون في المناطق الصناعية والمباني ويتقاضون أجراً شهرياً في حدود سبعة جنيهات.

الإدارة الأهلية:

زادت مرتبات الشيوخ والمكوك وموظفي الإدارة الأهلية من القضاة لكثرة المحاكم والمخالفات خاصة مخالفات عدم دفع الضرائب التي بلغ عدد سجنائها ٤,٠٠٠ شخص وقد ارتفعت ميزانية الحكومة المحلية والإدارة الأهلية لجباية الضرائب وزيادة عدد موظفي الجباية والقضاة.

الجيش: بلغت الزيادة في ميزانية الجيش هناك ثلاثة أرباع مليون من الجنيهات لمقابلة منصرفات قوات الطوارئ التي ظلت مرابطة هناك منذ قيام الحكم العسكري هذا المبلغ لا يخصم من ميزانية وزارة الدفاع التي تبلغ ١١,٧٪ من الميزانية العامة بل يخصم من الميزانية العامة.

هذه هي صورة متقضبة لما فعله النظام الراهن بحياة الناس في الجنوب. إن الصرف على أجهزة القمع من سجون وبوليس وجيش وإدارة أهلية يحتل المكان الأول في ميزانية الدولة للجنوب مما يكشف جو الإرهاب والكبت وبذر الشقاق وعدم الثقة التي أدت من قبل لإنفجار حوادث التمرد المشئومة وأعطت الاستعمار وعملاءه فرصة لحبك المؤامرات والدسائس ضد استقلال جمهوريتنا.

الخدمات العامة: إن ما تصرفه الحكومة على الجيش والبوليس والسجون والإدارة العامة في الجنوب لا يترك شيئاً يذكر في الميزانية للصرف على الصحة والتعليم وتحسين حياة الناس. ففي ميدان الصحة تدعي الحكومة أنها تصرف مبالغ كبيرة في الجنوب ولكن ما تقدمه الهيئات العالمية للصحة مثل هيئة الصحة العالمية وهيئة التغذية العالمية وهيئة إغاثة الطفولة والهيئة العالمية لمكافحة السل الرئوي وهيئات مكافحة عمي الجور والكلازار

ومرض النوم يفوق عدة مرات ما تقدمه الدولة حتى اصبح الأمر معكوساً حيث تفوق الإعانات الميزانية الأساسية.
أما في ميدان التعليم فقد زادت المنصرفات نتيجة لتسلم إدارة بعض المدارس الإرسالية وليس للزيادة الفعلية في عدد المدارس الجديدة أن الزيادة في منصرفات التعليم في المديريات الثلاثة لا تزيد عن ١٨١,٤٢١ جنيهاً وهي لا تعنى شيئاً بالنسبة للزيادة في ميزانية الجيش المرابط في الجنوب والبالغة ٧٥٠,٠٠٠ جنيهاً.

مشروع العشر سنوات:

يتضح موقف النظام الراهن من قضية الجنوب بوضوح تام في الخطة المزعومة لتطور السودان خلال السنوات العشرة القادمة. لقد رصدت الحكومة ثلاث ملايين من الجنيهات فقط لتطوير الجنوب وهذا المبلغ على ضآلته لا يصرف على أي تطور عملي يبدل الحياة في الجنوب وهذا يتضح من المشاريع التي خصص لها هذا المبلغ وهي:

* ورش لصيانة العربات للنقل الميكانيكي
* تحسينات في طرق العربات
* تحسين وتقوية الكباري
* كبري الجسور
* تحسين مطار جوبا
* محطة للأبحاث في يامبيو
* التوسع في إنتاج البن
* مصنع تعليب الفاكهة في واو

إن المشروع الحيوي الوحيد هو مصنع تعليب الفاكهة الذي سيشد من القرض السوفيتي في واو أما بقية المشاريع فلا تعدو كونها خدمات وتحسينات لجهاز الدولة هناك للأحتكارات الأمريكية والإيطالية التي حصلت على إمتياز التنقيب عن المعادن في مساحات تلبغ عشرات الألوف من الأميال المربعة في الجنوب وأصبحت محطة أبحاث يامبيو مرتعاً لنشاط المعونة الأمريكية إلى جانب مراكز الاستعلامات الأخرى في الجنوب، أما زراعة البن فهي سخرية بتطور البلاد الأقتصادي في الجنوب الذي يعاني من المجاعات قبل أن يعاني من الحاجة إلى البن والخامات الزراعية الأخرى.

إن تحسين الطرق والكباري والاهتمام الفائق بها مرتبط أوثق الإرتباط بالمشاريع الاستعمارية الحديثة في الجنوب التي تمول عن طريق البنك الدولي خط السكة الحديد إلى واو وإمتداده المرتقب قريباً جنوباً إلى مناجم التنقيب عن المعادن، وتقوم المعونة الأمريكية والقروض الأجنبية الاستعمارية بتقديم جزء كبير من المال اللازم لهذه المشاريع.

إن التطور الاقتصادي للجنوب يجب أن يهتم بالثروة الحيوانية التي تمثل عماد الحياة الاقتصادية والأجتماعية والأخلاقية للقبائل الجنوبية ولكن خطة العشر سنوات التمثل هذا الجانب الحيوي في الجنوب بل نتركها فريسة للأمراض والأوبئة والمزادادت الرخيصة ومشاكل التسويق حتى أصبح إهتمام التجار بجلود الأبقار فوق الأهتمام بالأبقار نفسها نسبة لسهولة ترحيل الجلود وضمان تسويقها ولا تهتم الحكومة بالعناية الطبية اللازمة بالثروة الحيوانية في الجنوب، ولا تقيم الصناعات الخفيفة التي تورد خاماتها من الثروة الحيوانية ولا تهتم بالمراعي الصالحة لهذا القسم الهام من الثروة الوطنية للبلاد.

الفساد واحتقار الإنسان:

في ظل الديمقراطية النسبية التي مارسها شعبنا عقب الاستقلال، تمكنت الحركة الوطنية في البلاد من أن تساعد القبائل الجنوبية البسيطة في تفهم مشاكلها وحقيقة وضعها وكانت العناصر المتنورة في الجنوب تجد الفرصة لتخاطب هذه القبائل وتخاطب الشعب في الشمال في آن واحد لتصحيح المفاهيم حول وحدة القطر السياسية والاقتصادية والاختلاف في التكوين الثقافي والقومي للقبائل الجنوبية وكان الرأي العام الديمقراطي يتفهم هذه القضايا ويعمل على أن تساعد الدولة القبائل الجنوبية في تطوير حياتها وثقافتها وتصفية مخلفات الاستعمار المادية والروحية فأتت الدعوة لتصفية مراكز التبشير ومدارسها وأبعاد القساوسة الذين يثيرون الفتن، ولكن دون استفزاز لمشاعر الجنوبيين او امتهان لمعتقداتهم وطقوسهم البسيطة حتى لا تستبدل قهراً بقهر واستعباداً بأستعباد وتبعد عن أسلوب الإقناع والمنطق.

إلا أن الحكومة العسكرية إمعاناً منها في القهر راحت تحتقر معتقدات الجنوبيين وتنشر سياستها باسم الدين الإسلامي وتتخذ من نشر الإسلام وسيلة لتدعيم مركزها السياسي تماماً كما أتخذت من الجوامع في الشمال ومن بعض رجال الدين منابر الدعاية لسياساتها وقد أعطت بذلك الفرصة

للدوائر الاستعمارية لإثارة الضغائن والفتن وأحتضان دعاة الإنفصال عملاء الاستعمار أمثال سترنينو¹³⁴.

ويمارس كبار رجال الدولة العسكرية في الجنوب كل أنواع الفساد من رشوة إلى إختلاس إلى ثراء فاحش على حساب دافعي الضرائب، وتحول جزء كبير من ميزانية الدولة إلى جيوبهم لشراء زمم المكوك والشيوخ الذين كانوا حتى الأمس القريب سنداً للأستعمار ومراكز التبشير. ويحتقر الحكم العسكري في الجنوب أبسط القواعد الأخلاقية كما يفعل في الشمال ولكن بصورة أكثر بشاعة، فكلنا يعلم القضايا الغير أخلاقية المرتبطة بالوزراء والحكام العسكريين في الشمال. أما في الجنوب فقد أتخذ الأمر شكلاً آخر جعل القبائل الجنوبية تزداد سخطاً فبعد ان عادت فرقة أعالي النيل للفنون الشعبية من حفلات المسرح القومي حجز الحاكم العسكري فتيات الفرقة البالغ عددهن ٣٩ فتاة في معسكر وكان يخرج بهن مع بعض الضباط وأصدقائه من رجال الدولة في رحلات نيلية للترفيه، وكانت النتيجة أن حملت ٣١ فتاة سفاحاً مما أثار حفيظة قبائل أعالي النيل حتى أعلن نظارها ومشايخها أنها لن تشترك مرة أخى في حفلات الحكومة وليس في هذا الحادث أمر جديد بالنسبة لفضائح رجال الدولة الأخلاقية وجرائمهم ولكن مثل هذا الحادث يثير الحقد والكراهية ويبعدنا عن الحل السليم لقضية الجنوب.

إن أزمة الجنوب كانت من المعاول التي ساعدت على الإطاحة بنظام ١٧ نوفمبر الرجعي، واليوم وقد عادت الحياة الديمقراطية وأصبحت القوى الوطنية الديمقراطية تلعب دوراً فعالاً في توجيه سياسة البلاد وتكونت حكومة نابعة من الثورة وتتمتع بتاييد لم يسبق له مثيل فإن الظروف قد تهيأت لتطبيق حل ديمقراطي وعادل لقضية الجنوب يكفل للجنوبيين تحقيق أمانيهم المشروعة ويحفظ للوطن وحدته ويسد الطريق أمام الدسائس والمؤامرات الاستعمارية.

الفصل العاشر
المناضلون أمام المحاكم وفي المعتقلات والسجون

ظنت الدكتاتورية أنها تستطيع أن ترهب المناضلين الوطنيين بالمحاكم العسكرية والمدنية وبشبح المشانق والسجون ولكنها اصطدمت منذ أول محاولة بهذه النخبة الشجاعة من أبناء الطبقة العاملة والحزب الشيوعي ورغم المظاهر الهستيرية بوضع متهمين مدنيين في سجن حربي، ورغم أن تلك الجلسة كانت سرية وبعيدة عن رقابة الشعب ورغم أن المتهمين حرموا من حقهم المشروع في توكيل محامين للدفاع عنهم إلا أن أولئك المتهمين لقنوا الدكتاتورية العسكرية درساً رائعاً ودافعوا عن مبادئهم في جرأة وثبات ووضعوا نظام ١٧ نوفمبر الرجعي في قفص الإتهام وفي غير هذا المكان يجد القارئ دفاع المناضل الشفيع أحمد الشيخ. إن التاريخ يحني هامته إجلالاً وإكباراً للموقف المجيد الذي وقفه هؤلاء المناضلون في أول مواجهة بين القوى الثورية وقوى الخيانة والرجعية.

وفي هذا الفصل نسجل صفحات مليئة بالدفاع الحار عن المبادئ وعن مصالح الشعب والديمقراطية وقد آثرنا أن نضع دفاع الضباط الأبطال ضمن الفصل الخاص بنضال القوى الوطنية داخل الجيش، مثلما آثرنا أن نضع دفاع الشفيع ضمن الصفحات التي تسرد نضال العمال.

وهذه الصفحات لابد أن تكون ناقصة، فمواقف المناضلين خلال عمليات التفتيش والتحقيق وخلال أسابيع وشهور الإنتظار الطويلة (والصمود للتعذيب كما حدث للمناضل الشيوعي حسنين حسن كلها مواقف تشكل جزءاً لا يتجزأ من صلابتهم أمام محاكم نظام ١٧ نوفمبر ومجالسه العسكرية، كما أننا لابد أن نعتذر سلفاً لكل الرفاق والوطنيين الذين لم تعثر على مرافعاتهم.

قضية عبدالخالق محجوب ورفاقه:

هذه القضية مثال للحقد الشديد الذي كانت تكنه الدكتاتورية العسكرية وسلطات البوليس والاستعمار للحزب الشيوعي السوداني ومناضليه وللإنحدار الخلقي الشديد الذي يمكن أن تلجأ إليه القوى الرجعية لتلفيق وتزوير القضايا إنسياقاً وراء الحقد الأعمى.

في يوم ١٩٥٩/٦/١٨م ألقى القبض على الاستاذين عبدالخالق محجوب عبدالرحمن عبد الرحيم الوسيلة ولم يوجد معهما أي شئ يمكن أن يتخذ ذريعه لتقديمهما إلى محاكمة ولكن هل يمكن أن تقف هذه (العقبة الشكلية البسيطة) في وجه إرسال هذين العدوين اللدودين للأستعمار والدكتاتورية للسجن؟

وتفتق ذهن أبارو وسادته عن خطة وضيعة وكانت الخطة في حد ذاتها بسيطة – تجميع عدد من المعتقلين الذين وجدت في حوزتهم أوراق لا تشكل قضايا مستقلة ذات أهمية وربطهم كلهم في قضية واحدة بأعتبارهم مدبرين ومنظمين في الحزب الشيوعي تحت طائلة قانون الجمعيات غير المشروعة. وبناء على هذا التدبير أقيمت القضية التي أطلق عليها اسم (قضية الشيوعية الكبرى) في الصحافة والمهتمون فيها هم عبدالخالق محجوب وعبدالرحمن عبدالرحيم الوسيلة اللذين أعتقلا في أم درمان وسمير جرجس والتجاني الطيب اللذين اللذين جئ بهما من معتقل ناجيشوط، وعبد الله محمد إبراهيم الذي أعتقل في أروما وإبراهيم حاج عمر وبدوي صالح اللذين أعتقلا في شندي، وطه إبراهيم والزبير العوام من طلبة جامعة القاهرة فرع الخرطوم، ومحمد أحمد سليمان الذي أعتقل في مدني.
ولكن ما هي أدلة الإثبات التي توجه ضد كل هؤلاء جميعاً؟ من المهم جداً بالإضافة إلى شهادة ضباط وجنود قسم مكافحة الشيوعية أن توجد شهادة أخرى، شهادة من أشخاص تثبت أنهم كانوا أعضاء في الحزب الشيوعي، وتثبت التنظيم والإدارة وظهرت في المحكمة فعلاً في قائمة الشهود أسماء مثل محمد سعيد معروف ولكن يبدو أن مدبري المؤامرة أكتشفوا أنهم لا يمكن أن يعتمدوا على شهادة شخص ترك الحزب في عام ١٩٥٧م ضد آخرين يتهمون بإدارة الحزب وتنظيمه عام ١٩٥٩م ولذلك تم التخلى عن معروف في اللحظات الأخيرة رغم أن حاجب المحكمة نادى عليه أكثر من مرة.
ومرة أخرى تفتف ذهن العباقرة عن ضرورة الحصول على شاهد ولو عن طريق الإغراء أو الوعيد ووجدوا ضالتهم في المواطن عبد القادر حمدتو وإليكم ما قاله ذلك المواطن عند الإدلاء بشهادته (يا سعادة القاضي أنا انتظرت هذه اللحظة من مدة طويلة عشان أخلص ضميري من عذابه، قبض على في البيت فتشوا ولم يجدوا شيئاً ووضعت في الحراسة من الصباح حتى الساعة ٦:٣٠ مساء سألت الضابط لماذا أنا هنا قال: لن أطلق سراحك ما لم تطاوعني وتقول الكلام اللي أقوله ليك – قلت له: ماذا أقول؟ إذا لم تقل ما امليه عليك فسأضعك في معتقلات الجنوب لمدة غير محدودة وبدأ يكتب، وبعد ان أنتهي قرأه عليّ والكلام مفادة أني انا وآخرون أشتركنا في توزيع منشورات وقال لي اما أن تقول هذا الكلام أو المعتقل لمدة غير محدودة وقال لي قوله للقاضي وإذا ما قلته أقبض عليه برضه – وقلت

الكلام للقاضي وأطلق سراحي في الساعة ٧ مساء يوم السبت أرسل لي أبارو في المكتب قال لي : علمت أنك أعترفت قلت له: ما أعترفت لكن كلام أملي عليّ قال لي أنا عارف لكن أحسن تطاوعنا وتقول اللي نقوله ليك قلت ليه ماذا؟ قال كل ما نقوله ليك قلت له: كويس قال: أذهب وسأناديك وبعد أسبوع ناداني وقال أعتقلنا عبدالخالق ووسيلة وعاوزنك تشهد ضدهم قلت ليه: لكن لا أعرفهم فماذا أقول: قالي : إنك شيوعي وأن عبدالخالق هو سكرتير الحزب والوسيلة حضر معانا عدة اجتماعات قلت له: لن أقول حاجة لأضر ناس آخرين. قال لي: من مصلحتك تقوله ومش حيحصل لك حاجة وإلا فاعترافك معنا وحنستعمله ضدك، قت ليه كويس وأعطاني ٢٥ قرشاً للمواصلات وقال لي إذا تجيب ناس يشهدوا باللي نقوله ليهم نحن على أستعداد لإعطائك أي مبلغ ولا نريد أن نعلق على هذا الكلام فليست هناك حاجة للتعليق المهم أن القضية سارت حسب الخطة المرسومة وجلس عشرة من الشيوعيين في مقاعد المتهمين يستمعون إلى عميل المخابرات الاستعمارية الأول أبارو في شهادة طويلة حول تاريخ الحزب الشيوعي السوداني ونشأته وطرق عمله والأسماء (الحركية) للمتهمين وخطرفة كثيرة وتعاقب شهود الإتهام من ضباط البوليس وجنوده حتى جاءت شهادة عبد القادر حمدتو فأدلى بإعترافه الرهيب الذي جعل أبارو يفتح فمه ويغلقه في بلاهة وحيرة تامتين وإنهار كل البناء الملفق الذي سعوا إلى اقامته بغرض إلقاء المناضلين وراء السجون ولم تعد هناك قضية كما كانوا يقدرون.

وهذا هو التخليص القانوني القضية كما رآه الأستاذ الرشيد نايل محامي المهتمين.

١٠ أكتوبر ١٩٥٩م

تحقيق قضائي بمحكمة جنايات الخرطوم عبدالخالق محجوب وآخرون:

سعادة قاضي جنايات الخرطوم المحترم

سيدي – بالنيابة عن المهتمين المذكورين أعلاه وتعقيباً على البيانات التي قدمها الأتهام أرجو أن أقدم لسيادتكم ما يلي:

إن البينة المقدمة من شاهد الإتهام الأول السيد أحمد أبارو مساعد الوكيل الدائم لشئون الأمن بوزارة الداخلية لا يمكن أن تعتبر بينه.

إن الشاهد يقول أإنه يتحدث بالمعلومات السرية التي تصله بحكم وظيفته كمسئول عن الأمن والتي لا يبوح بمصدرها ولا يتحدث عن عمله هو.
مثل هذه الشهادة كان الواجب أستبعادها قبل إدلاء الشاهد بها فهي شهادة غير مباشرة ولا تصل حتى إلى درجة الشهادة السماعية التي يحكي صاحبها عن أناس معينين. فالشاهد هنا أدلى بمعلومات قال إنها وصلته هو ولم يبين مطلقاً كيف وصلته.
فإذا كانت الشهادة السماعية غير مقبولة أصلاً فإن مثل هذه الشهادة يجب أستبعادها على الإطلاق – ما ينطبق على شهادته الكلامية ينطبق على الأرواق والمخطوطات والجرائد التي قدمها وذكر أنها وصلته من مصادر سرية – كل هذه الأرواق وكل الأوراق والأقوال التي أدلى بها غير مقبولة قانوناً إنه لم يحدث في تاريخ محاكمنا وحتى في عهد الإنجليز أن قام مسئول من رجال الأمن بأداء مثل هذه الشهادة. إنها توضح أن الإتهام وقد عجز عن تقديم بينات ملموسة أراد أن يفوت على القضاء شهادة لا يقرها عرف ولا قانون ولو صح أن هذه الشهادة يمكن قبولها لكان هيناً على الإتهام ان يقدم بينات تحصل عليها بطريقة سرية توضح أن المتهمين هم أعضاء اللجنة المركزية للحزب الشيوعي السري أو أي منظمة أخرى دون أن يلجأ إلى شهود متعددين – .ن السبب الرئيسي في عدم قبول الشهادة السماعية أمام المحاكم هو خوف التلفيق والفبركة وإذا كانت الشهادة السماعية ممنوعة لهذا السبب فكيف يكون الأمر بالنسبة لشهادة شاهد وبيناته التي لا يكشف عن مصدرها – إلا إذا آمنا بأنه نبي يتلقي الوحي ويجب قبول ما يصدر منه ولا أعتقد أن أية هيئة إتهام في هذا العالم الفسيح غير هيئة الإتهام الموقرة تسمح لنفسها بأن تقدم مثل هذه الأقوال التي لا يقبلها القانون ولا المنطق ولا يصدقها أحد من الناس ولهذه الأسباب أرجو من سعادتكم استبعاد جميع هذه الشهادات والمعروضات السرية التي قدمتها والإشارة إليها من أي شاهد آخر مثل شهادة شاهد الإتهام الأخير الذي قدم صورة من وثيقة سلمها له رجل آخر لا يعرف مصدرها. إن تقديم مثل هذه الشهادات أن هو إلا مهزلة من المهازل.
٢. نرجو من سعادتكم بالنسبة لهذا التحقيق أن تأخذوا في الاعتبار المواقف غير العادلة والتي لا تتفق مع القانون التي وقفها الاتهام أو بالتحديد المتحرين من سلطات البوليس بالنسبة للمتهمين والمعالجة الخاطئة لهذه القضية وإليكم الأمثلة :

فاروق أبو عيسى

* وردت في النسخة الأصلية صور للسادة أحمد سليمان المحامي وزير الزراعة والغابات و حسن الطاهر زروق رئيس تحرير "الميدان"

أ/ إن جميع المتهمين بسجن كوبر يعاملون تحت لوائح السجون وهذا قبل أي محاكمة

ب/ إن المتهمين ممنوعون هناك من الحصول على أي أوراق أو أقلام ليعدوا بها دفاعهم أو مناقشتهم مع محاميهم.

ج/ إن البيانات التي قدمها الإتهام بعضها مأخوذ بطريقة لا تقرها أي هيئة تحترم القانون أو تحترم الناس، فبعض أوراق المضاهاة حصلوا عليها من الخطابات الشخصية التي أرسلها المتهمون وهم معتقلون تحت رحمة السلطات. إن هذه طريقة معيبة.

د/ إن أمثال هذه الأعمال يجب أن تكون في إعتبار سعاتكم عن تقدير البينات المقدمة من الإتهام الذي تسنده كافة الإمكانيات ضد المتهمين المحرومين من فرص كثيرة للدفاع عن أنفسهم.

٣. إن شهادة شاهد الاتهام عبد القادر حمدتو تدل إلى المستوى الذي تدهور إليه التحري في بلادنا وكان الأجدر بالاتهام ألا يقدم مثل هذا الشاهد ليكون برهانا على هذه الحالة السيئة

وأخيراً أطلب من سيادتكم بعد استبعاد الشهادات التي لا قيمة لها واعتبار الأدلة القانونية منا شفوياً وتأمروا بشطب القضية.

المخلص
الرشيد نايل المحامي
عن هيئة الدفاع

في الجلسة الأخيرة ونسبة لعوامل وبناء على نصيحة المحامين أمتنع المتهمون عن الإدلاء بأيه أقوال أمام قاضي التحقيق ما عدا الأستاذ عبدالخالق محجوب . وبسبب المقاطعات الكثيرة من القاضي يحيى عمران[١٣٥] اضطر الأستاذ عبدالخالق لقطع حديثه ورغم كل الملابسات التي أحاطت بالقضية فقد قرر القاضي إحالة المتهمين إلى محكمة كبرى يحدد موعدها فيما بعد.

ولكن ذلك الموعد لم يحدد أبداً، فقد أدرك ملفقو القضية من قائمة الشهود التي طلبها المتهمون أن المحاكمة ستكون في النهاية محاكمة مقاومة ضد نظام ١٧ نوفمبر وأنها في تلك الظروف بالذات بعد ١٩٥٩/١٠/١٢م وقبل ١٩٥٩/١١/٩م ظروف الإرهاصات بتحركات ثورية جديدة وسط الجيش، تهدف للإطاحة بذلك النظام، ستكون نتيجتها إدانة كاملة وعلنية وأمام كل الشعب ضد عبود وبطانته.

ومع ذلك فإن لدينا الدفاع الذي كان الأستاذ عبدالخالق محجوب قد أعده ليلقيه أمام المحكمة وهو الدفاع الذي كان بدأه أمام قاضي الإحالة ومنعه من الأستمرار فيه.

دفاع الأستاذ عبدالخالق محجوب:

منذ أن تم القبض علينا صباح ١٨ من شهر يونيو المنصرم ونحن نشهد مظاهرة كبرى ينظمها المختصون في جهاز الأمن بالإثارة في بعض الصحف مرة وبالإشاعات مرة اخرى وفي المحاكم أخيراً وهذه المظاهرة والجلبة لا هدف لها سوى التهويل ومحاولة التأثير على الرأي العام والمحكمة بأن ثمة شخصيات خطيرة على الوطن تم القبض عليها وأن ثمة قضية كبرى تتعلق بأمن البلاد ولكن الضوضاء والمظاهرات المصطنعة الجوفاء لا يمكن أن تلهي شخصاً عاقلاً ولا يمكن أن تصرف فكرة عن الحق فالحق أبلج والباطل لجلج – أنني فيما سأتلوا سأحاول ببساطة أن أكشف الحقائق في يسر، هدفي في ذلك أن تصل المحكمة والرأي العام للحق بأبسط الطرق وأسهلها، لماذا كل هذه الضجة؟ إن في قمة جهاز الأمن شخصيات يهمها الدعاية لنفسها بكل الطرق حتى توهم الناس بجدارتها وكفاءتها وهذه الشخصيات حاولت عبثاً أن تنال من حريتي الشخصية فترة سبعة أشهر ولكن رغم ذكائها المزعوم ورغم ما وضع تحت أيديهم من اعتمادات مالية وأموال سرية ورغم القفزة التي أصابتها ميزانية الأمن في

أعتمادات ٦٠/٥٩ إلى ما يقارب ٥٤٪ بالنسبة للعام المالي المنصرم فشلت فيما تريد وباعدت بينها وبين هدفها في أعتقالي ولهذا تجرعت كأس الفشل مريراً وأصبحت تعاني من العقد النفسية تجاهي ولهذا كانت المظاهرة والجلبة وكان القبض عليّ وعلى زميلي الوسيلة هو غاية الاستقرار وخلاصة التجارب التي نالوها بين شرطة أسكوتلنديارد وألمانيا الغربية.

إن هذه القضية المعروفة أمامكم يا سعادة القاضي تمس مباشرة نشاطي السياسي ونشاط زملائي، ذلك الرهط من الرجال الشرفاء الذي قام على أكتافهم حزب الجبهة المعادية للأستعمار وفي جلاء جوانب هذا النشاط وأركانه المختلفة ما هو ضروري لسير العدالة وإعلاء كلمة الحق إنني أعيذ نفسي من الدعاية لشخصي فما إلى هذا أهدف وما كنت إلى ذلك أقصد في يوم من الأيام ولكن سير القضية يجبرني على التكلم عن نفسي جرياً وراء الحقيقة.

إنني اتمنى لذلك الجيل من الشباب الذي تفتحت أذهانه وتنبهت آذانه على صوت الوطنية السودانية في الأربعينات في تلك الفترة ونحن في ميعة الصبا نتلقى العلم في المدارس الثانوية أتسع نطاق تفكيرنا من محيط جدران قاعة الدرس إلى نطاق وطننا بأسره فعرفنا أن الجو الخانق الذي كنا نحس به في المدرسة والقحط الثقافي الذي نعيشه والتعليم المبتسر الذي نتلقاه والتزييف الفاضح لتاريخ بلادنا الذي كنا نطالعه في الكتب الإنجليزية كل هذه لم تكن سوى حلقة واحدة من سلسلة يشد بعضها بعضاً ويحكم وثاقها المستعمر الدخيل فيكبل شعبنا بأسره ويذل بها وطناً بأجمعه وعندما يصل الشباب إلى هذه الحقيقة البسيطة في معناها المروعة للخيال والعاطفة والعقل فلن تحده الحدود أو تقف دونه السدود فأنطلقنا نكون الجمعيات ونتجاوب مع الحركة الوطنية الناشئة وساهمت بجهدي المتواضع في بناء حركة الطلبة التي كان لها الفضل الأول في تنظيم أول مظاهرة ضد المستعمرين أول عام ١٩٤٦م، وكانت تلك المظاهرة الأولى من نوعها بعد الضربة العنيفة التي وجهها الاستعمار لشعبنا عام ١٩٢٤م والشرارة التي ألهبت الحماس الوطني فانتظمت البلاد على أثرها حركة وطنية مستمرة ضد بقاء الاستعمار حتى نالت البلاد استقلالها في مطلع عام ١٩٥٦م.

إن النشاط الوطني الذي قام به شباب الطلبة في مطلع عام ١٩٤٦م كان لابد أن يكسب كل المشتركين فيه تجارب جديدة لأنه احتكاك مباشر بالحياة العملية وقد كنت ضمن مئات الطلبة الذين يراقبون في الصفوف الخلفية

- ٣١٨ -

المحاولات المستميتة المخلصة التي بذلها قادة الطلبة من أجل توحيد الأحزاب وإتفاق كلمتها لتشكل وفداً للسودان يواجه المفاوضات الإنجليزية المصرية الجارية في القاهرة في تلك الفترة من عام ١٩٤٦م وقد كانت التجربة مذهلة ومدهشة لعقولنا المتفتحة علمنا والآسف يغمر أفئدتنا أن بين الأحزاب السودانية من لا هم لهم غير خدمة المستعمرين فقد تجردوا من الغيرة الوطنية ونزعوا جذورهم من ثرى هذا الوطن وربطوا مصيرهم بالمستعمر الأجنبي وأصبحوا أدوات له يسخرهم في حرب بني وطنه وفي عرقلة سير الحركة الوطنية. لقد تبينت لنا هذه الحقائق المريعة من سير المفاوضات التي كان يجريها قادة الطلبة مع الأحزاب الأخرى وإصرار ذلك النفر على وجوب النص في وثيقة الأحزاب المشهورة على مبدأ التحالف مع بريطانيا إلى درجة التهديد بتكوين وفد آخر منفصل عن وفد الأحزاب الوطنية .

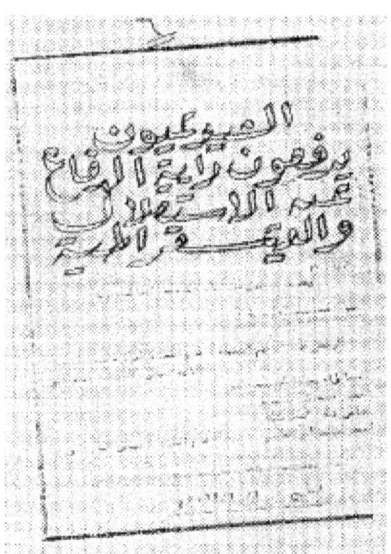

جزء من دفاع عبدالخالق بخط يده :

لماذا هذا الإصرار؟ وأية مصلحة وطنية يخدم: أسئلة دارت برؤوسنا وبددت أفكارنا الخيالية واستقرت في ضمائرنا نقلبها. إذن ليس كل من يشمله الوطن السوداني يعتبر وطنياً راغباً في استقلال بلاده؟ إن هناك مصالح أخرى تدفع بأربابها للتنكر لمصلحة المجموعة؟ ما هي تلك

المصالح؟ ومن ضمن مئات الطلبة قلبت هذه التساؤلات في ذهني فلم أجد لها تفسيراً معقولاً قائماً على المنطق والحقائق وكيف نجد التفسير وكل مفهومنا للحركة الوطنية لم يتعد أعتباره حرباً بين السودانيين والمغتصبين؟ مثل تلك النظرية تفشل في تفسير ما يشذ على قاعدتها وما أكثر الشذوذ وفي هذه النقطة الحرجة وقفت كثيراً وفكرت كثيراً فرجعت اقرأ كل ما وقعت عليه يدي من تاريخ النضال الوطني في الهند ومصر وأوربا فما وجدت ما أصبو إليه من حل ثم كنت سعيداً حينما عثرت على كتاب عند صديق، كتاب بسيط في طباعة متواضعة اسمه (المشكلة الوطنية ومشكلة المستعمرات) بقلم جوزيف ستالين هنا لمحت الحل ووصلت إلى رد حاسم لتساؤلي فعرفت كنه الاستعمار وانه لا يعني فقط احتلال الجنود لبلادنا بل يعني سيطرة رأس المال الأجنبي على مقدرات وطننا. وإن هذا الإخطبوط من شأنه أن يحيط نفسه بطبقات من داخل البلاد بوساطة بنوكه وشركاته طبقات تشمل الأقطاعيين وكبار الرأسماليين وأن هذه المصالح هي التي تحرك تلك الطبقات وتقتلع جذورها من أرض الوطن وكانت تلك الأفكار النيرة فاتحة لنافذة كبرى نطل بها على العالم ونتبصر بها طريق حركتنا الوطنية. وقد تداول هذا الكتاب وقتها عشرات من الطلبة كل يتطلع لإيجاد حل لمشاكل الحركة الوطنية السودانية ويتلمس فيه أنجع الطرق لحرب المستعمرين وتحقيق الحرية والاستقلال ومنذ ذلك التاريخ وأنا أتطلع كل صباح لمعرفة المزيد من النظرية الماركسية اللينية التي أتخذتها منهجاً لحياتي محاولاً تطبيقها على ظروف بلادنا وفق تقاليدنا السودانية وما تتطلبه مصالح شعبنا الحقيقية – إن تاريخ حياتي يؤكد بما لا يدع مجالاً للشك أنني لم أطرق باب الماركسية جريا وراء نفع شخصي أو غرض زائل بل وراء البحث المخلص الأمين لوسائل تحرير الوطن من نيل المستعمرين والمساهمة في بناء جمهورية سودانية مستقلة حقاً ينعم فيها أبناء الشعب بخيرات بلادهم واليوم عندما أنظر من وراء هذه السنوات الطويلة أشعر بالسعادة والفخر بفكر تقبلته مختاراً وبمنهج سلكته عن اقتناع تام وأرتاع لمجرد التفكير في أنني لو لم أكن شيوعياً ماذا كنت اصبح؟

إنني لم أصل إلى النظرية الماركسية اللينية عبر طريق النضال السياسي وحسب رغم أن هذا وحده يكفي ولكني توصلت إليها في بحثي وراء الثقافة التي تنسق عقل الإنسان ووجدانه وتباعد بينه وبين التناقضات العقلية والعاطفية التي عاشها جيلنا ومازالت تعيشها الأغلبية من المثقفين

السودانيين مع نشوء الحركة الوطنية الحديثة في بلادنا وخاصة في الأربعينيات سارت إلى جنبها حركة ثقافية ترجع أصولها إلى ما قبل الحركة الوطنية بكثير ولكنها توهجت ولمعت مسايرة الحركة الوطنية وكان يتجاذب تلك الحركة تياران أو مدرستان أحداهما تنادي بالرجوع إلى الماضي العربي وتراثه والتقيد به. فكانت المدرسة الأولى تربط نفسها بالماضي وتنظر إلى الوراء ولا ترى المستقبل فتحافظ ولا تتقدم تتحسر على ما مضي ولا تري البشائر المرتقبة ولا تفكر فيها، وكانت المدرسة الثانية يبهرها تقدم أوربا الغربية وتشعر بضألة شرقنا أزاءها فشدت نفسها نحو الغرب فعاشت بجسدها في أرض الوطن وبعقلها وعواطفها في الغرب وبين هاتين المدرستين عاش جيلنا في حيرة ردحاً من الزمن إلا من أنحاز منه إلى هذه المدرسة أو تلك فأنعكس ذلك في تحيزها لمدرستي العقاد والرافعي وطفحت الصحف المدرسية بما يكتبه أولئك المفكرون واندفعت ضمن من أندفع ابحث عن مضمون فكري أعيشه ومنهج ثقافي مكتمل منسق يشبع جوانح الفكر ويشفي جموح العواطف الخيرة وقد سلكت في هذا السبيل طريقاً صعباً وركبت مركباً شاقاً اتعب وأبحث اقلب وأفكر فرجعت إلى الماضي العربي أخذ منه ما تيسر فوجدت فيه تراثاً مجيداً ولكني لم أصل بوساطته وحده إلى ما أصبوا إليه، ولم أجد عنده الحل لمشاكلنا بعد الحرب الثانية وخلالها وما نجم عنها من أحداث فكرية وسياسية فالشرق العربي قد وقف عن التطور حقباً من الزمن تبدلت فيه معالم كوكبنا وشارفت فيه البشرية مشارق جديدة واندفع الإنسان خطوات واسعة في سبيل التحرر من الحاجة في سبيل السيطرة على قوانين الطبيعة فالرجوع إلى الماضي وحده يعني دفن الرؤوس في الرمال والتخلف وهو أمر لا يمكن حدوثه في عالم اليوم وثقافة الأمس وحدها لن تصلح للمجتمع الحديث ولن تحل مشاكل الرجل الحديث الروحية والمادية، وطفت أبحث ضمن الباحثين في ثروة الغرب وخاصة ما أتصل منها بالثقافة الإنجليزية التي أصبحت في متناول أيدينا بفضل السياسة التعليمية المرسومة والأساتذة الإنجليز كان الكثير من أبناء جيلنا يذهبون مذاهب شتي من الأخذ بالثقافة الإنجليزية ويتطلعون من خلالها إلى ثقافة أوربا خاصة ما وصل منها إلى الثورة الفرنسية وكتابها السابقين واللاحقين فتداولت الأيدي مؤلفات روسو وفولتير ومونتيسيكو لقد بهر الكثيرين منا تراث الغرب أبان الثورة الصناعية في القصة والشعر والتاريخ ووجدنا فيه الكثير من معاني الحرية

التي كنا نصبو إليها وقيم الجمال التي كنا نتعطش للأرتواء منها، وقد وقف البحث ببعضنا عند تلك النقطة فأثروا التعميم وخلعوا على الثقافة الإنجليزية كل صفات التبجيل وتوهموا فيها حلاً لمشاكل البلاد ولتكوينهم الفردي روحياً وفكرياً ومن هؤلاء الكثير اليوم من أبناء جيلنا يضربون في دروب الحياة المختلفة يعيشون بفكرهم خارج نطاق السودان وفي حدود بعيدة وتنكشف كل يوم تحت اقدامهم هوة واسعة من التناقض بين الحياة حولهم يدفعها في ذلك كونها لم تطرق أبواب المعرفة والبحث من أجل تكامل شخصي منفرد بل من أجل تكامل شخصي مرتبط بالجماعة وناجح في حل المشاكل التي كانت ومازالت تلاقيها بلادنا من فقر مادي وقحط ثقافي وأهتزاز في القيم الروحية، وقد راع تلك الجماعة التباين والتناقض الكامنان في الثقافة الإنجليزية التي وصلت إلى أيدينا، فالحديث عن الجمال والحرية وهي أسمى ما تهدف إليه الفنون والمعرفة يسايرها القهر والأستعباد للشعوب ومن ضمنها شعبنا والدفاع الجاد عن حرية الرأي يطبقه حملة الثقافة الإنجليزية نظاماً تعسفياً قائماً على مصادرة كل معارض ونابعاً من إرادة هي أبعد ما تكون معلومات تكدس في الرؤوس ولا خير في معرفة لا يلزمها التطبيق فإذا كان أحفاد (الماجناشارتا)[١٣٦] وورثة الحرية والإنطلاق والجمال من عهد شكسبير انطلقوا يشوهون قيم الحرية والإنطلاق والجمال في بقاع الأرض في أفريقيا وآسيا والشرق العربي فلابد أن يكون هناك داء عضال أصابهم وثقافتهم في الصميم فالجمال لا يورث القبح، والحرية لا تورث العبودية والإنطلاق لا يخلف القيد. وعند تلك النقطة وقف الكثير منا يفكر ويضرب في متاهة الفكر، فالبعض أثر السير إلى نهاية الشوط فوصل إلى قاع الغموض والتصوف الذي أصاب الثقافة البريطانية في العهود الحديثة والبعض الآخر وقف لاهثاً في عالم الشك حتى ظهرت له مشارق النظرية الماركسية فأشبعت تعطشه واتخذها منهجاً في حياته وقضت على التناقض بين القديم والحديث وعرف من خلالها أسرار التناقض في ثقافة الغرب.

فعرفت وغيري من خلال هذه النظرية الإنسانية الحديثة إلا لفائدة لفكر لا ينتقل بالبشر إلى الأمام مادياً وروحياً وان قيم الحرية والجمال لا تقتصر على المتعة الذهنية التي يصيبها الفرد بل لابد أن تظل المجتمع بأسره بأجنحتها وأن الحديث عن العدل والمساواة والإخاء لا يبحث عنه الإنسان في الماضي فالعالم يسير إلى الإمام بل يبحث عنه المرء في حاضره

ومستقبله وهو ممكن التحقيق على وجه كوكبنا الأرضي لا في جمهورية أفلاطون والأقاصيص المثالية وأن الطريق لتحقيق قيم الجمال الاجتماعية في ذروتها المتلخصة في العدل الاجتماعي طريق شائك ولكنه ممكن وان البشرية التي بذلت الكثير في سبيل ذلك الهدف وانتكست الأمور فتحولت أماني شعب فرنسا الثائر إلى ديكتاتورية بونابرت، وتراجعت حركة الشعب البريطاني إلى امبراطورية تقهر ولا تنصف تذل ولا تكرم وانقلب نداء الثوار الأمريكان وملاحم توماس بين إلى احتكار بشع واستعمار أرزل. إن هذه البشرية ستصل إلى ما تهفو إليه وقد وصلته بالفعل في ظل النظام الاشتراكي في أراضي بعيدة قريبة للأفئدة وهكذا طرقت مع أخواني باب الاشتراكية بعد تعب وجهد وليال من الشك وصراع بين مدرستين فكريتين فوجدت فيها راحة (طاب مراحها والمشرب) وبلسماً شافياً للتناقضات التي عشنا فيها وعاملاً حاسماً للتكامل الشخصي والإرتواء العاطفي والفكري ورابطة شديدة بين نمو الفرد والمجموعة، تلك المشكلة التي وقف دونها الكثير حيارى وسلكوا فيها دروباً وعرة دامية – لقد رأيت ومازلت أرى أن الإنسان حينما يتوصل إلى سر الكلمة المكتوبة يضع أقدامه في طريق شاق تحفه المسئوليات الاجتماعية وخاصة في بلد مثل السودان تتفشي فيه الأمية وأن الأمانة التي يتحملها المتعلم تنوء تحتها الجبال فعليه أن يعد نفسه لتحملها ويسعي يجاهد نفسه لكي يصبح صالحاً لإحتمال المسئولية الاجتماعية أمام مواطنيه فهو رائد والرائد لا يكذب أهله، فالمتعلم الذي يضع نفسه في قفص عليه قضبان من المصالح الشخصية والتعصب الفردي عضو مشلول يتهرب من المسئولية ويعض اليد التي طالما أسدت إليه الجميل.

التجاني الطيب

*وردت في النسخة الأصلية صور السادة التجاني الطيب ومحمد محمود ومصطفى عثمان.

ونحن المتعلمين في السودان ما كان واحداً منا يحلم بدخول المدارس والوصول إلى مستوى الجامعة لو كان يعتمد على مصادر عائلته المادية لأن معظمنا نشأ نشأة متواضعة فيها الكثير من الحرمان وشظف العيش فما وصلنا إلى ما وصلنا إليه إلا بأموال الشعب ونتاج كدحه ومن هنا تنشأ المسئولية الإجتماعية التي دفعتني والكثير من إخواني إلى البحث والتنقيب لإعداد أنفسنا، وهل كان لنا أن نصل لغير الاشتراكية لرد الجميل لشعبنا؟ لقد وصلنا إلى الماركسية واتخذناها منهاجاً لنا لا بدافع غريب أو بوحي اجنبي كما يحاول البعض التدليس والكذب ولكن بدافع من مسئولياتنا إزاء وطننا ذلك الدافع الذي تمتد جذوره في أعماق تربة بلادنا الغبراء.

هذه قصة وصولي إلى المنهج المادي الجدلي – لب النظرية الماركسية وهي قصة بسيطة تعكس النزوع نحو الحرية وخدمة وطني وهي تدمغ بالكذب كل تهويل وقصص خيالية مريضة يبتدعها بعض المسئولين في أجهزة الأمن قصد التضليل والتشويه، وهي أيضاً قصة جيل من الرجال والشباب ذوي الفكر الاشتراكي الماركسي الذين يعملون اليوم في إخلاص وتفان من أجل بناء السودان الحديث وحماية أستقلاله وبعثه في طريق الاشتراكية في ميادين الحياة المختلفة. أما العناوين المثيرة التي تبرز على أعمدة بعض الصحف تلبية لإثارة كبار المسئولين في أجهزة الأمن حول جذور الشيوعية والقضية الكبرى التي تكشف تسلل الشيوعية للسودان فلا تصلح لأي شئ اللهم إلا للدعاية لأفلام الجريمة الأمريكية ورعاة البقر.

وفي سبيل إعداد نفسي لخدمة مواطني والقيام بما يفرضه القلم على كل متعلم سوداني من مسئولية شددت الرحال إلى مصر الشقيقة سنة ١٩٤٦م بحثاً وراء جو أفضل وأكثر تحرراً للتعلم، ولكي انال قسطاً من تجارب ذلك الشعب المناضل في سبيل حريته واستقلاله، ولم أكن أنا وأخواني بناكري الجميل لشعب مصر ولا ناسين التزاماتنا إزاء شعبنا فهناك ونحن بعيدون عن أرض الوطن بذلنا جهدنا من أجل استقلال السودان ومن أجل حريته وحرية مصر وتشهد السنوات التي قضاها أبناء جيلنا النازحون للقاهرة على النشاط الدائب المخلص الذي قمنا به من أجل توضيح قضية واستقلال السودان ومن أجل إزالة الحكم الملكي الرجعي في القاهرة ذلك الحكم الذي

كان يعوق تطور قضية السودان ويأمل في هضم حقوقنا وتحقيق وحدة وادي النيل تحت التاج والمستعمرين لقد ساهمت مع إخواني في القاهرة بشرح قضية شعب السودان أمام الهيئات الشعبية المصرية وأنشأنا اتحاداً للطلبة السودانيين وقف أعضاؤه في رجولة واستقامة ضد كل أنواع الأضطهاد والملاحقة التي فرضها البوليس المصري ويكفي دليلاً على ذلك السنوات العديدة التي قضاها أبناء السودان في سجون مصر واستشهاد الطالب الشيوعي صلاح بشري في السجن متهماً بمحاربة الملكية لقد استطاع إخواني في القاهرة وأنا من بينهم أن يعلنوا لأول مرة شعار حق تقرير المصير لشعب السودان ودافعوا عن هذا الحق المقدس وسط موجة الأضطهاد وصبروا وصابروا حتى أصبح ذلك الإتجاه سياسة مصر الرسمية في اتفاقية السودان. إن تاريخي وإخواني من الطبلة السودانيين ذوي الفكر الاشتراكي الماركسي طيلة الفترة التي بقيناها في القاهرة تؤكد جهادنا وتضحيتنا بكل شئ في سبيل استقلال السودان، وفي سبيل دعم أواصر الصداقة بين الشعبين الشقيقين المصري والسوداني والفضل الأول في هذا يرجع لمنهجنا الماركسي في الحياة، وإلى فهمنا لقضية التحرر الوطني على ضوئه وفي يوم من الأيام عندما يزول التضليل والتزييف سيكتب المؤرخ المخلص لقضية استقلال السودان بأحرف من نور جهاد الطلبة ذوو التفكير الشيوعي سيذكر جميع من شرد منهم دور العلم لدفاعه عن استقلال السودان وحرية شعب مصر، سيذكر العرق والتعب والتضحيات التي بذلتها تلك العصبة من صحتهم وشبابهم في سبيل السودان.

لقد اكتسبت وإخواني الكثير من التجارب بإلتصاقنا بنضال شعب مصر وعمال مصر المكافحين الاشتراكيين هناك. وأقر في أعتزاز أنني لم أبخل في يوم من الأيام بتلك التجارب على وطني بل أنني انتهزت أول فرصة للعطلة المدرسية للحضور إلى السودان وتقديم خبرتي ومعرفتي المتواضعة لبني وطني وأنني أذكر بالفخر أن على رأس تلك الأعمال التي أسهمت فيها مساعدة الطبقة العاملة السودانية في بناء منظماتها عام ١٩٤٧م فقد عشت فترة في مدينة عطبرة خلال ذلك العام وعاصرت تكوين أول منظمة نقابية سودانية هي (هيئة شئون عمال السكة حديد) وكانت تلك بحق فترة عزيزة في حياتي لن أنساها فقد عرفت فيها عن كثب استقامة وشرف ورجولة عمال السودان ولمست بيدي حيوية الطبقة العاملة السودانية وقوتها وإنها

الطبقة الوحيدة التي تحمل بين يديها مستقبل السودان الزاهر واستقلال معزز واشتراكية سمحة وعرفت كل هذه القيم الوضاءة والمعاني السامية في قائد كبير هو – الشفيع أحمد الشيخ الذي بنى لعمال السودان مجداً مشرقاً سيظل كذلك رغم السحب، فالسحاب أمره لزوال والشمس باقية ما بقيت الكواكب ولقد أثمر الجهد الذي بذل عام 1947م وشيد عمال السودان نقاباتهم بالتضحية والبذل وكل مؤرخ منصف لابد أن يذكر أن أساس الديمقراطية الحديثة في بلادنا أرتكز ويرتكز على حيوية النقابات العمالية السودانية في سبيل الاستقلال مؤكداً أن عمال السودان اكثر الطبقات بذلاً وتضحية في سبيل الاستقلال، إذ دفعوا ضريبته سجناً وحرماناً من الرزق ودماً مراقاً يمثله العامل الشهيد قرشي الطيب الذي صرعته قنابل المستعمرين في عطبرة عام 1948م. إن قادة النقابات العمالية الذين خاضوا نضالاً طويلاً شاقاً منذ عام 1947م وتكونت شخصياتهم في التنظيم النقابي واكتسبوا تدريباً في النظم الديمقراطية، ساهموا بنصيب وافر في الدفاع عن استقلال السودان في الداخل وعلى نطاق عالمي حيث اكتسبوا لبلادنا أصدقاء أقوياء في مختلف البلدان في العالم الاشتراكي وبلدان أوربا الغربية فكانوا بذلك خير سفراء للسودان، أليس فخراً للسودان أن يحتل منصب نائب الرئيس لأكبر منظمة عمالية عالمية؟ – اتحاد النقابات العالمي الذي يسهم بقدر وافر في استقرار السلام العالمي ان يحتل هذا المنصب السيد الشفيع أحمد الشيخ عامل السكة الحديد السوداني الذي كان ضمن الطليعة الأولى النقابية عام 1947م.

هذا هو نشاطي في المرحلة التي قضيتها في الدراسة والتي اتصلت حياتي فيها بغير انفصام بالفكر الاشتراكي الماركسي وهي مرتبطة بإشراق الثقافة الماركسية في بلادنا. هذه جذور الفكر الشيوعي في بلادنا قامت في أرض طاهرة وأرتوت بالإخلاص والتضحية والوطنية، فكر ظاهر ودعوة واضحة لا يأتيها الغموض من بين يديها ولا من خلفها.

تحقيقاً للعدالة فإن المحكمة يهمها أن تعرف نشاطي منذ أن استقرت بي الأحوال في السودان دون إنقطاع منذ أخر عام 1948م إذ أن هذه الفترة نالت الأهتمام من جانب الاتهام في القضية المعروضة أمامكم وقد لاقيت فيها الكثير من ملاحقات البوليس ومطاردته خلال عهد الاستعمار وفي فترات ما بعد الاستقلال وخاصة في عهدي السيد عبد الله خليل والوزارة الراهنة لقد ألقى عليّ السيد المحقق في هذه القضية سؤالاً أظنه فيما أعتقد

وأمل أن أكون صائباً – محرجاً: كيف تعيش كل هذه المدة ولا عمل لك؟ وحق له أن يدهش قليلاً فقد تساءلت أنا نفسي بعد عودتي من الدراسة في القاهرة ماذا أعمل؟ ولم يطل بي التفكير فقررت دون تردد أن أكرس حياتي لما أعددت له نفسي مجاهداً في سبيل استقلال الوطن ومن أجل الأشتراكية. أليست هذه قضية تستحق التفرغ وتكريس الجهد، وأن يهب المرء حياته من أجلها؟ كم هو رائع ما قاله الكاتب السوفيتي نيكولاي استروفسكي في هذا الصدد: "أن أثمن ما يمتلك الإنسان حياته وهي تعطي له كل مرة واحدة لا عودة لها، فعليه أن يعيشها حتى لا يشعر بالندم والمرارة وهو مسجي على فراش الموت، بل عليه ان يعيشها حتى يقول لقد قضيت حياتي في سبيل أنبل وأعظم قضية، قضية تحرير البشرية." اليوم ورغم أنني ما زلت حياً فأنني أقول عندما أرجع بالنظر عبر السنين أنني قضيت تلك الفترة في سبيل قضية نبيلة هي قضية استقلال السودان وسيره في طريق التطور الاشتراكي وفي سبيل هذا السبيل لم أنل مغنما شخصيا من الاستقلال، بل أنني أعيش كما يعيش بسطاء الناس في هذه البلاد ولا أشعر بالندم على الجهد الذي قمت به والتضحيات التي بذلتها في سبيل الاستقلال رغم أن الذين تعايشوا واستفادوا من ذلك الاستقلال هم بعينهم الذين كانوا يسخرون منا عندما كنا نخرج في المظاهرات والحركات الشعبية ضد المستعمرين، هم بعينهم الذين كانوا يلقون علينا القبض خضوعاً لرؤسائهم المستعمرين، ومازالوا يقومون بنفس الدور في عهد الاستقلال لست بنادم لأنني أعرف أن الأيام القريبة ستطهر البلاد وأجهزة الدولة المختلفة من كل الذين حاربوا الحركة الوطنية من قبل وانحازوا إلى جانب المستعمرين ضد بني وطنهم.

كيف دعوت لمبادئي، في الاستقلال والاشتراكية؟ وإلى أي مدى وصلت؟ لقد سلكت منذ أول يوم رجعت فيه لبلادي طريق الشرح والإقناع للدعوة لمبادئي الاشتراكية، ولم يثبت عليّ ولن يثبت أنني سلكت طريق الإرهاب أو تسببت في إراقة دماء المواطنين، كما أنني لم أسلك السبيل الذي سلكه غيري في الرشوة والإغراء والإفساد، فمبادئ طاهرة تتنافى مع العمل الإجرامي، وتهدف إلى بناء سودان قوي حر، والإفساد لا ينتج عنه غير الفساد ومن يزرع الشوك لن يجني منه ورداً، لقد دعوت إلى رأيي بوضوح بقلمي ومجهوداتي وطلبت في الإسبوع الأول من وصولي لوطني التصديق لي بإصدار صحيفة ولكن السلطات البريطانية رفضت هذا الطلب رغم أنها صدقت للكثير ممن هم أدنى مني ثقافة وشعوراً بالمسئولية ورغم هذا

زاولت العمل الصحفي المستديم ودعوت بمقالات في جريدة المؤتمر والجهاد والصراحة إلى رأيي شاكراً لأصحابها سعة صدورهم ووطنيتهم.
لقد دافعت منذ أول يوم عن الحقوق الديمقراطية لكل الوطنيين وعن حرية الرأي وتبادل الثقافة، وقد استطعت ان أجلب كتباً شيوعية للسودان أعطيها لمن يشاء واباحثه في أمرها ليقتنع بالمبادئ وقد استطعت عام ١٩٥٣م بالرغم من مضايقات البوليس الخاضع للإنجليز أن أترجم وأطبع أول كتاب شيوعي في مطبعة قانونية وأعرضه للسوق وهو كتاب (في علم اللغات) لمؤلفه جوزيف ستالين لقد ساهمت بمجهودي ومناقشاتي ودراساتي في إقناع الكثيرين من الشبان والرجال المناضلين بالنظرية الماركسية لا عن وعد أو وعيد فما أملك لذلك وسيلة وليس سبيلي بل بالجدل والمناقشة الحرة والإقناع والإقتناع واليوم يعمل هؤلاء في كل ميادين الحياة في السودان تربطني بهم رابطة الفكر والثقافة ذات المنبع المشترك ويؤدون للبلاد خدمات جليلة في ميادين الإنتاج والحياة الاجتماعية والخدمات الاجتماعية يتفانون تضحية في خدمة الاستقلال لم يفسد أحدهم ولم يهمل في عمله - تواضع جم واحترام عميق لشعب السودان.
أنني أعلم أن حرية المواطن في الدعوة لما يرى لاقت تعنتاً كثيراً من جانب المستعمرين رغم أن هذا ضد كل القوانين والعرف، ولهذا اندمجت في الحركة الشعبية المطالبة بتوفير الحريات الديمقراطية وكان أول إنتاج لتلك الحركة الشعبية دستور الحكم الذاتي، الذي طبق بلادنا أول عام ١٩٥٤م ومنذ تلك الفترة وأنا أساهم جاهداً مع كل العاملين لتغير قوانين الأستعمار بالطرق الديمقراطية حتى أتمكن من تأليف حزب شيوعي دستوري، وقد انتهزت الفرصة عندما صرح وزير خارجية السودان السيد محمد أحمد محجوب في اليونان في منتصف عام ١٩٥٧م بأن سياسة حكومته تهدف بالسماح للشيوعيين بمزاولة أي نشاط يريدونه في ظل الدستور فحررت خطاباً إلى رئيس الوزراء عبد الله خليل أطلب منه ان يقرن قول السيد المحجوب بالعمل وان يتقدم للبرلمان بإلغاء المادة ٤ من قانون الجمعيات غير المشروعة فصمت عن لا أو نعم، ان هذه الواقعة تؤكد انني سعيت واسعى لإيجاد وضع ديمقراطي حق يكفل حرية التنظيم الدستوري لكل مواطن أو جماعة من المواطنين.
إن تاريخ حركتنا الوطنية الحديثة يثبت أن المناضلين ذوي الفكر الاشتراكي الماركسي ساهموا بقسط وافر في استقلال السودان وضربوا أمثلة محترمة

في التضحية ونكران الذات وخدمة الجماعة. ولقد وقفوا في مقدمة القوى التي ناهضت الجمعية التشريعية تلك المؤسسة التي صنعها الإنجليز والتي لو كان قدر لها أن تبقى وتنال التأييد لبقى السودان حتى يومنا هذا مستعمرة بريطانية. ولا أكون مغالياً إذا قلت ان هذا النفر من ذوي الفكر المتشابه كانوا أول من رفعوا راية المعارضة وسيروا أول مظاهرة في أم درمان صيف ١٩٤٨م وسجن عدد كبير منهم وقد كانت مظاهرة ام درمان الشرارة التي اندلعت منها نيران مقاومة الجمعية التشريعية حتى تمت مقاطعتها بنجاح وخرجت جثة لا روح فيها، وفي المقاومة الباسلة لتلك الجمعية أستشهد الشيوعي القرشي الطيب في عطبرة وشرد الكثيرين من ذوي الفكر الشيوعي وحرموا من أرزاقهم وعاشوا في شظف من العيش وضيق بالغ وتحملوا كل ذلك في استقامة وثبات. مما لا شك فيه أن نجاح حركة مقاومة الجمعية التشريعية أدى إلى قلب الخطط البريطانية في السودان رأساً على عقب وكان العنصر الأول في وصول البلاد إلى استقلالها.

لقد ساهمت النظرية الماركسية في توسيع نطاق الحركة الشعبية في البلاد إذ أن الرجال الذين اتخذوها منهجاً في حياتهم نظموا الطبقة العاملة السودانية في نقابات متينة كانت قاعدة ثابتة وصلبة للنضال من أجل الاستقلال وطبعت الحركات الوطنية بطابع الجد منذ نشأتها عام ١٩٤٧م. بهذا أصبح المستعمرون يواجهون حركة قوية لا تقتصر على المثقفين وأقسام من سكان المدن بل تمتد جذورها فتشمل طبقة تحرك قطاعاً اقتصادياً في الصناعة والمواصلات وتشهد السنوات المتعاقبة على الاضطرابات العمالية المتوالية في الحقلين الاقتصادي والسياسي مما كان له فضل كبير في زعزعة الإدارة البريطانية وإضعافها وقد دفع زعماء النقابات العمالية الثمن غالياً سنوات عديدة قضوها في السجون، لا تدانيها الفترات التي قضاها الزعماء الوطنيون الآخرون. إن تلك الاستقامة والتضحية لم تكن نتاجاً للدافع الوطني التلقائي بل كانت تستند إلى فهم علمي راسخ للنضال الوطني مبني على النظرية الماركسية أكثر النظريات قوة ورسوخاً في النضال من أجل التحرر الوطني.

أن الشباب والرجال السودانيين ذوي الفكر الاشتراكي الماركسي العاملين في شتى ميادين الحياة الاجتماعية والسياسية والاقتصادية لعبوا دوراً مرموقاً في التفاف الشعب السوداني حول راية حق تقرير المصير

والاستقلال فالحركة السياسية منذ نهاية الحرب العالمية الثانية انقسمت إلى معسكرين معسكر وطني تنتظمه الأحزاب الاتحادية ينادي بوحدة وادي النيل ومعسكر آخر يدعو للأستقلال لقد كان المعسكر الأول يرمي إلى أهداف وطنية ويحارب العدو الأول للشعب السوداني المتمثل في السيطرة البريطانية ولكنه في نفس الوقت كان يهول من قوة المستعمرين ويرى ألا طريق لحرية السودان إلا الإندماج في مصر على الدرجات المتفاوتة لذلك الإندماج أما المعسكر الثاني فقد ربط نفسه بكل المشاريع البريطانية من مجلس إستشاري إلى جمعية تشريعية، كل ذلك تحت ستار الاستقلال. ولهذا انصرف السودانيون عن تلك الدعوة، وأصبحت كلمة الاستقلال ترتبط في أذهان الناس بذلك الاتجاه المتعاون مع الإدارة البريطانية لقد كان لدعوة المناضلين ذوي الفكر الماركسي بحق تقرير المصير للسودان وإستقلاله أثر حاسم في سير الحياة السياسية في السودان وفي الاستقلال الذي يتكلم عنه الكثيرون اليوم إذ أنه لأول مره تنشأ دعوة استقلالية متحررة تناضل المستعمرين الإنجليز ولا تهادنهم ولا يشك أحد في استقامة وإخلاص القائمين بأمرها والكل يشاهد أعمالهم المتواصلة الجليلة ضد المستعمرين الإنجليز. بهذا الوضع إبتدأت الجماهير الوطنية تفكر في الاستقلال وجرى تحول هائل في كل المعسكر الوطني وخاصة خلال عام ١٩٥٤م وشعرت أغلبية السودانيين أنه في الإمكان التحرر من السيطرة الاستعمارية وبناء سودان مستقل يحميه أبناؤه، لست في حاجة إلى أن أذكر كيف كان وضع السودان اليوم لو ان البلاد استمرت في حالة المعسكر الاول وماذا كان المصير الذي تتردى فيه هذه البلاد الطيبة؟ فجدير بالذين يتكلمون اليوم عن استقلال السودان وكأنه ضيعة لهم، وجدير بالمتباكين على الاستقلال والمدعمين الحدب عليه أن يقفوا قليلاً ويتحرروا من أهوائهم وينظروا في أعمال الرجال الذين عملوا في صمت ونزاهة لهذا الاستقلال والذين مازالوا يعملون لحمايته خارج السجون والمتعقلات وفي داخلها.

إننا لم نسلك هذا الطريق الذي حول الاتجاه السياسي في البلاد نحو الاستقلال إلا على هدى النظرية الماركسية التي تؤكد حق كل شعب في تقرير مصيره، وإن تكوين دولة مستقلة لشعب ما هو طريق تطوره وإن الشعب الذي يحصل على استقلاله قادر على المحافظة عليه بإمكانياته وبمساندة قوى التحرر الوطني والاشتراكية في العالم. وإذا تخيل شخص في هذه البلاد انه يستطيع محو الفكر الاشتراكي الماركسي من الرؤوس فعليه

أن يدير الساعة للوراء إلى عام ١٩٥٤م ليقضي على التحول الذي تم آنذاك نحو الاستقلال وليهدم الاستقلال نفسه، حتى لا نستظل باستقلال لعبت فيه النظريات الهدامة المخربة التابعة للكمنفورم الدور الرئيسي الفعال.
ولكن استقلال السودان باق وسيقوى على مر الأيام حتى ولو كره من في قلوبهم مرض، حتى ولو كره أبطال محاربة الفكر الشيوعي.
وقد لعب الفكر الماركسي أيضاً دوره في الوضع الاقتصادي لأقسام كبيرة من المواطنين ويكفي ان أذكر ان النقابات العمالية وعلى رأسها قادة ماركسيون استطاعت ان تحصل على تشريعات متعددة منها قانون المخدم والشخص المستخدم الذي أدخل الكثير من التحسينات على حياة العمال ولم يقتصر أثر الاضرابات العمالية المتواصلة والنشاط النقابي على ذلك بل أتسع نطاقه وأدي إلى تحسين ملحوظ في مستوى معيشة الموظفين ورجال الخدمة المدنية على أساس مقررات ويكفيلد وميلز – واليوم ينعم الكثيرون بنتاج ميلز رفض الطفرة لأن المبادئ الهدامة ساهمت بل فرضت مقررات ميلز حتى ولو كان ذلك الشخص من كبار حفظة الأمن الذين يحملون حملة صليبية على تلك المبادئ.

من اليمين إلى اليسار:عبد الرحمن عبد الرحيم الوسيلة وسمير جرجس ومحمد إبراهيم عبده

هذه صورة مقتضبة لما قدمته النظرية الشيوعية لوطننا خدمة للاستقلال وفي سبيل حياة أحسن للمواطن السوداني وأنني فخور لهذا السجل ومعتز بدوري الذي قمت به في التبشير بهذه النظرية الإنسانية السامية، هذا السجل الذي يقدم اليوم للمحاكمة تحت قوانين وضعها الدخيل وأخرى أملاها الحقد والتشفي والتعجل وعدم التبصر بنتائج الأمور.

تبلورت هذه الأهداف والمعاني التي كافحت وإخواني من أجلها في حزب الجبهة المعادية للاستعمار، الذي ساهمت في تأسيسه وتشرفت بمنصب الأمين العام له، كان ميلاد هذا الحزب نتيجة للحركة الواسعة التي انبثقت من صفوف الشعب تهدف لحرية التنظيم وحق كل مواطن في إبداء رأيه وقد كسبت تلك الحركة جولات ضد المستعمرين وهزت من كيانهم فنظمنا هذا الحزب خلال عام ١٩٥٣م بأهداف صريحة واضحة لا لبس فيها وببرنامج منشور ومعلوم وقد كان الحزب الوحيد آنذاك الذي نشر برنامجاً مفصلاً يشمل قضية الاستقلال والحياة الاقتصادية في البلاد.

ورغم حملات التخويف التي شنتها الإدارة البريطانية بقصد إبعاد الناس عن حزبنا إلا أننا استطعنا بمجهودنا وبوجود لجنة دولية للانتخابات ان نكسب حق التنظيم والبقاء وقد كانت الجبهة المعادية للاستعمار حزباً عمالياً يهدف إلى خلق كيان مستقل للطبقة العاملة السودانية ومفتوح العضوية لكل أبناء الشعب المؤمن بالاتجاهات الاشتركية النابعة من صفوف العمال بغض النظر عن ظلال تلك الاتجاهات، المهم في العضو أن يكون ميمماً وجهه شطر الطبقة العاملة بغض النظر عن الخلافات الأيدلوجية فهذه أمرها يمكن حله طالما آمن الكل باستقلال الطبقة العاملة السودانية.

امتاز حزب الجبهة المعادية للاستعمار منذ إعلانه بوقوفه بثبات من أجل استقلال البلاد ومن أجل الديمقراطية وتحسين حياة الكادحين – لا أريد أن أعيد، ولكني أذكر أن ذلك الحزب كان له الفضل الأول في إجراء تحولات سياسية واسعة بين الوطنيين في اتجاه الاستقلال وقد أيد سياسته وتعاون معه تعاوناً مخلصاً أغلبية نواب الحزب الحاكم وقتها – الحزب الوطني الاتحادي الذي أعلنت حكومته استقلال السودان. ولولا ذلك التعاون ولولا المجهود الذي قام به حزب الجبهة المعادية للأستعمار في إقناع العديد من نواب الحزب الوطني الاتحادي لما تم الاستقلال.

وفي سبيل الوصول إلى الاستقلال تم المحافظة عليه نادى حزب الجبهة المعادية للاستعمار بقيام اتحاد وطني يشمل كل المناضلين ضد الاستعمار ولو قدر لهذا العمل الجليل أن يتم بنجاح لكانت بلادنا تقفز اليوم قفزات هائلة في طريق التطور المستقل وبناء اقتصاد معزز وسيحكم التاريخ حكماً قياساً على كل من ساهم في تفويت الفرصة على شعب السودان لتوحيد صفه الوطني فقد دفعت البلاد ثمن الإنقسام في صفوف الوطنيين المناهضين للأستعمار غالياً، إضعاف للأستقلال واقتصاد خرب وطريق وعر شائك

سارت فيه بلادنا. إن حزب الجبهة المعادية للاستعمار يحق له ان يقول أنه كان حزب الجبهة المعادية للاستعمار يحق له أن يقول أنه كان حزب الوحدة الوطنية يوحد ولا يفرق ويجمع ولا يشتت فليبحث الباحثون في غيره عن دعاة الفتنة والانقسام وقد كان حزب الجبهة المعادية للاستعمار مستعداً للاشتراك في ذلك الاتحاد الوطني حتى ولو أصابة الغرم وما مسلكنا في الانتخابين للبرلمان ببعيد عن الأذهان وفي سبيل إنجاح الكثير من المرشحين الوطنيين بذلنا الجهد لا نرجو من وراء ذلك جزاء ولا شكورا وهذا لعمري هو النظام الحزبي النظيف ذو المبادئ السامية.

وقف حزب الجبهة منذ قيامه في الصفوف الأولى دفاعاً عن الديمقراطية في البلاد واستطاع بمجهود أعضائه المتواصل حماية الديمقراطية مما كان يدبره المستعمرون والحكام الذين ساروا وراء خطواتهم. ففي النصف الأخير من عام ١٩٥٣م والبلاد تقترب نحو تطبيق الحكم الذاتي سنت الإدارة البريطانية ما أسمته بقانون النشاط الهدام وذلك القانون الذي كان يهدف لوضع اللبنة الأولى في بناء دولة بوليسية تجرد الاستقلال من معناه وتجعله جثة لا روح فيها وكان لنشاط حزب الجبهة الفضل الأول في إلغاء ذلك القانون مما سمح للجماهير بالإنطلاق خلال فترة الانتقال وإجراء تحولات في الجو السياسي لصالح الاستقلال، وفي مختلف المراحل سعت الجبهة لإعلاء كلمة السلطة التشريعية فوق السلطة التنفيذية وقد بدأت تظهر نتائج هذا الإتجاه الديمقراطي السليم في الأشهر القليلة التي سبقت الإنقلاب العسكري ولو وصلت الأمور إلى نتائجها المنطقية لكانت البلاد تتمتع اليوم بنظام برلماني أكثر ديمقراطية مما مضى.

إن نشاطنا الإيجابي البناء لم يقتصر على المساهمة في إحراز الاستقلال بل أمتد وتزايد مداه بعد إعلان الاستقلال من أجل المحافظة على الاستقلال ودعم البلاد اقتصادياً. إن تاريخ الحياة السياسية في بلادنا يشهد بأن حزبنا أول مؤسسة دعمت لمناهضة الأحلاف العسكرية الاستعمارية منذ زمن بعيد حتى أصبحت تلك الدعوة التي تشكل حجراً أساسياً في بناء الاستقلال، السياسة المحببة وسط الشعب والتي لا يمكن لأي حاكم ان يتخطاها إلا أذا أراد أن يدق عنقه وينهي مستقبله السياسي. وكنا الحزب الوحيد الذي يمتلك برنامجاً إيجابياً لما بعد الاستقلال يشمل رأينا في التطور السياسي المستقل وفي البعث الاقتصادي والاجتماعي والثقافي مما يؤكد أننا لم نكن حزباً يعيش على ماضيه او يلعب على العواطف بالتهريج والدجل السياسي

والديني. لقد كنا نحس كحزب بالمسئوليات أزاء الشعب فمنذ إعلان الاستقلال وحتى يوم مصادرة دستور السودان المؤقت ما مر إسبوع إلا وكان هناك إجتماع جماهيري مفتوح يتحدث فيه قادة الجبهة عن المشاكل التي تواجه البلاد فشرحنا للشعب أهمية الديمقراطية وتعديل القوانين التي ورثت في عهد الاستعمار حتى يستطيع الشعب أن يؤثر في مجري الحياة السياسية في البلاد، وشرحنا خطر المعونة الامريكية التي تشد البلاد إلى المستعمرين وتجعل من الجمهورية السودانية كلباً لاهثاً وراء سيده لا يطعمه إلا بمقدار ما يجله يعاني الجوع مرة أخرى، بإختصار بصرنا الشعب بكل الأخطار المحدقة باستقلاله وكرامته.

وبهذا النشاط المتزايد وخاصة عام ١٩٥٨م وبالتعاون مع كل الوطنيين المخلصين أبتدأت تحدث تحولات عميقة في النظام البرلماني فلأول مره أبتدأت كتلة من نواب الأحزاب الحاكمة تنظر لمصالح الشعب الناخب وتحرر من نفوذ التعصب الحزبي وهذا الأمر خطوة حاسمة في دعم النظام الديمقراطي البرلماني ورفع مستوى السلطة التشريعية فوق السلطة التنفيذية ولو قدر للبرلمان أن يعقد جلساته كما أعلن في يوم ١٧ نوفمبر عام ١٩٥٨م لكنا شهدنا هزيمة الحكومة في كل مشاريعها المتنافية مع الاستقلال والكرامة وعلى رأسها المعونة الأمريكية وهدية الأسلحة البريطانية وكنا شهدنا إنبثاق حكومة لا تعتمد على تأييد حزب واحد بل على كتلة من النواب المتحدين إن حزبنا قد ساهم بنصيبه في هذا المضمار وجاهد لإزالة التعصب الحزبي بين كتلة كبيرة من النواب ليصبح رائدهم خدمة الجمهور الناخب لا خدمة المتزعمين من بعض قادة الأحزاب.

والحزب الذي يناضل من أجل الديمقراطية هكذا حزب واضح ومفهوم لدى الشعب لا يحتاج لإخفاء نفسه عن الجماهير الشعبية وهل يتبجح أي حزب يضع بينه وبين الشعب حائطاً سميكاً وستاراً لا تنفذ إليه رقابة الشعب.

أنني أود أن أذكر للمحكمة ان نشاط حزبنا وخاصة في الشهرين اللذين سبقا الإنقلاب العسكري هو السبب الأول والرئيسي في تلفيق هذه القضية ضدنا ولقد وصل إلى علمي من مصدر موثوق ان إنقلاب ما سيتم في البلاد حدث هذا في الإسبوع الثالث من شهر أكتوبر وقد دعوت المكتب السياسي للجبهة للتشاور في هذا الأمر واتخذنا قرارنا بما نراه في مصلحة الاستقلال والديمقراطية لقد انتهزت فرصة أول اجتماع سياسي فنوهت بما يدبر للديمقراطية والاستقلال وهاجمت في عنف ذلك التدبير وتساءلت لمصلحة

من تتخذ تلك الخطوة وقد اشرفت البلاد على التخلص من حكومة السيد عبد الله خليل ووضع حكومة أكثر ديمقراطية وتجاوباً مع أهداف الشعب الوطنية؟ وقد واصلت تلك الحملة بطريقة لا تعرضنا للقوانين في أكثر من أربعة اجتماعات سياسية عامة ودفعنا جريدة الميدان في هذا الاتجاه فأشارت بأستمرار إلى ذلك التدبير ودمغته وطالبت الشعب ان يتيقظ ونظمت حملة من الاحتجاجات الشعبية توجه إلى رئيس الوزراء عندما قرر متحدياً الرغبة الشعبية بتأجيل البرلمان من الأنعقاد يوم ١٧ نوفمبر وكنا نحن نلمح الخطة من وراء ذلك في نفس الوقت قمت بإتصالات متعددة مع بعض الأخوان في قيادة الحزب الوطني الاتحادي وحزب الشعب الديمقراطي والكتلة الحرة في حزب الأمة والجنوبيين ووضحت لهم ما وصل إلى علمنا وطلبت منهم أن نتعاون لإنقاذ النظام البرلماني واستقلال البلاد ولو أن أولئك الأخوان أخذوا ما قلت مأخذ الجد وقاموا بما يفرضه الدفاع عن الاستقلال والديمقراطية لكنا نعيش اليوم في ظروف تختلف عن الظروف الراهنة وبالطبع لم يكن السادة الذين عملوا للإنقلاب العسكري بغافلين عن آرائنا ونشاطنا ولهذا فرغم قرار حل الأحزاب صباح ١٧ نوفمبر ورغم تطبيق القرار على كل الأحزاب بالطبع بما في ذلك حزب الجبهة إلا ان إجراءات شاذة وقعت على أعضاء حزبنا وقادته دون بقية الأحزاب دون إبداء الأسباب قفلت جريدة الميدان في الوقت الذي سمح فيه لكل الصحف الحزبية بمعاودة الظهور، وقبل أن يمضي على الإنقلاب دبرت حملة من الاعتقالات شملت رئيس الحزب وعديد من زعماء الجبهة وتوالت أخيراً الاعتقالات دون سبب مفهوم وأصبح أعضاء الجبهة يساقون إلى مراكز البوليس لأخذ صور لهم وكأنهم من عتاة المجرمين وهكذا أصبح معروفاً منذ أول أسبوع أن الأنقلاب العسكري يناصب حزب الجبهة العداء في الوقت الذي خصص فيه من أموال الشعب معاشاً مترفاً لرئيس الوزراء السيد عبد الله خليل الذي أعلن قبل يوم من الانقلاب وقد سألته الصحف عن مقالة نشرتها جريدة النيويورك هيرالد حول اعتماده على الجيش بأن الذين يتحدثون عن احتمال انقلاب لا يعرفون أخلاق السودانيين التي تتعارض مع الإنقلابات.

إذن ما هي الأسباب التي دفعت لتدبير حملة على حزبنا من بين جميع الأحزاب ولم يمضي إسبوع على الإنقلاب؟ هل لأن منشورات صدرت من الحزب الشيوعي والبوليس يتهمنا بها؟ إن منشورات الحزب الشيوعي التي

يوزعها ويرسلها لكل المهتمين بالشئون السياسية لم تظهر إلا بعد أكثر من شهر على الإنقلاب ألا تؤكد هذه أن النظام الراهن كان يضمر العداء لحزب الجبهة من بين جميع الأحزاب وأننا كنا سنقدم للمحاكمة فور حدوث الإنقلاب لو تمكن البوليس من إنتهاك حريتنا الشخصية.
أما الحديث عن إدارة الحزب الشيوعي السوداني فعلى الإتهام أن يثبت ذلك، ونحن نرى أن ذلك مجرد ستار لمحاكمتنا على رأيننا المعروف سلفاً في النظام العسكري الراهن وأنا شخصياً لم أخف رأيي. فما من قوة على الأرض تستطيع إجبار رجل حر على ذلك وقد وضحت رأي كله في إنقلاب ١٧ نوفمبر لعضوين من المجلس الأعلى العسكري خلال شهر أبريل المنصرم عندما جمعتني بهما بهما الظروف لم أنافقهما كما يفعل الكثير لأن لي وازعاً من مبادئ ورجولتي ولم أجاملهما لأن المجاملة في المبادئ ضعف ما بعده ضعف.

يا سعادة القاضي إننا نعاقب على رأينا المعروف في الانقلاب قبل شهرين من حدوثه والذي جاهدنا كثيراً لمنعه لإيماننا بأنه مضر بقضيتي الاستقلال والديمقراطية وأعاقب لأنني لن أغير رأيي الشخصي فما خلق الرجل الذي يجبرني على ذلك بعد، وسيتغير رأيي فقط حينما يطرأ تغيير جوهري في سياسة الحكم في طريق الديمقراطية وإنهاء كافة القيود التي كبل بها استقلال البلاد.
كل هذه الحوادث التي وقعت على أعضاء حزب الجبهة زادتني إيماناً بأن شيئاً ما يدبر وأن الإعتداءات المتكررة على حريات مواطنين عرفوا بدفاعهم المستميت عن استقلال السودان ما هي إلا مقدمة لخطب جلل يصيب الاستقلال.
وكما قال شيكسبير "ما الفترة التي تفصل بين التدبير والإقدام على إرتكاب الإثم إلا كليل من الشك مظلم أو كحلم مزعج مخيف." هل الدعوة للنظرية الماركسية مخالفة لتقاليد بلادنا كما يدعي البعض؟
في هذه الأيام كثيراً ما نسمع عبارة التقاليد السودانية يرددها البعض دونما سبب، مظهرين العطف عليها وكأنها قطعة زجاجية معرضة للكسر أو كأنها وردة يجرح النسيم خدودها والغريب في هذا التباكي والعطف المصطنع يصدر من أولئك الذين داسوا على التقاليد السودانية وكأنهم يقتلون القتيل ويسيرون في جنازته مدعين بأن الفكر الشيوعي هو الذي قتل التقاليد

السودانية والغريب في أمر هذ النفر أنهم صمتوا عندما كانت التقاليد السودانية تتعرض لأكبر محنة عندما كان الاحتلال البريطاني يدوس على كرامة وطننا فيومها صمت هؤلاء صمت القبور وعاشوا ينفذون في مسكنة كل توجيهات رؤسائهم الإنجليز وأوامرهم أين الرجولة والشهامة التي هي على رأس التقاليد السودانية؟ لقد وقف الرجال ذوو الفكر الشيوعي والوطنيون في رجولة وثبات ضد المحتلين الإنجليز لم ينكسوا الجباه ولم ينفذوا أمراً للمستعمرين وهذه هي التقاليد السودانية التي حق لنا أن ندافع عنها.

إننا نفهم التقاليد السودانية متركزة في حب الحرية والكرامة والصراحة والشهامة وفوق كل ذلك في قولة الحق، ونفهم أن هذه التقاليد انحدرت إلينا من المجتمع القائم على الملكية الجماعية للقبيلة فتأصلت في نفوسنا ولكن هذه التقاليد عرضة للإنهيار بالتدريج إذا تحطم أساسها واندفعت البلاد في طريق الأنانية والفردية التي تعبر عن المجتمعات الرأسمالية والأقطاعية. والذين يقودون البلاد في هذا الطريق هم المسئولون عن ضياع القيم التي نعتز بها وهذا ما جرى للكثير من البلدان التي سارت في ذلك الطريق المؤلم الذي تحف به الأشواك من كل جانب لا أظن عاقلاً يستطيع اتهام الفكر الشيوعي بهذه التهمة فليفتش الباحثون عن غيرنا في هذا السبيل.

إننا نقول الحق ونقول للأعور أنت أعور معبرين بذلك عن أسمى القيم السودانية والقيم البشرية ولكن أذا أصبحت في بلادنا دولة بوليسية فإن قولة الحق تصبح في محنة وتضرب تقاليدنا السودانية في الصميم، والإنسان لا يحتاج اليوم إلى مجهود كبير ليرى إنصراف البعض عن الوقوف بجانب الحق ففي الصحافة السودانية الكثير من الأمثلة لذلك بالرغم من احترامي لبعض الأخوان الصحفيين وتقديري لظروفهم. أذكر أنني كنت أتابع في صحيفة ما حملات عنفية على المعونة الأمريكية أيام الوزراة السابقة ولكن بعد أيام من حدوث الانقلاب العسكري وقبول العون الأمريكي قرأت لنفس الكاتب مقالة يتكلم فيها عن الجانب الإنساني في المعونة الأمريكية وقد تألمت يومذاك لأنني اعرف جيداً خطر هذا الطريق على تقاليدنا وأعرف الألم الذي عاناه الأخ الكاتب وهو يكتب أمراً ضد رأيه ومعتقداته.

لا افتخار إلا لمن لا يضام　　　مدرك أم محارب لا ينام
واحتمال الأذى ورؤية جانيه　　　غذاء تضوي به الأجسام
ذلك من يغبط الذليل يعيش　　　رب عيش أخف منه الحرام [١٣٧]

هذا هو الخلق السوداني المنحدر إلينا من تراث العرب وقد ضمته أرض أفريقيا وغذته. إن الذين يحاربون الفكر الماركسي ويبنون بليل جهاز دولة بوليسية ويتفننون في التشريعات ضد "المبادئ الهدامة" كما يقولون هم الذين أيضاً يسمحون بأن تجري تحت أعينهم وسمعهم عمليات هدم تقاليد السودان، فالإنحلال الذي طغت موجاته في المدن لا يجد علاجاً بل هو في نطاق القانون وإحراز كتاب ماركسي مدعاة إلى الحجز في السجن التحفظي وألتقاط الصور والبصمات بينما يلاقي من ينشرون المبادئ الخليعة الهدامة يتغني بها الشباب في الأماكن العامة مثل:"(يا أستاذ بالقزاز – وفي الدروس ما فيش ممتاز، واللي يجينا نصيبه عكاز ويا سحسوح جيناك" يلاقي هؤلاء حماية القانون لأنهم ضمن تقاليد السودان. أية سخرية وأي قلب للأوضاع هذا؟

لم يقف الفكر الماركسي في السودان موقفاً سلبياً إزاء الإنحلال الذي بدأت موجاته تكتسح أوساط بعض الشباب نتيجة للثقافات السينمائية الضارة وعدم عناية الدولة بهم والضائقة الاقتصادية التي تعانيها البلاد.

فعمد الشباب الذي انتهل من منابع الثقافة الماركسية إلى العمل دون ضجيج وساهم في تأليف حركة الشباب متسمة بالجد من تعليم ورياضة وفن رفيع وبقيت حركة الشباب في إزدهار وسجلت عضويتها ما يربو على العشرة ألف منتسب في فترة قصيرة. وكان من الممكن ان تؤتي ثمارها، لأنها حركة اختبارية لا رسمية نابعة من الصفوف لا بموجب قرار رسمي، لولا ان امتدت إليها أيدي محاربي المبادئ الهدامة فعطلوا نشاطها وفتحوا الطريق أمام حركات "يا استاذ بالقزاز ويا سحسوح جيناك ".

إن الحادبين على تقاليد السودان يجب ان يفكروا بعمق في موضوعهم فكم من أمم تحدثت عن تقاليدها ثم فقدت الكثير منها عندما سلكت طريقاً خاطئاً، والاشتراكية التي أدعو لها هي التعبير الحديث للتقاليد السودانية فما من صفة نفخر بها إلا وقد ورثناها عبر التاريخ من عهود ملكية القبيلة لوسائل الإنتاج حيث يعيش الناس في عهد الجماعة يساعدون بعضهم البعض ويتعاطفون ولا يخافون على غدهم وتنصهر مصلحة الفرد في المجموعة فلا أنانية ولا حسد بل حب للمجموعة وكرم فياض وإذا سارت بلادنا في طريق التملك الرأسمالي الفردي نتيجة لكبت رغبة الشعب فإن جميع هذه المعاني تتعرض للإنهيار وإذا أردنا مثلاً حياً لذلك فلنقارن بين الوضع في المدينة السودانية وبوادينا لنرى الفرق. نعم أن عجلة التاريخ تسير إلى

الأمام ولكن طريق التقدم ليس هو النظام الرأسمالي الفردي بل هو الاشتراكية التي تنتقل بمجتمعنا القبلي إلى نظام الملكية الجماعية الحديثة فتعم بقيمنا الحقة وتقاليدنا مع التقدم المادي الهائل. إن مشاهداتي في أوربا تؤكد ما أذهب أليه، ففي أوربا الرأسمالية تقدم مادي وصناعي كبير ولكن الفردية تسيطر على كل شئ والنجاح في الحياة يعني نجاح الفرد في تحطيم أخوانه والصعود على أشلائهم، وأن يرمي غيره "ويرمي في جهاد العيش غير مقفل" كما أشار شوقي أما أوربا الأشتراكية فإنها أصابت نفس التقدم المادي وفاقت في كثير من النواحي ولكنها احتفظت بكل القيم الإنسانية الطيبة في محبة الغير والكرم وما ذلك إلأ لأن الإنسان لا يخشى غده وطريق النجاح هو التكاتف مع المجموعة لا صراعها.
طريقان لا ثالث لهما لكل من يفكر في مستقبل هذه البلاد والمحافظة على تقاليدها الحسنة وتطور استقلالها: طريق الرأسمالية وهو طريق لا منفذ له وطريق الاشتراكية الوضاء:

أمامك فأنظر أي نهجْيك تنهج   طريقان شتي مستقيم وأعوج[١٣٨]

وإذا كان السودانيون يمتازون باحترام أنفسهم والصراحة في الحق فقد انعكس هذا في تمسكهم بنظام الشورى الذي هو لب الديمقراطية منذ عهود بعيدة تضرب في أعماق التاريخ فملوك كوش القدماء كان ينتخبهم زعماء القبائل وملوك الفونج وشيوخ العبدلاب كانوا يختارون بنفس الطريقة والقبائل نفسها قبل الاحتلال الأجنبي التركي ثم الاحتلال البريطاني كانت تختار زعماءها ولا يفرضون عليها. فالذين يطعنون في الديمقراطية اليوم يوجهون طعناتهم إلى تقاليد السودان التي يتباكون عليها. إن البعض يحاولون أن يوهموا الناس ان الديمقراطية هي نظام غربي لا يصلح لنا صحيح ان الديمقراطية البرلمانية نشأت في الغرب مع الثورة الرأسمالية وإنهيار العهد الإقطاعي، ولكننا كنا نمارس مضمون الديمقراطية القائم على الشورى قبل ذلك العهد بكثير جداً.
إن النظام البرلماني ليس بدعة لا تصلح إلا للغرب كما يقول البعض وليس هو مرتبطاً بمستوى التعليم كما يزعم آخرون، فقد جرت في بلادنا انتخابات كانت نسبة الناخبين فيها أعلى بكثير من بعض البلاد الأوربية وشعبنا رغم تفشي الأمية عرف مصالحه أكثر من بعض الشعوب الأوربية المتعلمة التي تأتي بأحزاب المحافظين للحكم، إذ أن الشعب السوداني تمكن من انتخاب أغلبية وطنية في برلمان ١٩٥٤م حققت الجلاء والاستقلال.

إن اشتراك الشعب اشتراكاً واضحاً في حكم بلاده بوساطة ممثلين منتخبين أصبح حقاً لكل الشعوب أما الوصاية على شعب ما وحرمانه من ذلك الحق فدعوة منهارة مهما أتعب أصحابها الذهن في تسميتها بأسماء براقة وهذه سنة التطور الإنساني التي لن يستثني منها شعب السودان.

إنني أؤمن بكافة حقوق الشعب الديمقراطية وأرى أن نظام حكم الفرد في بلد كالسودان متعدد القوميات لم تتلاحم أجزاؤه يهدد وحدة البلاد بخطر ماحق وخاصة في مشكلة الجنوب التي تتطلب الديمقراطية حلاً وليس القوة والتعسف والقرارات الإدارية الفردية، تتطلب التراضي والتطور الحر للقوميات في السودان في ظل وطن واحد مشترك بين الكل اشتراكاً على قدم المساواة.

والنظام البرلماني في السودان لم يفشل في بلادنا كما يدعي البعض نفاقاً وتهرباً من قولة الحق بل نجح إلى حدود بعيدة فعن طريق البرلمان استطعنا أن نحقق أعز أمنيتين راودتا الوطنيين وهما الجلاء والاستقلال. صحيح أن الفساد كان موجوداً في البرلمان ولكن هل كان النظام البرلماني أصل الفساد؟ كلا، إن أصل الفساد كان يمكن في تدخل المستعمرين في شئون بلادنا، وما الحوادث التي أوردتها الصحف وقتها حول الحفلات التي كان يقيمها رجالات السفارات الاستعمارية لبعض النواب والاتصالات المريبة التي كانوا يقومون بها لخدمة أغراضهم إلا صورة لذلك الفساد ولكن النظام البرلماني انتهى فهل انتهى نشاط تلك السفارات؟ انهم مازالوا يفعلون ما كانوا يفعلونه بالأمس بتغير بسيط هو انتقال ذلك النشاط إلى دوائر أخرى والفساد أصله طبقات غنية تسيطر على بعض الأحزاب وتفسد بعض النواب بالمال الحرام وتعميهم عن مصالح الناخبين وتحولهم إلى رجال (نعم) وإلى أمعات ولكن النظام البرلماني انتهى فهل انتهت تلك الطبقات من الإقطاعيين والأثرياء؟

إنهم مازالوا يباشرون نشاطهم فساداً وتخريباً للذمم في محيط آخر وإذا كنا نريد محاربة الفساد فيجب اقتلاع الأصل واجتثاث جذوره، وسيبقى الفساد ويستفحل طالما بقيت طبقات الإقطاعيين واستمر نشاط المستعمرين وخبرائهم الفنيين في بلادنا، إن البرلمان هو مرآة تعكس القبيح والجميل في ظل الديمقراطية والعقل يقول إذا لم تقبل نفسك رؤية القبيح في المرآة فأبعده عنها، ولا تكن كالطفل فتحطم المرآة وتصبح كالمنبت لا أرضاً قطع ولا ظهراً أبقى.

وبالفعل كان النظام البرلماني يسير نحو الإصلاح والكمال إذ أن النصف الأخير من عام ١٩٥٨م شهد تمرد النواب على قادة أحزابهم وخاصة في موضوع المعونة الأمريكية مقدرين مصلحة الناخب لا مصلحة حفنة من السياسيين المرتزقة وبرزت كتلة كبيرة من نواب الجنوب تقف في إصرار ضد الإغراء والمال الحرام وبهذا إبتدأت السلطة التشريعية تعلو السلطة التنفيذية وكانت المصلحة الوطنية توجب هذا التقدم للأمام وقد ساهمنا نحن في الجبهة المعادية للأستعمار مع كل الوطنيين وأنصار الديمقراطية في ذلك الإتجاه، وفي هذا الوقت لا غيره وفي الساعات التي إبتدأ فيها النظام البرلماني يسير في طريق أقرب إلى الصواب حدث الانقلاب العسكري صباح ١٧ نوفمبر.

إن الديمقراطية في نظري هي الضمان لمكافحة الفساد فما من قوة تستطيع مراقبة الفساد واجتثاثه غير رقابة الشعب ولا رقابة للشعب إلا إذا تمتع بحرياته كاملة وأصبحت له سلسلة تغير الحاكمين والفساد هو الفساد إذا جاء عن إغراء ووعد أو عن تهديد ووعيد.

واخيراً أود أن أشير إلى (إتهام) سمعته كثيراً لنشاطي الشخصي في التبشير بالاشتراكية الماركسية من بعضهم فهم يقولون أنها فكرة مستوردة والعجيب أن الذين يتكلمون عن استيراد الأفكار يتكلمون وهم يدخنون التبغ الإنجليزي ويعاقرون الويسكي الاسكتلندي ويشربون البيبسي كولا ويركبون العربات من طراز الشفروليه والهمر ويقرأون آخر عدد من جرائد التايمز وربما قالوا تعليقهم نفسه باللغة الإنجليزية، تحلونه يوماً وتحرمونه يوماً. إن سنة التطور تقضي في عالم اليوم أن نأخذ من غيرنا من الشعوب أحسن ما عندها والمعرفة الإنسانية رصيد لكل البشرية.

والنظم القائمة في السودان مستوردة فنظام الإدارة الحكومية والتعليم الغربي والتنظيم الاقتصادي كلها من الخارج. إن الفكرة الشيوعية نتاج لنضال الشعوب للخروج من الضيق وتحكم الملكية الفردية وهي فكرة تتماشي في اتجاهها مع أماني بلادنا الوطنبة ومع طريق الاشتراكية الذي سيسلكه شعبنا حتماً نأخذ منها كل ما يناسب تطور بلادنا وتقدمها وتقاليدها ويرفع الشقاء عن كاهل شعبنا. أما الأفكار المستوردة بحق فهي التي تسندها دول معينة وتخصص لها الأموال وتحول الناس إلى عملاء لا إرادة لهم متجردين عن الوطنية وأماني شعبهم وهؤلاء يبحث عنهم في غير أوساط الرجال ذوي الفكر الاشتراكي الماركسي. فالأتحاد السوفيتي الذي وقع على شعبه العظيم

واجب بناء أول دوله اشتراكية ليس بين الدول التي تخلق العملاء لأنه لا يضم بين حدوده احتكارات رؤوس أموال تطمع في استعمار الشعوب الأخرى فتمهد لذلك بالعملاء والجواسيس ولكنه دولة اشتراكية انبثقت من النضال ضد الاستعمار والرأسمالية والإنتصار على شرورهما والاتحاد السوفيتي هو الصديق المخلص لشعب السودان إذ آزره في الأمم المتحدة عام ١٩٤٧م حينا وقف ضدنا أصدقاء اليوم في نظر البعض والاتحاد السوفيتي هو الذي وقف إلى جانب العالم العربي في كل محنة ألمت به ولهذا فهو صديق أمين لجمهوريتنا.

يا سعادة القاضي:

هذا هو طريقي وهذا هو نشاطي الذي يحاول الاتهام أن يعطيه ظلالاً يريدها هو ويشتهيها، هذه هي فلسفتي في الحياة ومن أراد إقناعي بغيرها فليعرض بضاعته. ولا أظنني أقتنع بفلسفة أرسلت الوطنيين الشرفاء إلى السجون وظلت تحاول كتم حريتي الشخصية أكثر من نصف عام ثم ألقت بي في الزنزانة شهوراً فليبحثوا عن غيرها.

الشيوعيون يهزأون بالمجالس العسكرية:

وشهد عام ١٩٦٠م وعام ١٩٦١م تشكيل المحاكم العسكرية الإيجازية التي تبت في القضايا بسرعة ولا تعطي المتهم حقاً في الدفاع عن نفسه بواسطة محام ولا تسمح بحضور المحامي إلا كصديق يساعد المتهم دون أن يتدخل في سير القضية، وأصبح شيئاً عادياً في المحاكم الإيجازية طرد المحامين الذين كانوا يحضرون كأصدقاء وذلك ما حدث في محاكمة الشيوعيين والديمقراطيين في عطبرة خلال شهر أكتوبر عام ١٩٦١م.

وقد اضطر المحامون في أكثر الأحيان للأنسحاب احتجاجاً على الإجراءات التعسفية وعلى انتهاك القانون بل حدث أن اعتقل الأستاذ الحاج الطاهر المحامي [١٣٩] وهو يؤدي واجبه في الدفاع عن حسنين حسن وسليمان حامد بالأبيض واحتجت نقابة المحامين احتجاجاً شديداً على هذا العبث الفظ بأبسط قواعد العدالة والقانون.

وشهد عام ١٩٦١م بالذات سيلاً من هذه المحاكم العسكرية الإيجازية ومزيداً من نقل القضايا من المحاكم المدنية إلى المجالس العسكرية ومزيداً من انتهاك الحقوق القانونية مثل حق مناقشة شهود الاتهام وإلقاء خطبة الدفاع كما حدث لحسنين حسن وسليمان حامد وقد شكلت المحاكم بعد تحركات

أهالي حلفا وعقب مظاهرات الطلبة والعمال تأييداً لأهالي حلفا وعقب مظاهرات الاحتجاج على اشتراك الدكتاتورية في جريمة اغتيال لوممبا وعقب إضراب السكة الحديد وبعد اعتقال زعماء المعارضة وبلغ عدد المجالس العسكرية خلال شهري يوليو وأغسطس عام ١٩٦١م أربعة وبلغت جملة الأحكام ضد المناضلين في أم درمان والأبيض ٥٦ عاماً.
ولكن تلك المحاكم شهدت أيضاً سخرية الشعب بها وبحكومتها. لقد بدأ التحدي لهذه المحاكم على أيدي الشفيع أحمد الشيخ ورفاقه يوم أن صاحوا في وجه المجلس العسكري الذي شكل لمحاكمتهم.
"دوسوا على هذه القوانين بأحذيتكم القوية لأنها القوانين والمحاكم التي أعدمت رفاقكم في السلاح عام ١٩٢٤م ولأنها لن تثنى شعبنا عن مواصلة كافحه"
وفي المحاكمات وقف المناضلون يسخرون من المجالس العسكرية وسطوتها المفتعلة ويعلنون أنهم لا يعترفون بها لأنها محاكم غير قانونية وغير شرعية ولأنها تستمد وجودها من نظام هو نفسه غير شرعي ومعاد للشعب وفي المجلس الذي شكل لمحاكمة المتظاهرين احتجاجاً على اعتقال زعماء المعارضة عام ١٩٦١م وقف طالب الثانوي أسامة عبد الرحمن النور[١٤٠] ليقول للمحكمة "يشرفني بل يسعدني أن أكون متهماً بالإخلال بمادتين هما في الواقع ضد حقوق الإنسان الطبيعية. وأؤكد عدم اعترافي بهذه المحكمة وقراراتها" كما وقف المناضل محجوب محمد أحمد في نفس المحكمة ليقول "أنني أؤمن بالعمل الذي قمت به وواع بالعمل الذي قمت به عن مبدأ لذا فلن أطلب الرحمة لقد اشتركت في المظاهرة من البداية إلى النهاية ورددت جميع الهتافات المعادية للدولة" ووقف المناضلون أنور زاهر ومكي تالو وعبد المجيد شكاك[١٤١] وأحمد الرشيد وعبد الله هاشم عبد السلام وحسن عبد الرحيم كرار وفحل زين العابدين وعلي عثمان ليقولوا إن هذه المحكمة غير شرعية وغير قانونية وتمسكوا بالهتافات التي رددوها في المظاهرة وهي "عاشت الجبهة الوطنية – تسقط عصابة ١٧ نوفمبر – أطلقوا سراح المعتقلين – الجبهة الوطنية طريق الخلاص".
وفي عطبرة وقف المناضل عثمان الحسن ليصفع المحكمة العسكرية في تحد وإصرار "إنني عضو محترف في الحزب الشيوعي السوداني وأعمل جاهداً لتحقيق أهداف الحزب بكل أمانة، وأعمل للإطاحة بالوضع وأعمل جاهداً لتحقيق أهداف الحزب بكل أمانة، وأعمل للإطاحة بالوضع الراهن".

وفي الخرطوم وقف المناضل حسن بلال يواجه تهمه توزيع تذاكر لجمع تبرعات للحزب الشيوعي ودافع عن جمع التبرعات ورأى فيه واجباً وطنياً عالياً وهاجم الدكتاتورية هجوماً عنيفاً كما هاجم قانون الطوارئ واعتقال الوطنيين تحفظياً وعندما نبهه رئيس المحكمة العسكرية لحصر دفاعه في التهمة قال أن الحكم قد صدر ضده سلفاً.

وفي أم درمان وقف المناضل عثمان عبد الرحمن (كط) يعلن عضويته في الحزب الشيوعي السوداني ومساهمته الإيجابية في كل عمل للحزب للإطاحة بالنظام الدكتاتوري وقال "أنني لا أطلب الرحمة فالرحمة للضعفاء" أما أنا فأستمد قوتي من عدالة قضيتي، وفي ختام مرافعته قال "أنني أناشد جميع الضباط الأحرار في جيشنا إلا ينحدروا إلى هاوية الخيانة فإن قبولهم لهذه المحاكم تلطيخ لشرف الجيش السوداني الباسل عاش ضباطنا الأحرار عاش الشعب السوداني المناضل، عاش الحزب الشيوعي طليعة المناضلين".

وفي يوم الخميس الموافق ١٩٦٢/٩/٢٠م جرت في قاعة المحكمة العليا بالخرطوم محاكمة خمسة من المناضلين الشيوعيين أمام مجلس عسكري إيجازي عال، ولقد خشيت الدولة من جرأة الشيوعيين ومواقفهم الدائمة في الدفاع عن مصالح الشعب أمام المحاكم العسكرية فأصدرت أمراً بمنع الصحف من الإشارة إلى موعد المحاكمة ثم أرسلت أمراً مكتوباً إلى جميع الصحف تمنع فيه نشر دفاع الشيوعيين أمام المحكمة وهذا نص الأمر :

جمهورية السودان

في ١٩٦٢/٩/٢٠م نمرة/وأع/١٦٠٢١٥

السيد رئيس تحرير

نرجو أن نلفت أنظاركم إلى عدم التعرض بالنشر أو التعليق على محاكمات الشيوعيين الذين تقدموا بعريضة للحكومة وقدموا للمحاكمة أمام محكمة عسكرية اليوم.

مدير وزارة الاستعلامات والعمل.

لقد اعتقل هؤلاء المناضلون الشرفاء وفيهم عبد الرحمن عبد الرحيم الوسيلة والتجاني الطيب بابكر عضوا اللجنة المركزية للحزب الشيوعي السوداني واحمد حبيب عضو الحزب الشيوعي السوداني، اعتقلوا في الرابع

والعشرين من مايو الماضي بموجب أمر إداري من وزير الداخلية. وقد رفعوا عريضة للسلطات يحتجون فيها على اعتقالهم ويطالبون بالإفراج عنهم وهذا نص العريضة.

"السادة أصحاب المعالي رئيس وأعضاء المجلس الأعلى للقوات المسلحة

نحن المواطنون المعتقلون بقانون التحفظ بسجن كوبر نريد أن نقرر الأتي:

أولاً: خلال ثلاثة سنوات ونص أتضح أن سياسة المعتقلات سياسة فاشلة وأنها تزدنا إلا تمسكاً بالدفاع عن حق الشعب في الديمقراطية والحرية.

ثانياً: في جميع البيانات التي صدرت عن الحكومة إشارة إلى الأستقرار واستتباب الأمن وقد اعتقلنا بحجة تعكير صفو الأمن فأما أن تكون تلك البيانات لا تطابق الحقيقة وينهض ذلك دليلاً على عجز هذا النظام عن حكم البلاد وعلى وجوب تنحيته وأما أن تكون صحيحة فنخرج من هنا.

ثالثاً: نحن نكافح ضد الاستعمار الأمريكي والألماني والبريطاني وضد سلب حقوق الشعب الديمقراطية ومن أجل المحافظة على الاستقلال الوطني والازدهار الاقتصادي والثقافي في البلاد وهذا امتداد لرسالتنا التي قمنا بها لطرد المحتلين البريطانيين في وقت تعاون فيه الآخرون مع الاستعمار ضد الحركة الوطنية، لذا فنحن أحق بأن نكون طلقاء. ومن سخرية الزمن أن المجرمين الحقيقيين الذين ينهبون خيرات البلاد ويعتدون على حقوق الشعب ويسيئون إلى سمعته في الداخل والخارج ويعتدون على شرف الناس طلقاء.

رابعاً: في المحاكم العسكرية والمدنية وفي عرائض مئات المعتقلين والسجناء وفي برقية المعارضة التي استنكرت الجريمة التي ارتكبت ضد المواطن حسنين حسن أكد زملاؤنا في الكفاح العجز التام للوضع الراهن عن إجبار الإحرار على التخلي عن أهداف الشعب بالاعتقال والسجن والنفخ والشنق وأخيراً نحملكم مسئولية استمرار اعتقالنا ونطالب بإطلاق سراحنا فوراً."

إمضاءات

سلمت لسلطات السجن يوم الأحد ١٩٦٢/٦/٣م

قلد رفضت السلطات القضائية المدنية أن تحاكم هؤلاء الوطنيين الشرفاء لأن ما جاء في العريضة لا يدينهم وفجاءة شكلت المحكمة العسكرية بصورة سرية وعاجلة ومنعت الصحف من مجرد الإشارة إلى تشكيل المحكمة بالصورة التي بيناها آنفاً.

المحكمة العسكرية تنعقد في الظلام
لا نعترف بهذه المحكمة.
وانعقدت المحكمة العسكرية صباح الخميس ١٩٦٢/٦/٢٠م وفي بدايتها اعترض جميع المتهمين الذين حرموا بموجب القانون العسكري بممارسة حقهم المقدس في وجود هيئة قانونية للدفاع عنهم وأعلنوا جميعاً أن السلطة التي شكلت المحكمة سلطة غير دستورية لأنها تحكم البلاد دون دستور يرعى حرية الشعب.

دفاع مجيد
ورفض اعتراضهم بالطبع فأتخذ المناضلون الخمسة موقف الشيوعيين الأباة الأشداء الأمناء على مبادئهم وعلى قضية شعبهم فأحالوا المحكمة المزيفة إلى مظاهرة سياسية رائعة كشفوا فيها بكل شجاعة وقوة عن حقيقة العصبة الجبانة التي تحاكمهم في الظلام وأبرزوا فيها بصورة رائعة مواقف الحزب الشيوعي المشرفة الناصعة وكفاح شعبنا المجيد من أجل القضاء على حكم الخونة الأقزام ومن أجل عودة الحياة الديمقراطية لقد انقلبت المحكمة العسكرية وبالاً على الذين كونوها.

يحاكموننا لأرائنا التي نعتز بها
استهل الأستاذ عبد الرحمن عبد الرحيم الوسيلة المناضل المعروف وعضو اللجنة المركزية للحزب الشيوعي السوداني دفاعه قائلاً.
"إن الجريمة التي أقدم بموجبها أمام هذه المحكمة ليست هي العريضة كما يحاول الإدعاء أن يصور الأمر لكم من عرائض رفعناها من قبل ونحن داخل السجن مطالبين بحقنا في الحرية ومناضلين ضد قوانين الاعتقال الإداري ليس هذا إذن هو السبب ولكني أحاكم لأرائي لأني شيوعي. إنني أعلن بكل فخر أنني شيوعي أناضل في سبيل تحقيق مصالح الطبقة العاملة السودانية والشعب بأسره ومن أجل السلم وأتمنى وأعمل لكي أرى علم جمهورية السودان يرفرف بين أعلام الدول الإشتراكية."
وأستطرد المناضل البطل عبد الرحمن الوسيلة قائلاً: "لقد كافحت من قبل بحزم ضد الاستعمار البريطاني وتعرضت للسجون والإضطهاد ولكن كفاحنا توج بالاستقلال في مطلع ١٩٥٦م وبعد ذلك التاريخ ونحن نناضل لكي تسير بلادنا في طريق التطور المستقل في سبيل الازدهار الاقتصادي الذي تعود مصالحه للجماهير العاملة التي تعيش في بؤس لا يطاق اليوم وفي سبيل التطور الثقافي وفي سبيل السلم العالمي. إننا نرى أن هذا العمل

الشريف لن ينجز ولن تسير بلادنا نحو الاشتراكية والسعادة إلا إذا توفرت للشعب حرياته وأجريت إصلاحات جذرية في العلاقات الداخلية من إصلاح زراعي وطورت جمهوريتنا علاقاتها الاقتصادية والثقافية مع المعسكر الاشتراكي صديقنا الأوحد والمضمون وركلنا جميع أشكال الاستعمار الجديدة."

وهنا أوقفت المحكمة الأستاذ الوسيلة وبدأ جدل حول حقه في الكلام، ثم أنتقل الأستاذ عبد الرحمن الوسيلة لشرح ما جاء في العريضة حول الإعتداء على الحقوق الديمقراطية للشعب وفضح في قوة القوانين والأوامر الاستثنائية التي وضعها النظام الراهن وصادر بموجبها حقوق الطبقة العاملة وجماهير الشعب في التنظيم في نقابات وجمعيات وحقوق التنظيم السياسي.

ثم انتقل الأستاذ الوسيلة بعد ذلك حول ما جاء في العريضة حول نهب خيرات البلاد فذكر أنه سيكتفي بإيراد مثال واحد يكشف هذه الحقيقة لقد تقدمت لبناء مساكن خشم القربة ثلاثة مؤسسات أحداها مؤسسة من جمهورية بلغاريا الشعبية وأخرى شركة بريطانية تسمي (تيرف) والثالثة ألمانية تسمي (فيلبس هالزمان) وبالرغم من أن السودان يكسب من وراء العرض البلغاري أكثر من ٣ مليون جنيه إلا ان الحكومة استجابت لضغط سفراء بريطانيا وأمريكا وألمانيا الغربية وأرسلت العطاء للشركة البرطانية وهنا تدخلت المحكمة لتوقف الأستاذ من الاسترسال في فضح الحكومة.

وواصل الناضلون الآخرون ما بدأه الوسيلة رغم المقاطعة المستمرة من جانب المحكمة ذاعراً هلعاً ورغم أن المحكمة أوقفتهم جميعهم من الاسترسال في دفاعهم ولم يجدوا الفرصة ليقولوا كل ما عندهم إلا أنهم لقنوا الطغمة العسكرية الرجعية درساً رائعاً لن تنساه وأكدوا لها أن الشيوعيين الأمناء والأبناء الأوفياء للطبقة العاملة والشعب لا يمكن أن ترهبهم او تسكت أصواتهم المحاكم العسكرية السرية.

وأمام محكمة مدنية عقدت في يناير ١٩٦٤م واصل المناضلان الشيوعيان محمد محمود ومكين ضحية التقاليد المجيدة التي اختطها الشيوعيون أمام المحاكم، فأعلنا في وضوح وقوة أنهما عضوان محترفان بالحزب الشيوعي السوداني وأنهما يعملان للإطاحة بالحكم الدكتاتوري الرجعي وأنهما يكرسان كل وقتهما لذلك العمل المجيد الذي يتفق تماماً ومصالح الطبقة العاملة والشعب.

وفي أواخر شهر يونيو ١٩٦٤م انعقدت محكمة كبرى لمحاكمة المناضلين محمد إبراهيم عبده وعبد القادر عباس والفاتح حسين رمضان وسمير جرجس وجابر عوض ومصطفى عثمان ولقد ألقى المناضل محمد إبراهيم عبده المرافعة السياسية التالية التي أثارت اهتماماً كبيراً في أوساط الرأي العام

السادة رئيس وأعضاء المحكمة الموقرة.

أود في بداية دفاعي هذا أن أطلب من هيئة المحكمة الموقرة ان يتسع صدرها لدفاعي هذا الذي قد لا يكون دفاعاً قانونياً بالمعنى الحرفي لهذه الكلمات إلا أنه أيضاً الدفاع الذي أراه مناسباً وأعتقد أن القانون يكفل لي حق الدفاع عن نفسي بالطريقة التي أراها متمشية مع ظروفي في هذه القضية السياسية والتي يجب لأعتبارات عديدة أن أتعرض فيها لبعض القضايا السياسية في البلاد والتي أدت في مجموعها لأن أقف أمام محكمتكم الموقرة في قضية من قضايا الرأي لا أعتبر نفسي مذنباً فيها بقدر ما أرى أن الظروف الحالية التي تمر بها البلاد تحاول تحريم مثل هذا النشاط الذي أقوم به رغم أنه يرمي لمصلحة البلاد وتقدمها وكلي أمل في أن أجد رحابة الصدر من محكمتكم الموقرة.

لقد أستهل النظام العسكري الراهن أعماله بحل البرلمان وجميع الأحزاب والمنظمات السياسية واتحاد العمال وأوقف الصحف وكل المؤسسات الجماهيرية التي كان الشعب يعبر بها خلالها عن رأيه ومطالبه وآماله بهذا الإجراء دمغ الوضع العسكري نفسه بالرجعية والعمل ضد مصالح الشعب التي ألتفت في ذلك الوقت لتوسيع الحريات الديمقراطية ولفتح الطريق أمام الشعب للتعبير بمزيد من القوة عن رأيه ضد المعونة الأمريكية وضد كل المشاريع الرجعية التي كانت تتبناها حكومة عبد الله خليل. إن هذا الانقلاب قد نفذ أساساً لحماية الرجعية والمصالح الاستعمارية التي كانت تواجه أعنف مظاهر المعارضة من قبل الجماهير الشعبية وعلى رأسها الطبقة العاملة التي عبرت خير تعبير عن موقفها في طليعة القوى الوطنية المناهضة للاستعمار وذلك بأضرابها الشهير في ٢١ أكتوبر سنة ١٩٥٨م. هذا الإضراب الذي هز مراكز الرجعية وكان سيؤدي إلى تحالف القوى الوطنية داخل البرلمان إلا أن هذه التطورات لم تستغل جيداً من قبل القوى الوطنية التي لم تعجل بالتقائها قبل ذلك مما أدى إلى وضع زمام المبادرة في

أيدى الرجعية وأستعملت سلاحها الجاهز في الجيش وهكذا ظهر للوجود هذا الوضع الدكتاتوري الحاكم.

منذ ١٧ نوفمبر ٥٨ وحالة الطوارئ قائمة في بلادنا وحرية الصحافة والاجتماع والتنظيم لم تكفل إلا في حدود ضيقة للغاية جاءت نتجة للنضال الذي شنه الشعب داخل الجيش نفسه. لقد أدت القوات الوطنية دورها الشجاع في محاولات عديدة لتغير هذا النظام المعادي لمصالح الشعب. وقد تكبدت هذه القوات الكثير من التضحيات المقدرة والتي سيذكرها التاريخ وصلت إلى حد المشانق والسجن المؤبد وغيرها من الأحكام التي تمتد إلى عشرات السنين. وقد كان للحزب الشيوعي السوداني فضل الوقوف في مقدمة الشعب ضد قوى الرجعية المسلحة وغير المسلحة وبذل الغالي في سبيل استنهاض كل قوات الوطنية الديمقراطية للعمل الموحد ضد الحكم الراهن وطيلة هذه المدة والحكومة تعمل من جانبها أيضاً على إيقاف هذا التيار الذي يهدد كيانها وقد اتبعت كل السياسات التعسفية الممكنة ضد قادة الشعب من الوطنيين والشيوعيين وشردت النقابيين واعتقالهم وسنت القوانين الرجعية وعلى رأسها قانون دفاع السودان الذي مكنها من اعتقال المواطنين دون محاكمة ونفضت الغبار عن القوانين التي سنها الاستعمار لمحاربة النشاط الوطني المعادي له ويشرفني كثيراً أن أقدم أمام هذه المحكمة لأحاكم تحت إحدى المواد التي سنها الاستعمار عام ١٩٢٤م لمحاربة نشاط جمعية اللواء الأبيض.

إن هذه الظروف قد فرضت على حزبنا أن يصبح حزباً سرياً وحرمته من الفرص القانونية للنشر ولذا كان من الضروري أن يلجأ حزبنا لكل الوسائل والسبل حتى يتمكن من توصيل رأيه لجماهير الشعب لكي يواصل أرتباطه بها والنضال في مقدمتها للدفاع عن مصالحها المسلوبة وإذا كانت سلطات الأمن تقدمني اليوم بتهمة استلام المال المسروق فإننا لا نلجأ لمثل هذا التصرف إلا نتيجة للوضع الذي نشأ بعد قيام الحكم العسكري الراهن وحرماننا من فرص الحصول على مثل هذه الاحتياجات بالوسائل العادية ولكن مع هذا لا يمكن لسلطات الأمن أن تثبت المصلحة الخاصة التي أجنيها من أرتكاب هذا الفعل. إن ما يبرر موقفنا كثيراً إننا نوجه هذه الإمكانيات لخدمة الصالح العام كما نراها من وجهة نظرنا ولا يمكن بأي حال مقارنة هذا الفساد الذي يجري اليوم والذي يجني ثماره أفراد معينون على حساب الشعب.

طيلة الخمس أعوام الماضية ناضل حزبنا بكل ما أوتى من قوة لاستنهاض الجماهير ضد هذا النظام الرجعي واستطاع الحزب مع الشعب إحراز بعض التنازلات من جانب الحكومة الرجعية فقد فرض العمال بفضل نشاط التيار الديمقراطي والحزب الشيوعي قانون عام ١٩٦٠م ومن بعد تمكنوا من كسب المزيد من الحقوق بعد مؤتمرهم الشهير الذي دعا لتعديل قانون عام ١٩٦٠م وإلغاء حالة الطوارئ وضرورة قيام اتحاد لهم ولكن هذه الحكومة تحاول أن تسحب بالطرق الملتوية ما تعترف به جهاراً وفعلاً فقد زيفت الحكومة قرارات مؤتمر العمال التاريخي وتمكنت من فرض لجنة لإتحاد العمال لا تجد السند من ممثلي العمال الشرعيين في المؤتمر ـ كما أنها قامت بمساندة هذه اللجنة بتزييف إرادة عمال السكة الحديد في انتخاباتهم الأخيرة بعد ما اجبروا الحكومة على إعادة النقابة من جديد. إن الحكومة بالضغط والارهاب والسجون والتشريد خلقت جوا من الرعب مما مهد الطريق لسيطرة العناصر الانتهازية بطرق ملتوية. إن التزييف والإجراءات غير الديمقراطية والتعسف ضد العمال والقادة النقابين هو السلاح الذي ترفعه الحكومة اليوم للنيل من وحدة الحركة النقابية في بلادنا ولكن لن يستمر الموقف في أيدي العناصر الانتهازية إلا إلى حين وستنكشف كل الخطايا أمام العمال ويومها لن ينفع الإرهاب والتزييف وستفرض الطبقة العاملة إرادتها كاملة. وتتبوأ القيادة الديمقراطية الشريفة مكانها الطبيعي في قيادة هذه النقابة التي قامت على أكتاف هذا التيار وجماهير المزارعين تمكنت حالياً من فرض الانتخابات التي تجري هذه الأيام ولأول مرة منذ حلول هذا النظام. لقد جمدت هذه الحكومة بواسطة العناصر الموالية لها وسط المزارعين اعمال هذا الاتحاد طيلة هذه الفترة ولكن المزارعين لم ينتظروا حتى تمنحهم الحكومة حق قيام اتحادهم من جديد بل أجبروهم على اتخاذ هذا الموقف وعلى كل التنازلات الأخرى التي تمت عن طريق نضالهم واضراباتهم. ولقد لعب الحزب الشيوعي السوداني دوره أيضا في حركة المزارعين هذه خاصة في مشروع الجزيرة حتى تجمع كل المزارعين خلف المطالب التي صاغها الحزب والنابعة من ظروف المزارعين وبذلك أكد حزبنا للطبقة العاملة السودانية اهتمامه البالغ ونشاطه العملي وسط جماهير المزارعين التي تمثل الغالبية العظمى لشعبنا. إن معركة الإثارة والتوعية والتنظيم التي خاضها الحزب الشيوعي وسط جماهير المزارعين قد كان لها أبعد الأثر في النتائج والمستوى الذي وصلت

له هذه الحركة اليوم وحزبنا سيواصل أداء رسالته هذه مهما كانت الصعوبات التي تعترض سبيله وبذا يضع الأساس المتين لتحالف العمال والمزارعين حول أهدافهم المشتركة.

ومن المؤسسات التي ولدت نتيجة لنضال شعبنا في الفترة الماضية المجلس المركزي. لقد حدد حزبنا منذ إصدار هذا القانون أن المجلس قد جاء نتيجة مباشرة لمعارك شعبنا ضد الدكتاتورية وبرغم أنه تنازل ضعيف أمام هذا الكفاح إلا أنه مكسب لابد من التمسك به والاستفادة منه نحو المزيد من المكاسب. إن التجربة العملية قد أثبتت أن بعض أعضاء هذا المجلس قد أثاروا كثيراً من القضايا الهامة وبحيوية بالغة وعبروا بمستويات متفاوتة عن القضايا التي تشغل بال المواطنين، إلا أن القانون الرجعي الذي يكبل هذا المجلس بحيث لا تصبح قراراته سارية إلا بعد موافقة الرئيس عبود، كل هذا ليجعل من المجلس حلقة للنقاش تنتهي إلى لا شئ وفي أحسن الظروف يمكن أن يكون هيئة استشارية للحكومة الحق في الأخذ بتوصياتها أو عدمه، وبالتالي لا يمكن أن يرتقي إلى مستوى الهيئة التشريعية الأولى في بلادنا ورغم احترامنا لبعض الأعضاء المعينين داخل المجلس، إلا أن مجلساً الأغلبية العظمى منه جاءت عن طريق التعيين لا يمكن أن يقوم بواجباته كاملة كهيئة تشريعية. إن المجلس المركزي بوضعه الحالي ليس هو الجهاز الديمقراطي الذي يريده شعبنا وهذا الحكم الدكتاتوري ليس من المتوقع أن يولد وضعاً ديمقراطياً من داخله وبمحض إرادته لأنه أساساً يتناقض مع المبادئ الديمقراطية التي يريدها شعبنا وقد جاء منذ البداية ليقف ضد الحريات الديمقراطية التي أكتسبها شعبنا من براثن الاستعمار.

إن ظروف الكبت والتعسف التي يعيش الشعب تحت وطأتها واستمرار القوانين المقيدة للحريات وابتكار قوانين رجعية جديدة، كل هذا ساعد ويساعد في انتشار الفساد في أجهزة الدولة والخدمة المدنية نتيجة لفقدان الرقابة الجماهيرية ومن الهيئة التشريعية القادرة والصحف وغيرها، ودخول السفارة الأمريكية كعامل هام وأساسي في تحديد سياسة الحكومة قد مكن الأمريكان من التغلغل والسيطرة على كثير من كبار الموظفين في وزارة الداخلية والجيش والمالية سواء عن طريق البعثات إلى أمريكا أو قضاء الإجازات على حساب المعونة الأمريكية أو عن طريق الرشاوي المباشرة وغير المباشرة. وهذا الخطر قد شمل أيضاً الهيئة القضائية وتمكن من كسب عدد من القضاة العاملين في هذا السلك والذين أصبحوا عملياً

عملاء له يأتمرون بأمره ولا يمكن بالطبع ان يقيم عدالة من أصبح تابعاً للدكتاتورية العسكرية والاستعمار الحديث. وهذا هو مصدر الخطر بالنسبة لهذا السلك خاصة والحكم الراهن يستفيد من كل هذه العناصر الفاسدة كسند لابد منه لمواصلة سيره في طريق التبعية للاستعمار الحديث. إن الحزب الشيوعي السوداني يضع بين أهدافه الأساسية في برنامجه تطهير جهاز الدولة وتحريره وناضل لوضع هذا الشعار موضع التنفيذ منذ أن نلنا الاستقلال في مطلع عام ١٩٥٦م. هذا الجهاز أصبح الأن يعج بالعناصر الموالية للأستعمار والمرتبطة به بشتى الروابط ولا يمكن لأي نظام ديمقراطي يأتي في المستقبل إلا أن يضع في قمة واجباته مهمة تصفية هذا الجهاز المتعفن واستبدال الأغلبية العظمى من العناصر التي تتولى حالياً المناصب الرئيسية فيه، وجهاز الدولة الديمقراطي كما يشير برنامج حزبنا هو السند الأول لضمان حرية الشعب وحماية مصالحه. ومن القضايا الهامة ايضاً والتي لعب النظام الدكتاتوري فيها دوراً يرتقي إلى مستوى خيانة الوحدة الوطنية هي قضية الجنوب. إننا نقرأ ان هناك مؤامرات استعمارية تدور حول الجنوب ونقرا أيضاً دور الاستعمار الذي يؤديه القساوسة الأجانب في هذه المؤامرات ولكن إجراءات الحكومة في استعمال القوة وإشاعة الإرهاب الدموي في الجنوب لا يمكن أن تؤدي إلا إلى أبعد الأضرار بالنسبة لوحدة بلادنا. إن طرد القساوسة الأجانب خطوة إيجابية لكنها لا ترتقي إلى مستوى الخطوات الإيجابية المطلوبة لحل قضية الجنوب حلاً جذرياً. إن هذه القضية نجد حلها في الأساس بالطرق الديمقراطية مع ضرب القوات الموالية للأستعمار ليس في الجنوب فقط بل على نطاق القطر وهي على هذا الأساس لا يمكن ان تجد حلها بمعزل عن حل القضايا الأساسية التي تواجه بلادنا عامة.

هذه القضايا مجتمعة وقضايا اخرى هامة تدور جميعها حول محور الديمقراطية وتجد الحل لها بإشاعة الديمقراطية وإنهاء النظام الدكتاتوري القائم، إن شعبنا يتوق لنيل حرياته الديمقراطية كاملة ولكننا لا يمكن ان نمنى أنفسنا فقط والحزب الشيوعي السوداني يري أن الطريق لنيل الديمقراطية يمر عبر أنقاض هذا النظام العسكري، والشرط الأساسي لتحقيق هذا الهدف هو أن تتجمع كل العناصر الوطنية الديمقراطية وتوحد صفوفها. هذا الواجب الذي يطرحه حزبنا هو واجب شاق إلا أنه يمثل الطريق الوحيد والحكومة الحالية لا تستمد قوتها من داخلها بل تستمدها من

ضعف تنظيم الشعب، والحزب الشيوعي السوداني سيناضل مهما كانت التضحيات الجسيمة التي سيتعرض لها للوصول إلى أهدافه هذه التي تمثل الخير كل الخير لكل الجماهير العاملة من شعبنا. إن سياسة تكميم الأفواه المقصود منها إسكات صوت الشعب عن الدفاع عن مصالحه وحماية استقلاله وتحسين ظروف المعيشة. هذه الأهداف التي لا يمكن أن تتحقق جنباً إلى جنب مع الاستجابة لمطامع الاستعمار ومصالحه. لقد كفل النظام العسكري كل الظروف الملائمة لكي تصبح بلادنا مرتعاً لرؤوس الأموال الاستعمارية وهي ما ندعوه بالاستعمار الحديث. في هذه الأيام تتواتر الأنباء حول أخبار نشاط البنك الدولي في السودان فقد زارت وفود من هذا البنك الجزيرة والقضارف وجبال النوبة لبحث إمكانية مساهمة هذا البنك لتمويل مشاريع في هذه المناطق، وهذا البنك يمول حالياً مشروع المناقل وأقراض مصلحة السكة الحديد مبلغ ١٢ مليون جنيه وكونت لجنة تابعة له لبحث إمكانية تمويل الخطة العشرية كما قد ساهم في مصنع النسيج الجديد بالخرطوم بحري.

إن البنك الدولي هو مؤسسة مالية استعمارية تسيطر عليها أمريكا ومن بين المبلغ الذي يخصصه هذا البنك لقروض البلدان الحديثة الاستقلال تساهم أمريكا بمبلغ ٣١٢ مليون دولار من بين ٧٥٠ مليون دولار تدفع بقيتها الدول الغربية الاستعمارية الأخرى. من المفهوم أن سعر الفائدة لهذا البنك يساوي ٩٪ تقريباً ومعنى هذا بالتحديد أن القرض الذي استلمته مصلحة السكة الحديد وقدرة ١٢ مليون جنيه سيتستردها البنك مضاعفاً أي ٢٥ مليون جنيه في نهاية المدة المقررة لتسديدة والسودان اليوم قد أخذ قروضاً من هذا البنك فقط قدرها ٧٤ مليون دولار وسيسترردها البنك في السنوات القادمة مضاعفة والمجال للأستثمار في السودان مفتوح أيضاً للقروض من ألمانيا وبريطانيا وإيطاليا وغيرها. وقد بلغت هذه القروض في جملتها ٥٨ مليون جنيه سحبنا منها عملياً ٣٧ مليون جنيه وهذا الوضع سيفرض على بلادنا إلتزاماً بدفع ٥ مليون جنيه سنوياً لمدة العشرين عاماً القادمة حتى باستثناء القروض الجديدة التي ستجلب لتمويل الخطة العشرية. وقبل أيام دعا الرئيس عبود الشركات البريطانية للأستثمار برؤوس أموال في السودان وقال أن في الخطة العشرية فرصاً مفيدة لهذه الشركات وهذا مما شجع المستر بتلر لكي يعبر عن تشوقه لمقابلة وزير المالية السوداني ليبحث معه إمكانيات زيادة التعاون بين بريطانيا والسودان على ضوء الخطة

العشرية. وهذا يعنى أن بلادنا تسير نحو ارتباطات أعمق مع الاستعمار الحديث في السنوات العشر القادمة إذا قدر لهذه الحكومة أن تعيش عشر سنوات لتنفيذها. إن تمويل هذه الخطة يعتمد على القروض الأجنبية وإذا كنا قد دفعنا ٤٪ من قيمة صادراتنا لتسديد أقساط القروض المستحقة في عام ١٩٦٢م فإننا سندفع ١٢٪ من قيمة صادراتنا لكي نسدد الأقساط المستحقة عام ١٩٧١م، والخطة تكرس مائة مليون جنيه لمشاريع الري والزراعة مما لا يغير من طبيعة اقتصادنا الزراعي ويجعلنا نعتمد في عام ١٩٧١م أيضاً بمقدار ٦٠٪ من صادراتنا على القطن، وبالطبع أن هذه الخطة العشرية قد تم تخطيطها بموافقة الاستعمار الحديث فقد جاء في بيان لوزارة الخارجية الأمريكية (مراعاة لأهمية التطور الاقتصادي في هذا القطر وللحفاظ على نفوذ الولايات المتحدة عمومياً فإن الولايات المتحدة تقدم بعض العون إلى السودان لتنفيذ خطته العشرية للتنمية الاقتصادية والاجتماعية) وقد أشاد المستر بتلر بهذه الخطة أيضاً ونحن نتساءل هل انقلبت المقاييس وأصبح الاستعمار يهلل للدول التي تعمل للتحرر اقتصادياً من سيطرته.

ما تتبعه الحكومة في مجال الاقتصاد وما ارتبطت به من مواثيق مع الاستعمار الحديث قد بنى سداً منيعاً ضد المساعدات الصديقة من البلدان الاشتراكية لقد فسخ الاتفاق الذي تم مع بلغاريا الاشتراكية بخصوص قرى خشم القربة بالرغم من المميزات العديدة والسخاء الذي كان يتمتع به هذا الاتفاق، لقد اتخذت هذه الخطوة بعد ضغط من الاستعمار الحديث والسفارات الأجنبية نتيجة لخوفهم من أن يصبح تنفيذ هذا العرض وشروطه مثالاً حياً لما يمكن أن تقود له العلاقات الودية مع المعسكر الاشتراكي كما يحدث اليوم في مصر والجزائر واليمن وغيرها.

والرأي الذي أصدره حزبنا حول هذه المسألة قد ظهرت الآن وجاهته بعد المخالفات المجرمة التي ارتكبتها شركة تيرف والمضار التي تعرض لها النوبيون بشكل خاص. وهذا مثال حي يمكن أن تجرنا له سياسة التبعية الاقتصادية للأستعمار الحديث، وقد تبع هذه الفضيحة أيضاً فضيحة شركة كوكس وفضيحة الأموال التي صرفت على الأراضي التي لا تصلح للزراعة في المناقل والتخبط بخصوص خزان الروصيرص. السيطرة التي يفرضها الاستعمار الحديث على بلادنا لا تقف عند حد القروض بل وإمتدت كما كان متوقعاً إلى الأجهزة المخططة والموجهة للاقتصاد السوداني، فهناك خبراء أمريكان في وزارة المالية والبنك الصناعي والتجاري

والزراعي وسياسة هذه البنوك تسير وفق المخططات التي يراها خبراء الاستعمار الحديث الذين ليس لهم أدنى مصلحة في تحرير اقتصادنا بل ويعملون بجد لربطه أكثر بعجلة الاستعمار الحديث ولاستمرار مميزاته المختلفة، هذا التغلغل الاستعماري لم يقف عند حد استثمار رؤوس أمواله بل واصل نشاطه وسيطر على تجارتنا الخارجية لمصلحته، ففي الثلاث أشهر الأولى من عام ١٩٦٢ اشترينا من بريطانيا ما مقداره ١٠ مليون جنيه في حين أنها اشترت منا في نفس الوقت بمبلغ أربعة ونصف مليون جنيه وفي عام ١٩٦٣م اشترينا منها بمبلغ ٨ مليون جنيه في الثلاث أشهر الأولى مقابل ثلاثة أرباع مليون فقط. أما الولايات المتحدة ففي نفس المدة من عام ٦٢ اشترينا منها ١,٦ مليون جنيه مقابل ٤٤٤ ألف جنيهع أما في عام ١٩٦٣م عن نفس المدة فقد اشترينا منها بمبلغ واحد ونصف مليون جنيه مقابل لا شئ. وفي معاملتنا مع الاتحاد السوفيتي نجد اننا قد اشترينا منه في عام ١٩٦٢م ما مقدراه نصف مليون جنيه مقابل مليون جنيه وفي عام ١٩٦٣م اشترينا منه بمبلغ ٨٥٠ ألف جنيه مقابل حوالي ال٥ مليون جنيه.

من هذه الصورة يمكن أن نصل إلى أن الاتحاد السوفيتي يزيد من مشترواته منا باستمرار ويمد لنا يد العون عندما تقف منا الدول الغربية موقف المتفرج أما في مجال الواردات فإننا ننسى هذه الحقيقة ونشتري سلعنا من الدول الغربية فقط ولا نقابل بادرة الصداقة من قبل الاتحاد السوفيتي بما تستحقه من تقدير، وهذا الموقف ليس غريباً على هذا النظام الموالي للاستعمار والذليل أمام رغباته، ومن جراء هذه السياسة كان متوقعاً أن تعلن وزارة التجارة أن الميزان التجاري لغير صالحنا بمقدار ٩ مليون جنيه في الثلاث أشهر الأولى فقط من هذا العام.

إن الحزب الشيوعي السوداني عندما يفضح الأسس التي تقوم عليها سياسية الحكومة الاقتصادية لا يهدف للتحدث عنها بطريقة مجردة بل يحس بكل ألم بالنتائج المدمرة التي يعاني منها المواطن العادي. إن جماهير الطبقة العاملة عندما تطالب برفع الأجور وإلغاء الكثير من الضرائب المباشرة وغير المباشرة لخفض أسعار السلع الاستهلاكية الضرورية فإنها في الحقيقة تكشف لنا بجلاء الآثار الاقتصادية الحقيقية التي ترتبت على هذه السياسة المرتبطة بالاستعمار الحديث ـ ومزارعو الجزيرة وجبال النوبة والقاش وطوكر كل هؤلاء قد أصبحت الزراعة والإنتاج بالنسبة لهم تحت الظروف

الحالية عبئاً ثقيلاً يكبدهم كل يوم بالمزيد من الديون والالتزامات المالية دون مقابل واضح أو مستقبل يرجى منه. إن حركة العمال والمزارعين واضراباتهم ومظاهراتهم لم تكن على اقل تقدير إلا تعبيراً عن آثار الأزمة الاقتصادية التي تطحن شعبنا.
بنظرة عامة لميزانية الحكومة المركزية نجد أنها تسير في نفس الاتجاه العام وتلقي كل العبء على المواطن العادي الدخل. ففي ميزانية ٦٤/٦٣ قد تقلص نصيب الخدمات الهامة للشعب وازدادت منصرفات البوليس والجيش الخ.. كإجراء طبيعي تتطلبه سياسة الكبت والإرهاب فقد كان نصيب وزارة التعليم مثلاً ٥,٦ مليون جنيه أي انها زادت ٢٠٪ من ميزانية ٥٩,٥٨ أما ميزانية الجيش فقد ارتفعت إلى ٩ مليون جنيه بزيادة ٢٠٠٪ وميزانية الداخلية كان نصيبها ٣,٧ مليون جنيه بزيادة ٦٠٠٪ عن عام ٥٩/٥٨ وهذا من الواضح توزيع غير عادل ولا يساعد على تحسين ظروف الشعب الذي يكدح وينتج ولكنه يقوي من جهاز الدولة الذي يكبت الشعب ويحمي مصالح الاستعمار. أما عن إيرادات الميزانية فالضرائب المباشرة وغير المباشرة بمجموعها تشكل ٨٨٪ من إيرادات كل الميزانية، وهذا وحده يكفي لكي يثبت الظلم الواقع على عاتق الشعب المحدود الدخل ولم يقف الأمر عند هذا الحد بل أن الوزير الجديد ليؤكد التقاليد التي تركها سلفه قام بإضافة قرش السكر الشهير وبذا زادت أسعار السلع الاستهلاكية الأساسية، كل هذا على حساب المواطن العادي الذي تتقلص موارده كل يوم. وإذا كانت سلطات الأمن قد عثرت معنا على كل وثائق سرية فإن هذا الأمر لم يحدث صدفة بل لأننا نعمل لكشف مثل هذه الأمور للشعب في حين أن الحكومة تحاول إخفاءها عنه والحقيقة لماذا تكون الميزانية العامة أو ميزانية أي وزارة سراً من أسرار الحكومة؟؟؟
إن الحكومة الراهنة تحمل الشعب نتائج سياستها الاقتصادية الخاطئة وما سياستها المعادية للديمقراطية إلا حماية لإستمرار هذه السياسية الاقتصادية النافعة للاستعمار. الحزب الشيوعي السوداني الذي ناضل تحت كل الظروف وسيناضل في المستقبل أيضاً في سبيل تحسين ظروف معيشة الجماهير العاملة وكل الشعب ينادي باستمرار بتحرير اقتصادنا و تجارتنا الخارجية من قبضة الاستعمار الحديث مع تصنيع هذا الإقتصاد وإقامة أحسن العلاقات مع الدول الصديقة وبهذا فإنه يعبر بصدق عن رغبات شعبنا والطريق الصحيح لتقدمه ورخاء معيشته.

عند النظر للسياسة الخارجية التي تسير عليها نكتشف مباشرة أن أفعال هذه الحكومة في هذا المجال تتناقض وبشكل واضح مع التصريحات التي يطلقها المسئولون، فالحكومة تقول أنها ضد الأحلاف العسكرية، ولكن الحقائق تقول أن مطار الخرطوم مفتوح للطائرات البريطانية المتجهة إلى الجنوب العربي وقطع الإسطول الأمريكي تزور ميناء بورتسودان وتستقبل رسمياً وطريق الخوجلاب وبورتسودان صمما بحيث يمكن استعماله حربياً عند الحاجة ومطار الدمازين صمم بعمق غير عادي ليستقبل الطائرات الحربية الثقيلة ومطارات المديريات يتم مسحها وإعادة تصميمها بواسطة خبراء المعونة الأمريكية زيادة على كل هذا فإن أمريكا لم تنته آمالها بعد في قاعدة حلايب الحربية وقد تم مسحها حديثاً ومدت بالمياه العذبة ويزورها كل آونة وأخرى خبراء أمريكان. هل بعد هذا يمكن ان نقول إن الحكومة الحالية تنتهج سياسة خارجية ضد الأحلاف؟

وما جدوى الإحلاف إذا كانت مثل هذه الأمور يمكن أن تتم على أرضنا دون حاجة إلى حلف عسكري مع أميركا أو غيرها من الدول الغربية.

وعن موقف الحكومة من قضايا التحرر الوطني فتقول إن الرئيس عبود زار بريطانيا زيارة ودية في نفس الوقت الذي كانت فيه الطائرات البريطانية تضرب العرب في الجنوب العربي بالصواريخ لتعطيلهم من نيل الاستقلال وقد ذكرت جريدة القارديان البريطانية بتاريخ ٥/٢٦ ما يلي:

"الحكومة البريطانية تأمل أن تتمكن من عقد اتفاقية تؤمن حق المرور للطائرات الحربية والمدنية البريطانية عبر الأجواء السودانية خلال الخمس سنوات القادمة وقد تم الأتفاق فعلاً على ذلك".

أما في أفريقيا فقد سلمت الحكومة كثيراً من المناضلين الشرفاء الذين لجأوا لبلادنا للسلطات الأستعمارية وللحكومات الرجعية لإعدامهم وسجنهم. وفي قضية مانديلا أصدرت الحكومة بياناً لإستنكار الأحكام فقط بعد ٣ أيام من إصدار الحكم! وحرمت بلادنا من الحملة العالمية التي أدت إلى السجن المؤبد بدلاً من الإعدام ولم يتمكن شعبنا من التعبير عن رأيه نتيجه للقوانين الرجعية الموجودة. والحقيقة أننا لا يمكن أن نفهم إمكانية القيام بدورنا كاملاً عالمياً والحريات الديمقراطية مسلوبة من المواطنين.

إن الحزب الشيوعي السوداني عندما يدعو للإطاحة بالوضع الراهن إنما يعمل لتحطيم هذه الترسانة المنظمة ضد الشعوب الأفريقية لكي يبني منها سداً منيعاً لقوى التحرر ويساعدها على الوصول لأهدافها في أفريقيا والعالم

العربي. وشعارات الحياد قد ابتذلت بواسطة الحكومة الحالية وأصبح الحياد عندها يعني السلبية وإذا دعت الظروف فالإنحياز كلية للرجعية العالمية وللرجعية في الدول الأفريقية والعربية.
هل يمكن أن نفهم حيادنا وبلادنا بكل إمكانياتها تحت تصرف وسيطرة الاستعمار الحديث؟ هل يمكن فهم حيادنا بين جناح لوممبا وجناح تشومبي في الكنغو أو بين الملوك والثوار في العالم العربي؟ هل نحن محايدون والرئيس عبود يؤكد آيات الولاء في زيارته لبريطانيا؟ إن الحكومة الحالية تتستر فقط خلف شعار الحياد وكل هذه المواقف تبرر لنا الشكر والتقدير الذي وجدته سياسة الحكومة الخارجية من إذاعة إسرائيل مساء الخميس ٢-٧-٦٤ ولا غرابة فإسرائيل هي مخلب القط للاستعمار الحديث في أفريقيا والعالم العربي.
الحزب الشيوعي السوداني منطلقاً من برنامجه يرى أن سياسة الحياد الإيجابي الحقيقي ومساعدة قوى التحرر في أفريقيا والتعامل المتساوي مع البلدان الصديقة والمحبة للسلام مع مناهضة الاستعمار، هذه السياسة لا يمكن أن تقوم إلا بعد زوال هذا الوضع العسكري الدكتاتوري.
هذه الأهداف التي يناضل الحزب الشيوعي السوداني للوصول إليها يضع في قمة واجباته حالياً القضاء على الوضع الدكتاتوري الراهن كخطوة أولى لابد منها لكي تسير بلادنا في طريق التطور الوطني الديمقراطي المستقل.
في نهاية دفاعي هذا أقر مرة أخرى أنني عضو بالحزب الشيوعي السوداني وأكرس كل وقتي للعمل من أجل وضع برنامجه موضع التنفيذ. هذا البرنامج المستمد من مصالح الطبقة العاملة السودانية وكل الجماهير العاملة وسأحاول جهدي في المستقبل أن أكون خير خادم لهذه القضية الشريفة. إنني عندما انضممت للحزب الشيوعي السوداني كان موقفي نابعاً من تقديري التام للنضال العظيم الذي يقوم به الحزب وسط جميع الطبقات والفئات من أجل سعادة ورفاهية وتقدم شعبنا. إنني كنت ألمس بأستمرار الإصرار العنيد الذي يؤكده هذا الحزب كل يوم في قيادته المقدامة لجماهير الشعب وكنت أحس باستمرار بالتضحيات الجسيمة التي يتعرض لها أعضاء هذا الحزب خلال فترة وجود الاستعمار وبعد ذلك رغم الإرهاب والتهديد الذي كان يوجه ضدهم والآن قد أتاحت لي الظروف مشكورة أن أتقدم للتضحية من أجل نفس القضية الشريفة قضية تحرير شعبنا سياسياً واقتصادياً، قضية تمهيد الطريق نحو انتصار القوى الوطنية الديمقراطية

وقوى الاشتراكية. هذا الهدف الذي أصبح حلم الملايين ليس في بلادنا فقط بل وفي العالم أجمع.
وأخيراً، إذا كان عملي هذا ونشاطي يعد جريمة في هذه الظروف فإنه يشرفني كثيراً أن أعلن أمام هذه المحكمة تمسكي بشرف النضال من أجل تحقيق هذه الأهداف السامية حتى لو أدى هذا لأتخاذ أبعد الإجراءات تعسفاً ضدي. فإن هذا لن يثنيني عن الدفاع عن حزبي وشعبي والأهداف التقدمية السامية التي اعتنقها.
وفي أثناء نظر قضية محمد إبراهيم عبده (كبج) ورفاقه واجه المحامون تحيزاً من القاضي الأمين تاتاي ضد العدالة وضد المتهمين قابله المحاميان فاروق أبوعيسي وأحمد سليمان بما يستحق من المواجهة والفضح وقد أدى ذلك إلى تقديمها إلى القضاء بتهمة إهانة المحكمة.
ووقف الأستاذ أحمد سليمان في القضية التي جذبت إنتباه الشعب كله ليقول إنه طلب من القاضي الأمين تاتاي[١٤٢] أن يتنحى عن رئاسة المحكمة الكبرى لثلاثة أسباب:
أولاً: (لا يطمئن موكلي على نزاهة وعدالة السيد رئيس المحكمة لأنه في نظر موكلي قد تخصص في قضايا الرأي والشيوعية وهو كما يعتقد موكلي متواطئ مع سلطات الأمن، كما وأنه علم موكلي أن سلطات رئاسة القوات المسلحة كانت تتجه إلى محاكمة المتهم وزملائه أمام محكمة عسكرية ولكن سلطات الأمن أشارت إليها بأفضلية محاكمتهم أمام المحاكم الكبرى العادية خاصة إذا ما تسنى للسيد رئيس هذه المحكمة أن يترأسها.
ثانياً: يدعي موكلي أن السيد الموقر رئيس المحكمة الكبرى بجانب عمله كقاض على صلة بمؤسسة قانونية، للأمريكان نفوذ كبير عليها وموكلي يعلم مدى حرص الأمريكان وكافة مؤسساتهم التي تعمل خارج أمريكا على مكافحة ومناهضة الأفكار الشيوعية ومما يزيد في شكوك موكلي أن السيد الموقر رئيس المحكمة على وشك السفر إلى أمريكا في بعثة دراسية على حساب تلك المؤسسة.
ثالثاً: لا يطمئن موكلي على سلوك السيد رئيس المحكمة الكبرى الموقرة خاصة ما حدث للمحامي الأستاذ فاروق أبو عيسي – على يد السيد رئيس المحكمة الكبرى وبما سمعه عن سلوكه المستمر المعادي للمحاكمة وبما حدث للأستاذ أنور أدهم المحامي وللمحكمة أن تسأل ليه أنا برفض تقديم ذلك الطلب نيابة عن موكلي؟

في الواقع أنني كنت أعرف ولا زلت عندما ذكرت هذه الأسباب اعرف خطورتها ولكن كان هناك دافعان جعلاني أذكر هذا الكلام :
الدافع الأول: واجبي كمحام يقتضيني أن أكون أميناً مع موكلي ومع المحكمة خاصة في مثل هذه الظروف والأمور التي تتعلق بنزاهة المحكمة وعدالتها :
الدافع الثاني: نابع من اعتقادي بأن الشعب السوداني بكافة هيئاته وأفراده قد مر في السنوات التالية للاستقلال بتجارب مريرة وهذه التجارب انصهرت في بعض النفوس وأوضحت أن في كل مجموعة وكل فئة من فئات الشعب اناس أخيار صالحين وكذلك عناصر رديئة طالحة وأنا أعتقد أن القضاء بوصفه جزءاً من المجتمع السوداني معرض لنفس التجارب.
وفي نظري أن السيد القاضي الشاكي الأمين تاتاي لا يصلح لأن يكون قاضياً لما عرفته عنه شخصياً كمحام وبما سمعته عن غيري من المحامين مما قدم إلى من شكاوي بوصفي وكيل نقابة المحامين.
ومرت هذه القضية بأطوار عديدة وتدخلت فيها قوى رجعية عديدة وجزاء على صلابة المناضل أحمد سليمان المحامي واستبساله في الدفاع عن حقوق الشعب والديمقراطية أرسل إلى السجن ليقضي فيه شهرين ليخرج منه إلى ميدان المعركة مباشرة وهو أشد مراساً وصلابة وليحل مكانه في وزارة الشعب خادماً أميناً للشعب.
ولعل من المناسب أن نختتم هذا الفصل بلكمات المناضل أحمد سليمان وهو يستقبل الحكم الظالم (إنني فخور بأن أضيف نيشاناً جديداً إلى سجلي الحافل بالسجون والمعتقلات في خدمة قضية الشعب) وألتفت إلى الجموع التي أكتظت بها المحكمة ولوح لهم قائلاً (مع السلامة ونشوف وشكم بخير) ورأى وجههم في ثورة ٢١ أكتوبر الظافرة

المعتقلون يواصلون نضالهم وراء القضبان :
رغم أن الاعتقالات كانت ظاهرة لازمت ميلاد الحكم الديكتاتوري البائد والتصقت به ورغم أن مداهمات البوليس لمنازل الوطنيين المناضلين كانت قد أصبحت من الأخبار التي تطلع بها الصحف على الناس كل يوم، إلا أن الاعتقالات كسياسة ثابتة ومستمرة لم تبدأ إلا عقب فشل محاولات ٢١ مايو ١٩٥٩م واستمرت بعد ذلك حتى نهاية الديكتاتورية في حملات متتابعة، ولم يكن سجن كوبر يخلو من المعتقلين كلياً إلا لأشهر قليلة يعود بعدها للأمتلاء

وبلغ المعتقلون المئات، وقد شملت الاعتقالات الأولى القطر كله وفي عجلة محمومة نقل ٢٥ من الوطنيين من سجن كوبر إلى جوبا ثم إلى قمة جبل ناجيسوط الشهير ببردة القارص ورطوبته الشديدة أما الباقون الذين شحنوا على جناح السرعة من مختلف مدن السودان وقراه فقد تركوا في كوبر.

في ناجيشوط حشد ١٤ من المعتقلين في منزل و١١ منهم في منزل آخر وكلا المنزلين كان مهجوراً منذ تمرد ١٩٥٥م وكلاهما لا يحتوي أكثر من ثلاث غرف، وقد سور المنزلان بالأسلاك الشائكة في داخلهما ومع المعتقلين جنود مصلحة السجون وفي خارجها دوريات من الجيش مدججة بالسلاح. أقرب طبيب كان في كبويتا. لم تكن هناك خضروات ولا لبن، لم يسمح لنزلاء المنزلين بأن يتقابلوا حتى ولا في عيد الأضحى، ومن الممكن بكل بساطة تصور العزلة الناجمة عن ذلك الوضع فبين المعتقلين والاتصال بالبشر السجانون والسور الشائك وجنود الجيش والغابة المجهولة وجبل أرتفاعه ستة آلاف قدم وطريق طويل محفوف بالمتمردين يبعد ١٢ ساعة بالعربات من جوبا.

ومع ذلك فإن هؤلاء المعتقلين كانوا يدركون الصلة الوثيقة التي كانت تربطهم بالشعب وبالقوى النضالية فيه، كم كانوا يدركون أن نفيهم بهذه الصورة غير المألوفة لم يكن سوى دليل على ذعر الدكتاتورية بين الشعب، أو على عزلتها هي عن الشعب ومن هذا الإدراك استمد المعتقلون شجاعة فائقة على تحمل هذا الإجراء الإرهابي الملئ بالحقد والتشفي ضد الحزب الشيوعي ومناضلية الأشداء واستهزاءا موضوعياً بالقوة الظاهرة للدكتاتورية.

وانطلاقاً من هذه الإدراك أرسل المعتقلون بعد يومين فقط من وصولهم إلى ناجيشوط عريضة إلى المجلس الأعلى للقوات المسلحة يستنكرون فيها اعتقالهم ونفيهم إلى أقاصي البلاد ويطالبون فيها بإطلاق سراحهم فوراً وبعودة الجيش إلى ثكناته ولم تكن هذه هي المذكرة الأولى ففي كوبر أرسلوا بعد ثلاثة أيام من اعتقالهم مذكرة يطالبون فيها بالإفراج عنهم ويحتجون على اعتقالهم بينما أعوان الاستعمار من أمثال أبارو وبابكر الديب يذرعون البلاد طلقاء ويعطون كل الصلاحيات لاعتقال الوطنيين كما أرسلوا من جوبا في ١٩٥٩/٥/٢٩ عريضة يطالبون فيها بإطلاق سراحهم فوراً ويحتجون على الاعتقال وقد عززوا العريضتين بإضراب عن الطعام.

وفي يوم ١١ أغسطس ١٩٥٩م أرسل معتقلو ناجيشوط عريضة عنيفة إلى المجلس الأعلى يحتجون فيها على استمرار الاعتقال ويطالبون فيها بإيقاف محاكمات الضباط الوطنيين والإفراج عن كل المعتقلين والسجناء السياسيين وبعودة الجيش إلى ثكناته، كما يعلنون في نفس العريضة عزمهم على الإضراب اللانهائي عن الطعام وبفضل هذا الإضراب تعززت حملة الاحتجاجات الواسعة في العاصمة ثم إنزال المعتقلين من الجبل وإطلاق سراحهم ونقل الباقيين إلى كوبر.

لقد ظل المعتقلون السياسيون، وخاصة المعتقلون الشيوعيون، الذين كانوا يشكلون الأغلبية الساحقة يناضلون في جبهتين – ناضلوا ضد اعتبارهم سجناء عاديين – ضد حرمانهم من كل الحقوق المكفولة عالمياً للمعتقلين والسجناء السياسيين من جهة ومن جهة أخرى ناضلوا ضد سياسة الاعتقال نفسها وساهموا قدر طاقتهم في النضال العام ضد الدكتاتورية – خاض المتعقلون معارك عديدة ضد المعاملة اللئيمة التي ووجهوا بها فقد كانوا يحبسون في زنازين مغلقة ليلاً ونهاراً كانوا ينامون على الأرض وكانوا يتناولون أكلاً رديئاً، كانوا محرمين من الراديو والصحف والكتب والأقلام وبعد معارك عنيفة وإضرابات ومصادمات لا حصر لها كانوا يحصلون على بعض المطالب ثم يحصلون على المزيد منها بعد مزيد من المصادمات.

كانت تلك المطالب ذات أهمية فائقة بالنسبة للمعتقلين السياسيين وذلك لكيما يستطيعوا معرفة ما يدور خارج الأسوار لكيما يستطيعوا أن ينظموا الاجتماعات والمحاضرات لكيما يستطيعوا أن يديروا الاتصال بالمناضلين خارج الأسوار وخاصة بالحزب الشيوعي السوداني.

وقد أبدى معظم المعتقلين روحاً عالياً من التماسك والصلابة ولا يمكن إنكار أن حفنة منهم قد أثر عليها الاعتقال والإرهاب فتركت طريق النضال الشريف ولكن الأغلبية كانت في مستوى مشرف وقد تربى داخل تلك المتعقلات عدد كبير من المناضلين الأشداء الذين كانوا يخرجون من المعتقلات مباشرة إلى خط النار دون أدنى تردد.

لم يكتف المعتقلون بالنضال من أجل تحسين وضعهم بل ناضلوا مقيدين بإمكانياتهم المحدودة ضد سياسة الاعتقال وضد الدكتاتورية الغاشمة فقد واصلوا معارك الإضراب مطالبين بالإفراج عنهم حتى ينضموا إلى المعركة في الخارج وعند صدور الأحكام علي عبد الرحيم شنان ورفاقه من

الضباط الوطنيين أضرب السجناء والمعتقلون السياسيون عن الطعام يومين احتجاجاً وصبيحة تنفيذ الإعدام على الضباط الخمسة الأبطال أضرب المعتقلون والسجناء يومين عن الطعام وأوقفوا كل نشاط ترفيهي لمدة إسبوع احتجاجاً على ذلك العمل الهمجي وطلبوا من سلطات السجن إبلاغ ذلك الموقف للمجلس الأعلى للقوات المسلحة مدبر الجريمة.

وفي مارس عام ١٩٦٠م أرسل المعتقلون في سجن كوبر عريضة للأحتجاج على استمرار اعتقالهم كما أرسلوا عريضة أخرى في ٢١ أغسطس ١٩٦٠م وجاء في هذه العريضة الثانية أن رئيس الوزراء عبود أعلن أن الأمن مستتب فأما أن يكون صادقاً وفي هذه الحالة لا معنى للأستمرار في أعتقال المواطنين بحجة المحافظة على الأمن وأما أن يكون رئيس الوزراء غير صادق وهذا في حد ذاته عيب لا يليق برئيس الوزراء وفي تلك الحالة ينبغي أن يذهب المجلس الأعلى للقوات المسلحة ووزارته لانهم عجزوا عن إقرار الأمن الذي أدعوا أنهم جاءوا لإقراره، كما ينبغي أن يخلو الطريق إلى حكومة أخرى قادرة على المحافظة عليه.

وكانت نتيجة تلك العريضة نقل أربعة من المعتقلين إلى ملكال وواو وجوبا وهم محمد أحمد سليمان ومحمد إبراهيم نقد والتجاني الطيب ومعاوية إبراهيم[١٤٣].

وعندما كشف الحزب الشيوعي أمر هذا النقل نفي حسن علي عبد الله الوكيل الدائم للداخلية للأيام ذلك الخبر نفياً باتاً – وقد قرأ المعتقلون بالجنوب – والجرائد تصلهم بطرق خاصة – هذا الخبر بكثير من السخرية لإدراكهم الدوافع التي حدت بالسلطات للكذب المفضوح وكان ذلك بداية لحملة جديدة على المكاسب التي حصل عليها المعتقلون في الماضي فسحبت منهم الأسرّة والكتب والكراسات والأكل الخاص، بل إن سلطات السجون بأمر من وزارة الداخلية أرسلت خطاباً سرياً لكل الأطباء بالعاصمة تحذرهم فيه من إيواء المرضى من المعتقلين بالمستشفيات ومن صرف غذاءات خاصة لهم، ودخل المضربون في الشمال والجنوب في إضرابات طويلة كانت نتيجتها تحسيناً في المعاملة ولكنه لم يصل إلى الحد الذي وصلوه من قبل.

في نهاية عام ١٩٦٠م وبعد مذكرة المعارضة أفرج عن جميع المعتقلين السياسيين وكان ذلك مكسباً كبيراً للنضال الواسع الذي شنه الشعب في الخارج لإطلاق سراحهم ولمعاركهم البطولية داخل السجن ولكن في فبراير

٦١ وبعد المظاهرات التي اجتاحت البلاد بعد جريمة اغتيال لوممبا بدأت السجون تمتلئ من جديد بالمعتقلين. وفي يوم ١٩٦١/٧/١٢م وبعد برقية جبهة المعارضة ضد تعذيب المناضل حسنين حسن تسللت قوات الدكتاتورية في الظلام لكيما تعتقل زعماء المعارضة وتنقلهم في نفس اليوم إلى جوبا وتحبسهم في ميز الضباط وتمنع عنهم الصحف والراديو و أدوات الترفيه العادية دون اعتبار لسنهم أو مكانتهم.

وخرجت في أم درمان والأبيض مظاهرات ضد اعتقال زعماء المعارضة وأرادت الدكتاتورية أن تظهر لها يداً من حديد فقدمت المتظاهرين إلى مجالس عسكرية حكمت عليهم فيها بعشرات السنين ولم تدر ان الحكم على طالب في مدرسة ثاوية لإشتراكه في مظاهرة بالسجن ثلاثة سنوات وعلى طالب ثانوي آخر بأربع سنوات لم يكن يعبر إلا عن الذعر والهيستيريا.

وفي ذات يوم في منتصف يناير عام ١٩٦٢م وصلت إلى المكتب السياسي للحزب الشيوعي السوداني رسالة من الأستاذ عبدالخالق محجوب يعلن فيها أن المعتقلين من زعماء المعارضة قد اتفقوا كلهم على الإضراب غير المحدود عن الطعام حتى الإفراج عنهم إبتداءاً من السبت ١٩٦٢/١/٢٧م وقال أن هذه مسألة كبيرة تحتاج إلى مساعدة فعالة حاسمة وتساءل هل يعتقد المكتب السياسي أن الظروف ملائمة للدخول في هذا الإضراب؟ وهل من الممكن القيام بعمل يحقق تلك المساندة الفعالة؟ كان الموضوع شائكاً فالمكتب السياسي يعرف أن معظم المعتقلين كبار في السن كما يعرف أنهم جميعاً مصابون بأمراض يؤثر عليها الإضراب تأثيراً سلبياً خطيراً ولكن المكتب قد قدر أنه إذا ما وضعت خطة جريئة وإذا ما بذل مجهود واسع فإن الإضراب سيكون قصيراً لأن الدكتاتورية لن تقوى على تحمل مسئولية إزهاق حياة أي واحد من المتعتقلين. بناء على ذلك قرر المكتب السياسي للحزب الشيوعي تأييد الإضراب وأن يرسل بنفس الطريقة السرية الخاصة رداً بالموافقة على مبدأ الإضراب وعلى اليوم الذي حدده زعماء المعارضة المعتقلون له.

وبدأ المكتب في مجهود يسابق الزمن وكان لابد من الحيطة والسرية التأمين حتى لا يتسرب الخبر إلى البوليس والمجلس الأعلى. أعدت المنشورات بكميات كبيرة كما أعدت منشورات موجهة إلى القضاة والمحامين وأساتذة الجامعة والأطباء وغيرهم، وفي يوم السبت ١٩٦٢/١/٢٧م نزلت في جميع مدن السودان وفي وقت واحد منشورات تعلن بدء الإضراب في جوبا وأذيع

الخبر في نفس اليوم من محطات الإذاعة العالمية الرئيسية نقلاً عن إذاعات المعسكر الإشتراكي التي أرسل الخبر إليها مقدماً، وفي صباح اليوم التالي وزعت خطابات من الحزب إلى كل الهيئات والمهن وفيما يلي نقدم منشور الحزب التاريخي في يوم ١٩٦٢/١/٢٧م والنداء الذي وجهه مكتب النقابات المركزي التابع للجنة المركزية للحزب الشيوعي السوداني إلى جماهير العمال في نفس اليوم.

إضراب اليوم زعماء المعارضة عن الطعام

بيان هام من الحزب الشيوعي السوداني لجماهير الشعب

أيها المواطنون الأحرار

اليوم السبت ١٩٦٢/١/٢٧م منذ الصباح الباكر أضرب زعماء المعارضة المنفيين في جوبا السادة إسماعيل الأزهري وعبدالخالق محجوب ومحمد احمد المرضي ومبارك زروق وعبد الله نقد الله وأمين التوم وعبد الله خليل وعبد الله ميرغني أضربوا عن الطعام إضراباً غير محدد حتى يطلق سراحهم اليوم – السبت ١٩٦٢/١/٢٧م. أضرب هؤلاء الزعماء عن الطعام حتى الموت في هذا اليوم. التاريخي الخالد في حركتنا الوطنية دخل زعماء الشعب المنفيين في جوبا في معركة الحياة الحرة الكريمة أوالموت.

أيها المواطنون الأحرار أيها العمال والمزارعون والطلاب يا جماهير التجار والمثقفين يا جماهير الحزب الوطني الاتحادي يا جماهير الأنصار في الوقت الذي تقرأون فيه بياننا هذا يكون قد انقضى يوم كامل على إضراب زعماء المعارضة في جوبا يكون قد انقضى يوم كامل على دخولهم في معركة الحياة الكريمة أو الموت الكريم.

يا جماهير الشعب الأبية:

إن حياة زعماء الشعب الأبطال أصبحت أمانة في أيديكم القوية فشمروا عن سواعدكم الفتية وسددوا ضرباتكم للعصابة العسكرية الرجعية التي تدفع بزعمائكم إلى الموت فلتتفجر الحركة الشعبية في هذه اللحظة مطالبة بالإفراج فوراً عن زعماء المعارضة وعن جميع المعتقلين السياسيين. سيروا المظاهرات اليوم وليس غداً، أرسلوا البرقيات والوفود، اعقدوا التجمعات الشعبية، وحدوا صفوفكم من أجل إنقاذ زعماء المعارضة من الموت، اجعلوا من هذا اليوم السبت ١٩٦٢/١/٢٧م يوماً خالداً في تاريخ كفاح شعبنا.

يا جماهير الشعب
إن حياة زعماء المعارضة في خطر وجميع الزعماء مصابون بأمراض خطيرة وأغلبهم متقدمون في السن، أن حياتهم وديعة في يد هذا الشعب البار بأبنائه فأجعلوا من يوم إضرابهم عن الطعام يوم الكفاح من أجل الإفراج عنهم ومن أجل الإطاحة بحكومة الأقزام.
عاش كفاح زعماء المعارضة – الويل للعصبة العسكرية الرجعية.
١٩٦٢/١/٢٧م – الحزب الشيوعي السوداني.

خطاب دوري من مكتب النقابات:
من اجل جعل معركة الإفراج عن المعتقلين السياسيين نقطة الإنطلاق للإطاحة بالدكتاتورية العسكرية عن طريق الإضراب السياسي العام يجب وضع القيادة في يد الجماهير العاملة السودانية. في اليوم السابع والعشرين من يناير يبدأ المعتقلون المسجونون السياسيون على رأسهم معتقلو جوبا إضراباً لا نهائياً عن الطعام – احتجاجاً على اعتقالهم وحبسهم وعلى استمرار الحكم العسكري. إن الإضراب الذي يخوضه المعتقلون والمسجونون اليوم يختلف عن كل الإضرابات السابقة عن الطعام لأنه يضم شخصيات بارزة تمثل كل قطاعات شعبنا ولأنه لا يستهدف الإفراج عن المعتقلين وحسب ولكن الإطاحة بالحكم البغيض أيضاً. من أجل هذا علينا أن نجعل منه نقطة الإنطلاق للإطاحة بالحكم البغيض. ولكي نجعل منه نقطة الإنطلاقة هذه علينا العمل على وضع قيادته في أيدي الجماهير العاملة بأعتبارها أصلب الطبقات من أجل الديمقراطية وباعتبارها أولى الطبقات التي أكتوت بنيران الحكم العسكري، إذ مازال قادتها وعلى رأسهم الشفيع أحمد الشيخ في الأغلال منذ عام ١٩٥٨م.
إن وضع القيادة في يد الجماهير العاملة يقتضي أولاً شرح مغزى هذه المعركة لها، وتوضيح ضرورة توليها قيادتها وذلك عن طريق البيانات والاجتماعات للوحدات الكفاحية، كما يقتضي ثانياً الاتصال بكافة العناصر القيادية الجريئة في النقابات والمجالات العمالية بغية شرح مغزى هذه المعركة لها والإشتراك معها في وضع خطط للعمل الجماهيري.
علينا عند شرح مغزى هذه المعركة للعناصر القيادية والجماهير العاملة في القاعدة ان نقضي على الأوهام التي قد تساور البعض والتي ترمي إلى تخديرهم وشل نشاطهم، تلك الأوهام القائلة بأن العصابة العسكرية ستفرج

عن المعتقلين بدون أي نضال من جانب الجماهير بدليل أنها قد أفرجت عن بعضهم من تلقاء نفسها، هذا وهم لا أساس له من الصحة والواقع يكذبه ففي اليوم الذي أفرجت فيه عن هؤلاء زجت في كوبر بأكثر من عشرة مناضلين.

علينا عند شرح مغزى المعركة أن نوضح وأن نؤكد أنها لا تستهدف الإفراج عن المعتقلين فقط ولكن الإطاحة بالحكم العسكري بأسره – إن تأكيد هذه المسألة سيجعل المعركة تستمر ويحتدم أوارها والتغاضي عنها سيؤدي إلى استمرار الحكم العسكري:

بناء على هذا الفهم عقد مكتب النقابات المركزي اجتماعاً فوق العادة قرر فيه إصدار بيان للجماهير كما قرر دعوة إعادة المؤتمر النقابي إلى إجتماع غداً لوضع الخطط المشتركة لدعوة الجماهير العاملة للدخول في هذه المعركة المقدسة كما قرر أن تجند مجلة الطليعة نفسها لهذه المعركة.

أما أشكال الكفاح الجماهيري فلم يقرر بشأنها شئ وترك ذلك للمؤتمر النقابي فقد يقرر المؤتمر بدايتها بالبرقيات أو المواكب أو الإضراب حسب الظروف وحسب استعداد الجماهير.

إن مكتب النقابات المركزي يتوقع من لجان المديريات ولجان المدن أن تتخذ خطوات مماثلة كما يتوقع إعلامه بكل ما تقوم به في هذا الشأن ليساعد في التعبئة عن طريق مجلة الطليعة.

مكتب النقابات المركزي   ١٩٦٢/١/٢٧م

وفوجئت الديكتاتورية التي هالها أن يصل خبر الإضراب بهذه السرعة وفي نفس اليوم إلى هذا المدى من الذيوع والإنتشار ولا شك أن ذلك كان له أثره الحاسم في تراجع الحكومة الخاطف لئلا تواجه بغضبة الجماهير السودانية وسخط الرأي العام العالمي ففي مساء اليوم التالي لبداية الإضراب كان زعماء المعارضة في عاصمة وطنهم وفي منازلهم. وفي نفس الوقت نظم الحزب الشيوعي حملة أخرى للإفراج عن المعتقلين السياسيين المحبوسين في سجن كوبر وبفضل تلك الحملة وبفضل إضراب المعتقلين عن الطعام أطلق سراحهم هم أيضاً في أوائل فبراير ١٩٦٢م. لقد قاد الحزب الشيوعي معركة النضال ضد سياسة الاعتقالات ومن أجل تصفية المعتقلات والإفراج عن جميع المعتقلين وفيما يلي نقدم طائفة من المنشورات التي كان يصدرها بهذا الصدد.

إلى المواطن الفاضل السيد...

تحية لك وسلاما.

لاشك أنكم قد لمستم كما يحس ويشعر المواطنون بالأساليب الدكتاتورية التي تحكم بها بلادنا الآن ولا شك أنكم قد علمتم الشئ الكثير عن الإرهاب البوليسي والأوضاع الجائرة التي يستهدف بها الفرد والجماعة منذ أن جاء إنقلاب ١٧ نوفمبر ١٩٥٨م. ومن الجرائم التي حاولوا إخفاءها عن أعين الناس والأساليب الحقيرة التي اتبعت في اعتقال أحرار الرجال وتعذيبهم في سجن كوبر وتعريض حياتهم للخطر، فكلنا يعلم أن حملات الاعتقال بغير تهم محددة وبغير أسباب قد لازمت هذا العهد منذ شهوره الأولى. ففي اللحظة يعيش في سجن كوبر أكثر من ستين مواطناً لا يوجد سبب واحد لإعتقالهم ولا تجرؤ الحكومة على تقديمهم للمحاكمة، وقد حدث أن قدم الاستاذ عبدالخالق محجوب وزملاؤه للمحاكمة ولكن الحكومة قد إضطرت إلى سحب القضية من جلسة واحدة لضعف وإنهيار أدلة الاتهام الملفقة، ولكن حتى هذه اللحظة لم يفرج عنهم بعد أن مضى عليهم في السجن أكثر من عام، وهناك من قدموا للمحاكمة وبرأتهم المحاكم ولكنهم مازالوا في الاعتقال ومازال عدد المعتقلين في إزدياد.

وكما يعلم الجميع فإن كفاحنا للإطاحة بهذا العهد لن يوهنه إرهاب أو تعذيب بل أن ذلك ظل يدفعنا إلى مضاعفة جهودنا حتى يزول العهد المظلم وتنبعث الديمقراطية وإرادة شعبنا الحرة.

وتقبلوا فائق الاحترام
الحزب الشيوعي السوداني
١٩٥٩/٨/١٢م

أين نوري السعيد وعدنان مندريس، وسيجمان [سنجمان] ري يا عبود؟

لقد لجأت العصابة إلى أساليب جديدة لتعذيب السجناء الشرفاء وتحطيم أبدانهم في بطء فهم يحجزون في زنازين مغلقة محجوبة من الشمس والهواء ويفرض عليهم أن يناموا على الأرض وتقدم لهم فضلات السجناء من الجراية كغذاء لهم. لقد فرض عليهم الحبس الأنفرادي وحرموا من كل الامتيازات حتى تلك التي يلقاها المجرمون العاديون فهم لا يخرجون من الزنازين طيلة اليوم، ولا يتحركون في عمل أو رياضة، ولا يستمتعون للراديو، وحرمت عليهم الزيارات، وكل هذه الأشياء مباحة للمجرمين

العاديين، إزاء هذه الأساليب الحقيرة الجبانة فإننا نطالب من كل المواطنين ان يرسلوا خطابات إلى وزير الداخلية يعبرون فيها عن سخطهم وإستنكارهم لتعذيب المعتقلين ولإقامة المعتقلات النائية ويطالبون بإطلاق سراحهم فوراً. لنبدأ اليوم وليس غداً حملة وطنية واسعة النطاق لإنقاذ هؤلاء الوطنيين الشرفاء من الموت الذي تعده لهم عصابة إبراهيم عبود – ولما كانت هذه الأساليب الوحشية تجاوزت كل ما سبقها فقد بعثنا بكل المعلومات المتعلقة بها إلى العالم الخارجي بمنظماته وصحافته وستعلم العصابة الجاهلة قريباً إنها قد أصبحت موضع احتقار الدنيا بأسرها.
الحزب الشيوعي ١٩٦٠/٧/٢٨م

طغمة عبود تدبر اغتيال المعتقلين السياسيين بالجملة:
وكما ذكرنا في بياننا السابق فقد دخل جميع المعتقلين السياسيين في إضراب طويل المدى منذ اليوم الثاني من هذا الشهر – أي أن هذا الإضراب قد دخل الأن في يومه العاشر دون أن تحرك العصابة العسكرية ساكناً. لقد أضرب هؤلاء المعتقلون من أجل المطالب العادلة التالية – إطلاق جميع المعتقلين كمطلب أساسي وكذلك.
١. توحيد جميع المعتقلين في مكان واحد بالعاصمة
٢. أن يعامل الجميع معاملة خاصة وأن تكفل لهم الرعاية الطبية الكافية
٣. وقف تدخل البوليس السافر في شئون المعتقلين
٤. إعطاء كل معتقل مكافأة مالية شهرية تتناسب ودخله
٥. توفير كل أدوات التسلية والرياضة بأنواعها
٦. توفير الجرائد والكتب والمجلات والراديو والكراسات والأقلام
٧. السماح بالزيارة في كل الأوقات
يدخل الإضراب في يومه العاشر دون أن تلتفت الحكومة العسكرية إلى هذه المطالب العادلة والتي لا تكفل سوى الحد الأدنى من المعاملة التي تليق بالإنسان، إن الطغمة المفسدة بدلاً من أن تنظر في هذه المطالب رحلت لجنة المعتقلين التي تقدمت بها إلى الجنوب بالطائرة. إن المعتقلين الذين رحلوا للجنوب قد دخلوا هم أيضاً في إضراب طويل الأجل عن الطعام دخل الأن يومه الخامس عشر احتجاجاً على هذا الإجراء الشاذ والذي لا يدل إلا على هذه الحكومة الفاسدة مصممة على تحطيم أبدان هؤلاء الوطنيين المناضلين بل وقتلهم بالجملة بعيداً عن أعين الناس.

أيها المواطنون الأحرار...
إن التضامن مع هؤلاء المواطنين الأحرار أصبح واجباً وطنياً على كل فرد من أفراد هذا الشعب علينا ألا نسمح للدكتاتورية الخائنة بإغتيال هؤلاء الأبطال.
لجنة الحزب الشيوعي بالجنوب ١٠/٩/١٩٦٠م

أفرجوا عن المعتقلين السياسيين
وتصفية المعتقلات مطلب الشعب

أيها المواطنون الأحرار
مرة أخرى يعود حزبنا لمخاطبتكم بشأن قضية هي من صميم قضايا الحرية في بلادنا وهي قضية المعتقلين السياسيين. إن حزبنا الشيوعي الذي ظل طيلة السنوات الثلاث الماضية يقف في طليعة القوى المناضلة من أجل تصفية النظام العسكري الرجعي وتصفية سياسة المعتقلات نهائياً يضع اليوم أمامكم هذه الحقائق حول قضية المعتقلين.
ففي الوقت الذي ظل فيه زعماء المعارضة الممثلين لكل الأحزاب في المنفي منذ شهرين لا لشئ إلا لأن العصابة قد عجزت عن مواجهة منطق الحق الذي يدعون له وهو فساد هذا النظام وأهمية القضاء عليه، وفي الوقت الذي تجاهلت فيه الطغمة الحاكمة مطالبة جميع فئات الشعب وطبقاته بالإفراج عن هؤلاء الزعماء في هذا الوقت وسعت الحكومة الرجعية من حملتها في مصادرة الحريات وتكميم الأفواه والزج بالمواطنين في السجون تحت قانون الحبس التحفظي. ففي الأشهر الماضية اعتقلت سلطات البوليس العشرات من العمال والطلاب والموظفين وأودعتهم سجن كوبر دون توجيه أي تهم لهم لقد بلغ عدد المعتقلين السياسيين في كوبر اليوم أكثر من خمسين معتقلاً. إن المعاملة التي يلقاها هؤلاء المعتقلون لا تليق بالإنسان، فالحبس الإنفرادي والغذاء الردئ الخاص بمسجوني الدرجة الثالثة ومنع الزيارات وفقدان العناية الطبية هو ما يلقاه المواطنون الذين يعيشون من وراء القضبان. لقد ظل المعتقلون السياسيون بكوبر منذ أكثر من شهر يطالبون مقابلة وكيل وزارة الداخلية ليبحثوا معه مطالبهم ومسألة الإفراج عنهم ولكن حتى هذا المطلب البسيط أبت الحكومة الرجعية تحقيقه. لكل هذه الأسباب دخل المعتقلون السياسيون في سجن كوبر في إضراب عن الطعام، دخل الأن في أسبوعه الثاني وساءت حالة بعض المعتقلين ونقلوا إلى

مستشفي الخرطوم بحري ورفضوا في إصرار كل محاولات الحكومة لإثنائهم عن الاستمرار في الإضراب. إن هؤلاء المواطنين الأحرار مصممون على المضي في الإضراب حتى تجاب مطالبهم وفي مقدمتها الإفراج عنهم

أيها المواطنون الأحرار أعلنوا عن استنكاركم لبقاء زعماء المعارضة في المنفى وأعلنوا عن تضامنكم مع معتقلي سجن كوبر ليكون مطلب الإفراج عن زعماء المعارضة وتصفية المعتقلات نهائياً.

أيها المواطنون الأحرار – شددوا من كفاحكم في سبيل القضاء التام على حكم السجون والمعتقلات ليتحد الشعب بجميع فئاته وطبقاته لأنهاء حكم البوليس.

الحزب الشيوعي السوداني
١٩٦١/٩/١٣

نداء للمحامين السودانيين

يا أبطال الدفاع عن الحريات

إن حياة زعماء المعارضة المعتقلين منذ يوليو الماضي في المنفي الحربي تتعرض لخطر داهم. لقد أضرب عن الطعام فجر السبت ١٩٦٢/١/٢٧م السادة إسماعيل الأزهري وعبدالخالق محجوب ومبارك زروق ومحمد أحمد المرضي وعبد الله عبد الرحمن نقد الله وعبد الله ميرغني وإبراهيم جبريل وأمين التوم وعبدالله خليل، لقد اضربوا عن الطعام حتى يطلق سراحهم.

إن المعركة التي تجمعت قواها في كل أرجاء السودان من أجل الإفراج عن المعتقلين وتصفية المعتقلات وإنهاء النظام الراهن وعودة الحياة الديمقراطية لستم بعيدين عنها، لقد وصلت المعركة اليوم مستوىً جديداً يتطلب المزيد من النضال والعمل السريع الجاد بالبرقيات والعرائض والمذكرات والمواكب حتى تنهال الضربات على العصابة الخائنة من كل صوب.

يا أبطال الدفاع عن الحريات

إن زعماء المعارضة منذ نفيهم يتجاوبون مع هذه المعركة الحاسمة مضحين بحياتهم بإضرابهم عن الطعام لأجل غير مسمى وفيهم كما تعلمون من تقدمت به السن ومنهم من نزف دماً وكلهم مصاب بأمراض كالسكر

وأمراض القلب والصدر والكبد وضغط الدم. إن حياتهم أمانة في عنق الشعب الذي تحرك لإنقاذهم من براثن وحوش الخيانة والغدر الذين تسلطوا على مصير البلاد وداسوا على قانونها وانتهكوا حرمة استقلالها وعدالتها.
يا أبطال الدفاع عن الحريات. لقد وقفتم في مقدمة الصفوف دفاعاً عن الحريات سواء في المحاكم المدنية والعسكرية أو مع الحركة الشعبية وتحديتم العصابة العسكرية الخائنة وعرفتم السجون والمعتقلات ومازال بعضكم يقفون خلف الأسوار رمزاً ساطعاً لدور المحامين البواسل في معركة شعبنا من أجل عودة حياته الديمقراطية، ولن ينسي شعبنا الدماء الطاهرة التي نزفها زميلكم وابن الشعب البار المناضل أحمد سليمان وهو معتقل في معتقل جوبا.
اليوم يومكم يا أبطال الدفاع عن الحريات
فليرفع المحامون السودانيون صوتهم الداوي لإطلاق سراح المعتقلين فوراً وتصفية المتعقلات، فلينضم المحامون إلى طليعة صفوف المقاومة لإنهاء النظام الراهن، فلننقذ حياة المعتقلين بإطلاق سراحهم والموت لعصابة المجلس الأعلى.

الحزب الشيوعي السوداني
١٩٦٢/١/٢٨م

انتصر الشعب وأفرج عن زعماء المعارضة فلنتوحد ولتتدعم الجبهة الوطنية من أجل القضاء على الدكتاتورية:

أيها المواطنون الأحرار:
إن المعركة التاريخية التي بدأها زعماء المعارضة بالإضراب عن الطعام والتي دعمها ووسعها الحزب الشيوعي في كل أنحاء السودان قد انتهت بعد يومين إثنين بالإفراج عن أولئك الزعماء. لقد انهزمت الطغمة العسكرية الحاكمة هزيمة ساحقة وانتصر الشعب. إن النصر يجب أن يكون نقطة إنطلاق جديدة في كفاح شعبنا البطل، يجب أن يطالب شعبنا بالإفراج الفوري عن جميع المعتقلين السياسيين. إن في سجن كوبر حتى الأن العشرات من زعماء المعارضة ومن زعماء الطلبة والعمال والموظفين. لقد دخل المعتقلون السياسيون بسجن كوبر منذ يوم الأحد ١٩٦٢/١/٢٨م في إضراب عن الطعام ودخل هذا الإضراب يومه الخامس ومازال مستمراً حتى اليوم. إن حياة المعتقلين السياسيين في سجن كوبر تتعرض للخطر، فليهب الشعب لمساندة هؤلاء الأبطال وليعبر عن استنكاره عن استمرار

وضعهم في المعتقل، فلينظم الشعب لجان الإفراج عن المعتقلين السياسيين، ولنرسل البرقيات والخطابات والعرائض والوفود لوزير الداخلية مطالبين بالإفراج فوراً عن معتقلي كوبر وجميع المعتقلين السياسيين في سجون المديريات، ولننظم التجمعات الشعبية والمظاهرات مستنكرين حكم الإرهاب والمعتقلات مطالبين بتصفيتها وبعودة الحياة الديمقراطية.

أيها المواطنون الأحرار، أيها العمال والطلاب والزراع

إن الحكم الإرهابي الدموي الفاسد حكم القتلة والمرتشين يتداعى ويترنح وفي كل يوم تزداد وحدة الشعب قوة ومتانة، بينما حكم القتلة والمرتشين يزداد ضعفاً وعزلة فلنوحد صفوفنا ولنسدد الضربة القاتلة ولا خطوة واحدة للوراء، فلنواصل الانتصار التاريخي الذي أحرزه الشعب بالإفراج عن زعماء المعارضة، فلنكافح بعزم وإصرار من أجل الإفراج الفوري عن المعتقلين السياسيين المضربين بسجن كوبر وتصفية المعتقلات، إلغاء قانون الحبس التحفظي فوراً، رفع حالة الطوارئ وإلغاء قانون دفاع السودان، إطلاق الحريات الصحفية وعودة الصحف المعطلة.

ولتتدعم من خلال هذا الكفاح وحدة الجماهير الشعبية من أجل القضاء التام على حكم البوليس والإرهاب، حكم القتلة والمرتشين وعودة الحياة الديمقراطية.

الحزب الشيوعي السوداني ١٩٦٢/٢/١م

لقد عاني المعتقلون صنوفاً من التعذيب والتنكيل والمعاملة الرديئة التي تتنكر لأبسط الحقوق الإنسانية، فرغم أنهم معتقلون سياسيون كانوا يعاملون وكأنهم سجناء في الدرجة الثالثة. فكانوا ينامون على الأرض ويحصلون على أكل ردئ، كما كانوا محرومين من العناية الصحية اللازمة، ونذكر على سبيل المثال أن عباس عبدالمجيد ترك في ناجيشوط وليس بها أي مستشفي رغم معاناته من نوبة حادة من نوبات القرحة، وظل أسابيع طويلة لا غذاء له سوى قليل من اللبن والبطاطس المسلوق، وان عبدالخالق محجوب ترك في كوبر يعاني لثلاث ساعات طويلة من خلع ذراعه، وإن كثيرين من المعتقلين المرضى كانوا يعالجون إيجازياً أن صح التعبير وكانت العراقيل توضع أمام إيوائهم في المستشفيات بأوامر قاطعة من سلطات وزارة الداخلية، فأصبح المرضى أكثر مرضاً مما كانوا عليه

وأصيب آخرون دخلوا المعتقلات أصحاء فخرجوا يعانون ألواناً من الأمراض مثل القرحة وإلتهاب القولون وغير ذلك.
ولابد أن نذكر هنا بكثير من الألم أن المناضل الشيوعي هاشم عابدين خرج من المعتقلات محطم الصحة تماماً بسبب الإهمال وبسبب المعاملة غير الإنسانية التي كان يلاقيها المعتقلون، وقد أدت تلك السياسة الإجرامية إلى وفاته عام ١٩٦٣م. لقد كان الشيوعي المناضل هاشم عابدين رغم آلامه المبرحة مثالاً للبسالة في مقاومة رجعيي ١٧ نوفمبر وللتفاني المنقطع النظير في خدمة هذه الطبقة العاملة السودانية والشعب.
إن روح المقاومة والتماسك عند الأغلبية الساحقة من المعتقلين كانت عالية جداً ولقد أعتقل عدد كبير منهم أكثر من مرة، بل أن بعضهم أعتقل أكثر من عشر مرات وبعضهم اعتقل لفترات تزيد في مجموعها عن ثمانية عشر شهراً، بينهم الذين كانوا يعولون أسراً لا عائل لها غيرهم، وبينهم طلاب من الثانوي أحياناً كانوا يحرمون من مواصلة دراستهم ومن مجرد الجلوس للامتحان تحت الحراسة المسلحة. كان المعتقلون يحرمون من الثقافة في أكثر الأحيان بل رفضت سلطات السجن ذات مرة أن تعطي المعتقلين المصحف لأنه يمكن أن يقرأ ولأن القراءة ممنوعة بالأمر ومع كل هذا التضييق والتنكيل كان المعتقلون متماسكين داخل السجن يقضون وقتهم في الدراسة والتثقيف واستعراض الأحداث السابقة ويحاسبون أنفسهم على ما قدموه، وينقدون أنفسهم على تقصيراتهم، ويساعدون بعضهم البعض في إصلاح أخطائهم، ويساعدون الثوريين في الخارج بما لديهم من تجربة وخبرة. باختصار كانوا يقضون فترة الاعتقال وهم يستعدون للوقت الذي يخرجون فيه بنضالهم ونضال القوى الثورية إلى خارج الأسوار، وكانوا يخرجون من السجن كل مرة لينضموا إلى صفوف المعركة أما لكي يعودوا مرة أخرى في إصرار وعناد معتقلين أو سجناء وأما لكي ينضموا إلى تلك النخبة الرائعة من المناضلين الأشداء من أبناء الحزب الشيوعي المختفيين عن أنظار البوليس والذين كانوا يصلون الليل بالنهار لتنظيم الحركة الثورية ولبناء الجبهة الوطنية الديمقراطية ولقيادة المعركة ضد الدكتاتورية والطغيان. إن الشعب لن يقبل سياسة المعتقلات، كما أن استمرار المعتقلات كان يظهر أمام الجماهير خوف الدكتاتورية وضعفها، هذا فوق أن المعتقلات لم تستطع أن تكسر مقاومة المناضلين الوطنيين أو ترهبهم، والمعتقلون لا يمكن أن ينسوا المساعدات الجمة التي قدمها لهم الأطباء

والممرضون وبعض مراقبي السجون ومعظم ضباطها وجنودها والسجناء العاديون وكل الشعب. ففي كل مكان وفي كل لحظة في السجن وفي الطريق منه وإليه في اللوري والقطارات والبواخر والطائرات، كان المعتقلون والسجناء يجدون أيدي لا يعرفونها في أكثر الأحيان تمتد إليهم بالعون والتشجيع، وفي ذلك ما كان يؤكد للمعتقلين أن كانوا في حاجة إلى تأكيد أن الشعب يبغض نظام ١٧ نوفمبر الرجعي ويمقت معتقلاته وسجونه، وأن ذلك النظام كان معزولاً حتى الموت، وان الشعب كان يحترم ويعز أولئك المناضلين والشجعان الذين لم يرهبهم لا السجن ولا الاعتقال قط.

إن المعتقلين يحتفظون بذكريات عزيزة ومشرقة لكل أولئك الذين كانوا يهربون إليهم رسالة أو صحيفة، قلماً أو ورقة، رسالة أو وصية شفوية، لكل أولئك الذين كانوا في غفلة من الحراس يقذفون بسيجارة أو حفنة صعوط أو قطعة نقود، لكل أولئك الذين كانوا يظهرون عطفهم وتأييدهم وتضامنهم بالتحية الحارة والكلمة المشجعة والابتسامة الواثقة. فهؤلاء جميعاً كان لهم أثر لا حد له في رفع الروح المعنوية ودور كبير في كسر يد الدكتاتورية على تكسير قيود الإعتقال – المعتقلون داخل الأسوار وهم خارجها كلهم كانوا جيش ٢١ أكتوبر.

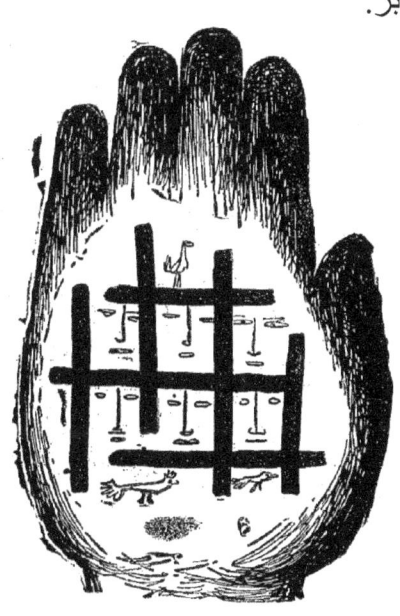

الفصل الحادي عشر

موقف الحزب الشيوعي من المجلس المركزي وانتخابات المجالس المحلية

حاولت بعض الدوائر اليمينية فيما مضي وتحاول اليوم تشويه موقف الحزب الشيوعي من انتخابات المجالس المحلية وقانون المجلس المركزي وتدعي هذه الدوائر إن رفض الحزب لشعار مقاطعة الانتخابات الذي كانت تنادي به، ودخوله في تلك الانتخابات كان فيه تخل عن الموقف الثوري. وكانت تصور أن المقاطعة وحدها هي الموقف المجدي.
ونحن نورد فيما يلي حقيقة موقف الحزب ونبرهن على سلامة ذلك الموقف من خلال الوثائق التي أصدرها الحزب حول الانتخابات وحول المجلس المركزي ومن خلال مواقفه العملية، كما نبرهن أيضاً أن موقف تلك الدوائر اليمينية كان موقفاً سلبياً لا يمثل سوى الهروب من معركة فرضها الشعب بنضاله.
لقد كان موقف الحزب الشيوعي واضحاً منذ البداية من قضية ما كان يسمى بالتطورات الدستورية، كان موقفه هو كشف وفضح تلك المهزلة على أوسع نطاق بأعتبارها تشويهاً للديمقراطية ومحاولة من النظام العسكري لمد أجل بقائه وفيما يلي سنورد مواقف الحزب من هذه المسألة حسب التسلسل التاريخي للحوادث.
ففي اليوم الأول الذي اجتمعت فيه مجالس المديريات للمرة الأولى في أول يوليو ١٩٦١م في نفس ذلك اليوم أصدر الحزب الشيوعي السوداني بياناً بعنوان (هذه المهزلة لن تنجيكم من غضب الشعب)
ونورد فيما يلي نفس البيان :
أيها المواطنون:
اليوم تجتمع المجالس المسماة بمجالس المديريات التي شاءت العصابة العسكرية أن تصفها بأنها النظام الديمقراطي (غير المستورد) والمتفق مع تقاليد شعبنا (كذا) أو (الديمقراطية الجديدة) كما وصفتها جريدة "الصراحة" الحكومية منذ أكثر من عام والطغمة العسكرية تطبل وتطبل معها أبواقها حول (النظام الجديد) الذي يكفل إشراك المواطنين في الحكم وكأن الحكم قد أصبح ملكاً بيد هذه الجماعة غير المسئولة تتصدق به على شعبنا ولكن من أين للطغمة العسكرية التي لم تشارك شعبنا الكفاح من أجل الحرية والديمقراطية في يوم من الأيام من أين لها أن تعرف أن خرافة إشراك المواطنين في الحكم قد كشفها شعبنا وقضى عليها منذ ما يقرب من عشرين عاماً بوصفها الحيلة التي لجأ إليها الاستعمار والرجعية كلما ضيق الشعب الخناق مطالبا بحقوقه الديمقراطية. فلقد أسس الاستعمار البريطاني المجلس

الاستشاري في ١٩٤٣م ليشرك السودانيين في إدارة شئون بلادهم، ولكن شعبنا المطالب بالاستقلال التام قاطع المجلس المزعوم وحطمه فولد ميتاً، وبعد خمس سنوات جاء الاستعمار بالجمعية التشريعية وبنظام الانتخابات عله يضلل شعبنا هذه المرة ولكن يعلم كل المواطنين ما عدا الطغمة الحاكمة المصير الذي آلت إليه الجمعية التشريعية. وفي عام ١٩٥٢م عدل الاستعمار قانون الجمعية التشريعية ليوسع حقوق الانتخاب وجاء بما يسمي (بدستور ستانلي بيكر)[١٤٤] ولكن القانون المعدل حطم في مهده تحت ضربات شعبنا ولم ير النور. لقد فشلت كل إذن كل محاولات الاستعمار في صرف كفاح شعبنا عن طريق الاستقلال والديمقراطية فشلت محاولاته في أن يقنع شعبنا البطل بأن يرضى بالفتات، وأنتصر شعبنا على الاستعمار وحقق الاستقلال وحقق البرلمان المنتخب انتخاباً حراً مباشراً من الشعب بأجمعه.

أيها المواطنون:

هذه هي خبرة شعبنا المستمدة من تقاليدنا ومن كفاحه نضعها أمام عصبة الخيانة لأن واحدة منهم لم يسهم في وضع هذه الخبرة، بل لعلهم لم يسمعوا بها، فاليوم عندما تدعون مجالسكم المزعومة فإن شعبنا يعرف حقيقتها ويعرف الظروف التي تجتمع فيها ويعرف كيف يحطم ديمقراطيتكم الجديدة ونظامكم كله هذا درس مفيد لكم لأنكم لا تعرفون حقيقة هذا الشعب، فكل فرد من أفراد هذا الشعب يعرف أن كل أعضاء هذه المجالس معينون من قبل المجلس الأعلى كلهم حتى انتخابات الجمعية التشريعية لم تتصدقوا بها علينا فيا لكم من عباقرة في تضليل الشعب؟

أجل إنها ديمقراطية جديدة تلك التي تقوم في ظل الدكتاتورية فهل تظنون هذا الشعب مجموعة من البلهاء؟ هل تظنونه نسى المشانق والمنافي والأبطال الذين يقضون أحكاماً بالسجن مدى الحياة والمعتقلين والصحف والنقابات المحلولة وحالة الطوارئ والدستور والبرلمان اللذين قضيتم عليهما؟ هل تظنون شعبنا ينسى كل هذا ويقنع بفعل السحر بأن مهزلة مجالس المديريات هي الديمقراطية؟ وهل ينسى الشعب الذي حطم المجلس الاستشاري قبل عشرين عاماً معنى الديمقراطية بهذه البساطة؟ ألم نقل لكم إنكم في حاجة لمن يلقنكم دورساً في فهم هذا الشعب؟ إن الحزب الشيوعي السوداني يتطوع ليلقنكم الدرس تلو الدرس حتى تفهموا هذا الشعب فهماً

جيداً وذلك حينما يضعكم في المكان اللائق بكم – مكان كل الخونة والمتآمرين أذناب الاستعمار.

١٩٦١/٧/١ الحزب الشيوعي السوداني

وفي ١٧ نوفمبر ١٩٦١م أعلن الفريق عبود في بيانه السنوي عن عزم الحكومة على تكوين لجنة لوضع ما يسمى بقانون المجلس المركزي، وتحدث عن الديمقراطية والانتخابات.. الخ. وكان رد حزبنا على بيان الفريق عبود حاسماً وواضحاً جاء ذلك الرد في البيان الشامل الذي أصدره حزبنا بتاريخ ١٩٦٢/١٢/٥م بعنوان الحزب الشيوعي السوداني يفضح بيان الخيانة للشعب في ١٧ نوفمبر.

ونحن نورد فيما يلي النص الكامل للبيان:

الحزب الشيوعي السوداني يفضح بيان الخيانة للشعب السوداني في ١٧ نوفمبر:

إلى كل العمال والمزارعين والطلبة والتجار والمثقفين وجنود وصف وضباط القوات المسلحة والبوليس، إلى كل وطني مخلص للشعب السوداني المجيد.

أكد الحزب الشيوعي السوداني منذ أمد بعيد أن المخرج الوحيد للوطن لاستئصال الدكتاتورية من جذورها وسد الطريق أمام عودتها هو إقامة حكم وطني ديمقراطي. في ظل ذلك الحكم يمكن إتباع سياسة مستقلة حقاً في الميدان الدولي، سياسة ترسم من الخرطوم وتقوم على معاداة الاستعمار وتدعيم الصداقة والسلم بين الشعوب وإتباع سياسة تحرس استقلال البلاد وتحميه من التدخل الاستعماري، واتباع سياسة اقتصادية مستقلة أساسها التصنيع والإصلاح الزراعي ووقف تغول رأس المال الاستعماري، وإتباع سياسة ديمقراطية في الداخل بإصلاح جهاز الدولة وإزالة القوانين المقيدة للحريات وإدخال الديمقراطية في المناطق القبلية وبتخليص المزارع من قبضة أشباه الاقطاعين والممولين والدائنين، وإتباع سياسة نشر الثقافة الوطنية الديمقراطية ورفع مستوى المعيشة والخدمات الاجتماعية.

هذا الحكم الوطني الديمقراطي هو وحده الذي يتمشى مع مصالح الأغلبية الساحقة من الشعب. إنه وحده الذي يحقق النهوض الشامل في جميع ميادين

حياة شعبنا. إنه وحده الذي يحرس استقلالنا الوطني ويفسد تعاون الاستعمار وأعوانه من المتآمرين والرجعيين. إنه وحده الذي يضمن إشراك أوسع الفئات الشعبية في توجيه مصير البلاد ويفتح الطريق أمام نضال الشعب السوداني في سبيل الاشتراكية

هذا الحكم الذي يحقق مصالح الأغلبية الساحقة من شعبنا لن يعطي إلينا هبه من أحد لا من الاستعمار ولا من عصابة ١٧ نوفمبر ولا الطبقات المتملكة. إنه لن يتحقق إلا بالنضال المرير الذي تشنه الطبقات الاساسية ذات المصلحة الحقيقية فيه وهم العمال والمزارعون والطلاب والتجار الوطنيون والمثقفون والمثقفون الوطنيون، وعندما تتحد هذه الطبقات والفئات في جبهة وطنية ديمقراطية، وعندما يكون قلب هذه الجبهة التحالف الوثيق بين العمال والمزارعين، وعندما تسير هذه الجبهة بزعامة أكثر طبقاتها ثورية، وهي الطبقة العاملة، عند ذلك لن تقف قوة في الأرض دون إقامة الحكم الوطني الديمقراطي، عند ذلك ينفتح الطريق الرحب أمام تطور شعبنا للنهوض والإزدهار وتعود خبراته الوفيرة للذين يخلقونها.

إن تنظيم الجبهة الوطنية الديمقراطية وتجميع قواتها وتدريبها والنضال من أجل إقامة الحكم الوطني الديمقراطي في بلادنا واجبان أساسيان دائماً وفي كل أعمالنا تنطلق جهودنا وتتجه خطواتنا إلى تلك الغاية.

وعندما نادينا منذ ١٧ نوفمبر ١٩٥٨م بشعار عودة الحياة الديمقراطية كنا نضع في الأعتبار أنها خطوة أساسية في سبيل إقامة الحكم الوطني الديمقراطي ففي ظل الحقوق والحريات الديمقراطية تتهيأ ظروف أفضل لتوعية الجماهير وتنظيمها وتوحيدها ولتتهيأ ظروف أفضل لكشف الحقائق وإدراكها وبذلك يعبد الطريق نحو بناء الجبهة الوطنية الديمقراطية.

إن التمسك بالديمقراطية صفة أصيلة في شعبنا، وتاريخنا يسجل أمثلة رائعة للنضال العنيد في سبيل الديمقراطية. ففي مجال الحكم أزدرى شعبنا شعار الإدارة الأهلية والحكومة المحلية الذي ألغي وسخر من المجلس الاستشاري وقاطع الجمعية التشريعية وسحقها تحت أقدامه القوية وقتل في المهد محاولة تعديلها وترميمها وأطاح بكل القيود والحيل التي ضمنها الاستعمار في إتفاقية ١٢ فبراير ١٩٥٣م. ولقد أدرك شعبنا أنه لا ديمقراطية في ظل الاستعمار وأدرك أن المؤسسات الدستورية في ظل الاستعمار ليست سوى مؤامرات لمد أجل السيطرة الاستعمارية وأختار شعبنا الطريق الوحيد

المستقيم لوضع أسس الديمقراطية الحقيقية في بلادنا طريق النضال العنيد للإطاحة بالحكم الاستعماري.

وللطبقة العاملة السودانية تاريخ مجيد حافل بالبطولات والشجاعة في الكفاح من أجل الحقوق الديمقراطية فأنتزعت بالقوة حق التنظيم النقابي من السلطات الاستعمارية وبددت كل المحاولات التي بذلت لسلب هذا الحق، هزمت مجالس (هوايت لي) وكشفت المستشار العمالي البريطاني نيومان وكافحت ضد تدخل مكتب العمل. وفي ٢٨ أبريل ١٩٥٢م قامت بإضرابها التاريخي الباسل ضد المؤامرة الاستعمارية لسلب الحريات النقابية. وبعد الاستقلال واصلت الطبقة العاملة نضالها فحطمت شعار (تحرير لا تعمير) الذي أراد به يحى الفضلي تصفية النقابات وانتصرت على قوانين حكومة حزب الأمة التي أرادت بها تفتيت الوحدة العمالية.

ولم يقتصر العمال على الميدان النقابي، ويسجل تاريخنا الوطني بمداد من نور الموقف الطليعي للطبقة العاملة في القضاء على قانون النشاط الهدام الذي وضعه الاستعمار في نهاية ١٩٥٣م وألغاه البرلمان في أول دورته.

والمزارعون أيضاً ناضلوا من أجل حقهم في التنظيم الطبقي المستقل وفي نهاية ١٩٥٣م أطاح مزارعو الجزيرة بهيئة الممثلين صنيعة شركة الجزيرة الاستعمارية وأقاموا مكانها اتحادهم، وعندما كانت لهم قيادة أمينة أصيلة بددوا كل المحاولات التي بذلت لتحويل اتحادهم إلى أداة صفراء مجردة من الحقوق. وللطلبة تاريخ ناصع في الكفاح من أجل الديمقراطية في أيام الحكم الاستعماري وبعد الاستقلال خاضوا المعركة بعد المعركة من أجل حقهم في تكوين اتحادهم ومن أجل حقوق شعبهم، رغم الخسائر التي كانوا يتكبدونها في كل معركة.

ولم تتخلف الصحافة السودانية الأصيلة في هذا النضال الشريف فقد رفعت عالياً راية الدفاع عن حق الشعب وحق الصحافة في الحريات الديمقراطية الأساسية وراية الكفاح ضد القوانين الرجعية وتحملت أيضاً نصيبها من التضحيات.

هذا هو تاريخ شعبنا. إنه شعب أصيل يحب الديمقراطية ويعرف قيمتها ويتحمل مشاق النضال في سبيلها ومع أن كثيرين زيفوا وجه الديمقراطية واستغلوها لأغراضهم الأنانية الدنيئة ظل شعبنا يتمسك بها مدركاً ان الخطأ لا يكمن في الديمقراطية وإنما في الذين ضللوه فحملهم إلى المؤسسات

النيابية ورغم ذلك استخدم الشعب دستور الحكم الذاتي كاداة لأنها حكم الاستعمار وإعلان الدستور المؤقت.

ومنذ ١٧ نوفمبر ١٩٥٨م أدرك شعبنا الطبيعة الدكتاتورية للنظام الراهن فهو نظام يقمع الديمقراطية لخدمة المصالح الاستعمارية ولبيع الاستقلال وللتردي باقتصاديات البلاد ومعيشة أبنائها. إن جماهير شعبنا المعادية للأستعمار والدكتاتورية تبغض عهد ١٧ نوفمبر الخائن وقد عبرت هذه الجماهير عن هذا العداء بمعارك عنيدة. إن العمال والطلاب والمزارعين قد ضربوا، رغم الإرهاب، أروع مثال على إخلاصهم وتفانيهم في النضال من أجل الديمقراطية.

هذا الشغف بالديمقراطية هو ما تحاول الدكتاتورية تملقه وإستغلاله بهدف ستر وجهها الكريه وهي في هذا تستورد مما مارسته دكتاتوريات الشرق الأوسط المجاورة. ففي تركيا وإيران وغيرهما ترتدي الدكتاتورية ثوب الديمقراطية المزيفة لتحجب حقيقتها عن أعين الجماهير الشعبية.

هناك انتخابات وهناك (مجالس نيابية) وهناك (مؤسسات ديمقراطية) ولكنها كلها مجردة من الحقوق الفعلية ومسلوبة السلطة. إنها ليست سوى أدوات طيعة في أيدي النظم الدكتاتورية في تلك البلدان لإلهاء الجماهير بالمناقشات الجوفاء ولإعطاء حكمها الصبغة الشرعية.

وما نادى به عبود في ١٧ نوفمبر ١٩٦١م قصد به هذا النوع من الديمقراطية الزائفة، فقد وصلت أزمة الحكم في بلادنا مرحلة لم يعد يمكن معها الاستمرار في الدكتاتورية السافرة. إن جماهير شعبنا أعلنت في وضوح أنها ترفض هذه الدكتاتورية المفروضة عليها وإنها ستواصل نضالها حتى تطيح بها، وأصبحت عصابة عبود تخرج من أزمة لتدخل في أزمة جديدة – لهذا جاء ذكر الديمقراطية في خطاب عبود في نوفمبر الماضي. إن الديكتاتورية لا يمكن أن تؤتمن لا على الديمقراطية ولا على تطبيقها ولا على "صنعها". ففاقد الشئ لايعطيه، والديكتاتورية العدو اللدود للديمقراطية، لا يمكن أن تلد الديمقراطية ولا يمكن أن تتطور في إتجاهها. وكل من يصدق ان نظام ١٧ نوفمبر يمكن أن يمنح الديمقراطية أو يتجاوب معها أما أن يكون ساذجاً وأما أن يكون متهافتاً.

إن طبيعة عهد ١٧ نوفمبر لم تتغير، إنه هو النظام الذي جاء لقمع صعود الحركة الجماهيرية ولوأد الديمقراطية بهدف بيع استقلالنا للأستعمار. إنه لا يزال نظام المعونة الأمريكية، نظام حماية رؤوس الأموال الاستعمارية،

نظام الانحياز الذليل للأستعمار، وفي المجال الدولي نظام الانحدار بمستوى معيشة الشعب العامل.
ولكن استمرار الأوضاع بهذه الصورة استمرار الحكم الدكتاتوري السافر يهدد بانفجار وشيك، لهذا نسمع الحديث عن الديمقراطية وعن الحياة النيابية ولهذا يترفع الضجيج. إن الهدف من كل ذلك هو محاولة يائسة لإلهاء الجماهير وتخديرها وخداعها.
إن نظرة واحدة للبيان الذي ألقي في ١٧ نوفمبر ١٩٦١م توضح إنه وضع بطريقة ماكرة لتملق مشاعر الجماهير ورغم أن جوهر البيان هو دفاع عن ما يسمي بالثورة أي الانقلاب الرجعي إلا أنه في شكل احتوى على الأتي:
أولاً: دعاية مزيفة للمجهودات التي قاموا بها في خدمة الاستعمار والتأخر
ثانياً: تكرار لما نادى به عبود في أول يناير ١٩٦٠م من قيام مجلس مركزي، وهو في الواقع مؤتمر للحكومات المحلية وتكملة لمسرحية مجالس المديريات التي كانت ذنباً بدون رأس.
ثالثاً: كلمات عن الديمقراطية والانتخابات
وكما وضحنا فيما قبل لا يمكن أن تولد الدكتاتورية المتعاونة مع الاستعمار نظماً ديمقراطية وقد جاء في خطاب ١٧ نوفمبر ١٩٦١م مصدقاً لما ذهبنا إليه.. لماذا؟ لأن المجلس المركزي المزمع إنشاؤه ليس في الواقع سوى تدعيم للدكتاتورية وإيجاد وضع شرعي لها. إن المقدمات تؤدي إلى نتائج، فلا يمكن بالطبع أن تقترح الدكتاتورية تدعيم مركزها لكي تصل بالبلاد إلى الديمقراطية. إن المجلس المركزي المزمع إنشاؤه هو شهادة جديدة تضاف إلى شهادات جرائم عصابة ١٧ نوفمبر وهو قمة الخيانة لأنه مستور من الخارج من رأس المستر كنيدي[١٤٥] ..كيف؟ وفي رحلة الحكومة لمزيد من الخيانة في أمريكا طلبوا مزيداً من المعونة الأمريكية فقبل كنيدي بشرط واحد وهو إقامة أي نوع من التمثيل الصوري لكي يقال إن المعونة تذهب إلى نظام ديمقراطي وأن يتأكد بالطبع ما قاله عبود عن صلة السودان بما يسمي (بالعالم الحر) وديمقراطياته المزيفة. لذلك عندما أمر السيد أجاب العبيد، فصدر بيان ١٧ نوفمبر وجرت مناقشة في المجلس الأعلى للقوات المسلحة لإخراج المسرحية بالصورة التي تزينه فكان ترديد كلمة الدستور والانتخابات كما كان يرددها ويزيفها نوري السعيد وعبد الإله[١٤٦] ومندريس وشاه إيران.

هكذا أرادوا الخروج من اشتداد أزمة نظامهم المنهار ولكن هل انخدع الشعب بهذا التهريج؟ وهل بدأ يجري وراء السراب والشعارات البراقة؟ كلا...

لقد تدفقت الحجج البليغة ولم يجف المداد الذي كتبه بيان ١٧ نوفمبر، ووقفت أسلحة ماضية في يد الشعب لتدحض الأكاذيب حول الدستور والانتخابات فما هي هذه الحجج البليغة؟ ساقوا طلبة الجامعة والمعهد الفني إلى قفص الاتهام ثم زجوا بهم في سجن كوبر مع الأحرار المعتقلين والمسجونين من الطلبة والعمال والمثقفين والضباط الأحرار.

وأصدروا أمراً للصحف بعدم الخوض في الكلام عن الانتخابات والدستور رغم أن صحيفة الصحافة كتبت تؤيديهم تأييداً تاماً في بداية مقالها.

وتحدث عبود في بورتسودان مدعياً بأن ما يسمى بالثورة واقفة في مكانها لا تتزحزح؟ وتحدث حسن بشير في برنامج غرفة الجلوس بالإذاعة مشيراً إلى بيان ١٧ نوفمبر ومؤكداً أن كل ما قيل عن الدستور رهين بتجربة مهزلة مجالس المديريات والمجلس المركزي.

أفبعد ذلك تنطلي شعارات ١٧ نوفمبر المزيفة على أحد؟ لقد ارتبطت مصالح المجلس الأعلى للقوات المسلحة بمصالح الأستعمار. إنهم وكلاء للأستعمار وفي مقدمته الاستعمار الأمريكي واغتنوا على هذا الأساس وتشبثوا بالحكم. لكل مما تقدم فإن الحزب الشيوعي الذي وقف قبل ١٧ نوفمبر محذراً من وجود مؤامرة أمريكية للإطاحة بالدستور ووقف في طليعة القوى المناضلة ضد الحكم العسكري يرى الأتي:

أولاً: تشديد النضال وسط القوى الأساسية التي تمثل الجبهة الوطنية الديمقراطية والتي قام على أكتافها عبء النضال ضد النظام الدكتاتوري، تشديد النضال وسط العمال والمزارعين والقوى الوطنية التي تتناقض مصالحها مع مصالح الاستعمار والحكم العسكري – الطلبة والتجار والمثقفين الوطنيين.

ثانياً: لكي يضمن تنفيذ شعار عودة الحياة الديمقراطية بعد تحطيم الحكومة الراهنة لابد من:

* تشكيل حكومة انتقالية وطنية مؤقتة تشرف على عودة الحياة الديمقراطية وألا يترك هذا الأمر في يد الحكومة العسكرية الراهنة.

* العمل بالدستور المؤقت حتى يتم وضع الدستور أمام برلمان منتخب انتخاباً حراً.

* رفع حالة الطوارئ.
* إلغاء القوانين المقيدة للحريات حسب ما جاء في قرار البرلمان السابق ١٩٥٦/١/١م والقوانين الاستعمارية المقيدة للصحافة وقانون الحبس التحفظي وإطلاق سراح سجناء العمال والجيش والشيوعيين وكل من اعتقل أو سجن من الأحزاب الأخرى.
* عودة النقابات على أساس قانون ٤٨ ريثما يتم تعديله لمصلحة العامل وعودة اتحادات الطلبة واتحادات المزارعيين.
إن الحزب الشيوعي الأمين على مصالح الجماهير الشعبية يفضح بيان ١٧ نوفمبر باعتبار هذا البيان وثيقة إدانة للحكم العسكري ومحاولة تزييف للديمقراطية الحقيقية.
والحزب الشيوعي الذي لم يتردد في النضال مع جماهير الشعب ولم ينخدع بما يلقيه أذناب الاستعمار من شعارات مزيفة يقف اعضاؤه مع الشعب في النضال المقدس للإطاحة بحكم الدكتاتورية العسكرية.
(عاش تضامن الشعب ضد النظام العسكري وضد الاستعمار)
المكتب السياسي للحزب الشيوعي السوداني
١٩٦١/١٢/٥م

موقف الحزب الشيوعي من الانتخابات

تقرر موقف الحزب من الدخول في معركة الانتخابات في دورة اللجنة المركزية المنعقدة في يناير ١٩٦٣م ونورد فيما يلي نص القرار كما ورد في التقرير الرئيسي الذي أصدرته دورة اللجنة المركزية.
جاء في ذلك التقرير (صفحة ٩٥)
"هذا هو الموقف اللينيني من العمل القانوني، ثم خط حزبنا بين الجماهير إلى توسيع الحركة الديمقراطية وحشد القوى الثورية وتنظيمها في جبهة ديمقراطية تناضل في سبيل تبديل هذا النظام بنظام وطني ديمقراطي يجعل لزاماً على حزبنا مواجهة موضوع المجلس المركزي الذي أعلنته الحكومة الراهنة في ١٧ نوفمبر المنصرم."
(فكيف نقيّم هذا المجلس)
إنه يمثل تشويهاً للديمقراطية ونكسة في الحقوق التي اكتسبتها جماهير الشعب بنضالها من أجل الاستقلال والديمقراطية وفي نفس الوقت فهو يمثل تراجعاً من النظام الراهن أمام حركة النضال من أجل الديمقراطية في

البلاد، وهذا التراجع بهذا المستوى الضعيف يكشف أيضاً عن ضعف القوى الديمقراطية التي لم تستطع إحراز انتصارات عميقة.

إن المستوى الراهن لحركات الطبقات الثورية الرئيسية نعني العمال والمزارعين لا يؤدي إلى تحويل شعار المقاطعة إلى توسيع النضال الثوري وتعميق أزمة النظام الراهن ولهذا يصبح الاشتراك في هذا المجلس خطوة تفيد تنمية الحركة الديمقراطية وتسهم في تعميق أزمة النظام الرجعي الراهن، إن الاشتراك في انتخابات هذه المؤسسة على أساس الجبهة الديمقراطية وبرامجها وتحويل الانتخابات إلى معركة سياسية من أجل الديمقراطية وللمزيد من الكشف لهذا النظام، ثم تشكيل كتلة ديمقراطية داخل المجلس المركزي – لو أمكن هذه الخطوات ستساهم في توسيع نطاق دعايتنا للديمقراطية وسترفع من وعي الجماهير وتسهم في تجميع القوى الديمقراطية في بلادنا.

ويقول القرار أيضاً:

"إننا نعلم الطبيعة الرجعية للمجلس المركزي كما نعلم أهداف القوى اليمينة الحاكمة من ورائها ومن أجل هذا علينا أن نفضحه من الداخل وان نسخره ما أمكن كمنبر للدفاع عن الديمقراطية ولمخاطبة الجماهير التي حرم حزبنا من الوصول إليها نتيجة مصادرة الحقوق الديمقراطية واستنهاضها في النضال من أجل حقوقها، ومن أجل الإطاحة بالنظام الراهن وقيام حكومة وطنية ديمقراطية."

وبعد أيام من صدور هذا القرار أصدر المكتب السياسي للحزب بياناً جماهيرياً انتقد فيه قانون المجلس المركزي بنداً بنداً وفضح طبيعته غير الديمقراطية وأكد فيه أن نظاماً دكتاتورياً نصب لمصادرة الحريات العامة والحقوق الديمقراطية للشعب لا يمكن أن يخلق من تلقاء نفسه نظاماً ديمقراطياً. وأكد البيان في نفس الوقت أن الحزب سيدخل الانتخابات ليستفيد منها في توسيع المعركة من أجل الديمقراطية وفي إدخال عناصر ديمقراطية في المجلس المركزي لتحوله إلى منبر لفضح النظام العسكري وتأكيد مطالب الشعب الرئيسية.

وفي نفس الوقت وقفت الأحزاب الأخرى موقف المتفرج، اتخذت موقفاً سلبياً ولم تجد في نفسها المقدرة على الدخول في هذه المعركة التي كانت في جوهرها معركة صدام مع النظام العسكري الرجعي، لقد رفضت الأحزاب كل النداءات التي توجه بها الحزب إليها لدخول جميع قوى المعارضة في

تلك المعركة وتحويلها إلى معركة ضد النظام الحاكم واختارت التخلى كلية عن التصدي للمعركة ولم تصدر حتى مجرد نقد لقانون المجلس المركزي.
ونحن نشر فيما يلي جزءاً من البيان الذي أصدره الحزب الشيوعي لجماهير الشعب بتاريخ ١٩٦٣/٣/٩م والذي يكشف فيه الموقف الخاطئ الذي اتخذته الاحزاب من تلك المعركة جاء في البيان ص ٩.
"وفي هذه الأيام بالذات حيث يدور الجدل عالياً حول دخول أو مقاطعة الانتخابات للمجالس المحلية فإن الحزب الشيوعي السوداني يرى من واجبه أن يؤكد بصورة قاطعة ان الإضراب السياسي العام مازال السلاح القوى الذي يمكن أن تشهره الجماهير لإسقاط النظام الراهن، وإنه لا مقاطعة الانتخابات ولا دخولها يمكن أن يكون بديلاً لهذا الإضراب. إن الإضراب السياسي سيظل دائماً هو المحك لأختبار صحة الطريق الذي تسلكه الجماهير في هذه القضية أو تلك بما في ذلك قضية المقاطعة أو عدمها."
وفي حالة الانتخابات للمجالس المحلية بينما يرى الحزب الشيوعي السوداني أهمية خوض هذه المعركة وتحويلها إلى مظاهرة كبرى والارتفاع بمستوى المعركة الجماهيرية سياسياً وتنظيمياً من أجل التحضير للإضراب السياسي، يري البعض الأخر ضرورة مقاطعتها كأسلوب من أساليب المعارضة للنظام العسكري ومن الواضح أن كلا الشعارين يهدفان في ظاهرهما إلى غرض واحد هو معارضة النظام الراهن والرغبة في إنهائه.
إن الحزب الشيوعي السوداني يهمه أن يكون موقفه واضحاً أمام الجماهير العمالية وكل الشعب في هذه النقطة بالذات، ذلك أن النظام الراهن برمته وليس بمشتقاته فحسب هو نظام رجعي غير ديمقراطي ودكتاتوري وليس هناك سوى السذج من يعتقدون في أن تولد الدكتاتورية نظاماً ديمقراطياً في نفس الوقت. وعليه فإن جميع ما يسمي بمؤسسات التطور الدستوري التي تنشأ في ظل هذا النظام لا يمكن أن تلبي أماني الشعب في الديمقراطية الحقيقية، إن الديمقراطية الحقيقية لا يمكن أن تقوم إلا على أنقاض النظام الدكتاتوري ومن هنا كان رأي الحزب الشيوعي السوداني الذي أعلنه في الكتاب الأسود بمناسبة الذكرى الرابعة للإنقلاب العسكري وعلى وجه التحديد في صباح يوم ١٧ نوفمبر ١٩٦٢م هو أن المجلس المركزي جاء أبعد ما يكون عن تحقيق الديمقراطية بل هو نكسة خطيرة إذا ما قورن بالمؤسسات التي حققها الشعب قبل إنقلاب ١٧ نوفمبر ١٩٥٨م. إن مجلسا يدعي بإنه تمثيلي لا يقوم على مبدأ الانتخابات المباشرة لكل أعضائه ولا

يمارس كل الحقوق التشريعية هو مجلس مزيف، إن مجلسا لا يمتلك حق النظر في الاتفاقات التي أبرمها النظام الراهن من معونات وقروض كبلت استقلال السودان وأوردته مورد التبعية للأستعمار الأجنبي هو مجلس رجعي، إن مجلسا لا يملك حق تعيين أو إقالة رئيس الوزراء ومحاسبته هو مجلس لا حول له ولا قوة، إن مجلسا لا يستطيع أن يحاسب الحكومة على جرائم ارتكبتها أو إرتكبها وزراؤها في داخل البلاد وخارجها هو مجلس صوري، وفي النهاية فإن المجلس المركزي المجرد من كل سلطة حقيقية إن هو إلا ستار تخفي به الدكتاتورية وجهها الكريه الذي عافه الشعب، إن هو إلا تعبير عن فشل الحكم الدكتاتوري المباشر ومحاولة فاشلة لإكتساب الشرعية للتسول بها في دوائر رأس المال الأجنبي كما نصح جون كيندي الفريق عبود أثناء زيارته لأمريكا. إن الحزب الشيوعي السوداني وهذا موقفه ولا يزال يرفض هذا المجلس ولا يطالب بأقل من إلغاء هذا المسخ المشوه الذي لا يرقى إلى مستوى سيئة الذكر الجمعية التشريعية. ومع إيماننا بكل هذا فنحن نعتقد أن ما يقرب من الخمس أعوام في النضال الثوري لا يمكن أن تكون قد ذهبت دون جدوى، وبدون إجبار النظام الراهن على التراجع وزحزحته من مواقعه، إن المجالس المحلية المنتخبة وهي تختلف عن المجلس المركزي في أغراضها التي تؤديها كانت في الأصل حقاً من حقوق شعبنا قبل إنقلاب ١٧ نوفمبر ١٩٥٨م. ذلك الحق الذي سلبه النظام الراهن ضمن ما سلب من حقوق أخرى، فإذا عادت إليه اليوم هذه المجالس المنتخبة بغض النظر عن رداءة قوانينها فإن الشعب يكون بذلك قد استرد بنضاله وليس منحة من أحد حقه المغتصب. فما هي الحكمة إذن في أن نحمل الشعب على مقاطعة حق من حقوقه الشرعية استرده بنضاله؟ ولمصلحة من تكون هذه المقاطعة؟ أليس من الأفضل أن يمارس الشعب هذا الحق المسترد ليتخذ منه نقطة وثوب إلى حقوق أوسع تعينه على نضاله ضد النظام الراهن؟ أليس من الحكمة أن يخطو الشعب خطوة إلى الإمام كلما أجبر أعداءه على التراجع خطوة إلى الوراء؟

إن الذين يدعون إلى مقاطعة المجالس المحلية رغم حسن نواياهم ومقاصدهم هم في رأينا يتخذون موقفاً غير سليم لا يفيد قضية النضال ضد النظام الراهن. إنهم ينادون بالمقاطعة ولكنهم لا يشيرون إلى أي عمل ثوري بديل في مقابل ذلك. إن الجماهير إذ تهرع للتسجيل والترشيح ليس استجابة لنداء الحكومة أو تأييداً لها كما تدعي أجهزة الإعلام الرسمية ولكنها

مدفوعة بغريزتها الثورية لممارسة حق من حقوقها وحل مشاكلها اليومية في التعليم والصحة والسكن والخدمات الاجتماعية ووقف تبديد أموالها في حفلات التهريج ومواكب النفاق لإنفاقها فيما يعود عليها بالخير والمنفعة، يحدث كل هذا بينما يكتفون هم بترديد شعار المقاطعة الخالي من كل مضمون. إن الحزب الشيوعي السوداني لا يستطيع أن يجاريهم في هذا، فإذا كانت بعض الأحزاب والهيئات الأخرى تعتمد في سلطاتها على الجماهير على نفوذها الطائفي وعلى إبقاء حالة التخلف السياسي والتأخر الاجتماعي فإن الحزب الشيوعي السوداني لا يعتمد إلا على وعي الجماهير ودرجة نموها التنظيمي والسياسي والاجتماعي. إن الحزب الشيوعي ليست لديه مصلحة في إبقاء الجماهير في حالة من التخلف والسلبية بينما تثقلها مشاكلها التي تعوقها عن النضال السياسي. إنه لايستطيع ولا يملك أن يقف بمعزل عنها وهي تكافح لعلاج هذه المشاكل المرتبطة ارتباطا وثيقا بالمجالس المحلية. إن الكفاح اليومي وليس كفاح المناسبات المتباعدة هو دائماً طريق الحزب الشيوعي لتعبئة الجماهير وقيادتها والتدرج بهذا الكفاح إلى آفاقه السياسية الأرحب، إن تجارب الحزب الشيوعي غنية ومقنعة في هذا المجال مجال الكفاح الجماهيري اليومي وتقييم كل المؤسسات المرتبطة بحياة الناس اليومية حتى ما ينشأ منها في ظل النظام الراهن. إن تجربة النقابات هي خير مثال لذلك، فقد ظل الحزب الشيوعي السوداني يكافح من أجل عودة النقابات وعندما عادت تحت ضغط العمال وفق قانون ١٩٦٠م، أوضح الحزب موقفه من القانون وفضح طبيعته الرجعية باعتباره خطوة متخلفة بالنسبة لقانون ١٩٤٨م وكانت الحكومة تهدف بذلك القانون إلى خلق نقابات طبيعة بقيادة الانتهازيين لكسر شوكة النضال الثوري للعمال، وعلى الرغم من ذلك فإن الحزب الشيوعي السوداني مسترشداً بمصالح العمال العاجلة في تحسين شروط الخدمة ورفع الأجور دعا الجماهير العمالية إلى خوض معركة الانتخابات تحت شعار تحويل النقابات إلى منظمات جماهيرية وإقصاء الانتهازيين عملاء النظام الراهن وشعار النضال من أجل عودة قانون ١٩٤٨م، وبهذا الموقف الواقعي دفع بنضال الجماهير العمالية خطوات واسعة إلى الأمام وإلى الاصطدام المباشر مع النظام الراهن في حركة الاضرابات المشهورة، الأمر الذي أدى بالحكومة العسكرية إلى أن تتنكر حتى إلى قانونها. إن هذا ما كان ليحدث لو أتخذ الحزب الشيوعي والفرق العمالية المتقدمة الموقف السلبي ودعوا إلى

مقاطعة الانتخابات طالما إنها تقوم في ظل النظام الراهن ولو وضعوا في اعتبارهم أن مجرد الاشتراك في تلك الانتخابات والتنظيمات النقابية هو تعاون مع الدكتاتورية العسكرية، وحقاً أن الحزب الشيوعي السوداني يدرك تماماً ما في هذا الطريق من صعوبات نظراً لما يتطلبه من جهد في خوض معارك صدام يومية مع الحكومة، ولأنه يتطلب بذل الجهد المضاعف لتنظيم الجماهير ومخاطبتها المستمرة والتعرض إلى مضايقات البوليس وملاحقاته، وهو يدرك أيضاً ان الحكومة العسكرية سوف تستخدم كافة الأساليب والوسائل لإسقاط مرشحي القوى الديمقراطية بكل الطرق بما في ذلك تزييف الانتخابات.

إن الحزب الشيوعي السوداني حين يخوض اليوم معركة الانتخابات للمجالس المحلية يعلم حق العلم إنه يخوضها في ظل نظام من حكم رجعي دموي ولا يمكن التعاون معه بأي حال من الأحوال بل هو يخوضها بهدف تحويل المعركة الإنتخابية والعمل داخل هذه المجالس من أجل مصالح الجماهير اليومية وإلى تجميع قوى العمال والشعب في مؤسسات الجبهة الوطنية الديمقراطية وتعبئة الجماهير حول برنامج وطني ديمقراطي من أجل:

١. إلغاء المجلس المركزي وقيام برلمان منتخب انتخاباً حراً مباشراً ووضع دستور تشترك فيه كل القوى الوطنية والديمقراطية.

٢. إلغاء قانون الطوارئ وكافة القوانين الاستثنائية وتنفيذ قرار البرلمان في مطلع عام ١٩٥٦م بإلغاء جميع القوانين المقيدة للحريات وإطلاق سراح جميع المسجونين السياسيين من عسكريين ومدنيين ورفع الحظر على إصدار الصحف وضمان حرية الصحافة.

٣. حق العمال في التنظيم النقابي وعودة قانون العمل والعمال لسنة ١٩٤٨م مع ضمان حقهم في تأسيس اتحاد عام للنقابات.

٤. إلغاء المعونة الأمريكية وكل الاتفاقات الاقتصادية المرتبطة بها

٥. إجراء إصلاح زراعي لصالح المزارعين وتجديد حياة الكادحين برفع الأجور وتحسين مستوى المعيشة ووقف التشريد.

٦. إنتهاج سياسة خارجية مستقلة مناهضة للاستعمار الأجنبي ولصالح السلم والتحرر الوطني.

٧. تحويل المجالس المحلية إلى مؤسسات عامة لخدمة مصالح الجماهير في التعليم والصحة والعلاج والسكن وتوسيع سلطاتها إلى حدود تكفل لها

الديمقراطية وتحررها من الإدارة الأهلية وتجعلها قادرة على تسلم مسئوليات الحكم في مناطقها.

بمثل هذا البرنامج الثوري المعادي في شكله ومضمونه للنظام الراهن يعطي الحزب الشيوعي السوداني للانتخابات مغزاها الثوري حقاً، ويرفع من يقظة الجماهير وحيويتها وثقتها في نفسها. إنه بذلك يدفع الجماهير إلى ميدان المعركة لتمارس حقها في التجمع والخطابة والتنظيم فما الذي يمكن أن يقدمه لها من يدعونها للبقاء في منازلها وحسب؟

ومع ذلك فإن الحزب الشيوعي السوداني يحترم بكل إخلاص رأي الذين يدعون لمقاطعة الانتخابات رغم اختلافه معهم من حيث إنهم يكشفون عن موقفهم من النظام الراهن وهذا هو الجوهر الذي نلتقي معهم فيه إلتقاء تاماً، وعلى هذا فإن الحزب الشيوعي على أتم استعداد أن يعمل عملاً مشتركاً خارج نطاق الانتخابات. إنه على إستعداد للتوقيع معهم فوراً على وثيقة تطالب بإلغاء المجلس المركزي والمطالبة بتأسيس برلمان منتخب انتخاباً حراً ومباشراً تكفل معه كل الحقوق والحريات الديمقراطية. وهو على أتم استعداد لوضع كل قواه في عمل ايجابي حقاً وجماهيري حقاً لتحقيق هذا المطلب الشعبي السليم.

إن الحزب الشيوعي السوداني إلى أن يتم مثل هذا الاتفاق يدعو كافة أعضائه والقوى الديمقراطية ان ينزلوا المعركة بكل قواهم ولا يدخروا من نشاطهم شيئاً، وان ينظموا الجماهير ويخاطبوها بالعبارة الثورية والبرنامج الثوري. كما عليهم أن يكشفوا بكل حزم وموضوعية مرشحي النظام الراهن ويلحقوا بهم الهزيمة. لقد كان الحزب ومازال يأمل في أن تتخذ كافة القوى الوطنية الموقف المناسب وتقدم للترشيح صفاً وطنياً ديمقراطياً متحداً تسانده قوة جماهيرية متماسكة تسد الطريق أمام عملاء النظام الراهن ووكلائه وتعمل داخل المجلس المركزي رغم كل عيوبه ورجعيته للدفاع عن حق الجماهير في الديمقراطية الحقيقة. إن ابتعاد الوطنيين والديمقراطيين عن هذا الميدان سيترك الفرصة لأنصار النظام الراهن للتسلل إلى داخل هذا المجلس للعمل من داخله على تدعيم النظام العسكري وعرقلة نضال الجماهير العمالية وكل الشعب بغرض المزيد من القوانين التعسفية. لقد واتت الجماهير السودانية فرصة لتستخدم أصواتها للإعراب عن سخطها وعدائها للنظام الراهن وعن حقها في تحسين أحوالها المعيشية والاجتماعية وحقها في الديمقراطية الحقيقية فلا يجوز أبداً حرمانها من استخدام هذه

الأصوات. إن كل صوت يذهب إلى مرشحي القوى الديمقراطية هو مسمار في نعش النظام الراهن وكل محاولة تحمل المواطنين على إدخار هذه الأصوات لن يستفيد منها سوى النظام الراهن وسيطرة عملائه على المجلس المركزي. وكل من يتسبب في هذه النتيجة ولو بحسن نية سيحمل الجماهير وزر أخطائه. إن الطبيعية الرجعية للمجلس المركزي والتي لا يختلف عليها إثنان من بين المعارضين الوطنيين ينبغي ألا تحول دون إدخال أكبر قدر من ممثلي القوى الوطنية الديمقراطية إلى هذا المجلس واتخاذه منبراً لمخاطبة جماهير العمال والمزارعين والتجار وغيرهم من خلال مصالحهم والدفاع عن هذه المصالح. إن هذا من شأنه ان يؤدي إلى كشف أوسع للنظام الراهن وإلى توسيع الحركة الجماهيرية ويقربها أكثر من الإضراب السياسي العام.

النصر لممثلي الجبهة الديمقراطية.

والهزيمة والعار لممثلي النظام الراهن

١٩٦٣/٣/٩م

المكتب السياسي

للحزب الشيوعي السوداني.

ونزل حزبنا الانتخابات بكل قوته فهل استطاع الحزب تحقيق الأهداف التي من أجلها دخل الانتخابات؟ "نعم" يمكن أن نقول إن الحزب استطاع بالفعل ان يحقق الهدف الرئيسي وهو تحويل الانتخابات إلى معركة من أجل توسيع حركة المطالبة بالحريات الديمقراطية. ونقدم للقارئ فيما يلي نتائج عمل الحزب في مديرية الخرطوم في معركة الانتخابات حسب ما ورد في العدد ١١٧ من مجلة الشيوعي (صفحة ٧٩- ٩١)

* أنزل الحزب ١٩ مرشحاً في المدن الثلاث
* عقدت لجان الحزب في الأحياء ١٠٧ اجتماعاً صغيراً في البيوت حضرها ٨٠٢ مواطناً.
* عقدت في المدن الثلاثة ١٢ ليلة سياسية حضرها ٤٠٣٠ مواطناً
* تمت اتصالات فردية ب ٢٩٢٤ مواطناً لحشدهم حول برنامج مرشحي الحزب.
* وزعت ١٦,٥٥٠ نسخة من برنامج مرشحي الحزب
* علقت في الشوارع ٥٦٤ لافته للدعاية لبرامج الحزب
* كتبت ٧٩ شعاراً على الجدران.

* وزعت ١٢٣٠ نسخة من بيان المكتب السياسي للحزب حول موقف الأحزاب من مقاطعة الانتخابات.
* حصل مرشحوا الحزب على ٣٢٦٧ صوتاً رغم القيود المفروضة على حق التصويت (مثل الملكية والسن) ورغم أن أعداداً كبيرة من المواطنين المؤيدين للحزب لم يسجلوا أسماءهم.
وكان أساس الدعاية في الاجتماعات والبرامج والليإلى السياسية واللافتات يرتكز على مطالب الشعب حول الحريات الديمقراطية إلغاء حالة الطوارئ والإفراج عن المسجونين والمعتقلين السياسيين، كفالة حرية الصحافة وحرية التعبير والتنظيم، إلغاء كافة القوانين المقيدة للحريات وسلطات وزير الداخلية، إنتهاج سياسة خارجية معادية للاستعمار الخ.. باختصار شملت حملة الدعاية جميع القضايا التي تضمنها اليوم الميثاق الوطني الذي انبثق عن ثورة ٢١ أكتوبر.
وقامت لجان الحزب في عطبرة وبورتسودان وحلفا ومدني بنفس الحملة وعلى أساس نفس البرامج. لقد ألهبت هذه الحملة الواسعة التي سببها الحزب حماس الجماهير ورفعت من روحها المعنوية، وهبطت بهيبة النظام العسكري، وكان من نتيجة ذلك أن شعار المقاطعة الذي نزلت به الأحزاب لم يجد استجابة واضحة من الجماهير - حتى جماهير تلك الأحزاب نفسها. ففي أمدرمان التي كانت مركزا للمقاطعة كانت نسبة التصويت ٤٨٪ ، و في الخرطوم ٦٠-٧٠ ٪ ، وفي بحري ٧٠ -٨٠ ٪ بل أكثر من التصويت فقد أتخذ عدد من جماهير الأحزاب مواقف صائبة فأعضاء في لجان الحزب الوطني الاتحادي بالخرطوم انضموا إلى لجان عاملة لمرشحي الحزب الشيوعي أما في أم درمان فقد جاءت أعداد كبيرة من جماهير الحزب الوطني الاتحادي للإدلاء بأصواتهم رغم اعتراضات احد قادتهم هناك.
لقد كان من نتيجة الصدام الذي دخل فيه الحزب الشيوعي مع النظام العسكري خلال الانتخابات والحملة الواسعة التي شنها ضده أن تعرض عدد كبير من المرشحين الشيوعيين وأعضاء الحزب في مختلف المديريات للاعتقال والاستجواب. كما كان البوليس يقوم بحملة تلو الأخرى لإنزال اللافتات من الشوارع ووضع العراقيل أمام الليالى السياسية.
لقد فقد النظام العسكري أعصابه أمام المعركة الصدامية التي أشهرها في وجهه الحزب الشيوعي وقد اتخذ كافة التدبيرات الإرهابية ليحول دون توسيع معركة الديمقراطية التي تصدى لها الحزب مما حدى بالحزب إلى

إصدار بيان بتاريخ ١٩٦٣/٤/٢٧م بعنوان (النظام الراهن يكشف عن طبيعته المعادية للديمقراطية) وتقدم للقارئ فيما يلي البيان بنصه.

بيان من الحزب الشيوعي السوداني
النظام الراهن يكشف عن طبيعته الأصلية المعادية للديمقراطية

لقد أعلنت الحكومة الراهنة عن إجراء الانتخابات للمجالس المحلية التي ستنتخب بالتالى مجالس المديريات ثم المجلس المركزي بناء على دستور أبو رنات الهزيل الذي يمثل نكسه في الحقوق الديمقراطية التي اكتسبها الشعب بنضاله عبر السنوات الطويلة. لقد أكد الحزب الشيوعي السوداني أكثر من مرة (كان أخرها البيان الذي أصدره المكتب السياسي للحزب بتاريخ ١٩٦٣/٤/٩م). إن المجلس المركزي جاء أبعد ما يكون عن تحقيق الديمقراطية وأكد الحزب أن مجلساً يدعي بأنه تمثيلي لا يقوم على مبدأ الانتخابات المباشرة لكل أعضائه ولا يمارس كل الحقوق التشريعية هو مجلس مزيف.

وعندما أعلنت الحكومة الرجعية قانون الانتخابات وبرنامج الانتخابات أعلنت في نفس الوقت أنها ستتيح الفرص للناخبين والمرشحين لممارسة نشاطهم الانتخابي في حرية تامة؟ ولكننا أكدنا ان هذا مجرد كذب وإدعاء لأن النظام الذي يرتكز أساساً على أرض الدكتاتورية لا يمكن ان يقدم للشعب فرصاً مواتية لممارسة حريته. لقد أكدنا ذلك في بياناتنا ومناقشاتنا - لكننا كنا نعلم أننا سنخوض المعركة لتحويلها إلى مظاهرة كبرى ضد الحكومة والإرتفاع بمستوى الحركة الجماهيرية سياسياً وتنظيمياً. لقد خضنا المعركة بفهم حقيقي لطبيعة النظام الدكتاتوري الذي لا يمكن ان ينجب نظاماً ديمقراطياً، وإن جميع ما يسمي بمؤسسات التطور الدستوري التي تنشأ في ظل هذا النظام لا يمكن أن تلبي أماني الشعب في الديمقراطية الحقيقية – إن الديمقراطية الحقيقية لا يمكن أن تقوم إلا على أنقاض النظام الدكتاتوري نفسه. وبالفعل حينما اتسعت المعركة وبرز بعض المرشحين الاشتراكيين والديمقراطيين أصيبت الحكومة بذعر قاتل. لقد صاغ هؤلاء المرشحون مطالب الشعب في برامجهم الانتخابية ولافتات الدعاية وخاطبوا بها الشعب في المكروفونات والليالي السياسية.

فما كان من الحكومة – تحت ضغط الأمريكان والأستعماريين – إلا أن بدأت تمارس إجراءاتها التعسفية والانتقامية أزاء هؤلاء الوطنيين

والمناضلين الذين يتعاونون معهم. بدأت الحكومة بانتزاع لافتات المرشحين الاشتراكيين والديمقراطيين فنوعوا ٩٥ لافتة في الخرطوم و ١٠٨ بأم درمان و ٥٨ أخرى بالخرطوم بحري ومشت الحكومة في خطوات أكثر جرماً ثم أخذت تضع العراقيل أمام هؤلاء المرشحين لفرملة عملهم الدعائي الذي كشف للحكومة مدى خطره على النظام الحاكم.

* ففي يوم ١٩٦٢/٤/١٨م تم اعتقال المرشح عزالدين صالح في الخرطوم بحري وواجه من تعسف السلطات والبوليس ما من شأنه أن يعرقل نشاطه الدعائي كمرشح في الانتخابات ثم أفرج عنه واعتقل مرة أخرى أثناء الليلة الانتخابية التي أقامها.
* وأمام إرهاب البوليس اضطرت بعض المطابع لرفض طبع برامج وبيانات عدد من المرشحين وظل البوليس يستدعي المرشحين الاشتراكيين لمكاتبه وإبقائهم لساعات طويلة في انتظار إجراءات روتينية روعي فيها البطء والتعسف بهدف عرقلة النشاط الانتخابي لهم.
ودبرت الحكومة ونفذ بوليسها سياسة مليئة باللؤم تجاه الليالي الانتخابية أيضاً ووضع أمامها كل العراقيل الممكنة. ولم ينج مرشح واحد من هؤلاء الوطنيين من هذه الإجراءات ولابد لنا أن نقدم هنا الحقائق المناسبة.
* لقد واجه المرشح عبد الله عبيد في إحدى دوائر مدنية المهدية ما يثبت صحة ما نقول. انتزع البوليس لافتات هذا المرشح أكثر من مرة وحجزت لافتات الدعاية في مكاتب البوليس وظل البوليس يلاحق المرشح ويستدعيه باستمرار ليمكث ساعات طويلة في مكاتب البوليس، ومنعته السلطات أول الأمر من إقامة ليلة انتخابية في مكان عام يخاطب فيها ناخبي الدائرة، وتراجع البوليس أمام الضغط وسمح له بإقامة ليلة ولكنه حشد أعداداً هائلة من البوليس في مكان الليلة لإرهاب المواطنين. وبناء على تعليمات الأمريكان سجل على شرائط إذاعية حديث المرشح واحتفظ به للتهديد وفي اليوم التالي لليلة تم اعتقال المرشح واحتجز في الحراسة مدة يومين وبذلك أبعد عن دائرته وعندما أفرج عنه ووجه بقضية جنائيه ضمن المادة (٤أ) ثم حرم أيضاً من إقامة ليلة في يوم ١٩٦٣/٤/٢٤م.
* والمرشح محمد عبد الله المشاوي ببانت بأم درمان حرم من الاتصال بالناخبين من جنود الجيش الذين يسكنون في دائرته الانتخابية بينما سمح بذلك للمرشح الذي يتعاون مع الحكومة والذي تود له الفوز.

* وسلكت الحكومة ومعها البوليس وسائل متعددة للضغط على مرشحين أخرين كالمرشح عوض الله إبراهيم الذي هدد بواسطة قمندان البوليس حسن صديق عيسى بالاعتقال كما انتزعت لافتاته.

* والمرشح فاروق أبوعيسي عندما أقام ليلة انتخابية بدائرته بأم درمان حشد البوليس أعداداً هائلة وأحاط مكان الليلة وسجل أيضاً خطاب المرشح لإرساله للدوائر الاستعمارية التي تبدي اهتماماً فائقاً بهذه المعركة وبعد الليلة مباشرة تم اعتقاله لمدة ٢٤ ساعة لتقديمه للمحاكمة تحت طائلة المادة (٤أ).

جزء من الدعاية الانتخابية لفاروق أبوعيسى (إعادة رسم من النسخة الأصلية)

عهد وميثاق إلى المواطنين بدائرة البوستة بأم درمان
انتخبوا مرشحكم الإشتراكي الأمين على مصالحكم
والعامل على تجديد حياتكم

فاروق أبو عيسى المحامي   رمز البسكليت

وبالمثل عومل المرشحون جعفر محمد أبو جبل وعثمان خلف الله وإسماعيل محمد أحمد ونعمان محمد نعمان، وانتزعت لافتاتهم أيضاً ولحق العاملون معهم من الدمقراطيين. كما أن المرشح أحمد سليمان المحامي – لم ينج من هذه الإجراءات بل ووجه بطريقة أكثر وقاحة، فبعد انتزع ٥٤ لافتة دعاية له ووضع عراقيل من بوليس السكة حديد في ليلته الانتخابية الأولى ووضع التصديق له بعقد ليلة أخرى وجه له إنذار بعدم إقامة الليلة وفق ما يراه المرشح من أهداف يخوض على ضوئها الانتخابات. ولاحقت السلطات أيضاً بعض المواطنين الذين يعملون مع المرشح والذين اقتنعوا بأهليته لتمثيلهم، فهدد مواطن يعمل بالسكة حديد بالنقل إلى بابنوسة والإبعاد عن

المنطقة السكنية في السكة الحديد إذا لم يبعد أحد أقربائه من الذين يعملون للمرشح أحمد سليمان.

* وعن المرشح مصطفى محمد صالح فقد تم اعتقاله بعد الليلة الانتخابية مباشرة والتي أقامها قبل ثلاثة أيام وظل محتجزاً لمدة طويلة. وتم اعتقال ثلاثة من المواطنين من الذين شاركوا في كتابة اللافتات للمرشح، وقام البوليس علناً بمسح الشعارات التي كتبها المرشح على حوائط المنازل بينما تظل دعاية المرشحين الآخرين لم يعبث بها أحد. بنفس المستوى من المعاملة ووجه المرشح الاشتراكي محمود محمد محمود عندما مسحت شعاراته وانتزعت لافتاته. وضم المرشحون عبد الرحيم عبد الوهاب وإبراهيم سليم ببري وإبراهيم صالح بالخرطوم إلى قائمة الذين يضطهدهم البوليس ويلاحقون بتعسف السلطات الحكومية.

* وفي الخرطوم بحري واجه المرشحون عباس علي عبد الكريم وعز الدين صالح وأحمد محمد عبد الرحمن مضايقات واضطهدات كثيرة.
انتزعت لافتات عباس علي وكلف عثمان جسور الانتهازي المعروف والذي ترشح أمامه كلف بحصر كل من يعملون مع المرشح الاشتراكي وتقديم أسمائهم للبوليس لاعتقالهم، وحدد البوليس للجميع ما يقولونه في الليالي الانتخابية وظل يحاصر ليلة عباس علي وعز الدين صالح وقام بتصرفات استفزازية لا حد لها عندما انتزع عزالدين صالح من أمام الميكرفون ووضعه في عربة البوليس وذهب به السجن.

وأحمد محمد عبد الرحمن المرشح في الدائرة التي رشحت فيها الحكومة الانتهازي المعروف محمد السيد سلام، واجه أيضاً من المتاعب الكثير، فبالأمس عندما تحددت الليلة الانتخابية وضعه البوليس في عربته وأخذه للحراسة ولم يعد إلا في ساعة متأخرة من الليل وبعد أن تفرق الناخبون.

هذه أمثلة لما تقوم به الحكومة بتوجيه من الاستعماريين بلا شك أزاء المرشحين الوطنيين.

من مرشحكـــــم الاشتراكـــي

إلى المواطنين بالدائرة الغربية ـ أم درمان

الأستاذ حسن الطاهر

جزء من الدعاية الانتخابية لحسن الطاهر زروق (إعادة رسم من النسخة الأصلية)

وكما أسلفنا كنا نعلم أن الحكومة عندما أدعت إنها ستكفل للمواطنين كل الحرية في التصويت والدعاية والترشيح والانتخاب كانت كاذبة فيما تدعي. وكانت تعتقد أنها يمكن أن تواجه المرشحين الوطنين بكثير من العراقيل وتحاول ألا يحس بها الشعب ظناً منها أنها ستكون قادرة على العمل لإسقاط هؤلاء المرشحين وبهذا تضمن لنفسها مظهراً خادعاً عن حرية الانتخاب وتضمن ألا يفوز هؤلاء الوطنيون. ولكن عندما اتضح لها بعد احتدام المعركة وبعد أن سارت خطوات كثيرة نحو الاتساع وأخذت الشعارات الوطنية للمرشحين في التغلغل وسط الشعب وعندما شعرت أن هؤلاء المرشحين سيفوزون إذا كفلت لهم حرية الانتخاب وان الشعب قد ألتف حولهم وسيوجه للنظام الراهن لطمه قاسية، عندما شعرت بذلك فقدت أعصابها تماماً وبدأت في هذه الإجراءات التي تلاقي من الجميع الاعتراض الشديد والرفض.

والأن أيضاً لابد أن ينكشف خطأ الذين يدعون لمقاطعة الانتخابات وتركها لأذناب الحكومة والأستعماريين. إذا حدث هذا فالوضع كان سيبقى مريحاً بلا شك للنظام الحاكم ليترشح الأذناب والانتهازيون فيدخلون المجالس المحلية والمجلس المركزي وتنجح بذلك خطة الحكومة من خلق مظهر

ساذج للديمقراطية وتضمن لها مجلساً ومجالس تأتمر بأمرها وتتحول إلى منبر للدعاية لها دون أن يتصدى أحد لكشف هذه الخدعة.

لقد واتت جماهير الشعب فرصة لتستخدم أصواتها للإعراب عن سخطها وعدائها للنظام الراهن في ميدان اختارته الرجعية لنفسها ولا يمكن أن تحرم هذه الجماهير من استخدام هذه الأصوات.

إننا نؤكد أن شبح فوز هؤلاء المرشحين الاشتراكيين وقوة دعايتهم وارتفاع مستواهم بدأ يقلق مضاجع الاستعمارين والحكام الرجعيين.

وأمس طلب السفير الأمريكي مقابلة وزير الداخلية وتشاور معه على ضرورة مقاومة وقمع نشاط هؤلاء المرشحين ويستمر الأمريكيون والاستعمار في رصد كل تحركات هؤلاء المرشحين وتسجيل دعايتهم ونشاطهم بقلق بالغ.

إن شعبنا اليوم يعي ما نادى به الحزب الشيوعي منذ أن أعلن قانون أبو رنات بإنه قانون رجعي وإن المجلس المركزي يعتبر نكسة في الحقوق الديمقراطية التي أكتسبها الشعب قبل انقلاب ١٧ نوفمبر ويعي موقف الحزب الذي طالب الشعب بخوض هذه المعركة وجعلها معركة توجه إلى صدر النظام الراهن وقلقلته.

إن الطريق الذي سلكه الحزب الشيوعي في هذه الانتخابات قد أكد بالدليل القاطع أنه هو وحده الطريق الصحيح، الطريق الثوري، لقد حشدت القوى الرجعية كل قواها في صدام مكشوف مع القوى الاشتراكية والتقدمية في حين أن شيئاً من هذا الصدام لم يشمل طريق المقاطعة.

إن التصرفات التعسفية التي اتخذتها السلطة الحاكمة في هذه الانتخابات والعداء الأصيل للديمقراطية التي اتسمت به تلك التصرفات والتزييف المحتمل لصناديق الاقتراع التي ستبقى مدة ثلاثة أيام دون رقابة يبرهن صحة الطريق الذي أشار الحزب الشيوعي. إنه طريق اتحاد كل القوى الثورية في جبهة وطنية ديمقراطية تشهر سلاح الإضراب السياسي العام للإطاحة بالنظام الراهن من جذوره ولإرساء قواعد الديمقراطية الحقيقية

١٩٦٣/٤/٢٧م   الحزب الشيوعي السوداني

ولقد بلغ الذعر والخوف بالعصابة العسكرية من الحملة التي شنها الحزب الشيوعي من أجل الديمقراطية أن أرسلت خطاباً للصحف بتاريخ ١٩٦٣/٤/٢٠م هذا نصه

(سري وعاجل)

السيد..............

أرجو عدم التعرض إطلاقاً سواء بنشر الخبر او التعليق لموضوع الشعارات الانتخابية التي يقوم بها المرشحون في الانتخابات بهدف الدعاية.

مع وافر شكري

أحمد عربي

ع/ مدير وزارة الاستعلامات والعمل بالنيابة

إلى جميع السادة رؤساء تحرير الصحف ومديري وكالات الأنباء.

لقد برهن الحزب الشيوعي بدخوله تلك الانتخابات على اتساع أفقه وبعد نظره وإدراكه التام لمصالح الحركة الجماهيرية. لقد أذهل سير المعركة الكثير من الذين قاطعوا الانتخابات واعترف كثيرون منهم بصحة موقف الحزب وخطأ موقف المقاطعة ولكن بعد فوات الأوان.

لقد استطاع الحزب ان يدخل عدداً من اعضائه ومؤيديه في المجالس البلدية في العاصمة وعطبرة وبورتسودان ومدني وحلفا ولكنه لم يستطع بالطبع وبقوته وحدها ان يضمن دخول كتلة من العناصر التقدمية والوطنية في المجلس المركزي.

قيام المجلس المركزي:

وعند قيام المجلس المركزي أبدى الحزب الشيوعي رأيه فيه بوضوح وذلك في البيان الذي أصدره للشعب بتاريخ ١٩٦٣/١١/١٢م والذي كشف فيه الطبيعة الرجعية والمعادية للديمقراطية لذلك المجلس.

ونحن فيما يلي ننشر البيان بنصه

بيان من الحزب الشيوعي السوداني

إلى أعضائه..

إلى جماهير العمال والمزارعين..

إلى المثقفين الوطنيين..

إلى كل مواطن غيور حادب على وطنه ينشد له الرفعة والتقدم والإزدهار وإلى كل من أسهم في الكفاح الوطني من أجل استقلال نظيف وحياة ديمقراطية سليمة، وإلى كل من أرقه ليل الإرهاق الطويل الذي خيمت ظلمته الحالكة على وطننا خمس أعوام طوال، امتلأت خلالها سجون

ومعتقلات وثكلت أثناءها أمهات وتيتم أطفال وترملت زوجات فقدن أزواجاً في ريعان الشباب إلى كل أولئك وهؤلاء نتقدم بهذا البيان.

لقد مضي حتى الأن عامان عل وجه التحديد منذ السابع عشر من شهر نوفمبر عام ١٩٦١م حين أعلن الفريق عبود لأول مرة عن عزم الحكومة على السير في طريق أسماه بالتطور الدستوري وغايته من ذلك تأسيس مجلس مركزي يقوم على قاعدة المجالس المحلية المنتخبة وعلى تعيين الكفاءات، زعما بأن هذا نوع من الديمقراطية يلائم شعبنا ويتفق مع تقاليده وخصائصه القومية. وفي ذلك الوقت الذي صدر فيه هذا التصريح كانت الجماهير من ناحيتها قد وصلت إلى قمة نداءاتها بعودة الحياة الديمقراطية السليمة، والإطاحة بالنظام العسكري القائم ومن هنا لم يكن للتصريح أي معنى أو مغزى سوى التراجع أمام ضغط الجماهير ومحاولة لحرف كفاحها عن غاياته السليمة بعد أن عجزت الحكومة العسكرية عن وقف ذلك تماماً كما فعل المستعمرون الإنجليز عندما عرضوا الجمعية التشريعية لمواجهة نضال الشعب من أجل الجلاء الفوري وحق تقرير المصير. ولم يكن على سبيل الصدفة أن يصاحب ذلك التصريح حول الديمقراطية حملة ضاربة ضد كل الذين حالوا أن يتناولوا بالتعليق مضمون التصريح ويبينوا أوجه نظرهم في الديمقراطية التي ينشدونها. إن جميع الصحف قد تلقت إنذاراَ بالكف عن الخوض في هذا الأمر. كما اعتقلت سلطات الأمن عدداً من الطلبة لمجرد أنهم رفعوا شعار الديمقراطية في ذلك الحين وهكذا انكشف من أول وهلة مقدار الزيف الذي ينطوي عليه تصريح رئيس الحكومة وعن أي نوع من الديمقراطية كان يتحدث أو يضمره في أعماق نفسه، والأمر الذي حدى بالحزب الشيوعي السوداني ان يصدر بياناً قال فيه قولته المشهورة (إن الدكتاتورية لا تلد الديمقراطية والحياة النيابية السليمة لا تقوم إلا على انقاض الحكم العسكري)، وإلا فكيف يمكن لحكم عسكري أقترن من يوم مولده بالقضاء على كل أثر للديمقراطية، ان يتناقض مع طبيعته وفلسفته القائمة على الإرهاب ويتحول بين يوم وآخر إلى مبشر وداعية للديمقراطية؟ إن التاريخ لم يحدثنا قط عن وقوع مثل هذه المعجزة وفي خلال العامين اللذين أعقبا ذلك التصريح ظلت بلادنا كما كانت تئن تحت وطأة الحكم العسكري، قانون الطوارئ مازال مشهراً كالسيف على رقاب المواطنين، والسجون مازالت تستضيف أحرار الجيش والعمال والشيوعيين، والمحاكم العسكرية والت سخريتها وتحديها للعدالة والقوانين.

اكثر من هذا فإن الكوارث والمحن التي واجهتها البلاد وظروف التحقير للديمقراطية المزعومة لم تشهد لها مثيلاً في تاريخنا من قبل. وإلا فهل يعقل والبلاد مقبلة على حكم ديمقراطي أن تشتد مؤامرات المستعمرين وعملائهم في جنوب السودان وتشتد أساليب القمع والوحشية ضد والأقليات القومية حتى يتدهور الوضع هناك إلى هذا الحد الذي يهدد سلامة الوطن ووحدته بالخطر الجسيم؟ وهل يعقل والبلاد مقبلة على حكم ديمقراطي أن يستشري الفساد وتتلاعب الشركات الأجنبية بمقدرات البلاد ومشروعاتها الحيوية كما هو الحال بالنسبة لمشروع خشم القربة وتعم جرائم القتل في العاصمة وغيرها ويروع أمن المواطنين في عطبرة وغيرها بشكل لم تشهده مجتمعنا من قبل؟ كلا أن هذا ما كان ليحدث لو كانت هناك ديمقراطية وتحضير جاد لحكم ديمقراطي ومع ذلك فإن صحافة الحكومة وإذعتها لم تكف لحظه عن التبشير عن فجر الديمقراطية الذي سيبزغ مع قيام المجلس المركزي، وظلت تفعل ذلك حتى بعد صدور الدستور الجديد بينما الكل يعلم هزال ذلك الدستور. لقد جاء البيان الذي أصدره الحزب الشيوعي السوداني في عشية الانتخابات للمجالس المحلية ما يلي: "إن دستور المجلس المركزي جاء أبعد ما يكون عن تحقيق الديمقراطية بل هو نكسة خطيرة إذا ما قورن بالمؤسسات الديمقراطية التي حققها شعبنا قبل إنقلاب ١٧ نوفمبر ١٩٥٨م. [وكما ذكرنا من قبل] إن مجلساً يدعي بإنه تمثيلي لا يقوم على مبدأ الانتخاب المباشر لكل أعضائه ولا يمارس كل الحقوق التشريعية هو مجلس مزيف، إن مجلساً لا يملك حق النظر في الاتفاقات التي أبرمها النظام الراهن من معونات وقروض كبلت استقلال السودان وأوردته موارد التبعية للاستعمار الأجنبي هو مجلس صوري. وفي النهاية إن المجلس المركزي تجرد من كل سلطة حقيقية إن هو إلا ستار تخفى به الدكتاتورية وجهها الكريه الذي عافه الشعب... إن الحزب الشيوعي السوداني وهذا هو موقفه ولا يزال يرفض هذا المسخ المشوه الذي لا يرقي إلى مستوى سيئة الذكر الجمعية التشريعية. هذا ما أعلنه حزبنا وظل يردده في كل مناسبة وهذا أيضاً ما آمنت به الجماهير وألتفت حوله ومع ذلك فقد واصلت صحف الحكومة وإذاعتها والمسئولون فيها تمجيد المجلس المركزي بأعتباره مجداً للديمقراطية، ويقول اللواء البحاري في تصريح له لجريدة الثورة بتاريخ ١٩٦٣/٩/١٦م "إن المجلس المركزي الذي وعد به معالي الرئيس أبناء وطنه سيقوم صرحاً شامخاً للديمقراطية لتحقيق الآمال المعقودة عليه بإذن

الله" وتقول جريدة الثورة أيضاً "إن المجلس المركزي هو قمة الديمقراطية الصحيحة في بلادنا ممثلاُ في المجلس المركزي شامخ القمة طاهر الذمة...الخ." هذه الأقوال التي لا ترتكز على أي أساس سوى التلاعب بالألفاظ.

غير أن الحزب الشيوعي السوداني أبى إلا أن يسير حتى نهاية الشوط ليكشف زيف هذه الإدعاءات حين اتخذ قراره التاريخي بخوض المعركة الانتخابية للمجالس المحلية ليبرهن عملياً حتى المخدوعين في تصريحات الحكومة وأجهزة دعايتها، إن نوايا العسكريين وفلسفتهم في الحكم هي أبعد ما تكون عن الديمقراطية، وكما يقول المثل السائر، إن الجواب يدل عليه عنوانه فلذلك يمكن أن تكون ديمقراطية الانتخابات محكاً ومقياساً لديمقراطية المجلس، فهل يمكن القول بأن الانتخابات جرت في جو ديمقراطي كفل لكل المواطنين ممارسة حقوقهم الانتخابية؟ وهل كانت الانتخابات حقاً كما قال اللواء البحاري في تصريح له بمناسبة افتتاح الدورة الثانية لمجالس المديريات بتاريخ ١٩٦٣/٨/٤م "إن الحكومة من جانبها لم تتدخل بأي صورة من الصور ولم تفضل مواطناً على مواطن أو تمييز شخصاً على آخر بل كفلت للجميع مرشحين وناخبين كامل الحرية"؟

كلا.. إن هذا الإدعاء لم يكن صحيحاً على الإطلاق. فالكل يعلم أن الانتخابات جرت في ظل قانون الطوارئ والكل يعلم أن المرشحين الاشتراكيين كانت تصادر اللافتات التي كانت تحمل شعاراتهم التقدمية وكل يعلم أن الاجتماعات الانتخابية للمرشحين كان يفضها البوليس بالقوة وأحياناً وكان أمراً مألوفاً أن يحتجزهم في المعتقل كما حدث للمواطن فاروق أبو عيسي والمواطن مصطفي محمد صالح وغيرهما من المرشحين الاشتراكيين، إن الحديث عن ديمقراطية الانتخابات التي بضيق المجال عن سرد وقائع خرقها بفظاظة وهي مثل ديمقراطية المجلس سواء بسواء، ولنترك للأرقام أن تحدثنا عن الديمقراطية المزعومة للمجلس المركزي وهل هي حقاً كما قال اللواء البحاري في تصريحه لجريدة الثورة بتاريخ ٣ أكتوبر ١٩٦٣م، "قام المجلس المركزي ممثلاً لإرادة الأمة كلها لا هم لمن فيه إلا مصلحتها وحقوقها ومستقبلها."؟

إن الحقائق والأرقام تفضح زيف هذا القول فمن بين أعضاء المجلس ال٧٢ عين الفريق عبود ١٨ ، يضاف إلى هذا العدد ١٦ وزيراً بالتعيين أيضاً فيصبح المجلس مكوناً من ٨٨ عضواً. من بين كل هذا العدد (٨٨) هناك

فقط ٢٣ عضواً منتخباً من الشعب أي أولئك الذين دخلوا انتخابات المجالس البلدية والريفية بهذا فقد أصبح ٧٤٪ من عضوية المجلس المركزي بالتعيين و ٢٦٪ فقط بالانتخابات. فهل يصبح بعد ذلك ثمة مجال للحديث عن الديمقراطية المزعومة التي يحققها قيام المجلس المركزي وهو على هذه الصورة من التزييف لإرادة الشعب؟ وأي نوع من الديمقراطية تلك التي تقيم مجلساً ثلاثة أرباعة بالتعيين وربعه الباقي فقط بالانتخاب؟ والتعيين لمن؟ للأقارب والمحاسيب والمشبوهين.

حقاً إن هذا نوع فريد من الديمقراطية وإذا تركنا جابناً موضوع الديمقراطية التي أفتضح أمرها بما فيه الكفاية ولننظر عما إذا كان المجلس حقاً "لاهم لمن فيه إلا مصلحة الأمة وحقوقها ومستقبلها" كما يقول الوزير البحاري أو "خلاصة اختيار الشعب لمن يمثل مصالحهم" كما تقول جريدة الثورة سنجد عجباً، تقول أجهزة الدعاية إن النظام الراهن "ثورة" للجماهير الوطنية، ومع العمال والمزارعين والكادحين وأكثر من ذلك فقد ذهب الفريق إبراهيم عبود إلى حد القول مخاطباً أعضاء اللجنة التنفيذية لأتحاد العمال بتاريخ ١٩٦٣/٩/٢٦م "ليس أسعد مني هذه اللحظة وأنا أقول لكم إنني واحد منكم ليس بعقلي وقلبي ومبادئ فحسب، وإنما لأنني أيضاً كنت عاملاً" وقال أيضاً في نفس المناسبة "ما كرهت شيئاً في حياتي غير حياة الأرستقراطية والبرجوازية ولا عرفت طبقة لا جدوى ولا نفع يرجي منها غير تلك الطبقة." وحق لنا أن نسأل أن انعكست تلك المبادئ العمالية والكراهية للأرستقراطية والبرجوازية على التكوين الاجتماعي للمجلس المركزي؟ وأين هذا التكوين مما تدعيه أجهزة الدعاية من أن النظام الراهن "ثورة" مع العمال والمزارعين والكادحين؟ مرة أخرى لنترك الأرقام وحدها تتكلم:

إن ١٨٪ من مجموع المجلس من نظار القبائل ومشائخها.

إن ٣٩٪ من مجموع المجلس من كبار موظفي الدولة ومن الأجيال التي صعدت السلم تحت الإرادة الاستعمارية.

إن أكثر من ٤٠٪ من الأشخاص الذين عينوا مباشرة في المجلس المركزي لهم علاقات مع رأس المال الأجنبي ووكلاء له.

لم يدخل المجلس أي عامل أو مزارع.

فهل يحق بعد هذه الوقائع الدامغة لأجهزة الدعاية أن تتحدث عن "ثورة" العمال والمزارعين؟ ألسنا عي حق عندما نقول – وهذا هو التكوين الاجتماعي للمجلس إنه يمثل العناصر اليمينية ويتحالف مع كل ما هو

رجعي "أرستقراطي وبرجوازي" في بلادنا؟ لقد ظلت العناصر الانتهازية وسط العمال والمزارعين تطبل لهذا النظام بمناسبة وغير مناسبة ضاربة بمصالح طبقاتهما التي خانتها عرض الحائط.

يقول الانتهازي المشهور إبراهيم محمود رئيس اللجنة التأسيسية لأتحاد العمال "إننا نؤكد تأكيداً قاطعاً أن العمال قد أيدوا هذه الثورة عن اقتناع لأنهم لمسوا أعمالها الظاهرة التي لا تحتاج إلى تبيان لمصلحة البلاد. كذلك انبثق تأييدهم من واقع تجاربهم الماضية والحاضرة"، ويقول النقابي المرتد والعضو المطرود من الحزب الشيوعي السوداني محمد السيد سلام "إنني سعيد بان العمال قد أدركوا بثاقب نظرهم بانه ليس مفروضاً أن يحارب العمال كل حكومة ويتظاهروا ضدها خاصة بعد أن أثبتت حكومة صاحب المعالي إبراهيم عبود شعارات العمال وأمانيهم الوطنية واحالتها إلى أعمال" (جريدة الثورة ١٩٦٣/٩/٢٥م). فأين هي شعارات العمال التي يتغني بها هذا المرتد وأثبتتها "حكومة صاحب المعالي"؟

لقد كان من أبرز شعارات العمال والمزارعين التي دوت بها حناجرهم هي "لا حكومة بلا عمال ولا حكومة بلا زراع". تري هل تحقق هذا الشعار بدخول أي عامل أو مزارع في المجلس المركزي على كثرة التعينات التي قام بها "صاحب المعالي"؟

إن الحقائق الدامغة التي تصفع كل ادعاءات الانتهازيين والمرتدين هي إن الطابع الغالب في المجلس لا يعطي غير إنطباع واحد فقط لا غير، مجلس من نظار القبائل الذين يعيشون على استغلال المزارعين "أشباه أقطاعيين" ومن كبار موظفي الدولة الذين تعاونوا مع المستعمرين، من أصحاب المشاريع الزراعية الكبرى ومن وكلاء الشركات الأجنبية. وبذلك تسقط كل الحجج والدعاوى الانتهازية عن "ثورة" مع العمال والمزارعين والكادحين. لقد حاول الحزب الشيوعي السوداني كل جهده مدفوعاً بنواياه الوطنية الصادقة وبحدبه كل مصالح الشعب الكادح أن يغير من هذه النتيجة والصورة المؤسفة التي جاء عليها المجلس المركزي ليس إيماناً به بل رغبة في إتقاء الجماهير لشره وأخطاره. لقد حاول الحزب الشيوعي أن يساند كل مرشح اشتراكي وتقدم بالنداء المخلص لكل الأحزاب الوطنية أن تتحد في جبهة واحدة وتقدم للترشيح مواطنين مخلصين ليكونوا صوتاً للشعب داخل المجلس يكشفون كل ما يدبر في داخله ضد مصالحه، ولكن الدعوة مع الأسف لم تجد أذناً صاغية. لقد جاء في بيان الحزب في عشية

الانتخابات ما يلي بالحرف: لقد كان الحزب الشيوعي السوداني ومازال يأمل أن تتخذ كافة القوى الوطنية الموقف المناسب وتقدم للترشيح صفاً وطنياً ديمقراطياً متحداً تسانده قوة جماهيرية متماسكة تسد الطريق أمام عملاء النظام الراهن ووكلائه وتعمل داخل المجلس المركزي رغم كل عيوبه ورجعيته للدفاع عن حق الجماهير في الديمقراطية الحقيقية، إن ابتعاد الوطنيين والديمقراطيين من هذا الميدان سيترك الفرصة لأنصار النظام الراهن للتسلل إلى داخل هذا المجلس للعمل من داخله على تدعيم النظام العسكري وعرقلة نضال الجماهير العمالية وكل الشعب بفرض المزيد من القوانين التعسفية. لقد واتت الجماهير السودانية فرصة لتستخدم أصواتها للإعراب عن سخطها وعداءها للنظام الراهن وكل محاولة تحمل الجماهير على إدخار هذه الأصوات لن يستفيد منها سوى النظام الراهن وسيطرة عملائه على المجلس المركزي وكل من يتسبب في هذه النتيجة ولو بحسن نيه سيحمل الجماهير وزر أخطائه. والأن وقد اتضحت الطبيعة الرجعية الكاملة للتكوين الاجتماعي للمجلس المركزي يمكن لكل إنسان أن يدرك صحة هذه التعبيرات والتنبؤات التي صاغها الحزب الشيوعي السوداني. إن الحزب الشيوعي السوداني الذي حمل لواء المعارضة الحازمة طيلة الأعوام الخمسة الماضية في وجه النظام العسكري وكان وما يزال أصلب المناضلين من اجل الديمقراطية الحقيقية، سيواصل اليوم وغداً نضاله بكل حزم لكشف هذا المجلس الذي يقف كأسوأ رمز لتزييف الديمقراطية الحقيقية التي ينشدها شعبنا. إن البرامج التي قدمها حزبنا خلال المعركة الانتخابية مازالت صحيحة وهو يدعو جميع المواطنين أن يتخذوها محوراً لكلامهم ونشاطهم اليومي. إن الواجب الوطني يدعونا ان نجمع حولها أكبر قدر من التوقيعات وأن تسير الوفود لأعضاء المجلس مطالبين بعرضها واتخاذ القرارات بشأنها.

* إلغاء قانون الطوارئ وكل القوانين الاستثنائية
* إطلاق سراح جميع السجناء السياسيين من عسكريين ومدنيين
* إلغاء القوانيين المقيدة للحريات، كحرية الصحافة والإجتماع والتنظيم والإضراب ..الخ.
* قيام مجلس نيابي منتخب انتخاباً مباشراً من الشعب.

١٩٦٣/١١/١١م

السكرتارية المركزية للحزب الشيوعي السوداني

الباب الثاني

الفصل الثاني عشر
الإضراب السياسي

الاضراب السياسى

الحزب الشيوعي والإضراب السياسي العام

هناك من يقللون من عمق ثورة ٢١ أكتوبر، ويصفونها بإنها كانت حركة تلقائية قامت دون قيادة ودون تنظيم ودون ان يتوقعها أحد وهؤلاء ينسون – وبعضهم يتجاهلون عن قصد – أن هذه الثورة كانت تتويجاً للنضال الذي ظلت تشنه القوى الثورية من عمال ومزارعين وطلاب وضباط وطنيين طيلة السنوات الست التي ظل فيها الحكم العسكري الرجعي جاثماً على صدر شعبنا.

فمنذ اليوم الأول للإنقلاب العسكري الرجعي في ١٩٥٨/١١/١٧م ظلت هذه القوى تقاوم وتناضل، وأخذ نضالها يتوسع ويزداد عمقاً وأخذ النظام العسكري يزداد عزلة عن الجماهير وتزداد أزمته حدة وتفاقماً. ولم تجد جميع أساليب البطش والتنكيل التي كان يتبعها من سجون ومعتقلات ومشانق ورصاص في صد تيار الحركة الشعبية الصاعدة، التي توجت نضالها بالإضراب السياسي العام وثورة ٢١ أكتوبر الظافرة.

لقد كان الحزب الشيوعي منذ قيام الإنقلاب العسكري الرجعي وحتى إندلاع ثورة ٢١ أكتوبر يقف بشجاعة وثبات على طليعة القوى المناضلة ضد النظام العسكري وقدم قادته وأعضاؤه ومؤيدوه التضحيات تلو التضحيات دون أن تلين قناتهم، ودون أن يتراجعوا خطوة واحدة ولم يكن البطش الذي كانوا يتعرضون له ليزيدهم إلا إصراراً على النضال.

الحزب الشيوعي السوداني ينادي بشعار (الإضراب السياسي العام)

وبعد ٣ سنوات من النضال الجماهيري ضد النظام العسكري بدأ هذا النظام يتفكك ويتحلل واكتملت عزلته عن الجماهير وعن جميع القوى السياسية في البلاد بعد أن تخلت عنه القوى اليمينية التي أيديته عند قيامه، وبدات الجماهير تتساءل عن الطريق للخلاص من ذلك النظام ورغم اقتناعها بأن النظام الحاكم قد انعزل وضعف إلا أنها لم تكن ترى بوضوح كيفية تسديد ضربة قاضية له.

وفي صيف ١٩٦١م بدأ الحزب الشيوعي السوداني يناقش ويبحث عن أفضل السبل لتسديد تلك الضربة القاضية، بدأت المناقشة بالبيان الذي نشر في العدد ١٠٨ من مجلة (الشيوعي) لسان حال اللجنة المركزية للحرب

وكان بعنوان (تفاقم الأزمة الثورية وتفكك الدكتاتورية) وقد نشر بتاريخ ١٩٦١/٧/٢م (أنظر الصورة الزنكوغرافية لغلاف العدد).
بدأ البيان بتحليل الموقف السياسي في تلك الأيام على ضوء اتساع الحركة الجماهيرية ونجاح إضراب عمال السكة الحديد في النصف الثاني من شهر يونيو، أشار بوضوح إلى تفاقم أزمة النظام الحاكم وإمكانية تسديد ضربة قاضية له من جانب القوى الثورية
يقول البيان (صفحة ٤)
"والنظام العسكري الراهن يعاني الكثير من النزاعات الداخلية التي تشل إراداته، كما أنه وصل إلى درجة بعيدة من العزلة القاتلة عن جماهير الشعب. لذا يمكن القول بأن النظام الراهن في حالة تفكك وتحلل وأنه لن يستطيع الوقوف أمام حركة ثورية من جماهير الطبقة العاملة والكادحين وسيفشل في أول تجربة للصدام. وتزايد التناقض بين النظام الرجعي الراهن وقوي اليمين (حزب الأمة) مما ساعد في أحداث العزلة الكبيرة التي يعيشها هذه الأيام وأضعف من قوته الأمر الذي تستفيد منه القوى الثورية في نضالها الثابت من أجل الديمقراطية. وحركة الطبقة العاملة السودانية تلاقي عطف الطبقة العاملة العالمية وتأييدها خاصة وقد قفز إلى أعلى مستوى التآزر الدولي بعد المؤتمر التاريخي للأحزاب الشيوعية في نوفمبر الماضي."
"وجماهير المزارعين وخاصة في النيل الأزرق والقاش وهم عصب الحياة الاقتصادية في وطننا يعانون الأمرين من جراء سياسية الإفلاس التي يسلكها النظام الراهن، بدأت صفوفهم تتحرك ويعبرون عن رغبتهم في مقاومة هذا النظام بدعوة مؤتمر اتحاد مزارعي الجزيرة وبآلاف التوقيعات التي قدمها مزارعو القاش لوزير الزراعة مطالبين بتحسين أحوالهم".
"كل هذه وغيرها عوامل ملائمة لتطور حركة الإضرابات العمالية ولهوض حركة موحدة من الجماهير الكادحة تسير في طريق التطويح بالنظام الراهن"
ثم يتساءل البيان : كيف يمكن أحداث هذا التطور في حركة الطبقة العاملة والجماهير الكادحة؟
ويجيب على ذلك قائلاً: "لابد من وضع تقدير سليم لحركة الطبقة العاملة والتي فتح الطريق لها إضراب السكة الحديد الناجح، ولابد من تجنب الأخطاء في قيادتها وتنميتها، حركة الطبقة العاملة الراهنة لا تعكس رغبة

العمال في مكافحة الأزمة الاقتصادية وحسب، بل هي تعكس الرغبة العميقة لهذه الطبقة الثورية في تحقيق مبادئ الديمقراطية وفي إنهاء النظام الراهن بوصفه نظاماً فرط في استقلال البلاد وخضع للمستعمرين وناصب الديمقراطية العداء. إن الطبقة العاملة السودانية تشربت عبر سنين طويلة بمبادئ الصراع الطبقي في الكفاح ضد المستعمرين وأذنابهم، وهي تتجه نحو اليسار ولا سواه. لهذا فالخطر ينبع من التقليل من إمكانيات هذه الطبقة الثورية ومن تجاهل تجربتها التي كونتها وهي تكافح خلف الحزب الشيوعي منذ نهاية الحرب العالمية الأخيرة. وهذا التقليل تعبر عنه القيادات اليمينية في قيادات النقابات والتي تسللت إلى هذه المراكز نتيجة التدخل المباشر من أجهزة الدولة لإبعاد الشيوعيين والديمقراطيين ولتزييف رغبات الجماهير العاملة. هذه العناصر ترفع اليوم راية المقاومة ضد قيادة الطبقة العاملة للحركة السياسية في البلاد ومن أجل حصرها في المطالب الاقتصادية الضيقة، فعلى الحزب الشيوعي السوداني أن يقاوم في عنف هذه الأفكار وأن يدفع بالطبقة العاملة خطوات في سبيل قيادة الحركة الشعبية.

ثانياً: علينا أن نمزج بين الحركة الثورية الراهنة وبين حركة الطلاب الثورية بتكوين لجان مشتركة بين جماهير العمال والطلبة الذين سيكونون قوة لها شأن في توسيع هذه الحركة الثورية.

ثالثاً: توسيع حركة المزارعين في النيل الأزرق والقاش على وجه الخصوص وقيام لجان مشتركة بينهم وبين جماهير العمال بلجانهم الثورية.

إن الشروع في حركة الإضراب بين جماهير المزارعين مستندين إلى تأييد الطبقة العاملة سيكون العنصر الحاسم والضربة القاصمة للنظام الراهن."

ثم يقول البيان:

"لإنجاح هذه الحركة – حركة الإضرابات العمالية الثورية وتمازجها مع حركة المزارعين وحركة الطلاب الثورية علينا أن نواجه في حكمة موقف البرجوزاية الوطنية. يظهر اليوم أكثر من أي وقت مضي صحة تحليلنا لهذه الطبقة، تحليلنا بأنها طبقة ضعيفة اقتصادياً وسياسياً، فبينما تعارض قوى اليمين واليسار النظام الراهن وتدخل معه في معارك بدرجات متفاوتة، تكتفي هذه الطبقة بالحديث وبالسير وراء اليمين – تتمنى نهاية هذا النظام ولكنها لا تقوم بمجهود يذكر في هذا المضمار. علينا ألا نتخذ منها موقفاً يسارياً نشجعها بالعمل الدائب بين الجماهير السائرة تحت لوائها وننقد ضعفها وتهالكها وبمطالبتها المستمرة بالقيام بمجهود إيجابي في النضال من

أجل الديمقراطية وتأييد حركة الجماهير الثورية من العمال والمزارعين والطلبة."

وجاء في البيان أيضاً:

"وطالما نحن بصدد توسيع حركة الطبقات الثورية بوصفها القوى الوحيدة الكفيلة بأنهاء النظام الدكتاتوري الراهن فلا بد لتنظيمات الحزب في المديرية الشمالية أن تعبئ قوى جماهير الشعب النوبي أصحاب المصالح في الديمقراطية في هذه الحركة. إن هذا الشعب رصيد للقوى الديمقراطية ولا طريق لتحقيق مطالبه إلا بالتحالف مع الحركة الثورية الناهضة الآن مؤازرتها."

وأخيراً يتساءل البيان ما هي الاحتمالات؟

"إذا نجحنا في دفع القوى الثورية للأمام ونجاحها في الإطاحة بهذا النظام يمكن أن ينشأ نظام جديد أكثر وطنية وأكثر ديمقراطية وتصبح الشروط اللازمة للسير بالكفاح الوطني الديمقراطي وفي سبيل حكومة وطنية ديمقراطية أكثر توافر حتى بوجود اليمين ضمن النظام الذي سيعقب مباشرة الحكم العسكري الآفل، وهذا مكسب كبير للحركة الشعبية في بلادنا ومستقبلها. أما إذا تقاعسنا عن القيام بهذه المهام الممكنة والتي تهيأت لها الظروف الموضوعية والتاريخية، فإن الحركة الثورية ستتراجع وتصبح عنصراً للضغط فقط وللمساومة بين قوى اليمين وهذا خطأ ولن يفيد شعبنا. فإلى الإمام لتنظيم حركة الطبقات الثورية للإطاحة بالنظام الراهن ولفتح الطريق أمام التطورات الوطنية والديمقراطية في بلادنا."

كان هذا البيان هو بداية التفكير في وضع (شعار الإضراب السياسي العام) من جانب الحزب الشيوعي السوداني، بوصف هذا الإضراب هو طريق الخلاص وهو الضربة القاصمة للنظام العسكري الرجعي.

وبعد صدور هذا البيان بأسابيع قليلة أصدر المكتب السياسي للحزب بيانه الأول الداعي إلى وضع (الإضراب السياسي العام) بوصفه الخط السياسي الرئيسي للحزب خلال فترة النضال ضد الدكتاتورية.

البيان التاريخي الأول

صدر أول بيان من المكتب السياسي حول الإضراب العام في أغسطس ١٩٦١م ونشر في العدد ١٠٩، من مجلة الشيوعي الصادرة بتاريخ ٢٦

أغسطس ١٩٦١م تحت عنوان حول الموقف السياسي والإضراب السياسي العام (أنظر الصورة الزنكغرافية لغلاف المجلة)

الشيــوعــي

المجلة الداخلية للحزب الشيوعي السوداني

١٩٦١/٨/٢٩ :(الثمن ٥٠ مليما العدد ١٠٩)

المحتويات

- حول الموقف السياسي والإضراب السياسي العام
- نحو رفع مستوى العمل الثقافي إلى مستوى المعركة
- خطة المكتب الثقافي في المعركة
- نحو تدعيم مالية الحزب (خطة مكتب المالية)
- مثل يحتذي (تقريظ)

كان ذلك البيان التاريخي إيذاناً بفتح الطريق أمام القوى الثورية من عمال ومزارعين وطلاب ومثقفين لتسير تحت قيادة الحزب الشيوعي في الطريق الوحيد الذي يمكن ان يؤدي إلى إنهيار النظام العسكري، ومنذ صدور ذلك البيان حتى اندلاع ثورة أكتوبر الظافرة بعد ٣ سنوات ظل الحزب الشيوعي السوداني يعمل في ثقة وصبر وتفان وسط هذه الفئات الثورية بهدف

الوصول بالحركة الشعبية إلى مستوى تنفيذ الإضراب السياسي العام – إلى نقطة الإنفجار الشامل. ونقدم للقارئ فيما يلي النص الكامل لهذا البيان التاريخي.

نص البيان

يرتكز هذا التقرير على جوهر التحليل الوارد بالعدد ١٠٨ من مجلة الشيوعي تحت عنوان "تفاقم الأزمة الثورية وتفكك النظام الدكتاتوري" الذي يبين في وضوح وصدق أن النظام العسكري الراهن يعاني الكثير من النزاعات الداخلية التي تشل إرادته، كما أنه وصل درجة بعيدة من العزلة القاتلة عن جماهير الشعب وأنه لن يستطيع الوقوف أمام حركة ثورية من جماهير الطبقة العاملة والكادحين. وإن التناقض بين النظام الراهن وقوى اليمين في إزدياد - إن هذه الحقائق الأساسية لن تغير منها أي أحداث ظاهرية بما في ذلك الاعتقالات التي جرت مؤخراً لزعماء المعارضة ونفيهم إلى جوبا أو المحاكمات العسكرية التي تجري في مختلف مدن السودان، ذلك لأن أزمة النظام الراهن التي تتفاقم وتؤدي في كل يوم إلى تفككه إنما تستمد أسبابها من عوامل جوهرية في حياة الشعب.

أولاً: التخريب الواسع الذي تتعرض له الحياة الاقتصادية في البلاد من جراء سياسة التبعية للمعونة الأمريكية والاحتكارات الأمريكية والألمانية والإنجليزية - إن هذه السيطرة الاقتصادية قد جعلت بالفعل تطور السودان المستقل أمراً مستحيلاً في ظل النظام الراهن. ولماذا لا يكون الأمر كذلك مادامت كل القطاعات الهامة التابعة للدولة تقع تحت رحمة القروض الاستعمارية ذات النفوذ والشروط المذلة المرتفعة الفوائد والتي تقفل الطريق أمام الاقتصاد السوداني وتحرمه فرص الانتفاض والتطور من جراء الحجر على حرية التعامل مع دول المعسكر الاشتراكي.

إن الجماهير العاملة والمزارعين والبرجوازية الوطنية تكتوي اليوم اكثر من غيرها بنار هذه السياسة الاقتصادية المخربة. إن تفاقم الازمة الاقتصادية يقابلها تحركات الجماهير العمالية في السكة الحديد وغيرها بالاضرابات المتلاحقة وكذلك تحركات المزارعين في الجزيرة والقاش، والتذمر الواسع في اوساط التجار السودانيين كل هذا إنما هو التعبير الحي للأزمة التي تأخذ بخناق النظام الراهن ألا وهي أزمة الانهيار الاقتصادي الذي تردت فيه البلاد. ومن الواضح ان كل الاجراءات التي تتخذها

الحكومة العسكرية لتفادي هذه الازمة أو الحد منها – وهي اجراءات التي تقوم على طلب المزيد من الديون والعون الاستعماري – لا يمكن إلا أن تؤدي إلى تفاقمها وازدياد حدة تناقضاتها وبالتالي إلى المزيد من التفكك والعزلة لهذا النظام وتوسيع الحركة الجماهيرية المناضلة لانهائه.

ثانياً: التفريط في استقلال البلاد:

ولأي شيء يمكن أن تؤدي سيطرة رأس المال الاحتكاري الاجنبي على الحياة الاقتصادية في السودان سوى أن يبيع السودان استقلاله السياسي وبصفة خاصة للدولة التي تصدر الجزء الاكبر من هذا الرأسمال؟ - إن استقلال السودان اليوم هو رهين المعونات والقروض الامريكية وغيرها ولم يعد ولن يكون بوسع الطغمة الحاكمة ان تتصرف في أي شأن من شئون السياسة العامة لهذا البلد دون استشارة ورضاء المستعمرين الامريكيين القابضين على أزمة الشئون الاقتصادية.

السياسة الخارجية:

إن التصريحات الجوفاء التي تطلقها الطغمة الحاكمة عن حرية السودان في تخطيط السياسة الخارجية وعن جهوده في التعاون مع البلدان الافريقية العربية للقضاء على الاستعمار في افريقيا، وعن عزمها على انتهاج سياسة تؤدي إلى تصنيع حقيقي في الداخل هي تصريحات لا تتفق مع واقع الحال.

إن الأعمال تشير إلى نقيض هذه التصريحات فليست السياسة المتبعة في السودان اليوم هي مساعدة حركة التحرر الوطني الافريقي، بل ضرب هذه الحركة وخنقها وعرقلة سيرها إلى الأمام. وبفضل السياسة الرجعية التي سلكتها حكومة العهد الراهن حيال حرية الكونغو بايواء المستعمرين البلجيك وقفل الحدود مع الوطنيين الكونغوليين، وعدم الاعتراف بالحكومة الشرعية ومقاطعة المؤتمرات التي تبحث سبل التضامن الأفريقي مع الكونغو والجزائر وانجولا، بفضل هذه السياسة أسفرت الطغمة العسكرية عن وجهها كعميل استعماري وكطليعة لقوى الخيانة والتآمر لوأد الحرية في أفريقيا – إن هذا المعني قد ترسب الان في ضمير شعبنا الذي قاوم هذه السياسة بمظاهراته التي قمعتها الرجعية بوحشية، وكيف يكون السودان حرا في تخطيط سياسته الداخلية القائمة على التصنيع الحقيقي وهو واقع تحت سيطرة الاحتكارات الأجنبية التي جعلت من السودان سوقا لبضائعها الاستهلاكية، وكيف يمكن أن تكون الطغمة العسكرية حكومة محايدة وهي بسياستها العملية في داخل الامم المتحدة قد جمدت موقف السودان والتزم

مندوبها الصمت ازاء كل قضايا التحرر الوطني ونزع السلاح واعادة تنظيم الأمم المتحدة وأيد صراحة داج همرشولد[١٤٧] ممثل الاستعمار الأمريكي وعملية الأول.

إن الأحداث ما فتئت تقدم الدليل تلو الدليل على أن الطغمة العسكرية هي حكومة موالية للاستعمار وأنها قد فرطت في استقلال السودان. إن كل التصريحات المنمغة الألفاظ وأعمال القمع لا يمكن أن تزيل التناقض بين الشعب والحكومة الناشيء عن التفريط في استقلال البلاد الوطني.

ثالثاً: مصادرة الحريات الديمقراطية:

إن الصحف اليومية السودانية لا يخلو عدد من أعدادها من محكمة عسكرية شكلت هنا أو هناك لمحاكمة أقوي المناضلين ضد النظام الراهن. والنقابات أصبحت تحل لسبب أو لغير سبب، والحركة المطلبية تقابل بالقمع والتشريد الذي يصل إلى حد المئات، والصحف محرمة عليها نشر الاخبار إلا ما يصلها من وزارة الاستعلامات، وأعمال التعذيب الوحشي - أخذت تجد طريقها داخل المعتقلات، وقانون الحبس التحفظي ما زال يعمل به ويرسل بالعشرات للمعتقلات في الأماكن البعيدة، وأصبح مألوفا تفتيش بضعة الاف منزل دفعة واحدة كما حدث في عطبرة قبل بضعة اسابيع وعربات البوليس والجيش تجوب شوارع المدن لنشر حالة من الأرهاب وسط قوى المعارضة. حتى بلغ الهوس الدكتاتوري الحد الذي أدي إلى أن يطلق أحد رجال البوليس النار على أحد المواطنين. إن الطغمة العسكرية وقد فقدت كل امل في جلب التأييد الشعبي لم يعد أمامها - عن ضعف لا قوة - سوى اللجوء إلى المزيد من كبت الحريات العاملة. وكلما تمادت في هذا الأتجاه الرجعي كلما اتسعت حدة التناقض والعداء بينها وبين القوى الديمقراطية قوى العمال والمثقفين الوطنين. إن مصادرة الحريات الديمقراطية هي عمل رجعي تقاومه أقسام واسعة من جماهير شعبنا التي صرعت من قبل قانون قمع النشاط الهدام وصرعت قانون الطوارئ أثناء اضراب البوليس وعبرت عن تعلقها بالحرية السياسية عندما ألغى البرلمان السابق القوانين المقيدة للحريات. إن مصادرة الديمقراطية هي سبب من الأسباب العميقة الجذور لأزمة النظام الراهن. والنتيجة أنه طالما جلبت الطغمة العسكرية الخراب الاقتصادي للبلاد وطالما أنها فرطت في استقلال البلاد وطالما أنها صادرت الحريات الديمقراطية فسوف تظل تعيش في أزمة تتجدد كل يوم، وليس من طريق لها للخروج من هذه الأزمة والازمة - هي على كل حال

– أزمة النظام الراهن وليست أزمة القوى الثورية والحركة الجماهيرية التي ظلت رغم الاعتقالات والمحاكمات العسكرية وتطبيق نظام الطوارئ، في حالة صعود، وإن الشعور بالسخط والتذمر على الحكم العسكري في ازدياد مستعمر، والرغبة في الاطاحة به أضحت شاملة. إن انفجار المظاهرات بما في ذلك الجزئية منها واتساع الحركة الاضرابية وسط الجماهير العمالية الجزئية ونزول أقسام من البرجوازية الوطنية للمعركة الايجابية – كاغلاق بعض التجار لمتاجرهم عقب اعتقال زعماء المعارضة، كل هذا انما يسجل ارتفاع في المد الثوري وتفاقما مستمرا لازمة النظام الرجعي، إننا نسجل مرحلة جديدة من مراحل الكفاح ضد النظام العسكري، وهي احتلال الطبقة العاملة السودانية مكانها الطبيعي في المعركة الأمر الذي ترك أثره الظاهر في انهاض القوى الثورية الاخرى، كما نلاحظ في تحركات مزارعي الجزيرة والقاش وتحركات التجار في الاسواق – أم درمان – مدني - الابيض الخ.. ويمكن القول إنه بمقدار توحيد هذه القوى الثورية التي ولجت باب المعركة بقواها الطبقية وفي طليعتها قوى الطبقة العاملة والحزب الشيوعي وبمقدار تنظيمها في الأشكال الملائمة يمكن أن يتقرر مصير النظام الراهن. وباستقراء الحوادث الجارية أمام أعيننا يتضح الآن أكثر من أي وقت مضى صحة تحذيرات الحزب وتحليلاته في ضرورة التمييز بين توحيد قوى المعارضة (الاحزاب) وتوحيد القوى الثورية في جبهة وطنية ديمقراطية، انه على هدى الاخيرة يمكن استيعاب كل القوى المعارضة للاطاحة بالنظام الراهن. لماذا لم يحدث رد فعل عنيف عقب الاعتقالات الاخيرة؟ أي اعتقال المعارضة ونفيهم إلى جوبا – هذا هو السؤال الجائر الذي ظلت تردده أقسام الجماهير وما كانت تتوقعه الدوائر العسكرية الحاكمة، ولكن قضية بنظر الماركسيين جد واضحة ولا تدعو للحيرة – فمنذا الذي يقوم برد الفعل العنيف هذا؟ إنها بالطبع القوى الثورية قوى الطبقة العاملة، قوى المزارعين، قوى البرجوازية الوطنية والمثقفين الوطنيين. وماذا كان عليه حال هذه القوى وقت توقع رد الفعل العنيف؟ أنها كانت في حالة تذمر وتحفز واستعداد كامل للصدام ولكن ماذا كان ينقصها. ما الذي حال بينها وبين هذا الصدام؟ لا شيء سوى التنظيم – نعم لو تكشفت الأحداث الأخيرة عن شيء يمكن أن يسمي نقطة الضعف الرئيسية في نمو واتساع الحركة الجماهيرية لتصل للمستوى الذي يؤهلها لدخول المعركة الفاصلة والاطاحة بالنظام الراهن.

هذا الشيء لا يمكن أن يكون سوى ضعف وأنعدام تنظيم القوى الثورية، وإن المخرج الذي تبحث عنه الجماهير بتساؤلاتها الحائرة عما ينبغي عليها عمله لا يمكن أن يكون إلا في تنظيم ونشاط قوي التجمع الثوري.

ما هي الطبقات الرئيسية التي ترتكز عليها القوى الثورية في المعركة الحاسمة للاطاحة بالعهد الراهن؟

أولا – ترتكز على الطبقة العاملة وتنظيمات الجبهة النقابية ولجانها. هذا التنظيم الثوري الذي يضم المناضلين في كتل العمال والذين تعاونوا ويتعاونون مع الحزب الشيوعي السوداني قائد نضال الطبقة العاملة. أننا نستفيد من كل فرصة في لجان النقابات ولكن لابد أن نعرف جيداً أن هذه المعركة أكبر بكثير من عناصر النقابيين اليمينيين والمترددين وأنه يمكن ويجب بناء هذه اللجان الثورية التي تلعب دورا حاسما مع الحزب في المعركة. بهذا الفهم لطبيعة هذه اللجان الثورية، ينبغي علينا أن نتفادي المفاهيم الخاطئة التي تزين لنا أن تكوينها من داخل النقابات بالصورة التي تجعلها خاضعة للاتجاهات الاقتصادية المعروفة يمكن أن يكون ذا جدوى.

نحن لسنا بصدد تكوين جبهة من النقابيين الذين قد يلتقون معنا في نقاط معينة ويختلفون معنا في نقاط أخرى كما هو الحال بالنسبة للتحالفات النقابية ولكننا بصدد تشكيل تنظيمات ثورية تستند على البرامج الاتية:-

١. عودة الحياة الديمقراطية
٢. الغاء قانون الطوارئ
٣. .الغاء قانون العمل والعمال لعام ٦٠ وعدوة قانون ١٩٤٨
٤. رفع الاجور بنسبة ٤٥٪

وهو بطبيعة الحال برنامج يجمع بين الكفاح السياسي والكفاح الاقتصادي كما تركز هذه التنظيمات على الأسس التنظيمية الاتية:

أ- أبعاد العناصر اليمنية من هذه اللجان حتى ولو كانت هذه العناصر ذات نفوذ في الحركة النقابية وتحتل مركزا قياديا فيها.

ب- أبعاد العناصر اليمينية المترددة التي تقبل بعض برنامج الجبهة وتحجم عن الاخر وخاصة الجانب السياسي (ويمكن التعاون معها داخل النقابات).

ثانيا: جماهير المزارعين وخاصة في النيل الأزرق والقاش والتي أثبتت من خلال كفاحها من أجل اعادة اتحادات المزارعين وتحقيق مبدأ المشاركة وجمع مئات التوقيعات حول مطالبها انما يمكن أن تلعب دورا أساسيا في

الاطاحة بالنظام الراهن لو وجدت المساعدة من الحزب ولجان الجبهة النقابية على الخصوص.
ثالثا: جماهير الطلبة التي عرفت بصلابتها في النضال ضد النظام الراهن منذ تحركات نوفمبر ١٩٥٩.
رابعا: البرجوازية الوطنية والتي رغم ضعفها بدأت تتحرك بصورة أفضل من ذي قبل، وهذا ينعكس في حركة قفل السوق الجزئية والتي يمكن أن تتسع كما تبدو في بوادر النشاط المستقبل لحزب البرجوازية – الحزب الوطني الاتحادي.
إذا كانت هذه هي القوى الاساسية التي ينبغي الاستناد عليها في معركة تنظيم القوى الثورية فما هو الخط السياسي الذي ينبغي تنظيم هذه القوات حوله لانجاز مهام المعركة الحاسمة ضد النظام الراهن؟
إن الحزب يرى أنه بالعمل النشط اليومي المستمر وسط هذه القوات يمكن أن تعبأ في اضراب سياسي عام من شأنه اذا وقع أن يشل النظام الراهن شللا تاما. إن حركة مثل هذه لو حدثت ستكون الأولى من نوعها ولذلك فهي تختلف كل الاختلاف عن الحركات الاقتصادية التي ألفتها البلاد من قبل.
وهنا قد تتبادر إلى الأذهان عدة أسئلة تحتاج إلى أجابة – ما هو موقفنا من المعارك الجزئية التي قد تنشأ هنا أو هناك سواء كانت مظاهرة أو اضراب؟ هل يعتبر الدخول في مثل هذه المعارك الجزئية عاملا مساعدا للاضراب السياسي أم هو انهاك للقوي الثورية وتعريضها لضربات لا مبرر لها؟ والواقع أن وضع السؤال بهذه الطريقة ليس له ما يبرره اذا كنا ملمين بالحلقة الرئيسية في خط الحزب ونعني بذلك تنظيم القوى الثورية – فالتنظيم في مثل هذه المعارك الصغيرة أو الحركة الموحدة هو الذي يقرر كل شيء – إن عملا كبيرا قد يستحيل إلى عمل صغير في مفعوله اذا كان يفتقر إلى قيادة تنظيمة ثورية – إن اضراب اقتصادي عام مهما كانت ضخامته لا يمكن أن يتحول تلقائيا إلى اضراب سياسي اذ لم تتوفر له قيادته الثورية وبالمثل أن عملا صغيرا قد يستحيل إلى عمل كبير في مفعوله اذا توفرت له القيادة الثورية ـ وعلى ذلك يمكن القول أننا نشجع أي عمل مهما كان صغيرا. الشرط الضروري لنجاحه وقوة تأثيره كي يكون عملا مساعدا في النجاح للاضراب العام هو أن تتوفر له القيادة التنظيمية الثورية التي ترتكز على خط الجبهة الوطنية الديمقراطية.

وثمة تساؤل آخر هو هل تعتبر الظروف الحاضرة ملائمة لحركة عامة موحدة؟ الجواب نعم.
أولا- لقد انعزل النظام الراهن نهائيا عن الشعب وعن الاغلبية من قوات الجيش.
ثانيا: دخول الحركة الجماهيرية في مرحلة جديدة من الكفاح الثوري وخاصة بعد وقوع الاضراب الاخير لعمال السكة الحديد الذي لم يعكس رغبة العمال في مكافحة الازمة الاقتصادية فحسب بل عكس الرغبات الثورية العميقة في تحقيق مبادئ الديمقراطية وفي انهاء النظام الراهن.
ثالثا: ازدياد حدة التناقض في قوى اليمين واحتدام الصراع في داخل هذا المعسكر، ويعتبر هذا عنصرا هاما جدا حتى عند وقوع الاضراب السياسي العام – لكل هذه العوامل مع اتخاذ الحزب لدوره القيادي على رأس الجماهير العاملة يمكن أن تنجح حركة عامة موحدة تنظم القوى الثورية باسرها في البلاد.
سؤال ثالث: هل يمكن تحديد يوم معين للاضراب العام في كل البلاد؟ إن هذا بالطبع لا يمكن عمله الآن. ومرة أخر تبرز أهمية التنظيم – إنه لا يمكن تحديد يوم بعينه للحركة بدون تأسيس التنظيمات الثورية التي تقوده وتعبئ له، والارجح إلا يكون هناك تحديد حتى بعد قيام هذه التنظيمات. إننا نضع في الإعتبار أن داخل القوى الثورية نفسها تفاوت ما. منها من هو أكثر تقدما يبدأ الحركة الموحدة ومنها المتأخر الذي يلحق بعد البداية وهكذا – وعلى كل حال أن التعبئة التنظيمية والسياسة للاضراب العام هي التي ستقرر ماذا ينبغي عمله في اللحظة المناسبة.
يمكن القول ان نجاح الاضراب العام يتطلب شيئين أساسيين.
اولا- أن تكون برامج الحركة تجمع بين خبرة الحركات الاقتصادية وبين طبيعتها السياسية الفريدة.
ثانيا: أن تكون قيادتها التنظيمية في أيدي تنظيمات ثورية تستفيد من كل فرصة لدي التنظيمات الاقتصادية (النقابات – الاتحادات).
إن تحقيق تلاحم صفوف العمال والمزارعين والطلبة وجماهير المدن يشكل مركز الثقل في نشاطنا التنظيمي والسياسي لنجاح الاضراب العام وبدون ذلك يصبح الحديث عن الحركة الموحدة مجرد لغو فارغ وثرثرة فليكن شعارنا التنظيمي – كل شيء للجان الجبهة النقابية – كل شيء للجان الطلبة والعمال – كل شيء للجان العمال والمزارعين – بالطبع أن كل حركة نقوم

بها وسط تجمع المعارضة هي عمال مساعد فعال لانجاح الحركة الموحدة وعلى رفاقنا المسئولين في هذا المجال أن يضعوا خطة واضحة لهذا الغرض واضعين في الاعتبار أن كل عمل ينبغي أن يؤدي إلى هذا الهدف.
ينبغي الأهتمام الجدي بموضوع كفاح الجماهير النوبية في الشمالية وتنظمها واقناعها بأن حل مشاكلها انما يتوقف على الاطاحة بهذا العهد وعودة الحياة الديمقراطية.
هناك قوات أخرى يمكن أن تلعب دورا مساعدا وهاما وهي: المحامون والاساتذة والادباء والفنانون والنساء الخ.....
إن خلق حركة منظمة وسط هذه الفئات على أساس "الحريات الديمقراطية" يمكن أن تنعش قوى التجمع الثوري وترفع من روحه المعنوية – أن هذه الفئات يهمها أمر حرية الفكر وسيادة القانون.
أننا نأمل أن تتخذ الدوائر التنظيمية المسئولة اللازمة لوضع الخطة التنظيمية المناسبة لتحريك مجموع الحزب والقوى الثورية في اتجاه الحركة الموحدة، الاضراب العام.
المكتب السياسي
أول اغسطس ١٩٦١

الخطة التنظيمية المركزية للاضراب العام

وفي اليوم الرابع من شهر اغسطس ١٩٦١ اصدر المكتب التنظيمي المركزي التابع للجنة المركزية للحزب الخطة التنظيمية التي سوف يسير عليها الحزب من أجل تنفيذ شعار الاضراب السياسي العام الذي أقره الحزب وكانت الخطة عنوان:
" في سبيل تنفيذ شعار الاضراب السياسي العام لنرفع عاليا راية التنظيم "انظر صورة الغلاف الزنكغرافية.

في سبيل تنفيذ شعار

الاضراب السياسي العام

لنرفع عاليا راية التنظيم

خطة من المكتب التنظيمي المركزي
١٩٦١/١/٤

وننقل فيما يلي مقتطفات موجزة من هذه الوثيقة الهامة
جاء في صدر الوثيقة الفقرة التالية وهي منقولة من العدد ١٠٦ من مجلة الشيوعي والصادر بتاريخ ابرايل ١٩٦١.

"إن جمع القوى الوطنية واتحادها ليس أمرا خياليا وبعيدا. فالقوى الديمقراطية قريبة من الحزب الشيوعي السوداني في كل مجال بين الطبقة العاملة والطلاب والمزارعين وسكان المدن وكافة الفئات الاجتماعية وحول كل منظمة حزبية أو عضو الحزب عشرات ومئات من القوى الديمقراطية الذين يرغبون في المساهمة في استبدال النظام الراهن بنظام أكثر وطنية وديمقراطية ولهذا أصبح واجب الساعة: التنظيم ثم التنظيم – تنظيم قوى حزبنا وتجميعها تنظيم القوى الديمقراطية ونشاطها العملي حول كل مؤسسة حزبية وحول كل عضو من أعضاء الحزب"

ثم تستطرد الوثيقة فتقول

"منذ أن حدث الانقلاب الرجعي في نوفمبر عام ١٩٥٨ وحزبنا يضطلع بدوره القيادي في معركة الاطاحة بحكومة الانقلاب. لقد أدى كفاح حزبنا إلى انضمام قوات اجتماعية جديدة إلى صفوف المعارضة وإلى تفجير تناقضات عميقة داخل جبهة اليمين نفسها وأدى كل هذا إلى انعزال النظام العسكري الحاكم انعزالا تاما وإلى تفاقم أزمته واتساعها إلى درجة لم يعد معها قادرا على أن يحكم في هدوء. وعلى ضوء هذا المدى الذي وصلت إليه أزمة العصبة العسكرية اتخذ المكتب السياسي في بداية شهر مايو الماضي قرارا يشن حملة واسعة من الدعاية والاثارة والتنظيم ضد النظام الحاكم – إن تلك الحملة التي اشتركت فيها جميع مستويات حزبنا وفروعه قد نجحت إلى حدود كبيرة، فقد شدد حزبنا في الشهرين الماضيين من كفاحه في هذه الجبهات الثلاث "الدعاية والاثارة والتنظيم" كان أبرز آثار تلك الحملة الاضراب التاريخي الذي نفذه عمال السكة الحديد في شهر يونيو الماضي ذلك الاضراب الذي لعب الحزب دورا حاسما في اقراره وتنفيذه وتوسيعه. إن ذلك الاضراب قد وصل بازمة النظام الراهن إلى قيمتها إذ انه كان اعلانا بدخول الطبقة العاملة في مرحلة الصدام وكانت له تبعا لذلك آثار سياسية بعيدة المدى على حركة المقاومة باسرها.

وتستطرد الوثيقة فتقول

"إن نهوض بعد حركة الطبقة العاملة ونجاح اضراب عمال السكة الحديد في يونيو بعد فترة من الركود منذ الاضراب الجزئي في نوفمبر ١٩٥٩ يعكس هذه الازمة العميقة، كما ان هذا النهوض في الحركة العمالية ليس مظهرا مؤقتا يتراجع بمجرد تحقيق هذا المطلب أو ذاك بل هو سمة مستمرة للنظام الراهن، لهذا يمكننا القول بان الحركة النضالية التي بدأها عمال

السكة الحديد باضرابهم الناجح ستتسع وتتعمق وسوف تشمل اقساما اخرى من الجماهير الكادحة التي تكتوي اليوم بلهيب الازمة الاقتصادية وإن هذه الحركة يمكن إذا توفرت لها شروط بعينها ان تلحق ضربات مميتة بالنظام الرجعي الراهن".

ثم جاء في الوثيقة

"يشير هذا التحليل بوضوح إلى أن حركة المناهضة للنظام الراهن قد دخلت مرحلة جديدة أكثر عمقا وأكثر اتساعا بعد اضراب عمال السكة الحديد ويشير إلى ان هذه الحركة اذا توفرت لها الشروط المعينة ستقضي على النظام الراهن. ومن هنا أصبح على حزبنا الذي يقود هذه الحركة أن يضع شعارا أكثر تقدما وأكثر تحديدا من الشعار الذي وضع في مايو ويكون في الوقت ذاته امتدادا طبيعيا لحملة مايو – يونيو – يوليو ومن هنا كان قرار المكتب السياسي التاريخي بالسير بالحركة الشعبية المتعاظمة في إتجاه الاضراب السياسي العام الذي يهدف إلى القضاء النهائي والتام على الطغمة العسكرية"

ثم تنتقل الخطة التنظيمية الخاصة بالاضراب السياسي العام إلى مناقشة القوى الثورية التي سوف يعتمد عليها نجاح الاضراب وهي العمال والطلاب والمزارعين والمثقفين.

عن دور العمال في الاضراب السياسي العام تقول الخطة (صفحة ٦)

"أما من الناحية السياسية فان المرء ينظر عبثا ليجد مخرجا من الازمة السياسية الراهنة بدون الدور الفعال للطبقة العاملة السودانية – والطريق الذي ترسمة لحل القضايا القريبة والبعيدة. فلكي يتخلص شعبنا من النظام الخانع الراهن، ليحمي استقلاله ويحرر اقتصادياته، لابد مما تشير به الطبقة العاملة من اتحاد وطني ديمقراطي بين كافة القوى الشعبية ذات المصلحة، بما في ذلك القوى الوطنية داخل الجيش نفسه. إن أي تحرك في غير هذا الطريق لا يثمر كما دلت على ذلك الحوادث وسيرها في البلاد – هكذا يتأكد الطليعي للطبقة العاملة في معركة الاطاحة بالنظام الراهن، وقد أثبتت تجارب العام المنصرم الدور السياسي العظيم الذي يمكن أن تقوم به الطبقة العاملة، هذا الدور الذي وجد أقوى تعبير له في اضراب عمال السكة الحديد في شهر يونيو الماضي. لقد أحدث ذلك الاضراب آثارا سياسية بعيدة المدى على القوى المناهضة للنظام الراهن واضعف هيبته وزاد من عزلته القاتلة. فهل يمكننا أن نتصور نجاح الاضراب السياسي العام دون قيادة الطبقة

العاملة؟ وما دام الأمر كذلك أصبح واجب الساعة الموضوع أمام حزبنا هو ايجاد أفضل شكل من أشكال التنظيم يؤهل الطبقة العاملة لقيادة هذه المعركة".
ثم تقيم الخطة دور المزارعين (في صفحة ١٤) بالصورة التالية:
"إننا عند ما نتحدث عن أهمية التنظيمات الثورية التي تؤهل الطبقة العاملة لمعركة الاضراب السياسي العام الآن لابد أن نضع في اعتبارنا ايضا الحلفاء الاساسيين للطبقة العاملة في هذه المعركة واضعين نصب اعيننا اهمية العلاقة السياسية والتنظيمية بين الطبقة العاملة وهؤلاء الحلفاء. إن أهم حلفاء الطبقة العاملة هم المزارعون، فما هو وضع المزارعين في معركة الاضراب السياسي العام؟" وتجيب الخطة على هذا السؤال بالتالي:
هنا لابد من تأكد بعض الحقائق وهي:
اولا- في بلدنا هذا الذي تعتمد اقتصادياته على تصدير الحاصلات الزراعية، يمثل المزارعون العمود الفقري للحياة الاقتصادية، واشتراكهم في الاضراب السياسي العام سوف يصيب النظام الحاكم بحالة من الشلل التام.
ثانيا- إن العبء الاكبر من الازمة الاقتصادية الطاحنة التي تعاني منها بلادنا يقع على كاهل المزارعين، خصوصا المزارعين المنتجين للقطن في الجزيرة والقاش. إن المزارعين يعانون من الخراب الاقتصادي التام ولهم مصلحة بعيدة المدى في انهاء النظام الراهن وفي الاضراب السياسي العام.
فهل يمكن على هذا الأساس القول بإنّ المزراعين يمثلون أحدى القوات الاساسية في معركة الاضراب السياسي العام؟ نعم. ما في ذلك شك".
ثم تستطرد الخطة بعد ذلك لتعدد مختلف المهام التي يجب على الحزب الاضطلاع بها لتنظيم المزارعين ودفعهم في اتجاه الاضراب السياسي العام (صفحة ١٥-٢١ من الخطة)
وفي الصفحات ٢١- ٢٤ تضع الخطة تقييما لدور الطالب في معركة الإضراب السياسي العام. تقول الخطة:
"إن تنظيم القوى الديمقراطية وسط الطلاب لا يشكل صعوبة فمنذ سنوات والقوى اليمقراطية منظمة تحت قيادة الشيوعيين داخل الجبهة الديمقراطية. ولقد كان لهذا التنظيم الثابت دوره العظيم في قيادة حركة الطلبة السودانيين وتطويرها واحتفاظها بموقفها الثوري الصاعد. إن هذا التنظيم الطلابي يعتبر مثالا لما يمكن أن تحققه القوى اليمقراطية إذا ما اتحدت وانتظمت

تحت قيادة الحزب. إن الجبهة الديمقراطية للطلاب عبارة عن تحالف سياسي بين الطلبة الشيوعيين وجماهير الطلاب لتحقيق أهداف معينة عن طريق العمل السياسي والثقافي والاجتماعي. ولقد استطاع هذا التنظيم خلال السنين الطويلة من الكفاح والتضحيات أن يضع التقاليد الحميدة وسط الحركة الطلابية وأن يكون القائد الفعلي داخل المنظمات الجماهيرية الطلابية. إن هذا التنظيم يمكن بل يجب أن يكون القلب القائد لتنفيذ الاضراب السياسي العام وسط الطلاب."

وهنا أيضا تشرح الخطة بتوسع دور الطلاب الشيوعيين في قيادة وتنفيذ معركة الاضراب السياسي العام.

وأخيرا تتناول الخطة دور المثقفين في معركة الاضراب السياسي العام.

وتقول الخطة في صفحه ٢٤:

"لدى حزبنا تقاليد قديمة وثابتة وسط المثقفين وهو يتمتع بتقدير واحترام كبير وسطهم، ولابد ونحن نحضِّر لمعركة الاضراب السياسي العام أن نضمن لهذه المعركة تأييد ومشاركة هذه الأقسام. لقد حدد المكتب السياسي للحزب في اجتماعه الاخير مسئولية خاصة للعمل وسط المثقفين. إن المثقفين منظمون في اتحادات الخريجين ونقابات المحامين والأطباء والمدرسين ألخ..وموجودون في الأحياء. وعلى حزبنا أن يحدد أشكال الاتصال بهم، وتحريك منظماتهم لتكون أدوات حية في الكفاح ضد النظام الراهن، وبصفة خاصة في جبهة الحريات الديمقراطية. لقد بدأ المكتب الثقافي المركزي في تأسيس علاقات حسنة مع الأدباء والفنانين وأوساط أخرى من المثقفين، ولابد من تكييف دعايتنا وسط هذه الأقسام خلال التحضير للمعركة الراهنة."

وفي القسم الثاني منها (صفحة ٢٩ ـ ٥٤) تتناول الحطة بالنقاش قضية تأهيل الحزب و معالجة العيوب والنقائص في عمله حتى يكون مؤهلا بحق لتحريك وتنظيم الجماهير حتى يصل بها إلى نقطة الانفجار الشامل – الاضراب السياسي العام.

وقد ظلت اللجنة المركزية للحزب وهيئاته القائدة توالي مناقشة هذه القضية بوصفها الخط السياسي الرئيسي لِلحزب في ظروف النظام العسكري، وكانت قضية الاضراب السياسي العام في مقدمة القضايا التي بحثتها اللجنة المركزية للحزب في دورتها المنعقدة في يوم ٦ يناير ١٩٦٣ وهي من أهم الدورات التي عقدتها اللحنة المركزية للحزب في السنوات الاخيرة. ونحن

نورد هنا مقتطفات موجزة من التقرير السياسي الرئيسي المقدم لتلك الدورة والذي يقع في مائة وعشرين صفحة. جاء في ذلك التقرير (صفحة ٨١) كيف يمكن تغيير هذا النظام؟

"وضعنا شعار الجبهة الوطنية الديمقراطية – لماذا؟ لأنها وحدها الكفيلة بتغيير النظام الراهن بطريقة ثورية حاسمة تفتح الطريق امام التقدم، وهذا هو طريق صالح شعب السودان، فماذا يعني رفعنا لهذا الشعار بطريقة حازمة؟

١. يعني ذلك أن الحزب الشيوعي وحده لا يستطيع تغيير هذا النظام.
٢. يعني أن تجمع المعارضة الراهنة (أي تجمع الاحزاب) ليس في امكانه تغيير هذا النظام بطريقة جذرية."

ثم جاء في التقرير:

"والجبهة الوطنية الديمقراطية جيش سياسي، والمهم في الاول اعداد الجيش السياسي والخروج به من السلبية ثم اتحاده ووضوح اهدافه، وهذه هي مهمتنا المركزية بين جماهير شعبنا اليوم وقد تهيأت لها ظروف أكثر ملاءمة وهي:

١.تزايد النفوذ الأدبي للحزب الشيوعي وهو الداعي الأول لهذا الإتحاد.
٢. تدهور مركز جبهة المعارضة والقوى اليمينية، وشروع الجماهير في الانصراف عنها وفقدان الثقة في امكانياتها لتغيير النظام الراهن."

" فاذا تهيأ هذا الجيش السياسي أو خلال السير الحازم لتهيئته فان الجو السياسي سيتغير في البلاد، وستنضم اقسام هامه له بغية توجيه ضربة حاسمة. إننا هنا لا نستطيع أن نضع شكلا جاهزا ومحددا، واحتمالات المستقبل تحددها الحركة الجماهيرية، غير أننا لا نستبعد أن يذهب النظام الراهن خلال السير لتكوين الجبهة الوطنية الديمقراطية وهذا أمر ممكن ولا يستبعد."

ثم يستطرد التقرير فيقول

"وفي كل هذه الاحوال لابد أن يوضع النظام الراهن في موقف لا يستطيع فيه أن يحكم، أي أن يواجه أزمة حقيقية. لهذا فلا طريق للجبهة الوطنية الديمقراطية غير الاضراب السياسي العام الذي يعني نجاحه انهيارا تاما لهذا النظام ويضع السلطة في متناول الجماهير الثورية."

ما هو هذا الاضراب السياسي العام؟

"إنه توقف الجماهير الثورية عن العمل، ويتم تنفيذه عندما تصل الجماهير الثورية إلى وضع لا تحتمل فيه العيش تحت ظل النظام الراهن. ولهذا فهو يمثل تغييرا كيفيا في وضع الجماهير الثورية وعقلياتها. إنه عملية وسلسلة وليس ضربة واحدة – عملية من الدعاية والعمل الفكري الدائب ضد تهريج النظام الراهن ومن اجل تعميق الاتجاهات الثورية لدي الجماهير، ومن التعليم ومن التجارب، من المعارك اليومية المختلفة والتآزر حولها، من بناء قوة ثابته للجبهة الوطنية الديمقراطية من نضال قانوني وغير قانوني، من تحسين وتأهيل للحزب الشيوعي ووضعه في القيادة وارتقاء لنفوذه الادبي. وكل ما يسير في طريق هذه العملية ثوري ومفيد ويقرب الناس من الاقتناع بالاضراب والاستعداد له ثم تنفيذه."

وقد ظل الحزب الشيوعي يسير باخلاص وثبات في طريق العمل بين مختلف الاوساط الجماهيرية، من عمال وطلاب وزراع ومثقفين، بهدف الوصول بالحركة الشعبية إلى نقطة الانفجار الشامل أي الاضراب السياسي العام. ووقف الحزب الشيوعي على الدوام في طليعة الاضرابات والتحركات التي شنها العمال والمزارعون والطلاب طوال هذه الفترة، وكان باستمرار يؤكد تقييم هذه التحركات ليس من زوايتها الاقتصادية والمطلبية فقط وإنما ايضا كخطوة هامة في الطريق نحو الاضراب السياسي العام.

وكان الحزب الشيوعي يأخذ بروح المسئولية وبمنتهى الجدية قضية الاضراب السياسي العام. ولذلك فقد ظل يكافح في داخل صفوفه ضد الاتجاهات الخاطئة في تقدير الاضراب السياسي العام وفهم طبيعته.

ففي قيادة الحزب الشيوعي في مديرية النيل الازرق مثلا وتحت قيادة الانقسامي المفصول من الحزب الشيوعي السوداني يوسف عبد المجيد ظهرت بعض الاتجاهات اليسارية المتطرفة التي تدعو إلى الدخول في معركة الاضراب السياسي العام، بالرغم من ان الظروف الثورية في البلاد لم تكن ناضجة له، ولم تصل الازمة الثورية إلى نقطة الانفجار. وقد نشر في العدد ١١٧ من مجلة الشيوعي الصادرة بتاريخ ١٩٦٣/١٠/١٤ (صفحة ٥٨) تقرير حول المناقشة التي اجرتها سكرتارية الحزب المركزية مع قيادة الحزب في مديرية النيل الازرق لتصحيح هذه الاتجاهات الخاطئة والتنبيه إلى انها ستغرق الحركة الشعبية في خطوات غير ناضجة يستفيد

منها النظام العسكري في توجيه ضربات للحركة الثورية. ونقدم هنا للقارئ مقتطفات من ذلك التقرير:

هنالك تقديرات يسارية فيما يتعلق بالاضراب السياسي العام تبدو واضحة في كل مطبوعات المديرية. إن قيادة المديرية تصور الاضراب السياسي العام وكأنه موضوع للتنفيذ الفوري والمباشر، وكأن الظروف قد نضجت له تماما. لنأخذ مثلا بعض ما جاء في مطبوعات المديرية حول هذه المسألة.

فقد جاء في خطة المديرية لعام ١٩٦٣ وفي صفحة ٤٠:

(لقد تحول كل شبر في مديرتنا إلى نقطة انفجار ثوري في وجه العصابة، وبلغت الحركة الجماهيرية مستوى التنفيذ العملي للاضراب السياسي، وعلى هذا الاساس يكون واجبنا الفوري والمركزي هو تفجير معركة الاضراب الذي بدأ يكون خطا جماهيريا في كل مكان في المديرية).

وبعد أن يورد تقرير السكرتارية المركزية مقتطفات أخرى مماثلة يصل إلى النتائج التالية:-

"وكل ذلك يدلل على أن هناك تقديرا ممعنا في اليسارية فيما يتعلق بهذه القضية وهنا يجب أن نوضح نقطتين هامتين – أولا أن الاضراب السياسي العام لا يمكن أن يحدث في مديرية واحدة دون سائر المديريات، ومن باب أولى لا يمكن أن تقرر مديرية واحدة وبصورة منفردة إن الظروف قد نضحت له. إن الاضراب السياسي العام هو معركة موحدة تخوضها الجماهيرية الثورية المنظمة في الجبهة الوطنية الديمقراطية بمختل طبقاتها في كل أنحاء القطر.

ثانيا- يلاحظ أن هذا التقدير اليساري نابع من الخلط بين الاضرابات الاقتصادية وطبيعتها وبين الاضراب السياسي العام. فالواضح أن المديرية تعتبر الاضرابات الاقتصادية التي يخوضها المزارعون تحت قيادة الحزب في الجزيرة والنيلين والازرق جزءا من الاضراب السياسي. وهذا تقدير خاطئ. ففي التقدير للاضراب عن اللقيط الذي كانت المديرية تعمل له وضح التقدير الخاطئ حيث قيمت المديرية الاضراب المزمع وكأنه جزء من الاضراب السياسي العام. وقد نبهت السكرتارية المركزية للحزب قيادة المديرية لهذا الخطأ ووضحت ان الاضرابات الاقتصادية تخوضها الفئات المختلفة هي خطوات هامة في الطريق نحو الاضراب السياسي العام. ولكنها ليست جزءا منه. اننا خلال الاضرابات الاقتصادية والحركات المطلبية الاخرى نرفع من مستوى وعي الجماهير ومن وحدتها ومقدرتها

على الصدام ونبين لها طريق الخلاص وبذلك نسير بها خطوة خطوة في طريق الاضراب السياسي. فلا يمكن اذن ان تكون الاضرابات الاقتصادية جزءا من الاضراب السياسي ولذلك فان التحركات المطلبية المتعددة في المديرية يجب الا تعطي تقديرا خاطئا يستنتج منه ان المديرية قد وصلت بالفعل مرحلة الاضراب السياسي العام. إن مثل هذا الاستنتاج غير الناضج يلحق اضرارا بليغة بقضية الاضراب السياسي."

واخيرا فقد جاء في التقرير:

"ولذلك فلا يمكننا ان نتكهن بميقات تنفيذ الاضراب السياسي العام، وإنما هذا الميقات مرهون بالحدود التي تصل اليها الحركة الجماهيرية الصاعدة، ولا يمكننا أن نقرر الآن أن هذا الاضراب يمكن أن تنفذه كل الطبقات في يوم أو ساعة واحدة، أو في أي منطقة يبدأ. ان كل هذا تقرره مستويات النضال وسط الطبقات الثورية بقيادة حزبنا، ومدى قوة المراكز النضالية وتنظيمها. قد تكون البداية للطبقة العاملة وقد تكون للزراع أو الطلاب، وقد تكون البداية في الخرطوم او عطبرة او بورتسودان أو الجزيرة. ليس المهم أو الأمر الجوهري الآن تحديد ميقات الاضراب أو في أي منطقة يبدأ وإنما الأهم والذي تتطلبه الظروف الراهنة هو الارتقاء بالنضال الجماهيري وتنظيمه ليصل إلى نقطة التنفيذ الشاملة. ويتضح مما سبق ان هنالك اضطرابات فكرية في قيادة المديرية فيما يتعلق بتقدير الإضراب السياسي العام، وهذه التقديرات تجنح بالمديرية نحو اليسار، ونحو وضع شعارات إثارية لا تتفق تماما مع الواقع الموجود في المديرية وواقع الحركة الجماهيرية عموماً.

وهنا تجدر الاشارة إلى موقف الحزب الشيوعي من الاضراب الذي دعت له بعض العناصر الانتهازية وسط العمال عقب الغاء مؤتمر العمال من جانب وزير الاستعلامات. لقد عارض الحزب الشيوعي ذلك الاضراب الذي كان مقدارا له ان يعود على الحركة العمالية بنفس الانتكاسة التي تسبب فيها الاضراب الانتهازي لعمال السكة الحديد في يوليو سنة ١٩٦١. لقد اوضح الحزب الشيوعي رأيه بوضوح في الدعوة للاضراب في تلك الظروف التي بم تتهيأ فيها الازمة الثورية. ولو تم ذلك الاضراب في اغسطس لتعرضت الطبقة العاملة لضربات شديدة من قبل الحكومة الرجعية. الشيء الذي كان من شأنه ان يتسبب في أضعاف الاضراب السياسي العام وفي ثورة اكتوبر.

ويتضح للقارئ مما سبق مدى العمق والجدية التي كان الحزب الشيوعي السوداني يعالج بها هذه القضية، ومدى سلامة تقديراته التي اثبتتها بشكل رائع ثورة ٢١ أكتوبر الظافرة.

كما يتضح للقارئ ان الثورة الشعبية التي اندلعت في ٢١ أكتوبر والاضراب السياسي العام بدأ يوم ٢٤ اكتوبر والذي كان السلاح الرئيسي للثورة، كل ذلك لم يكن احداثا تلقائية وانما هي تراكم لنضال الفئات الثورية الذي بدأ مع بداية النظام العسكري والذي اشتركت جميع الاوساط الاجتماعية في بلادنا فيه واسهم فيه الشيوعيون بالقسط الاوفر.

ومن هنا يتضح لنا ان اطلاق الرصاص في الجامعة ومصرع الشهيد الاول احمد القرشي ما كان ليؤدي إلى اندلاع الثورة لولا ان الازمة الثورية كانت قد نضجت وتوفرت تماما وكنتيجة لتراكم نضال الشعب عبر سنوات الدكتاتورية الست وهذا يدحض ما يذهب اليه البعض من ان الثورة قد اندلعت بمحض "الصدفة" لقد سقط شهداء من قبل في ارض المعركة وعلى رأسهم شهداء الجيش ولكن الثورة لم تندلع في ذلك الحين لان الازمة الثورية لم تكن نضجت بعد.

ويود الحزب الشيوعي السودامي ان يؤكد للحقيقة والتاريخ انه قد عرض فكرة الاضراب السياسي العام على احزاب المعارضة مرتين، مؤكدا ان الاضراب السياسي العام هو الطريق الوحيد امام شعبنا للاطاحة بالنظام العسكري الرجعي، ودعا تلك الاحزاب لأن تتبني معه ذلك الشعار الثوري وتعمل من اجل تنفيذه.

عرض الحزب هذه المسألة على أحزاب المعارضة في أوآخر عام ١٩٦١ وبعد خروج زعماء المعارضة من المعتقل في أوآخر يناير عام ١٩٦٢.

ولكن الاحزاب لم تقبل الفكرة في وقتها، ولم تر في الاضراب السياسي العام طريقا للخلاص. ومضي الحزب الشيوعي السوداني في طريقه ينظم طبقات الشعب الثورية ويعبئها ويقودها في طريق الاضراب السياسي العام الذي تم في ٢٤ اكتوبر الماضي.

الباب الثالث

الفصل الثالث عشر
الحزب الشيوعي في طليعة القوى الثورية

الرجعيون والانتهازيون من كل شاكلة والخارجون على حزبنا يزعمون أن ثورة أكتوبر قد فاجأت الحزب الشيوعي. ولا نود هنا ان نكرر ما جاء في الصفحات السالفة من هذا الكتاب. ولكننا نضع هذه الوثائق بنصها بين يدي القارئ، وهي وثائق تتعلق بالاحداث التي وقعت قبل ١١ أكتوبر وخلال أيام الثورة العاصفة. ولا نراها في حاجة للتعليق.

بيان من السكرتارية المركزية

إلى المكتتب المركزية ولجان المديريات والدوائر وفروع الحزب

- من أجل كسب معركة الحريات النقابية والديمقراطية !
- من أجل اطلاق سراح المناضلين الاشتراكيين !

أقدمت الطغمة الخائنة على إيقاف مؤتمر أغسطس العمالي وحل اللجنة التأسيسسة والتنفيذية وتعطيل أي انتخابات جديدة للجان النقابات حتى نهاية عام ١٩٦٥ ومنع عقد أي مؤتمر إلا بعد اتمام إجراءاتها الجديدة بشأن النقابات. وواصلت هجومها باعتقال مواطنين عرفوا بولائهم للطبقة العاملة والشعب السوداني وعلى رأسهم المناضل الاشتراكي البارز عبدالخالق محجوب.

مرحلة جديدة للازمة الاقتصادية:

في تقديرها للوضع قبيل مؤتمر اغسطس اشارت السكرتارية المركزية إلى سمات المرحلة الجديدة للازمة الاقتصادية التي تنخر في كيان النظام الرجعي الراهن والتي تتميز عن سابقتها:

اولا: بعمقها ودوامها إذ تحول السودان إلى دولة مدينة وبدأ تسديد الارباح الباهضة في القروض الاستعمارية.

ثانيا: إن كان من الممكن في بداية الازمة احداث انفراج نسبي بالقروض والمعونات فهذا غير ممكن الآن. فقد بدأت بلادنا تعيش مرحلة "جني ثمار" الازمة الطاحنة الناجمة عن السير في سياسة التطور الرأسمالي الخاضعة لنفوذ الاحتكارات الاجنبية والمعونات والقروض الاستعمارية المجحفة.

وستكون النتيجة هي العجز التام لهذا النظام في مقابلة مطالب الشعب الذي تسوء حالته وستسوء بدرجة لا تطاق. ولم تكن ميزانية ٦٥/٦٤ التي اعترف بها وزير المالية بانها ستكون ميزانية ضغط وتقشف أي تشريد وجوع سوى البداية لسنوات عجاف.

مرحلة جديدة للحالة الثورية :

وكان من الطبيعي ان تشهد البلاد تزايدا في الاضرابات والانذار بالاضرابات من عمال ومستخدمين وغيرهم من قطاعات الشعب المختلفة. تتميز هذه التحركات عن سابقتها ايضا بعمقها ودوامها ـ تكرارها ـ وتعبر عن هذه مرحلة جديدة للحالة الثورية. إذن فالمرحلة القادمة ستشهد نموا كبيرا للحركة الجماهيرية وانعطافا واسعا نحو اليسار : نحو سياسة الحزب الشيوعي السوداني.

وقد اكدت الاحداث القريبة الماضية صحة هذا التحليل. فانتخابات مزارعي الجزيرة كانت بشكل قاطع لصالح القوى التقدمية والديمقراطية، والتحضير الجماهيري لمؤتمر العمال جرى تحت الشعارات الثورية وانعزلت تماما العناصر الانتهازية اليمينية والانتهازية الجديدة المتطرفة في عدائها لليسار الذي اصبح قبلة جماهير العمال. واكدت سكرتارية الحزب ان تامين نمو هذه الحركة يتم بخلق المنبر الثوري الذي يعبؤها سياسيا وتنظيميا ويكفل لها القيادة الامينة الحكيمة الشجاعة. ومن هنا كانت الاهمية الكبرى لعقد المؤتمر العمالي وتكوين اتحاد عام نقابات عمال السودان.

سلّح هذا التحليل السليم السكرتارية باليقظة الكافية ومكنها من تقدير كافة الاحتمالات وخاصة مناورات الحكومة بما فيها احتمال اقدامها على وقف المؤتمر وتعطيل تكوين القيادة الجديدة. لقد كنا ونحن نتبع هذه السياسة السليمة التي تخدم مصالح تطور نضال العمال والشعب في المرحلة القادمة نكافح وننبذ الاتجاهات اليمينية من جهة ومن جهة أخرى نحارب وننبذ الاتجاهات الانتهازية اليسارية التي تدفع العمال إلى مواقف المغامرة والاستفزاز وتقود الجماهير إلى معارك خاسرة. وقد شلّ هذا الاسلوب المرن في العمل والقيادة بالفعل نشاط مكتب العمل والانتهازيين وسار التحضير الواسع للمؤتمر حول القضايا الحيوية الرئيسية امام الطبقة العاملة والشعب فاوقع الحكومة في حيرة تامة.

صحيح أنه بالرغم من كل هذه السياسة المرنة لجأت الحكومة إلى الغاء المؤتمر.. الخ.. غير ان هذا الموقف المقهور سدد اول ما سدد ضربة لكل سياستها في الفترة السابقة : تلك السياسة التي تميزت باللعب على (الديمقراطية) ومحاولة خلق مركز للحكومة في الحركة العمالية.

هذا الموقف الفاضح وضع حدا للدعايات الفارغة حول (حرص الحكومة على مطالب العمال) وكشف ان حتى مجرد التهريج حول المطالب لم يعد ممكنا مع الازمة الاقتصادية وقد اعترف بذلك وزير الاستعلامات حين قال

(من أين لنا الامكانيات لنجيب مطالب العمال)! البديل هو الهجوم عليهم وسلبهم ادوات نضالهم.
إن انكشاف سياسة الحكومة وتكتيكها (الجديد) نحو الحركة العمالية وانهزام مواقع الانتهازية الجديدة يمثلان عاملا حيويا وهاما للتطور اللاحق للحركة العمالية والحركة الثورية عموما في بلادنا ويسهل كثيرا النضال لا من أجل كسب حقوق الطبقة العاملة المسلوبة فحسب بل ومن اجل القضاء على النظام الرجعي الراهن نفسه.
موقف الحكومة ينم عن الضعف لا القوة: إن لجوء الحكومة إلى أسلوب الصدام المكشوف مع العمال وقرارها المتعسف بإلغاء المؤتمر وحل تنظيماته الشرعية دليل على ضعف الحكومة وفشلها في قسم وحدة الطبقة العاملة و دليل على افلاسها وانعزالها أمام جماهير العمال والشعب. إنه موقف مهزور أملاه الخوف من تفاقم قوى النضال الثوري. وبامكان جماهير العمال أن ترد الصاع صاعين وتجبر الحكومة على التراجع اذا إتحدت تحت قيادة نظيفة ثورية وواصلت نضالها بحزم من اجل عقد المؤتمر وتكوين الاتحاد العام. وهذا هو الهدف الذي يجب ان يظل مركز اهتمامنا.
الانتهازية اليسارية خطر على الوحدة: لقد رفضت جموع العمال المحتشدة في العاصمة القرار الوزاري الغاشم واعتبرته تدخلا وقحا في شئون الحركة العمالية وتعالت بينهم موجة من السخط على انتهاك الحكومة لحقوقهم الديمقراطية، وهذا سخط مقدس نحترمه كل الاحترام. ولكن بقدر احترامنا له يجب علينا ترويضه وتوجيهه توجيها سليما ليخدم مصلحة الحركة الثورية. وهنا يجب التيقظ الكافي للمناورات الانتهازية اليسارية التي ترفع الشعارات الثورية الكبيرة مستغلة في ذلك حماس العمال وسخطهم لتثير دخانا كثيفا تنسحب تحته من المعركة الحقيقية معرضةً وحدة العمال للخطر. وقد انكشفت هذه الاتجهات في الاجتماع العمالي بنادي العمال بالخرطوم عقب القرار الوزاري: فعندما كان محك المعركة هو الاصرار على عقد المؤتمر في موعده المحدد تحت حراسة مواكب العمال وتاييدا الشعب كان الانتهازيون - - الذين لا يريدون الثبات دفاعا عن هذا الحق - يبحثون عن مخرج لهم، فوجدوا في شعار الاضراب فرصة سانحة ليواروا خلفه جبنهم عن مواجهة القضية الاساسية. كان هدفهم من اقتراح الاضراب كسب عامل الوقت لاجهاض المعركة ولزج الكتلة الديمقراطية

من العمال وحدها في معركة خاسرة يتكبدون فيها كثيرا. واستطاعوا بهذه المناورة الماكرة أن يضموا اليهم عمالا طيبين استحوذهم شعار الاضراب كموقف صلب فعال ضد الحكومة دون أن يفطنوا إلى حقيقة اهداف الانتهازيين وراءه. وقد انكشف بالفعل زيف هذا الموقف (الثوري) بعد ساعات عندما اقترب الموعد المحدد لعقد المؤتمر فاعلن الانتهازيون عدم استعدادهم للاشتراك فيه. وفي نفس الوقت بدأوا يتراجعون عن شعار الاضراب نفسه.

لقد فات على الذين سادتهم اتجاهات المغامرة اليسارية في فترة الحماس ان الاضراب وغيره من المواقف الكبيرة لاينفذ بالرغبة الذاتية ويتطلب نجاحه توفر شروط موضوعية معينة. فالحماس مهما كان هو شرط واحد ولابد من توفر الشروط الاخرى الهامة : وحدة متينة بين جماهير العمال الواسعة درجة عالية من التنظيم، قيادة ثورية امينة، الحزم على خوض المعركة حتى النهاية. وهذه الشروط لم تكن متوفرة عندما بدات الحكومة هجومها على الاقل ليست على نطاق كل العمال : فالانتهازية ان انعزلت داخل اللجنة التاسيسية ولجان المؤتمر إلا انها توجد على النطاق العام وفي قيادات نقابات هامة، والتعبئة إن تمت في الخرطوم إلا انها لم تشمل بعض اقسام العمال في الاقاليم.. الخ.. فكيف يمكن اتخاذ قرار بالاضراب العام قبل تعبئة كل هذه القوى التي ستنفذه وتأمين قيادتها! إن انتصار موقف رفاقنا السليم على اتجاهات المغامرة اليسارية عرى الانتهازيين عن حقيقة تخاذلهم ومن جهة اخرى حافظ على الوحدة بين ممثلي النقابات الديمقراطية وتفادي دفعهم إلى معركة غير متكافئة. وتوجد الآن عوامل كثيرة ملائمة للتعبئة والتنظيم وخوض معارك مظفرة.

واجبات ملحة : المعركة لا زالت في بدايتها ومن الضروري انجاز الواجبات الاتية الهامة لتامين انتصارها :

أولا: التعبئة الواسعة والتنظيم لجماهير العمال في معركة الدفاع عن حقوقهم: الشرح المتواصل لطبيعة المرحلة القادمة وضرورة تمسك العمال بتنظيمهم وتكوين مركزهم الشوري كاسلحة فعالة من اجل مطالبهم الحيوية.

ثانيا: المطالبة بعقد المؤتمر وايقاف القرار الوزاري الذي يلحق اكبر الضرر بالحركة العمالية وذلك بالعرائض الممهورة من العمال إلى وزارة الاستعلامات ومجلس الوزراء.

ثالثا: استغلال شرعية عقد الجمعيات العمومية للنقابات لتأكيد تمسكها بالمؤتمر ولجانه التاسيسية والفرعية وضرورة الغاء القرار الوزاري.
رابعا: تسيير الحملة في اتجاه التحضير لموكب عام يقدم للحكومة المطالب اعلاه، تعززه مواكب في الاقاليم.
خامسا: تضامن المزارعين والفئات الوطنية الاخرى في المطالبة بعقد المؤتمر.
سادسا: كسب التضامن العمالي العالمي وتأييد الرأي الديمقراطي العالمي لهذه القضية.

٢ من أجل اطلاق سراح عبدالخالق ورفاقه
ترتبط أعمال الحكومة ونشاطها العدواني على الطبقة العملة دائما بمحاربتها للحزب الشيوعي السوداني ومنذ بدء العهود الأسود الراهن دخل مئات من الشيوعيين السجون بجانب رفاقهم من القادة العماليين. ان الشيوعيين ليفخرون بأن حزبهم هو حزب الطبقة العاملة السودانية رائدة الديمقراطية والاشتراكية، وانه تأسس على قاعدتها ويضم بين صفوفه خيرة ابنائها، وانه ساهم بدور كبير في تأسيس حركتها العظيمة وانه رغم جميع المحن لم تضعف صلته بها وظل قلبها الثوري الشجاع وقائدها المحنك والمعبر عن مستقبلها الاشتراكي النير.
إن التاييد العظيم الذي تمنحه جماهير الطبقة العاملة وجماهير الشعب للحزب الشيوعي والتفافها حوله هو سر منعته وصموده. وسبب فشل وانهزام الطغمة الفاسدة في تصفيته وحقدها الاسود على المناضلين الاشتراكيين في بلادنا. لذلك ما كادوا يصدرون قرارتهم العدوانية ضد مؤتمر العمال حتى امتدت يدهم الآثمة لتخطف خيرة المناضلين الاشتراكيين البارزين والمدافعين الحازمين عن مصالح الطبقة العاملة السودانية والمؤمنين بمستقبلها المشرق وترسلهم إلى سجن كوبر.
يجب ان نرد هذا العدوان الوقح على حرية هؤلاء المواطنين الشرفاء بحملة واسعة في النطاقين المحلي والعالمي للافراج عنهم :
١/ حملة منشورات إلى جماهير العمال والفلاحين وبقية فئات الشعب الاجتماعية ومنشورات احتجاج إلى اعضاء المجلس الاعلى.
٢/ كتابة الشعارات البارزة المطالبة باطلاق سراحهم فورا.

٣/ مخاطبة المنظمات العمالية للاشتراك في حملة المطالبة باطلاق سراح عبدالخالق ورفاقه.
إننا واثقون ان جماهير العمال والشعب قادرة على اطلاق سراح هؤلاء المدافعين عن قضيتهم - قضية الاشتراكية المظفرة.
أيها الرفاق: ونحن نخوض هذه المعارك لابد ان نضع امامنا القضية الرئيسية التي يجب ان يخدمها مجموع نشاطنا - والا صار نشاطنا معزولا عن اهدافه البعيدة - تلك هي قضية : توسيع الحركة الجماهيرية وبناء الحزب والاقتراب نحو تحقيق شعار الاضراب السياسي العام.
إن بناء الحركة الجماهيرية والحزب لا يتم تلقائيا بل بالنشاط الواعي الموجه، وهذه المعارك التي نخوضها صالحة لأن تكون منعطفات هامة للتقدم في هذه العملية، إذ ان الجماهير خلالها تكون ذات قابلية عالية للحركة والتنظيم. فيجب علينا الا نغفل هذه القابلية او نهملها بل ان نجد لها وسائل التي تحولها إلى حقيقة ملموسة. بالتحديد يمكن بل يجب ان :
- نعطي عناية كبرى لفرغ الحزب في المعركة وان يكون له اسلوبه المستقل في المخاطبة لجماهير العمال وقيادتها وتنظيمها وتوسيع نفوذه بينها وكسب الطلائع لصفوفه.
- أن نرعي الوحدة والتلاحم اللذين تحققا بين الشيوعيين والديمقراطيين ونجعل من تنظيم الجبهة الديمقراطية بين العمال قوة نشطة فعالة.
- تحريك الحلفاء (في الريف) والفئات الاجتماعية الاخرى (في الاحياء) للتضامن مع الطبقة العاملة / والشرح والتوضيح - من خلال النشاط - لقضية التحالف السياسي للاطاحة بالوضع الراهن (قضية الجبهة الوطنية الديمقراطية) وان نجد اشكالا مبسطة لتنظيمها (لجان الاحياء).
بدون التقدم في تنظيم وبناء الحركة الجماهيرية والحزب يصبح الحديث عن الاضراب السياسي العام حديثا اجوفا معزولا عن الواقع وعلى العكس كل خطوة في التنظيم والبناء هي خطوة نحو تحقيقه، وكل معركة جماهيرية سياسية أم فكرية تزيد من التراكم الثوري اللازم لتفجيره.
فلتصب هذه الفروع المتعددة للنشاط في مجري ثوري كبير هو(توسيع الحركة الجماهيرية وتوسيع عضوية الحزب والاقتراب نحو تحقيق الاضراب السياسي العام).

يجب أن تدخل كل تشكيلة حزبية هذه المعركة ولديها برنامج واضح للعمل وعلم مسبق بأنها ستقدم كشف بانجازاتها في المعركة المباشرة وفي توسيع عضويتها وعضوية المنظمات الجماهيرية في مجالها.
فلى الامام أيها الرفاق ـ والنصر للطبقة العاملة وقائدها السياسي الشجاع الحزب الشيوعي السوداني.

١٩٦٤/٨/١٧
السكرتارية المركزية
للحزب الشيوعي السوداني

إلى الرفاق الذين ساروا وراء دعاة الانقسام :
تود السكرتارية المركزية للحزب الشيوعي السوداني أن تخاطبكم مباشرة حتى تدركوا خطورة الطريق الذي يقودكم فيه قادة الانقسام ألا يحق لكل عضو في حزبنا ولكل عامل مناضل ان يتساءل : لماذا بدأ قادة الانقسام الآثم محاولاتهم لتخريب حزبنا في هذه الظروف ولمصلحة من يجري هذا التخريب؟
إن الحزب الشيوعي السوداني هو الحزب الوحيد الذي ثبت أمام الحكم الرجعي الراهن المؤيد من قبل الدوائر الاستعمارية وبنضاله عبر سنوات استطاع ان يكسب احترام الطبقات الثورية في بلادنا. قد تهيأت الظروف الان لتحول رئيسي في وضع الحركة الجماهيرية في البلاد.
فالطبقات الثورية من عمال ومزارعين ومثقفين يتلفتون لمنظمة ثورية قائدة فلا يجدون غير الحزب الثوري، وهذا تحول خطير في وضع بلادنا لابد ان ندركه خاصة وأن الازمة التي يعانيها النظام الراهن تتفاقم. بهذا التضامن الوطني لتغيير جوهري في وضع بلادنا. تغيير عميق على طريق التضامن الوطني الديمقراطي والاشتراكية. في مثل هذه الظروف تتآمر الدوائر الاستعمارية لمنع هذا التحول والاعتداء على الحزب الشيوعي في محاولة لجعل التغيير القادم سطحيا بل مواكبا لهم. وليس غريبا في هذه الظروف ان تبدأ حملة معادية للشيوعية في بلادنا باعتقال المناضلين الشيوعيين كما حدث في الايام الماضية ـ وبمحاولات الارهاب من ناحية ثم القيام بحملة للتشنيع والاكاذيب بقصد تقسيم صفوف الحزب. وفي مثل هذا الجو الملئ بالاكاذيب، حيث يبدأ بعض الشيوعيين ينصرفون عن واجباتهم الثورية امام الجماهير توجه قوى الاستعمار والرجعية الضربة القاصمة كما حدث لرفاقنا في العراق.

لقد بدات عناصر مشبوهة في العراق حملة لقسم صفوف الحزب الشيوعي العراقي قبيل الانقلاب البعثي الفاشستي، وقد تهيأت الظروف لتغيير ثوري في حكم عبد الكريم قاسم، واستطاعت ان تشغل الحزب الشقيق حتى جرى التآمر الدموي المعروف.

إننا ندعوكم أيها الرفاق ان تفكروا جيدا: لماذا وفي هذه الظروف بالذات يبدأ المخربون في حملة مضادة للحزب الشيوعي قوامها الكذب والخداع؟ ولمصلحة من؟ هل من مصلحة الحركة الثورية والطبقة العاملة ان يضعف المنبر الوحيد الذي يعبر عن امانيها؟

أيها الرفاق: إن التحول الذي يجري في الحركة الثورية في بلادنا وميل الجماهير العاملة نحو واقع الحزب الشيوعي السوداني لم تأت لأن الشيوعيين وقفوا ثابتين ضد النظام الرجعي الراهن وحسب، بل ايضا وفي الدرجة الأولى لان خط سير الحزب الشيوعي كان سليما وقريبا لواقع شعبنا. وقد وصل حزبنا لهذا الخط بنشاطه المستمر في السنوات الاخيرة وخاصة منذ عام ١٩٥٣ ضد الاتجاهات اليسارية والتي تعزل حزبنا عن الشعب. لقد بدأ ينتهي من حزبنا عهد العناصر المغامرة والتي تجعل الجماهير تعزف عن حزبنا بمسالكها الشاذة من تحقير للجماهير واعتداء على تقاليدها واستفزاز لها. في ناحية القيادة بدأت في حربنا حملة ضد الافكار البورجوازية الصغيرة التي لا ترغب في دراسة الواقع ولا في تطبيق الماركسية تطبيقا خلاقا يقود شعبنا من نصر إلى آخر. وبرهنت هذه العناصر الفوضوية على فشلها. فقد حاولت هذه العناصر على سبيل المثال عرقلة اشتراك الحزب في العمل بين النقابات باعتبار ان النقابات لا فائدة من ورائها تحت ظل حكم دكتاتوري. وبرهنت الاحداث على سلامة من نظر حزبنا وما تحذيرات المؤتمر النقابي الاخير الا دلالة دامغة على ذلك وصفعة للاتجاهات اليسارية الجاهلة.

حاولت تلك العناصر أيضا بطرق خفية منع الحزب من الاشتراك في انتخابات المجالس المحلية فانهارت مقاومتها وكانت معركة الانتخابات التي خاضها الشيوعيون بجرأة محل احترام الجماهير بأسرها. في داخل حزبنا عمدت هذه العناصر متذرعة بوجود حكم دكتاتوري لانتهاك المركزية الديمقراطية فسلطت سيف القمع بمصادرة الاراء والتحكم الجاهل في عطبرة وفي مديرية النيل الازرق وفي الخرطوم حتى بدأ الوهن يدب في هذه المديريات ولكن اللجنة المركزية لحزبنا استطاعت ان ترجع إلى

الحزب قواعده الديمقراطية بابعاد المتسلطين في قيادة هذه المؤسسات وباعلاء شأن اللائحة وبفضل هذا جرى التحسين في وضع هذه المؤسسات ككل.
وعند هذا التحول الهام، وعندما فقدت هذه العناصر، التي لا تعرف من الماركسية غير القشور والامل في التسلط على حزبنا وهدمه بدأت التآمر وانضمت إلى ركاب القوى المعادية للشيوعية.
اليست هذه قضية جديرة بالتفكير والاهتمام من جانبكم؟ وما هو المستقبل الذي ينتظر مثل هذه العناصر التي برهنت على فشلها في تنمية الحزب وفي تطور قيادته وعلى فشلها الذريع في كسب ثقة الجماهير المناضلة واحترامها؟
أيها الرفاق: إن قادة الانقسام الذين يتباكون على الديمقراطية في حزبنا هم الذين صادروها في المديرية الشمالية وفي مديرية النيل الازرق وفي الخرطوم وهم الذين ينتهكون اللائحة ويحتكرون الديمقراطية بخروجهم على راي الاغلبية... فحزبنا يقوم تنظيمه على المركزية الديمقراطية وهي ركن جوهري في لائحة الحزب التي قبلها كل اعضائه عن طواعية واختيار اذ ان شرط العضوية (هو قبول لائحة الحزب وبرنامجه) فكيف يمكن قبول الاخلال باحد شروط العضوية؟. في نفس الوقت فان الديمقراطية في حزبنا مكفوله بحق الافراد التام وفي المناقشة داخل الاجتماعيات الحزبية وفي نشر ارائهم في صحافة الحزب وفي القيادة الجماعية في تنظيمات الحزب المختلفة. لقد ظلت هيئات الحزب المركزية تنادي دائما ان يعلن الرفاق آرائهم بل كان النقد الموجه باستمرار هو أن الكثير من الرفاق لا يحاولون الكتابة في صحافة الحزب وخاصة مجلة الشيوعي. ان قادة الانقسام ومنهم من هو في مركز اللجنة المركزية ظلوا يوافقون على كل اتجاهات تلك الهيئة في النضال ضد اليسارية منذ عام ١٩٥٨ ولم يسمع أحد برأى مخالف فماذا جد اليوم حتى تنطلق الالسنة كذبا بان هناك آراء مكبوته، إن قادة الانقسام في كل مجالات عملهم كانوا مصابين بالعقم. لا يستطيعون تقديم فكرة جديدة، أصابهم التحجر وركبهم الجهل التام بالماركسية اللينية. ولهذا فهم لا يستطعون الحكم على حرية الرأي في حزبنا لأنهم حرموا أنفسهم من تلك الحرية بتخلفهم وبعزلتهم عن الحياة باقتناعهم بالتصويت في الهيئات التي يعملون بها. إن لائحة الحزب سياج منيع ضد اضطهاد الرفاق لاختلاف آرائهم.. وابعد من ذلك ايضا تري قيادة حزبنا ان حزبنا اصبح

يلامس الحياة في اكثر من مرفق وانه اصبح ايضا يلتصق بحركة الطبقة العاملة العالمية التي تواجه تطورا هائلا : وكل هذه عوامل يجب الاستفادة منها بالنظر في خطوط حزبنا وتطويرها بنماذج التجارب المختلفة للرفاق. ولهذا ظلت اللجنة المركزية تكافح ضد مصادرة الديمقراطية في حزبنا من قبل العناصر اليسارية الانتهازية، فجرت بتشجيعها الاجتماعات الموسعة لكادر الحزب في المستويات المختلفة، وأقر مبدأ القيادة الجماعية حيث كان منتهكا من قبل تلك العناصر فاشترك اكبر قدر من كادر الحزب المدرب في قيادته على النطاق المركزي وعلى نطاق المديريات. ففي مركز الحزب اليوم تعمل اعداد متسعة من الكادر في المكتب التنظيمي ومكتب الرقابة ومكتب الدعاية ومكتب المالية ومكتب العلاقات الخارجية.. الخ وكلها مستويات مباشرة وذات استقلال امام اللجنة المركزية. وفي المديريات التي عانت بعض الوقت من دكتاتورية العناصر اليسارية الانتهازية اعيد مبدأ القيادة الجماعية فشكلت المكاتب ولم يعد سكرتير المديرية هو المتصرف في شئونها و ذهبت اللجنة المركزية أبعد من هذا بالرغم من أنها منتخبة من قبل المؤتمر فانها فتحت الطريق امام الكادر الجديد للصعود اليها وقد شمل هذا التطور قادة الانقسام الراهن حينما كانوا يسيرون في الاتجاة الثوري.

إننا نطلب منكم أيها الرفاق ان تنظروا جيدا في لائحة حزبنا والا تبددوا طاقاتكم وراء الهدم فالحزب ظل وما زال يطلب من كل اعضائه المساهمة بالرأي في تطوير حياته فصراع الافكار وفق اللائحة هو شرط اساسي لتطور حزبنا ولنموه.

أيها الرفاق المناضلون : إننا ندعوكم مرة اخرى إلى صفوف حزبكم وان تنبذوا النشاط الانقسامي وتدينوا قادته الذين اعلنوا في وضوح رغبتهم في تكوين تنظيم جديد يضعف من صفوف الشيوعيين ويحدث البلبلة في صفوف الجماهير الثورية في هذه الظروف الدقيقة لمصلحة اعداء شعبنا من الاستعماريين والرجعيين. إن نقدكم لموافقتكم سيجعلكم تقفون في صف الماركسية وبهذا يمكنكم العودة إلى الحزب الشيوعي وابداء رأيكم في كل نشاطه في صفحه وفي اجتماعاته وفي الماضي لنا تجارب. فقد استطاع الانقساميون الحاقدون عام ١٩٥١ ـ ١٩٥٢ احداث تكتل في حزبنا وضللوا بعض الرفاق المناضلين. ولكن اين هم الان؟ لقد ذهبوا في مجاهل التاريخ، منهم من نجا بجلده من النضال و أصبح يعمل في دوائر مريبة ومنهم من لجأ إلى نسيان النضال في متاهات الانحدار ـ ولكن الضرر اصاب الرفاق

المناضلين الذين ساروا وراءهم دون وعي فتسرب الوهن إلى نفوسهم واماتهم اليأس فحرمت جماهير شعبنا من نشاطهم.
إن الاختلاف في الرأي مهما بلغ في حزبنا يجب أن لا يتعدي حدود اللائحة المقبولة اختياريا. سيظل حزبنا يتمسك بهذا المبدأ ويدافع عنه ويصون وحدته بكشف العناصر التي تدير الانقسامات وبمخاطبة الرفاق المخدوعين بهم حتى يرجعوا إلى جادة الطريق وستكشف الايام والتحقيقات الدقيقة التي ستجريها الصلات المريبة لقادة الانقسام مع الدوائر المعادية لبلادنا والتي دفعتهم إلى ارتكاب هذا الإثم.
أيها الرفاق : اننا نعلن لكم انه من مصلحة جماهير بلادنا الكادحة ـ وحتى يتم كشفكم لجريمة الانقسام ـ ان تسلكوا سبيل الوحدة والتعاون دفاعا عن مصالح شعبنا. ففي العمل بين الجماهير الثورية يسعي حزبنا لإقامة وحدة متينة في العمل على أساس :
١/ النضال ضد النظام الراهن والدوائر الاستعمارية
٢/ السير ببلادنا نحو حكومة وطنية ديمقراطية تدفع البلاد في طريق التطور غير الرأسمالي نحو الاشتراكية.
٣/ بناء جبهة ديمقراطية من الطبقة العاملة والمزارعين والمثقفين الثوريين في أوضاعهم المختلفة لتحقيق هذه الاهداف.
٤/ بناء المنظمات الطبقية للجماهير الثورية.. الخ الخ.
ووفق هذا البرنامج يجب أن تتحد كل القوى الثورية. ولهذا فانكم مطالبون وحتى يتم عزل قادة الانقسام وتصفيتهم بكشف مآربهم السوداء بالتعاون مع الحرب الشيوعي في هذا المضمار الهام لحياة شعبنا ومستقبله.
إن قادة الانقسام يخشون نور الحقيقة دائما وهم يثيرون بين صفوفهم جوا من الاكاذيب لمنعكم من العمل المشترك مع الحزب الشيوعي السوداني لصالح جماهير شعبنا. يجب عليكم إلى أن تعودوا مناضلين إلى صفوف حزبكم الشيوعي وأن توقفوا مثل هذا الجو الذي يغذيه الرجعيون والاستعماريون.
ـ عاشت وحدة الحزب الشيوعي السوداني في نضاله ضد مؤامرات المستعمرين الرجعيين.ـ والعار لقادة الانقسام المتفسخين المندحرين.
السكرتارية المركزية للحزب الشيوعي السوداني
١٢ / ١٠ / ١٩٦٤

أزمة النظام الراهن تتفاقم... مزيدا من اليقظة والوحدة إلى أعضاء حزبنا، إلى الجماهير الثورية المناضلة :

تعيش بلادنا هذه الايام فترة مشحونة بالاحداث والترقب. فالنظام الرجعي الراهن فقد كل سند له غير بعض المنافقين من كبار الموظفين ورجال الادارة الاهلية. إن التأييد النسبي الذي كان هذا النظام يلقاه من طائفة الختمية اهتز منذ مدة وانحسر اليوم وبهذا فقد كل أمل في ان يكون له (قاعدة شعبية) على حد قول إذاعة ام درمان. إن ضجيج هذه المؤسسة والصحف الصفراء بأسرها لا يخفي الحقيقة الموضوعة وهي العزلة التامة التي يعشها الحكم الراهن. ووسط هذه العزلة تتفجر المشاكل وتتفاقم الصعاب.

فالازمة الاقتصادية المالية تزاداد حدة كل يوم ولا طريق لحلها الآن. الاتجاه الذي تسير فيه بلادنا يولد هذه الازمة يوم بعد يوم، فالنظام الراهن تحت ارشاد الخبراء في المؤسسات الاجنبية وارشاد الاقتصاديين المحليين ذوي الميول الغريبة يحاولون عبثا دفع البلاد في طريق النمو الرأسمالي حتى أصبح الحديث عن القطاع الخاص هو (موضة) الموسم.

هاهي مواصلات العاصمة المؤممة يلقي بها في أحضان الاستغلال الرأسمالي وتتعرض مؤسسات حكومية مهمة مثل مصنع السكر بخشم القربة إلى سطوة الشركات الرأسمالية الأجنبية. وهاهي بلادنا تتورط في المزيد من القروض من المؤسسات الرأسمالية ـ تلك القروض التي كانت من الأسباب الرئيسية لنشوب الأزمة في بلادنا.. وبهذا تسير بلادنا في حلقة مفرغة، ما تخرج من أزمة إلا لتقع في أخرى ولم يعد من الممكن الخروج الازمة الاقتصادية الراهنة بمثل هذا الترقيع. إن طريق الخلاص واضح جربته شعوب غيرنا وهو السير بالبلاد في طريق غير رأسمالية، في طريق التنمية الاشتراكية القائمة على قيادة قطاع الدولة للاقتصاد.

ولكن النظام الراهن يحاول القاء عبء الازمة على كاهل الكادحين بالرغم من الانتاج الوفير المتوقع للقطن هذا العام وبالرغم من المجهودات التي بذلها المزارعون على النيلين الأبيض والأزرق فان ثمار كدحنا ستوهب لغيرنا. يتضح هذا من أن الحكومة الراهنة ماتزال تصر على سياستها.

التسويق: تلك السياسة القائمة على تحكم السوق الرأسمالية بالرغم من نصيب البلدان الإشتراكية من المشتروات القطنية يتزايد فإن وارداتنا

المرتبطة بكافة المشاريع الانتاجية وموارد الاستهلاك مازالت في يد الغرب وهي تميل كل يوم للصمود وبهذا يذهب مجهودنا عبثا.
لن يتم لبلادنا تحرر الا اذا خططت مشاريعنا في حكمة وارتبطت بلادنا بالسوق الاشتراكية التي تعاملنا على قدم المساواة والتي لا تستهدف فرصاً استغلالية ولا أرباحا زائدة. وتحت وطاة الازمة يشرد آلاف العمال، تشهد بهذا الأحداث الجارية في أيامنا هذه، وتتعطل مشاريع التعليم وتزداد حالة المزارعين بؤسا وهم يواجهون الاسعار المتزايدة لسلع استهلاك المستوردة من العالم الرأسمالي.
ولكن الجماهير الثورية شرعت في النضال ضد آثار هذه الازمة.
فالطبقة العاملة تقف في عناد بقصد التنظيم وخلق مركز ثوري لها بقيام إتحاد للنقابات على أسس ديمقراطية. وهذا الاتحاد سيكون ولا شك اداة فعالة للنضال وللوقوف في طليعة الحركة الثورية. وعلى الرغم من سلوك الحكومة سياسة البطش إزاء حقوق الطبقة العاملة في التنظيم، وعلى الرغم من سلوكها الشائن إزاء مؤتمر العمال في اغسطس الماضي فان النقابات العمالية الثورية تدخل اليوم في نضال من أجل وقف سياسة التعطيل والتشريد. وجماهير المزراعين تتدخل أيضا في المعركة فتعلن الاضرابات في النيل الازرق مطالبة بحقوقها وبتنظيمها كما استطاعت جماهير المزراعين في الجزيرة والمناقل أن تنظم نفسها. وبين كل هذه التحركات الثورية وسط العمال والمزارعين يفقد الانتهازيون والعناصر اليمينية التي باعت نفسها للنظام الراهن مكانها وتلفظها الجماهير وتفيم مكانها قيادات ثورية. والقطاعات التي تعمل باجر بدأت تحس أيضا بوطاة الازمة وتشرع في النضال الثوري وما إضراب الطيارين السودانيين الا تعبيرا عن هذا الإحساس سيشمل قطعا دوائر أخرى. وكذلك تحفز حركة الطلاب المناضلة التي صمدت أمام النظام الراهن ـ للنضال الثوري فيضرب طلبة المعهد الزراعي بشمبات و تتأهب حركة الطلاب للنضال دفاعا عن الديمقراطية وضد القوانين الرجعية التي تساق بمقتضاها قاد اتحادات الطلبة للسجون.
ولهذا أصبح الواجب الأول على الثوريين وعلى الشيوعيين بوجه خاص أن ينموا هذه الحركة في صبر وأن يربطوا بينها وأن يوحدوها في جبهة ديمقراطية مناضلة.
أيها المناضلون بين كل فئات شعبنا :

إن المسائل أصبحت أكثر وضوحا. فمن ناحية يقف النظام الراهن وسنده من دوائر الاستعمار الحديث - ومن الناحية الاخرى تقف حركة الطبقات الثورية: العمال والمزارعون والطلبة والمثقفون وممثلوهم من المناضلين والشيوعيين. إن هذه الحركة الثورية هي المعبرة عن أماني شعبنا وأمله لا في الخلاص من هذا النظام وحسب - وهذا أمر مؤكد إذا اتحدت هذه القوى ونشطت في النضال - بل وضع السودان في طريق التقدم والاشتراكية، لقد انهارت كل المنظمات التي كانت تدعي التمثيل الشعبي وعجزت عن أن تلبي حاجيات وطننا وأن تقود الشعب في أيام المحنة هذه. وفي مثل هذا الجو يتآمر الاستعمار عادة لأنه يعرف التحويلات العميقة التي تجري في ضمير شعبنا. لقد تآمر من قبل ضد الحركة الثورية في نوفمبر ١٩٥٨ وجاء بهذا الانقلاب العسكري، وهو اليوم يدرك أنه إذا أصبحت حركة الشعب الثورية مسؤولة عن مستقبل بلادنا فلا مكان له فوق تربة وطننا. لهذا لابد من اليقظة التامة إزاء مؤامرات المستعمرين.

إن الحركة الثورية يجب أن تضع في اعتبارها كل الاحتمالات وعلى رأسها قيام المستعمرين بخطوات لوقف تطور الحركة الثورية في بلادنا ولكي نقفل هذا الباب لابد من أن نعمل بنشاط لتوحيد هذا النضال الثوري بخلق جبهة ديمقراطية من ممثلي الطبقات الثورية ذات قدرة على القيادة والعمل.

وفي نفس الوقت على الحركة الثورية أيضا أن تعمل في ثبات وأن تكشف وسائل الاستفزاز المختلفة التي يرتاد يراد بها صرف الحركة الثورية عن واجباتها، بل لدفع الحركة الثورية في بعض الأحيان لإعمال المغامرة والتهور. إن المستعمرين يدركون أهمية الحزب الشيوعي في هذه المرحلة ولهذا فهم يحاولون متواطين مع الدوائر الرجعية عزله عن النضال بل وتخريب صفوفه. وهكذا نجد اليوم محاولات يائسة من قبل عناصر مشبوهة تحاول صرف الحزب الشيوعي عن واجباته الثورية ودفعه لإعمال المغامرة حتى يتم للمستعمرين ما يريدون. ولكنا بوصفنا جزءا من الحركة الثورية ومسئولين عن تنميتها إلى جانب المناضلين نعلن إننا نسير في النضال بلا هوادة ضد عناصر الخوف والتخريب مستندين إلى وحدة حزبنا وعاملين على توحيد الحركة الثورية.

أيها الرفاق أيها المناضلون فوق تربة وطننا :

إننا ندعوكم في هذه الظروف الحاسمة لتجميع الحركة الثورية ولتوحيدها في جبهة ديمقراطية مناضلة.

- إننا ندعوكم إلى المزيد من اليقظة الثورية! وحتى لا ينجح المستعمرون في احداث تغيير لمصالحهم.
- عاش نضال الطبقات الثورية أمل الوطن السوداني !
- عاش النضال الشريف من اجل الديمقراطية والاشتراكية !

١٩٦٤/١٠/٢٠ الحزب الشيوعي السوداني

ضمير شعبنا ينزف دما!

إلى جماهير الطبقة العاملة والقوى الثورية:

امتدت اليد الملطخة بدماء شهدائنا والتي ارسلت إلى المشانق الضباط الوطنيين ثم ملأت السجون بالشرفاء- امتدت هذه اليد المرتجفة لتقيم بالامس الحادي والعشرين من هذا الشهر مجزرة دموية في جامعة الخرطوم. لقد ظلت جماهير الطلبة تفقد بعناد امام الحكم الرجعي الراهن فاكتسبت حقده الأسود الذي أنطلق أمس بطلق الرصاص على الابرياء العزل. وهكذا سقط أول شهيد للطلبة ويتبعه رفاق آخرون في طريق الاستشهاد وبها تنحدر العصبة العسكرية الحاكمة في طريق دموي لا قرار له.

إن الازمة تتفاقم امام هذا الحكم الرجعي ويضيق عليه الخناق من فج و أفق. لقد عجز عجزا تاما عن مواجهة المشاكل الاقتصادية لبلادنا دفع البلاد إلى هاوية الإفلاس وجعلها رهينة للمستعمرين من كل شكل ولون، وبهذا فقدت بلادنا استقلالها واصبحت تحكم من السفارات الغربية الامريكية والبريطانية.

وفي مواجهة السياسة الاقتصادية المدمرة لجأ الحكم الرجعي، فشرد آلاف العمال وانحدر بمستوى المعيشة لدى المزارعين، عطل نمو التعليم وجعل الكادحين يعيشون في حالة من البؤس لم يشهدوها على ايام المستعمرين ووسط هذه المجاعة اغتنى الحكام والمنافقون بالسرقة والرشوة والفساد حتى أصبحت بلادنا بؤرة للعفن وانهيار القيم الخلقية. ولكن قوى شعبنا الثورية المناضلة حقا لم تقف مكتوفة الأيدي. ففي انهيار المؤسسات السياسية القديمة وعجزها بدأ نضال العمال و الطلبة والمثقفين الشرفاء يبرز وبدأوا يتجمعون ويسيرون في طريق الإتحاد لإطاحة بهذا النظام الذي جلب العار لوطننا. ويعلمون جيدا أن هذه القوى الشعبية لم تساومهم ولن ينجوا بجلودهم من عقابها إذا هي نجحت في الإطاحة بهذا الحكم المقيت. ولهذا فقد امتلأت نفوسهم حقدا عليها. بإقامت المشانق للضباط من قبل

واعتقلوا الوطنيين والشيوعيين وفتحوا أبواب السجون لهم. وكانت مجزرة الأمس تعبيرا عن هذا الحقد الدفين.
إلى جماهير شعبنا الثورية :
إنكم اليوم وحدكم أمل بلادنا، فعليكم أن تتطلعوا بمسؤولياتكم. لا يكفي أن نحتج على سفك الدماء ابنائنا ولا أن نشعر بالحزن ولا أن نغضب في فورة وننتهي ويستمر الجزارون في حكم وطننا فيجلبون له المزيد من المآسي والحزن. انه من الممكن إزالة هذا النظام.
أولاً : إذا آمنا نحن ممثلي القوى الثورية من العمال والمزارعين والطلبة والمثقفين الشرفاء بقوتنا وبمسئولياتنا وبأننا وحدنا المسؤولون عن مستقبل هذا الوطن.
ثانياً : إذا اتحدت قواتنا في جبهة ديمقراطية تستهدف القيام بأضراب سياسي عنيد لا يتراجع أمام مظاهر القوى الكاذبة حتى يطيح بالنظام الرجعي الراهن وعند نهاية هذا النظام تقود هذه الجبهة الثورية شعبنا في طريق التقدم والاشتراكية.
ياجماهير شعبنا الثورية: إن الدماء الزكية التي سالت يجب أن تكون نورا يُهتدى به، علينا أن نتجمع في المدن والقرى وفي جميع المؤسسات وأن نرسل مندوبين عنا لتنظيم هذه الجبهة وللقيام بإضراب فعال احتجاجا على مجزرة جامعة الخرطوم. وأن يستمر هذا التنظيم ليطيح بالنظام الراهن في كل المعارك الكبيرة والصغيرة التي تنتظر بلادنا. وفي هذا النضال علينا أن نكون متيقظين وألا يطيش صوابنا حتى لا تتمكن القوى اليمينية والاستعمار من تحويل هذا الموقف لصالحهم باحداث تغيير شكلي في الحكم.
حكومة وطنية ديمقراطية من ممثلي القوى الثورية !.... هذا هو الطريق الوحيد لكي يحاسب شعبنا كل من اجرم في حقه فسادا وسرقة وسفكا للدماء.
عاشت ذكرى شهداء القوى الثورية.
عاش إتحاد القوى الثورية.
عاش الإضراب سلاحا ضد الجزارين.
قطعت الايدي الملطخة بدماء السودانيين الشرفاء.
١٩٦٤/١٠/٢٢ الحزب الشيوعي السوداني

خطاب دوري إلى جميع منظمات حزبنا
أيها الرفاق :

بالامس اعتدت العصبة العسكرية الآثمة على طلبة جامعة الخرطوم بعد ان اعتقلت عددا من قياداتهم – بطريقة وحشية لم تشهدها بلادنا حتى أبان عهد المستعمرين. لقد اقتحم البوليس بأوامر من كبار ضباطه عبيد المستعمرين وبعد أن شجعتهم السلطة الحاكمة، مساكن الطلبة العزل واشتبكوا معهم في معركة غير متكافئة. إن الاحداث تثبت أن البوليس هو الذي قام بالاستفزاز بل ان النظام الراهن باسره هو الذي خلق جو الاستفزاز منذ اعتدائه على استقلال الجامعة، ومنذ ان وقف طلعت فريد يقود الحملات الاعتدائية على طلبة الجامعة في مساكنهم في عام ١٩٦٠. ولم يقف الرجعيون عند هذا الحد بل لجأوا بخسة ودناءة إلى إطلاق الرصاص على صدور الطلبة العزل فسقط أول شهيد لهم، شهيد القوى الثوري في بلادنا – المناضل الشيوعي احمد قرشي. وانطلق الرصاص يدوي في مساكن الطلبة ونزفت الدماء تعلن لعنة شعبنا على سافكي الدماء عبيد المستعمرين. وما زال شعبنا يحبس انفاسه وهو ينظر في قلق والمناضلون من الطلبة يقتربون من الموت الآن في مستشفى الخرطوم.

أيها الرفاق: على الرغم من تكتم العصابة الرجعية على الأنباء فإن ما وصل منها كافيا ليهز ضمير شعبنا. فخرجت الجموع تودع صباح اليوم الشهيد أحمد قرشي. وتعم بلادنا اليوم موجه من الحزن. إن النظام العسكري يعيش هذه الايام أقسى ساعاته، ولكي تنتقم لدماء شهدائنا يجب :

أولا: أن نعبئ قوى حزبنا لمجزرة جامعة الخرطوم وأن ندفع المواطنين – وفي طليعتهم – للاستنكار بشدة على ذلك.

ثانيا: أن نجعل من دماء شهدائنا طريقا تعبر به الجماهير الثورية في سبيل الخلاص من هذا النظام الآثم وذلك بالعمل في كل مدينة وفي كل مصنع ومؤسسة لإتحاد القوى الديمقراطية في البلاد من طلبة، ومزارعين ومثقفين، بهدف العمل لإزالة النظام الراهن.

ثالثا: أن يجري التقاء عاجل بين مندوبي القوى الديمقراطية من عمال وطلاب ومزارعين ومثقفين في كل ارجاء بلادنا لتنظيم إضراب عام احتجاجا على مجزرة جامعة الخرطوم ومطالبا بعقوبة جميع المسؤولين وبإنهاء هذا النظام الرجعي البغيض.

أيها الرفاق : إن الظروف مواتية لكي تندفع القوى الديمقراطية الثورية خطوات إلى الأمام وأن تتحمل مسئولياتها دفاعا عن شرف شعبنا ودمائه من الجزارين أذناب المستعمر.علينا أن نكون في منتهى اليقظة حتى لا

تستطيع القوى الرجعية سرقة نضال شعبنا وأن تخوض في دماء شهدائنا لتصل إلى السلطة عن طريق المساومة مع العصبة العسكرية لاعقة الدماء أو عن طريق التآمر.
اقفلوا طريق الرجعيين بتنظيم متحد للقوى الديمقراطية في البلاد.
نظموا قوى شعبنا استنكارا لمجزرة جامعة الخرطوم.
تسقط العصبة العسكرية الخادم المطيع للاستعماريين.

١٩٦٤/١٠/٢٢ السكرتارية المركزية
للحزب الشيوعي السوداني

نداء للشعب السوداني

ياجماهير شعبنا العظيم من عمال ومزارعين وتجار ورجال الخدمة المدنية والموظفين جميعا ان الهيئات الموقعة أدناه تدعوكم لتنفيذ الإضراب العام فورا حتى زوال الحكم العسكري- حكم الارهاب والظلم.

وحفاظا على روعة المعركة وهدفها السامي نناشدكم الابتعاد عن التخريب وأن تتمسكوا بشعار الإضراب العام.

الهيئات : القضاة، المحامون، أساتذة الجامعة، الأطباء، والعمال، والمزارعون، المعلمون، والطلاب.

نداء إلى جماهير العمال وإلى قادة النقابات

أيها العمال:

إن كل يوم يمر يكشف بوضوح عزلة الحكم العسكري عن جماهير شعبنا بكافة طوائفه وفئاته. وقد كشف حادث الاعتداء على طلبة جامعة الخرطوم يوم ٢١ أكتوبر ١٩٦٤ هذه الحقيقة بصورة لا تنفع معها تهريجات الإذاعة ولا تهديدات الجيش والبوليس..إن جميع قوى الشعب من طلاب وعمال

ومثقفين أعلنوا عن استنكارهم الصارخ لهذا الاعتداء الأثيم وتوثقت أكثر واكثر عرى الوحدة المتينة بينهم. لقد اتفق رأيهم جميعا ان هذا النظام القائم على حد السلاح وأراقة الدماء يجب أن يزول ولا سبيل إلى إزالته إلا بكفاح منظم بقوة ممثلو تلك الفئات الشعبية. لقد كان هذا هو الشعار الرئيسي الذي وضعه حزبنا أمام جماهير العمال والشعب منذ فترة طويلة وقد تأكدت صحته اليوم بجلاء ووضوح.

أيها العمال :

إن تاريخ الحركة النقابية السودانية في كفاح شعبنا الطويل الزاخر بالبطولات يؤكد أن الطبقة العاملة كانت دائما وابدا هي رائدة هذا الكفاح المنظم وطليعته. لقد ألهمت الحركة الوطنية بمواقفها الجريئة وتضحياتها الخالدة، وساعدت كل الفئات على تنظيم نفسها بالمثل الحي الذي يقدمه تنظيمها وبالجهد المباشر لتنظيم المزارعين. إن اشكال الكفاح المنظم كثيرة ومتعددة منها المذكرات والمواكب والمظاهرات. إلا أن هذا الشكل الأخير استغله بعض الجهلة باساليب النضال التي جربها شعبنا واخذوا يأتون بأعمال تخريبية تضر بكفاحنا وتشوه حقيقة اهدافه وتفتح الطريق أمام اعداء بلادنا للإضرار بها، إننا ندعوكم بجد وإخلاص ان تقودوا هذه المظاهرات بحنكة ومهارة لتخدم اهدافها الحقيقية ولتساعد في تجميع السخط على هذا الحكم حتى نقضي عليه.

أيها العمال :

ومع استمرار المظاهرات إننا نرى أن الموقف قد حان للسير خطوة أخرى في معركتنا وإعلان الإضراب العام ونحن نؤيد تأييدا تاما اقترح النقابيين الديمقراطيين الداعي لهذا الإضراب والذي يبدأ من اليوم إلى اجل غير مسمى. ونحن ندعو جميع الموظفين والمحامين والاطباء والقضاة وكل من استنكر هذه الجريمة النكراء للاشتراك في هذا الإضراب.

إن هذا الإضراب سيكون خطوة كبيرة للإطاحة بهذا النظام. ولكن الإطاحة بهذا النظام تقتضي الحذر التام من جانبكم ومن جانب كل الديمقراطيين في هذه البلاد. فإن أعداء البلاد الاستعماريين يتربصون أيضا حتى لا يفلت الموقف من ايديهم وكثيرون غيرهم يريدون الاستفادة من هذا التغيير. إن إطاحة هذا النظام على ايدى جبهتكم القوية مع المزارعين والطلاب والمثقفين الديمقراطيين هو الضمان لتأمين نتائجه وقيام حكومة وطنية ديمقراطية للإطاحة بالحكم العسكري.

عاشت وحدة القوى الوطنية للإطاحة بالحكم العسكري

١٩٦٤/١٠/٢٤ مكتب النقابات المركزي التابع للجنة للحزب الشيوعي السوداني

إلى جماهير العمال

يا عمال السودان إنكم جميعا سمعتم بحادث الاعتداء البشع الذي قامت به الحكومة على طلبة جامعة الخرطوم يوم ٢١ أكتوبر والذي نتج عنه موت أحد الطلبة وإصابة عدد آخر ما زال بعضهم في حالة خطرة، إن هذا الحادث الذي وجد استنكاركم واستنكار جميع فئات الشعب ليدل على ان الطغمة العسكرية الحاكمة تريد أن تمسك بالحكم بقوة الحديد والنار وعلى أشلاء الضحايا من ابناء الشعب الغيورين على مصالح البلاد

أيها العمال : لقد عبرتم أنتم كما عبر جميع ابناء الشعب عن الاستنكار بمختلف الوسائل بالمظاهرات العديدة الصاخبة التي جابت شوارع الخرطوم وبمذكرات القضاة والمحامين واساتذة الجامعة وكتلة النقابيين الديمقراطيين وغيرهم. إن هذه المظاهرات تعبير صادق عما يملأ نفوسكم ونفوس شعبنا من كراهية لهذا النظام الارهابي الأسود. لقد انكشف هذا النظام تماما – فهو لا يستند ولم يستند منذ قيامه على إرادة واحترام جماهير شعبنا بل استند على اسنة الرماح وفوهات البنادق.

ولكن مهما يكن السلاح الذي يشهره فالكفاح المنظم وحده هو القادر على الإطاحة به. إن التظاهر هو احد اشكال الكفاح المنظم الذي جربه شعبنا طوال فترات كفاحه من اجل التحرر والديمقراطية ومن اجل حماية الاستقلال ومن اجل تحقيق مطالب مختلف فئات الشعب – إلا ان هذا الشكل من اشكال كفاحنا المنظم أندست عليه بعض العناصر الغير مسئولة وشوهته باعمال التخريب والحرق والنهب التي لم يدرج عليها شعبنا في مظاهراته.

إننا إذ ندين هذه الأعمال الضارة ننبهكم إلى الثغرات التي يمكن أن يفتحها أمام المتأمرين على سلامة بلادنا لضرب الحركة الجماهيرية وتخريب كل ما بنيناه بتضحيات جسام وفي نفس الوقت نهيب بكم إلى الوقوف ضدها وقيادة المظاهرات قيادة سياسية واعية توضح شعارات المعركة وهي الإطاحة بالنظام الراهن وقيام حكم وطني ديمقراطي.

أيها العمال : إن المظاهرات وحدها في معركة الإطاحة بهذا الحكم لا تكفي ومن الممكن أن نتقدم بها خطوة أخرى ولهذا رأينا إعلان الإضراب العام

من اليوم وإلى اجل غير مسمى. إننا ندعو جميع الهيئات التي استنكرت هذه المعركة الاشتراك في هذا الإضراب.
إننا ندعوكم جميعا للمساهمة النشطة في هذا الإضراب والدعوة له بالإشتراك فيه متضامنين مع كل القوى الوطنية الديمقراطية في البلاد.

- عاشت وحدة القوى الوطنية الديمقراطية.
- عاشت وحدة العمال.
- يسقط حكم الحديد والنار.

٢٤/١٠/١٩٦٤ كتلة النقابيين الديمقراطيين

- عاشت إنتفاضة شعبنا الثورية.
- عاش الإضراب العام سلاحا في يد شعبنا.

يا جماهير شعبنا الثورية : يدخل الإضراب العام يومه الثاني وتتسع دائرته فيمتد إلى اقاليم بلادنا المختلفة وتدخل فيه جماهير المزارعين. إن هذا الإضراب هو أروع عمل ثوري قام به شعبنا احتجاجا على النظام الراهن الذي كتم انفس بلادنا وصادر حرياتها وجعل سياستها تسير وفق الاهواء الاستعمارية، ولهذا فإن مهمة كل فرد منا وكل هيئة وكل جماعة هي في توسيع دائرة الإضراب العام ليصبح شاملا. ولن يتم هذا إلا بوجود لجان قوية تحمي الإضراب متوسعة في المؤسسات التي لم يشملها الآن. إن جهودنا جميعا يجب أن تكرس لتكون هذه اللجان التي يصبح عليها واجب إرشاد الجماهير التي تقف من ورائها وإطلاعهم على سير الإضراب ورفع روحهم المعنوية.
كوِّنوا هذه اللجان الثورية أصدروا البيانات والمنشورات إلى كل المضربين وسيضع الحزب الشيوعي جميع إمكانياته تحت تصرفكم. إن إقبال شعبنا على الدخول في معركة الإضراب يطرح أمامنا جميعا سؤال هام : ما هي مطالب شعبنا الثورية التي ضحت الجماهير الكادحة من اجلها ست سنوات من الحكم الرجعي؟ والتي روت من اجلها دماء شهدائنا ارض الوطن ليلة ٢١ أكتوبر الحالي؟

- إن شعبنا يريد زوال النظام الراهن.
- إنه يريد اطلاق الحريات الديمقراطية تحت إشراف حكومة من ممثلي الحركة الشعبية من مثقفين وعمال ومزارعين. مثل هذه الحكومة هي الوحيدة الكفيلة بالحفاظ على مصالح شعبنا.

- إنه يريد تحرير مئات من ابناء الشعب الذين يعيشون في غياهب السجون لكفاحهم ضد الحكم الرجعي.
- إنه يريد سياسة خارجية متحررة ويريد تحرير وطننا من قبضة رؤوس الاموال الاجنبية – يريد السعادة للكادحين بالسير في طريق الاشتراكية.

من اجل هذه المطالب يناضل شعبنا اليوم. ولهذا فلا بد من فهمها والتمسك بها بقوة حتى لا تضيع ثمرات تضحياتنا وآلامنا. يا جماهير الشعب من العمال والطلاب والمتعلمين والمزارعين :

إن بلادنا تجد لاول منذ سنوات قيات شعبية متحدة في الهيئة المناضلة التي اعلنت الإضراب هذا : من المحامين والعمال والقضاة والمعلمين والاطباء والمزارعين، وهذه الهيئة تجد الاستجابة بدليل الخطوات الناجحة للإضراب.. إننا يجب ان نلتف حول هذه الهيئة المناضلة وتقويتها وبجعلها قيادة لحركة الإضراب. وهذه الوحدة هي سلاحكم في المعركة. إن الحزب الشيوعي السوداني الذي وقف معارضا هذا النظام بصلابة منذ حدوث الانقلاب يرحب بهذه الوحدة الجماهيرية الشعبية وهو يضع كل إمكانياته تحت خدمتها بهدف واحد هو إزالة النظام الراهن وتطور بلادنا. ويعلن الحزب الشيوعي أنه لا يطمع في شئ ويكفي دليلا على هذا أن الشيوعيين وأصدقائهم هم الذين يملأون السجون اليوم. وحدوا صفوفكم خلف هيئتكم الشعبية المناضلة قائدة الإضراب العام.

نظموا لجانكم في كل حي وحسب مكان العمل وارسلوا بمندوبكم إلى هذا التنظيم الشعبي الثوري.

عاشت وحدة الجماهير الكادحة خلف إتحادهم.

وإلى الأمام والنصر للكادحين

١٩٦٤/١٠/٢٥ الحزب الشيوعي السوداني

إلى الرفاق في منظمات الحزب وفروعه

كل يوم يمر يوضح إصرار الجماهير على إنهاء حكم عصابة ١٧ نوفمبر كما يوضح اكثر تطلعهم لقيادة وطنية نظيفة وقبولهم لبياناتنا وتوجيهنا ومن ثم فما هو واجبنا حيال الجماهير؟

رغم التنازلات التي أبدتها عصابة ١٧ نوفمبر لا بد ان يستمر موقف الجماهير في قوته، لا بد ان يستمر الإضراب والتعبئة، لا بد أن نعمل

نشطين لبناء لجان الجبهة الوطنية الديمقراطية وطرح برنامج الجبهة وسط الجماهير والوقوف في طليعتها متحدثين ومتظاهرين مطالبين بحكومة وطنية ديمقراطية حكومة تمثل الفئات الثوربية في بلادنا من عمال ومزارعين ومثقفين وطنيين، حكومة تكفل الحريات الديمقراطية وتعمل لوضع دستور وطني ديمقراطي، حكومة تعمل لاستقلال اقتصادياتها وتطويرها وانتهاج سياسة خارجية متحررة تعادي الاستعمار وارتكازاته، حكومة تدفع بلانا نحو الاشتراكية.

هذا هو واجبنا حيال الجماهير – إذ لا بد أن تدرك الجماهير بصورة أوضح احتياجات بلادنا وتتحد حولها وبهذا وحده تستطيع ان تصفي نهائيا حكم عصابة ١٧ نوفمبر وتقفل الطريق أمام مطامع الاحزاب وتسللها للسلطة.

وحتى نضمن تنفيذ تلك المهام ونرتقي بمسئولياتنا تجاه الجماهير لا بد ان تنتشر فروع حزبنا وقواعده وسط الجماهير وذلك بضم طلائعها الثورية للحزب، إن الإلتفات لبناء الحزب وتدعيم فروعه في كل مجال امر حيوي وهام يمكننا من تدعيم صلتنا بالجماهير ووجودنا امامها دائما وفي كل مكان كقيادة واعية تمنحها الإتجاه وتفتح لها الطريق لدفع بلادنا إلى الامام.

١٩٦٤/١٠/٢٧   المكتب التنظيمي المركزي

"طريقنا الثوري في النضال"
بيان الحزب الشيوعي السوداني

إلى الطبقة العاملة وجميع القوى التقدمية : منذ بداية هذا الحكم الرجعي أعلن الحزب الشيوعي في بيان مكتبه السياسي الصادر مساء ١٧ نوفمبر ١٩٥٨ موقفه المعارض من هذا الحكم واشار إلى السبيل إلى ذلك هو في توحيد قوى الشعب الديمقراطية من عمال ومزارعين ومثقفين في جبهة تناضل بدأب وبصبر لإجراء تغيير وطني ديمقراطي في بلادنا وتحت هذ الشعار قاد الشيوعيون نضالا لا هوادة فيه من اجل حماية استقلال وطننا ومن اجل الحقوق الديمقراطية للجماهير الشعبية وبذلوا تضحيات جمة امام المحاكم العسكرية وفي السجون، وبفضل هذا النضال اصبح النظام الراهن معزولا من الناحية الاجتماعية وشرح حزبنا في تنظيم قوى الشعب للقيام باضراب سياسي قصد تبديل الحكم الرجعي بحكم وطني ديمقراطي يفتح الطريق أمام الاشتراكية في بلادنا، وهكذا بدأت تنمو حركة الطبقة العاملة

وحركة المزارعيين والطلاب و المثقفين وتتجه نحو طريق الحزب الشيوعي.
وقد أشار حزبنا في بياناته المتعددة إلى ان العناصر اليمينة وقوى الاستعمار لن تقبل هذا الوضع بل ستعمل لتزييف إدارة شعبنا وإلى تنصيب حكم أكثر رجعية في البلاد بخنق القوى الديمقراطية، ولهذا طالب حزبنا باليقظة بين قوى الشعب. إن جماهير شعبنا تكره النظام الراهن ولكنها تريد تغييرا جذريا فيه لا مجرد تغيير في الوجوه
يا جماهير شعبنا الثورية : إن الطريق اصبح مفتوحا لكي تتولى أشرف الدوائر الاجتماعية مسئولية وطننا ومستقبله ولكن مرة أخرى لا بد اليقظة. فبالأمس وضمير شعبنا هزته مجزرة جامعة الخرطوم عبر شعبنا عن سخطه على السفاكين واستعداده للوحدة الديمقراطية في سبيل تبديل النظام الراهن . لقد بدأت تظهر طلائع العمال والطلبة أهمية الإتحاد فيم بينهم وأهمية الشروع في نضال منظم بهدف القيام بإضراب. وهذا هو الطريق السليم لكي نعبر عن سخطنا على ما إقترفه النظام الراهن من جرائم وافساد وتفريط في مستقبل البلاد. ولكن حاولت بالأمس بعض العناصر المريبة استغلال كراهية شعبنا لهذا النظام فبدأت تحرق المنشآت و تقوم بأعمال التخريب. هل هذا من مصلحة شعبنا؟ - كلا، إن روح التذمر يجب أن تتجه لعمل من شأنه التخلص من هذا النظام. ولا عمل غير الإضراب السياسي المنظم، ولكن تلك الأعمال تصرف أنظار شعبنا وتبدد طاقاته الثورية. وفي مثل هذا الجو يسهل على المستعمرين تبديل هذا النظام بنظام آخر بحجة "المحافظة" على الأمن. ولكن أمن من؟ .. سيوجه ضرباته لقوى الشعب الثورية من عمال ومزراعين وطلاب ويرجع ببلادنا خطوات إلى الوراء بعد أن أصبحت طلائع المستقبل تلوح في الأفق. إن المعركة ضد النظام الراهن قد حمى وطيسها ولكن أعمال التخريب تهدف إلى وقف هذه المعركة وإلى منع تغيير أساسي في نظام الحكم وإلى تمهيد الجو لإنقلاب يميني رجعي أكثر رجعية في بلادنا. وبهذا يجب أن نمنع هذا التحول الضار. يجب ألا يسرق نضال شعبنا أحد من الرجعيين أو المتعاونين مع الاستعمار. يجب أن ننظم صفوفنا تنظيما سياسيا للقيام بإضراب سياسي هذا هو طريقنا - الذي برهنت وتبرهن الأيام على نجاحه.

- فلنتحد في جبهة ديمقراطية هدفها تنظيم الإضراب السياسي

- لنكن متيقظين إزاء أعمال التخريب التي تحاول صرف أنظارنا عن واجبنا الأول في إنهاء النظام الراهن
- عاش الإضراب السياسي ولتسقط المؤامرات وأعمال التخريب
- لتسقط الديكتاتورية العسكرية سفاكة الدماء

الحزب الشيوعي السوداني

لنؤمن مكاسبنا ونسد الطريق أمام الرجعيين والانتهازيين وفلول عصابة ١٧ نوفمبر

يا جماهير شعبنا: لقد بدأت تلوح في الافق مناورات الرجعيين واصوات الانتهازيين كما نشطت الحركة حول تقسيم الاسلاب وكراسي الوزارة متناسين أن الغفلة أو وقف زحف الجماهير قد يؤدي إلى الإطاحة بمكاسبنا ودحر ثورة شعبنا المنتصرة. لذا فعلينا أولا أن نوسع زحف شعبنا رافعين عنه القيود مطالبين بإلغاء قانون الطوارئ بالإفراج عن جميع السجناء والمعتقلين السياسيين عسكريين ومدنيين بإطلاق الحريات الديمقراطية وإلغاء القوانين الاستثنائية المقيدة للحريات بهذا وحده نستطيع أن نؤمن مكاسب اليوم ونفتح الطريق أمام الشعب لإزالة آخر معتقل للديكتاتورية العسكرية. يا جماهير شعبنا تمسكوا بإضرابكم حتى النصر وسعوا تظاهراتكم ومواكبكم مطالبين بالإفراج الفوري عن السجناء السياسيين وإلغاء قانون الطوارئ والقوانين المقيدة للحريات فاضحين مناورات الراجعين والانتهازيين من عملاء عصابة ١٧ نوفمبر مطالبين بحكومة ديمقراطية من الفئات الثورية، فليستمر إضرابنا أكثر قوة وليوضع قانون الطوارئ وليرفع عن السجناء السياسيين.

هذا هو مطلبنا اليوم لنؤمن ما اكتسبناه ونفتح طريقنا حتى النصر :
عاشت الوحدة الوطنية.
اطلقوا السجناء السياسيين.
ارفعوا قانون الطوارئ.
الإضراب السياسي سلاحنا حتى النصر.

١٩٦٤/١٠/٢٨ الحزب الشيوعي السوداني

بيان إلى جماهير الشعب السوداني الثائرة
يا جماهير شعبنا الثورية :

أيها العمال والمزارعون والمثقفون:
إن ثورتكم المجيدة ثورة ٢١ أكتوبر تقترب من أهدافها العظيمة التي دخلتم من أجلها الإضراب السياسي الناجح وسالت دماء شهدائنا على تربة وطننا، هذه الأهداف هي :

- التصفية النهائية للحكم العسكري الرجعي.
- إلغاء حالة الطوارئ فورا وإلغاء كافة القوانين المقيدة للحريات.
- قيام حكومة إنتقالية تمثل قوى ثورة ٢١ أكتوبر المجيدة.
- إطلاق سراح جميع المعتقلين السياسيين والمسجونين السياسيين فورا.

في مثل هذه الساعة الحاسمة علينا أن نعرف مصادر قوتنا ونحافظ عليها. لقد بدأ النظام العسكري الرجعي في الزوال وذلك لسبب رئيسي هو النجاح التام للإضراب السياسي الذي شمل كل مرافق الحياة في بلادنا. ولهذا علينا أن نتمسك بهذا السلاح حتى ساعة النصر وحتى تحقيق أهدافنا المذكورة، وفي مثل هذه الساعات الحاسمة تحاول دائما القوى الرجعية المعادية للثورة التي ليست لها مصلحة في انتصار الثورة أن توقع الاستفزاز بين الناس حتى تغرق حركة شعبنا في المزيد من الدماء وحتى تقضي على جميع قادة الثورة – الذين أشعلوها في الشارع فيخلو الجو للمغامرين والانتهازيين، إنهم يحاولون دفع الثورة بالتخريب وبهذا يرجع مرة أخرى حكم عسكري قاتم، لهذا علينا ألا نستجيب للاستفزاز بل نتمسك بمطالبنا ونكشف كل مؤامرة لإحداث المزيد من المجازر. إنني نيابة عن كل الشيوعيين الذين وقفوا في الطليعة منذ قيام الانقلاب المشئوم في ١٧ نوفمبر يناضلون قوى الرجعية فذهب مئات منهم إلى السجون وسقط عشرات منهم شهداء في ميدان الحرية وعلى رأسهم شهيد الوطن بأسره أحمد قرشي – نيابة عن كل هؤلاء المناضلين وبأسم جهادكم وجهادهم وبأسم ثورة ٢١ أكتوبر اناشدكم أن تحافظوا على صفوفكم موحدة وأن تتمسكوا بأهداف ثورتكم حتى النصر – وهي التصفية النهائية للحكم العسكري – وأن تستمروا في إضرابكم المجيد لتحقيق هذا النصر وأن تكشفوا كل استفزاز أو مؤامرة .
عاشت ثورة ٢١ أكتوبر حتى النصر !
١٩٦٤/١٠/٢٩ عبدالخالق محجوب عثمان
عن الشيوعيين السودانيين في كل أنحاء السودان

بيان إلى جماهير شعبنا الثائر

هذه ساعات حاسمة في حياتنا وحياة اجيالنا المقبلة... وفي مثل هذه الساعات لا بد أن نعرف أين وصلنا في طريق الديمقراطية؟ وماذا بقي لنا؟ لقد سجلت ثورة ٢١ أكتوبر الظافرة ثاني انتصار لها بتكوين الحكومة الانتقالية التي اعلن تشكيلها وكان اول انتصار من قبل هو تراجع الحكم العسكري بحل المجلس الاعلى ومجلس الوزراء، إن جميع القوى التي خاضت الإضراب السياسي الناجح والتي وقفت في الشارع تهتف من أعماقها من جل الديمقراطية فسقط منها الشهيد تلو الشهيد: سال دم الطالب إلى جانب دم العامل والموظف والمزارع. جميع هذه القوى الثورية ارتبطت بميثاق من الدم الطاهر يحدد أهدافها ويعلن في صراحة :

أولا: العمل على تصفية الحكم العسكري في البلاد.

ثانيا: قيام حكومة انتقالية تتولى هذه المهمة وتشرف على إجراء انتخابات ديمقراطية.

ثالثا: كفالة الحريات لكل شعبنا وقواه الثورية.

رابعاً: اطلاق سراح جميع المعتقلين والمسجونين السياسيين والعسكريين.

لقد بدأ الحكم العسكري في الانحسار وذلك بفضل الثورة الشعبية وتأثيرها على القوات المسلحة في بلادنا مما أدى بالفعل إلى حل المجلس الأعلى وإلى تحديد لفترة الانتقال. وكانت الخطوة الثانية هي قيام هذه الحكومة الانتقالية التي تمثل كل قطاعات شعبنا بما في ذلك قوى ثورة ٢١ أكتوبر.

ولهذا فإن الحزب الشيوعي السوداني الذي ظل يرفع راية المقاومة ضد الحكم العسكري، فذهب رجاله إلى السجون وسقط شهداؤه في ثورة ٢١ أكتوبر يعلن إلى كل الطبقات الثورية تأييده للحكومة الانتقالية الراهنة في حدود الميثاق الذي وقع عليه مندوبوه مع جميع ممثلي الاحزاب في بلادنا. ويعلن الحزب الشيوعي أنه سيظل أمينا لهذا الميثاق يدافع عنه بشجاعة ويضع قواه ضمن قوى شعبنا الموحدة حتى تحقق ثورة ٢١ أكتوبر كل أهدافها.

إننا ندعو جماهير الطبقة العاملة والمزارعين والمثقفين لتأييد الحكومة الانتقالية.

إننا ندعوهم للتمسك بالوحدة في سبيل تنفيذ أهداف الميثاق الوطني.

يا جماهير الطبقة العاملة والمزارعين والمثقفين:
إن مكاسب ثورة ٢١ أكتوبر هذه تحتاج إلى حماية وتدعيم وتطوير، فالقوى الاستعمارية ذات المصالح في بلادنا لا يسرها إنهاء الديكتاتورية العسكرية التي كانت خاضعة لها ومنفذة لرغباتها. أن هذه القوى الأجنبية من كل لون تحمل الحقد الدفين إزاء ثورة أكتوبر وإزاء جمهوريتنا العظيمة. ولهذا فهي تحاول التآمر والدس. إنها تعمل لتقسيم صفوف شعبنا وتفتيت هذه الوحدة الرائعة بالشائعات والأقاويل وبالدس بل هي تحاول أكثر من ذلك، أنها ترمي إلى تخريب بلادنا حتى تجد فرصة للتدخل في شؤوننا بحجة المحافظة على الأمن. لقد ظللنا طيلة أيام الثورة نناضل ضد هذه المؤامرات، ضد العناصر المريبة التي حاولت إحداث صدام بين جماهير الشعب والقوات المسلحة، ضد العناصر الاستفزازية التي حاولت تشويه ثورتنا وإعطاء الحجة لعودة الحكم العسكري مرة أخرى.

إننا نطالب جماهير شعبنا أن تتيقظ لهذه الدسائس التي تحاك ضد وحدتنا.

إننا نناشد جماهير شعبنا أن تحبط كل محاولة للتشكيك في انتصارات ثورتنا، ولإضعاف مركز الحكومة الانتقالية.

لقد بدأ الاستعماريون بما لهم من نفوذ سمح له بالدخول النظام العسكري المنحسر – في الوزارات، وفي السفارات وبين المرتزقة – التشكيك في تمثيل الحكومة الانتقالية لقوى ثورة ٢١ أكتوبر، ومحاولة اعتبارها حكومة "يسارية" بل أن بعض النفوس الضعيفة أصبحوا يشيرون إلى العناصر المستقلة والممثلة للجبهة الوطنية بأنهم شيوعيون، إن الحزب الشيوعي السوداني يعلن انه قد بعث بممثل واحد له في الحكومة الانتقالية كسائر الأحزاب مراعيا في ذلك مصلحة بلادنا الوطنية – إن الحزب الشيوعي السوداني لا يجري وراء الكراسي على الرغم من انه وقف طوال الست أعوام الماضية في الطليعة يحمل عبء الجهاد والتضحية.

إننا نعلن لجماهير شعبنا وضع المصلحة العليا لوطننا فوق كل اعتبار.

إننا نعلن لكم أن الحزب الشيوعي لا يريد الوصول إلى السلطة بالتآمر بل يسير وفق برامجه. ويرى أن تتطور بلادنا عبر طريق الديمقراطية ووفق انتخابات حرة. ولهذا فعلينا أن نقتل هذه الشائعات في مهدها والتي لا هدف لها إلا استجداء العون الاستعماري في ذلة ضد مصلحة وطننا السوداني وضد ثورة ٢١ أكتوبر تنكرا للتضحية ولدماء شعبنا الطاهرة.

يامجالس الطبقة العاملة وكل القوى الشعبية الثائرة :
علينا أن نقفل صفوفنا ونحكم وحدتنا لحماية ثورة ٢١ أكتوبر من الانتكاس وهذا يتم:
أولاً : بالتمسك بالميثاق الذي وحد بين الجبهة الوطنية قائدة الثورة والإضراب وبين جميع الأحزاب السياسية.
ثانيا: أن ننظم فوراً لجانا لحماية الثورة في المصانع والمكاتب والمدارس وأحياء السكن والقرى لرفع يقظة شعبنا ولدعم مركز الجبهة الوطنية والحكومة الانتقالية.
هذه اللجان من الثوار المناضلين على اختلاف ميولهم هي درع لثورة اكتوبر المجيدة.
ثالثاً: أن تعمل هذه اللجان مع النقابات والهيئات لدفع عجلة الإنتاج في بلادنا، وفي هذا المضمار على المزارعين في كل مكان وعلى العمال تكوين اتحاداتهم ونقاباتهم بهدف مواجهة الحالة الاقتصادية السيئة التي خلفها الحكم الدكتاتوري. وليكن شعار جميع المنتخبين: " لنؤيد الحكومة الانتقالية التي تنقذ الميثاق برفع الإنتاج" وتحت هذا الشعار سنقفل الطرق أمام المستعمرين ونبرهن للعالم بأسره أن شعب السودان العظيم قادر على أن يعيش معتمدا على سواعد ابنائه لا على فتات المعونات الاستعمارية المذلة.

- عاشت وحدة شعبنا .
- عاشت اهداف ثورة ٢١.
- صفا واحدا مترابطا خلف الحكومة الانتقالية.
- والمجد والعزة الدائمة لجمهورية السودان

٣٠/١٠/١٩٦٤ السكرتارية المركزية
للحزب الشيوعي السوداني

مؤمراة استعمارية ضد ثورة ٢١ أكتوبر
اعتقال الضباط الأحرار الذين اشتركوا في ثورة الشعب
اعتقلت الدوائر الرجعية والاستعمارية في الجيش اليوزباشي فاروق عثمان[١٤٨] واليوزباشي الرشيد نور الدين[١٤٩] والبكباشي جعفر النميري.

هؤلاء هم الضباط الذين اشتركوا عمليا في ثورة الشعب الظافرة وساعدوا الثورة بحصار القصر الجمهوري حتى أعلنت إجراءات حل المجلس الاعلى للقوات المسلحة. وهؤلاء هم الضباط الذين تقدموا مع غيرهم بعريضة تطالب بتطهير الجيش من العناصر الفاسدة والعناصر الخائنة والمجرمة وغير الوطنية بهدف تأمين ثورة الشعب وحمايتها.
إن هذه الخطة الآثمة من قبل الدوائر الرجعية والاستعمارية هي خطوة في سبيل تطهير الجيش من العناصر الوطنية التي شاركت في ثورة الشعب وبذلك تمهد الارض للسيطرة الكاملة على الجيش بواسطة العناصر الرجعية وإحداث انقلاب رجعي جديد يطيح بكل مكتسبات ثورة الشعب ويفرض على الشعب حكما اكثر رجعية من حكم ١٧ نوفمبر المباد.
إن الدوائر الرجعية تحاول أن تردد الاتهام للضباط الأحرار المذكورين اعلاه بأنهم يعملون لحساب مصر. وهذه محاولة رخيصة لستر الحقيقة. تقصد من ورائه الدوائر الرجعية أن تبرر موقفها في تصفية الجيش من العناصر وفرض سيطرة العناصر الرجعية عليه.
إن على الشعب أن يتمسك بحزم بمطلبه في تطهير الجيش من العناصر الرجعية الفاسدة من أذناب الاستعمار والخونة لأنهم خطر على مكاسب الشعب. وعلى الشعب أن يتمسك ويفرض مطلبه بإطلاق سراح الضباط المسجونين فورا، وعلى الشعب أن يطالب بكل حزم بتكوين مجلس دفاع من الضباط الوطنيين يتسلّم سلطات عبود فورا.
أيها المواطنون: في هذه الفترة الحاسمة من تاريخ بلادنا وفي هذه المرحلة الخطرة من مراحل ثورتنا علينا أن نتيقظ لمؤامرات العدو. علينا ان نأخذ الحذر من مؤامرات الاستعمار ونجابهها بكل حزم بصفوفنا المتحدة المتلاحمة.
أيها المواطنون: علينا أن نستعد لمواصلة ثورة ٢١ أكتوبر التي تتعرض للخطر بفعل الدسائس والمؤامرات الاستعمارية.
نطالب بإطلاق سراح السجناء العسكريين.
نطالب بتكوين مجلس دفاع من الضباط الوطنيين يتسلم سلطات عبود.
نطالب بتطهير الجيش من العناصر الخائنة والفاسدة وعميلة الاستعمار.
علينا أن نستعد لمواصلة ثورة ٢١ أكتوبر بالإضراب السياسي وننتظر تعليمات الجبهة الوطنية للهيئات التي قادت الثورة.
١٩٦٤/١١/٨ الضباط الأحرار الذين وقفوا إلى جانب ثورة ٢١ أكتوبر

فلتملأ القوى الديمقراطية الشوارع من جديد
وتقفل الطريق أمام المؤامرات الاستعمارية والرجعية

لم تمض، أيها المواطنون، عشرة أيام على قيام حكومة ثورة ٢١ أكتوبر الشعبية حتى شرعت الاستعمارية التي يملؤ قلوبها الحقد الأسود على انتصار الشعب الرائع – شرعت تدبر المؤامرات بالتعاون مع عملائها الموتورين في الجيش وخارجه. إن الاعتقالات التي تمت بالأمس لنخبة من الضباط الأحرار الذين ناصروا الشعب بحصارهم للقصر الجمهوري حتى أعلن حل المجلس الاعلى ليست سوى الخطوة الأولى في تدبيرهم الإجرامي الرامي إلى تصفية الجيش من العناصر الوطنية المخلصة وأحداث انقلاب رجعي يجهض ثورة ٢١ أكتوبر وينسف مكتسباتها الغالية ويغرق بلادنا في بحر من الدماء.

إن لجوء العناصر الخائنة في الجيش إلى اعتقال الضباط الأحرار من وراء ظهر الحكومة وحتى بدون علم رئيس الوزراء وهو في نفس الوقت وزير الدفاع لهو الدليل القاطع على النوايا السوداء التي يبيتونها ضد الشعب وثورته الفتية، وهذا العمل في حد ذاته خيانة عظمى يجب قطع دابرها ومعاقبة القائمين بها وشركائهم وأذنابهم.. ولن ينطلى على الشعب الخداع بأن هذه الأعمال التي تدبر من وراء ظهره تستهدف حماية استقلاله من أي تدخل اجنبي.

يسقط أعداء الثورة *** تسقط المؤامرات الاستعمارية

اليقظة أيها الموطنون، فثورة أكتوبر التي أطاحت بالطغيان إنما هي ثمرة نضالكم الجسور وتضحياتكم الغالية وحماية مكتسباتها وقف عليكم وحدكم. لقد كانت المظاهرات التي اندلعت مباشرة عقب اعتقال الضباط الاحرار أعظم برهان على عمق الأحساس الثوري لدى جماهير شعبنا وتأهبها لحماية ثورتها ضد كل خيانة وعبث. فلتشمل هذه المظاهرات كل جميع القوى الوطنية صانعة تورة أكتوبر فلتشمر وتنتظم في وحدة جبارة تقفل الطريق أمام مؤامرات الاستعمار والخونة وتصل بالثورة إلى قمة الظفر وتؤمن للحكومة الوطنية الطريق لإنجاز مهامها الثورية. وليعلم المتآمرون وأسيادهم الخونة أن الشعب مازال يملك السلاح الرهيب ـ الإضراب السياسي العام ـ الذي أنهى به سيطرتهم. وإن شعبنا اليوم أكثر مقدرة و إجادة في استعماله لتأديب المتآمرين على ثورته.

إننا نخوض اليوم معركة حماية ثورة ٢١ أكتوبر ونحن أقوى من أعدائنا بكثير وحدة وإرادة وتمرسا في النضال، وفي بلادنا حكومة وطنية تتجاوب مع رغبات و آمال الشعب. فيجب الارتقاء بالمعركة إلى مستوى عالٍ من النضال الثوري، كما يجب تجنب التخريب وتحاشي الاصطدام بالبوليس وتركيز نيران المعركة على الخونة الحقيقين والمطالبة بـ :

- إطلاق سراح الضباط الأحرار المعتقلين فورا
- إطلاق سراح الضباط المسجونين رواد النضال ضد الحكم الديكتاتوري الرجعي المنهزم
- اعتقال أعضاء المجلس الأعلى المنحل وتطهير الجيش حالا من جميع الخونة وأذناب الاستعمار

بهذه الخطوات الحاسمة نستطيع أن نقتل مؤامرة الاستعمار الرجعية في مهدها وأن نحمي ونطور ثورة ٢١ أكتوبر العظيمة. التطهير ثم التطهير هو الذي يؤمن ثورتنا.

- تطهير جهاز البوليس واعتقال شركاء المؤامرة الاستعمارية أبارو وحسن علي عبدالله وعبد القادر الأمين وحسن محمد صالح و أذنابهم .
- تطهير القضاء واعتقال الخائن أبورنات وإقالة حسيب وغيره من الأذناب

➢ عاش نضال الشعب لحماية ومواصلة ثورة ٢١ أكتوبر.
➢ الحرية للضباط الأحرار المعتقلين والمسجونين
➢ العقاب الصارم لخونة الثورة الاشرار
➢ تسقط المؤامرات الاستعمارية
➢ لاهدوء حتى النصر

١٩٦٤/١١/٩   الحزب الشيوعي السوداني

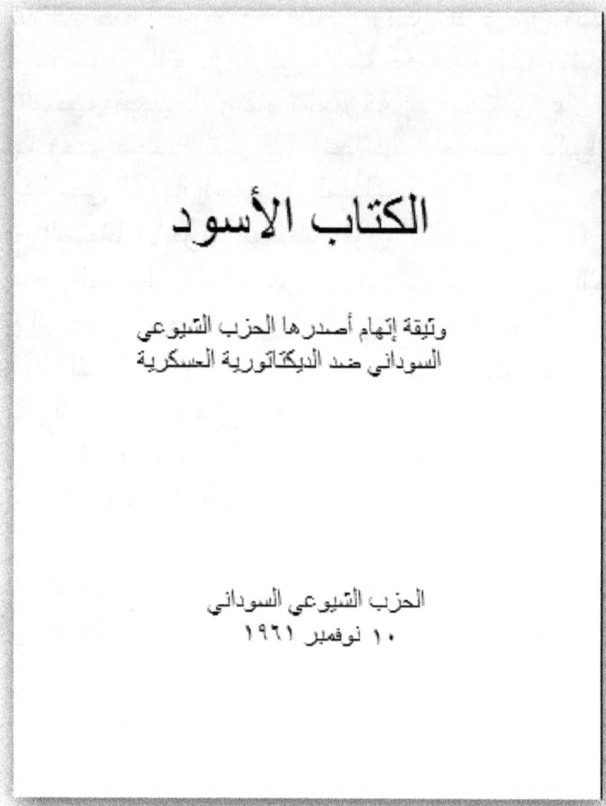

الكتاب الأسود

وثيقة إتهام أصدرها الحزب الشيوعي
السوداني ضد الديكتاتورية العسكرية

الحزب الشيوعي السوداني
١٠ نوفمبر ١٩٦١

وثيقة الإتهام التي أصدرها الحزب الشيوعي السوداني ضد الديكتاتورية العسكرية (إعادة رسم)

خاتمة

مستقبل الثورة وآفاقها

الحقائق التي أوردناه في هذا الكتاب تنهض دليلا ساطعا ضد أولئك الذين يدعون أن ثورة الحادي والعشرين من أكتوبر كانت انفجاراً تلقائياً . فخلال السنوات الست السود خاض شعبنا معارك متصلة ضد اليكتاتورية. بدأت المقاومة بالطبقة العاملة وطليعتها الثورية، الحزب الشيوعي. ثم انتظم في سلكها الطلاب والمزارعون والمثقفون الوطنيون. كانت المقاومة ضعيفة ومتقطعة بادئ ذي بدء، ولكنها أخذت تشتد ويقوى عودها بازدياد تفاقم الأزمة الإقتصادية والسياسية لنظام ١٧ نوفمبر الرجعي. وقد أدى كل ذلك، كما أشار الحزب السيوعي في بيانه بتاريخ ٢٠ أكتوبر، إلى نضوج كل الظروف للأطاحة بالديكتاتورية. فالمعارك العديدة وأشكال النضال المتنوعة كانت مدارس لتعليم طلائع القوى الوطنية الديمقراطية. ومن ثم اقتربت تلك الطلائع شيئا فشيئا من شعار الإضراب السياسي الذي طرحه الحزب الشيوعي منذ منتصف عام ١٩٦١. وهذه المعارك وما صحبها من من تضحيات لم تذهب سدى. بل مضت تجاربها تترسب وتتراكم في أعماق الجماهير الثورية التي أخذت تشارك في المعارك الصدامية ضد نظام ١٧ نوفمبر بشكل متزايد، والتي كانت قد وصلت درجة من السخط ضد ذلك النظام تجلى في تنفيذ الإضراب السياسي بصورة شاملة شلت سلطة الديكتاتورية وأطاحت بها في أكتوبر العظيم.

إن ثورة أكتوبر ثورة ديمقراطية بطبيعة القوات التي اشتركت فيها وهي أساسا الطبقة العاملة والمثقفين الوطنيين والمزارعين والطلاب، بطبيعة القضايا التي تواجهها والدوافع الكامنة من ورائها.

وترجع جذور الثورة إلى فترة بعيدة في تاريخ الحركة الوطنية السودانية و خاصة بعد الحرب العالمية الثانية. فمنذ عام ١٩٤٦ نهضت القوى الديمقراطية تنظم نفسها في نقابات وإتحادات، وتأسس الحزب السيوعي السوداني. ومنذ ذلك وجد اتجاهان في الحركة الوطنية: الإتجاه التقليدي بين الأحزاب التقليدية والذي كان تقتصر نشاطه وتتجدد شعاراته على أساس الحرية الوطنية وحدها، والإتجاه الوطني الديمقراطي والذي يتجمع حول التنظيمات الشعبية والذي كان ينظر إلى السودان نظرة أعمق من ذلك المدى، ويرى في التحرر مضمونا قوامه الديمقراطية للجماهير وتحاشي السير في طريق الرأسمالية. لقد تقلب الاتجاهان بين مد وجذر وامتحنا امتحانا عسيرا في ظل الديكتاتورية العسكرية الرجعية .ونستطيع القول بأن الإتجاه الديمقراطي هو الذي تحمل عبء الكفاح ضد ذلك النظام وخاصة

منذ مطلع عام ١٩٦٢، بينما انحسرت الإتجاهات التقليدية وسط الجماهير الثورية وعجزت عن إلهاب المعارضة في البلاد، وعن مواجهة القضايا التي واجهتها الجماهير في تلك الفترة.

إن العمال والمزارعين والطلاب والمثقفين الثوريين والضباط الوطنيين والنساء العاملات والمتنورات والأقليات القومية هم الذين صنعوا ثورة أكتوبر. من المهم أن نؤكد هذه الحقيقة، وأن نؤكد معها أن أشباه الإقطاعيين من زعماء العشائر وكبار أصحاب المشاريع الزراعية وكبار التجار والأغلبية الساحقة من من كبار الموظفين ساندوا الديكتاتورية وعلى أسوء الفروض وقفوا موقف المتفرج من الصراع بين الشعب وجلاديه. هذه حقيقة هامة لابد من أعتبارها دائما عند الحديث عن مستقبل الثورة وآفاقها.

لقد كان ضمن منجزات هذه الثورة الحكومة الوطنية الانتقالية، فلأول مرة في تاريخ بلادنا تحمل الحركة الثورية، دون وصاية الأحزاب التقليدية، وفي صراع عنيف عنها إلى قمة الحكم. ولأول مرة يدخل مجلس الوزراء مندوبون عن العمال والمزارعين والحزب الشيوعي. وهذ ظاهرة تاريخية ذات مغزى عميق لا بالنسبة للسودان وحسب وإنما لكل البلدان حديثة الاستقلال.

إن المهمة الأساسية لهذه الحكومة - والتي تتمتع بالقدرة على إنجازها - هي تطوير الحركة الثورية وفتح الآفاق أمامها لاستكمال ثورة أكتوبر وتأمينها. ولا شك أن قصر فترة الانتقال يزيد من ثقل المسئولية التي تتحملها. ولا حل أمام الحكومة الوطنية سوى سياسة الحسم الثوري التي تضمن التفاف الجماهير الثورية حولها.

- تواجه الحكومة الوطنية قضية التطهير. ولهذه القضية جانبان: الأول يستكمل السودنة في أجهزة الدولة. وهذا عمل تحرري وطني فيه استكمال لاستقلال البلاد. وهذا هو الجانب الأهم لأنه يقوم على أسس سياسية فيضع أجهزة الدولة في يد الوطنين والديمقراطيين ويطرد أذناب الاستعمار الذين يحملون تربيته وتفكيره ونظرياته، والذين يمنعون تطور البلاد، والذين وجدوا الحماية من الحكومات السابقة وخصوصا من الحكم العسكري المباد. والجانب الآخر يشمل التطهير من المفسدين الذين عبثوا بأموال الشعب وحاولوا تحطيم قيمه الخلقية.

- من القضايا المهمة في التطهير طرد الضباط الرجعيين المعادين للشعب من القوات المسلحة وقوات البوليس (ويجب أن يشمل ذلك إلغاء قسم مكافحة الشيوعية في وزارة الداخلية والذي أنشأ لتوثيق الصلة بأقلام المخابرات الاستعمارية الأمريكية والبريطانية). ومن تلك القضايا تصفية نظام الإدارة الأهلية لإنهاء سيطرة زعماء العشائر وتحرير القرية السودانية من تسلطهم وتحكمهم.
- تواجه الحكومة أيضا قضية الحقوق الديمقراطية للجماهير الثورية. في مقدمة ذلك بالطبع إلغاء كافة القوانين الرجعية والاستثنائية المقيدة للحريات والموروثة من عهد السلطة الاستعمارية ومابعدها. ولكن تطور وطننا يتطلب أكثر من ذلك. لقد ظل شعبنا منذ الاستقلال مبعدا عن التأثير على جهاز الدولة وعن المشاركة في رسم سياسة البلاد. كان ذلك هو السبب الرئيسي والأساسي في كل المحن التي مرت بنا.
- يحتل مركزا هاما في هذا المضمار تمثيل العمال والمزارعين في إدارة المؤسسات الإنتاجية. إن مشاركة العمال والمزارعين ستؤدي إلى ادخال تغييرات ثورية جذرية في وسائل الإدارة والرقابة مما يقود حتما إلى زيادة حجم الإنتاج وتحسين نوعه.
- ويحتل مركزا هاما أيضا ادخال الديمقراطية في القوات المسلحة. ويتم ذلك بواسطة التجنيد الإجباري وإزالة الطابع المرتزق للخدمة العسكرية. وستكون النتيجة بناء جيش وطني قوى يعادي الاستعمار ويحبط المؤامرات التي تهدد استقلال البلاد وديمقراطيتها. ويؤازر ويدعم حراكت التحرر الوطني في أفريقيا.
- ويواجه هذه الحكومة إجراء انتخابات على أسس ثورية حتى تصبح امتداد لثورة أكتوبر. وهذا يتطلب إعادة النظر في القوانين الانتخابية القديمة وتعديلها بما يتفق مع الديمقراطية، وتقسيم الدوائر على أساس الإقليم أو وحدة الإنتاج (بدلاً من التقسيم القائم على النظام الإداري أو القبلي)، وتصفية الإدارة الأهلية وإنهاء تسلطها على القرية السودانية. كما يتطلب الأمر أيضا تخصيص دوائر للعمال والمزارعين والمثقفين الوطنيين بما يضمن لهم ٥٠٪ على الأقل من مقاعد الجمعية التأسيسية.

إن شعبنا يرفض العودة إلى ماقبل ١٧ نوفمبر ١٩٥٨. والقوى الوطنية والديمقراطية التي صنعت ثورة أكتوبر، والتي أعربت بما فيه الكفاية عن انعتاقها من نفوذ القيادات التقلدية القديمة، تريد السير في طريق جديد، هو طريق التطور الاشتراكي.
فإذا ماسارت الانتخابات على أسس ثورية، وإذا مأتيح للقوى الوطنية الديمقراطية بالتعبير الحر عن إرادتها، فإن نتيجة الانتخابات ستكون استمرارا للثوررة. أما إذا ماسارت الانتخابات في ظل القوانين القديمة فإن تحولها إلى ردة رجعية دستورية سيظل احتمالا قائما.
إن الاستعمار يتربص بثورتنا. فهو غاضب على الإطاحة بزمرة ١٧ نوفمبر، كما أنه غاضب على المجرى الذي إتخذته الثورة، وخاصة دور الحزب الشيوعي السوداني، والنشاط الثوري المستقل للعمال والمزارعين والمثقفين الثوريين والطلاب، وعلى السلوك العام المعادي للاستعمار الذي سارت عليه الثورة والحكومة الوطنية.
الرجعية تتربص بثورتنا إيضاً. فالشعارات التي رفعتها الثورة توجه إليها ضربات قاتلة. إن التطهير والإصلاح الزراعي وتصفية الإدارة الأهلية مطالب من شأنها أن تقضي على المواقع الأساسية للاقطاعيين وزعماء العشائر وسائر أذناب الاستعمار.
إن الاستعمار والرجعية مسعوران. ومع أن شعبنا يرغب في التطور الديمقراطي السلمي للثورة، إلا أن هذين العدوين اللدودين يمكن أن يلجآ لأشكال الصراع غير السلمية مثلما حدث في ١٧ نوفمبر ١٩٥٨ حينما عجزا عن الحكم بالأشكال البرلمانية. لهذا يصبح من ألزم الواجبات أن نتسلح باليقظة الثورية وأن نحبط كل ألوان التآمر ضد الثورة.
إن الشروط مهيأة لانتصار القوى الوطنية الديمقراطية و لعزل اليمين الرجعي ودحره. فهناك الحزب الشيوعي السوداني الذي أثبت كل مجرى الأحداث سلامة خطه السياسي وبعد نظره وصلابته وبسالته في الدفاع عن مصالح الشعب. وهناك القوة الوطنية الديمقراطية والتي تمثل الجبهة الوطنية للهيئات اكبر تجمع لها. وهناك التحالف الوثيق بين العمال والمزارعين قلب الجبهة الوطنية الديمقراطية وهناك اللقاء والواسع بين كل القوة الاشتراكية والديمقراطية والتي تلتقي حول برنامج تقدمي لتطور السودان في الطريق غير الرأسمالي الذي يستهدف تحقيق الاشتراكية وهناك الوطنيون في القوات المسلحة.

هذه القوة بوسعها إذا ما اتحدت وتلاحمت أن تمضي بالثورة نحو غايتها وأن تحرز انتصارات حاسمة ضد الرجعية.
عاشت ثورة ٢١ أكتوبر الظافرة.
عاشت ذكرى الشهداء.
عاش الحزب الشيوعي السوداني.

(تم بحمد الله)

الهوامش

[1] **فليكس رولاند مومي** Félix-Roland Moumié (١٩٢٦ - ٣ نوفمبر ١٩٦٠) قائد كميروني أصبح زعيما لإتحاد شعب الكميرون. تم نفيه مع مجموعة من رفاقه من الكميرون الفرنسي إلى الكميرون الأنجليزي في عام ١٩٥٧. ثم أجبره الاستعمارالأنجليزي هو ورفاقه بعد ٦ أشهر إلى طلب اللجوء خارج حدود الكميرون. فاستجابت ثلاث دول لطلباتهم وهي الهند والسودان وغانا. فقرر ورفاقه اللجوء إلى السودان لانّه أول دولة استجابت إيجابيا على طلب اللجوء. أقام فيلكس ورفاقه في ضيافة الحكومة السودانية لمدة ٦ أشهر أصدروا مجلة "صوت الكميرون" من الخرطوم. بعدها انتقل فيلكس ورفاقه إلى مصر استجابة لدعوة الرئيس جمال عبدالناصر لإنشاء منظمة التضامن العربي الأفريقي حيث وفرت لهم الحكومة المصرية فيلا في مدينة الزمالك وجعلت لكل من فيلكس ورفاقه معاشا شهريا فاستطاعوا في فترة وجيزة الاتصال ببقية حركات التحرر الوطني في أفريقيا وخارجها. في عام ١٩٦٠ سافر فيلكس إلى الكنغو لمساعدة البطل باتريس لوممبا فوصله تهديد من وكالة الاستخبارات الامريكية والتي كانت تدعم نظام موبتو سيسي سيكو وكذلك صرح رئيس هئية أركان جيش الكنغو بأنه سيقوم بترحيل فليكس بطائرة حكومية كهدية للحكومة الاستعمارية في الكميرون إذا ماتم القبض عليه في الكنغو. غادر فيلكس الكنغو إلى سويسرا. في يوم ٢ نوفمبر ١٩٦٠ قبل فيلكس دعوة عشاء في مطعم يقع على بحيرة جنيف من "صحفي" فرنسي يدعى وليام بكتل والذي كان في الحقيقة ضابط مخابرات فرنسي دس له سم من مادة الثاليوم في كوب عصير بينما كان فيلكس مشغولا بالرد على مكالمة هاتفية مجهولة المصدر. في اليوم التالي تم نقله إلى مستشفى جنيف وهو في حالة إعياء شديد حيث بقي لمدة أسبوعين في ألم عظيم قبل أن يموت في الثالث من نوفمبر ١٩٦٠ عن عمر يناهز ال ٣٤عاما.

فليكس رولاند مومي

[٢] عبد الله خليل (١٨٩٨-١٩٧٠)

ولد الأميرالاي عبد الله بك خليل في أم درمان عام ١٨٩٢ وترجع أصول والده خليل عوض حسين الكنزي إلي منطقة دراو بمحافظة أسوان المصرية وكان والده يعمل بالتجارة ما بين مصر والسودان وأخيرا استقر والده في مدينة بربر بشمال السودان . التحق عبد الله خليل بكلية غردون قسم الهندسة ثم التحق بالمدرسة الحربية في ١٩٠٨م فتخرج من ضمن طليعة الدفعة الثانية في عام ١٩١٠م. اظهر الأميرالاي عبد الله خليل نشاطاً وطنياً بعد أحداث ١٩٢٤ وهذه النزعات الوطنية صادفت قيام مؤتمر الخريجين في عام ١٩٣٦ فكان من ضمن لجنة العشرة بنادي الخريجين رغم انه ضابطاً عاملاً في سلك الجندية . بدأ عبد الله بك خليل برتبة الملازم ثاني حيث ترقي لها في أغسطس ١٩١٠ ثم عمل بالأشغال العسكرية المصرية في ١٩١٣ حتى نال رتبة اليوزباشا في عام ١٩٢٠. وهو برتبة البكباشي نال نيشان من رتبة فارس ثم نال وشاح النيل العظيم وهو برتبة القائمقام .تقاعد عام ١٩٤٦ برتبة أميرالاي. عين عضواً في المجلس الاستشاري لشمال السودان وصار عضواً في الجمعية التشريعية ثم وزيراً للزراعة ووزيرا للري والأشغال. وفي ١٩٥٦ – ١٩٥٨ رئيساً للوزراء ووزير الدفاع للحكومة الائتلافية. ونسبة لتعقيدات المشاركة السياسية بعد الاستقلال أصبحت حكومته مشلولة تماما واتضح له أن الائتلاف قد فشل أو كاد.

وإزاء الموقف المتدهور قرر السيد الصديق رئيس حزب الأمة فك الائتلاف وإقامة حكومة ائتلاف جديدة مع الحزب الوطني الاتحادي وبدأ المفاوضات مع الحزب الوطني الاتحادي دون استشارة أومشاركة عبدالله خليل، والذي كان سكرتيرا عاما لحزب الأمة، أرضاء لوفد الحزب الوطني الاتحادي. وكان عبدالله خليل يعلم ما يجري خلف ظهره رغم ابعاده مما أثار غضبه على السيد الصديق وحزب الأمة كله. فقرر أن يحبط المخطط مهما كان الثمن. فاتصل بأصدقائه في الجيش وحرضهم على استلام السلطة في ١٧ نوفمبر ١٩٥٨م.

عبد الله خليل

[٣] **حسن الطاهر زروق** (١٩١٦-١٩٨٠): من مواليد بربر عام ١٩١٦م. كاتب وقاص تخرج من كلية غردون التذكارية وعمل مدرسًا بعد تخرجه بالمدارس الحكومية الوسطي والثانوية. كان عضوًا نشطا ومؤثرًا في مؤتمر الخريجين وكان من مؤسسي حزب الأحرار. شارك في تنظيم وقيادة المظاهرات التي قامت ضد الجمعية التشريعية وحكم عليه بالسجن وفصل من عمله كمدرس بوزارة المعارف. وقد ترشح عام ١٩٥٣ وفاز في انتخابات في دوائر الخريجين ودخل أول برلمان سوداني. تحدث وله خطبة مشهورة فى جلسة البرلمان بتاريخ ١٦ أغسطس ١٩٥٥ والتى تم فيها الاجماع الوطنى على إعلان الاستقلال . انضم للحزب الشيوعي السوداني عند تأسيسه وظل في قيادته حتى وفاته في بغداد نقل جثمانه إلى السودان ودفن بمقابر احمد شرفى بإم درمان

[4] **(حريق العملة حريق الشعب) - (١٩٥٦)**، قامت حكومة السيد عبدالله خليل بحرق العملة السودانية الأولى لأنه حسب القانون لا يحق للرئيس اسماعيل الأزهري أن يضع اسمه أو صورته على العملة في بلد ديمقراطي. استغلت حكومة السيد عبدالله خليل ثغرة وضع امضاء السيد اسماعيل الأزهري على العملة فأحرقتها، لأن أمضاء العملة ليس من صلاحيات رئيس الوزراء. فخرجت جماهير الإتحاديين الموالين للسيد اسماعيل الأزهري تهتف "حريق العملة حريق الشعب".

[5] **عبدالرحيم محمد خير محمد محمد خير شنان**

جده لأبيه هو البكباشي محمد محمد خير شنان المعروف في التاريخ الشفاهي لمنطقة دار الشايقية بـ (ود شنان او محمد افندي) ولِد بالسقاي من عائلة الكرسناب. ذهب إلى مصر وتلقى تعليمه هناك حيث درس العلوم ثم تخرج من المدرسة الحربية عام ١٨٩٩ و أصبح ملازم أول عام ١٩٠٤م ثم عمل فى الجيش المصري وتدرج حتى وصل رتبه الاميرالاي. عاد للسودان بعد الاحتلال الانجليزي المصري وعمل نائب مأمور ثم مأمور على سنار ودنقلا وشندي وحلفا وكسلا والنيل الأزرق وبربر. وتزوج من دنقلا والسقاي وشندى. وله مسجد معروف بمسجد ود شنان بالسقاي وله أيضا سرايا في كل من شندي والسقاي. الاميرالاي عبدالرحيم محمد خير شنان له سبعة أخوة منهم إثنان إلتحقا بالجيش وهما البكباشي عبدالحفيظ محمد خير شنان من جيل المدرسة الحربية براءة الحاكم العام واليوزباشي عبد الحليم محمد خير شنان - الكلية الحربية الدفعة الثالثة ١٩٥٢م. اشترك في الحرب العالمية الثانية في اريتريا والحبشة وشمال افريقيا وترقى بالقوات المسلحة حتى رتبة اللواء. يعتقد الكثيرون ان اعلان قيادة القوات المسلحة في ١٧ نوفمبر قيامها أو إغرائها بالاستيلاء كان أمراً مرفوضاً من حيث المبدأ لدى الكثيرين من الضباط وخلال فترة حكومة ١٧ نوفمبر حدثت ثلاثة تحركات مسلحة كانت الاولى بقيادة كل شنان ومحي الدين استهدفت اللواء أحمد عبد الوهاب وأجبرت حكومة عبود بإدخال اعضاء جدد في تشكيلة مجلس القيادة ولم تكن النوايا وقتها من أجل

السيطرة على مقاليد الحكم. وقد إكتفى قادة الحركة بوزارتين هامشيتين هما الحكومات المحلية والنقل والمواصلات. لم تمض فترة طويلة حتى بلغت مضايقات عناصر الأمن مداها بالتجسس والمراقبة لمحي الدين وشنان ذروتها فقررا تصحيح الوضع برمته استدعاء قوات القيادتين الشرقية والشمالية للمرة الثانية للاستيلاء على السلطة. وصلت قوة القيادة الشرقية منطقة التجمع شرق الخرطوم في الزمن المحدد بينما ولخلاف ألغى الاميرالاي شنان تحرك قوات القيادة الشمالية مما سهل على حكومة عبود السيطرة على الموقف وتشكيل محكمة عسكرية برئاسة الاميرالاي محمد ادريس عبد الله قرارات بالسجن متفاوتة على المشاركين من القيادة الشرقية. كما تم تشكيل محكمة اخرى لمحاكمة كل من الاميرالاي محيى الدين أحمد عبد الله والاميرالاي عبد الرحيم شنان برئاسة اللواء محمد طلعت فريد اصدرت احكاماً تم الحكم عليهما بإلاعدام رمياً بالرصاص. ثم تم تخفيف حكم الاعدام بالطرد من القوة والسجن المؤبد لشنان والطرد من القوة والحرمان من الميداليات والنياشين للواء أحمد عبد الله حامد. تم إطلاق سراحه بعد ثورة أكتوبر ١٩٦٤ وفي العهد الديمقرطي، ترشح وفاز ودخل الجمعية التأسيسية. تم اعتقاله مرة أخرى في يناير ١٩٧٣مع أحد عشر ضابطا وأتهم بمحاولة اغتيال الرئيس نميري وكبار المسئولين العسكريين والسياسيين. كان عمر شنان وقتها ستون عاما تقريبا فحوكم بالسجن المؤبد.

[٦] **اللواء احمد عبد الوهاب**

ولد اللواء الركن احمد عبد الوهاب بمدينة الدامر في ١٩١٥/٦/٢ حيث تنحدر أصوله من "العبابدة" الذين يتمركزون في شمال السودان حول مدينة الدامر. درس كل مراحل تعليمه الأولية بالدامر ثم التحق بكلية غردون التذكارية ثم المدرسة الحربية في مطلع ١٩٣٦حيث تخرج برتبة الملازم ثاني في ١٩٣٨م متفوقاً على أفراد دفعته آنذاك. عقب تخرجه من المدرسة الحربية نقل لسلاح الهجانة ثم بعد ذلك نقل إلى الفرقة الشرقية ثم عاد مرة أخرى للهجانة، ثم نقل إلى مدرسة المشاة ثم القيادة الغربية ومن القيادة

الغربية نقل لرئاسة الجيش. اشترك في حملة ارتريا وموقعة كرن، كما شارك في العمليات الحربية أثناء الحرب العالمية الثانية بشمال إفريقيا، حصل على نيشان الخدمة الطويلة الممتازة وميدالية نجمة إفريقيا وميدالية الدفاع والحرب، كما حصل على وشاح منليك الثاني من درجة ضابط عظيم، أوفد في بعثة إلى المملكة المتحدة في عام ١٩٥٣م . نال الاركان حرب من بريطانيا، تقدم باستقالته في مارس ١٩٥٨م وطلب الإعفاء من المناصب الدستورية (موقع وزارة الدفاع السودانية علي الانترنت، عون الشريف قاسم - موسوعة القبائل والأنساب)،

[٧] **الشفيع أحمد الشيخ الشفيع (١٩٢٤- ١٩٧١)**

ولد الشفيع أحمد الشيخ عام ١٩٢٤ في شندي بشمال السودان. وترجع أصوله إلى آل حاج الشفيع الفزاري الصاردي وينتمي من ناحية والده الى الغِنيميّة وهم فرع من قبيلة القراريش المعروفة. تزوج من الأستاذة فاطمة أحمد إبراهيم وله ابن واحد وهو أحمد الشفيع أحمد الشيخ الشفيع .التحق الشفيع وتخرج من مدرسة الصناعات في مدينة عطبرة، عمل فور تخرجه في السكك الحديدية في السودان، شارك في تأسيس هيئة شئون عمال السكك الحديدية التي تحولت فيم بعد إلى نقابة عمال السكك الحديدية، واختير في عام ١٩٤٨ سكرتيراً عاماً مساعداً لنقابات العمال في السودان. حاكمته الحكومة الاستعمارية عام ١٩٤٨ بتهمة أصدار منشور بإسم نقابة عمال السكة الحديد وإتهمته بتحريض العمال على معاداة الإدارة البريطانية في السودان. كما تعرض لمحاكمة أخرى فى عام ١٩٤٩ بنفس التهمة وحكم عليه بالسجن سنتين. وعمل بحكم موقعه وإيمانه بالعمل النقابي على توطيد العلاقات بين إتحاد نقابات العمال في السودان والحركة العمالية العربية ورصيفتها العالمية. ونسبة لدوره الرائد ومعرفته الواسعة في هذا المجال انتخب نائباً لرئيس الاتحاد العالمي لنقابات العمال عام ١٩٥٧، شارك الشفيع مشاركة فعّالة في مقاومة النظام العسكري (١٩٥٨ - ١٩٦٤)، وحكم عليه عام ١٩٥٩ بالسجن خمس سنوات، ومنح وهو في السجن وسام السلام العالمي الذي تسلمه بعد ثورة أكتوبر. وجمع الشفيع بين ثلاثة مهام شاقة هي رئاسته لاتحاد عمال السودان ونائباً لرئيس الاتحاد العالمي لنقابات

العمال وعضواً في المكتب السياسي للحزب الشيوعي السوداني. أثمرت جهوده ورفاقه في الحركة العمالية في نمو وتصاعد النضال حتى سقوط النظام العسكري . وبعد زوال النظام العسكري تم تشكيل حكومة أكتوبر الانتقالية وعين فيها الشفيع فيها وزيراً ممثلاً اتحاد العمال. ومن موقعه كوزير شئون مجلس الوزراء في حكومة ثورة أكتوبر ١٩٦٤ الأولى كتب الشفيع مذكرة مشهورة ٢١في يناير ١٩٦٥م، دعا فيها إلى حل الإدارة الأهلية في شمال السودان واصفاً إياها بأنها إداة استعمارية لا تمثل رغبات الشعب. عُرِف الشفيع بالحكمة وسداد الرأي وظل على مقاوماً للنظم العسكرية ومدافعا عن حقوق العمال. إتُهم بمشاركته وتأييده لإنقلاب ١٩ يوليو١٩٧١ (حركة الرائد هاشم العطا العسكرية) فتم اعتقاله وحكم عليه بالإعدام شنقا في محاكمة عاجلة ونفذ الحكم فوراً في ٢٨ يوليو ١٩٧١ (عبدالله علي إبراهيم - سودانايل ٣ يونيو ٢٠٠٩؛ أحمد إبراهيم أبوشوك سودانايل ٢٤ أغسطس ٢٠٠٩؛ عثمان حسن أحمد رزق، عائلة الرزوقة الغنيمية - بدون تاريخ؛ عون الشريف قاسم، موسوعة القبائل والأنساب، الجزء الثالث)

الشفيع

[٨] **السر جعفر:**

عضو قيادي بالحزب الشيوعي السوداني عن الديوم الشرقية، مديرية الخرطوم.

[9] **محاولة انقلاب ٩ نوفمبر ١٩٥٩**

محاولة انقلاب ٩ نوفمبر ١٩٥٩ والذي ينسبه البعض إلى تنظيم الضباط الأحرار كان ضد حكومة عبود. أشترك في تخطيطه وتنفيذه وقيادته كل من البكباشي علي حامد، البكباشي يعقوب كبيدة، اليوزباشي عبد الحميد عبد الماجد، اليوزباشي الصادق محمد الحسن والصاغ عبد البديع علي كرار. وبدأ التحرك من مدرسة الإشارة بمدينة أم درمان يقوده البكباشي على حامد على أن تنضم إليه القوات القادمة من القيادة الشرقية. وبما أن حكومة عبود كانت على علم مسبق بالخطة والتحرك، فقد تم رصد الاجتماعات ومراقبتها. وفي يوم التحرك كانت وحدات أخرى من رئاسة الجيش قد استعدت له مما سهل اعتقال كافة الضباط المشاركين فيه. فشل الأنقلاب وتم اعتقال الضباط المتهمين وقُدموا إلى محاكمة عسكرية وبعد المداولات والتي استمرت زهاء الستة اسابيع أصدرت المحكمة العسكرية حكمها بالاعدام رميًا بالرصاص على البكباشى علي حامد، البكباشى يعقوب كبيدة، اليوزباشى عبد الحميد عبد الماجد، اليوزباشى الصادق محمد الحسن والصاغ عبد البديع علي كرار وكذلك أصدرت المحكمة حكماً بالسجن المؤبد والطرد من الجيش لكل من على محمد محجوب عثمان (١٩٣٥ - ٢٠٠٩)، والصاغ عبد الرحمن كبيدة، كما أصدرت حكماً بالسجن ١٤ سنة على كل من اليوزباشى عبد الله الطاهر بكر والملازم أول محمد جبارة كما حكمت بالسجن ٥ سنوات على الرشيد الطاهر بكر. وقد أيد المجلس الأعلى للقوات المسلحة حكم المحكمة العسكرية على يتم استبدال الأعدام رميا بالرصاص بالإعدام شنقاً حتى الموت وتم تنفيذ الحكم يوم ٢٠ ديسمبر ١٩٥٩ (محمود قلندر: دراسة في وقائع الولوج الأول لجيش السودان دار السياسة أكتوبر ٢٠٠٧)

[10] **حسنين حسن حسنين**

من مواليد الأبيض. دخل جامعة الخرطوم وتم فصله منها لأسباب سياسية. سافر بعدها الى القاهرة والتحق بكلية الطب وتم ابعاده من مصر لنشاطه السياسي فتعذر عليه اتمام دراسته الجامعيّة. عاد إلى الأبيض وعمل سياسياً متفرغاً وسكرتيراً للحزب الشيوعي السوداني بمدينة الأبيض وكان ينفق على كثير من نشاطات الحزب من حر ماله. اشتهر بالنبوغ واللباقة. تم تعذيبه بالنفخ داخل القيادة الغربية بالأبيض لنشاطه السياسي ضد الحكم العسكري والمطالبة بعودة الديقراطية. وجد تضامنا كبيرا من السياسين والمثقفين عند اعتقاله. رفع قضية جنائية ضد الاميرلاي الزين الطيب حسن الحاكم العسكري لمديرية كردفان بعد ثورة أكتوبر ١٩٦٤ متهماً الأخير بالمشاركة والإشراف على تعذيبه ولكن تم حفظ القضية لعدم كفاية الأدلة. انتقل إلى الخرطوم بعد بعد ثورة أكتوبر وأصدر صحيفة الجماهير ثم ترك العمل الصحفي وعمل بالتجارة حيث ساعده بعض زملائه في الحصول على توكيل لأحدى شركات الآلات الزراعية وأصبح بعد ذلك رجل أعمال واستقر في حي الصافية بالخرطوم بحري وكان منزله قبلة أهله وأصدقائه من الأبيض متى ما جاءوا الخرطوم. سافر إلى لندن مرافقاً ليساعد أحد أقربائه الذين ذهبوا للعلاج فوافته المنية هناك وعاد جثمانه ليدفن في السودان. والده هو الحاج حسن حسنين كان من أعيان مدينة الأبيض وأثريائها ووالدته هي الحاجة فاطمة حامد القطّان المعروفة بحجة قطّانية. عانت الكثير بسبب اعتقالات ابنها المتكررة فكانت تسافر باللواري أو بالقطار أينما عرفت مكان اعتقال ابنها وأحيانا تقيم اسابيع في أماكن لاتعرفها ومع أسر لاتعرفها لتؤازر ابنها السجين. ولما توفاه الله أنشئت عنبراً للكلى صدقة جارية باسمه في مستشفى الأبيض.

[11] **سليمان حامد الحاج محمد حامد**

من مواليد مدينة الموردة بأم درمان. ترك العمل في قسم مكافحة الأمراض بمدنية سنار ليتفرغ للعمل السياسي عند انقلاب نظام عبود في١٩٥٨م. شغل منصب المسئول السياسي عن الحزب الشيوعي في مديرية كردفان حيث اعتقل في مدينة الأبيض وقدم لمحكمة عسكرية وأُرسل إلى سجن بورتسودان وظل في السجن إلى أن أخرجته مظاهرات ثورة أكتوبر من سجن بورتسودان الذي اقتحمته الجماهير. عاد إلى الخرطوم بعد ثورة

أكتوبر واختير مسئولاً سياسيا لمديرية الخرطوم. تم انتخابه في المؤتمر الرابع للحزب الشيوعي الذي انعقد في أكتوبر ١٩٦٧م عضوا باللجنة المركزية للحزب وعضواً في المكتب السياسي وسكرتارية اللجنة المركزية. قضى أكثر من نصف عمره في المعتقلات والسجون في عهد حكومة عبود وفي عهد نميري، وكذلك في ظل حكم الإنقاذ. تولى تحرير صحيفة الميدان السرية لعدة أعوام. ترشح عن الدائرة ٢ امدرمان الوسطي ودخل المجلس الوطني، في عهد الإنقاذ، حيث عمل رئيساً لكتلة نواب الحزب الشيوعي السوداني في المجلس الوطني بعد اتفاقية السلام الشامل وانتخب ناطقاً رسمياً لكتلة نواب الهيئة البرلمانية للتجمع الوطني الديمقراطي. ترشح لمنصب السكرتير العام للحزب الشيوعي في يونيو عام ٢٠١٢ حيث فاز المهندس محمد مختار الخطيب كسكرتير جديد للحزب الشيوعي السوداني، خلفا للراحل محمد إبراهيم نقد. متزوج من السيدة حنان محمد نور عضو الحزب الشيوعي السوداني وعضو اللجنة المركزية الاتحاد النسائي السوداني. له عدة مؤلفات نذكر منها " دارفور وضع النقاط على الحروف"، "مشروع الجزيرة وآفاق تطوره". وأيضا له العديد من المقالات والحوارات الصحفية والتلفزيونية.

سليمان حامد الحاج

[١٢] **عبد الرحمن عبد الرحيم الوسيلة**
كان كان فى قيادة التنظيم الجماهيرى الديمقراطي الذى تم أنشاؤه فى نهاية عام ١٩٥٣ باسم الجبهة المعادية للاستعمار ؛ والذى استمر حتى العام ١٩٥٨، قد ظل سكرتيرا عاما لذلك التنظيم وحتى انقلاب عبود وحل التظيم

[13] محكمة اقامتها حكومة عبود وعرفت في تاريخ المحاكمات السياسية في السودان بقضية الشيوعية الكبرى وأتُهِم فيها عبد الرحمن عبدالرحيم الوسيلة ورفاقه وتم الحكم عليهم بالسجن.

[14] **محمد محمود**

كان ضمن كادر العمل السري ومسئولاً عن الأجهزة. تم تقديمه للمحاكمة وحوكم امام محكمة مدنية عقدت في يناير ١٩٦٤م مع مكين ضحية فأقر أمام المحكمة بأنه عضو بالحزب الشيوعي السوداني وانه يعمل للإطاحة بالنظام فحكمت عليه المحكمة بالسجن سبع سنوات وعلى زميله مكين ضحية بالسجن ست سنوات.

[15] **محمد عبده كبج:**

الاستاذ محمد عبده كبج قيادي شيوعي وكاتب وباحث في قضايا الاقتصاد السوداني، نشر العديد من المقالات التي تناولت بالتحليل الكثير من القضايا الاقتصادية الحيوية وله كتاب بعنوان "السودان، اقتصاد الانقاذ والافقار الشامل"

محمد عبده كبج

[16] **محمد أحمد أبو رنات (١٩٠٢ ـ ١٩٧٩)**

ولد محمد أحمد مصطفى أبو رنات في عام ١٩٠٢م بالنهود وتعود جذور عائلته إلى جزيرة "أبورنات" بشمال السودان والتي هاجرت أسرته منها إلى حلفاية الملوك ثم النهود. تخرج محاسباً من كلية غردون عام ١٩٢٢م وعُين مترجماً بمركز الأبيض في نفس العام ومنذ بداية إلتحاقه بالخدمة الحكومية أبدى ميولا وإهتماماً بدراسة القانون. فبدأ دراسة القانون بالمراسلة، وفي عام ١٩٣٣م تم نقله للمصلحة القضائية، حيث التحق

بمدرسة القانون التابعة لمكتب السكرتير القضائي عام ١٩٣٥. وبعد تخرجه في عام ١٩٣٨م عُين قاضياً من الدرجة الثانية، رُقِّي إلى منصب قاضٍ من الدرجة الأولى في عام١٩٤٣، ويعتبر أول قاضٍ سوداني يترأس محكمة كبرى وكان ذلك في عام ١٩٤٤م، وعُين نائباً لمساعد السكرتير القضائي ومفتشاً للمحاكم الأهلية، وكان أيضا أول سوداني يشغل هذه المناصب، وفي عام ١٩٤٩م أُرسل إلى بعثة في إنجلترا، وعاد بعدها ليعين قاضياً بالمحكمة العليا وعضواً بمحكمة الإستئناف لمديرية الخرطوم، وعند سودنة القضاء أُختير رئيساً للقضاء في عام ١٩٥٥م وظل رئيساً للقضاء حتى أكتوبر ١٩٦٤م حيث قدم استقالته ثم عدل عنها وتقاعد. عمل بعد تقاعده مع بعض اللجان القانونية التابعة للأمم المتحدة. كما عمل رئيساً للجنة الاستئنافات بالخدمة المدنية عام ١٩٧٤. انتقل إلى جوار ربه عام ١٩٧٩ م (عون الشريف قاسم موسوعة القبائل والأنساب، الجزء الثالث).

محمد أحمد أبو رنات

[17] **محمد طلعت فريد(١٩١٢ - ١٩٩٢)**

وُلِد بأم درمان. في عام ١٩١٢. أكمل تعليمة الأولي والأوسط بأم درمان والتحق بكلية غردون التذكارية تخرج من كلية العلوم ثم التحق بعدها بالكلية الحربية في عام ١٩٣٥ وتخرج منها برتبة ملازم ثان في عام ١٩٣٨. أوفد في بعثة للمملكة المتحدة درس خلالها العلوم العسكرية وحصل شهادة اركان الحرب السودانية. وتدرج في الرتب العسكرية وتمت ترقيته لرتبة الأميرالاي في ١٩٥٦ ثم لرتبة اللواء في ١٩٥٨. انتقل بين مختلف الوحدات بالجيش الى ان تم تعيينه قائداً لسلاح الإشارة في١٩٥٥ ثم عين قائداً للقوات في الجنوب الى اختير عضواً بالمجلس الأعلى لقيادة القوات

عبدالرحمن مختار

[21] **اللواء الركن المقبول الأمين الحاج**

وُلِد بالخرطوم في ١٩٢٠/١١/٤م. درس بكلية غردون التذكارية ثم التحق بالكلية الحربية وتخرج برتبة الملازم ثاني في ٢٢ سبتمبر ١٩٤١م. بعد تخرجه من الكلية الحربية نقل للقيادة الوسطى ثم نقل الى الرئاسة في عام ١٩٤٦، ثم نقل الى القيادة الغربية في عام ١٩٤٩ وبعدها إلى مدرسة المشاة في عام ١٩٥٢. وفي نفس السنة اوفد فى بعثة عسكرية للمملكة المتحدة وتخرج من كلية الاركان حرب البريطانية. شهد الحملة على ارتريا وعلى شمال افريقيا في اثناء الحرب العالمية الثانية ونال الميداليات التالية: نجمة افريقيا، ميدالية الدفاع وميدالية الحرب. ثم تم نقله إلى للقيادة الوسطى لتسلم القيادة حتى عُين عضوا في المجلس الاعلى للقوات المسلحة في ١٩٥٩م حيث عُين وزيرا للمواصلات، والداخلية، الزراعة والري. تدرج في الرتب العسكرية الى ان رُقِي إلى القائممقام في اكتوبر ١٩٥٨ ثم إلى رتبة الأميرالاي نوفمبر من نفس العام. بعد أكتوبر ١٩٦٤تم سجنه بسجن زالنجي وبعد إطلاق سراحه أفتتح مطعما وبارا بإسم "أفريكانا" في الحي الشرقي بالخرطوم وإعتزل العمل السياسي. (عون الشريف قاسم موسوعة القبائل والأنساب، الجزء السادس، موقع وزارة دفاع السودان على الإنترنت، يحيى العوض ـ الرأي العام).

[22] أحمد سليمان محمد أحمد المحامي (١٩٢٤ - ٢٠٠٩)
وُلِد بأم درمان في يوم ١٤ يناير عام ١٩٢٤. ترجع أصوله الى المحس وجده هو الشيخ المعروف بأرباب العقائد. درس بأم درمان ثم سافر إلى القاهرة ليلتحق بجامعة القاهرة حيث حصل على بكالوريوس كلية الحقوق وأثناء دراسته بمصر انضم للنشاط الشيوعي. عاد إلى السودان ليمتهن المحاماة ويعمل بنشاط في المجال السياسي كعضو باللجنة المركزية للحزب الشيوعي السوداني حتى العام ١٩٧١م .التحق بسكرتارية مجلس السلام العالمي في دول شرق أوروبا .شارك بفعالية ضد حكومة عبود (١٩٥٨-١٩٦٤) وأختير وزيراً للزراعة بعد قيام ثورة اكتوبر١٩٦٤/ ١٩٦٥ ثم عضو الجمعية التأسيسة ١٩٦٧م - ١٩٦٩م .شارك في حكومة ثورة مايو وعُين وزيراً للاقتصاد والتجارة الخارجية وإيضا شغل منصب وزير العدل، كما عُيّن سفيراً للسودان في الاتحاد السوفيتي وأختير وزيراً للصناعة والتعدين. وعمل أيضا سفيراً بلندن عام١٩٧١م. له كتابان الأول بعنوان (مشيناها خطى) والثاني بعنوان (ذكريات شيوعي أهتدي). شارك في حكومة الإنقاذ وكان عضو القيادة المركزية والمكتب السياسي للجبهة الإسلامية القومية وعُيّنته حكومة الإنقاذ سفيراً في الأمم المتحدة ١٩٩١م. انتقل إلى رحمة الله في يوم ٣١ من شهر مارس ٢٠٠٩ بالولايات المتحدة الأمريكية ليوارى الثرى في مثواه الأخير في ام درمان

[23] فاروق مصطفى السيد أبو عيسى

ولد فاروق أبوعيسى بمدينة ودمدنى فى عام ١٩٣٣. وتلقى تعليمه بمدرسة النهر الأولية ثم الأميرية الابتدائية فمدرسة حنتوب الثانوية وتخرج من كلية الحقوق بجامعة الاسكندرية ١٩٥٧م حيث إنضم إلى الحركة الديمقراطية للتحرر الوطني (حدتو). والتحق أيضاً بالحزب الشيوعي ١٩٤٩م وتم ترشيحه للجنة المركزية عام ١٩٥٠م حيث عمل عضوا بالحزب حتى عام ١٩٧٠ وعمل بعد تخرجه بالهيئة القضائية ثم أنشأ مكتباً للمحاماة بالخرطوم في الستينات بعد أن ترك العمل بالسلطة القضائية. كان نشطاً في العمل السياسي كعضو في الحزب الشيوعي ضد حكومة عبود. عمل مع حكومة مايو خلال سنواتها الأولى بمنصب وزير الخارجية ثم وزيرا لرئاسة مجلس

الوزراء .إختلف مع مايو وصار من أكثر المعارضين لها. فى عام ١٩٨٣ رشحته نقابة المحامين السودانين لمنصب أمين عام اتحاد المحامين العرب وقد فاز بالتزكية في ديسمبر عام ١٩٨٣ في تونس وبإجماع من كل النقابات الأعضاء في الاتحاد. وتكرر هذا الفوز لمدة خمس دورات متتالية حتى ٢٠٠٣. عارض أبو عيسى أيضا "الإنقاذ" ولجأ إلى مصر بعد أن تعرضه للاعتقال والمضايقة وإبان فترة لجوءه بمصر أختير نقيباً للمحاميين العرب. وصار عضواً فاعلاً بهيئة قيادة التجمع الوطني السوداني المعارض. عاد بعد اتفاقية السلام إلى السودان عام ٢٠٠٥ وتم تعينه في البرلمان. عاد إلى معارضة الإنقاذ مرة أخرى بعد انفصال الجنوب حيث أختير رئيسا لقوى الاجماع الوطني المعارض.

[٢٤] **الحاج الطاهر أحمد**: محامي من مدينة الأبيض ويقال إنه اعتزل ممارسة مهنة المحاماة في سنوات الحكم العسكري احتجاجا على انتهاك حقوق وحرية وكرامة المواطنين وقام بتسليم رخصة المحاماة إلى لجنة قبول المحامين وقرر ألا يمارس المهنة إلا بعد عودة حكم القانون. والمعروف أنّه تولى مع أبيل الير قضية تعذيب المواطن حسنين حسن وسليمان حامد بالأبيض.حيث تم اعتقاله أثناء قيامه بواجب الدفاع عنهما ولموقفه الصلب إزاء تعذيبهما.

[٢٥] **عبدالخالق محجوب عثمان محمد (١٩٢٧ - ١٩٧١)**

يعتبر عبدالخالق محجوب واحداً من أكثر الشخصيات التي أثرت وأثّرت في مسار الحركة السياسية السودانية إن لم يكن أكثرها. كان والده محجوب عثمان محمد، والذي تعود جذوره إلى منطقة جبل البركل، من أوائل المتعلمين، موظفاً في وزارة الصحة ومهتما بالشأن السياسي والوطني حيث كان من مؤيدي ثورة عام١٩٢٤ .ووالدته هي أم النصُر والتي تعود أصولها إلى قرية الزومة بالولاية الشمالية. ولعبدالخالق ثلاثة اشقاء وثلاث شقيقات. شقيقه الأكبر عثمان وهو استاذ وملحق ثقافي، كان من الناشطين في التنظيم

الشيوعي السوداني حتى اعتزاله العمل السياسي بعد انقسام الحزب عام ١٩٥٢. كما كان شقيقه الأصغر محمد من الناشطين في الحزب الشيوعي وعضو باللجنة المركزية للحزب وقد انضم للقوات المسلحة وشارك في عدة انقلابات عسكرية. أما شقيقه الأصغر علي فكان يعمل في مجال التعاون. وشقيقاته هن آمنة وفاطمة (معلمة) وهدى التي توفيت بعد حصولها على الشهادة الثانوية. نشأ عبدالخالق في منزل وطني في حي بيت المال بين بيتي اسماعيل الازهري وعبد الله خليل وكان لعبدالخالق منزلا مجاورا لمنزل والده. وزوجته هي الأستاذة نعمات مالك ولهما ولدان: عمر وهو يعمل مهندسا في مجال الاتصالات ومعز وهو يعمل مهندسا ميكانيكياً.

ولد عبدالخالق محجوب في حي السيد المكي بمدينة أم درمان في ٢٣ سبتمبر عام ١٩٢٧. وقيل إن والده اسماه عبدالخالق تخليداً لدور وشجاعة مأمور مصري يسمى عبدالخالق ثروت، عمل في ظل إدارة الحكم الثنائي بالسودان كان مؤمنا بنضال شعبي مصر والسودان المشترك. درس عبدالخالق في خلوة إسماعيل الولي التابعة للطريقة الإسماعيلية، حيث حفظ بعض القرآن وتعلم مبادئ اللغة العربية. بعد الخلوة درس المرحلة الأساسية في مدرسة الهداية الأولية، ثم درس المرحلة الوسطى بمدرسة أمدرمان الوسطى المعروفة باسم المدرسة الأميرية. بعد إكمال المرحلة الثانوية، جلس لامتحان شهادة كمبردج فى سنة ١٩٤٥. التحق بعده بكلية غردون التذكارية وتركها فترة قصيرة لأسباب سياسية يعتقد البعض بأن إدارة الكلية مارست عليه ضغوطا سياسيا ويرى البعض أنه أراد أن يكون في القلب النابض للحركة الوطنية. انتقل عبدالخالق إلى مصر، التي طلب العلم فيها بعد أن ترك كلية غردون التذكارية في عام ١٩٤٦. وبعد فترة قصيرة من وصوله الى مصر أصبح كادرا قياديا فى الحركة الديمقراطية للتحرر الوطنى (حدتو)، كبرى تنظيمات الحركة اليسارية والماركسية المصرية بمساندة الماركسي المصري اليهودي الاصل هنرى كوريل حيث تلقى عبدالخالق تدريبه النظري والتطبيقي، والذى انعكس فيما بعد فى نشاطه العملي فى السودان. بدأت دعوته بين الطبقة العاملة أثناء عطلة جامعية قضاها في عطبرة في ١٩٤٧ بعد تكوين أول نقابة لعمال السكة الحديد. رجع إلى السودان ليلتحق برفاقه الذين سبقوه في تأسيس الحركة السودانية للتحرر الوطني (حستو) والتي أصبحت فيما بعد الحزب الشيوعي

السوداني. يعتبر عبدالخالق السكرتير الثالث للحزب الشيوعي من ١٩٤٩ إلى ١٩٧١. كنائب برلماني في عام ١٩٦٨، ازدادت عقيدته في الطريق الديمقراطي للاشتراكية وكان يرى أن الطريق إلى الاشتراكية يتم بممارسة الحقوق عبر قنوات الديمقراطية البرلمانية. عارض انقلاب "ثورة مايو" في ٢٥ مايو ١٩٦٩ لعدم توافقه مع مبدأ الديمقراطية الذي ظل يدعو اليها الحزب الشيوعي رغم موافقة أغلبية اللجنة المركزية ومشاركة بعض أعضاء الحزب الشيوعي السوداني فيه. ويقال أنه عارض انقلاب حركة ١٩ يوليو ١٩٧١ التصحيحية الذي سيطر على مقاليد السلطة لفترة ثلاثة أيام قبل عودة النميري للسلطة حيث اتهم الحزب الشيوعي السوداني بتدبير الانقلاب. وتم إعدامه بصورة تراجيدية في على يد الرئيس جعفر نميري بعد فشل الانقلاب المنسوب للشيوعيين. فانتهت حياة عبدالخالق بالاعدام شنقاً بسجن كوبر في ساعات الصباح الأولى من يوم الأربعاء ٢٨ يوليو ١٩٧١م بعد محاكمة عاجلة وغامضة أعدت حكمها مسبقا وكان اعدامه صدمة كبيرة للشيوعين في كل أنحاء العالم وللأمة السودانية جمعاء.
ألف عدد الكتب وله العديد من الكتابات التي تركزت حول ايجاد صيغة سودانية للماركسية وكان يرفض الربط بين مبدأ حرية العقيدة والإلحاد نذكر منها "اصلاح الخطأ في العمل بين الجماهير"، "أفكار حول فلسفة الأخوان المسلمين" و"لمحات من تاريخ الحزب الشيوعي"("عبدالخالق محجوب: في كلمتين تلاتة" ، عبد الله علي إبراهيم سودانايل الأحد، ٢٦ سبتمبر ٢٠١٠؛ "عنف البادية"، حسن الجزولي؛ اليسار، تأملات في أفق المعرفة والشهادة: في نضال واستشهاد عبدالخالق محجوب، عادل عبد العاطي، الحوار المتمدن العدد: ١١٥٢ - ٢٠٠٥؛ عون الشريف قاسم موسوعة القبائل والأنساب، الجزء الثالث).

[٢٦] **معتقل ناقشوط**
معتقل ناقشوط يقع على قمة جبل يرتفع ٦٥٠٠ قدم، وتحيط غابة كثيفة، محاط بسور من السلك الشائك وتحرسه قوة من الجيش تابعة للقيادة الجنوبية التي يقع المعتقل ضمن منطقتها العسكرية. ونسبة لوعورة الطريق تبعد بالسيارة حوالي ثمان ساعات من توريت. إدارياً كانت ناقيشوط فيما مضى مركزاً من مراكز كبويتا حاضرة قبيلة التبويسا وكانت تتبع لمديرية

الاستوائية. ومنطقة المعتقل مشهورة بغزارة أمطارها وطقسها البارد لارتفاعها.

[27] **عزالدين علي عامر (١٩٢٤ - ١٩٩٥)**
ولد الدكتور عزالدين علي عامر في سنة ١٩٢٤ ودرس التعليم الأولي والثانوي بالسودان ثم انتقل إلى مصر حيث درس الطب وتخرج طبيبا من جامعة القاهرة وأمضى عام الإمتياز بالقصر العيني، وبعدها عاد للسودان حيث عمل طبيبا. إنضم في مصر إلى الحركة الديمقراطية للتحرر الوطني عام ١٩٤٥ وبعد عودته إلتحق بالحركة السودانية للتحرر الوطني (حستو) والتي أصبحت فيما بعد الحزب الشيوعي السوداني وانتخب عضوا باللجنة المركزية وأختير عضوا بالمكتب السياسي. انتخب سكرتيرا لاتحاد الجامعيين ويعتبر دكتور عزالدين مؤسس أول حركة لحقوق الإنسان في السودان والتي كانت تُعرف بالهيئة الشعبية الدائمة للدفاع عن الحريات وذلك في عام ١٩٥٣. إعتقلته حكومة عبود ونفته إلى ناقيشوط بجنوب السودان مع مجموعة من المعارضين حيث تطوع بالإشراف الطبى على زملائه المعتقلين معه في سجن ناقيشوط.
نزل الانتخابات بعد ثورة أكتوبر ونال ٤٤١١ صوتا ليدخل نائبا بالبرلمان عن دوائر الخريجين. تم اعتقاله بعد قرارات ١٦ نوفمبر ١٩٧٠، تم نقله تحت الحراسة للعلاج بالمستشفى وسمح له للذهاب لبريطانيا لتكملة للعلاج، وبقى ببريطانيا بعد محاولة انقلاب ١٩ يوليو١٩٧١ وسحبت حكومة نميري جوازسفره ولكنه ظل معارضا بالخارج وعمل طبيبا بمدينة ليفربول بالمملكة المتحدة حتى إنتفاضة إبريل ١٩٨٥. بعد عودته إلى السودان خاض الانتخابات ودخل البرلمان عام ١٩٨٦ أي بعد إنتفاضة إبريل وأصبح زعيما للمعارضة الديمقراطية. غادر السودان سراً بعد قيام إنقلاب الإنقاذ في يونيو ١٩٨٩ حيث رحل مرة ثانية إلى بريطانيا، وظل عضوا نشطا ضد حكومة الإنقاذ بالخارج حتى فارق الحياة على أثر نوبة قلبية يوم الإثنين التاسع العشر من يونيو ١٩٩٥.
التقى بالسيدة فيريجينا عامر عام ١٩٦٠ في الخرطوم حيث كنت تعمل وتزوجا في نوفمبر من عام ١٩٦٢ ولهما بنت اسمها حليمة نالت الدكتوراه من " امبريال كولدج " (مجلة الفجر العدد رقم ٢٥ الاربعاء ٢٩

اكتوبر١٩٩٧ ؛عزالدين علي عامر ١٥ سنة على وفاته،مكتبة الدكتور صدقي كبلو - سودانيزأونلاين).

[28] **الرشيد نايل المحامي:**

قيادي وقامة من قامات الحزب الشيوعي السوداني اشتهر في مجالات القانون والسياسة والعمل العام وكان أيضا شاعراً أثرى الساحة السودانية لأكثر من خمسين عاما. عضو اللجنة المركزية للحزب الشيوعي. اعتقل ونفي إلى ناقشوط في عهد حكومة عبود. تولى قيادة هيئة الدفاع عن الشيوعيين عبدالخالق محجوب ورفاقه فيم يعرف بقضية الشيوعية الكبرى .تقدم الصفوف معارضة حكومة نميري وتعرض للسجن والاعتقال. فاز في الانتخابات الديقراطية ودخل الجمعية التأسيسية عن دوائر الخريجين. وهب الرشيد نايل بيته كله لتقام عليه مدرسة الشيخ نائل الإبتدائية، أنشئت في العام ١٩٥٧م بجهد مشترك لبعض رجالات الجزيرة إسلانج والنوبة لتعليم لأبناء النوبة والجزيرة إسلانج. انتقل إلى رحمة الله في يناير عام ٢٠٠٣.

[29] **جوزيف اوكيلو قرنق (١٩٣٢- ١٩٧١)**

ولد بقرية صغيرة تُعرف ببلدة كيا نقو شمال مدينة واو عام ١٩٣٢ وينتمي إلى قبيلة جور. انتقل إلى رومبيك للإلتحاق بالمدرسة حيث درس المرحلة الابتدائية والمرحلة المتوسطة ثم الثانوية. التحق بجامعة الخرطوم ودرس فيها القانون وتخرج عام ١٩٥٧ . عمل بالمحاماة بكل من واو والخرطوم .إنضم إلى الحزب الشيوعى السودانى عام ١٩٥٥م عندما كان طالباً بالجامعة، وانتخب في أول مؤتمر بعد ذلك عضواً في لجنته المركزية. كان معارضاً لحكومة عبود (١٩٥٨-١٩٦٤) وكان يصدر صحيفة سرية باسم بعنوان "النصيحة" نشر فيها اراءه حول الحرب الأهلية في السودان وسبل تحقيق السلام. دخل البرلمان عام ١٩٦٧ ضمن نواب الحزب الشيوعى السودانى، شغل عدة مناصب أهمها وزير شئون الجنوب فى أول حكومة مايو، عمل رئيسً لتحرير جريدة صن رايز. ويعتقد أنّه صاغ بيان ٩ يونيو المعروف عام ١٩٦٩ حول الحكم الإقليمى لجنوب السودان. الف كتاب

أزمة المثقف الجنوبى. تم اعتقاله مع عدد كبير من أعضاء الحزب الشيوعي السوداني وتم اعدامه في محاكمة عسكرية في بتهمة محاولة إنقلاب ١٩ يوليو ١٩٧١ (ويكيبيديا، الموسوعة الحرة، أغسطس٢٠١٢؛ سودانيز أونلاين مكتبة متولى عبدالله ادريس).

[٣٠] **علي محمد إبراهيم المحامي:**
قيادي شيوعي ومحامي وعضو بارز في نقابة المحامين. درس القانون في مصر وهو شقيق فقيد شباب اليسار عمر محمد إبراهيم والذي كان أحد أعز أصدقاء عبدالخالق مجحوب. كان ضمن سجناء معتقل ناقيشوط.

[٣١] **سمير جرجس مسعود**
وهو سوداني من الأقباط السودانيين. تولى إنشاء إدارة تحرير جريدة الميدان، لسان حال الحزب الشيوعي وعمِل مندوبا للمكتب التنظيمى المركزى للحزب الشيوعي السوداني حيث جاب كثيراً من مدن السودان منظماً وداعياً لأ فكارالحزب وعُرف بالكفاءة والتدبير خفة الظل وحسن المعشر. ترك الحزب الشيوعى حيناً بعد انقلاب مايو وعاد اليه مرة أخرى إلى أن وافته المنية مساء الخميس ٢٤/٢/ ٢٠٠٥ م.

[٣٢] **مصطفي محمد صالح:**
قيادي شيوعي كان رئيسا لجنة الحزب الشيوعي بمنطقة شندي في أواخر الخمسينات وكان ضمن المجموعة التي تم نفيها إلى سجن ناقشوط في عهد حكومة عبود.
[٣٣] **أنور زاهر الساداتي:**
والده هو البكباشي زاهر سرور الساداتي والذي ساهم كضابط في قوة دفاع السودان في الحرب العالمية الثانية وقاد الجنود السودانيين في حرب فلسطين ونال أوسمة وانواط عسكرية عديدة. أيضاً كان عضوا في جمعية اللواء الأبيض ثم عضوا في حزب الأشقاء وعضوا في الحزب الاتحادي. بدأ أنور حياته العملية محاسبا ثم مدرسا بمدارس الخرطوم، وتفرغ للعمل السياسي في الحزب الشيوعي السوداني وصار عضوا في اللجنة المركزية

للحزب وحبس عدة سنوات في عهد عبود واعتقل مرات عديدة، وظل يعمل ضد الحوكمات العسكرية الي ان انتقل إلى جوار ربه في عام ١٩٩٤ .

[٣٤] **عبدالله عبيد**
وِلِد عبدالله عبيد في أم درمان عام ١٩٢٩ م درس في خلوة الشيخ مجذوب بحيّ العمدة في مدينة أمدرمان. درس المرحلة الأولى في شندي الأولية ثم المرحلة الوسطى في مدرسة شندي الوسطى وبعدها انتقل إلى مدرسة أمدرمان الأميرية الوسطى، تمّ قبوله بمدرسة وادي سيدنا الثانوية. وبعدها إلتحق للعمل بمصلحة الزراعة. استقال من مصلحة الزراعة وأصبح المسئول التنظيم بالحزب عن منطقة أمدرمان. ثم نقِل إلى عطبرة ثم عاد عبد الله عبيد من عطبرة إلى أمدرمان بعد وفاة والده لرعاية إخوته. بدأت تجربة عبد الله عبيد الصحفية منذ أن كان طالباً. بدأ الكتابة في صحيفة الميدان ثم صحيفة الصحافة ثم صحيفة الأيام والتي استقال منها ليعمل في مجال الأعمال الحرة. عند قيام ثورة الإنقاذ الوطني التحق عبدالله عبيد بصحيفة السودان الحديث فبدأ يكتب عموده (من قلب الشارع) ثم عمل عبد الله في صحيفة ألوان ثم صحيفة الرأى العام ثم صحيفة أخبار اليوم التي استقال منها. أصدر عبد الله عبيد عدة كتب منها (ذكريات وتجارب) . و(الجنوب من الحرب إلى السلم) .

[٣٥] **الجزولي سعيد**
خريج المدرسة الصناعية ونقابي عمالي يعتقد أنّه انتقل من حزب الأمة إلى الحركة اليسارية. تعود جذوره إلى مديرية دنقلا. كان مسئول الحزب في شرق السودان وكان يمتلك مكتبة في أروما. أنتقل إلى المركز بعد دخوله اللجنة المركزية حيث أصبح مسئول التنظيم في مديرية الخرطوم ومتفرغ حزبي. وكان أيضا المسؤول المالي للحزب وعُرف بالصرامة في الانفاق المالي وحسن التدبير. كان ضمن المجموعة التي تم سجنها في ناقيشوط في عهد حكومة عبود. أيضاً تعرض للسجن والاعتقال في عهد حكومة نميري. كان من أكثر كوادرالحزب ملاحقة ولكنه أمتاز بالحس الأمني العالي فاستطاع إدارة ميزابية الحزب باقتدار رغم ظروف العمل السري. عرف

بالاسم الحركي "بشير" وظل يعمل بجد إلى أن وافته المنية في يوم ٢٦ سبتمبر ٢٠٠٤م.

الجزولي سعيد

[٣٦] **سعودي دراج**

قيادي بالحزب الشيوعي السوداني وعضو الاتحاد العام لنقابات عمال السودان وعضو اللجنة المركزية للحزب الشيوعي السوداني. يسكن في ديوم بحرى حيث منزل الأسرة. ترشح في انتخابات عام ١٩٨٦ ولم يوفق في دخول الجمعية التأسيسية. له اهتمامات بالفن والمسرح وهو قيادي محبوب وسهل التعامل.

سعودي دراج

[٣٧] **الجنيد علي عمر**

تعود جذور والده علي عمر الفكي إلى منطقة الدبة بالولاية الشمالية وتعود جذور والدته والتي توفيت والجنيد مازال فى عامه الاول، إلى جنوب

السودان. عمل والده بشركة النور مع الاستعمار البريطاني في الجنوب ثم إنتقل مع أسرته الى مدينة ودمدنى. كان والد الجنيد ختمياً معروفاً حيث تقلد خلافة السيد على الميرغنى بمديرية النيل الأزرق. نشأ الجنيد في بيت ديني ظهر نبوغه مبكرا. درس بحنتوب وسافر الى مصر لدراسة القانون فى بدايات أربعينيات القرن الماضى وشارك فى تكوين الحلقات الماركسية الاولى للشيوعيين السودانيين بمصر حيث تعرض لإعتقالات متكرره هناك ورجع السودان ليواصل المسيرة في النضال بما يؤمن به. اصيب بالذهول وعزف عن الزواج ليقيم مع شقيقه الاكبر محمد سعيد بالخرطوم لزمن طويل كان شديد التعلق بوالده وشديد الحماس لأفكاره وتزامن ذلك مع ظروف العمل السري مما عرّضه لنوبات عصيّة من الاكتئاب وقد بعثه الحزب عدة مرات إلي مصحات بأوربا الاشتراكية بغير عائد. وقد نصحه الأطباء بأن علاجه يتطلب عزماً وجهداً لفترة طويلة في بيئته بين أهله وصحبه وأصدقائه. ورغم ظروف مرضه العصية، كان للجنيد دور بارز في الحركة اليسارية السودانية وترجم العديد من الكتب بنفسه أو باللاشتراك مع آخرين منها "التعليم ومشكلة العمالة في السودان" لمحمد عمر بشير بالاشتراك مع هنري رياض؛ "الماركسية والثقافة" للمفكر الإيطالي أنطونينو قرامشي؛ "الأولياء والصالحون والإسلام في السودان" ، تاليف ب . م . هولت بالاشتراك مع هنري رياض؛ "تطور التعليم في السودان، ١٨٩٨- ١٩٥٦م" تأليف محمد عمر بشير بالاشتراك مع هنري رياض وعبد الله الحسن محمد سليمان؛ "تاريخ الحركة الوطنية في السودان ١٩٠٠-١٩٦٩" لمحمد عمر بشير و"مشكلة جنوب السودان" ، لمحمد عمر بشير بالاشتراك مع هنري رياض.

الجنيد علي عمر

[38] **محمد أحمد المرضي:**
قطب إتحادي معروف تولى التجارة والصناعة والتموين والتعاون بعد ثورة اكتوبر ١٩٦٤م.

[39] **عبد الله عبد الرحمن نقد الله:**
من مواليد فبراير عام ١٩١٥م بمدينة أم درمان. تعود جذور أسرته إلى منطقة أوربي بالشمالية. درس الخلوة والابتدائي بمدينة أم درمان. ترك كلية غردون التذكارية بعد أن قاد إضراب عام ١٩٣١ في شأن مرتبات الخريجين واتجه إلى العمل بالسوق الحر وأنشأ مطبعة النيل الأزرق عام ١٩٥٢م. وكان له نشاط سياسي واسع في مدني والخرطوم حيث كان من منظمي مؤتمر التعليم العام ١٩٣٨م. وهو أيضا مؤسس تنظيم شباب الأنصار ومن مؤسسي حزب الأمة، كما أنه كان مساعد الأمين الأول، وقد قام بطواف كل المديريات لتأسيس لجان الحزب القاعدية. من القيادات الاستقلالية الذين نادوا بالاستقلال والتطور الدستوري ونادوا بالحكم الذاتي من داخل الجمعية لتشريعية. انتخب أمين عام حزب الأمة في ١٩٦٥م حتى وفاته. تقلد كثير من المناصب الوزارية أشهرها وزارة الحكومات المحلية ووزارة الداخلية. توفي في يوليو ١٩٧٩م.

عبد الله عبد الرحمن نقد الله

[40] عبد الرحمن حسن الشاذلي:
مشهور بشاخور من مواليد مدينة ام درمان حي ودنوباوي حوالى عام ١٩١٢م. يعتبر من أعيان أمدرمان وكان لاعبا معروفاً. من الرعيل الأول في فريق المريخ العاصمي ثم صار من اشهر امناء خزينة النادي، وأخيرا ترأس المريخ لفترة قصيرة في عام ١٩٧٩م. يعتبره البعض الاب الروحى للمريخ لأنه قام بتسديد قيمة الارض التى عليها الاستاد والنادي من ماله الخاص. وكان ضمن زعماء الأحزاب السياسية الذين تم نفيمهم الى ناقيشوط في ١٣ يوليو ١٩٦١ لإرسالهم برقية إلى المجلس الاعلى للقوات المسلحة (المجلس الحاكم) يدينون فيها جريمة تعذيب المناضل الشيوعي حسنين حسن بالابيض ويطالبون بتنحي الحكومة وعودة الحياة الديمقراطية.وقد اطلق سراحهم جميعًا صباح ٢٨ يناير ١٩٦٢م.

[41] محمد أحمد المرضي:
من مواليد عام ١٩٠٥. درس في كلية غردون التذكارية ـ القسم الشرعي. عمل في سلك القضاء الشرعي وهو من رواد القضاء الشرعي في السودان. وكان من قادة حزب الأشقاء ووحدة وادي النيل. اشترك في أول تشكيل وزاري لأول حكومة وطنية في يناير ١٩٥٤م وزيرا للحكومات المحلية ثم أصبح وزيرا للتجارة والتموين في عام ١٩٦٥م. كان له دور كبير في مؤتمر الخريجين وفي النضال ضد الاستعمار وفي صفوف الأشقاء والإتحاديين. وقد شغل، بعد ثورة أكتوبر، منصب الأمين العام للحزب الوطني الإتحادي.

محمد أحمد المرضي

[42] **محمود حسيب**

من أبناء جنوب كردفان و ترجع أصوله إلى النوبة الميري، أتم تعليمه الثانوي ثم التحق بالكلية الحربية السودانية، وتخرج فيها ضابطاً بالقوات المسلحة وتدرج حتي رتبة النقيب .كان ضمن المشاركين في محاولة انقلاب الرائد عبدالرحمن كبيده ١٩٥٧/٦/١٣. تم فصله من الجيش لنشاطه السياسي وتم تحديد إقامته في مدينة كتم. وارتبط اسمه بالتوثيق للانقلابات العسكرية في السودان. والمعروف عنه أنّه تولى صبيحة انقلاب الخامس والعشرين من مايو ١٩٦٩، اذاعة البيان الأول والمراسيم الدستورية من اذاعة ام درمان بنفسه وأصبح عضوا في مجلس قيادة الثورة وهو ينتمي الى التيار العروبي. أصبح وزيراً للمواصلات في حكومة جعفر نميري الأولى ثم نائب وزير الحكومات المحلية. كذلك تم تعينه محافظا لجنوب كردفان. أخيراً أنشأ شركة خاصة وأسماها (الشركة العربية للاستثمار). وقد قتل، في النصف الاول من ثمانينات القرن الماضي.

[43] **آيخمان**

وُلد ايخمان في مدينة سولينجين الألمانية. ويعتبر أحد المسئولين الكبار في الرايخ الثالث، وضابط في القوات الخاصة الألمانية. بعد سقوط النازيّة هرب آيخمان سراً إلى عدة دول إلى أن استقر في الأرجنتين متخفياً حتى العام ١٩٦٠ عندما قبض عليه عملاء الموساد ونقلوه إلى إسرائيل، حيث حوكم وأدين وشُنق في العام ١٩٦٢. ثم أحرقت جثته وألقي بالرماد في البحر الأبيض المتوسط.

[44] **التاج حمد**

الصاغ التاج حمد من مواليد حى العرب عام ١٩٣٤م، درس بالخرطوم الوسطى وخور طقت الثانوية ومدرسة الاحفاد، والكلية الحربية، التحق بعد تخرجه بسلاح الاشارة وكان مدير مكتب طلعت فريد، ونال دراسة متقدمة في الاعلام فى جامعة سركيوس بامريكا Syracuse University فى ادارة الاذاعة والتلفزيون، وتدرّب في هيئة الإذاعة البريطانية وإذاعة صوت العرب. درس أيضاً بجامعة القاهرة، وتم تعيينه مراقبا للاذاعة ويعتبرمن مؤسسي التلفزيون و المسرح القومى، وكذلك كان ايضا قائدا

بالكلية الحربية وقائد القيادة الشرقية وحامية الخرطوم ومستشار وزير الدفاع الاماراتى، وشارك في تأسيس القوات المسلحة الاماراتية، ونال نيشان الشيخ زائد .

الصاغ التاج حمد

هزاع المجالي [٤٥]

ولد هزاع بركات المجالي في محافظة الكرك بالأردن. درس القانون في دمشق ليعود ويعمل في التشريفات الملكية الأردنية. تم تعينه رئيساً لبلدية عمان ثم عين وزيراً للزراعة ووزيراً للعدل في حكومة سمير الرفاعي وفاز في الانتخابات النيابية عن منطقة الكرك مرتين الأولى عام ١٩٥١ والثانية عام ١٩٥٤ وعين خلالها وزيراً للداخلية وبعدها عين وزيراً للبلاط الملكي عام ١٩٥٨. اغتيل المجالي بانفجار ضخم في الساعة العاشرة والنصف من صباح يوم الاثنين ٢٩ أغسطس ١٩٦٠، حيث كان يستقبل في رئاسة الوزراء كل يوم اثنين من كل أسبوع جموع المواطنين لتلبية مطالبهم وحل مشاكلهم وأدى الأنفجار إلى مصرع المجالي وعدد من كبار الموظفين وبعض المواطنين. كان الملك حسين بن طلال سيزور رئاسة الوزراء قبل ساعات من الانفجار الذي يبدو أنه كان مخططا لاغتياله. يعتقد أنّ منظمات متصله بالرئيس المصري جمال عبد الناصر الذي كان انذاك يحاول جاهدا قلب نظام الحكم الأردني هي التي دبرت حادثة الاغتيال.

[46] قطب الهلال الكبير الراحل مصطفي كمال راشد كيشو

[47] **خضر نصر**

عضو اللجنة المركزية للحزب الشيوعي السوداني. ولد بنطقة المحس وتلقي تعليمه بمدينة عطبرة، درس بمدرسة جبيت الصناعية وعاد بعدها ليعمل بورشة النجارين بعطبرة وقد عمل أيضا بكل من بورتسودان والخرطوم. كان ضمن المجموعات الأولى من شباب الجبهة المعادية للاستعمار وانتظم بعدها في نشطات العمال ليتفرغ لاحقا للعمل الحزبي في صفوف الحزب الشيوعي في اوائل الستينات .أتهم بتنظيم مظاهرات داعمة لأهالي حلفا وحُكم عليه لمدة عامين بسجن كوبر في عهد حكومة عبود. تم انتخابه في عضوا باللجنة المركزية في مؤتمرالحزب الشيوعي الرابع وتم انتدابه ضمن ممثلين للحزب الشيوعي في مؤتمر الأحزاب الشيوعية العالمية في ١٩٦٨. تم اعتقاله عدة مرات في عهد مايو. بعد إطلاق سراحه من الاعتقال الأخير عام ١٩٨٢م اعتبرته قيادة الحزب من الخارجين وجردته من عضوية الحزب إثر مداهمة جهاز الأمن لبعض مواقع الحزب السرية وهذا موضوع يتطلب المزيد من البحث والتحقيق. ظل بمنزله إلى أن توفي في فبراير ١٩٨٣م.

[48] **علي محمد بشير**

عامل ونقابي بورش السكة حديد بعطبرة٠ كان عضوا بالحركة السودانية للتحرر الوطني واتحاد عمال عطبرة وقيادي عمالي. عُرف بالانضباط والصرامة في العمل وكانت له صلات قوية بالنقابي قاسم أمين. كانت له آراء مخالفة فيما يختص بتوقيت وظروف إضرابات العمال تم ابعاده ووصفه بالعمالة والإرتزاق.

[49] **محمد السيد سلام**

من مواليد ام درمان عام ١٩١٨م. التحق بإدارة النقل الميكانيكي بالخرطوم بحري حيث تسكن أسرته. نقابي متمرس ورمز قيادي عمالي ومن أوائل

الذين تحدثوا عن الفكر الشيوعي وحقوق الطبقة العاملة. أصبح أول رئيس لاتحاد نقابات السودان واتهم في يونيو ١٩٥١ بتتشجيع رجال البوليس بالخرطوم بالاستمرار في الإضراب وحوكم بالسجن لمدة عام. عندما كان رئيسا لاتحاد العمال واحد قادة الحزب الشيوعى لعب دورا سياسيا هاما كأحد القادة النقابيين الافذاذ. يبدو أنه كانت له آراء وطرق مختلفة فى إدارة العمل السياسى والنقابى لذلك تم إبعاده ووصف بالعمالة والانتهازية والخيانة.

محمد السيد سلام

[٥٠] **عثمان جسور:**

نقابي من قسم الوابورات بعطبرة. وكان له دور بارز في قيادة الحركة النقابيّة. يعتقد البعض أنه كانت له ميول للحركة الإتحادية ومن المحسوبين على تيار موسى متّي فيم ما يتعلق بالنشاط النقابي.

[٥١] **محمد عبد الحليم:**

وُلِد بالقاهرة سنة ١٩٢٧ عَمِل ضابطا بالجيش المصريّ ثم تحول إلى الجيش السوداني عام ١٩٥٨. عَمِل مسجلاً للنقابات والجمعيات ثم صار مديراً لمصلحة العمل في عام ١٩٦١. ثم عُين مديراً لبنك مصر بالسودان في الفترة ١٩٦٤-١٩٦٩. ثم عُيِّن وزير دولة في عام ١٩٦٩ ثم وزيراً للمالية في الفترة ١٩٧٠-١٩٧٢. عمل بعدها في عدة وظائف في كل من ليبيا ومصر. يعتبره البعض من أعضاء تنظيم الضباط الأحرار ومن قادة القوميين العرب بالسودان.

[52] تم تكوين اول اتحاد للمزارعين في عام ١٩٥٣م وتمت اول انتخابات في المشروع في عام ١٩٥٥ لممثلي المزارعين بطريقة سرية لإنتخاب رئيس الهيئة ونوابه ومساعديه فاز فيها الشيخ الأمين رئيسا ويوسف أحمد المصطفى سكرتيرا عاماً. قامت الحكومة بإنتهاز فرصة اعتقال قيادات الاتحاد المنتخبة لإجراء انتخابات جديدة في عام ١٩٥٧ فوقع الاختيار على الشيخ احمد بابكر الازيرق، المزارع بتفتيش درويش ليكون رئيسا للهيئة ويعتبره الكثيرون أول رئيس لـِ "إتحاد المزارعين" بعد الاستقلال.

[53] أحمد القرشي
تم اغتيال الشهيد في داخلية سوباط عندما تجمع رجال الشرطة المدججين بالسلاح أمام مبنى في داخليات البركس بجامعة الخرطوم. اختبأ العديد من الطلاب من خلف أحد الممرات . كان أحمد القرشي طالب العلوم الذي كان يعيد سنته الأولى بالكلية أحد هؤلاء الطلاب. عُرف عن القرشي أنه كان يسارياً منذ أيام دراسته الثانوية ومسئولا عن توزيع المنشورات لطلاب المدارس الثانوية. حمل القرشي حجراً وقفز من فوق الحائط القصير وركض في الجانب الآخر حتى أقترب من طرف الداخلية. حينها توقف وهتف بشيء ما وقذف بالحجر نحو الشرطة. عندها اطلقت الشرطة النار فاخترقت طلقة رأس القرشي فسقط على الارض فحمله زملاؤه الى الممر ثم الى غرفة في الداخلية وكان ينزف من مؤخرة رأسه ولكنه كان مايزال حياً فاستقر رأي رفاقه على نقله للمستشفى وفارق الحياة قبل يبلغ المستشفى. وقد تم تشييعه في موكب وطني كبير حضرته جماهير ثورة اكتوبر وقد لف جثمانه بعلم الاستقلال ونقل جثمانه من الخرطوم إلى مقابر قرية القراصة بشمال النيل الأبيض وهي مسقط رأسه وقد تم تسوير قبره بحائط من الاسمنت ملون بذات ألوان علم الاستقلال.

[54] إبراهيم زكريا
تعود جذوره إلى منطقة العفاض بالولاية الشمالية ويرجع إليه الفضل في تكوين اول رابطة اقليمية بالعاصمة لابناء منطقة العفاض بالعاصمة لخدمة المنطقة وذلك عندما جاء للعاصمة من عطبرة في حوالي منتصف

الأربعينات من القرن الماضي. تخرج إبراهيم زكريا من مدرسة الصناعات بمدينة عطبرة ثم التحق بعدها كعامل فني فى ورش السكة الحديد فى عطبرة .بدأت علاقتة بالحركة العمالية في عام ١٩٤٧ عندما قرر عمال السكك الحديدية الدخول في مواجهات ضد الإدارة الاستعمارية البريطانية في السودان من أجل الحصول على حق التنظيم في نقابة والتي أدت إلى إصدار قانون العمل في عام ١٩٤٨ م. تم اختياره ليمثل للحركة النقابية السودانية في إتحاد نقابات العمال العالمي في عام ١٩٥٧ وكذلك تقلد منصب السكرتير العام لإتحاد النقابات العمال العالمي في براغ في السبعينات، ثم أختير رئيسا للإتحاد في العام ١٩٩٠ في موسكو ، وترأس قبل أسابيع قليلة من وفاته إجتماعات الدورة ٤٩ للمجلس العام لإتحاد النقابات العالمي التي انعقدت في وارسو في أكتوبر ١٩٩٣. تزوج زكريا السيدة فاطمة النعيم التى كانت قائدة طلابية فى جامعة الخرطوم وفى عام ١٩٦٤ ولد أبنه خليل فى عام ١٩٦٥م فى الخرطوم وولدت ابنته لميس فى براغ عام ١٩٦٩م .والدته هي الحاجة آمنة محمد بلال ولإبراهيم ثلاث شقيقات هن الروضة وفاطمة وستنا، اما اشقاؤه فهم أحمد ومؤيد و محمد بالإضافة إلى أخوته غير الأشقاء .

قرشي الطيِّب

[٥٥] استشهد في موكب عطبرة الشهير في أواخر عام ١٩٤٨ والذي قاده عمال السكة الحديد الذين تجمعوا بدار النادي الأهلي للوقوف ضد قيام الجمعية التشريعية التي استحدثها المستعمر كبديل عن مطلب الاستقلال. تمت محاصرة النادي قبل أن يتحرك الموكب بقوات كبيرة من البوليس بقيادة مستر كوكس كمندان البوليس الذي طلب منهم التفرق غير أنهم رفضوا التهديد وأصروا على خروج الموكب وحدث الاصطدام بين الجانبين ليسقط خمسة من الشهداء هم: عبد العزيز إدريس وعبدالوهاب حسن مالك وفؤاد محمد سيد أحمد وحسن دياب وقرشي الطيب. ويقال أن قرشي الطيب كان يتقدم المظاهرة وهو يحمل العلم، شُيِّعوا في موكب رهيب في مقابر عطبرة الحالية وتمت تسمية أحد الشوارع الرئيسية في المدينة بشارع الشهداء وشُيِّد فيه نصب تذكاري تخليداً لذكرى استشهادهم.

[56] **موسى أحمد متّي**

كادر وقائد تيار نقابي في السكة حديد بعطبرة. قاد تيار مناوئ للشيوعيين عند إضراب عمال السكة الحديد في شهر يونيو ١٩٦١م. خلال رئاسة علي محمد بشير للنقابة وقبل أن يتم تنفيذ الإضراب في ١٧يونيو١٩٦١م تمّ اعتقال قادة النقابة وفصلهم وتعيين لجنة تمهيدية برئاسته للشروع في تكوين نقابة جديدة. استمرفي العمل النقابي في عطبرة في فترة حكومة عبود وفترة الديقراطية الثانية وفي عهد حكومة مايو

[57] يوسف عبد المجيد وأحمد شامي كانا عضويين قياديين بالحزب الشيوعي السوداني حتى اغسطس ١٩٦٤ وقد فصلا من الحزب نتيجة خلاف ايديولوجي حيث جري انقسام داخل صفوف الحزب الشيوعي السوداني. كانت مجموعة يوسف عبد المجيد وأحمد شامي تؤمن بأن السبيل الوحيد لبناء الاشتراكية في السودان هو الإهتداء بالنموذج الصيني في مواجهة الإمبريالية العالمية وقيام مجتمع العدالة الاجتماعية.وكانت ترى أن عملية التغيير يجب أن تبدأ من زراع وعمال الريف عبر الكفاح المسلح المباشر حتي تصل تدريجيا الي المدن فتخلصها من قبضة الحكومات البرجوازية وتبني مكانها النظام الأشتراكي الذي يقوم على قوام الزراع والعمال. كانت قيادة اللجنة المركزية للحزب الشيوعي الأم تعتبر عمل هذه المجموعة عملا غير ناضج وإن التجربة الصينية هي تجربة قيد الاختبار وتحمل خصائص المجتمع الصيني وليست بالضرورة تصلح في ظروف السودان. بعد الاختلاف بين المجوعة والحزب الأم حول سلاح الإضراب السياسي واحتدام الجدل وفصل أعضائها ووصمهم بالانتهازية والنهب وقطع الطرق، أسست المجموعة حزبا جديدا اطلقت عليه الحزب الشيوعي السوداني القيادة الثورية .

[58] **أحمد خير المحامي:**
ولد بقرية فداسي الحليماب بالجزيرة في عام ١٩٠٤م ودرس بالمدارس الحكومية بالأضافة إلى التعليم الديني. دخل كلية غردون التذكارية قسم المحاسبين تخرج في عام ١٩٢٥م. التحق إثر تخرجه بالخدمة المدنية محاسباً في المصالح الحكومية بالخرطوم ثم نقل إلى ود مدني. واشتهر بنشاطه بنادي الخريجين بود مدني وفي يوليو من عام ١٩٣٧م أطلق أحمد خير دعوته لتأسيس مؤتمر الخريجين حتى تم أنشاؤه في فبراير عام١٩٣٨م. التحق بمدرسة الحقوق بكلية غردون التذكارية في سبتمبر عام ١٩٣٩م ليعمل بعد تخرجه بالمحاماة. كان أتحاديا ولكنه جمد نشاطه السياسي في الحزب الوطني الإتحادي لإعتراضه على إدارة الحزب. عينته حكومة عبود وزيرًا للخارجية فظل بها وزيراً من نوفمبر ١٩٥٨م حتى أكتوبر ١٩٦٤م . كتب أحمد خير عدداً من المقالات يعتبر كتابه (كفاح جيل) واحداً من الكتب الهامة التي تناولت الحياة الفكرية والسياسية في السودان . توفي في فبراير عام١٩٩٢م.

أحمد خير المحامي

[59] **باتريس لوممبا**

ولد باتريس لوممبا عام ١٩٢٥ في منطقة ستانليفيل بشرق الكونغو، وهو ينتمي إلى قبيلة باتيليلا وهي جزء من إثنية المونغو. قاد مقاومة الاستعمار البلجيكي وقام بتأسيس الحركة الوطنية في بلاده عام ١٩٥٨. كانت له كارزيما وشخصية قيادية طاغية وحظي لوممبا بشعبية واسعة. تم اعتقاله في عهد الاستعمار البلجيكي لمدة ستة أشهر، وأفرج عنه للمشاركة في المفاوضات التي التي جرت في بروكسل لبحث مستقبل الكونغو، ونقل من السجن إلى بروكسل بالطائرة مباشرة حيث تم الاتفاق على استقلال الكونغو

وإنهاء الاستعمار البلجيكي لها١٠ خاض أول انتخابات نيابية في مايو عام ١٩٦٠ حيث حققت الحركة الوطنية بقيادة لوممبا انتصارا كبيراً وأختير أول رئيس وزراء منتخب في تاريخ الكونغو. واجهت حكومته العديد من المصاعب الخارجية والداخلية وتمردت مقطاعات في أطراف البلاد وواجهت الكنغو أزمة سياسية حادة. قرر لوممبا دعوة قوات الأمم المتحدة للتدخل لمساعدته على توحيد الكونغو وتحقيق السلام، ولكن قوات الأمم المتحدة وقفت ضده. انفض الأئتلاف الحكومي الذي ترأسه. بعد انقلاب موبوتو عام ١٩٦١تم اعتقال لوممبا في مطار إليزابثفيل ونقل ورفاقه إلى سجن بلجيكي في سيارة وأعدموا رميا بالرصاص بعد بضع ساعات على يد كتيبة إعدام يقودها ضابط بلجيكي مع أثنين من زملائه يوم ١٧ يناير عام ١٩٦١م. وتم التخلص من جثته بإذابتها في حمض الكبريتيك. ونفذ هذه المهمة ضابط بلجيكي اسمه جيرارد سويت، وقد اعترف سويت بذلك في لقاء تلفزيوني أجري معه عام ١٩٩٩، وقال إنه احتفظ باثنين من أسنان لومومبا كـ"تذكار" لسنوات عدة، ثم تخلص منهما بإلقائهما في بحر الشمال. ويعتقد البعض بتورط المخابرات البريطانية والأمريكية في تصفيته عن طريق تمويل وتأليب معارضيه عليه.

باتريس لوممبا

[60] **اللواء حسن بشير نصر:**

من مواليد حلفاية الملوك بالخرطوم بحري في ١٩١٦/٨/٢٥م، وقيل إنّه من مواليد عام ١٩١٠م. ترجع أصول والده الشيخ بشير نصر الذي كان يتولى عمودية الشايقية بحلفاية الملوك لدار الشايقية وأصول والدته إلى الجعل المناصير. نشأ في منطقة الحلفاية تلقى تعليمه الأولي بمدارس حلفاية الملوك .بدأ تعليمه الأوسط بمدينة واد مدني وأكمله بالخرطوم، ثم التحق بعد ذلك بكلية غردون وتخرج منها في ١٩٣٥م، ثم التحق بالكلية الحربية في ١٩٣٥/٦/١٦م وتخرج فيها برتبة ملازم ثاني في ١٩٣٨/١/١م ضمن طلاب الدفعة الأولى براءة الحاكم العام ليلتحق بعدها ضابطاً بسلاح الهجانة. تدرج في الرتب العسكرية حيث ترقي الي رتبة قائمقام في ١٩٥٤/١٠/١م وإلى اميرالاي في ١٩٥٦/١٠/٦م ونال خلالها شهادة الاركان حرب السودانية وتمت ترقيته الي لواء في ١٩٦٠م. عمل في سلاح الهجانة والقيادة الشرقية والقيادة الجنوبية ثم نقل الي رئاسة الجيش ليكون اركان حرب للسيد وزير الدفاع في اول وزارة سودانية، ثم شغل منصب مدير العمليات الحربية بقيادة الجيش حيث ساهم في تأسيس حامية الخرطوم وظل بها الي ان قامت حركة انقلاب عبود في ١٩٥٨/١١/١٧م وتم اختياره ليشغل منصب نائب القائد العام ووزير شئون الرئاسة لمجلس الوزراء. شارك في الحرب ضد الطليان في اريتريا (موقعة كرن) وكذلك في شمال افريقيا بطرابلس والكفرة في الحرب العالمية الثانية. يحمل نيشان الخدمة الممتازة للضباط ميدالية نجمة افريقيا.عُرِف في الأوساط العسكرية بالشجاعة والحزم وتذكره بعض مصادر التاريخ الشفاهي بمواقفه التي كانت تدعم الحسم العسكري الفوري لقضية الجنوب. ومن المعروف عنه سياساته الصارمة تجاه الجنوب وقد تم تقديمه للمحاكمة بتهمة أنه كان يريد احراق الجنوب ولكن لم تثبت عليه التهمة٠ تم من اعتقاله من أكتوبر ١٩٦٤ حتي ١٩٦٨ وابعد الي سجن زالنجي والدلنج بعد خروجه من السجن وصدور حكم المحكمة بالبراءة اتجه لمزرعة صغيرة كان يملكها بالحلفاية. يعتبر من أهم الشخصيات في تاريخ حلفاية الملوك الحديث وقد خلدت شقيقته زينب شجاعته واقدامه بواحدة من الأغاني الحماسية المعروفة بكشاف الجيوش (أسد الجبل يابعاج ـ يدخل في مكان المدفع الهرّاج).

حسن بشير نصر

[٦١] جوزيف كازافوبو

جوزيف كازافوبو، أول رئيس للكونغو بعد الاستقلال سنة ١٩٦٠م. كان عدواً لباتريس لومومبا. ولد كازافوبو في كينشاسا سنة ١٩١٣، ودرس بمدارس ومعاهد الإرساليات بالكنغو. وعمل بالتعليم ثم الخدمة المدنية لدى الإدارة البلجيكية حتى وصل إلى منصب مدني عالي. انتخب رئيسا لجمعية أباكو الثقافية في عام١٩٥٠م، وهي جماعة ثقافية تحولت تحت قيادته إلى حركة سياسية وفازت بـِ١٢ مقعدا في الانتخابات حيث اتحدت مع مجموعة لومومبا تشكيل ائتلاف حاكم ليتقلد فيه كازافوبو منصب الرئيس ولومومبا منصب رئيس الحكومة. قاد الكولونيل موبوتو سيسي سيكو انقلابا أطاح فيه بحكم كازافوبو ولومومبا. وعاد موبوتو، في ملابسات غيرواضحة، ليتنازل عن الحكم لكازافوبو. حكم كازافوبو الكونغو حتى انقلب عليه موبوتو مرة أخرى سنة ١٩٦٥، ليعتزل بعدها كازافوبو العمل السياسي إلى أن مات في ٢٤ مارس ١٩٦٩م.

جوزيف كازافوبو

[62] **انطوان جيزنجا**

تم اتهام عناصر من مخابرات الحكومة السودانية بتدبير سرقة اوراق وحقيبة انطوان جيزنجا فى مطار الخرطوم. وانطوان جيزنجا أو أنطوان قيزنقا ولد في ٥ أكتوبر سنة ١٩٢٥ هو مؤسس الحزب اللوممبي الموحد عام ١٩٦٤ ورئيس وزراء جمهورية الكونغو الديمقراطية من ٣٠ ديسمبر ٢٠٠٦ إلى ١٠ اكتوبر ٢٠٠٨. والمعروف عنه أنه خليفة لومومبا ومن أشد المتمسكين بالنهج اللوممبي. في الانتخابات البرلمانية لعام ٢٠٠٦ حصل الحزب اللوممبي على ٣٤ مقعداً من أصل٥٠٠ مقعد في البرلمان ليصبح ثالث أكبر حزب في البلاد. عينه الرئيس "جوزيف كابيلا" في حكومة الوحدة الوطنية الجديدة وهو يبلغ من العمر ٨١ عاماً رئيساً للوزراء. استقال جيزنجا من رئاسة الوزراء في ٢٥ سبتمبر ٢٠٠٨، لأسباب متعلقة بالعمر والصحة.

انطوان جيزنجا

[63] **ويكفيلد**

إداري في عهد الاستعمار كتب عدة تقارير في السياسات المالية والتمويل في عدد من المستعمرات البريطانية. في ديسمبر ١٩٥٠ ونتيجة مطالب اتحاد نقابات العمال بشأن تحسين الأجور والمرتبات، تم تكوين لجنة لمراجعة أجور العمال والموظفين (لجنة ويكفيلد وملز). أدخلت لجنة ويكفيلد نظام الدرجات المعتمدة علي المؤهلات حيث خصصت الدرجات الثالثة والرابعة والخامسة للعمال المهرة، وكذلك زادت الأجور بنسبة ٣٠٪ ،

فأصبح الحد الأدنى للأجور يعادل ٥ جنيهات و٨٠ قرشا مصريا بناء على اقتراحات اللجنة. ثم تقرر إضافة بدل غلاء معيشة يقدر سنويا ويمنح كل العامين. هذه المقترحات لم تشمل العمال بالجنوب فقد كان لهم حد أدنى للأجور أقل عن الشمال (راجع مقال تاج السر عثمان "خصوصية نشأة وتطور الطبقة العاملة السودانية: ١٩٠٠- ١٩٥٦ على صفحة الحوار المتمدن بالأنترنت)٠

[٦٤] **مبارك عثمان رحمة:**

درس بحنتوب الثانوية والتحق بالكلية الحربية الدفعة الثالثة. كان من الرعيل الذي وضع اللبنات الأولى للخدمة العسكرية في السودان وقد عمل تدرج في الخدمة العسكرية ووصل إلى درجة وزير دفاع. عرف بالمهنية في عمله. التحق اولا بسلاح الهجانة وتدرج في الرتب العسكرية حتى رتبة اللواء . عمل قائداً للقيادة الجنوبية كان نائبا لرئيس الأركان ثم وزيرا. وعمل أيضا ملحقاً عسكرياً بموسكو وسفيراً بالصين ونيجيريا. شغل عدة مناصب وزارية منها التعدين والدفاع ووزارة الدولة بالمالية.

مبارك عثمان رحمة

[٦٥] **بشير محمد علي حمد**

من مواليد القطينة عام ١٩٣٢م٠ درس بمدرسة القطينة الاولية والثانوية بمدرسة حنتوب الثانوية. التحق بالكلية الحربية عام ١٩٥٢م الدفعة الخامسة وتخرج فيها برتبة ملازم ثان.عمل بالقيادة الغربية أرسل الى الجنوب عقب

احداث أول تمرد ١٩٥٥ م ثم رجع مرة أخرى للعمل بالقيادة الغربية . أحيل المعاش عقب محاولة انقلاب كبيدة ١٩٥٩ أبان فترة حكم الفريق عبود. أعيد للخدمة العسكرية برتبة رائد عقب ثورة اكتوبر للحاق بدفعته بعد ٥ سنوات. نقل مرة أخرى للقيادة الغربية واستمر بها حتى قيام مايو عام ١٩٦٩م. نال عدة كورسات ودورات قادة فى الولايات المتحدة ودول أخرى مختلفة. عين قائدا لسلاح المدرعات وعين أيضاً رئيساً لهيئة الاركان. عين وزيراً للدفاع و قائد عاماً برتبة فريق أول فى ١٩٧٤م
أحيل للمعاش فى عام ١٩٧٦ م برتبة المشير (صفحة وزارة الدفاع الرسمية بالأنترنت).

بشير محمد علي

⁶⁶ عابدين إسماعيل المحامي

من مواليد ١٩١٥م. تخرج في القسم الهندسي بكلية غردون. سافر إلى القاهرة والتحق بجامعة القاهرة ودرس فيها وتخرج في كلية الحقوق في عام ١٩٤١م، وعاد إلى البلاد محامياً، وظل يعمل بها حتى تم اختياره في حكومة أكتوبر وزيراً للحكومات المحلية ممثلاً لجبهة الهيئات.وعمل سفيرا في عهد حكومة مايو. أيضاً تم اختياره نقيبا للمحامين لدورات كثيرة ويعتبر من ركائز النظام العدلي والمحاماة فى السودان

⁶⁷ عبدالوهاب محمد عبد الوهاب:

اشتهر بأستاذ بوب. وهم من أسرة المجاذيب الصادقاب. ولد بقرية كنور مركز بربر عام ١٩٢٧م. درس القانون في كلية غردون التذكارية وتخرج

فيها بدرجة الدبلوم عام ١٩٤٦م، حصل على درجة البكالريوس في القانون من جامعة القاهرة الفرع عام ١٩٥١م وعمل محامياً. تدرب علي يديه كبار المحامين وهو بجانب ذلك كاتب مقروء. توفي بالخرطوم في يوم ٢٧ أبريل ٢٠١٣م.

[٦٨] **عبد الوهاب عثمان أبوشكيمة:**

ولد بكريمة عام ١٩٣٣، وتخرج من جامعة القاهرة الفرع عام ١٩٥٥ وعمل بالمحاماة منذ عام ١٩٥٧م. وكان من أكثر المحامين الذين ناهضوا الأنظمة العسكرية فى السودان وعمل على استقلال القضاء. تدرب على يديه العديد من المحامين السودانيين. توفي بالخرطوم في يوم ٢١نوفمبر ٢٠٠٧م.

[٦٩] **سيد محمد حسني:**

قانوني مؤهل تأهيلا أكاديمياً عالياً. ولد في امدرمان عام ١٩٢٧، درس في جامعتي هارفارد وكورنيل. نال دكتوراه من جامعة كولومبيا بالولايات المتحدة. عمل مستشارا قانونيا في الكويت خلال الأعوام ١٩٦١-١٩٦٧. عمل مستشارا قانونيا في ليبيا خلال الأعوام ١٩٦٧-١٩٦٩م وقد كان ضمن وفد السودان في جلسة مجلس الأمن الخاصة بقبول السودان عضواً في الأمم المتحدة وعمل أستاذا للقانون بعدة جامعات أوربية. كان يتحدث الفرنسية والإنجليزية والإيطالية وله عدة مقالات منشورة بالأنجليزية والفرنسية. توفي في ١٩٩٨م.

سيد محمد حسني

[70] **الاميرلاي عبد الرحمن الفكي:**
من مدينة أم درمان، حي أب روف. شارك في عمليات الحرب العالمية الثانية في شمال أفريقيا. وهو أول قائد للقضاء العسكري بالسودان. طوّر القضاء العسكري في الجيش السوداني من حيث التنظيم والصلاحيات والتبعيته الإدارية في بداية بفترة السودنة. تم تعيينه كأول مستشار قانوني للقوات المسلحة برتبة العميد في ١١ سبتمبر ١٩٥٥م. له عدة منشورات عن القوات المسلحة وله أيضا كتاب عن السيرة الذاتية لجعفر نميري.

[71] **قاسم أمين**
من مواليد أول ينايرعام ١٩٢٦ وقيل في عام ١٩٢٤ بمدينة الخرطوم بحري. درس بمدرسة السكة الحديد (الصنائع) بمدينة عطبرة، وعمل بعدها كعامل كهرباء بالسكة الحديد بدأ الاهتمام بالعمل السياسي عام ١٩٤٦ .واشتهر كسياسي عمالي حين تم انتخابه أمينا مساعدا للسكرتير في الاجتماع التكوينى لهيئة شئون العمال فى يوم ٢٤ اغسطس ١٩٤٧ بمدينة عطبرة. لمع نجمه عندما قاد أحداث شغب عمالية في ١٩٤٧ حيث نظّم وقاد مظاهرة تحولت الى أحداث شغب يوم ١٤أبريل ١٩٤٨، حكم عليه بالسجن لمدة عامين والغرامة عشرة جنيهات خففت لاحقا الى ١٨ شهرا، فصل بعدها من الخدمة الحكومية بمجلس محاسبة يوم ٢٥ مايو ١٩٤٨. كان أيضا من اوائل المنتظمين فى الجبهة المعادية للاستعمار بمدينة عطبرة وقاد الحركة العمالية مناضلاً بشراسة حتى سمحت لهم الادارة بتكوين هيئة شئون العمال.التى اصبحت أساس العمل النقابى فى السودان. ساهم بعمق فى فكر وتكوين حزب الطبقة العاملة السودانية حتى اصبح ضابطا متفرغا للحركة العمالية وقائدا من قادتها. وله أرث ضخم في الدفاع عن حقوق العمال ومكتسباتهم. استمر في تفانيه في خدمة قضايا العمال حتى قيام انقلاب الفريق عبود عام ١٩٥٨ والذي قام بحل النقابات والأحزاب حيث بدأ مرحلة جديدة من النضال السري لاستعادة الديمقراطية. لظروف وملابسات خاصة به ابتعثه الحزب الشيوعي خارج السودان وعاد عقب نداء الحزب الشيوعي لاعضائه بالعودة للسودان بعد أحداث ١٩ يوليو١٩٧١ للمشاركة في المقاومة ضد حكومة مايو حيث تم اعتقاله من المطار وكان ذلك عام ١٩٧٤ وظل في السجن لفترة طويلة وتكرر اعتقاله

وإهماله في السجن فأصيب بالشلل وتدهورت حالة الصحية مما دفع السلطة لإطلاق سراحه وأرسل للخارج للعلاج وفعلا سافر الى المجر للعلاج ولكن لم يمر وقت طويل حتى نعى الناعى للشعب السودانى أحد أميز قادة العمل النقابي في السودان.استقبل جثمانه في مطار الخرطوم حشد كبير وقد تم تشيعه الى مقابر الخرطوم بحري. وكان ذلك في العام ١٩٨٠.

[٧٢] تقع مدينة لايبزج في شرق ألمانيا، في منطقة منخفضة في الجزء الشمالي الغربي من ولاية سكسونيا. انعقد فيها مؤتمر اتحاد نقابات العمال العالمي في الفترة ٤-١٥ أكتوبر عام ١٩٥٧حيث تم إجازة الدستور وانتخاب لجان الإتحاد.

[٧٣] **الاميرالاي محي الدين أحمد عبدالله ود سعد**
وُلِد في شندي عام ١٩١٧. والده اليوزباشي أحمد عبدالله كان مأموراً حربياً في منطقة النهود حتى وفاته عام ١٩٢٣ وبعدها عاد محي الدين إلى بربر حيث التحق بالمدرسة الابتدائية عام ١٩٢٨. وتخرج من قسم الهندسة بكلية غردون عام ١٩٣٥ والتحق بالمدرسة الحربية في نفس العام وتخرج فيها ملازما. ثم تدرج في الرتب العسكرية حتى رتبة الاميرالاي. عمل بالقيادة الغربية بالفاشر وشارك في الحرب العالمية الثانية في ليبيا وتلقى تدريبا عاليا في مدرسة الجيش الإنجليزي في الألغام والمفرقعات عاد إلى السودان عام١٩٤٣ ونُقِل إلى كرن حتى عام ١٩٤٨ ثم رجع إلى فرقة المهندسين.
بُعِث إلى لندن عام١٩٥١ أحرز دبلوم المهندسين الملكيين. وفي عام ١٩٥٦ نال شهادة الإركان حرب والقيادة من معهد القاهرة. قاد انقلابا عسكريا على نظام عبود ثم اشترك في السلطة وعّين وزيرا للمواصلات. وفي سبتمبر ١٩٥٩م قام مع الاميرالاي عبد الرحيم شنان بمحاولة إنقلابية ثانية فشلت وأدت إلى محاكمات شملت السجن المؤبد لكل منهما وحكم عليه بالسجن المؤبد في سجن النهود. وبعد خروجه من السجن بفضل ثورة اكتوبر ١٩٦٤م ترشح في انتخابات ١٩٦٥عام بدائرة مركز شندي وفاز فيها نائبا عن الحزب الوطني الاتحادي.

[74] كان عبداللطيف محمد بشير كمرات المسئول السياسى للحزب الشيوعى بمنطقة البحر الاحمر وكان كادراً سرياً يقيم بمدينة بورتسودان بإسم "صالح". وعرف بطول البال والكتمان والمقدرة على التخفي وبذلك استطاع تفادي الوشاة ولم يتمكن البوليس السري من القبض عليه.

[75] الحاج عبدالرحمن (عطبرة): التحق بالعمل السياسي منذ أن كان طالباً بمدرسة الصنائع بعطبرة ثم عاملاً بالسكة الحديد. تم سجنه بعطبرة، كوبر، الرنك وجوبا، ملكال وناقشوط. فاز في الانتخابات العامة للعام ١٩٦٨ باسم قوى العاملين عن دائرة عطبرة. وقيل أنه كان يذهب إلى البرلمان في زي العمال وهو شاعر وله قصائد مشهورة وكتاب منشور عن الحركة العمالية.

[76] نشأ تنظيم الضباط الأحرار من مجموعة صغيرة من ضباط الجيش السوداني، (قوة دفاع السودان)، متأثرة بالثورة المصرية ١٩٥٢م، وكان في قيادة هذه المجوعة العسكرية اليوزباشي يعقوب إسماعيل كبيدة واليوزباشي محمود حسيب، واليوزباشي محمد عيسى فضل الله وعبد الله الهادي والاميرالاي عبد اللطيف الضو والاميرالاي أحمد أبوبكر، وأخيراً اللواء محمد الباقر أحمد، الصاغ الطيب المرضي، واليوزباشية تاج السر مصطفى، وحسن إدريس، ومحمد جلال الدين عبد الرحمن، وأحمد أبو الدهب، ومحمد خير سعيد، وعبد الحليم محمد خير شنان، وجعفر نميري، وعبد البديع علي كرار، عبد الرحمن إسماعيل كبيدة، وعلي حامد، وعباس أبو نورة، اليوزباشي محمد عبد المجيد الشايقي، واللواء عوض أحمد خليفة، والعميد محمد خير محمد سعيد، محجوب بابكر سوار الدهب، العقيد عبد الله الطاهر بكر وبعض المتعاطفين معهم مثل اللواء أحمد الشريف والأميرلاي عمر الحاج موسى .(الشيخ مصطفى علي، صحيفة آخر لحظة الجمعة، ٤ يونيو ٢٠١٠).

[77] **السير جيمس ويلسون روبرتسون** (٢٧ أكتوبر ١٨٩٩- ٣سبتمبر١٩٨٣)
إداري بريطاني عمل في عهد الاستعمار في السودان تلقى تعليمه في في ادنبره وباليول بجامعة اوكسفورد. عمل بالخدمة في السودان في الفترة

١٩٢٢-١٩٥٣، وخدم في مديريات النيل الأزرق والنيل الأبيض وكردفان وشغل أخيراً منصب السكرتير الإداري في الفترة ١٩٤٥-١٩٥٣. انتقل من السودان إلى ليعمل في نيجيريا كحاكم عام لنيجيريا من ١٥ يونيو ١٩٥٥ إلى ١٦ نوفمبر ١٩٦٠ م. وهو مؤلف كتاب "مذكرات: أفريقيا في المرحلة الانتقال من الحكم المباشر إلى الاستقلال"، التي نشرتها دارهيرست، لندن، في عام ١٩٧٤م.

جيمس ويلسون روبرتسون

[٧٨] **احمد مجذوب البحاري:**
ولد بالمناقل مديرية النيل الازرق واكمل تعليمه الاوسط بعطبرة والتحق بالكلية الحربية وتخرج فيها برتبة الملازم ثاني في يناير١٩٣٩م. تدرج في وظائف الخدمة العسكرية الي ان ترقى الي رتبة القائمام في أكتوبر ١٩٥٤م وإلى الاميرلاي في مايو١٩٥٧م وإلى رتبة اللواء في ١٩٦٢م عمل في القيادة الغربية ثم ثم انتقل إلى سلاح المدفعية واستمر حتي تعيينه قائداً لسلاح المدفعية عطبرة. تم اختياره عضواً بالمجلس الاعلي للقوات المسلحة ثم عين وزيراً في كل من وزارة المواصلات والداخلية. اشترك في حملة اريتريا وشهد موقعة كرن ونال فيها ميدالية الخدمات الممتازة. وفي عام ١٩٥٠م اوفد الي انجلترا في بعثة تدريبية ونال درجات عالية في الفنون العسكرية، كما نال شهادة الاركان حرب السودانية. يحمل نيشان الخدمة الطويلة الممتازة للضباط، ميدالية الخدمة الممتازة، ميدالية ٣٩/١٩٤٥م، ميدالية نجمة افريقيا، ميدالية الدفاع، ميدالية الحرب، وكذلك ميدالية خدمة السودان العامة (موقع وزارة الدفاع السودانية على الانترنت)

[79] دخل الاتحاد العام للنقابات مواجهات ضد الاستعمار وقرر الدخول في اضراب عام ١٩٥٢ وهو الاضراب العام الذي اشتهر فى تاريخ الحركة النقابية باضراب الحريات وذلك لأن الاضراب كان قائماً اساساً ضد اصدار قانون الطوارئ وقانون النشاط الهدام المعوق للعمل النقابى.

[80] **بابكر كرار:**
بدأ حياته السياسية بالحركة السودانية للتحرر الوطني (حستو) ولكن كانت له آراء فيم يتعلق بدراسات المادية التاريخية والجدلية ونظرة الماركسية للدين، فذهب الي تأسيس ما أسماه بالحركة الاسلامية للتحرر الوطني بدلا عن الحركة السودانية للتحرر الوطني (حستو). وصار من دعاة الاستراكية الاسلامية. انخرط بعد ذلك في تيار القومية العربيّة. هاجر إلى ليبيا لدعم المعارضة السودانية فى مواجهة نظام الرئيس نميرى، لكنه عارض الغزو العسكري عام ١٩٧٦ بقيادة الجبهة الوطنية. ترك ليبيا وغادر الى القاهرة ثم عائدا للسودان، ليمضى بقية ايامه مع اسرته بالسودان.

[81] **حسن محمد أبو جبل**

حسن ابو جبل يعتبر اول سكرتير لحزب الوطن الاتحادي ومن الرموز السياسية والوطنية الكبيرة. كان مساعدا لحسن الطاهر زروق الرمز الشيوعي المعروف ويعتبر واحد من الذين شكلوا بدايات الحركة اليسارية في السودان. لمع نجمه كأحد المؤسسين اليسارين في حزب الأشقاء وهو شقيق الكادر الشيوعي المعروف جعفر ابوجبل.

[82] المهندس / أبوبكر على رضا مدير عام السكة الحديد في الفترة ١٩٦٢/١٠/٧م - ١٩٦٦/٩/١٤

[83] العمدة سرور السافلاوي من المحس الرزيقلاب من رجالات الأدارة الأهلية المعروفين كان يقيم في الداخلة في عطبرة وله محكمة مشهورة.

[84] هو والد الدكتور محمد إبراهيم الشوش الكاتب المعروف.

[85] الدكتور إدريس البنا وهو سليل عائلة البنا المعروفة بحي أب روف بأمدرمان وعضو مجلس رأس الدولة أيام الديمقراطية وسياسي وشاعر وأديب معروف. درس بعض تخصصاته في أوربا والولايات المتحدة، واشتهر عنه أنه ترجم الى العربية أجزاء من شعر شكسبير وكذلك ترجم بعض أغاني الحقيبة والمديح والذكر إلى اللغة الأنجليزية. التحق بالعمل في مصلحة الاستعلامات وكان سكرتيراً للجنة النصوص بالإذاعة وقد شغل مناصب مرموقة في الخدمة المدنية. ونشر عدة كتب منها "لمحات من تاريخ ممالك كوش" وله اسهامات في التشكيل والفنون والترجمة.

[86] **الأمين محمد الأمين،**
من مواليد قرية معيجينة بالجزيرة وهو أول رئيس لاتحاد مزاعي الجزيرة وأول وزير يتم اختياره وزيراً للصحة في حكومة أكتوبر ١٩٦٤م (حكومة سر الختم الخليفة) وذلك لقيادته نضال المزارعين وقيادة إتحادهم في فترة حكومة عبود. لمع نجمه عندما قاد حركة المزارعين في الاضراب الشهير عن زراعة القطن والنضال ضد الشركة الزراعية عام ١٩٤٦م. في العام ١٩٥٥ قامت اول إنتخابات للمزارعين فاز فيها كل مرشحي حركة المزارعين الثورية وتم اختياره رئيسا للجنة الاتحاد ولكن لم تستمر هذه اللجنة عاما واحدا بسبب اعتقالات اعضاء اللجنة حيث حاولت الحكومة تكوين اتحاد موال لها لينفجر الموقف ويتزامن ذلك مع أحداث عنبر جودة لتنتقل معركة المزراعين ضد الحكومة إلى الميادين بالخرطوم.

[87] **احمد بابكر الازيرق**
من قرية ود النعيم بالجزيرة. كان رئيسا لاتحاد مزراعي الجزيرة. في عام ١٩٥٧ قامت الحكومة بانتهاز فرصة اعتقال قيادات المزارعين والمكتب التنفيذي إي اللجنة المنتخبة برئاسة الأمين محمد الأمين لتعلن عن قيام انتخابات لاختيار قيادة اتحاد جديدة وذلك بحضور السيد الصديق المهدي واسماعيل الازهري ليفوز فيها السيد أحمد بابكر الازيرق (اتحادي) رئيسا واحمد علي الحاج سكرتيرا.

[88] **محمد عبدالله الوالي:** وهو والد رجل الأعمال المعروف جمال الوالي. ولد بقرية فداسي الحليماب بالجزيرة نحو سنة ١٩١٦م حيث تلقى تعليمه الأولي ودرس القرآن. التحق بالعمل بالمدارس الأولية والمعاهد الدينية ثم أبدى اهتماما بقضايا المزارعين فكتب بعض المقالات دفاعا عن قضاياهم. دخل العمل في تنظيمات المزارعين في الخمسينات. عمل سكرتيرا لاتحاد مزارعي الجزيرة والمناقل. مثل المزارعين في مجالس الشعب القومية: الأول والثاني والثالث والرابع. أيضاً مثل المزارعين في مجلس إدارة مشروع الجزيرة وفي مجلس إدارة البنك الزراعي. عين عضوا بمجلس جامعة أم درمان الإسلامية وعضوا بمجلس جامعة الخرطوم.

[89] **فاروق محمد محمد كدودة:**

كدودة بضم الكاف في النوبية تعني صغيرون. ولد في عبري والده كان شيخ الطريقة التيجانية وقاضي الشرع بالمنطقة. درس المرحلة الأولية متنقلاً بين مدرستي عبري ودلقو والمرحلة الوسطى في حلفا الأهلية ثم خورطقت الثانوية بالأبيض. التحق بالجبهة الديمقراطية بالمدرسة الثانوية وكان عضواً في إتحاد الطلاب. التحق بكلية القانون جامعة الخرطوم وفي السنة الثانية كان عضواً بلجنة الإتحاد وبعدها اصبح رئيساً للإتحاد. تم فصله من الجامعة وهو في نهاية السنة الثالثة بالكلية لنشاطه السياسي وصدر قرار باعتقاله. بعد قرار فصله من جامعة الخرطوم التحق بجامعة موسكو لدراسة الإقتصاد الدولي. حاول اكمال دراسة القانون الدولي بجامعة كمبردج ولكن محاولاته لم تنجح. عاد إلى السودان وعمل بوزراة المالية والتخطيط إلى أن تم بفصله من الوزارة بعد أحداث يوليو ١٩٧١م. قرر السفر للإتحاد السوفيتي مرة ثانية لدراسة الدكتوراة. وعاد للبلاد عقب نيله شهادة الدكتوراة في عام ١٩٨٠ م وعمل استاذاً بجامعة جوبا. يعتبر من مؤسسي جامعة ام درمان الأهلية وعمل منسقاً لكلية الإقتصاد والعلوم الإدارية وعميدها لعشر سنوات. غيبه الموت بالعاصمة البريطانية لندن يوم٢٦ ديسمبر ٢٠٠٧ بعد معاناة طويلة مع المرض.

[90] في عام١٩٦١م نشب خلافا حاد في الكونغو حول المطالبة بانفصال إقليم كاتانغا الغني بالمعادن كاليورانيوم والنحاس وغيرها، وكانت بلجيكا وبريطانيا والولايات المتحدة لها مصالح في السيطرة على تلك المعادن ولذا كانت تدعم الحركة الانفصالية بقيادة مويز تشومبي، بينما كان هامرشولد الأمين العام للأمم المتحدة يدعم السلطة المركزية المتمثلة في حكومة باتريس لوممبا المدعوم من الاتحاد السوفياتي، وبعد اغتيال لوممبا ظل الأمين العام للأمم المتحدة يدعم رئيس الوزراء سيريل أدولا. وكانت الطائرة التى تقل هامرشولد عام ١٩٦١ قد سقطت في زامبيا، عندما كانت متوجهة إلى الكونغو في مهمة وساطة لإحلال السلام ومنع حرب أهلية في الكونغو. وتم اتهام المخابرات الغربية باسقاط الطائرة.

[91] لم تستطع المحاكم النظر في قضية قتيل المقرن المشهورة التي اشتبه الناس في أن القاتل شخصية كبيرة في الحكومة. وقد تم سحب القضية من أمام المحكمة بعد أن أعدت نقابة المحامين عدتها لتمثل الاتهام وسكت رئيس القضاء على ذلك. وقد اعتبرالكثيرون سحب أوراق القضية من أمام المحكمة إهانة ومنقصة لهيبة ونزاهة القضاء.

[92] **مبارك بابكر زروق:**

من مواليد مدينة أم درمان عام ١٩١٤م وقيل عام ١٩١٥ م. وهو من عائلة أمدرمانية كبيرة. ويعتبر من قيادات حزب الأشقاء ومن مؤسسي الحزب

الوطني الاتحادي. درس المرحلة الأولية والوسطى بمدينة أم درمان، ثم التحق بقسم المحاسبة بكلية غردون وعمل بالسكة الحديد. التحق بعد ذلك بمدرسة الحقوق بكلية غردون ونال شهادة فى القانون عام ١٩٣٩م ليزاول بعدها مهنة المحاماة. ويعتبر من أوائل المحامين والسياسيين السودانيين. انتخب في عام ١٩٥٣م عضوا في مجلس النواب عن دوائر الخريجين وعين وزيرا للمواصلات وزعيما لمجلس النواب في أول حكومة سودانية. وبعد الاستقلال عين أول وزير للخارجية. كان عضوا في برلمان ١٩٥٨م عن دائرة ريفي الخرطوم حيث صار زعيما للمعارضة في مجلس النواب. اعتقل في يوليو ١٩٦١م ونفي إلى ناقشوط مع عدد كبير من قادة المعارضة إلى أن أفرج عنه في يناير ١٩٦٢م. بعد ثورة أكتوبر ١٩٦٤م عين وزيرا للمالية في الحكومة الانتقالية. توفي بشكل مفاجئ اثناء جلسة لمجلس الوزراء في يوم الاثنين الخامس من ابريل عام ١٩٦٥م.

مبارك بابكر زروق

٩٣ عبد الماجد أبو حسبو

من مواليد مدينة الخرطوم ١٩١٩م، تلقى تعليمه بالخرطوم والتحق بكلية غردون التذكارية. في عام ١٩٣٦م هاجر إلى مصر بحثاً عن التعليم العالي والتحق بجامعة الملك فؤاد الأول بقسم الحقوق (جامعة القاهرة)، وتخرج فيها ليعمل بالمحاماة فترة، ثم تفرغ للعمل السياسي. عيّن وزيرا للأشغال في حكومة المحجوب في ١٩٦٧م. وكذلك عيّن وزير الثقافة والإعلام من ١٩٦٨م حتى مايو ١٩٦٩م. بدأ حياته السياسية يسارياً قيادياً في الحركة

الديموقراطية للتحرر الوطني (حدتو)، وقبل عودته الى السودان هجر أبو حسبو الحركة الشيوعية وانضم لحركة الاتحاديين السودانيين وذلك في العام ١٩٤٧م. وعمل رئيساً لتحرير صحيفة (العلم)، ثم أصدر صحيفة (النداء)- ناطقة باسم الحزب الوطني الاتحادي وله كتاب مشهور بعنوان "مذكرات عبد الماجد أبو حسبو". انتقل إلى جوار ربه بعد أيام قلائل من انتفاضة أبريل عام ١٩٨٥م.

عبد الماجد أبو حسبو

[٩٤] **معتصم عبد الله مالك**

محامي يساري من مدينة الأبيض وسليل أسرة يسارية معروفة فهو الشقيق الأكبر لميرغني عبد الله مالك أو ميرغني شايب وتميز بسعة الاطلاع والأهتمام بقضايا الثقافة وهو احد ابرز القانونيين اليساريين في فترة ستينيات القرن الماضى.

[٩٥] **الرشيد الطاهر بكر:**

من مواليد كركوج بالنيل الأزرق عام ١٩٣٠م. تخرج في كلية القانون بجامعة الخرطوم عام ١٩٥٢م وكان من قادة الحركة الإسلامية بالجامعة. انضم لاحقا إلى الحزب الوطني الاتحادي وعمل محامياً بالخرطوم. شارك في انقلاب علي حامد ١٩٥٩م وسجن لمدة خمس سنوات. تم اختياره وزيراً للثروة الحيوانية عام ١٩٦٥م في حكومة أكتوبر الانتقالية. شارك في حكومة مايو وعُين سفيراً للسودان في ليبيا في عام ١٩٧٢م ثم عضواً بالمكتب السياسي وأمين للجنة المزارعين بالاتحاد الاشتراكي السوداني في

١٩٧٣-١٩٧٥م. وكذلك عيّن رئيسا لمجلسي الشعب القومي الثاني (١٩٧٤-١٩٧٧م) والرابع (١٩٨٠-١٩٨١م). أيضاً عين نائباً لرئيس الجمهورية ثم رئيساً للوزراء في سبتمبر ١٩٧٦م حتى ١٩٧٧م. توفي بالقاهرة في ٢١ يوليو ١٩٨٨م .

الرشيد الطاهر بكر

[٩٦] **عثمان خالد مضوي:**

درس بوادي سيدنا الثانوية وجامعة الخرطوم قيادي اسلامي معروف عرف كأحد المناضلين ضد نظام نميري .فاز على السيدة فاطمة أحمد ابراهيم ودخل الجمعية التأسيسية نائباً عن دائرة بري في انتخابات عام ١٩٨٦م. كما عرف ايضا باختلافه مع حكومة الأنقاذ منذ وقت مبكر في مبدأ الشورى.

[٩٧] **علي محمود حسنين:**

قانوني وسياسي سوداني معروف. اشتهر بمواقفه الثابته ضد كل الانظمة الشمولية في السودان. درس الاولية في أرقو والوسطي في القولد والثانوية في وادي سيدنا. تخرج في كلية القانون بجامعة الخرطوم. عندما كان طالبا بالجامعة تم انتخابه رئيسا لاتحاد طلاب جامعة الخرطوم في دورتين. نال الماجستير في القانون من جامعة نورث وسترن بالولايات المتحدة الامريكية. عمل قاض في الفترة ١٩٦٠ – ١٩٦٢م. ويعمل محاميا منذ

١٩٦٣ حتى الان. بعد الدراسة أصبح عضواً بالهيئة البرلمانية للحزب الاتحادي الديمقراطي وعضو الجمعية التأسيسية المنتخب عن دائرة دنقلا عام ١٩٦٨م. أُنتخب في عام ١٩٩٢ رئيساً للمكتب التنفيذي للحزب الاتحادي الديمقراطي وفي عام ٢٠٠٤ وأُنتخب نائباً لرئيس الحزب الاتحادي الديمقراطي. دخل البرلمان عضواً عن التجمع الوطني الديمقراطي (٢٠٠٥ – ٢٠٠٦). من مؤسسي الجبهة الوطنية العريضة وانتخبه المؤتمر العام للجبهة الوطنية العريضة رئيساً للجبهة في عام٢٠١٠م.

علي محمود حسنين

[98] **عبد الرحمن النور إبراهيم:**
قاض مشهور من أحفاد النور الجريفاوي الذي كان من كبار قادة الثورة المهدية. أتم دراسته بكلية غردون وعمل بالسلك الكتابي، ثم التحق بمدرسة القانون وبعدها بسلك القضاء. وترقى حتى وصل إلى درجة رئيس إدارة المحاكم. أصبح وزيراً للثقافة والإعلام في عام ١٩٦٥م.

[99] **بابكر عوض الله:**
من مواليد القطينة بولاية النيل الأبيض عام ١٩١٧م وهو من اصول مصريّة. تخرج في مدرسة الحقوق بكلية غردون التذكارية ١٩٤٠م. حصل لى ماجستير في القانون وعمل رئيساً لمجلس النواب في ١٩٥٤م وتولى

رئاسة المحكمة العليا ومنصب رئيس القضاء في الفترة ١٩٦٥م -١٩٦٩م ، عُيِّن رئيسا للوزراء إبان حكومة مايو في الفترة من ٢٥ مايو ١٩٦٩ م وحتى أكتوبر ١٩٧٠م. عُيِّن وزيرا للعدل ١٩٧١م - ١٩٧٢م. اعتزل العمل السياسي وعاش بمصر.

[١٠٠] **عبد المجيد إمام:**
نائب رئيس القضاء وقاضي محكمة عليا ومعروف عنه أنه أصدر تعليمات عسكرية للضابط ورجال الشرطة الذين حاصروا مبنى السلطة القضائية بالإنسحاب، باعتبار أن السلطة التشريعية الأعلى رتبة من البوليس، فما كان من قائد القوة إلا أن ينسحب، ولكن بسرعة جاءت قوة من الجيش وحاصرت القضائية بنفس الطريقة. وبعدها قرر القضاة إعلان الإضراب وتم تعيينه بعد أن كان قاضيا في المحكمة العليا كوزير للعدل في عهد حكومة مايو في عام ١٩٧٥م.

[١٠١] د. بشارة إبراهيم بشارة قاضي محكمة الاستئناف العليا.

علي محمد خير:
[١٠٢] الدكتور علي محمد خير وهو علي محمد خير محمد محمد خير أستاذ العلوم بجامعة الخرطوم تعود أصوله إلى قرية سالي بالمديرية الشمالية، حصل على درجة الدبلوم من جامعة الخرطوم وعلى البكالريوس من جامعة ويلز والدكتوراه من جامعة لايدن. حاضر بجامعتي الخرطوم والجزائر. تولى عمادة كلية العلوم بجامعة الخرطوم.

[١٠٣] **طه أحمد بعشر:**
من مواليد مدينة سنكات بشرق السودان في عام ١٩٢٣م. تخرج في جامعة الخرطوم كلية الجراحة والطب عام١٩٥٠م. صار اخصائي في الطب النفسي عام ١٩٥٦م وأصبح كبير اخصائي الطب النفسي عام ١٩٥٧م .عُيّن وزير للعمل عام ١٩٦٩م وحتى ١٩٧٠م ثم وزيراً للصحة عام ١٩٧٠م وحتى ١٩٧١م. عمل مستشارا للصحة النفسية في منظمة الصحة العالمية ومكتبها الاقليمي في منطقة الشرق الاوسط فى الفترة من ١٩٧٢-

١٩٨٥م. توفي يوم الإثنين ١٦ يونيو ٢٠٠٨ بسويسرا بعد صراع مع المرض.

محمد نصر عثمان:[١٠٤]
ولد بسواكن بمديرية البحر الاحمر في اكتوبر ١٩١٥م اكمل تعليمه الاولي والاوسط ببورتسودان. التحق بكلية غردون وتخرج فيها في عام١٩٣٥م، ثم التحق بالكلية الحربية وتخرج فيها برتبة ملازم ثاني في عام١٩٣٩م. بعد تخرجه تم نقله للقيادة الشرقية وعمل بها حتي ١٩٤٨م ثم نقل لمدرسة المشاة. وفي ١٩٥٠م اعيد نقله للقيادة الشرقية وظل بها حتي ١٩٥٤م حيث نقل للقيادة الجنوبية وفي ١٩٥٦م نقل للقيادة الغربية حيث تولي منصب قائد ثاني للقيادة. ثم نقل لرئاسة الجيش مديرا للعمليات الحربية، وظل بها الي ان تم اختياره عضواً بالمجلس الاعلي للقوات المسلحة في ١٩٥٨م. وفي مارس ١٩٥٩م اعيد إلى رئاسة الجيش كمدير للعمليات الحربية. وفي العام ١٩٦٢م اختير وزيراً للاستعلامات والعمل حتي ثورة اكتوبر ١٩٦٤م .
اشترك في حرب الجنوب البلاد في١٩٥٥م كما اشترك في حملة شرق افريقيا باريتريا وكرن وفي شمال افريقيا بالكفره وطرابلس في ليبيا كما اشترك في موقعة كسلا . اوفد الي انجلترا في ١٩٤٩م وحصل علي درجات عالية في الفنون العسكرية كما نال درجة الاركان حرب السودانية ليحمل نيشان الصليب الحربي ونيشان الخدمة الممتازة للضباط وميدالية نجمة افريقيا وميدالية الخدمات العامة للسودان وميدالية الذكرى الحسنة وميدالية الدفاع وميدالية الحرب.

محمد نصر عثمان

حسين علي كرار:[١٠٥]
من مواليد الأبيض عام ١٩٢١م. التحق بالكلية الحربية بعد أن أكمل تعليمه وتخرج فيها برتبة ملازم ثاني في ١٩٤٢م. تدرج في الرتب العسكرية إلى

أن ترقى إلى رتبة القائمقام في ١٩٥٧م.عمل بسلاح خدمة الجيش عند بدء تخرجه ثم في مختلف قيادات المشاة الأخرى. درس التكتيك العسكري ثم الفنون العسكرية بانجلترا ونال درجة الامتياز. التحق بكلية أركان حرب المصرية وتخرج فيها ونال درجة الأركان حرب. عمل أستاذا للتكتيك بالكلية الحربية ثم قائدا لجناح التكتيك بمدرسة المشاة للجيش السوداني وكذلك عمل ضابط أركان حرب في فرع العمليات الحربية في رئاسة الجيش. أسندت إليه قيادة سلاح المدرعات واختير عضوا بالمجلس الأعلى للقوات المسلحة في عام١٩٥٨ م. عاد إلى الخدمة في الجيش في مارس ١٩٥٩م وأصبح الحاكم العسكري لمديرية النيل الأزرق حتى ثورة اكتوبر ١٩٦٤م. يحمل ميدالية نجمة افريقيا وميدالية الدفاع وميدالية الحرب وميدالية الخدمة العامة للسودان وميدالية الخدمة الطويلة الممتازة للضباط.

محمد أحمد الخواض: [١٠٦]

من مواليد كبوشية بمركز شندي عام ١٩١٦م. أكمل تعليمه الأولي والأوسط في أم درمان ثم التحق بكلية غردون ١٩٣٢م.التحق بالكلية الحربية كطالب حربي وفي عام١٩٣٩م وتخرج فيها برتبة ملازم ثاني. تدرج في الوظائف العسكرية إلى أن ترقى إلى رتبة القائمقام في ١٩٥٤م ثم إلى رتبة الاميرالاي في ١٩٥٨م وإلى رتبة اللواء في ١٩٦١م. خدم في سلاح السواري بشندي وظل يعمل به تسع سنوات ثم بالقيادة الغربية ثم بالشرقية ومدرسة المشاة ورئاسة الجيش والقيادة الجنوبية. اوفد في بعثة تدريبية لانجلترا في عام ١٩٥٠م وحصل على شهادة الأركان حرب السودانية.
عمل كمدير لسلاح أسلحة الجيش ثم نقل إلى مدرسة المشاة قائدا لها وإلى الكلية الحربية وظل بها حتى اختير عضوا بالمجلس الأعلى للقوات المسلحة في عام١٩٥٨م. اختير كقائد عام للجيش السوداني برتبة فريق في ديسمبر ١٩٦٤م. يحمل نيشان الخدمة الطويلة الممتازة للضباط وميدالية الذكرى الحسنة وميدالية خدمة السودان العامة.

[107] **المقبول الامين الحاج :**
ولد في الخرطوم في ١٩٢٠م التحق بكلية غردون وبعدها التحق بالكلية الحربية وتخرج برتبة الملازم ثاني في سبتمبر ١٩٤١م وتدرج في الرتب العسكرية الي ان ترقي الي قائمقام في اكتوبر ١٩٥٦م فاميرلاي في عام ١٩٥٨م. بعد تخرجه في الكلية الحربية نقل للقيادة الوسطي، ثم نقل الي الرئاسة في ١٩٤٦م. وفي ١٩٤٩م نقل الي القيادة الغربية ثم الي مدرسة المشاة في ١٩٥٢م. وفي عام ١٩٥٨م نقل للقيادة الوسطي حتي عين بالمجلس الاعلي للقوات المسلحة في ١٩٥٩م . شارك في الحملة علي اريتريا وشمال افريقيا اثناء الحرب العالمية الثانية تخرج في كلية الاركان حرب البريطانية نال ميدالية نجمة افريقيا وميدالية الدفاع وميدالية الحرب.

المقبول الامين الحاج

[108] البكباشي حسن إدريس، الدفعة الثانية بالكلية الحربية، حوكم بالسجن المؤبد.

[109] المقصود البكباشي على حامد واليوزباشي صادق محمد حسن، صدرت الاحكام باعدامهما مع قادة الانقلاب الآخرين وهم اليوزباشى عبد الحميد عبد الماجد، البكباشى يعقوب كبيدة، الصاغ عبد البديع علي كرار.

[110] نوري باشا السعيد (١٨٨٨ ـ ١٩٥٨)، سياسي عراقي شغل منصب رئاسة الوزراء في المملكة العراقية. ولد في بغداد وتخرج من الأكاديمية العسكرية التركية في إسطنبول، خدم في الجيش العثماني ساهم في تأسيس المملكة العراقية والجيش العراقي. في الرابع عشر من فبراير عام ١٩٤٩ قام بأعدام قادة الحزب الشيوعي العراقي بما فيهم مؤسس الحزب الشيوعي

العراقي يوسف سلمان يوسف (فهد). وقد قتل نوري السعيد يوم ١٥ يونيو ١٩٥٨ أثناء محاولته الهرب بعد قيام ثورة يوليو(تموز)العراقية.

[١١١] الأميرالاي محمد أحمد التيجاني ، قائد سلاح الخدمة بالخرطوم بحري وعضو المجلس الأعلى للقوات المسلحة.

[١١٢] يوافق هذا التاريخ يوم الثلاثاء ١٢ رمضان ١٣٨٠هجرية.

[١١٣] **الزين حسن الطيب أحمد هاشم:**
ولد فى يوم ٢٠ سبتمبر ١٩٢٠ فى حي الهاشماب بأمدرمان، تلقى تعليمه الديني الأولي بالهاشماب ودرس بمدرسة أمدرمان الأميرية وأكمل تعليمه الثانوي فى مدرسة أمدرمان الوسطى. التحق بالكلية الحربية فى عام ١٩٣٩ و تخرج منها فى أبريل عام ١٩٤٠. ترقى الى رتبة اميرالاي فى عام ١٩٦٠م. و عُيِّن حاكماً عسكريا فى كردفان و دارفور فى عهد حكومة عبود. اشترك فى الحرب العالمية الثانية ضد الطليان في كرن وكذلك فى تمرد الجنوب الأول عام ١٩٥٥ وفى حلايب عندما كان قائداً للقوات السودانية بجبيت. أحيل الى المعاش فى نهاية عام ١٩٦٤ م. كان لاعب كرة قدم كما صار رئيساً لنادي الموردة الرياضي. اغترب للعمل بالمملكة العربية السعودية فى عام ١٩٦٩م حيث عمل مستشارا ومنسقا للخطوط الجوية السعودية وظل بها حتى عاد إلى السودان فى عام ١٩٨٣. انتقل إلى جوار ربه فى يوم ٩ أغسطس عام ٢٠٠٣م.

[١١٤] **سكونز:**
وهو اللواء ريجنالد لورانس سكونزعرف بإسم "كولي". ولد يوم ١٨ ديسمبر عام١٩٠٠م. خدم بالجيش البريطاني من ١٩٢٠م - ١٩٥٤ بقسم سلاح المدفعية. شارك في الحربين العالميتين الأولى والثانية. انتدب إلى السودان في عام ١٩٤٧ كقائد ثان في قيادة قوة دفاع السودان. في نوفمبر ١٩٤٩ تمت ترقيته إلى رتبة العميد وتولى قيادة قوة دفاع السودان في عام ١٩٥٠م . تم ترقيته في عام ١٩٥١م إلى رتبة لواء . كان آخر قائد بريطاني في السودان. في نوفمبر ١٩٥٤م سلم القيادة الى إلى الجنرال أحمد محمد

وحصل على وسام فارس الأمبراطورية عام ١٩٥٥م. توفي أكتوبر عام ١٩٩١م.

١١٥ سنجمان ري:

سنجمان ري (٢٦ مارس ١٨٧٥ ـ ١٩ يوليو ١٩٦٥) أول رئيس لكوريا الجنوبية كانت رئاسته من أغسطس ١٩٤٨ إلى إبريل ١٩٦٠. يُعرفعنه بأنه معادي للشيوعية وقيادته لكوريا الجنوبية في أثناء الحرب الكورية وقد انتهت رئاسته باستقالته بعد احتجاجات شعبية على خلفية انتخابات مثيرة للجدل وقد مات سنجمان ري بمنفاه بهاواي.

١١٦ علي عدنان مندريس:

وهو معروف باسم عدنان مندريس (١٨٩٩ ـ ١٧ سبتمبر ١٩٦١) هو أول زعيم سياسي منتخب ديمقراطياً في تاريخ تركيا. كان رئيساً للوزراء بين عامي ١٩٥٠ و١٩٦٠م. شارك في تأسيس الحزب الديقراطي سنة ١٩٤٦م. أعدمه العسكريون شنقاً بعد انقلاب سنة ١٩٦٠ مع اثنين من أعضاء مجلس وزرائه، ليكون آخر سياسي تركي يعدم بعد انقلاب عسكري، ولقد أقيم له ضريح تكريماً لذكراه.

١١٧ نوبوسوكه كيشي : (١٣ نوفمبر ١٨٩٦ ـ ٧ أغسطس ١٩٨٧)

كان سياسيا يابانيا شغل منصب رئيس الوزراء الياباني لمرتين. كما هو الحال مع غيره من أعضاء الحكومة اليابانية أثناء الحرب العالمية الثانية، تم سجنه بتهمة بارتكاب جرائم حرب بعد سيطرة قوات الحلفاء. أفرج عنه في عام ١٩٤٨ وتم حظره من ممارسة إي نشاط سياسي أو عام مدى الحياة.

١١٨ بروفيسور دفع الله الترابي:

هو شقيق الدكتور حسن الترابي ومتخصص في هندسة المعمار. عمل بجامعة الخرطوم وأيضا بالرياض العاصمة السعودية وحاصل على درجة الأستاذية في الهندسة المعمارية.

١١٩ مهندس يحيى شمس الدين من مدينة الخرطوم بحري

[120] **حسن دفع الله:**
ولد عام ١٩٢٤م وتخرج فى كلية غردون التذكارية. عمل فى سلك الادارة وتقلد العديد من المناصب الادارية فى السودان وأشتهر بأنه كان معتمد تهجير أهالي وادى حلفا إلي منطقة خشم القربة. توفى فى مايو١٩٧٤م، سجل تجربته فى كتابه (هجرة النوبيين) الذى ظهر بالانجليزية عام ١٩٧٥م.

[121] **خالدة زاهر:**
من المعروف أنها أول طبيبة سودانية. من مواليد أم درمان عام ١٩٢٦ م، تلقت التعليم الأولي والأوسط والثانوي بمدرسة الاتحاد العليا. انتظمت في العمل السياسي وهي طالبة وعملت في النشاط السري والعلني وكان لها نشاط سياسي واضح بالجامعة وشاركت في قيادة اتحاد الطلاب في أواخر الاربعينيات وبداية الخمسينيات. قادت مظاهرة نادي الخريجين الشهيرة ١٩٤٦م ضد الجمعية التشريعية حيث تعرضت للاعتقال. من مؤسسات وقيادات الحركة النسائية السودانية الأوائل اللائي أسسن الاتحاد النسائي السوداني عام ١٩٥٢ م وتولت رئاسته في اواخر الخمسينيات. وكذلك عضو مؤسس لجبهة الهيئات التي تكونت إبان ثورة أكتوبر ١٩٦٤م.

خالدة زاهر

[122] **فاطمة طالب اسماعيل**
من مواليد الرنك تلقت تعليمها الأولى بمدرستي الإرسالية بأم درمان وشندى الابتدائية الحكومية والاوسط بمدرستي الانجيلية والكلية القبطية بالخرطوم والثانوي بمدرسة الاتحاد العليا بالخرطوم. تخرجت من كلية الآداب بجامعة الخرطوم وحصلت على درجة البكالوريوس من جامعة لندن وعملت بالتدريس بمدارس السودان. من رائدات الحركة النسائية الاوائل بالسودان

ساهمت في تكوين رابطة الفتيات المثقفات بأم درمان عام ١٩٤٧ وشاركت في تكوين جمعية ترقية المرأة بأمدرمان عام ١٩٤٩م. كذلك شاركت في مؤتمرات نسائية داخل وخارج السودان ولها كتابات ومقالات متعددة في قضية المرأة. توفيت عام ١٩٩٤م.

١٢٣ عزيزة مكي عثمان أزرق

ولدت بمدينة أم درمان عام ١٩٣٠م حيث تلقت تعليمها الأولي والأوسط بمدينة أم درمان وتعليمها الثانوي بمدرسة أم درمان الثانوية ثم التحقت بمعهد تدريب المعلمات. عملت معلمة بالمدارس الوسطى بمنطقة أم درمان ومساعدة المستشار الثقافي بسفارة السودان بالقاهرة. قدمت برامج إذاعية بركن السودان بالقاهرة وبالإذاعة السودانية في الخمسينات. عادت إلى سلك التعليم مرة أخرى وعملت موجهة بمكتب تعليم أم درمان حتى عام ١٩٩٠م. عُرفت بنشاطها في مجال العمل النسوي في مصر والسودان. من رائدات الإتحاد النسائي ويعتقد أنها صاحبة فكرة تكوين الاتحاد النسائي وقد دعت العشر اللاتي كون الاتحاد النسائي بمنزلها يوم ١٧ يناير ١٩٥٢م. أثناء إقامتها بالقاهرة أسست فروعاً للاتحاد النسائي واتحاد نساء السودان بالقاهرة. توفيت يوم ٢ يناير عام ٢٠١٢م.

عزيزة مكي

[١٢٤] **جحة كاشف:**
من مواليد بيت المال بأم درمان ووالدها هو كاشف حسن بدرى وإشتهر بكاشف خيرى، ولد بجزيرة صاي وهو من أوائل الباشكتبة فى عهد الحكم الثنائي. أكملت تعليمها الأولي والأوسط والثانوي بمدارس الحكومة بأم درمان، والجامعى بكلية الخرطوم الجامعية عام ١٩٥٦م. حصلت على درجة الماجستير فى التاريخ من جامعة القاهرة. عضو مؤسس للأتحاد النسائي فى عام ١٩٥٢م، ورئيسته عام ١٩٥٧م وعضو لجنته التنفيذية حتى ١٩٥٨م. عملت مساعدة ضابط إعلام بوزارة الإعلام فى الفترة ما بين ١٩٥٦ ـ ١٩٥٨ وفصلت لأسباب سياسية، أيضا عملت مدرسة بالمدارس الثانوية بأثيوبيا لمدة خمسة سنوات. كذلك عملت نائبا للأمين العام للجنة الوطنية لليونسكو. عينت فى منصب رئيسة مجلس الرعاية الإجتماعية بدرجة وزير. ورأست بعثة جامعة الدول العربية بالهند وكينيا. لها مقالات وأوراق فى قضايا المرأة.

[١٢٥] **فاطمة أحمد إبراهيم:**
ولدت فاطمة أحمد إبراهيم في عام ١٩٣٣م في الخرطوم. وهي رائدة من رائدات العمل النسوي السوداني. ساهمت في تكوين الاتحاد النسائي مع مجموعة من القيادات النسائية في عام ١٩٥٢م وأصبحت عضواً في اللجنة التنفيذية. وفي عام ١٩٥٤ انضمت للحزب الشيوعي السوداني وبعد فترة دخلت اللجنة المركزية. وفي انتخابات عام ١٩٦٥ انتخبت عضواً في البرلمان السوداني وبذلك تكون أول نائبة برلمانية سودانية. لعبت دورا هاما في المطالبة بحقوق المرأة حتى نالت المرأة السودانية حق الاشتراك في كل مجالات العمل والحق في الأجر المتساوي للعمل المتساوي. اعدمت حكومة مايو زوجها القائد النقابي الشهير الشفيع احمد الشيخ سنة ١٩٧١ ووضعها في الإقامة القسرية لمدة عامين ونصف. نالت أوسمة كثيرة داخل وخارج السودان واختيرت رئيسة للاتحاد النسائي الديمقراطي العالمي ١٩٩١ كأول امرأة عربية أفريقية مسلمة ومن العالم الثالث ترأس الأتحاد. وفي عام ١٩٩٣ حصلت على جائزة الأمم المتحدة لحقوق الإنسان. تركت السودان في بداية عهد الانقاذ رجعت عام ٢٠٠٥ حيث وصارت عضواً في المجلس الوطني (البرلمان).

[126] **محاسن محمد عبد العال:**

محاسن محمد عبد العال فضل من أسرة أم درمانية وتعود أصولها لمنقطة دنقلا بالولاية الشمالية. تعتبر إحدى أبرز رائدات الحركة النسوية في السودان ومن النساء اللائي عركهن العمل العام منذ سنوات النضال ضد المستعمر، حيث انها تعتبر من النساء القلائل اللائي حصلن على عضوية اللجنة المركزية للحزب الشيوعي السوداني آنذاك. انتظمت كعضو في الحزب الشيوعي وهي طالبة بالمرحلة الثانوية العليا في الخمسينيات، وكذلك انتظمت في الحركة النسائية منذ تأسيس الاتحاد النسائي والتنظيمات النسائية الاخرى. ناضلت ضد حكومة عبود وقد اخترقت رصاصة قدمها أثناء تظاهرة ثورة أكتوبر. بدأت مراحل الدراسة بمدرسة الراهبات أم درمان الثانوية للبنات وثم جامعة الاحفاد التي درست فيها علم النفس، وبجامعة أكسفورد حيث نالت الماجستير في التربية والادارة وتدريس اللغة الانجليزية، وقد ظلت تدرس بجامعة الاحفاد لسنوات طويلة.

[127] **عطيات حسن زلفو:**

من أسرة زلفو المعوفة وهي ممثلة قديرة ولها اهتمامات بالأدب والفن.

[128] **بخيتة أمين**

ولدت في حي ود البنا بأم درمان يوم ٦ سبتمبر ١٩٤٥. حصلت على بكالوريوس من جامعة الخرطوم عام ١٩٦٩ والماجستير من جامعة لندن عام ١٩٧٨ عملت صحفية بدار النشر التربوي ومحررة صفحة المرأة في صحيفة الزمان والسودان الجديد والأخبار. أسست مجلة مريود وتولت رئاسة تحريرها مسئولة تحرير مجلة سيدتي، مكتب الخرطوم. تشغل الآن منصب عميد كلية أم درمان لتكنولوجيا الصحافة

[129] **سعاد الفاتح:**
من مواليد مدينة الابيض عام ١٩٣٢م. وهي حفيدة الشيخ الأستاذ البدوي صاحب المنار الشهير بأمدرمان. درست بمدرسة بربر الاولية ومدرسة عطبرة الوسطى وأمدرمان. تخرجت في جامعة الخرطوم كلية الآداب عام ١٩٥٦م نالت بكالريوس الشرف في جامعة لندن ١٩٥٧ - ١٩٥٨م. نالت الماجستير في الأدب من معهد الدراسات الشرقية والأفريقية جامعة لندن عام ١٩٦١م ونالت درجة الدكتوراة في جامعة الخرطوم في عام ١٩٧٤م. هي احدى رائدات الحركة النسوية السودانية الأوائل وقائدة من قادة الحركة الاسلامية السودانية. عملت مدرسة لمادة التاريخ بمدارس أمدرمان وموجهة بوزارة التربية والتوجيه بالسودان عملت مستشارة لليونسكو لتعليم البنات بالمملكة العربية السعودية ١٩٦٩ - ١٩٧٠م. أسست كلية التربية للبنات بالرياض بالسعودية في الفترة ١٩٧١ - ١٩٧٩م. عملت نائبة لمدير جامعة الإمارات بالعين في الفترة ١٩٨٢م - ١٩٨٣م. كانت عميدة لكلية البنات بجامعة أم درمان الاسلامية في الفترة ١٩٨٣م - ١٩٨٦م. في عام ١٩٩٦ انتخبت عضواً بالمجلس الوطني وتم تعيينها مستشاراً لرئيس الجمهورية لشؤون المرأة والطفل في عام ٢٠٠٠ م.

[130] **سعاد إبراهيم أحمد:**
من مواليد ٣٠ مايو ١٩٣٥م. كانت ضمن أوّل دفعة قبلت في أوّل مدرسة ثانوية حكومية للبنات بأمدرمان الثانوية للبنات عام ١٩٤٩م. صارت عضو الحزب الشيوعي سنة ١٩٥٧م، وكانت نائبة لرئيس اتحاد طلاب جامعة الخرطوم ٥٦ - ١٩٥٧م. تم فصلها من مصلحة الاحصاء لمعارضتها مشروع التهجير من وادي حلفا. وهي أستاذة جامعية وسياسية وناشطة نوبية عملت محاضرة بمعهد الدراسات الإضافية ومستشارة بهيئة اليونسكو. عضو باللجنة المركزية للحزب الشيوعى السوداني منذ العام ١٩٧٠م.

[131] بخيتة المبارك الحفيان، ربة البيت، استشهدت أمام منزلها بودنوباي بأمدرمان عندما خرجت لاحضار حفيدتها من الشارع فأصابتها طلقة في مقتل وهي زوجة المرحوم شمام الشيخ من الحزب الأتحادي.

[١٣٢] **بوث ديو:**
سياسي من الجنوب متمرس بالشئون البرلمانية وكان عضوا منتخبا في جميع البرلمانات التي سبقت الاستقلال وكان عضوا للمجلس التشريعي الذي قرر عام ١٩٤٧ وحده الشمال والجنوب في اجتماعه بجوبا. وهو من قبيلة النوير من منطقة بحر الزراف من قرية تونج وان مركز فنجاك.

[١٣٣] **بولين الير:**
سياسي من الجنوب وبرلماني نشط عمل وزيرا للثروة المعدنية وقائد تيار وطني بالجنوب.

[١٣٤] **الأب سترنينو لا هوري**
رجل كنيسة من الجنوب وكان من غلاة دعاة انفصال الجنوب. وله خطاب شهير، ألقاه أمام البرلمان السوداني في يونيو ١٩٥٧م، أعلن فيه حق أهل الجنوب في الانفصال. وفى ليلة عيد الميلاد عام ١٩٦١م تسلل الأب سترنينو لوهري إلى الكنغو. ولحق به فيما بعد وليم دينج وجوزيف لاقو. وأعلنوا بداية العمل المسلح باسم الأنيانيا حيث تولى ادوهو رئاسة حركة أنيانيا، وآلت السكرتارية إلى وليم دينج وأختير الأب سترنينو لوهري راعياً للحركة.

[١٣٥] القاضي يحيي عمران تعود أصوله إلى منطقة شندي ويعتقد أنه كان اول قاضي شرعي بعد الاستقلال.

[١٣٦] الماجنا كارتا هي وثيقة إنجليزية صدرت لأول مرة عام ١٢١٥م. وقد وصفت تلك النسخة بأنها "الميثاق العظيم" للحريات في إنجلترا يحتوي ميثاق عام ١٢١٥م على أمور عدة منها مطالبة الملك بأن يمنح حريات معينة وأن يقبل بأن حريته لن تكون مطلقة، وأن يوافق علناً على عدم معاقبة أي "رجل حر" إلا بموجب قانون الدولة وهذا الحق ما زال قائماً حتى اليوم في هذه الدول.

[١٣٧] هذه القصيدة للشاعر الكبير أبي الطيب المتنبي

[138] من قصيدة بعنوان"امامك فانظرْ أيّ نهجْيك تنهجُ" لإبن الرومي

[139] **الحاج الطاهر أحمد المحامي:**
أحد القانونيين الرواد وعضو الحزب الشيوعي السوداني بمدينة الأبيض، اعتزل الممارسة في سنوات الحكم العسكري التي اشتد فيها انتهاك حقوق المحامين وحرية مقابلة موكليهم.فقد تعرض للمضايقات وهو يؤدي واجبه في الدفاع عن حسنين حسن وسليمان حامد فقام بتسليم رخصة المحاماة إلى لجنة قبول المحامين، وقرر أن لا يمارس مهنة المحاماة إلا بعد عودة حكم القانون ويعتقد أنه عمل مزارعاً في خلال سنوات الحكم العسكري.

[140] **أسامة عبد الرحمن النور:**
الدكتور أسامة عبد الرحمن النور من مواليد عام ١٩٤٢م. وهو باحث وأكاديمي سوداني بارز ومتخصص في علم الآثار. قام بالعديد من الدراسات العلمية والأكاديمية، وترأس العديد من البعثات العلمية ، توفى لرحمة الله في لندن في ١٢ مايو ٢٠٠٧ م.

[141] **عبد المجيد النور شكاك**
قيادي شيوعي وعضو اللجنة المركزية للحزب الشيوعي السوداني .وكان والمسئول من الجناح العسكري للحزب داخل القوات المسلحة وعمل كحلقة وصل بين قيادة الحزب والعسكريين . ويقال إنه انتحر حرقا داخل السجن في ظررف وملابسات غير معروفة.

[142] **الأمين محمد الأمين تاتاي:**
محامي وقاضي مشهور متخصص في القانون الأنجليزي وأصبح فيما بعد قاضيا بمحكمة الاستئناف ورئيساً لها وهو من أحفاد الأمير الطاهر تاتاي أحد قواد المهدية المعروفين. ومشهور عنه محاكمة الأستاذ أحمد سليمان بتهمة إساءة المحكمة حيث حوكم الأخير بشهرين سجن.

¹⁴³ **معاوية إبراهيم مصطفى:**
كان واحداً من أبرز الشيوعيين السودانيين. بدأ النشاط السياسي في مجال العمل الطلابي المعادي للاستعمار البريطاني في سنة ١٩٤٧م. التحق بالحزب الشيوعي في نفس السنة. وكان من قادة الحزب بين الطلاب. والتحق بالجمارك، وكوَّن أول نقابة لموظفي وعمال الجمارك فضايق هذا النشاط المسؤولين البريطانيين فتم فصله من العمل بالجمارك عام ١٩٥١. انتخب في المؤتمر الثالث عضواً في اللجنة المركزية. ثم في عام ١٩٦٤ عضواً بالمكتب السياسي، وسكرتيراً تنظيمياً في اللجنة المركزية. تم اعتقاله وإبعاده من المكتب السياسي فيما يعرف بقضية المتفجرات في أكتوبر ١٩٦٧. من الذين قادوا الانقسام الكبير الذى واجه الحزب الشيوعى عند وقوع انقلاب مايو ١٩٦٩م، وكان له موقفه مضاد لموقف السكرتير العام. ترك الحزب الشيوعي واصبح من قادة ومنظري مايو وانخراط فى مؤسستها، فتم فصله من عضوية الحزب الشيوعي.

¹⁴⁴ يعتبر أول دستور وضع في السودان وكان ذلك في العام ١٩٥٣م بغرض أن يكون دستورا انتقاليا تمتد فترته لثلاث سنوات. فكونت لجنة تحت قيادة ستانلي بيكر وكان قاضيا بالسودان، ولكن الأحزاب السودانية رفضت فكرة الانتقالية وطالبت بالحكم الذاتي الذي يحقق للبلاد تحقيق تقرير المصير. وبدأت اللجنة عملها ثم تقرر حلها لأن الخلاف دب بين اعضائها. وكتب القاضي ستانلي بيكر بتكليف من الحاكم العام، سير روبرت هاو، تقريراً بما انتهت إليه أعمال اللجنة السودانية من توصيات ورفعه الى الحاكم العام الذي قام بتحويله الى "السير كاننج" المستشار القاضي الانجليزي لحكومة السودان لكي يضع على اساسه دستوراً للحكم في السودان. وأقرت الجمعية التشريعية تقرير ستانلي بيكر، وما عرضه من توصيات في ٢٣ إبريل ١٩٥٢. وبعد إدخال تعديلات على هذه التوصيات، أصبحت الصيغة النهائية هي ما يطلق عليه "مشروع قانون الحكم الذاتي وتقرير المصير".

[145] **جون كينيدي:**
جون اف. كينيدي رئيس الولايات المتحدة الخامس والثلاثون. تولى الرئاسة خلفًا للرئيس دوايت أيزنهاور. ولد في ٢٩ مايو ١٩١٧ وتوفي مقتولاً في ٢٢ نوفمبر١٩٦٣ في دلاس، تكساس.

[146]**الأمير عبد الاله:**
الأمير عبد الاله بن الملك علي بن الشريف حسين الهاشمي (١٩١٣ - ١٩٥٨)، ولد في مدينة الطائف في الحجاز. ابن ملك الحجاز علي بن حسين شقيق الملك فيصل الأول. بعد تولي العائلة السعودية المنافسة للعائلة الهاشمية لمقاليد الأمور في الحجاز وشبه الجزيرة العربية هاجر إلى مصر ثم إلى العراق. وفي عام ١٩٤١ م، أختير وصيا على عرش العراق. سعى إلى عقد حلف بغداد ١٩٥٥م وتكوين الإتحاد الهاشمي مع الأردن ١٩٥٨م، فظهرت الاحتجاجات والانتقادات الجماهيرية ضد السياسة المتبعة في العراق وأدى ذلك إلى قيام الحركة الثورية في ١٤ يوليو/ تموز ١٩٥٨ م وقتل عبد الاله والملك فيصل الثاني وألغيت بذلك الملكية في العراق، وأُعلن نظام الحكم الجمهوري.

[147] **داغ همرشولد**
داغ همرشولد (١٩٠٥م - ١٨ سبتمبر ١٩٦١م) هو اقتصادى سويدى والأمين العام للأمم المتحدة بين ١٩٥٣ -١٩٦١م. انُتخب كثاني أمين عام الأمم المتحدة وبقى في منصبه حتى مقتله عام ١٩٦١ عندما لقى مصرعه في حادث تحطم طائرته في الكونغو اثر توجهه لزامبيا لمفاوضة تشومبى حول مشكلة الكونغو وانفصال إقليم كاتنجا عن الكونغو ولم تُعرف الجهة وراء تحطم طائرته.

[148] **فاروق عثمان حمد الله:**
من مواليد الخرطوم في العام ١٩٣٧م. درس بمدرسة الخرطوم غرب الأولية وبمدرسة الخرطوم الأميرية الوسطي والثانوية بوادي سيدنا الثانوية - تخرج في الكلية الحربية عام ١٩٥٨م برتبة الملازم ثاني. عمل بشمال شرق السودان وسلاح المدرعات والقيادة الجنوبية. أعتقل سنة ١٩٦٤م لأنه

شارك في ثورة أكتوبر.عين عضواً بمجلس قيادة مايو ١٩٦٩م وشغل منصب وزير الداخلية. أعدم عام ١٩٧١م في السودان بعد أن القت السلطات الليبية القبض عليه لمشاركته في انقلاب يوليو ١٩٧١م.

فاروق عثمان حمد الله

[١٤٩] **اليوزباشي الرشيد نور الدين :**
أحد أعضاء تنظيم الضباط الأحرار انسلخ في وقتٍ لاحق من التنظيم واصفاً التنظيم بالوقوع في قبضة الشيوعيين، كان الثاني في قائمة الضباط تأييدا للرئيس نميري. حل محل الرائد مأمون عوض أبو زيد كرئيس لجهاز الأمن القومي ولكنه بعد شهرين فقط في المنصب عين سفيرا في الصومال. عمل أيضا سفيراً في المغرب وشغل عدة مناصب سياسية في عهد مايو.

www.ingramcontent.com/pod-product-compliance
Lightning Source LLC
Chambersburg PA
CBHW071327190426
43193CB00041B/891